应用型本科金融学规划系列教材

陈　茜◆编著

国际金融

GUOJI JINRONG

（第二版）

厦门大学出版社
XIAMEN UNIVERSITY PRESS
国家一级出版社
全国百佳图书出版单位

图书在版编目(CIP)数据

国际金融/陈茜编著.—2版.—厦门:厦门大学出版社,2021.1
应用型本科金融学规划系列教材
ISBN 978-7-5615-7841-4

Ⅰ.①国…　Ⅱ.①陈…　Ⅲ.①国际金融—高等学校—教材　Ⅳ.①F831

中国版本图书馆CIP数据核字(2020)第144654号

出 版 人　郑文礼
责任编辑　许红兵
封面设计　蒋卓群
技术编辑　朱　楷

出版发行　厦门大学出版社
社　　址　厦门市软件园二期望海路39号
邮政编码　361008
总　　机　0592-2181111　0592-2181406(传真)
营销中心　0592-2184458　0592-2181365
网　　址　http://www.xmupress.com
邮　　箱　xmup@xmupress.com
印　　刷　厦门市明亮彩印有限公司

开本　787 mm×1 092 mm　1/16
印张　26.75
字数　619千字
印数　1～2 000册
版次　2021年1月第2版
印次　2021年1月第1次印刷
定价　60.00元

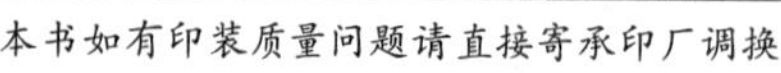

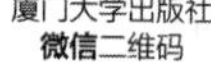
厦门大学出版社
微信二维码

厦门大学出版社
微博二维码

前 言

当今世界国与国之间的经济、贸易、金融联系越来越紧密，尤其是21世纪以来，这一态势更加明显。中国自1978年改革开放以来，对外经济贸易发展迅速，取得了举世瞩目的成就。1997年我国进出口贸易总额仅为293.3亿美元，其中出口136.6亿美元，进口156.7亿美元；2019年，我国进出口总值45753亿美元，其中出口24984.1亿美元，进口20768.9亿美元。1997年年末我国外汇储备仅为8.4亿美元，截至2020年9月外汇储备高达31425.62亿美元。今后，中国必将以更加开放的姿态，更多地融入世界经济的大潮，更多的行业企业（特别是金融业）有更多的机会迈向国际市场。但20世纪90年代以来一系列的国际金融市场动荡，各国货币汇率大起大落，石油、黄金价格暴涨暴跌等，充分说明风险与机遇同在。在这一大背景下，学习和掌握有关国际金融的基础知识，深入理解国际金融的基础理论，了解国际金融的最新发展动态以及当今一系列的金融热点问题，不仅是必要的，也是迫切的。

本教材适用于各类高校金融、经济、管理类各专业学生及相关从业人士使用，为福建省省级精品在线开放课程（欢迎垂询 https://www.xueyinonline.com/detail/214460562）。其主要特色如下：

1. 强调知识系统的逻辑性，以清晰反映学科体系的基本原理。

2. 基本概念和基本原理准确、清晰。通过参阅大量专业文献和著作，并对现有大量教材比较分析后确定下来，尽可能做到简练、精准，以便学生能够更好地理解与掌握。

3. 能够反映国际金融领域的最新发展和有关研究的最新成就。对于一些不适宜作为基本知识进行介绍，但却能反映最新动态的内容，本教材每章附有“推荐阅读”，以拓宽学生视野，丰富背景知识。

4. 本教材以学生所需的专业知识和操作技能为基础，系统科学的“知识结构图”把每个章节的“知识目标”“技能目标”“学时建议”整合在一起。每章均配有导入案例，能够帮助学生加深对知识的理解。同时为了强化技能训练，提高学生动手能力，每章均配有相应的关键词、本章小结、练习与思考、案例分析、实训演练、推荐阅读，并在教材最后配有参考答案及案例评析。便于拓展学生对专业及行业的认知，夯实基础知识，提高专业技能；让教师教得轻松，学生学有所得。

全书共12章，由福建江夏学院金融学院国际金融系具有丰富教学经验的教师团队共同完成。具体分工如下：第一章由周江银编著；第二章由陈茜编著；第三章由吴思编著；第四章由周江银编著；第五章由兰容英编著；第六章由郑水珠编著；第七章由陈茜编著；第八章由郑水珠编著；第九章由陈茜、吴思共同编著；第十章由陈茜编著；第十一章由吴思编著；第十二章由陈茜编著。全书由陈茜分工、总撰并最终审核定稿。

整体课时分配建议：

章　节	内　　容	建议课时
第一章	国际收支	6
第二章	外汇与汇率	6
第三章	汇率制度与货币可兑换	3
第四章	国际金融市场	3
第五章	外汇交易实务	10
第六章	外汇风险管理	3
第七章	国际储备	3
第八章	国际融资	3
第九章	国际货币体系	3
第十章	国际金融组织及协调	2
第十一章	国际资本流动及金融危机	3
第十二章	国际结算	3
合　计		48

在本教材的撰写过程中，我们参阅了许多国内外教材和著作。这些教材和著作在参考文献中已一一列出，在此谨向有关的作者、编者、出版社致谢。

国际金融在世界经济全球化和知识化的今天，无论在市场规模、交易工具，还是在经营方式等方面正在经历前所未有的快速发展。由于笔者水平有限，编写时间紧迫，书中难免有些疏漏和不足，恳请广大读者提出宝贵意见，使本教材得以完善和补充。

编者

2020年10月

目 录

第一章 国际收支 …… 1
第一节 国际收支和国际收支平衡表 …… 2
第二节 国际收支平衡表的分析 …… 9
第三节 国际收支调节理论 …… 13
第四节 国际收支的失衡与调节 …… 20
第五节 中国的国际收支 …… 28
第二章 外汇与汇率 …… 43
第一节 外汇 …… 44
第二节 汇率 …… 47
第三节 汇率的决定与变动 …… 51
第四节 汇率决定理论 …… 60
第三章 汇率制度与货币可兑换 …… 73
第一节 汇率制度 …… 75
第二节 中国的汇率管理制度 …… 80
第三节 货币自由兑换问题 …… 84
第四节 人民币的国际化 …… 88
第四章 国际金融市场 …… 100
第一节 国际金融市场概述 …… 101
第二节 国际资金市场 …… 106
第三节 国际外汇市场 …… 110
第四节 国际黄金市场 …… 117
第五节 离岸金融市场 …… 124
第五章 外汇交易实务 …… 137
第一节 外汇市场 …… 138
第二节 传统的外汇交易 …… 140
第三节 衍生外汇交易 …… 153
第六章 外汇风险管理 …… 177
第一节 外汇风险概述 …… 178
第二节 企业外汇风险管理 …… 185
第三节 银行外汇风险管理 …… 191

第七章　国际储备……203
第一节　国际储备概述……204
第二节　国际储备管理……215
第三节　中国的国际储备……220
第八章　国际融资……231
第一节　国际贸易融资……232
第二节　国际项目融资……242
第三节　其他国际融资方式……252
第九章　国际货币体系……261
第一节　国际货币体系概述……262
第二节　国际金本位制……264
第三节　布雷顿森林体系……266
第四节　牙买加货币……271
第五节　欧洲货币体系……276
第六节　国际货币体系改革……279
第十章　国际金融组织与金融全球化……287
第一节　国际金融组织概述……289
第二节　全球性国际金融组织……291
第三节　区域性国际金融组织……301
第四节　金融全球化……307
第十一章　国际资本流动与金融危机……316
第一节　国际资本流动概述……318
第二节　债务危机……323
第三节　金融危机……329
第四节　美国次贷危机……332
第十二章　国际结算……344
第一节　国际结算体系……345
第二节　国际结算工具……350
第三节　国际结算方式……361

参考答案……376

参考文献……418

第一章

国际收支

知识结构图

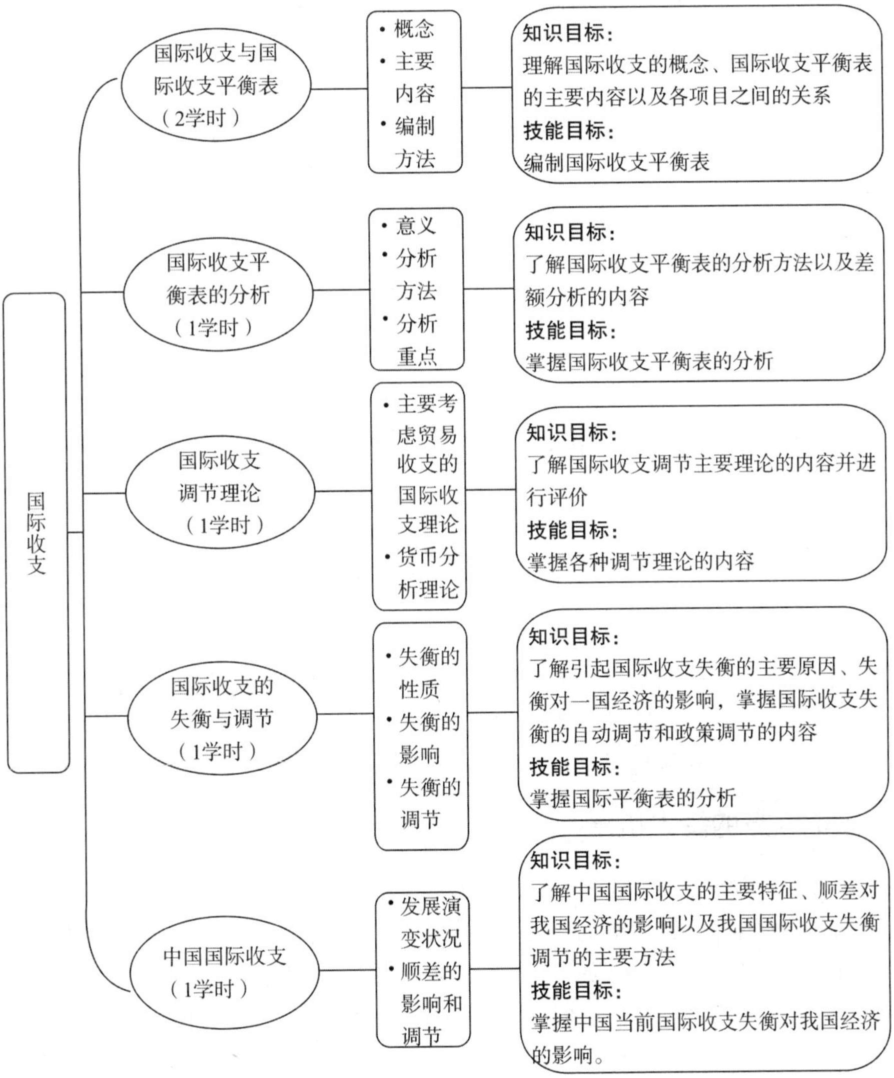

国际收支

内容	要点	目标
国际收支与国际收支平衡表（2学时）	• 概念 • 主要内容 • 编制方法	**知识目标：** 理解国际收支的概念、国际收支平衡表的主要内容以及各项目之间的关系 **技能目标：** 编制国际收支平衡表
国际收支平衡表的分析（1学时）	• 意义 • 分析方法 • 分析重点	**知识目标：** 了解国际收支平衡表的分析方法以及差额分析的内容 **技能目标：** 掌握国际收支平衡表的分析
国际收支调节理论（1学时）	• 主要考虑贸易收支的国际收支理论 • 货币分析理论	**知识目标：** 了解国际收支调节主要理论的内容并进行评价 **技能目标：** 掌握各种调节理论的内容
国际收支的失衡与调节（1学时）	• 失衡的性质 • 失衡的影响 • 失衡的调节	**知识目标：** 了解引起国际收支失衡的主要原因、失衡对一国经济的影响，掌握国际收支失衡的自动调节和政策调节的内容 **技能目标：** 掌握国际平衡表的分析
中国国际收支（1学时）	• 发展演变状况 • 顺差的影响和调节	**知识目标：** 了解中国国际收支的主要特征、顺差对我国经济的影响以及我国国际收支失衡调节的主要方法 **技能目标：** 掌握中国当前国际收支失衡对我国经济的影响。

导入案例

自1997年7月起，爆发了一场始于泰国、后迅速扩散到整个东南亚并波及世界的东南亚金融危机，使许多东南亚国家和地区的汇市、股市轮番暴跌，金融系统乃至整个社会经济受到严重创伤，1997年7月至1998年1月仅半年时间，东南亚绝大多数国家和地区的货币贬值幅度高达30%～50%。这场危机首先是从泰铢贬值开始的，1997年7月2日，泰国被迫宣布泰铢与美元脱钩，实行浮动汇率制度。当天泰铢汇率狂跌20%。这次东南亚金融危机持续时间之长、危害之大、波及面之广，远远超过人们的预料。然而，危机的发生绝不是偶然的，它是一系列因素共同促成的。从外部原因看，是国际投资的巨大冲击以及由此引起的外资撤离。据统计，危机期间，撤离东南亚国家和地区的外资高达400亿美元。但是，这次东南亚金融危机的最根本原因还在于这些国家和地区内部经济的矛盾性。东南亚国家和地区是近20年来世界经济增长最快的地区之一。这些国家和地区近年来在经济快速增长的同时暴露出日益严重的问题，首要的问题是以出口为导向的劳动密集型工业发展的优势，随着劳动力成本的提高和市场竞争的加剧正在下降。上述东南亚国家和地区经济增长方式和经济结构未做适时有效的调整，致使竞争力下降，对外出口增长缓慢，造成经常项目赤字居高不下。1996年，泰国国际收支经常项目赤字为230亿美元，韩国则高达237亿美元。1997年11月，韩元汇价持续下挫，其中11月20日开市半小时就狂跌10%，创下了1139韩元兑1美元的新低；至11月底，韩元兑美元的汇价下跌了30%，韩国股市跌幅也超过20%。一国发生持续性巨额逆差，将使外汇供小于求，造成外汇升值，本币贬值。另外，持续性逆差可能造成国内经济、金融的动荡，往往是诱发资本外逃的重要因素。

第一节　国际收支和国际收支平衡表

国际间贸易往来和非贸易往来的结果，导致货币在国际范围内的流通和资金在国际范围内的流动，最终形成一个国家对另一个国家的货币收支关系。这种货币收支关系，从一个国家的角度来说，就是国际收支的内容。

国际收支(Balance of Payment，BOP)是国际金融活动的起点和归宿，它是我们研究国际金融的一条主线，其他有关外汇汇率、国际资本流动、国际投资、国际结算、国际储备、国际金融市场等内容，都从这里延伸和展开，因此，研究国际金融从国际收支开始。

一、国际收支的基本概念

国际收支是一国对外经济关系状况的真实反映，是一国经济与金融实力强弱的综合反映，是分析一国经济金融形势的重要工具。世界上每个国家或地区都会不同程度地与其他国家和地区发生经济往来，如贸易往来、非贸易往来和资本往来。一个国家在一定时期内(通常为一年)与其他国家或地区发生经济交往而引起的收入和支出称为国际收支。因此，国际收支是从“收”与“支”这个平衡角度来记录不同经济体之间的经济往来活动的。

国际收支概念的内涵是伴随着国际经济交往的发展而变化的。最早的国际收支概念出现在17世纪初,当时的国际经济交往主要是贸易往来,国际收支指的是一国的对外贸易差额。国际金本位制度崩溃后,国际收支指一个国家因对外交往而引起的外汇收支总和。这一概念目前仍在沿用,称为狭义的国际收支。

第二次世界大战结束后,国际经济交易的内容和范围进一步增加与扩大,出现了对外援助、易货贸易、记账贸易、补偿贸易等不涉及外汇支付的国际经济交易,使得国际收支概念的内涵被进一步扩大,发展成为被各国普遍接受的广义的国际收支。它不仅包括商品、劳务和资本往来方面的收支,而且包括海外军事开支、战争赔款及教育、文化、科学往来等方面的收支;不仅包括货币收支的往来,而且包括非货币收支但须折算成货币加以记录的往来。狭义的外汇收支已不足以反映一国的国际收支状况,这时,国际收支则指一个国家或地区与世界上其他国家或地区之间,在一定时期内由于贸易、非贸易、资本往来等全部对外往来引起的系统的货币记录。这一概念被称为广义的国际收支。

在2009年6月出版的第六版《国际收支手册》(Balance of Payments and International Investment Position Manual,简称BPM6)中,国际货币基金组织(International Monetary Fund,简称IMF)指出,国际收支是对特定时期内一个经济体和世界其他经济体之间的各项经济交易的系统记载。这些经济交易大部分是居民和非居民之间进行的。我国在编制国际收支平衡表时,原则上也采用了这个定义。

掌握国际收支概念的内涵要注意三个方面:

1. 国际收支是一个流量概念而不是存量概念。即国际收支指一定时期内各国间的经济交易,这一定时期可以是一年,也可以是一个季度或一个月。各国通常以1年为报告期。若弄不清国际收支概念的流量内涵,往往就容易将之与国际借贷混淆起来。国际借贷(或称国际投资头寸)是一个存量概念,通常是指一个特定时点上一经济体对外金融资产和对外负债的综合情况。

2. 国际收支反映的内容是经济交易。交易定义为经济流量,反映经济价值的产生、转化、交换或消失,并涉及货物或金融资产所有权的变更、服务的提供或劳务及资本的提供。国际收支所反映的内容与“支付”没有必然联系,而是与“交易”联系在一起。国际收支涉及的一些经济交易可能并不涉及货币支付,如外商投资企业作为直接投资而进口的设备,属于经济交易行为,但不必支付货币。因此,国际收支强调的是居民与非居民间的交易,而不是单纯的资金收付,即国际收支≠外汇收支。国际收支既包括直接以外汇资金收付实现的交易,也包括没有外汇资金收付而只是以货币表示的资产转移。外汇收支则是另外一个统计口径,其中既包括居民与非居民间的外汇交易,也包括居民之间以及非居民之间的外汇交易。因此,国际收支与外汇收支两大范畴并不完全一致,外汇收支的范畴比国际收支的范畴大。总之,国际收支是以经济交易为基础的,而不是以支付为基础的。

3. 一国国际收支所记载的经济交易是在该国居民与非居民间发生的。判断一项经济交易是否应包括在国际收支的范围内,所依据的不是交易双方的国籍,而是交易双方是否有一方是该国居民,而另一方是该国非居民。居民是一个经济概念,指在一个国家或地区内永久或长期居住并受其法律管辖和保护的自然人和法人,包括政府、企业、个人和其他非营利团体。判断一国居民的标准在于居住地和居住时间,而并不是以国籍为标准。

在本国居住时间超过1年的自然人，不论国籍是否属于本国，均属于本国居民。在本国居住时间不超过1年的自然人，不论其国籍是否属于本国，一律为本国的非居民。因此，国际货币基金组织规定，移民属于其工作所在国的居民，逗留时期在一年以上的留学生、旅游者也属所在国的居民，但官方外交使节、驻外军事人员一律算所在国的非居民。国际性机构如联合国、国际货币基金组织、世界银行等是任何国家的非居民。

企业或非非营利团体等法人，在哪个国家注册，就属于哪个国家的居民，即法人属于注册地国家的居民。跨国公司的母公司和子公司应该分别属于所在国的居民，因此处于不同国家的母公司与子公司之间的公司内的贸易，也应该被计入国际收支。

根据2014年1月1日起施行的新版《国际收支统计申报办法》，我国国际收支统计申报范围为中国居民与非中国居民之间发生的一切经济交易（流量）以及中国居民对外金融资产、负债状况（存量）。而根据1995年旧版的《国际收支统计申报办法》，国际收支统计申报范围为中国居民与非中国居民之间发生的一切经济交易（即流量），没有包括中国居民的对外金融资产和负债状况（即存量）。

根据我国目前实施的《国际收支统计申报办法》第三条规定：中国居民是指：(1)在中国境内居留1年以上的自然人，但外国及香港、台湾、澳门地区在境内的留学生、就医人员、外国驻华使馆工作人员及家属除外；(2)中国短期出国人员（在境外居留时间不满1年），但在境外留学人员、就医人员、驻外军队、驻外使馆工作人员及家属除外；(3)境内依法成立的企业事业法人（含外商投资企业及外资金融机构）及境外法人的驻华机构，但国际组织驻华机构、外国驻华使馆领馆除外；(4)中国国家机关（含中国驻外使馆领馆）、团体、部队。

二、国际收支平衡表

（一）国际收支平衡表的概念

国际收支平衡表(balance of payments statement)是一经济体根据对外经济交易的内容和范围设置项目或账户，并按照一定的原则和复式记账原理，对一定时期内一国各项经济交易进行系统的记录，对每一项进行分类、汇总而编制出的分析统计报表。在这个统计报表中，通过设定各个项目并运用一定的记录方法进行分项记录，来系统全面地反映一国的国际收支状况。国际收支平衡表是一国对外经济状况的综合反映，是反映一国对外经济发展、偿债能力等关键信息的重要文件，也是各国制定开放经济条件下宏观经济政策的基本依据。作为各国编制国际收支统计报表通用标准的国际货币基金组织制定的《国际收支和国际投资头寸手册》，于2008年发布了第六版，在统计原则、经常项目、资本与金融项目等方面做了多处修订，对国际收支统计数据和方法提出了更高要求。

（二）国际收支平衡表的主要内容

根据IMF在2008年修订并出版的《国际收支手册》，国际收支平衡表的账户是根据经济资源的本质来划分的，有经常账户、资本账户和金融账户。

1. 经常账户(current account)

这是国际收支平衡表中最基本、最重要的项目，反映一国与他国之间真实资源的转移状况。该账户下设三个子项目：货物和服务贸易、初次收入和二次收入。

(1)货物和服务(goods and services)。货物账户(goods)亦称有形贸易账户，记载由商品进出口而引起的外汇资金的收入与支出，通常是指商品所有权发生转移的贸易，主要依据一国海关统计的进出口贸易数据。根据国际货币基金组织的规定，进出口贸易收支通常按照离岸价(FOB)来报价，但是，有的国家会按照到岸价(CIF)报价。货物账户是经常项目的最主要组成部分，也是整个国际收支平衡表的基本组成部分，其收支状况对整个国际收支平衡状况起着十分关键的作用。

服务账户(services)亦称无形贸易收支，反映各国之间相互提供劳务或服务而发生的收入和支出，通常是不涉及所有权转移的贸易，比如：运输、旅游、建筑、通信、保险、金融、知识产权、电信、计算机和信息服务、专利使用费和特许费、咨询、广告宣传、电影音像、其他商业服务以及政府服务获得或支付的费用等等。

(2)初次收入(primary income)。初次收入表示的是某一经济体对其他经济体临时提供劳动力、金融资产或非生产性非金融性资产等资源，而支付或获得的报酬。即因生产要素(如劳动力、资本)在国际间流动而引起的要素报酬收支。它包括雇员报酬、投资收入和其他初次收入三个细目。

雇员报酬(compensation of employees)指本国季节工人、边境工人等短期工人受雇在国外工作所赚取的报酬(工资、薪水和福利)和对外国短期工人在本国工作所支付的报酬；投资收入(investment income)是指资本的国际流动所获得的利润、股息和利息，包括直接投资收入、证券投资收入、其他形式的投资收益和储备资产投资收入；其他初次收入(other primary income)是指诸如生产或进口税、补贴和租金等。

(3)二次收入(secondary income)。二次收入是指实物或金融资产在各国间单方面的转移而产生的收支。其特点是单方面和无回报，即这种经济交易无须等价交换或偿还。该项目又包括：政府单方面转移，金融公司、非金融公司、家庭以及非营利的家庭服务机构单方面转移，年金变动的调整。共三个细目。

政府单方面转移(general government)是指各国政府或中央银行之间无偿的转移收支，如政府间经常性的国际合作，政府间无偿的经济援助、军事援助、战争赔款、捐款，对收入和财产支付的经常性税收等；金融公司、非金融公司、家庭以及非营利的家庭服务机构单方面转移(financial corporations, nonfinancial corporations, households, and NPISHs)是指居民与非居民之间发生的在机构、家庭或个人间的无偿转移，如侨民汇款、捐赠、继承以及资助性汇款等；年金变动的调整(adjustment for change in pension entitlements)是指由于养老金、企业年金的变化带来的收支的调整。

2. 资本账户(capital account)

资本账户反映资产在居民与非居民之间的转移，它包括非生产、非金融资产的收买或放弃和资本转移两个子项目。

(1)非生产、非金融资产的收买或放弃[gross acquisitions(DR.)/disposals (CR.) of nonproduced nonfinancial assets]。该项目记录了与商品和服务的生产相关，但本身却不能被生产出来的有形资产(土地、矿物、森林等地下资产)和无形资产(专利、版权、商标、租赁和经营权等)的收买或放弃。

(2)资本转移(capital transfers)。资本转移是指涉及固定资产所有权的变更及债权的减免等导致交易一方或双方资产存量发生变化的转移。主要包括政府之间的以及非政府之间的资本转移。这种转移有三种形式:①固定资产所有权的转移;②同固定资产收买或放弃(如投资捐赠,以增加受援国购置固定资产的能力)相联系的或以其为债务条件的资本转移;③债权人不索取任何回报而取消的债务。

3. 金融账户(financial account)

金融账户反映的是居民与非居民之间投资与借贷的增减变化,它由直接投资、证券投资、金融衍生产品(非储备)和员工股票期权、其他投资、储备资产五个子项目构成。

(1)直接投资(direct investment)。直接投资是国际上长期资本流动的一种方式,是指一国的经济组织直接在国外采用各种形式,对工矿、商业、金融等企业进行的投资和利润再投资。如在国外新建企业、并购企业,通过这种方式,投资者对直接投资企业拥有经营权和管理权。它又细分为股东权益和投资基金股份、债权工具两个细目。

股东权益和投资基金股份(equity and investment fund shares)包括除投资基金外的股本投资和收益再投资;债务工具(debt instruments)是指直接投资者和直接投资企业之间的所有交易以及直接投资企业在其他国外附属企业之间的所有交易。

(2)证券投资(portfolio investment)。又称间接投资,指在证券市场购买他国政府发行的债券、企业发行的债券和股票所进行的投资。证券投资以取得利息或股息为目的,投资者对投资企业没有管理权和经营权。它包括股本证券和债务证券两个细目。

股本证券(equity and investment fund shares)是指对所有上市或未上市企业的股权进行投资以及在投资基金中的股权投资等;债务证券(debt securities)涉及包括对中央银行发行的债券、除中央银行外的吸收存款机构、各级政府、其他部门(包括其他金融机构、非金融机构等)发行的短期或者长期债券的投资。

(3)金融衍生产品(非储备)和员工股票期权[financial derivatives (other than reserves) and employee stock options]。该项目指对诸如期权、远期合约、互换等金融衍生产品的投资。

(4)其他投资(other investment)。其他投资是指所有直接投资、证券投资或储备资产未包括的部分,如货币和存款、贷款、保险、年金和标准担保计划、贸易信贷以及其他可收支项目(如各种应收款和应付款)和特别提款权(Special Drawing Rights,SDRs)等。

(5)储备资产(reserve assets)。储备资产包括一国的黄金储备、在国际货币基金组织的储备头寸、特别提款权以及外汇储备。其中,黄金储备是一国货币当局作为储备而持有的黄金;在国际货币基金组织的储备头寸又称一般提款权(Ordinary Drawing Right,ODR),包括储备国头寸和对国际货币基金组织形成的债权头寸;特别提款权是国际货币基金组织中按份额分配到的记账单位,只能用于特定用途(如弥补国际收支逆差、清偿国际债务);外汇储备是一国政府拥有的,可用于维持本国汇率稳定、弥补国际收支逆差的外汇资产,包括外币、以外币形式持有的证券、股权以及其他金融衍生产品。

除了上述账户外,为了平衡经常账户、资本账户和金融账户的“缺口”,国际收支平衡表还设置了一个平衡项目——错误与遗漏(net errors and omissions)。这是一个人为的平衡项目,用以弥补国际收支平衡表在编制过程中,由于统计时间和计价标准不一致、资料的不完整以及各种货币相互换算所产生的差额等所形成的误差和遗漏。在会计处理上，当国际收支平衡表出现贷方余额时，就在错误与遗漏项目的借方填入相差的数字；相反，当国际收支平衡表出现借方余额时，则在错误与遗漏项目的贷方填入相差的数字。一般而言，误差与遗漏不可避免，但如果其数额超过贸易额的5%，就会影响该国国际收支统计的可靠性，对有关政策的决定也会产生不利影响。正因为设置了错误与遗漏项目，各国的国际收支平衡表永远都是平衡的。但是国际收支平衡表的账面平衡，并不等于说该国的国际收支就是平衡的。

（三）国际收支平衡表的编制

1. 国际收支平衡表的编制原理

国际收支平衡表根据复式借贷记账法进行编制，每一笔经济交易都必须以相等的金额同时分别记入借方和贷方。凡是引起外汇收入或外汇供给的交易，即资产减少、负债增加都列入贷方，或称正号项目；凡是引起外汇支出或外汇需求的交易，即资产增加、负债减少都列入借方，或称负号项目。落实在国际收支平衡表的编制上，任何借记内容，反映国内居民对国外非居民的支付的交易；任何贷记内容，反映国内居民接受国外非居民的支付的交易。原则上国际收支平衡表所有项目的借方总额和贷方总额总是相等的，其净差额为零。

国际收支平衡表的编制必须遵循统一计价原则和明确记载时间。国际货币基金组织规定采用市场价格或其等值为依据来确定价值；以所有权变更时间为记载时间。这就是说国际收支平衡表的编制要遵循市场价格原则和权责发生制原则。

国际收支平衡表的所有记账单位要折合为同一货币，即国际收支平衡表的编制要遵循单一记账货币原则。记账货币可以是本国货币，也可以是其他国家货币。如我国国际收支平衡表的记账货币是美元(外国货币)，而美国国际收支平衡表的记账货币是美元(本国货币)。

根据国际收支涉及经济交易的不同，应区分不同项目分别记录国际收支平衡表的借方和贷方。具体见表1-1。

表1-1 复式记账法的记账规则

贷　方	借　方
出口	进口
本国居民为非居民提供服务，获得外汇收入	非居民为本国居民提供服务，从本国取得外汇收入
居民获得海外报酬或投资收益	非居民获得国内报酬或投资收益
本国居民收到非居民的单方向转移	本国居民对非居民的单方向转移
贷方(资产减少，负债增加)	借方(资产增加，负债减少)
我国在外直接投资的减少	我国在外直接投资的增加
外国在华直接投资的增加	外国在华直接投资的减少
外国居民获得本国资产	本国居民获得外国资产
非居民偿还本国居民债务	本国居民偿还非居民债务
本国官方储备减少	本国官方储备增加

特别要注意的是，反映在国际收支平衡表上的官方储备资产是增减额，而非持有额。官方储备减少属于贷方项目，官方储备增加属于借方项目。如在国际收支平衡表上，储备资产项目为＋25 亿美元，表明统计期内该国国际储备资产减少了 25 亿美元，而非增加 25 美元；如储备资产项目为－25 亿美元，表明统计期内该国国际储备资产增加了 25 亿美元，而非减少 25 亿美元。

2. 国际收支平衡表的编制实例

下面，我们通过一个实例来熟悉国际收支平衡表的记账方法。假设美国发生了下面几笔交易，我们先把这些交易的会计分录做好，然后再编制美国的国际收支平衡表。

(1)美国向日本出口价值为 50 亿美元的商品，日本进口商用等值的日元支票支付。

借:金融——其他投资　50 亿美元

　贷:经常——货物出口　50 亿美元

(2)英国游客到美国旅游，到达美国机场后，用英镑旅行支票兑换了 3 亿美元，离开美国时全部花完。

借:金融——其他投资　3 亿美元

　贷:经常——服务旅游收入　3 亿美元

(3)美国居民用美元支票向居住在其他国家的亲属汇款 2 亿美元。

借:经常——二次收入　2 亿美元

　贷:金融——其他投资　2 亿美元

(4)外国人购买美国政府长期债券 6 亿美元，购买者用国外银行汇票支付款项。

借:金融——其他投资　6 亿美元

　贷:金融——证券投资　6 亿美元

(5)美国财政部向德国银行出售价值为 4 亿美元的储备黄金，得到该款项后将它存入德国银行里。

借:金融——其他投资　4 亿美元

　贷:金融——官方储备　4 亿美元

(6)美国进口国外商品价值为 80 亿美元，用美元支付。

借:经常—货物进口　80 亿美元

　贷:金融—其他投资　80 亿美元

我们把以上 6 项分录编成美国国际收支平衡表(见表 1-2)。

表 1-2　美国国际收支平衡表

单位:亿美元

项　目	借方(－)	项目	贷方(＋)
一、经常账户			
货物进口	80(6)	货物出口	50(1)
服务旅游支出		服务旅游收入	3(2)
二次收入	2(3)	二次收入	
总计	82	总计	82

续表

项　目	借方(－)	项目	贷方(＋)
二、资本与金融账户			
(一)资本账户			
(二)金融账户			
直接投资		直接投资	
证券投资		证券投资	6(4)
其他投资	50(1)＋3(2)＋6(4)＋4(5)	其他投资	2(3)＋80(6)
官方储备		官方储备减少	4(5)
总计	63	总计	92
借方总计	145	贷方总计	145

第二节　国际收支平衡表的分析

一、分析国际收支平衡表的意义

一国或地区的国际收支平衡表是其一定时期对外经济交往的综合记录，它可以反映出该国或该地区的经济实力、对外经济关系的特征、国际资本的流出入以及国际贸易的状况等，也可以反映该国或该地区在国际经济交易中的地位和在国际金融活动中的影响。国际收支平衡表对于分析和预测世界经济发展趋势，制定本国或地区的对外经济政策和货币政策，调节国际收支的不平衡都有着现实意义。因此，各国对国际收支平衡与否都十分重视，都把其作为货币政策的一个重要目标。而编制国际收支平衡表，其目的之一就在于对一定时期的国际收支状况作一具体分析，以便更准确地找出有关信息，发现问题，提出相应的对策，促进国际收支平衡。

(一)了解国际储备资产净额状况

国际收支平衡表客观反映了一国或地区的国际储备资产净额。通过分析本国的国际收支平衡表，可以掌握其国际储备资产增减变动的情况，以此为依据制定本国或地区的国际储备的合理水平。通过分析他国或地区编制的国际收支平衡表，可以根据其国际储备资产变动的情况，确定他国或地区经济政策和金融政策的走向，以及汇率波动的趋势，在与该国进行经济交易时，采取相应的政策措施。

(二)了解外汇资金的来源和运用情况

国际收支平衡表全面反映了一国或地区外汇资金的来源和运用情况。通过分析本国的国际收支平衡表，可以了解本国或地区对外经济交易活动的概况，外汇资金运用是否得当，经常项目、资本项目顺差或逆差的情况及其原因。通过分析他国或地区编制的国际收支平衡表，可以了解其外汇资金的来源及运用，预测相关货币汇率的变化趋势，做好国际贸易结算的货币选择，以规避外汇风险。例如，某国某时的国际收支是巨额逆差，该国的货币在外汇市场上就可能贬值，在出口贸易中就应避免以该国货币结算，防止因该国货币下跌造成的风险；而在进口贸易中则可以争取以该国货币结算，尽可能减少对外支付外汇的数额。

（三）了解国际经济交易的综合信息

国际收支平衡表提供了有关各国或地区的国际经济交易的综合信息，通过分析与比较各国或地区的国际收支平衡表，可以了解其对外经济交易活动的基本情况。例如，通过分析某国经常项目中的商品进出口数额的多少，可以初步了解其一定时期生产力的发展水平及其产业结构特征。通过分析某国资本项目中的经济、军事援助数额的多少，可以了解其一定时期经济渗透和政治扩张的程度。通过分析某国无形贸易项目中旅游支出的增减，可以了解其一定时期国民收入和居民生活水平的变化。通过分析某国每年劳务贸易项目的收入，可以了解其一定时期金融、保险、通信、旅游、运输业等第三产业的特色。通过分析某地区资本项目中短期资本的流动，可以了解该区域不同货币金融政策和利率、汇率政策变化所带来的影响等等。

二、国际收支平衡表的分析方法

对国际收支平衡表进行分析，要采用科学、合理的方法，对各个项目进行具体分析，并在项目分析的基础上进行国际收支的全面分析，同时要注重进行必要的横向和纵向的比较分析，以充分发挥国际收支平衡表应有的作用。

（一）项目分析

指针对不同项目所进行的量变分析及其原因分析。国际收支平衡表每个项目都有其独特的内容，通过对不同项目的分析，可以了解一个国家在不同经济领域的发展状况，从而为经济均衡发展提供政策支持。如利用国际收支平衡表中直接投资统计，可以获得一国对外直接投资和外商直接投资流入的状况，直接投资中资本金、收益再投资和母子公司资金往来的构成，投资领域和投资区域等分类统计信息，为有效监测一国直接投资发展状况，科学制定相关直接投资政策提供依据。

（二）动态分析

动态比较分析是指就本期以及以前各期国际收支项目及其状况进行的对比分析。通过动态的纵向的对比分析，判断一国国际收支逆差状况的实质和发展趋势，研究影响国际收支状况变化的宏观、微观因素（如国民生产总值、就业、物价、汇率、利率等），从中得出不同时期国际收支变化的特征所在。一国在某一时期内的国际收支状况，反映的只是该国在一时点上静态的对外经济交往状况，不具有历史可比性。因此，在分析一国的国际收支平衡表时，应从时序的角度进行纵向分析。通过对一段历史时期国际收支的跟踪分析，可以全面把握一国国际收支发展历程，及时发现国际收支发展过程中存在的问题，科学地预测国际收支发展的走向。

（三）横向比较

指将本国国际收支平衡表与同期其他国家国际收支平衡表进行的对比分析。随着交通、通信技术的迅猛发展，全球经济一体化进程日益加快，各国经济的相互依存度进一步提高，各国经济、金融政策的互动、波及效应明显增强。把一国的国际收支分析纳入全球经济发展大背景，横向比较一国主要贸易和资本流动伙伴国的国际收支状况，一方面可以共享统计资源，提高国际收支统计质量，减少国际收支的统计误差；另一方面也为各国及时调整外贸和外资政策，进行经济政策的相互协调，解决国与国之间的贸易争端提供相应的依据。

(四)相关事件分析

国际收支交易的外向性特点，使得国际收支发展易受突发事件的影响，如石油价格上涨、地区性经济和政治危机、贸易壁垒、资本控制和外汇管制的取消、利率市场化和汇率并轨等政策调整。上述政策性因素无疑将对一国国际收支产生重要影响，但由于政策性因素的离散特性，无法形成一定量的样本数据，难以进行定量分析。为了克服上述问题，可借助相关事件分析，有效估计各种政策因素对国际收支影响的力度和时滞，为科学调控国际收支提供依据。

三、国际收支平衡表分析的重点

分析一国国际收支平衡表的主要目的是了解本国是否存在着对外经济交易的失衡，以及选择是否采取政策调整和纠正这种失衡。因此，国际收支平衡表的分析重点是对表中的差额进行分析。国际收支平衡表中的差额是多层次的，可分别进行分析。

(一)贸易账户差额分析

贸易账户差额(balance of trade)是以离岸价(FOB)计价的商品出口额减去商品进口额的差额，即贸易差额＝商品出口额－商品进口额。如果这一差额为正，说明该国存在贸易顺差；如果这一差额为负，说明该国存在贸易逆差；如果这一差额为零，说明该国贸易收支平衡。对于许多国家来说，贸易收支在其国际收支中所占的比重很大，同时贸易收支数据通过海关及时收集，能较快地反映出一国对外经济交往的情况。贸易差额表现了一国的自我创汇能力，反映了一国的产业结构、产品在国际市场上的竞争能力及在国际分工中的地位，因此一定程度上表现了该国的经济实力。

贸易账户差额分析主要包括贸易流量和贸易结构分析，主要分析一国贸易规模和贸易结构的影响因素，涉及国内外贸易产品需求和供给两方面，主要回答一国贸易条件是否稳定、贸易结构是否变化和贸易政策是否有效等问题。贸易条件综合反映一国产品在国际市场的竞争力，随着国内和国际市场可贸易产品价格的波动而变化；贸易结构涵盖一国贸易产品构成和贸易伙伴国的组成两方面，反映一国贸易发展的水平和潜在的贸易风险；贸易政策包括关税、进出口配额、进出口补贴和其他贸易刺激或限制措施等。

(二)经常账户差额分析

经常账户差额(balance of current account)为经常项目各分项收支差额之和，即经常账户差额＝商品差额＋服务差额＋初次收入差额＋二次收入差额。经常差额表示一国实际资源交易所引起的金融资产净变化，其余额综合反映了一国产品(包括劳务)的国际竞争力。经常账户顺差所带来的外汇收入中的一部分进入货币当局的外汇储备，是一国外汇储备的主要来源之一。在无法持续吸引外国资本流入的情况下，经常账户项下长期赤字将造成外汇储备的耗竭。所以，经常账户余额可成为监测一国国际收支状况的主要指标，在宏观经济分析中具有举足轻重的地位，被认为是衡量一国国际收支状况最好的指标之一，被当作制定一国国际收支政策和国内产业政策的重要依据。

（三）资本与金融账户差额分析

资本与金融账户差额(balance of capital and financial account)是资本账户差额和金融账户中扣除储备资产账户之外的其余账户的差额之和，即资本与金融账户差额＝资本账户差额＋金融账户(扣除储备资产)差额。通过该差额可以看出一国资本市场的开放程度和金融市场的发达程度，为一国货币政策和汇率政策的调整提供依据。

资本和金融项目反映一国的资金流动状况，包括长期资金(如直接投资、证券、借款和延期付款信用等)流动和短期资金(贸易资金和国际游资等)流动。在分析长期资金流动时要注意某一时期基本国际收支差额的平衡，如果经常项目差额是由长期资金流入来弥补的，则该国潜伏着国际收支逆差的可能。对于短期资金的流动，不能仅仅从贸易角度进行分析，还必须分析逆差国采取哪些措施吸引短期资金的流入以及当时的国际金融形势和重大事件的发生。另外，国际游资为了逃避监督和管制，其流动的形式十分隐蔽，因此，对短期资金的流动进行统计往往比较困难，统计数字不一定代表真实情况，分析时必须参考误差和遗漏项目，进行综合分析。

（四）错误与遗漏项目分析

错误和遗漏(net errors and omissions)这一项目的数字是人为地轧出来的，但这一数字的存在却有客观原因。如在编制国际收支平衡表的过程中，由于各国经济交易的统计资料来源渠道不同(有的来自海关，有的来自银行，有的来自企业)，统计资料不全；有的经济实体为了逃避外汇管制，掩盖资本外流的真相，或者骗税逃税虚报出口金额；加上工作人员统计差错，以及一些其他因素(如有些数据须保密)等，难免会出现借贷双方不平衡的情况，这些未能平衡的净差额，都应列入错误与遗漏项目。另外，作为复式记账的平衡项目，交易和记账的时滞和国际收支交易的复杂性等原因，使得国际收支统计的误差与遗漏不可避免，这就需要人为轧平差额。误差与遗漏按其来源，可分为系统误差和非系统误差两大类。系统误差通过不断完善统计体系是可以消除的，如调整数据采集方法和估算公式等；而非系统误差是由于各种重报、漏报和误报等偶然因素造成的，尽管可以通过现代技术手段来尽量减少，但不可彻底消除。

在国际收支平衡表中，若错误与遗漏项目数字所占比重很大，则会影响统计的准确性。一般而言，误差与遗漏不可避免，但如果其数额超过贸易额的5%，就会影响该国国际收支统计的可靠性，对有关政策的决定也会产生不利影响。进一步分析错误与遗漏产生的原因及其具体内容，对正确反映各个项目的收支是很重要的。一般来说，错误与遗漏项目大量发生于短期资本，因其流动性大，无法掌握活动规律，分析时应以其为考虑重点。

（五）综合账户差额分析(overall balance)

综合账户差额(overall balance)是经常账户差额和资本与金融账户差额之和，即综合账户差额＝经常账户差额＋资本与金融账户差额。综合账户差额是全面衡量一国国际收支状况的综合指标，通常所说的国际收支差额就是指国际收支的综合账户差额。如果综合账户差额为正，则称该国国际收支存在顺差；如果综合账户差额为负，则称该国国际收支存在逆差；如果综合账户差额为零，则称该国国际收支平衡。当国际收支整体呈现顺差时，表明该国为资源净输出国；反之为资源净输入国。在一国经济发展的不同阶段，国际收支状况会呈现不同的特点。

综合账户差额具有非常重要的意义，可以根据这一差额判断一国外汇储备的变动情况以及货币汇率的未来走势。当综合账户差额为正时，在国际货币市场上外币供应相对增加，本国货币将面临升值的压力。对于实施固定汇率制度的国家，当本国货币面临升值压力时，为了维持本国汇率的“固定”，就必须在外汇市场买入外币抛出本币，从而使本国外汇储备增加；对于实施浮动汇率制度的国家，政府原则上不会动用外汇储备进行干预，而任由本国货币升值。如果综合账户差额为负，在国际货币市场上外币供应相对减少，该国货币面临贬值压力。对于实施固定汇率制度的国家，就会在外汇市场抛出外币购买本币，从而降低本国外汇储备；对于实施浮动汇率制度的国家，政府原则上不会动用外汇储备进行干预，而任由本国货币贬值。当然，无论是买入外汇抛出本币，还是卖出外汇买入本币，都会影响本国国内的货币供应量。

理论上，如果不存在统计上的误差与遗漏，国际收支平衡表最终账面是平衡的，即：综合账户差额－储备资产的增加（或者＋储备资产的减少）＝0。需要注意的是，在分配的特别提款权和误差与遗漏为零的前提下，国际收支差额的顺差或逆差并不意味着官方储备资产相应的变化，还要看短期资本流动的流量和流向的情况。

第三节 国际收支调节理论

由于国际收支失衡对国内宏观经济运行，乃至整个开放经济均衡目标的实现至关重要，所以任何国家出现国际收支失衡时，通常都要采取政策措施进行调整。于是，国际收支失衡的原因、调节方式，就是国际收支理论重要的研究对象。国际收支理论源远流长，从十五六世纪重商主义到20世纪30年代，它始终被作为国际金融的基本问题而加以研究，尤其自20世纪30年代后，随着国际经济交易的广泛发展，国际收支理论更是不断创新与发展，不论是古典的，还是近代的、现代的国际收支理论，都对各国的国际金融实践与实务，产生了重大的指导作用。

一、主要考虑贸易收支的国际收支理论

（一）贸易顺差论

重商主义者认为，贵金属（黄金和白银）是财富的唯一形态。这种财富聚敛的主要途径，是取得国际贸易顺差，亦即外贸顺差是该财富增加的源泉。因此，他们极力主张政府实行贸易保护政策。这是在经济往来只有贸易方式的背景下得出的结论。“贸易顺差论”严格地说，不是国际收支理论，但它的观点，却是国际收支理论发展的起点。

（二）物价—铸币流动机制

18世纪中期，大卫·休谟（David Hume，1711—1776年）在《论贸易平衡》（1752年出

版)中,提出了至今广为流传的国际收支自动调节理论,即为古典经济学所称誉的"物价—铸币流动机制"(price specie-flow mechanism),或称休谟机制。

休谟机制揭示的国际收支平衡原理,可以描述为:在金本位制度下,一个国家的国际收支失衡,可以通过黄金的自由输出入和物价的涨跌,自动取得平衡。这种自动调节过程的具体环节又可这样描述:

国际收支逆差→黄金输出→货币供应量减少→物价水平下降→出口增加,进口减少→国际收支改善→黄金输出放缓,直至国际收支平衡→黄金停止输出,货币达到新的均衡。

国际收支顺差→黄金输入→货币供应量增加→物价水平上升→出口减少,进口增加→国际收支改善→黄金输入放缓,直至国际收支平衡→黄金停止输入,货币达到新的均衡。

可见,在这种自动调节机制下,政府没有必要对国际收支予以人为干预。因为国际收支的均衡依靠黄金的自由输出入,通过黄金的输出入自动地调节国内货币供应量,由此影响国内物价和经济的景气而自动得到实现。

显然,休谟机制是有局限的:(1)其建立的前提是贸易自由化和黄金在各国间的自由输出入,超出该前提,休谟理论只能流于幻想。(2)休谟机制的理论基础是货币数量论。该理论的核心观点是:商品的价格取决于流通中的货币数量,币值取决于货币量与商品量的对比关系。这样,因进出口而产生的黄金流进流出,直接引起国内货币流通量的增减,从而引起国内物价的涨跌,进而影响进出口的变化,形成一个经济循环运动。但休谟忽视了一个根本问题,即忽视了对黄金和商品内在价值的分析,也没有对黄金数量变动引起物价变化从而影响进出口的时滞作应有的考察。(3)休谟理论只考虑汇率与物价的调节作用,而没有提及利率与国民收入的调节作用,这是在金本位制下该理论认识的局限所在。因此,尽管休谟理论流行一时,但随着国际经济关系的发展与深化,其不足也日益显露出来了。

(三)李嘉图国际收支理论

西方古典经济学的集大成者大卫·李嘉图(David Ricardu,1772—1823 年),继承与发展了休谟的自动调节理论。李嘉图以货币数量论为研究的方法,认为货币的国际流动,能够自动调节各国流通中所需的货币量,从而达到国际收支平衡。这种自动调节过程就是:

在纯金属货币流通的条件下,流通中的货币过多→物价上涨→出口的商品减少→进口的商品增加→贸易逆差→本币汇率下降→外汇汇率上升→输出黄金→国内货币流通量减少→商品价格下跌→进口商品减少→出口商品增加→输入黄金→货币流回。

可见,李嘉图的国际收支理论与休谟机制有许多相似之处:(1)两个理论都建立在货币数量论的基础上;(2)都以金本位制和自由贸易的存在为前提;(3)整个调节过程都涉及三个小环节,即黄金量多寡、物价高低和进出口增减。这些共同点也是古典经济学派国际收支调节理论的重要特点。

(四)国际收支弹性分析理论

1. 国际收支弹性分析法的前提条件

国际收支弹性分析法(elasticity approach)是英国女经济学家琼·罗宾逊(Joan Robinson)于 1937 年在《外汇》一书中提出的。它研究的是在浮动汇率制度下,货币对外贬值对进出口商品影响的程度，及其是否能改善国际收支逆差，是否会使贸易条件恶化等问题。这种弹性分析法有四个前提条件：(1)其他条件不变，只考虑汇率变化对进出口商品的影响；(2)贸易商品的供给完全有弹性；(3)充分就业与收入不变，从而进出口商品的需求就是这些商品及其替代品的价格水平的函数；(4)没有资本移动，国际收支等于贸易收支。国际收支弹性分析法讨论的就是在上述四个假设条件下，汇率变动对国际收支的调节作用。由于这种方法主要围绕着进出口商品的供给与资本需求的价格弹性展开分析，因此被称为弹性分析法。

2. 国际收支弹性分析法的原理

一般来说，一个国家会采取以下两种方式来改变汇率，刺激或限制出口：一是本国货币对外贬值；二是本国货币对外升值。其过程如下：当一国的贸易项目出现大量逆差时(这个逆差可能是由于该国商品在国际市场上缺乏竞争力，外国商品的输入大于本国商品的输出；也可能是由于该国汇率水平不合理，本币价值高估阻碍了出口)，该国通常就采取货币贬值政策来达到限制进口的目的。货币贬值，一方面可使国内产品在国际市场上以外币表示的价格相对降低，有利于出口；另一方面使进口商品以本币表示的价格相对提高，不利于商品进口。当一国对外贸易持续顺差，并超过国内经济和国际社会许可的界限时，该国就会采取货币升值政策来达到抑制出口、刺激进口的目的。货币升值，一方面会提高该国商品以外币表示的出口价格，使商品出口竞争力减弱，出口量随之减少；另一方面会使该国以本币表示的进口商品价格降低，从而刺激商品内需，进口量随之增加。

由上可见，货币贬值具有促进出口、抑制进口的作用，而货币升值则具有刺激进口、遏制出口的作用。不过，这种升贬值的考察是舍去许多因素的，实际上货币升贬值受到诸多因素——经济的和非经济的因素的制约，因此，货币升贬值能否产生像上面所说的理想效果，尤其货币贬值究竟多大程度上影响着商品的供求，影响着进出口，便成了人们研究的一个重要问题。

罗宾逊为了解决这个问题，创立了弹性分析原理，认为贬值能否扬“出”抑“进”，取决于供求弹性，至于贬值能否成功地达到预期的目的，则还必须利用马歇尔—勒纳条件予以分析。该条件指出，为了使贬值有助于减少国际收支逆差，即一国出口需求弹性 D_x 和本国进口需求弹性 D_m 的绝对值之和应该大于 1，如下式：

$$|D_x|+|D_m|>1$$

这个不等式就是马歇尔—勒纳条件(Marshall-Lerner Condition)。

可得出两个结论。其一，当一国货币汇率下跌时，如果 $|D_x|+|D_m|=1$，则该国国际收支不受影响。它反过来又说明，该国在出现贸易逆差时，不宜采用货币对外贬值的调控方法。其二，当一国货币汇率下跌时，如果 $|D_x|+|D_m|<1$，则该国国际收支反而会恶化。它反过来说明，该国在出现贸易逆差时，绝对不能采取本币贬值的调控政策。

3. 对国际收支弹性分析法的评价

价格弹性是世界市场供求关系的反映，故而通过汇率政策影响商品价格，可以调控国际收支。因此，弹性分析论者提出，在选择汇率政策时必须考虑到进出口商品的价格弹性问题。但这一理论仍有很大的局限性，表现在：

(1)弹性分析法是局部均衡分析，只考虑汇率变动对进出口贸易的影响，忽视了其他重要的经济变量对国际收支的影响以及其他一些相互关系。比如该理论没有考虑汇率变动对国际资本流动的影响，在国际资本流动规模巨大的今天，其局限性表现得特别突出。实际上本币贬值还会影响到资本和金融账户收支。

(2)弹性分析法是一种静态分析法，但在现实世界中本币贬值对贸易收支的影响则是一个动态过程。在短期内，本币贬值由于时滞效应不会立即引起贸易量的调整，贸易收支反而会恶化。如果引入时间因素考虑本币贬值的中长期效应，则本币贬值已不仅会通过相对价格变动影响贸易收支，还会通过国民收入、货币供应量和绝对价格水平等诸多经济变量的变动对贸易收支产生巨大影响。

(3)弹性分析法是一种微观分析法，假定国民收入不变，从而忽视了宏观经济分析的关于收入—支出—收入循环理论的基本观点，看不到贬值与对外贸易引起的国民收入变化影响国际收支均衡的机制，因此也无法提出正确的收入政策。

(4)供给具有完全弹性这一假设不符合实际，尤其生产初级产品的各国，其供给弹性是有限的。因此，货币贬值在一定的条件下，可在一定程度上改善贸易收支状况，但不能从根本上解决国际收支问题。

(五)国际收支吸收分析理论

国际收支吸收分析法(absorption approach)，是詹姆士·爱德华·米德(James Edward Meade)和S.亚历山大(S.S.Alexander)于1952年提出的。它是从国民收入和总需求的角度，系统研究货币贬值政策效应的宏观均衡分析法。

1. 国际收支吸收分析法建立的基础

国际收支吸收分析法是建立在凯恩斯主义的宏观经济分析法基础上的。这个方法的特点在于把经济活动视为一个互相联系的整体。在这个整体中最重要的分析指标是总供给、总需求、国民收入和就业总量。

2. 国际收支吸收分析法的要点

(1)吸收分析法的表现形式

$$B=X-M=Y-E$$

式中：B 为贸易差额；Y 为一国的国民收入；X 为出口；M 代表进口；E 为总吸收。

亦即国际收支＝总收入－总支出。亚历山大把这个总支出 E 称为总吸收，并以 A 替代，如下式：

$$B=Y-A$$

这就是国际收支吸收分析法的表现形式，它表明一国的国际收支差额(B)就是国民收入与国内吸收的差额。国际收支平衡就意味着总收入等于总吸收。国际收支顺差意味着总收入大于总吸收，而逆差则意味着总收入小于总吸收。调节国际收支逆差就是要增加收入，即通常说的支出转换政策，或减少支出，即通常说的支出减少政策，简称吸收政策。

(2)贬值对收入和吸收的影响

贬值对收入的影响体现在两个方面：①闲置资源效应。即在该国存在未被利用的资源的情况下，贬值对收入的基本影响表现为贬值国出口的增加以及进口替代的需求增加，进而通过贸易乘数引起国内需求的扩大，从而增加国民收入。②贸易条件效应。贬值的结果是，以外币表示的出口商品价格的下降幅度大于以外币表示的进口商品价格的下降幅度。因为出口商品一般是专业性较强的商品，它受贬值的影响就比进口商品大，由此会使贸易条件恶化，进而引起国际收支恶化。

贬值对吸收的影响是直接的。在充分就业条件下，贬值对外贸差额的影响是通过对吸收的直接影响表现出来的，具体地说，是通过压缩吸收来改善贸易收支。米德认为吸收减少，一则可使进口商品的国内需求下降，从而减少进口；另则可使出口商品的国内需求下降，从而扩大出口，但需配合转换政策，保持内部平衡。如果贬值不能减少需求，亦即吸收不能减少，那么就会引发国内的通货膨胀。因此，货币贬值只有在能够增加产量(收入)或减少吸收(支出)的情况下，才能见效，即贬值一定要通过货币政策(转换政策)和财政政策(吸收政策)的配合，压缩国内需求，把资源从国内吸收转向出口部门，才能成功地改善国际收支，保持国内经济发展的内外部均衡。

3. 对吸收分析法的评价

总之，吸收分析法是建立在宏观的、一般均衡的基础上的，比微观的、局部的弹性分析法有所进步，并强调了政策配合的意义。当一国国际收支逆差时，若国内存在闲置资源，在采取本币贬值的同时，应注意运用扩张性的财政货币政策来增加收入；若国内各项资源已经达到充分就业，应注意运用紧缩性财政货币政策来减少收入，这样可以实现经济的内外均衡。不过，它仍有不足之处：(1)亚历山大的两点假设(一是贬值是出口增加的唯一因素，二是生产要素转移机制平滑)不切实际；(2)倾斜地以国际收支中的贸易项目为研究对象，而忽视日益发挥重要作用的资本项目，从而使其理论无法完满。

二、国际收支的货币分析理论

20 世纪 70 年代以前的主流国际收支理论几乎都没有考虑资本流动的影响，或者只将资本流动放在一个非常次要的位置。随着国际资本流动的迅速发展，许多国家的资本收支规模大于贸易收支，货币与实体经济之间的背离趋势日益明显。在考虑资本收支因素后，造成国际收支失衡的原因将有怎样的变化？国际收支的调节措施将有什么呢？国际收支货币分析理论为我们展现了一个国际收支研究的全新视角。

国际收支货币分析法(monetary approach)，是由美国经济学家蒙代尔(Robert Mundell)和约翰逊(Harry Johnson)在休谟机制的基础上于 60 年代末、70 年代初提出来的。由于这个方法是随着货币主义的兴起而出现的，是从货币理论引导出来的，故称之为货币分析法。该分析法的主要贡献在于强调国际收支失衡会引起货币存量的变化，从而影响一国的经济发展。

(一)国际收支货币分析法的假设条件和主要特征

1. 货币分析法的三个基本经验假定

货币分析法有三个基本经验假定：

(1)在充分就业的均衡状态下，一国的货币需求是收入、价格和利息等几个变量的稳定函数；

(2)贸易商品的价格主要是外生的，在长期内，一国价格水平接近于或等于世界市场水平；

(3)货币供给不影响实物产量。

这些假设的目的在于排除其他因素的影响而更能直接地从国内货币供求变化的高度来分析国际收支差额这一“纯货币现象”。

2. 货币分析法的主要特征

货币分析法与吸收分析法和弹性分析法相比,具有以下三个特征:

(1)货币分析法具有浓厚的货币主义色彩。这是它的典型特征。该理论始终认为国际收支只是一个货币现象,而不是一个实物现象,国际收支问题“在货币世界经济体系中”均是货币问题。他们还从货币数量论出发,强调决定一国国际收支的因素,并不是实际的国民收入和支出,而是货币的供需量的变化,即货币调节在诸调节因素中居首要地位。并且强调货币是一种存量,而不是一种流量。货币的均衡与不均衡要求对存量的均衡条件和存量调节过程进行分析。

(2)货币分析法的立足基石是一般均衡分析法。该方法不同于弹性分析法从局部均衡(贸易项目)考察国际收支,即并不具体研究国际收支的某个项目,而是研究国际收支整体,或者说研究全部余额,认为这个国际收支整体或全部余额能综合反映经常项目和资本项目的总和,只有它才会影响国内外货币供求。

(3)货币分析法是一种长期的分析理论。与作为短期分析的凯恩斯主义收支理论不同,货币分析法注重的是长期收支均衡,研究的是长期内货币供求的变化同国际收支运动之间的关系。因为,这种理论认为货币作为存量在长期(1~10 年)的运行过程中有一个稳定的需求函数。

(二)货币分析法对国际收支失衡及其调节的研究

1. 国际收支的失衡

失衡是指国际收支发生逆差和顺差。由于货币分析法始终认为国际收支是一种货币现象,国际收支问题乃是货币问题,因此,该理论认为导致国际收支失衡的原因也必定是货币因素,而在诸多货币因素中,最根本的是货币供应量。由此该理论认为,一国要保持国际收支的均衡与稳定,就必须使货币供给的增加与真实国民收入的增长保持在相一致的水平上。国际收支盈余等于一国货币需求(M_d)减本国的货币创造(D),同时表明国际收支是与货币供求相联系的一种货币现象,也揭示了一国国际收支失衡的原因,那就是货币供应与需求之间的不协调。国际收支顺差或国际储备增加,是由于国内货币需求过度或供给不足所致;而国际收支逆差或国际储备减少,是由于国内货币供给过度或货币需求不足引起的。

2. 国际收支失衡的自动调节

货币分析法的主张者强调国际收支是能够自动调节的。他们认为,国际收支失衡是由货币供求失衡引发的,这种失衡如果不能在国内得以调整,势必产生资本的内流或外流。流动既不是由经常项目的差额所引发,也不是由资本项目的差额所引发,而是自动引发的。因此,政府纵然不进行干预,国际收支的失衡也会在一个不太长的时间内消失,最后使国际收支趋于平衡。

从现实经济运行过程来看,当一国货币供应由于各种原因而过度时,国内对商品、劳务和有价证券的需求也会随之增加,从而使该国实际资产和金融资产的价格在短期内高于国际市场的价格水平，结果国内需求过旺使外国产品涌入国内，而过高的证券价格也会使国外有价证券进入国内市场。这样，就使得国内国际储备流出，引起国际收支逆差。相反，一国货币供应紧缩，就会使国内的商品与金融资产的价格低于国际市场价格，从而使国际储备增加，进而引起国际收支顺差。逆差与顺差是货币运动的两个极端，如果一国能够把货币供给保持在一个适度水平上，则国际收支也必然会回复到均衡状态。其过程如下：一国货币供应过多(少)→国际收支逆(顺)差→国际储备外(内)流→货币供给恢复正常→国际收支重新平衡。

上述结论是在舍去汇率变化，即在固定汇率制度下得出的。在浮动汇率制下，该理论的主张者也没有改变这个结论，认为国际收支仍然会自动达到平衡。他们认为这时货币供给完全处于各国中央银行的控制之下，汇率是否会变动，变动的程度如何，取决于两国各自的货币增长与真实的国民收入增长的差距是否相等。如果相等，汇率不变；否则，差距大的一国货币下浮，差距小的一国货币上浮，进而影响国际收支，使其自动达到均衡。在这种情况下，各国可根据自己的国情需要执行稳定的货币政策，而不必考虑国际收支问题。其自动调节过程如下：货币供给量变化→国际收支失衡→汇率变化→国内物价变化→名义货币需求量变化→国际收支重新平衡。

(三)对国际收支货币分析法的评价

虽然货币分析理论的基本观点及其所提倡的国际收支调节方法，在国际收支理论研究以及各国宏观经济实践中都有广泛影响，但质疑的声音并未因此而消失。就国际收支货币分析法自身而言，局限性主要表现在以下方面。

(1)把货币因素看成是决定性的、第一性的因素。货币分析理论颠倒了商品流通与货币流通的关系，把货币因素看成是决定性的、第一性的因素。但事实上，货币并非国际收支失衡及其调节的唯一因素。例如，货币市场均衡时，如果对商品过度需求，而且这种需求通过国外部门的商业信用而得到满足，则国际收支同样出现逆差。

(2)着重于长期分析，但事实上货币需求在短期内并不稳定。该理论假定货币需求具有稳定性，从而视货币供给为决定国际收支的唯一力量。虽然该理论坚持利率等其他因素对货币需求变动的影响有限，但因此彻底忽略货币需求变动的做法显然会动摇其结论的可靠性。如果利率随货币供给的改变而发生大幅度变动，短期内必然影响投资、消费和产出，引起货币需求变动。所以，不能过分强调长期静态均衡而忽视对短期和中期国际收支调节方式的研究。

(3)很大程度上依赖一价定律或购买力评价假设。事实上由于运输成本、贸易壁垒、关税以及信息不完全等因素的存在，现实经济生活中其实无法认定一价定律的绝对成立。这种价格偏差传递到国际货币供给的分配上，就会对各国货币市场均衡产生影响。所以，按照货币分析理论的建议从事国际收支调节，政策的实际效果与预期效果之间难免会出现偏差。

(4)忽略了国际收支结构问题。货币分析理论只注重官方储备账户变动，而忽略了国际收支结构——经常项目与资本和金融项目的自身平衡与相互影响。如果经常项目逆差在数量上恰好等于资本和金融项目顺差，那么以货币分析理论来看，官方储备不变说明国际收支平衡，无须采取调节措施。但是如果依靠借债来平衡贸易收支逆差，将增加未来还本付息的负担，一旦资本流入中断，贸易账户差额无法弥补，国际收支失衡问题便会马上显现。

第四节 国际收支的失衡与调节

一、国际收支失衡的性质

（一）国际收支的平衡与失衡

1. 国际收支平衡与失衡的衡量口径

根据国际收支平衡表编制原理，在国际收支平衡表里国际收支最后总是平衡的，但这种平衡只是会计意义上的平衡。在实际中，国际收支是经常不平衡的，总是存在不同程度的逆差或顺差。

国际收支失衡(disequilibrium)的衡量口径有许多种，不同的国家往往根据自身情况选用其中一种或若干种来判断自己在国际交往中的地位和状况，并采取相应的对策。例如，某国的经常项目连年出现巨额赤字，即逆差，而资本项目则连年盈余。这样的国家虽然综合差额处于平衡，但从长期来看，其国际收支不容乐观。因为连年的经常项目赤字反映了该国产业的国际竞争力低下，国际收支的长久平衡没有坚实的基础，眼前的平衡是依靠外资来维持的，所以它极可能存在严重的外汇短缺和结构性国际收支失衡。

一般而言，可以从动态和静态两方面判定国际收支是否平衡。从动态意义上讲，一国国际收支平衡是指一国的国际收支发展是可持续的，一国的经常项目逆差可通过可持续的资本流入来弥补，也可认为该国的国际收支总体运行良好。从静态意义上讲，国际收支平衡是指国际收支自主交易项目收支平衡时的状态。自主性交易(autonomous transaction)，亦称事前交易(ex-ante transaction)，它是指个人或经济实体为了经济上的某种目的而自主进行的交易。如货物和服务贸易、政府或私人的援助(如政府间的贷款、投资及私人直接投资等)、赠与和侨民汇款等，这种交易纯粹是基于交易或投资目的进行的，其所产生的货币收支并不总是相抵，由此导致贸易差额。自主交易项目通常主要指经常项目和长期资本流动项目。当一国国际收支出现自主性交易逆差时，要从国外银行或国际金融机构获得短期资金融通或动用官方储备来弥补，这种为了弥补自主性交易差额而进行的交易称为调节性交易。调节性交易(accommodating transaction)，也称补偿性交易(compensatory transaction)或事后交易(ex-post transaction)，是指为了弥补自主性交易差额而进行的经济交易。短期资本交易的一部分和官方储备项目的变动属于调节性交易。

2. 国际货币基金组织对国际收支均衡的评判标准

国际货币基金组织对国际收支均衡提出以下四项标准：

第一，国际收支均衡是指经常项目差额可由正常的资本流量来弥补，而无须通过过度的贸易限制和对资本流入或流出的特殊刺激，或造成大规模的失业来实现。

第二，在考虑到暂时性因素(如码头罢工、歉收)、生产能力不正常使用或失业、贸易条件持久的外生变化、对贸易和资本流动的过度限制或刺激等影响因素后，经常项目差额等于正常的资本净流量。

第三，是可维持的国际收支，亦称为可维持的对外收支状况。即在一段时期内，在给定的汇率水平下，一国基本的国际收支经常项目差额与正常的资本净流量以及官方外汇储备的合理增长相一致。

第四，经常项目均衡的两个准则：可维持性和适度性。前者是指经常项目逆差的可维持性，后者是指经常项目所包含的一国消费和储蓄的社会福利最大化。可维持性是经常项目均衡的基本标准，适度性则是最高标准。

（二）国际收支失衡的原因

如果一国出现了国际收支失衡，就需要采取措施来加以调节。但是，除了知道国际收支失衡的数量之外，我们还需分析国际收支不平衡的原因，才能做到标本兼治。一国的国际收支失衡可以由多种原因引起，因具体国家具体时期而异，其中有政治军事方面的、经济方面的以及自然灾害等其他方面的原因。由于经济方面的因素是引发一国国际收支失衡的主要动力，因此，就此作详细探析。

1. 周期性失衡(cyclical disequilibrium)

这是由于经济的周期性波动而使一国的总需求、进出口贸易和收入受到影响而引发的国际收支失衡情况。典型的经济周期有危机、萧条、复苏和繁荣四个阶段。当一国处于经济萧条时期，投资者对该国投资前景不看好，大量的资本流出，使资本账户或金融账户出现逆差；当一国处于经济繁荣时期时，人们对其国内投资前景看好，大量资本流入，使资本账户或金融账户出现顺差。

2. 结构性失衡(structural disequilibrium)

结构性国际收支失衡是指国内经济、产业结构不能适应世界市场的变化而发生的国际收支失衡。结构性失衡通常反映在贸易收支或经常项目上。世界各国由于地理状况、自然资源、科技水平、劳动生产率等经济条件的差异，形成了自己具有相对优势的进出口商品结构。其中，进口结构要适应国内经济发展和市场需求，从而实现贸易支出稳定增长，否则容易引起进口数量大起大落，造成贸易外汇支出的剧增或锐减。而出口商品结构则要适应国际市场的需求，当国际市场对交易商品需求发生变化时，其产业结构若不能及时调整，就会使进贸易收支或经常项目失衡，导致国际收支逆差。1997 年东南亚、韩国之所以相继发生货币危机，其中一个重要原因就是生产结构落后，未能依市场变化及时调整，最后导致多年来经常项目发生严重逆差，对整个国际收支与经济发展产生巨大的冲击。如果一个国家的产业结构不能随国际分工格局的变化及时调整，便会出现结构性失衡。结构性失衡与偶然性失衡不同，具有长期的性质，扭转起来相当困难。

3. 收入性失衡(income disequilibrium)

这是一种因一国国民收入发生变化而引发的国际收支不平衡。国民收入是重要的宏观经济变量，经济周期、经济增长速度、经济政策环境等因素都可能引起国民收入的变化。国民收入对国际收支的影响可以分别从贸易支出和非贸易支出两个角度进行分析。一方面，收入决定储蓄和消费，自然也就影响到进口需求。当国民收入提高时，进口支出随之增加，容易出现经常账户逆差。另一方面，收入影响投资，从而引起国际资本流动。因为在国民收入提高的同时，对外投资相应增加，结果，资本流出很可能致使国际收支出现逆差。这里值得注意的是，因经济周期变化而引发的收入性失衡，属周期变动性质；因经济增长率高低而引发的收入性失衡，则属于长期性质，因此，这种失衡亦称持久性失衡。

4. 货币性失衡(monetary disequilibrium)

这是一种因一国货币供应量与货币对内价值发生变动而引发的国际收支不平衡。一国货币供应量增加，使得本币对内贬值或通货膨胀，出口产品成本提高，产品的国际竞争力下降，在其他条件不变的情况下，出口减少，与此同时，进口成本降低，进口增加，国际收支经常账户发生逆差。此外，一国货币供应量增加会导致本国实际利率下降，资本流出增加，通过刺激资本外逃导致资本和金融账户逆差。总体而言，一国货币供应量的快速增加会同时影响该国经常账户和资本与金融账户，使国际收支出现逆差；反之，一国物价平稳或通胀程度低，国际收支会出现顺差。可见，货币性失衡实际上主要是由通货膨胀与通货紧缩引发的。这里值得注意的是，货币性失衡可以是短期的，也可以是中期的或长期的。

5. 增长性失衡(incremental disequilibrium)

这是指因一国经济高速增长而引发的国际收支不平衡。一国经济高速增长，一方面经济实力得到提升，出口能力增强，经常项目可能出现顺差；另外一方面外国投资者看好该国的投资前景，资本流入增加，资本和金融项目也可能出现顺差。

6. 偶然性失衡(Temporary Disequilibrium)

偶然性国际收支失衡是由短期的、非确定的或偶然的因素引起的。这种偶然因素包括季节性变化、气候变化、政局变动或者短期游资的冲击等等。这种性质的国际收支失衡，其程度一般较轻，持续时间不长，带有可逆性，可以认为是一种正常现象。在浮动汇率制度下，这种性质的国际收支失衡有时根本不需要政策调节，市场汇率的波动就能将其纠正。在固定汇率制度下，一般也不需要采用政策措施，只需动用官方储备便能加以克服。

一般说来，由于国内产业结构和经济增长因素引起的国际收支失衡具有长期持久的性质，因而被称为持久性失衡。

二、国际收支失衡的影响

国际收支失衡无论是顺差还是逆差，如果长期持续下去，而且差额较大，就会对一国宏观经济产生严重影响。

(一)持续性巨额顺差对经济的影响

1. 国际支付能力提高。一国持续性巨额顺差会使该国国际支付能力提高，其具体情况是这样的：顺差国的经济实力增强→国际债信提高→筹资、投资能力提高→国际支付能力提高。

2. 导致外汇汇率下跌，本币汇率上升，抑制出口，促进进口。其具体情况是这样的：一国持续性巨额顺差→外汇供应增加，本币需求增加→外币贬值，本币升值→以外币表示的出口产品的价格提高，以本币表示的进口产品的价格降低→抑制出口，促进进口。

3. 加剧通货膨胀，抑制本国经济发展。其具体情况是这样的：一国持续性巨额顺差→本币坚挺→国际游资大量流入→国内货币供应增加→物价上涨→加剧通货膨胀→抑制本国经济发展。

4. 导致国际贸易摩擦，不利于国际经济关系的发展。其具体情况是这样的：一国持续性巨额顺差→意味着其他国家持续性逆差→影响到其他国家的经济发展→导致国际贸易摩擦，甚至报复（征收报复性关税或贸易壁垒增加等）→不利于国际经济关系的发展。

5. 可能会导致国内流动性过剩，影响货币政策实施的有效性和独立性。如对于实施固定汇率制度的国家，顺差会导致一国外汇储备增长，在没有有效对冲手段时，会导致国内流动性过剩，影响货币政策实施的有效性和独立性。此外，国内流动性加剧，如果没有寻找到有效的投资渠道，还容易出现经济泡沫，引发通货膨胀。

6. 可能会引起资本输出增加。一般来说，一国的国际收支出现持续性顺差，会形成资本过剩的局面，为了寻找有利的投资场所，就会引起资本外流，到投资环境良好的国家或地区去投资。另外，顺差国的政府也会鼓励国内资本到国外去投资，甚至采取一系列鼓励资本外流的优惠措施。这样，就会在一定的范围内形成国际投资的热潮，从而，国际收支顺差国的对外投资将增加或扩张，反映在国际收支平衡表上就是资本输出增加。

7. 会使该国丧失获取国际金融组织优惠贷款的权力。例如，IMF 的一个宗旨就是协调各成员国的货币政策，通过提供优惠贷款帮助成员国平衡国际收支逆差。但如果一国国际收支出现不断的顺差，就无法得到这种益处。

（二）持续性巨额逆差对经济的影响

1. 持续性逆差首先会导致外汇储备大量流失。这是因为一国发生持续性逆差时，一般都会采取三种方式来弥补：一是动用外汇储备；二是对外举债；三是调整经济结构。如果主要以动用外汇储备去弥补，必然严重消耗该国的储备资产，而储备资产又是一国国际清偿力的重要构成，因此，储备资产的流失也就意味着该国金融实力甚至整个国力的下降，进而也会损害该国在国际上的声誉。

2. 持续性逆差会造成外汇汇率上升，本币汇率下跌，促使国内物价水平上升。一国发生持续性巨额逆差→外汇供小于求→外币升值，本币贬值→可能促进出口，国内商品供应产生缺口→同时进口产品价格提高→带动国内物价提高→引发通货膨胀→生活水平下降。

3. 持续性逆差影响国民经济增长和国内充分就业。一国发生持续性巨额逆差→该国获取外汇的能力减弱→同时也使一部分国际储备资产因用以弥补逆差而丧失→必然影响该国发展生产所需的生产资料的进口→国民经济增长受到抑制→影响一国的国内财政和人民的充分就业。

4. 可能会引起资本输入增加。一国发生持续性巨额逆差，国内资本就会出现短缺现象。为了改善这种环境，逆差国政府往往会采取一系列吸引外资的措施，同时限制自己的资本外流，这样，就可能通过吸引外资来发展自己的经济，逐渐扭转自己的逆差局面。因此，国际收支逆差国的对外投资将减少或收缩，利用外资将增加，这反映在国际收支平衡表上就是资本输出减少，资本输入增加。

5. 持续性逆差还可能使一国陷入债务危机。一国发生持续性巨额逆差→如果该国主要以举借外债的方式来弥补，而且借入外债的使用效益低下→可能会导致该国到期无法还本付息，爆发债务危机。80 年代初的南美债务危机和 1997 年的韩国债务危机证明了这一点。

6. 持续性逆差可能造成国内经济、金融的动荡，往往是诱发资本外逃的重要因素，从而加剧国内资金短缺局面，形成恶性循环。

总之，国际收支逆差和顺差是不可避免的，但要保持一个合理的限度，即国际收支差额的存在，应该是该国现有能力可控制的，包括适量的国际储备和充分的国际借款还债能力。当然，这种合理的“度”与“量”的规定，是因时、因地和因国而异的。

三、国际收支失衡的调节

（一）国际收支失衡的自动调节

国际收支失衡的自动调节是指经济中存在能够自发运转的力量，它们在没有人为干预的情况下会推动国际收支自动趋于平衡。

1. 金本位制下国际收支通过“物价—现金流动机制”自发调节平衡

物价—现金流动机制是18世纪英国经济学家大卫・休谟揭示的，又称“休谟机制”，其描述了在国际金本位制度下国际收支的自动调节机制。

休谟认为，如果一国的国际收支持续发生逆差（支出大于收入），其汇率就会下跌至黄金输出点，从而发生黄金外流现象。但这种现象不会持续太久，因为黄金的流出会减少该国的货币供给量；而货币供给量的减少，又会使其物价水平下降，致使该国商品的国际竞争力增强，于是会发生促进出口、减少进口的作用，结果收入增加而支出减少，国际收支则逐渐恢复平衡。反之，在国际收支发生顺差的国家，则由于黄金的流入，货币供给量增加，致使物价水平上升，并削弱其商品国际竞争力，因而使进口增加，出口减少，结果支出大于收入，国际收支则逐渐恢复均衡。详见图1-1所示。

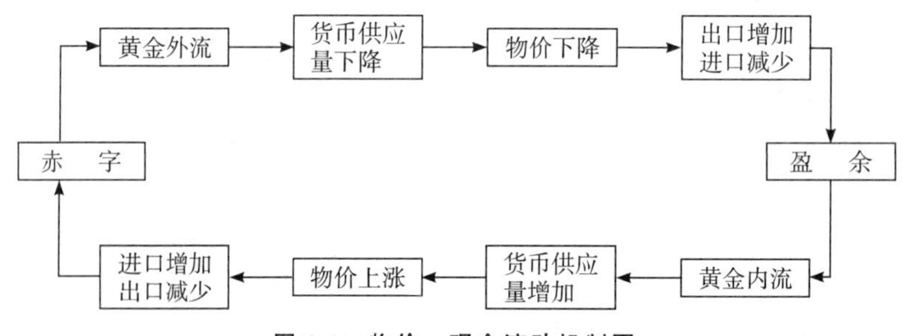

图1-1　物价—现金流动机制图

休谟思想在1762—1914年间先后受到亚当・斯密、穆勒、马歇尔等古典学派经济学家的发扬，而成为古典学派国际收支调节理论的核心。在19世纪末期，新古典学派通过强调短期资本流动对国际收支的影响补充了物价—现金流动机制这一理论（如图1-2所示）。新古典学派认为，短期资本流动对国际收支产生影响的机制主要表现在三个方面：(1)出口国向对方提供短期贸易信贷融资；(2)汇率的上升与下降都只是短期现象，因此，当一国外汇汇率上升时，人们会将资本输往该国，以便从未来的外汇汇率下降中获利；(3)当一国出现国际收支逆差时，该国的黄金会发生外流，从而引起该国国内银根紧缩，造成该国利率上升。利率的上升，必然会导致套利资金流入该国，并使其恢复国际收支平衡。

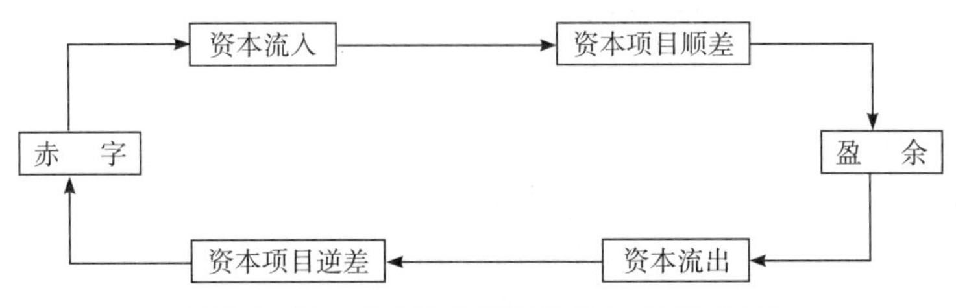

图 1-2　新古典学派的国际收支失衡调节机制

金本位制度瓦解后，物价—现金流动机制不复存在，因为在信用货币制度下，纸币流通使国际货币流动失去直接清偿性，国际货币交换必须通过汇率来实现。

2. 纸币流通制度下国际收支的自发调节

(1)外汇市场的供求机制。一国的国际收支失衡，无论是顺差还是逆差，都必然对外汇市场产生压力，促使货币升值或贬值。如果政府不对汇率进行干预，则顺差或逆差就会被外币的充分升值或贬值所消除，从而影响贸易收支。

外汇市场供求机制的自动调节过程如下：国际收支逆差→外汇供应小于外汇需求→外汇汇率上升，本币汇率下降→出口商品以外币表示的价格下降，进口商品以本币表示的价格上升→出口增加，进口减少→贸易收支顺差。

需要注意的是，通过汇率变动来影响贸易收支平衡是需要一定时间和条件的：其一，逆差国货币对外贬值幅度大于对内贬值幅度；其二，进出口商品的需求弹性之和要大于1，即符合马歇尔—勒纳条件；其三，主要贸易伙伴国不采取反措施；其四，存在J曲线效应。通过汇率变动来影响贸易收支平衡是需要一定时间的，因为掌握市场信息，扩大出口品和进口替代品的生产都需要时间，这就是汇率变动影响的“J曲线效应”。当然，时间的长短取决于商品价格弹性的大小等因素。但不管怎样，由于弹性很低的情况是很少见的，只要有足够的时间，汇率的自由波动就能自发地消除贸易收支失衡。

(2)国民收入的调节机制。国民收入的调节机制指当国际收支逆差时，会引起国民收入水平下降，从而引起社会总需求下降，进口需求下降，贸易收支得到改善。

国民收入调节机制的自动调节过程如下：国际收支逆差→国内信用紧缩→国民收入减少→社会总需求下降→进口需求下降→贸易收支改善。

(3)利率的调节机制。国际收支失衡会影响一国流通中的货币量，进而影响该国的利率、价格水平和公众持有的现金余额等变量。这些变量本身的变化又会起到缩小国际收支差额的作用。如果没有政府的干预，它能自动消除国际收支失衡。

利率调节机制的自动调节过程如下：国际收支逆差→本国货币存量减少→本国利率上升→本国金融资产收益率上升→对本币金融资产需求上升，对外国金融资产需求相对减少→资金外流减少，流入资金增加→国际收支顺差。

在现实世界中，这些自动调节机制是同时运转并相互作用的。但由于一国政府为了追求一定的政策目标而不断地干预这些机制的运行，这些自动调节机制在实现国际收支平衡的同时，又会对国内经济产生消极的影响。例如，旨在消除国际收支赤字的货币调节机制的运行，将对国内经济产生紧缩作用，如果该国政府对国内经济目标的重视大于外部平衡的实现，就会采取若干措施限制上述自动恢复平衡的机制运行。因此，自动调节机制发生作用的大小以及发生作用的期限长短，一方面取决于该国的经济条件，另一方面还取决于该国的经济政策。

（二）国际收支失衡的政策调节

由于国际收支失衡可能对国民经济产生不良影响，各国政府都十分重视本国国际收支状况，把国际收支平衡作为宏观经济政策的主要目标之一。由于国际收支自动调节机制的运作在当代经济条件下不总是那么通畅，甚至基本失灵，因此，尽管人为的政策调节具有一定的副作用，但各国都在不同程度上予以运用。一般来讲，在纸币流通制度下，调节国际收支失衡的政策主要有以下几种：

1. 外汇缓冲政策

外汇缓冲政策亦称资金融通政策，指一国运用官方储备的变动或临时筹借资金（如国际信贷等融资政策）来抵消超额外汇需求或供给，从而调节国际收支失衡的一种政策。如当一国发生临时性国际收支逆差时，就运用外汇储备或通过对外举债方式，来抵消市场的超额外汇需求，由此稳定汇率进而平衡国际收支。然而，利用本国的国际储备来平衡国际收支逆差，要受到国际储备规模的影响，只适用于克服短期的规模较小的国际收支逆差，而对于巨额的、长期的国际收支逆差，不能用此方法，否则会使外汇储备枯竭或外债积累。在出现长期的国际收支逆差时，利用国际储备资源和筹资能力，可以作为辅助手段，为进一步调整国际收支争取时间和创造条件，减轻国内经济由于国际收支调整措施所带来的震动。

2. 支出变更政策

支出变更政策是指通过改变社会总需求或国民经济中支出的总水平，进而改变对外国商品、劳务和金融资产的需求，以此来调节国际收支失衡的一种政策。它主要包括财政政策和货币政策。

（1）财政政策。财政政策是指一个国家通过扩大或缩小政府财政开支，提高或降低税率的办法来平衡国际收支。其原理是：当一国的国际收支发生逆差时，就实行紧缩性的财政政策，减少政府开支，提高税率，使经济处于“紧缩”状态，由此增加财政收入，减少投资与消费，降低社会对商品的需求，迫使物价下跌，增强出口商品的竞争能力，达到扩大出口、减少进口，从而改善国际收支的目的。当一国的国际收支发生顺差时，则实行扩张性的财政政策，增加政府开支，降低税率，使经济处于扩张状态，大量进行财政支出，刺激投资与消费，增加对商品的需求，从而使物价上升，抑制出口，增加进口，达到减少国际收支顺差的目的。

（2）货币政策。它亦有紧缩性和扩张性之分。当国际收支出现较大逆差时，一般采用紧缩性的货币政策，其主要手段是中央银行在公开市场上出售政府债券，提高法定准备率及贴现率。利率提高，投资就会减少，从而外汇支出减少，一定程度上改善逆差状况。当国际收支出现较大顺差时，一般采用扩张性的货币政策，其主要手段就是中央银行在公开市场上买入债券，降低法定准备率及贴现率。利率下降，投资就会增加，从而经济扩张，外汇支出增加，使国际收支的盈余减少。

总之，当一国出现国际收支较大逆差而需要进行调整时，当局可以实行紧缩性的财政和货币政策。在财政政策方面，可供采用的措施主要是减少财政支出和提高税率。在货币政策方面，当局可以调高再贴现率，提高法定存款准备金比率，或在公开市场上卖出政府债券等。当一国出现国际收支顺差而需要进行调整时，当局可以实行扩张性的财政和货币政策。在财政政策方面，可供采用的措施主要是增加财政支出和降低税率。在货币政策方面，当局可以降低再贴现率，降低法定存款准备金比率，或在公开市场上买入政府债券等。

财政政策和货币政策的局限性在于，其国际收支的改善是以牺牲国内经济为代价的，往往与国内经济目标发生冲突。如当国际收支出现较大逆差时，一般采用紧缩性的财政、货币政策，而紧缩性政策同时抑制了国内产品的需求，由此导致失业和经济衰退。在国内经济出现衰退时，如果出现国际收支逆差，常常使决策当局处于两难境地。因此，这类政策较适用于国内总需求膨胀所引起的国际收支逆差。

3. 汇率政策

这是指一个国家通过调整汇率改变外汇的供求关系，由此影响进出口商品的价格和资本流出入的实际收益，进而达到调节国际收支失衡的一种政策。在固定汇率制度下，调整汇率是指国家采用货币法定贬值与升值的方法，来降低或提高本国货币的对外价值，达到调节国际收支的目的。具体来说，当一国国际收支发生逆差时，国家可将货币法定贬值，这样，一方面，使本国产品在国际市场上以外币表示的价格下跌，从而使商品富有竞争力，扩大出口；另一方面，使外国商品在本国市场上以本币表示的价格相对提高，从而抑制进口，扭转国际收支逆差。当一国国际收支发生顺差时，国家可通过将货币法定升值，由此扩大进口，抑制出口，减少顺差。实行钉住汇率制度的国家，其调整汇率就是指货币当局直接调整本币对关键货币的比价，使汇率稳定在一个合理的水平上。

在浮动汇率制度下，调整汇率一般是指国家通过外汇平准基金进行公开市场操作，人为地促使本国货币上浮与下浮来平衡国际收支。当一国国际收支发生逆差时，就用买进外汇的方法来提高外汇汇率，降低本币汇率，扩大出口，抑制进口；反之，当一国国际收支出现顺差时，就卖出外汇来降低外汇汇率，提高本币汇率，扩大进口，抑制出口。可见，在该制度下，其作用与法定货币升贬值是相同的。

运用汇率政策调节国际收支的成效如何，取决于几个条件：(1)进出口需求弹性之和是否大于1，即是否满足马歇尔—勒纳条件；(2)本国是否还有剩余的生产能力可以利用，以便增加出口商品的生产；(3)贬值所带来的本国贸易品和非贸易品的相对价格优势是否能维持一段时间，汇率贬值所引起的国内物价上涨，是否能为社会承受。一般来说，在经济处于充分就业状态时，本币贬值政策必须结合紧缩性政策来实施，否则将导致严重的通货膨胀。

4. 直接管制政策

利用汇率政策和财政货币政策纠正国际收支失衡必须通过市场机制，而且需要一定的时间。对于结构性国际收支不平衡，上述政策难以奏效。因此，在出现国际收支结构性不平衡时，许多发展中国家倾向于采取一些直接管制措施。

直接管制包括外汇管制和贸易政策。从实施的性质来看，直接管制的措施有数量性管制措施和价格性管制措施。数量性管制措施主要针对进口来实施，包括进口配额、进口许可证制、外汇管制等。价格性管制措施包括提高进口关税以限制进口，或增加出口补贴来促进出口等。从实施效果看，数量性管制措施更为有效，作用时间更快，而价格性管制措施类似于汇率政策。

直接管制措施的特点是比较灵活，可以针对具体不同的进出口项目和资本流动有区别地予以实施。但是，直接管制也有弊端，如一些非关税壁垒措施会引起贸易伙伴国的报复，长期实行管制会造成国内贸易部门生产效率低下，缺少国际竞争力等。因此，管制也只能是在一定阶段内有效，还需配合国内的产业调整政策。

5. 国际协调机制

各国政府调节国际收支一般都以本国利益为出发点，所采取的措施有可能对其他国家的经济产生不利影响，并招致其他国家采取报复性措施。为了维护正常的国际经济秩序，缓解各国之间的矛盾，必须加强各国国际收支调节政策的国际协调。如确定调节国际收支的一般原则，建立国际资金融通机制，建立区域性一体化经济，通过各种国际会议进行协调等。

总之，调节国际收支失衡的政策是多样化的，一国可根据本国具体情况来选择。其基本原则是：(1)对症下药，即根据国际收支失衡的主要原因选择调节政策；(2)多种政策搭配使用，避免单一的调节政策使用；(3)避免与国内经济目标发生冲突，减少与他国的摩擦。

第五节　中国的国际收支

一、我国国际收支统计的发展演变

我国一向重视国民经济的综合平衡工作，并编制国民经济各种报表，包括国际收支平衡表。保持国际收支平衡是我国宏观经济管理的基本目标之一。中华人民共和国成立以来，我国的国际收支经历了一个发展演变过程，由主要反映对外贸易和侨汇收入，逐步发展为反映全部国际经济交易的收支。与此相适应，我国的国际收支统计大体上可以以1981年为界划分为两个阶段。

(一)第一阶段(1949—1980年)：编制外汇收支平衡表

在这个阶段，我国国民经济和对外贸易的发展总的来说是缓慢的，外贸规模不大，出口商品单一，国际收支主要是贸易收支和侨汇收入。因此，在这个阶段，我国没有编制系统的国际收支平衡表，而是用外汇收支平衡表来反映国际收支情况。在外汇收支平衡表内，没有反映与国外资金往来的情况。其主要原因是我们与西方国家的资金借贷很少，虽然许多年来我国对外经济援助不少，但这些援外的支付以及后来援款的归还，我国都将其列入财政开支。

党的十一届三中全会以后，我国推行了“对外开放，对内搞活”的方针，积极发展同世界各国的对外经济贸易关系，对外经济贸易交往获得了前所未有的发展。商品、劳务和技术贸易不断扩大，引进利用外资不断增多，我国的银行与世界其他国家的银行建立了业务代理关系，我国政府与外国政府之间相继签订了各种贷款协议。外国和港澳地区在我国内地的直接投资逐步发展。对外经济交往中出现的这种新情况,仅凭国家外汇收支平衡表已很难全面反映,加上我国在国际货币基金组织和世界银行的合法席位相继得到恢复,这使我国有必要,也同时有义务向这些组织和机构提供包括国际收支、债务负担、偿还能力在内的各种统计资料。这在客观上要求我们建立起一套适合我国国情的国际收支统计制度,编制出能真正反映我国实际情况的国际收支平衡表。

(二)第二阶段:(1981—):编制国际收支平衡表

1981 年 8 月,国家统计局会同原国家进出口管理委员会、国家外汇管理局、中国人民银行总行等部门,结合我国实际情况,参照国际货币基金组织的有关规定,建立了我国国际收支统计报表制度。1981 年 11 月,国家统计局又会同国家外汇管理局,对国际收支统计报表制度进行了修订。1982 年,我国在外汇收支平衡表的基础上开始编制国际收支平衡表,以反映我国对外经济交易的全部情况。1985 年 9 月 2 日,我国首次正式公布了 1982—1984 年中国国际收支平衡表。

1996 年我国开始正式实施的《国际收支统计申报办法》,确定了国际收支统计申报的范围、内容和方法,明确了国际收支统计的执行部门和各申报主体的职责和义务,为中国国际收支统计申报工作提供了坚实的法律依据和制度保障,改变了过去中国国际收支统计一直依靠行政管理部门采集信息,缺乏系统、科学、符合国际标准的统计制度的局面。但近二十年是我国对外经济蓬勃发展的时期,国际收支交易规模不断扩大,交易内容、交易类型、交易方式日益多样化,跨境证券投资、金融衍生品等新产品,以及电子银行、国际银行卡等新业务不断涌现,国际收支统计监测和分析预警都需要对此尽快适应。而当前国际收支运行的不确定性因素增多,国际资本跨境异常流动加剧,监管难度加大,有必要完善国际收支统计申报制度,进一步增强对跨境资金流动的监测和分析,提高预警能力。另外,国际货币基金组织已于 2009 年发布《国际收支和国际投资头寸手册》(第六版),这是各国编制国际收支统计报表的通用标准,在统计原则、范围和分类以及框架结构等多方面进行了全面修订和细化,同时强化了国际收支头寸存量统计。这些变化对我国国际收支统计数据和方法提出了更高的要求,也为我国健全符合最新国际标准的国际收支统计体系提供了良好的契机。为此,国务院公布《国务院关于修改〈国际收支统计申报办法〉的决定》,自 2014 年 1 月 1 日起施行。新版《国际收支统计申报办法》主要有以下五个方面的变化:一是明确规定统计范围扩大至中国居民对外金融资产和负债;二是申报主体扩大至在中国境内发生经济交易的非中国居民;三是增加对提供登记结算、托管等服务机构的申报要求;四是增加对拥有对外金融资产、负债的中国居民个人的申报义务;五是全面明确了采集国际收支统计数据相关的各类机构的保密义务。

中国国际收支统计数据越来越受到各方面的重视,国家外汇管理局也提高了对外公布的频度,从 2001 年起开始按半年度公布国际收支平衡表。2002 年 4 月 25 日,中国加入国际货币基金组织数据公布通用系统。鉴于国际收支平衡表的专业性强,为便于社会各界了解国际收支全貌,解读国际收支数据,分析国际收支运行情况,国家外汇管理局 2005 年首次公布了中国国际收支报告,并决定今后每半年公布一次国际收支报告。国际收支报告的公布有助于及时了解国际收支状况,分析其变化的原因,揭示潜在风险,预测其未来走向,对于宏观经济决策具有重要意义。

二、我国国际收支平衡表及其主要内容

我国的国际收支平衡表，是全面反映我国对外经济收支平衡状况的报表。该报表由国家外汇管理局根据有关部门的资料汇总编制，于季后40日(或年后120日)前报国家统计局。表的内容可以概括分成以下四个部分：经常项目、资本与金融项目、误差与遗漏项目和储备资金增减项目。全表的平衡关系是：前三个项目的合计数，在金额上与储备资产增减项目的合计数相等，在数学符号(正、负号)上相反，全表各个项目的合计数为零。

(一)经常项目

经常项目是我国国际收支平衡表中最基本、最重要的项目。其主要内容包括：对外货物贸易收支、对外货物贸易补充收支、服务收支、经常转移收支。这些项目在下面又细分为若干小目，如：服务收支又分运输、旅游、保险等；收益收支又分为雇员报酬和投资收益等；经常转移收支又分为侨汇、无偿援助和捐赠、国际组织收支、居民收支等项目。

(二)资本与金融往来项目

资本与金融往来项目主要反映的是我国和外国、港澳地区的资金往来情况。它又分为资本账户和金融账户。前者包括涉及资本转移的收取或支付以及非生产、非金融资产的收买或放弃的所有交易，后者包括涉及一经济体对外资产和负债所有权变更的所有交易。

资本账户主要包括两个部分：(1)资本转移；(2)非生产、非金融资产的收买或放弃。

金融账户主要包括三个部分：(1)直接投资；(2)证券投资；(3)其他投资。

(三)误差与遗漏项目

误差与遗漏项目是一个平衡项目，是用来平衡经常项目、资本与金融往来项目差额的项目，仅包括误差与遗漏。

(四)储备资金增减项目

储备资金增减项目实际上是官方储备项目，用来平衡国际收支平衡表全部项目的差额。它包括黄金储备、外汇储备、特别提款权、在基金组织的储备头寸和对基金信贷的使用，主要反映我国外汇、黄金储备的增减情况。国际收支经常项目、资本与金融往来项目和误差与遗漏项目相抵后的差额如果出现顺差，则表示外汇、黄金储备的增加；如果出现逆差，则表示外汇、黄金储备减少。具体内容见表1-3。

表1-3　中国国际收支平衡表

单位：亿美元

项　　目	行次	2020年二季度	2020年上半年
1.经常账户	1	1 196	859
贷方	2	7 405	12 964
借方	3	−6 209	−12 105
1.A 货物和服务	4	1 319	1 079

续表

项　　目	行次	2020 年二季度	2020 年上半年
贷方	5	6 599	11 802
借方	6	−5 280	−10 723
1.A.a 货物	7	1 613	1 844
贷方	8	6 038	10 697
借方	9	−4 425	−8 853
1.A.b 服务	10	−294	−765
贷方	11	561	1 105
借方	12	−855	−1 870
1.A.b.1 加工服务	13	31	65
贷方	14	32	67
借方	15	−1	−2
1.A.b.2 维护和维修服务	16	8	21
贷方	17	17	36
借方	18	−9	−15
1.A.b.3 运输	19	−74	−191
贷方	20	140	243
借方	21	−215	−434
1.A.b.4 旅行	22	−202	−617
贷方	23	42	88
借方	24	−244	−705
1.A.b.5 建设	25	12	14
贷方	26	29	53
借方	27	−17	−39
1.A.b.6 保险和养老金服务	28	−20	−32
贷方	29	13	23
借方	30	−33	−55
1.A.b.7 金融服务	31	2	5
贷方	32	10	19
借方	33	−8	−14
1.A.b.8 知识产权使用费	34	−79	−129
贷方	35	22	44

续表

项　　目	行次	2020年二季度	2020年上半年
借方	36	−101	−174
1.A.b.9 电信、计算机和信息服务	37	8	12
贷方	38	93	178
借方	39	−85	−165
1.A.b.10 其他商业服务	40	20	98
贷方	41	150	334
借方	42	−130	−236
1.A.b.11 个人、文化和娱乐服务	43	−5	−10
贷方	44	2	4
借方	45	−7	−14
1.A.b.12 别处未提及的政府服务	46	5	−1
贷方	47	10	15
借方	48	−5	−16
1.B 初次收入	49	−133	−246
贷方	50	722	986
借方	51	−855	−1 232
1.C 二次收入	52	9	25
贷方	53	84	175
借方	54	−74	−150
2.资本和金融账户(含当季净误差与遗漏)	55	−1 196	−1 085
2.1 资本账户	56	−0.1	−1
贷方	57	0	1
借方	58	0	−2
2.2 金融账户(含当季净误差与遗漏)	59	−1 196	−1 084
2.2.1 非储备性质的金融账户(含当季净误差与遗漏)	60	−1 004	−1 143
其中:2.2.2.1 直接投资	61	24	187
2.2.2.1.1 直接投资资产	62	−292	−472
2.2.2.1.2 直接投资负债	63	316	659
2.2.2 储备资产	64	−191	59
2.2.2.1 货币黄金	65	0	0

续表

项　　目	行次	2020 年二季度	2020 年上半年
2.2.2.2 特别提款权	66	2	1
2.2.2.3 在国际货币基金组织的储备头寸	67	−15	−12
2.2.2.4 外汇储备	68	−178	70
2.2.2.5 其他储备	69	0	0
3. 净误差与遗漏	70	/	226

资料来源：国家外汇管理局官网，http://www.safe.gov.cn/

注：1. 根据《国际收支和国际投资头寸手册》（第六版）编制。

2.“贷方”按正值列示，“借方”按负值列示，差额等于“贷方”加上“借方”。本表除标注“贷方”和“借方”的项目外，其他项目均指差额。

3. 2020 年上半年初步数为一季度平衡表正式数与二季度平衡表初步数累加得到。其中，2020 年二季度初步数的资本和金融账户因含净误差与遗漏，与经常账户差额金额相等，符号相反。二季度初步数的金融账户、非储备性质的金融账户同样含净误差与遗漏。2020 年一季度正式数的资本和金融账户、金融账户和非储备性质的金融账户均不含净误差与遗漏，净误差与遗漏项目单独列示。

4. 本表计数采用四舍五入原则。

从表 1-3 中可以看出，按美元计价，按美元计值，2020 年上半年，我国经常账户顺差 859 亿美元，国内生产总值（GDP）之比为 1.3%，继续运行在合理区间。其中，货物贸易顺差1 844亿美元，服务贸易逆差 765 亿美元，初次收入逆差 246 亿美元，二次收入顺差 25 亿美元。资本和金融账户中，直接投资顺差 187 亿美元，直接投资呈现净流入，证券市场双向资金流动保持活跃，储备资产减少 59 亿美元。当前我国国际收支的特点是：

1. 货物贸易顺差同比增长。2020 年上半年，国际收支口径的货物贸易顺差1 844亿美元，同比增长 2%。分季度看，一季度货物贸易顺差 231 亿美元，二季度顺差1 613亿美元，显示我国经济稳步恢复，复工复产逐月好转。

2. 服务贸易逆差同比收窄。2020 年上半年，服务贸易逆差 765 亿美元，同比收窄 41%。其中，旅行逆差 617 亿美元，同比收窄 44%，主要是出境旅行受全球疫情影响大幅收缩；运输逆差 191 亿美元，同比收窄 31%，主要受货物贸易进口下降影响。

3. 直接投资延续顺差，证券市场双向资金流动保持活跃。2020 年上半年，直接投资顺差 187 亿美元，其中对外直接投资 472 亿美元，来华直接投资 659 亿美元，均保持基本稳定。证券市场方面，二季度，境外投资境内证券净流入逾 600 亿美元，处于历史较高水平，显示人民币资产具有较强的吸引力；我国对外证券投资亦保持一定规模。

三、我国国际收支状况

1985 年，我国首次公布了 1982—1984 年中国国际收支平衡表，此后按国际货币基金组织规定的格式和内容定期向国际货币基金组织上报我国的国际收支状况。因为 2005 年我国实行汇率制度改革，对我国国际收支产生重大影响，为了便于分析，将 2005—2019 年共 15 年我国的国际收支状况分析如下：

2005 年汇率改革年以来，我国的国际收支状况总的来说呈现良性循环态势，但各年情况有所不同。

1. 经常账户自 2005 年汇改以来连续 15 年保持顺差状态。2005—2008 年，经常项目顺差增长趋势明显，但由于国际金融危机的影响，再加上国内经济增速放慢的因素，2009—2019 年经常项目顺差有一个逐渐回落的趋势，但总体还比较稳定。经常账户顺差对国际收支顺差的贡献较大。贸易顺差是导致经常账户目顺差的主要原因，而贸易顺差又主要来源于加工贸易。

2. 资本与金融账户对国际收支也有一定的影响。过去 15 年中，只有 2012 年和 2015 年资本与金融账户出现逆差，2012 年资本与金融账户逆差1 173亿美元，2015 年逆差1 611亿美元，其余 13 年则出现顺差。2005—2008 年，资本与金融项目顺差数额较少，但国际金融危机爆发后，处于避险的需要，2009—2011 年，资本与金融项目顺差增长明显。但 2012 年由于欧债危机再次恶化，市场避险情绪加重，新兴经济体普遍出现资本外流。受国际经济环境动荡及国内经济增速放缓的影响，2012 年外商来华直接投资新设及增资流入有所下降，资本与金融账户出现了逆差。2014 年以后由于国内经济增速放缓，再加上美元强势导致境内资产外流，中国积极支持企业“走出去”，对外投资规模逐渐增长，再加上部分热钱流出中国，资本与金融账户顺差数额较少，2015 年则出现了逆差。2019 年资本与金融账户顺差仅为 567 亿美元。

3. 我国国际收支自 2005 年汇改以来基本保持顺差状态，经常账户顺差对国际收支顺差的贡献较大。

四、我国国际收支顺差的影响

中国国际收支顺差的失衡结构，虽然增强了中国的国力，提高了抵御外汇冲击的能力，提高了中国国际影响力，但随着时间的推移，其负面作用也凸显出来。

首先，经常账户持续大量盈余，导致国际贸易摩擦，不利于国际经济关系的发展。中国经常项目连续 15 年顺差，则意味着其他国家持续性逆差，导致国际贸易摩擦，甚至报复，如征收报复性关税或增加贸易壁垒等等，不利于国际经济关系的发展。从 1996 年开始中国已连续 16 年成为全球遭受反倾销调查最多的国家就是一个明显的例证。

其次，巨额的外汇储备加大了人民币持续升值的压力，导致大量国际热钱纷纷涌入中国。国家外汇管理局公布的数据显示，2005 年之后人民币兑美元持续一路单边升值，到 2015 年 2 月 5 日为止，名义和实际有效汇率已累计分别升值 40.5%和 51%，导致大量国际热钱纷纷涌入中国。这不仅快速推高了我国资产价格尤其是大中城市的房地产市场价格，也使我国央行的货币政策效应弱化，即外汇占款大量增加。为了不使人民币升值幅度过快，以免给我国的宏观经济运行带来较大的震荡与负向冲击，中国人民银行势必要采取对冲手段的货币政策。外汇储备是中央银行在外汇市场通过投放基础货币购买的，成为通胀压力增大的一个重要因素，导致国内流动性过剩，缩窄了国内货币政策调控空间，这会影响货币政策实施的有效性和独立性。

再次，国际收支巨额顺差增加央行资产负债风险，也使得外汇储备经营难度不断增加。外汇储备占中央银行总资产的比重超过 80%，中央银行的资产负债货币结构如果不匹配，将带来较大的汇率风险和成本对冲压力，增加央行资产负债风险。目前我国主要是购买一些国家的国债和金融债。但是我国购买的国债和金融债收益率一直较低。特别是近两年，发达经济体纷纷实行量化宽松政策，拉低了国债和金融债利率水平，如果外汇储备管理依然采取传统运用方式，保值增值将更加困难。

五、我国国际收支失衡的调节

（一）我国国际收支调节的目标

从我国现实与国际收支具体结构来看，我国国际收支调节的长远目标是保持国际收支自主性交易的基本平衡。在我国颁布的《国民经济社会发展第十二个五年规划纲要》就提出，今后五年经济社会发展的主要目标之一是经济平稳较快发展，包括国际收支趋向基本平衡。国际收支趋向基本平衡，既不要求单个项目比如经常项目贸易收支或非贸易收支的基本平衡，也不十分强调资本与金融项目要保持顺差，而是强调整个国际收支能基本平衡。因为经常项目之间，经常项目和资本与金融项目之间都存在一种互补制衡机制，只要互相弥补后，整个国际收支保持适度顺差或逆差，即所谓的基本平衡，对整个经济的成长不会造成负面影响。这也是一国比较成熟的国际收支调节模式。

（二）我国国际收支失衡调节的具体策略

我国的国际收支失衡有着国际、国内的深刻原因，是长期内外多种因素累积的结果，这种失衡是内生于中国经济发展的经济结构。这样，战略性政策调节，则意味着它是一项长期的任务，要讲究动态性和灵活性。

首先，要推进资源价格改革，发挥资源价格在调节资源配置中的基础性作用。我国出口快速增长的根本原因在于企业竞争力的提高，而价格竞争力是我国企业竞争力提高的关键因素。企业劳动生产率的提高固然有利于提高企业的价格竞争力，但不可否认资源价格偏低、资源环境等外部成本没有充分体现在企业成本中也是企业价格竞争力增强的重要原因。资源价格偏低不利于提高资源的利用效率，不利于节约资源，我国不少地方、单位资源浪费现象相当普遍。资源价格包括水、油、气、电力、煤炭、土地等重要资源的价格，而我国水、油、气、电力、煤炭、土地等重要资源价格偏低。资源价格偏低是我国出口快速增长、贸易顺差扩大的重要原因，也是企业利润水平快速增长的重要原因，而企业可支配收入的快速增长直接提高了企业部门的储蓄，加剧了我国储蓄—投资的失衡和国际收支的失衡。

其次，要把发展经济的重点落实在扩大内需上。这需要进一步完善收入分配制度，努力缩小贫富差距，增加中低收入者收入，从而切实提高消费需求。同时要加快国内金融市场、投融资体制改革的进程与力度，促使国内储蓄更加迅速有效地转化为国内投资；要积极打破垄断，鼓励竞争，这既提高了效率，也有利于一部分储蓄转化为投资需求。进一步完善推进中国的市场化改革，打破城乡和条块分割，鼓励劳动力特别是农民工跨地区、跨行业流动，努力开拓市场。第三产业的发展是和劳动分工的扩大紧密相关的，第三产业的发展，对于增加中国劳动力就业，提高居民收入发挥着十分重要的作用，大力发展第三产业对于扩大内需具有重要的意义。

最后，要增强人民币汇率弹性，发挥汇率在调节国际收支失衡中的重要作用。2005年汇改后，虽然我国的有效汇率总体呈升值趋势，但幅度有限，与我国进出口的大幅增长形成了鲜明的对比。从国际收支平衡表看，净出口(货物和服务顺差)是我国经常项目顺差的主体。丰富的低成本劳动力资源、不断发展的加工贸易以及长期以来相当稳定的有效汇率支撑我国净出口的扩大，从这个意义上，我国国际收支的不平衡、经常项目顺差的扩大拉大了储蓄投资缺口。因此，应增强人民币汇率弹性，积极发挥汇率在调节国际收支失衡中的重要作用。

总之，对当前我国国际收支失衡的调节既要盘活存量，也要控制流量。盘活存量是指要创新运用渠道和方法，提高外汇储备资源使用效率。要盘活存量，需要完善大规模外汇储备经营管理体制，按照“依法合规、有偿使用、提高效益、有效监管”的原则，根据国家改革开放整体部署和经济发展的客观需要，不断创新和拓宽外汇储备运用渠道和方式，提高外汇资源的使用效率。控制流量是指继续促进国际收支基本平衡，要让贸易收支基本平衡，鼓励对外投资，发展外汇市场，完善汇率形成机制，进一步发挥市场对外汇资源配置的决定性作用。要解决好流量问题，控制好收支平衡，主要措施就是坚持“扩内需、调结构、减顺差、促平衡”原则，加快推进经济发展方式转变和结构调整，使经济增长由较多依赖投资、出口，转向消费、投资、出口协调拉动。在稳定出口的同时增加进口，促进贸易收支平衡。在提高外资利用质量的同时，稳步拓宽资本流出的渠道，增加资本输出，促进跨境资金双向有序合理流动。要继续完善市场化的人民币汇率形成机制，培育国内的外汇市场，进一步发挥汇率对国际收支调节的价格杠杆作用。加强跨境资金流动的监测，完善应对预案，既要预防资本大量流入带来的冲击，同时也要防范资本集中流出可能带来的风险，即要双向监测预警。

关键词

国际收支　自主性交易　调节性交易　国际收支平衡表　国际收支平衡
国际收支失衡　弹性分析法　吸收分析法　货币分析法　外汇缓冲政策　支出变更政策

本章小结

1. 国际收支是对特定时期内一个经济体和世界其他经济体之间的各项经济交易的系统记载。这些经济交易大部分是居民和非居民之间进行的。

2. 国际收支平衡表是一经济体根据对外经济交易的内容和范围设置项目或账户，并按照一定的原则和复式记账原理，对一定时期内一国各项经济交易进行系统的记录，对每一项进行分类、汇总而编制出的分析统计报表。国际收支平衡表根据复式记账原理，通过借贷的方法进行记录，记录时应遵循一定的会计原则。际收支平衡表的编制要遵循市场价格原则、权责发生制和单一记账货币原则。国际收支平衡表的账户是根据经济资源的本质来划分的，有经常账户、资本账户和金融账户。经常账户是国际收支平衡表中最基本、最重要的项目，反映一国与他国之间真实资源的转移状况。该账户下设三个子项目：货物和服务贸易、初次收入和二次收入。资本账户反映资产在居民与非居民之间的转移，它包括非生产、非金融资产的收买或放弃和资本转移两个子项目。金融账户反映的是居民与非居民之间投资与借贷的增减变化，它由直接投资、证券投资、金融衍生产品（非储备）和员工股票期权、其他投资、储备资产五个子项目构成。

3. 通过对一国国际收支平衡表的分析，可以知晓一国对内经济和对外经济发展状况，从而为经济持续发展提供经济金融政策支持。对国际收支平衡表的分析分为项目分析、综合分析、纵向分析和横向分析等。

4. 国际收支失衡的原因、调节方式，就是国际收支理论重要的研究对象。国际收支理论源远流长，从十五六世纪重商主义到20世纪30年代，它始终被作为国际金融的基本问题而加以研究，尤其自20世纪30年代后，随着国际经济交易的广泛发展，国际收支理论更是不断创新与发展，不论是古典的，还是近代的、现代的国际收支理论，都对各国的国际金融实践与实务，产生了重大的指导作用。国际收支理论有主要考虑贸易收支的贸易顺差论、物价—铸币流动机制、李嘉图国际收支理论、国际收支弹性分析理论、国际收支吸收分析理论和国际收支的货币分析理论。

5. 国际收支不平衡的表现形式包括逆差和顺差两种。国际收支失衡无论是顺差还是逆差，如果长期持续下去，而且差额较大，就会对一国宏观经济产生严重影响。国际收支不平衡的原因虽然各国不尽相同，但主要有周期性、结构性、收入性、增长性、货币性和其他偶然性等因素。对国际收支不平衡的调节分为自动调节和政策调节。政策调节手段主要有外汇缓冲政策、支出变更政策（财政政策、货币政策）、汇率政策、直接管制政策和国际协调机制。

6. 我国的国际收支统计起始于1982年，1996年我国开始实施《国际收支统计申报办法》；2014年1月1日起施行新版《国际收支统计申报办法》，2001年起开始每半年度公布国际收支平衡表；2002年4月加入国际货币基金组织数据公布通用系统；2005年起每半年公布一次中国国际收支报告。

7. 我国国际收支平衡表的内容可以概括分成以下四个部分：经常项目、资本与金融项目、误差与遗漏项目和储备资金增减项目。我国国际收支自2005年汇改以来总体保持顺差状态，经常账户顺差对国际收支顺差的贡献更大。中国国际收支顺差虽然增强了中国的国力，提高了抵御外汇冲击的能力，提高了中国国际影响力，但也有一定的负面作用。我国的国际收支失衡有着国际、国内的深刻原因，是长期内外多种因素累积的结果。这样，战略性政策调节是一项长期的任务，要讲究动态性和灵活性。对当前我国国际收支失衡的调节既要盘活存量，也要控制流量。

练习与思考

一、单选题

1.（　　）国际收支平衡表中最基本、最重要的项目，反映一国与他国之间真实资源的转移状况。

A.经常账户　　B.资本账户　　C.金融账户　　D.错误与遗漏账户

2.(　　)是经常项目的最主要组成部分，也是整个国际收支平衡表的基本组成部分，其收支状况对整个国际收支平衡状况起着十分关键的作用。

A.服务贸易　　B.货物账户　　C.初次收入　　D.二次收入

3.(　　)被认为是衡量一国国际收支状况最好的指标之一，被当作制定一国国际收支政策和国内产业政策的重要依据。

A.贸易差额　　B.经常项目差额

C.资本与金融账户差额　　D.综合账户差额

4. 通过(　　)可以看出一国资本市场的开放程度和金融市场的发达程度，为一国货币政策和汇率政策的调整提供依据。

A.贸易差额　　B.经常项目差额

C.资本与金融账户差额　　D.综合账户差额

5. 由通货膨胀与通货紧缩引发的国际收支不平衡，叫(　　)。

A.结构性失衡　　B.周期性失衡　　C.收入性失衡　　D.货币性失衡

E.政策性失衡

6. 由于国内产业结构不能适应国际市场的变化而导致的国际收支不平衡，叫(　　)。

A.结构性失衡　　B.周期性失衡　　C.收入性失衡　　D.货币性失衡

E.政策性失衡

7. 由于经济的周期性波动而使一国的总需求、进出口贸易和收入受到影响而引发的国际收支失衡叫(　　)。

A.结构性失衡　　B.周期性失衡　　C.收入性失衡　　D.货币性失衡

E.政策性失衡

8. 因一国国民收入发生变化而引发的国际收支不平衡，叫(　　)。

A.结构性失衡　　B.周期性失衡　　C.收入性失衡　　D.货币性失衡

E.政策性失衡

9.(　　)表现了一国的自我创汇能力，反映了一国的产业结构、产品在国际市场上的竞争能力及在国际分工中的地位。

A.贸易差额　　B.经常项目差额

C.资本与金融账户差额　　D.综合账户差额

10. 根据马歇尔—勒纳条件，要使贬值有助于减少国际收支逆差，必须满足(　　)。

A.一国出口需求弹性 D_x 和本国进口需求弹性 D_m 的绝对值之和等于1。

B.一国出口需求弹性 D_x 和本国进口需求弹性 D_m 的绝对值之和小于1。

C.一国出口需求弹性 D_x 和本国进口需求弹性 D_m 的绝对值之和大于1。

D.与一国出口需求弹性 D_x 和本国进口需求弹性 D_m 无关

二、多选题

1. 下列(　　)属于我国的居民。

A.在我国注册的法人组织　　B.中国国家机关

C.国际货币基金组织　　D.在中国居住的英国官方外交使节

2. 国际收支平衡表项目的借方登记（　　），贷方登记（　　）。

A.出口　　B.进口

C.居民获得海外报酬或投资收益　　D.外国在华直接投资的增加

E.我国在外直接投资的增加　　F.本国官方储备减少

G.本国官方储备增加

3. 通过汇率变动来影响贸易收支平衡是需要一定时间和条件的，它们是（　　）。

A.逆差国货币外贬大于内贬　　B.进出口商品的供求弹性要大于1

C.进出口商品的供求弹性要小于1　　D.主要贸易伙伴国不采取反措施

4. 一国如出现持续性巨额逆差，一般会采取（　　）。

A.紧缩性的财政政策　　B.扩张性的财政政策

C.紧缩性的货币政策　　D.扩张性的货币政策

5. 一国发生持续性逆差时，一般都会采取（　　）方式来弥补。

A.动用外汇储备　　B.对外举债

C.增加货币供应量　　D.调整经济结构

6. 一国如出现持续性巨额顺差，一般会采取（　　）。

A.紧缩性的财政政策　　B.扩张性的财政政策

C.紧缩性的货币政策　　D.扩张性的货币政策

7. 通常国际收支平衡表有（　　）差额，每个差额都有其特定的含义及特征。

A.贸易差额　　B.经常项目差额

C.资本与金融账户差额　　D.综合账户差额

8. 储备资产包括一国的（　　）。

A.黄金储备　　B.一般提款权　　C.特别提款权　　D.外汇储备

9. 国际收支平衡表经常账户下设（　　）子项目：

A.货物贸易　　B.服务贸易

C.直接投资　　D.初次收入和二次收入

10. 货币分析法与吸收分析法和弹性分析法相比，具有（　　）特征。

A.浓厚的货币主义色彩　　B.立足基石是一般均衡分析法

C.是一种短期的分析理论　　D.是一种长期的分析理论

三、填空题

1. 根据IMF在2008年修订并出版的《国际收支手册》，国际收支平衡表的账户是根据经济资源的本质来划分的，有______、______和______。

2. ______是国际收支平衡表中最基本、最重要的项目，反映一国与他国之间真实资源的转移状况。该账户下设三个子项目：______、______和______。

3. 国际收支平衡表中______反映的是居民与非居民之间投资与借贷的增减变化，它由______、______、______、______、______五个子项目构成。

4. 静态意义上讲，国际收支平衡是指国际收支______项目收支平衡时的状态。它通常主要指______和______。而为了弥补自主性交易差额而进行的交易称为______。

5. 对国际收支不平衡的调节分为__________和政策调节。政策调节手段主要有__________、__________、__________、__________和__________。

6. 国际收支是一个__________概念而不是存量概念，所记载的经济交易是在该国__________间发生的。

7. 国际收支平衡表的编制要遵循__________原则、__________原则以及__________原则。

8. 一般说来，由于__________和__________因素引起的国际收支失衡具有长期持久的性质，因而被称为__________。

9. 一般说来，持续性逆差会造成外汇汇率__________，本币汇率__________；持续性顺差会造成外汇汇率__________，本币汇率__________。

10. 主要考虑贸易收支的国际收支理论有__________、__________、__________、__________以及__________。

四、判断题（正确请写 T，错误请写 F）

(　　)1. 判断一项经济交易是否应包括在国际收支的范围内，所依据的不是交易双方的国籍，而是交易双方是否有一方为该国居民，另一方为该国非居民。

(　　)2. 某国国际收支平衡表上，储备资产项目为＋25 亿美元，表明该表统计期间该国国际储备资产增加 25 亿美元。

(　　)3. 国际投资及其收益在国际收支平衡表中均列在金融项目中。

(　　)4. 当综合账户差额为负时，在国际货币市场上外币供应相对增加，本国货币将面临升值的压力。

(　　)5. 对于实施固定汇率制度的国家，国际收支顺差会导致一国外汇储备增长，在没有有效对冲手段时，会导致国内流动性过剩，影响货币政策实施的有效性和独立性。

(　　)6. 只有实际发生货币收付的国际交易，才能被称为国际收支。

(　　)7. 美国戴尔公司在厦门的子公司是我国的居民，美国的非居民，子公司与母公司的业务往来就构成了中国与美国的国际收支内容。

(　　)8. 反映在国际收支平衡表上的官方储备资产是持有额，而非增减额。

(　　)9. 从原则上说，经常账户和资本账户与金融账户的净差额，应该和官方储备的净差额数字相等，方向相反。

(　　)10. 弹性分析法是局部均衡分析，只考虑汇率变动对进出口贸易的影响，忽视了其他重要的经济变量对国际收支的影响以及其他一些相互关系。

五、思考题

1.一国持续性巨额顺差对经济有什么影响？

2.一国持续性巨额逆差对经济有什么影响？

3.当一国国际收支出现较大逆差时，一般采用什么样的财政、货币政策？其主要做法是什么？

4.当一国国际收支出现较大顺差时，一般采用什么样的财政、货币政策？其主要做法是什么？

5.一国调节国际收支失衡的基本原则是什么？

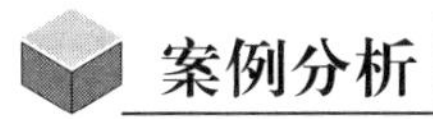

案例分析

我国国际收支结构不合理

表 1-5 是我国 1994—2009 年的国际收支平衡表主要项目数据。请根据所学知识，对我国国际收支情况进行分析。

表 1-5 1994—2009 年中国国际收支平衡表主要项目

单位：亿美元，%

年份	经常账户差额	占比	资本与金融账户差额	占比	错误与遗漏	占比	外汇储备增量	外汇储备余额
1994	76.58	0.25	326.45	1.07	−97.75	−0.32	304.21	516.2
1995	16.18	0.07	386.75	1.76	−178.30	−0.81	219.59	735.97
1996	72.42	0.23	399.67	1.27	−155.47	−0.49	314.50	1 050.29
1997	369.63	1.06	210.15	0.60	−222.55	−0.64	348.62	1 398.9
1998	314.71	6.21	−63.21	−1.24	−187.24	−3.69	50.69	1 449.6
1999	211.14	2.17	51.80	0.53	−177.88	−1.83	97.16	1 546.75
2000	205.19	1.88	19.22	0.18	−118.93	−1.09	108.98	1 655.74
2001	174.05	0.37	347.75	0.75	−48.56	−0.10	465.91	2 121.65
2002	354.22	0.48	322.91	0.43	77.94	0.10	742.42	2 864.07
2003	458.75	0.39	527.26	0.45	184.22	0.16	1 168.44	4 032.51
2004	686.59	0.33	1106.60	0.54	270.45	0.13	2 066.81	6 099.32
2005	1 608.18	0.77	629.64	0.30	−167.66	−0.08	2 089.40	8 188.72
2006	2 498.66	1.01	100.37	0.04	−128.77	−0.05	2 474.72	10 663.44
2007	3 718.32	0.80	735.09	0.16	164.02	0.035	4 619.05	15 282.49
2008	4 261.07	1.02	189.64	0.04	−260.93	−0.062	4 177.81	19 460.30
2009	2 971	0.77	1 448	0.37	−435	−0.12	3 821	23 281.3
总体	17 996.69	0.77	6 738.09	0.29	−1 482.41	−0.06	—	23 281.3

数据来源：国家外汇管理局各年国际收支平衡表。占比是指该项与当年外汇储备增量之比。

问题：(1)根据该表，试述 1994—2009 年我国国际收支的特点。

(2)分析我国经常账户和资本金融账户双顺差产生的主要原因。

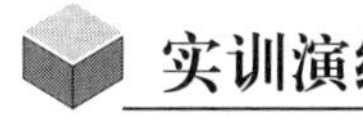

实训演练

一、实训要点

熟悉国际收支对账平衡表的主要项目，掌握对账平衡表的复式记账原理。

二、实训方式

编制国际收支平衡表。

三、实训要求

先编制一国居民与非居民经济交易的会计分录，然后编制该国的国际收支平衡表。

四、资料

假设A国发生了下列6笔交易，先编制这些交易的会计分录，然后再编制A国的国际收支平衡表。

(1)A国企业出口价值200万美元商品，出口外汇收入存在该企业在国外银行的账户。

(2)A国居民到海外旅游花费10万美元，这笔费用从该居民在海外存款账户中扣除。

(3)A国某企业在海外直接投资所得利润150万美元，其中75万美元用于当地的再投资，50万美元购买当地商品运回国内，25万美元调回国内结售给政府以换取本国货币。

(4)A国政府动用外汇储备30万美元向外国提供无偿援助，另提供相当于50万美元的粮食药品援助。

(5)外商以价值2000万美元的设备投入A国，兴办合资企业。

(6)A国居民动用其在海外存款60万美元，用于购买海外某公司的股票。

表1-6　A国国际收支平衡简表

单位:万美元

项　目	贷　方	借　方	差　额
商品 服务 初次收入 二次收入			
经常账户合计			
直接投资 证券投资 其他投资 储备资产			
资本与金融账户合计			
总计			

本章推荐阅读

[1]朱孟楠.国际金融学[M].厦门:厦门大学出版社,2013.

[2]陈雨露.国际金融(第四版)[M].北京:中国人民大学出版社,2011.

第二章

外汇与汇率

知识结构图

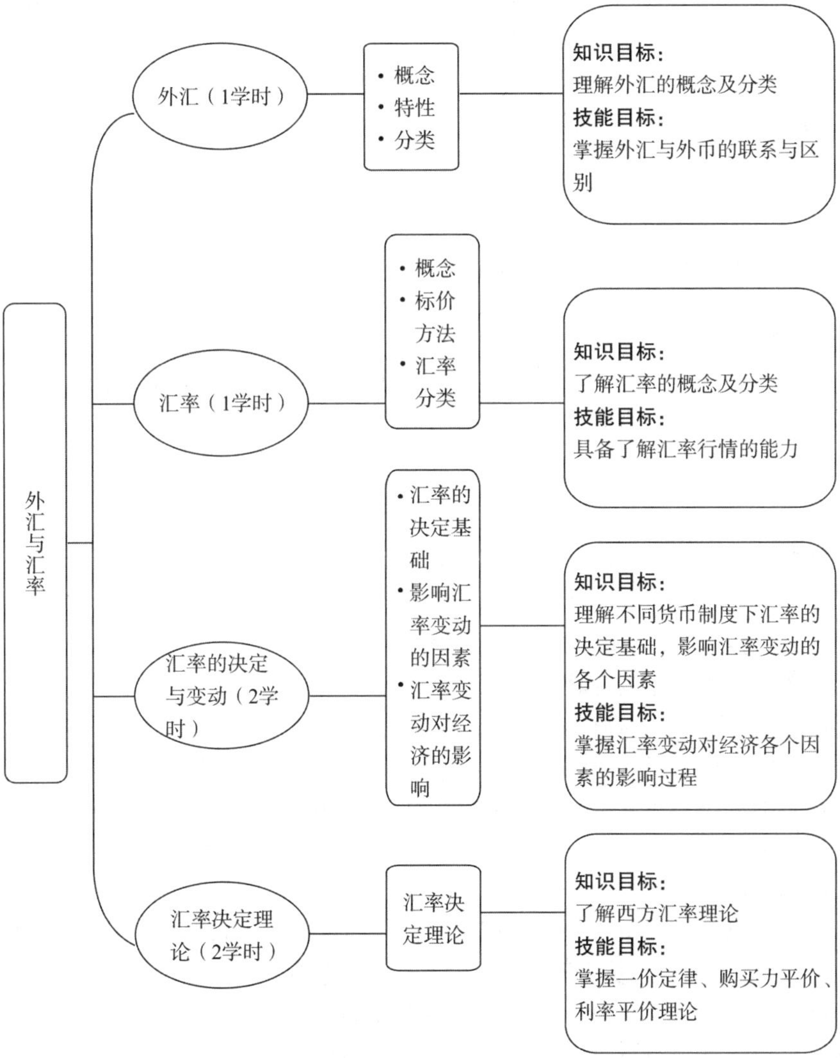

外汇与汇率

- 外汇（1学时）
  - · 概念 · 特性 · 分类
  - 知识目标：理解外汇的概念及分类
  - 技能目标：掌握外汇与外币的联系与区别
- 汇率（1学时）
  - · 概念 · 标价方法 · 汇率分类
  - 知识目标：了解汇率的概念及分类
  - 技能目标：具备了解汇率行情的能力
- 汇率的决定与变动（2学时）
  - · 汇率的决定基础 · 影响汇率变动的因素 · 汇率变动对经济的影响
  - 知识目标：理解不同货币制度下汇率的决定基础，影响汇率变动的各个因素
  - 技能目标：掌握汇率变动对经济各个因素的影响过程
- 汇率决定理论（2学时）
  - 汇率决定理论
  - 知识目标：了解西方汇率理论
  - 技能目标：掌握一价定律、购买力平价、利率平价理论

导入案例

2010 年，一个美国人到中国旅游，用 10 万美元兑换到 68 万元人民币。在中国吃喝玩乐了一年，花了 8 万元人民币。假设 2011 年，他要回国了，到银行兑换美元，按照当时牌价 1 美元=6 人民币元，用剩余的 60 万元人民币换到了 10 万美元。来时 10 万美元，回去还是 10 万美元，美国人能在中国"免费"吃喝，他这 1 年的花费到底是谁替他交了呢？

第一节 外 汇

世界上绝大多数国家都有自己的货币，这些货币在本国可以自由流通，但是一旦跨越国界，它们便失去这种特性。由于各国所用货币不同，国际上又没有统一的世界货币，从事国际经济交往以及其他业务都要涉及本国货币与外国货币之间的兑换，汇率这一概念便由此产生。随着国际经济交往的扩大，在开放经济条件下，汇率已经成为经济运行中的核心变量，现实经济生活中的宏观变量及微观因素都会通过各种途径使汇率发生变动，而汇率的变动也反过来影响一国经济运行中的多个方面。

外汇与汇率是国际金融研究的核心问题之一。掌握有关外汇和汇率的基本知识和基本理论，是研究整个国际金融问题的基础。

一、外汇的概念(foreign exchange)

(一)动态含义

从动态角度来看，外汇指国际汇兑的行为，即将一个国家的货币兑换成另一个国家的货币，借以清偿国家间债权债务关系的行为。

(二)静态含义

静态外汇又有广义和狭义之分。

广义的静态外汇概念是指一切以外国货币表示的国外资产。

国际货币基金组织对外汇的解释是："外汇是货币行政当局(中央银行、货币管理机构、外汇平准基金组织及财政部)以银行存款、国库券、长短期政府债券等形式所保有的在国际收支逆差时可以使用的债权。"

在实践中，各国外汇管理法令所规定的外汇就是指广义的外汇。我国于 2008 年 8 月 1 日实施了新修订的《中华人民共和国外汇管理条例》，规定外汇是指以外币表示的可以用作国际清偿的支付手段和资产，主要包括：①外币现钞，包括纸币、铸币；②外币支付凭证或者支付工具，包括票据、银行存款凭证、银行卡等；③外币有价证券，包括债券、股票等；④特别提款权；⑤其他外汇资产。

狭义的外汇是指以外币表示的可用于国际之间结算的支付手段，在此意义上，外国货币(现钞)、外币有价证券和黄金不能视为外汇，因为它们不能直接用于国际结算。外币在其发行国是法定货币，然而一旦流入他国，便立即失去法定货币的身份与作用，外币持有者须将这些外币向本国银行兑换成本国货币才能使用。即使是银行，也要将这些外币运回货币发行国或境外的外币市场变为在国外的银行存款，才能用于国际结算。这就说明，只有存放在国外银行的外币资金以及将对银行存款的索取权具体化了的外币票据才构成外汇，主要包括银行汇票、支票、银行存款等。这就是通常意义上的外汇。

二、外汇的特征

（一）外币性

外汇是以外币计值的金融资产，任何以本国货币表示的信用工具、支付手段、有价证券等对本国人来说都不是外汇。如美元资产是国际支付中最为常用的一种外汇资产，但它是针对美国之外的其他国家而言的，在美国则不是外汇。

（二）可偿性

外汇必须是在国外能够得到补偿的债权，具有可靠的物质偿付保证。空头支票和遭到拒付的汇票不能称作外汇。

（三）普遍接受性和可自由兑换性

作为外汇必须具备普遍接受性和可自由兑换性。由于各个国家（或地区）的货币制度不同，外汇管理制度各异，一个国家的货币不能直接在另一个国家自由流通。作为外汇的货币必须能够不需经过货币管理当局批准，在国际金融市场上就可以按一定比例自由地兑换成其他国家的货币及其他形式的支付手段，以清偿由于对外经济交易而产生的国际债务、债权关系或者进行某种形式的单方面转移（如经济援助、无偿捐赠和侨民汇款）。

由此可见，虽然外汇是以外国货币表示的，但并不是所有的外国货币或外币资产都是外汇。事实上，只有能自由兑换并且被国际社会所普遍接受的外国货币才是外汇。在经济全球化的趋势下，虽然许多国家正朝着这一目标努力，但真正具备上述特征的主要是发达国家或地区的货币，如美元、欧元、英镑、瑞士法郎、加拿大元、澳大利亚元、日元、新加坡元等。而越南盾、朝鲜币、缅甸元等货币不能自由兑换其他国家货币，因此不能称之为外汇。

表 2-1　常见国家和地区货币名称、货币符号及代码

国家或地区	货币名称	ISO 国际标准 三字符货币代码	习惯写法
中国	人民币	CNY	RMB¥
美国	美元	USD	$/US$
英国	英镑	GBP	£
欧元区国家	欧元	EUR	€
加拿大	加拿大元	CAD	Can $
瑞士	瑞士法郎	CHF	SF
瑞典	瑞典克朗	SEK	SKr
日本	日元	JPY	JP¥

续表

国家或地区	货币名称	ISO 国际标准三字符货币代码	习惯写法
新加坡	新加坡元	SGD	S$
澳大利亚	澳大利亚元	AUD	A$
中国香港	港币	HKD	HK$
中国澳门	澳门元	MOP	P/Pat
	特别提款权	SDR	SDRs

三、外汇的分类

根据不同的标准和依据，可将外汇分为不同类别。

（一）根据外汇是否自由兑换，外汇分为自由外汇和记账外汇

自由外汇（free convertible exchange）又称为自由兑换外汇、可兑换货币、自由兑换货币，是指不需要货币发行国当局的批准，即可以自由兑换成其他国家货币，或向第三国办理支付的外币支付手段和资产，如美元、英镑、日元、欧元、瑞士法郎等。一国货币成为自由外汇的基本前提条件是取消或减轻外汇管制，满足国际货币基金组织第 8 条规定，即成为所谓 IMF 第 8 条款国（ArticleⅧ States）。IMF 第 8 条款的基本内容有三：

1. 对本国国际收支中的经常往来项目（贸易和非贸易）的付款的资金转移不加限制；
2. 不采取歧视性的货币措施或多种货币汇率；
3. 在另一会员国的要求下，随时有义务购回对方经常项目下所积累的本币。

记账外汇（exchange of account）又称为协定外汇、双边外汇或清算外汇，是指未经货币发行国当局的批准不得自由兑换成其他国家货币或对第三国办理支付的外汇。记账外汇主要用于签订了贸易协定或支付协定的友好国家之间的双边清算。具体而言，两个友好国家签订双边支付协定，在双方中央银行或外汇指定银行开设双边清算账户，以记录彼此间的债权债务，并在约定时间（年终）就差额进行清算。支付协定一般规定记账货币和支付货币，记账货币可为协定任一方或第三方货币，支付货币则必须是自由外汇。我国于 20 世纪 50 年代与苏联开展过记账贸易，当时采用的记账外汇是英镑。

（二）根据外汇来源，外汇分为贸易外汇和非贸易外汇

贸易外汇是指一个国家或地区通过出口贸易所收入的外汇和进口贸易所支出的外汇，以及进出口贸易从属费用外汇，如运输费、保险费、佣金、样品费、宣传广告费和商标注册费等。

非贸易外汇是指经常项目中除进出口贸易以外收支的各种外汇，包括旅游等服务业、劳务合作、侨汇、投资所得利润等非贸易项目收支的外汇。

当一国政府对外汇做出这种划分时，主要是为了实行双重汇率制，并通过它影响资源配置和收入分配。

(三)根据外汇交易的交割期限,外汇可分为即期外汇和远期外汇

即期外汇(spot exchange)又称现汇,是指外汇买卖双方成交后2个营业日内交割的外汇。

远期外汇(forward exchange)又称期汇,是指外汇买卖双方成交后,双方约定到一定日期后(1个月、2个月、3个月、6个月,最长一般不超过一年)按照事先约定的汇率进行交割的外汇。

第二节 汇 率

一、汇率及其标价方法

(一)汇率概念

外汇汇率(foreign exchange rate)又称外汇汇价,是一个国家的货币折算成另一个国家货币的比率,即两种不同货币之间的折算比率。即在两国货币之间,用一国货币所表示的另一国货币的相对价格。

(二)汇率标价方法

确定两种不同货币之间的比价,应先确定用哪个国家的货币作为标准。由于确定的标准不同,便产生了不同的汇率标价方法。

1. 直接标价法

直接标价法(direct quotation system),又称“价格标价法”或“应付标价法”,是以一定单位(1个或100个、10 000个、100 000个外币单位)的外国货币作为标准,折算为一定数额的本国货币来表示其汇率的方法。我国采用直接标价法。如2015年2月19日,我国外汇牌价为:USD 1=CNY 6.2475。目前世界上大多数国家采用直接标价法,美元兑英镑、欧元、爱尔兰镑、澳大利亚元、新西兰元等汇率,也采用直接标价法。

2. 间接标价法

间接标价法(indirect quotation system),又称“数量标价法”或“应收标价法”,是以一定单位(1个或100个、10 000个、100 000个外币单位)的本国货币作为标准,折算为一定数额的外国货币来表示其汇率的方法。英国采用间接标价法。如2015年2月15日,GBP 1=USD 1.5432。在国际外汇市场上,使用间接标价法的货币不多,主要有美元、英镑、欧元、爱尔兰镑、澳大利亚元、新西兰元等。

直接标价法与间接标价法的区别是:在直接标价法下,汇率数值越大,表示本币贬值,外币升值;反之亦然。在间接标价法下,汇率数值越大,表示本币升值,外币贬值;反之亦然。需要指出的是,只有指明报价银行所处的国家或地区时,谈论这两种标价法才有意义。在这里,汇率变动是由市场供求机制决定的。

两者联系:汇率的两种标价方法虽然基准不同,但是从同一个国家角度来看,直接标

价法与间接标价法是互为倒数的关系。一般认为，无论在哪一种标价法下，外汇汇率都是指外币兑本币的汇率。

3. 美元标价法和非美元标价法

在国家间进行外汇业务交易时，银行之间的报价通常以美元为基础来表示各国货币的价格，这一标价法称为“美元标价法”(U.S. dollar quotation system)。世界各主要外汇市场银行间的交易中，多数货币的汇率都是以美元为基础货币，即每1美元等于若干数额其他货币。美元以外的两种货币之间的汇率则必须通过各自货币与美元的汇率进行套算。

非美元标价法是以英镑、爱尔兰镑、澳大利亚元、新西兰元等货币为基础货币所表示的汇率，即每1英镑、每1爱尔兰镑、每1澳大利亚元、每1新西兰元等于若干数额美元的标价法。在国际金融市场上，用英镑、爱尔兰镑、澳大利亚元、新西兰元等货币为基础货币对外报价是历史或习惯的原因造成的。

按国际市场惯例，外汇汇率的标价通常由五位有效数字组成(日元通常为三位有效数字)，从右往左数，第一位称为“几个点”，它是构成汇率变动的最小单位，第二位称为“几十个点”，如此类推。如假设：美元兑人民币汇率为 USD 1=CNY 6.2330，若汇率变为 USD 1=CNY 6.2310，就称汇率下降了20个点；若汇率变为 USD 1=CNY 6.2350，就称汇率上升了20个点。

二、汇率的种类

汇率的种类很多，从不同的角度，一般可将汇率进行如下分类：

(一)按银行买卖外汇的价格不同，分为买入汇率、卖出汇率、中间汇率、现钞汇率

买入汇率(buying rate)，也称“买入价”(bid rate)，即银行向同业客户买入外汇时所使用的汇率。一般而言，银行总是低汇价买入外汇。卖出汇率(selling rate)，也称“卖出价”(offer rate)，即银行向同业客户卖出外汇时所使用的汇率。一般而言，银行总是高汇价卖出外汇。中间汇率(middle rate)是买入汇率和卖出汇率的平均数。报刊报道汇率消息时常用中间汇率。现钞汇率，又称“现钞买卖价”，是指银行买入或卖出外币现钞时所使用的汇率。从理论上讲，现钞买卖价同外币支付凭证、外币信用凭证等外汇形式买卖价应该相同。但现实中，现钞买入价一般低于现汇买入价的2%～3%，而现钞卖出价则与现汇卖出价相同。这是因为一般国家都规定，不允许外国货币在本国流通，需要把买入的外币现钞运送到发行国或能流通的地区，这需要花费一定的保管费、运费和保险费，这些费用需要由客户承担。而银行买入现汇只要做相应的账务处理。因此，银行在收兑外币现钞时使用的汇率，稍低于其他外汇形式的买入汇率；而银行卖出外币现钞时使用的汇率，则与外汇卖出价相同。

目前，我国外汇储蓄账户按性质划分可分为现钞账户(钞户)和现汇账户(汇户)。存入外币现钞而开立的账户就是现钞账户，从境外汇入或持有外汇汇票则只能开立现汇账户。在符合外汇管理规定的前提下，汇户中的外汇可以直接汇往境外或进行转账，而钞户则要经过银行的“钞变汇”手续后才可办理，无形中增加了手续费。此外，如果兑换成人民币，钞户汇率要低于汇户汇率。

(二)按银行外汇汇付方式划分,分为电汇汇率、信汇汇率和票汇汇率

电汇汇率(telegraphic transfer rate,简称 T/T rate)是经营外汇业务的本国银行在卖出外汇后,以电报委托其国外分支机构或代理行付款给收款人所使用的一种汇率。目前国际支付绝大部分用电信传递,因此电汇汇率是外汇市场的基本汇率,其他汇率都以电汇汇率作为计算标准。一般外汇市场上所公布的汇率多为电汇买卖汇率。电汇方式下,银行在国内收进本国货币,在国外付出外汇的时间相隔不到一两日。由于银行不能利用顾客的汇款,而国际电报费又比较贵,所以电汇汇率最高。各国公布的外汇牌价,如无特殊说明,均指电汇汇率。在国际金融市场上,由于汇率很不稳定,各国的进出口商为了避免外汇风险,一般都会在贸易合同中规定交易采用电汇汇率。

信汇汇率(mail transfer rate,简称 M/T rate)是以信函方式买卖外汇时所用的汇率。银行卖出外汇后,通过信函通知分支行或代理行支付。由于这种付款方式所需的邮程较长,银行可以在一定时间内占用顾客的资金,因此信汇汇率比电汇汇率要低一些。信汇汇率除香港和东南亚以外,其他地区很少采用。

票汇汇率(draft rate)是指银行卖出外汇收到本币后,开立以其国外分行或代理行为付款人的银行汇票,交给汇款人,由汇款人自行寄给或亲自携带交给国外收款人,收款人凭该银行汇票向汇入行提取款项,这种方式下所使用的汇率。因汇票有即期和远期之分,所以票汇汇率分为即期票汇汇率和远期票汇汇率。即期票汇汇率一般等于信汇汇率,但是低于电汇汇率。对于远期汇票而言,票汇支付期限越长,票汇汇率越低。这是因为在收款人未从汇入行提取汇款之前,汇出行都可以利用汇款人的资金获取利息收益,期限越长,获得的收益也就越多。

(三)按外汇买卖交割期限划分,分为即期汇率和远期汇率

即期汇率(spot exchange rate)也称现汇汇率,是指买卖外汇双方成交后在当日或随后的两个营业日(working day)内进行交割的汇率。

远期汇率(forward exchange rate)也称期汇汇率,是指买卖外汇双方事先约定,在将来一定日期进行外汇交割的汇率。即期汇率与远期汇率通常是不一样的,二者之间存在一定差额,这种差额称为远期差价。远期差价有升水、贴水和平价之分。当某种外汇的远期汇率高于即期汇率时,我们称为该外汇的远期汇率升水;反之,当某种外汇的远期汇率低于即期汇率时,我们称为该外汇的远期汇率贴水;当两者相等时,则称为平价。

(四)按外汇银行营业起讫时间划分,分为开盘汇率和收盘汇率

开盘汇率(opening rate)又称开盘价或开盘行市,是指外汇银行在每日开市后首次交易时所报出的汇率。开盘汇率通常是由报价银行根据正在营业的异地外汇市场的汇率报出的。

收盘汇率(closing rate)亦称收盘价或收盘行市,是指外汇银行在一个营业日的外汇交易结束时报出的汇率。它通常是外汇市场交易结束前 30 秒或 60 秒钟的汇率。在这些时间内,市场上的某种货币往往会有几种价格,把几种价格加权平均后即为收盘汇率。

(五)按汇率计算方法划分,汇率可分为基本汇率和套算汇率

基本汇率(basic rate)是指一国选择一种国际经济交易中最常使用、在外汇储备中所

占比重最大的可自由兑换的关键货币，本国货币与其对比制定出的汇率。各国多选择本国货币与美元之间的汇率作为基本汇率。这是因为第二次世界大战后，美元在国际金融市场上占据了主导地位，成为国际支付中使用最多的货币和各国外汇储备的主要货币。在各国银行之间相互报出汇率时，一般也只报出基本汇率。

套算汇率(cross rate)又称交叉汇率，是指两国货币通过各自对关键货币的汇率套算出来的汇率。目前在国际金融市场上，一般都报各国货币对美元的汇率，而美国以外的其他国家之间的货币汇率，则由它们对美元的汇率套算出来。例如：EUR 1＝USD 1.1133；USD 1＝CHF 7.7537；则 EUR 1＝CHF 8.6322。

(六)按汇率是否适用于不同的外汇来源与用途划分，可分为单一汇率和多重汇率

单一汇率(single rate)是指一国货币对某一外国货币只规定一个汇率，各种不同来源和用途的外汇收支和买卖都按这一汇率结算。

多重汇率(multiple rate)是指一国货币对某一外国货币的比价因用途及交易种类的不同而规定有两种或两种以上的汇率，也叫复汇率(dual rate)。

一国实行多重汇率的主要目的是获取某些特殊的经济利益，比如鼓励出口，限制资本流入等。这种汇率安排方式在发展中国家，尤其是在比较落后的发展中国家仍具有一定的普遍性。不过由于各国具体情况不同，采用的复汇率在性质上也有些差异。

比较常见的复汇率，是按外汇资金的用途和性质不同实行贸易汇率和金融汇率并存的状态。

贸易汇率(commercial rate)是指用于进出口贸易及其从属费用支付、结算方面的汇率。金融汇率(financial rate)是指用于国际资本流动、旅游和其他非贸易收支支付、结算方面的汇率。一般来说，一国实行这种复汇率制度有两个目的：一是鼓励出口，限制进口，改善贸易收支；二是防止国际资本流动，尤其是短期投机资金流动给本国国际收支和经济发展造成冲击。

(七)按外汇管理的宽严程度不同来分，可分为官方汇率和市场汇率

官方汇率(official rate)是指一国的货币金融管理机构如中央银行或外汇管理当局所公布的汇率，是外汇管制较严格的国家授权其外汇管理当局制定并公布的本国货币与其他各种货币之间的外汇牌价。官方汇率由于具有法定性质，所以又称法定汇率，它规定了凡进行外汇交易都要以官方公布的汇率为准，一般没有外汇市场。官方汇率一经制定，往往不能频繁变动，这么做虽然保证了汇率稳定，但由于汇率缺乏弹性，不能真正反映市场供给关系。

市场汇率(market rate)是指在自由外汇市场买卖外汇的实际汇率，它一般存在于市场机制较发达的国家和地区。市场汇率是由市场上外汇供求关系所决定的，随外汇供求关系的变化而自由波动。官方机构只能通过参与外汇市场活动来干预汇率的变化，以避免汇率出现过于频繁或大幅度的波动。

在外汇市场上，官方宣布的汇率往往只起中心汇率的作用，实际外汇交易则按市场汇率进行，市场汇率是外汇市场上自由买卖外汇的实际汇率。各国货币金融管理当局对市

场汇率的波动并不是采取完全放任自流的态度，而是利用各种经济手段进行干预，使之不致偏离官方汇率太远。在外汇管制较宽松的国家，外汇交易一般按市场汇率进行；在外汇管制较严格的国家，往往会存在高于官价的黑市汇率。

（八）按照汇率制度的不同划分，可分为固定汇率和浮动汇率

固定汇率（fixed rate）是指一国货币同另一国货币的汇率基本保持固定，汇率的波动被限制在一定幅度以内，当汇率波动超出规定的界限时，货币当局有义务对外汇市场进行干预以维持汇率稳定。固定汇率是金本位制和布雷顿森林体系下各国货币汇率安排的主要形式。

浮动汇率（floating rate）是指一国不规定本国货币的固定比价，也没有任何汇率波动幅度的上下限规定，汇率随外汇市场的供求关系自由浮动。在这种制度下，货币当局原则上没有义务维持汇率的稳定，但往往会根据经济政策的需要，对汇率施加影响。浮动汇率是自20世纪70年代初布雷顿森林体系崩溃以来各国汇率安排的主要形式。

固定汇率和浮动汇率不是具体的汇率水平，而是两种汇率制度，本教材将在下一章详细介绍。

（九）按衡量货币价值的角度划分，可分为名义汇率、实际汇率和有效汇率

名义汇率（nominal exchange rate）是指在社会经济生活中被直接公布和使用的表示两国货币之间比价关系的汇率，没有剔除通货膨胀因素的影响。影响名义汇率变动的因素很多，其中主要包括两国的相对价格水平、相对利率水平和贸易平衡情况。名义汇率既可能由市场决定，也可能由官方决定。

实际汇率（real exchange rate）是指在名义汇率的基础上剔除通货膨胀因素影响后的汇率，用来反映去除两国货币相对购买力变动的影响后，汇率变化对两国国际竞争力的实际影响。实际汇率可以表示为：

$$\text{实际汇率}=\text{名义汇率}\times\frac{\text{外国价格指数}}{\text{本国价格指数}}$$

有效汇率（effective exchange rate）是一种加权平均汇率，即报告期一国货币对各主要贸易伙伴国货币的汇率以选定的变量为权数计算出的与基期汇率之比的加权平均汇率之和。通常以一国与样本国双边贸易额占该国对所有样本国全部对外贸易额比重为权数。有效汇率又称汇率指数，以贸易比重为权数计算的有效汇率能更综合地反映一国货币汇率的基本走势和一国商品贸易的国际竞争力。有效汇率的公式如下：

$$\text{A 币的有效汇率}=\sum \text{A 国货币对 } i \text{ 国货币的汇率指数}\times\frac{\text{A 国对 } i \text{ 国贸易值}}{\text{A 国全部对外贸易值}}$$

第三节 汇率的决定与变动

各国货币之间的汇率，从根本上讲，是体现着各种货币之间的相对价值。也就是说，货币具有的或代表的价值量是决定汇率水平的基础，汇率在此基础上会受到其他因素的

影响。现实的汇率水平是各方面因素的综合反映。事实上,不同的货币制度下,决定汇率的基础和影响汇率变动的主要因素也不尽相同。

一、汇率决定的基础

(一)金本位制度下的汇率决定基础

金本位制是指以黄金为货币制度的基础,黄金直接参与流通的货币制度。它是从19世纪初到20世纪初资本主义国家实行的货币制度。从广义的角度讲,金本位制具体包括金币本位制、金块本位制和金汇兑本位制三种形式。其中,金币本位制是典型的金本位制,后两种是削弱的、变形的本位制。在典型的金本位制下,各国货币均以黄金铸成,金铸币有一定重量和成色,有法定的含金量;金币可以自由流通、自由铸造、自由输出入,具有无限清偿能力;辅币和银行券可以按其票面价值自由兑换为金币。

1. 汇率决定基础

金币本位制度下,汇率的决定基础是铸币平价,即两国单位铸币的含金量之比。如:20世纪30年代,1英镑的含金量为7.8360克,1美元的含金量为1.6104克,则英镑和美元的铸币平价=7.8360/1.6104=4.8665,即1英镑的含金量是1美元含金量的4.8665倍。所以GBP 1=USD 4.8665。由此可见,英镑和美元的汇率是以各自的铸币平价作为基础的。

2. 汇率波动界限

在金本位制下,汇率的决定基础是铸币平价。但在实际经济中,外汇市场上的汇率水平以铸币平价为中心,在外汇供求关系的作用下上下浮动,并且其上下浮动被界定在铸币平价上下一定界限内,这个界限就是黄金输送点。

黄金输出点=铸币平价+运费

黄金输入点=铸币平价-运费

在金本位制下,尽管黄金是世界货币,但由于在国际结算中用黄金作为支付手段比较麻烦且费用很高,如运费、保险费等,所以一般的贸易往来都采用非现金结算,即用汇票作为支付手段,而汇票结算就必然带来汇率波动的问题。

从债务人或进口商的角度看,如果汇率上涨到黄金输出点以上,意味着用汇票形式清偿债务或支付货款不如用黄金形式直接进行清偿和支付更划算,所以债务人或进口商就不去购买汇票而以直接向对方运送黄金的方式来清偿或支付。由此,发生黄金输出及汇票由于需求减少而价格回落的情况。

从债权人或出口商的角度看,如果汇率下跌到黄金输入点以下,意味着用汇票形式收回债权或得到货款不如用黄金形式直接进行清算结算收益更大,所以债权人或出口商不收汇票而要求对方直接以支付黄金的方式来清算或结算。收取黄金后自行运回国内。由此,发生黄金输入及汇票由于供给减少而价格回升的情况。

因此,汇率的变动以黄金输送点为上下限,在黄金输出点和黄金输入点的范围内上下波动。一旦越过此范围,就会引起黄金的输出入,从而使汇率又回到以黄金输送点为界限范围内。

在金块本位制和金汇兑本位制下,由于黄金已经较少或者根本不再充当流通手段和支付手段，典型的金本位制下黄金自由输出输入受到程度不同的限制，此时货币的汇率由纸币所代表的含金量之比决定，即由法定金平价决定。汇率以法定金平价为中心上下波动。在这两种金本位制下，由于黄金不能自由输出入，黄金输出(入)点已经不复存在，波动幅度由政府规定和维护。政府通过设立外汇平准基金保持汇率的稳定。当汇率上升到规定的上限以外时，政府将在外汇市场上出售外汇，使得外汇市场上的供给大于需求，从而使汇率下降到规定的范围之内；反之，则买进外汇。但是一国政府能够操纵外汇市场，使外汇按照本国的意愿变动的前提是本国拥有足够的外汇储备，即经济实力比较强大，第一次世界大战刚刚结束时的大多数国家是不具备这一条件的。因此，与金币本位制度下的汇率相比，其稳定程度已经明显降低了。1929—1933 年世界性的经济危机爆发之后，金块本位制和金汇兑本位制度彻底崩溃，西方资本主义国家纷纷开始实行纸币流通制度。

(二)布雷顿森林体系汇率决定基础

1. 汇率决定基础

布雷顿森林体系(1933—1973 年)是纸币具有法定含金量的国际货币体系，各国官方用法令垄断纸币发行，并参照原来金币的价值以法律的形式规定纸币的含金量。两种货币法定含金量的对比，即黄金平价或者法定平价是决定汇率的基础。例如 1934 年，美国政府规定 1 美元的法定含金量为0.888681克黄金，英国政府规定英镑的法定含金量是3.881344克黄金，则 1 英镑＝3.881344/0.888681＝4.37 美元。

这一数值是决定英镑兑美元汇率的基础。汇率围绕这一数值受外汇供求影响而上下波动。

2. 汇率波动界限

布雷顿森林体系下，各国通过协商在各自单位纸币的法定含金量基础上确定各国货币与美元的固定比率，并规定汇率波动的上下限为法定含金量比值的±1%。各国货币当局有义务维持这一波动幅度不突破。只有当一国国际收支发生“根本性不平衡”，且市场干预失效时，该国才可请求变更法定平价。由于布雷顿森林体系存在内在缺陷，特别是美元作为储备货币对美元币值稳定的要求和其他国家增加美元储备导致美元贬值之间两难(即特里芬难题)，布雷顿森林体系最终崩溃，汇率制度走向全面浮动的时代。

(三)现行国际货币制度下汇率决定基础

20 世纪 70 年代后，许多国家放弃布雷顿森林体系下的钉住美元的汇率安排，逐渐建立起以平价作为参照物的多样化的货币体系，即牙买加体系。布雷顿森林体系崩溃以后，各国政府不再规定货币的含金量，货币价值不再以法定含金量体现。纸币所具有的购买一定数量商品的能力表现了纸币在流通中所代表的价值，是维持平价的基本参照物。由于牙买加体系是以浮动汇率制为核心的国际货币体系，汇率的波动主要受外汇供求关系的作用，波动频繁，幅度很大，影响外汇供求关系的因素也更加复杂。

二、影响汇率变动的主要因素

（一）国际收支

在影响汇率变动的长期因素中，国际收支，特别是国际收支中的经常项目是最主要的因素。国际收支是一国对外经济活动的综合反映，国际收支平衡表中所列的各种经济交易最终表现为一国的外汇供给和外汇需求。简单点说，国际收支平衡表统计的是一国对外经济交往中所发生的全部收入和支出。当一国的国际收支出现顺差，即收入大于支出时，外汇市场上外汇的供给就大于需求，因此本国货币汇率上升，外汇汇率下降；反之，当一国的国际收支出现逆差，即收入小于支出时，外汇市场上外汇的供给就小于需求，因此本国货币汇率下降，外汇汇率上升。

必须指出，国际收支状况并不一定会影响到汇率，这主要看国际收支失衡的性质。短期的、临时性的、小规模的国际收支失衡，可以轻易地被国际资本流动、相对利率水平、通货膨胀率、政府在外汇市场上的干预等其他因素抵消。不过，长期的、巨额的国际收支失衡，必然会导致本国货币汇率的变化。

（二）相对通货膨胀率

货币的对内价值是决定其对外价值（即汇率）的基础，货币对内价值的变化必然引起其对外价值的变化。对内价值具体体现于货币在国内的购买力高低，而通货膨胀正是纸币发行量超过商品流通所需货币量所引致的货币贬值、物价上涨现象。一国出现通货膨胀意味着该国货币代表的价值量下降。因此，国内外通货膨胀率的差异就是决定汇率长期趋势的主导因素。当一国出现较他国更为高企的通货膨胀时，其商品成本加大，出口商品以外币表示的价格必然上涨，该国商品在国际市场上的竞争力就会削弱，引起出口减少，同时提高外国商品在本国市场上的竞争力，造成进口增加，从而改变经常账户收支。此外，通货膨胀率差异还会通过影响人们对汇率的预期，作用于资本与金融账户收支。当一国通货膨胀率较高时，人们就会预期该国货币的汇率将会趋于疲软，由此将手中的该国货币转化为其他货币，造成该国货币的汇率下跌。一般而言，相对通货膨胀率持续较高的国家，其货币在外汇市场上将会趋于贬值；反之，相对通货膨胀率较低的国家，其货币汇率则会趋于升值。

通货膨胀对汇率的影响只有在较长时期内才能体现出来，是由于通货膨胀率对汇率的影响要通过如投资、消费、贸易往来、资本流动甚至是人们的心理预期才能实现。

（三）相对利率水平

在开放经济条件下，利率对汇率的影响是通过不同国家的利率差异所引起的资本，特别是短期资本的流动发生作用的。作为金融资产的价格，利率的高低反映和影响着借贷资本和金融资产的供求。如果一国的利率水平相对于其他国家较高，就意味着本国金融资产的收益率较高，对投资者更具吸引力，这会增加外国资金流入，减少本国资金流出，本币有升值压力；相反，如果一国的利率水平相对于其他国家较低，就意味着外国金融资产的收益率较高，对投资者更具吸引力，这会促使本国资金外流，减少外国资金流入，本币有贬值的压力。

需要注意的是，对于在国际上追逐高利润的短期资本来说，在选择投资方向时，除了要考虑利率差异外，还要考虑汇率因素。只有在两国利率差异大于两国远期汇率、即期汇率预期变动时，资金才会从利率低的国家流向利率高的国家。即利率通过资本流动影响汇率，而汇率的预期变动又会对这一资本流动产生抵消作用。这就是国际资本套利活动中的利率平价原理。

此外，提高利率意味着银根紧缩，会抑制通货膨胀和总需求，导致进口减少，从而有助于本币升值。美国、日本在1979—1988年间汇率的变化与其实际利率水平的变化有密切关系。1979年起美国的名义利率大幅度上升，至1981年美国的实际利率超过了日本，实际利率大大高于其他西方国家，导致资本大量流入美国，使美元升值，以至达到历史最高水平。

（四）经济增长

经济增长对汇率的影响较为复杂。理论上说，经济增长率的变化反映一国经济实力的变化，经济增长快、经济实力强的国家可以增强外汇市场对其货币的信心，因而货币汇率有上升的可能。但实际上，由于全球经济一体化，国与国之间的联系与交往越来越密切，各国的经济周期越来越一致，经济增长率的变化在各国是同时发生的，对汇率不会产生太大的影响，只有各国的经济增长速度明显不同，才会影响到汇率方面。

具体来说，国内外经济增长率差异对一国汇率的影响主要表现在以下几个方面：第一，一国经济增长率较高意味着该国收入较高，高收入引致进口较多，会引起本币贬值；第二，一国经济增长率较高也可能意味着该国劳动生产率较高，产品成本较低，这能够改善该国出口商品在国际竞争中的地位，有利于增加出口，抑制进口，会引起本币升值；第三，一国经济增长率较高又意味着一国的投资利润率较高，能够吸引外国资金流入，从而引起本币升值；第四，若较高的经济增长率伴随着较高的通货膨胀率，则资金外流又会导致本币贬值。

总的说来，较高的经济增长率会对本国货币对外升值起到有力的支持作用，并且这种影响持续的时间也较长。一般而言，一国的高经济增长是支持本币成为国际货币市场硬货币的有利因素。当然，这和一国产业结构以及对外贸易发展战略有着密切关系。因此，不能单纯地以经济增长率的高低作为判断汇率长期变动的标准。

（五）政府的市场干预

尽管第二次世界大战后西方各国政府纷纷放松了对本国的外汇管制，但政府的市场干预仍是影响市场供求关系和汇率水平的重要因素。各国央行为维护经济稳定，避免汇率变动对国内经济造成不利影响，往往对外汇市场进行干预。在开放的市场经济条件下，央行介入外汇市场进行干预，对汇率的影响最直接，效果也最明显。通常央行干预外汇市场采取如下措施：直接在外汇市场上买进或卖出外汇（需要有外汇储备作为基础）；对资本流动实行管制；在国际范围内公开发表导向性言论以影响市场心理预期；与国际金融组织和有关国家合作，政策协调，联合进行干预。

央行对外汇供求的影响虽不能从根本上改变汇率，但在短期内确实可以对汇率产生较大影响。固定汇率制度在第二次世界大战后被维持了25年之久，足以显示央行干预的成效。特别是20世纪80年代以来,发达国家对汇率的联合干预,更使得央行的行为成为外汇市场上影响汇率不可忽视的力量。

(六)宏观经济政策

宏观经济政策主要包括货币政策、财政政策和汇率政策。紧缩性的财政政策和货币政策往往会使该国货币汇率上升;膨胀性的财政政策和货币政策则可能使该国货币汇率下降。汇率政策是一国货币当局对于本国货币相对于外国货币币值的一种指导性的政策。在全球经济一体化的大背景下,汇率政策的实施直接关系到国际贸易往来、短期资本和长期资本的流动以及本国证券市场的兴衰。因此,汇率政策对汇率的中长期趋势将产生较为深远的影响。

(七)投机活动和心理预期

自1973年实现浮动汇率制以来,外汇市场的投机活动愈演愈烈,投机者往往拥有雄厚的实力,可以在外汇市场上推波助澜,使汇率的变动远远偏离其均衡水平。投机者常利用市场顺势对某种货币发动攻击,攻势之强,即使各国央行干预外汇市场也难以阻挡。适当的投机活动有助于活跃外汇市场,但过度的投机活动则会加剧外汇市场的动荡,阻碍正常的外汇交易,歪曲外汇供求关系。

心理预期有时能对汇率产生重大影响。在国际金融市场上,短期性资金达到了十分庞大的数字。这些巨额资金对世界各国的政治、经济、军事等因素都具有高度的敏感性,受预期因素的支配,一旦出现风吹草动,就到处流动,或为保值,或为获取高额投机利润。这就常常给外汇市场带来巨大冲击,成为各国货币汇率频繁起伏的主要根源。就经济方面而言,市场预期包括对国际收支、相对物价水平、相对利率水平或相对资产收益率以及汇率本身的预期。只要市场上预期某国货币不久会下跌,那么市场上立即就可能出现抛售该国货币的活动,造成该国货币市场价格立即下降。

(八)重大政治、突发因素

资本具有追求安全的特性,重大政治、突发因素对外汇市场的影响是直接和迅速的。国际性的政治、经济、军事等突发事件的冲击,包括政局的稳定性、政策的连续性、政府的外交政策以及战争、经济制裁和自然灾害等,会在很大程度上影响投资者的信心,进而引发大规模的资本流动,对汇率产生巨大影响。如1991年的海湾战争,2003年美英联合发动的对伊拉克的战争,2001年恐怖分子对纽约世贸中心的突发袭击,均对美元汇率发生重大影响。此外,一国首脑人物的政治丑闻、错误言论以及主管金融外汇的官员的调离任免等,都会对短期汇率走势产生不同影响。

政治与突发事件因其突发性及临时性,市场难以预测,很容易对市场造成冲击;但一旦市场对消息做出反应并将其消化后,原有的消息的影响力就会大为削弱。

上面因素分析的一个基本前提是:假定其他因素不变,只考察某一因素变化对汇率的影响。然而,实际情况要复杂得多。这些因素之间相互联系、相互制约,甚至相互抵消,现实中的汇率变动是各种因素综合作用的结果。因此,我们在分析汇率变动时,不能只从某一角度和某一因素进行,而要从不同角度全面综合剖析。同时,在众多因素中,由于国家不同、时间不同、各影响因素所占的重要程度不同,因此考虑分析汇率变动还要与一定的社会经济条件和特定的时间相联系，以保证分析的客观性和全面性。

三、汇率变动对经济的影响

汇率是一国宏观经济中的一个重要变量，它与多种经济因素有着密切的关系。这种关系不仅表现在许多经济因素的变化导致汇率水平的变化，而且表现在汇率的变动对其他经济因素具有不同程度、不同形式的反作用或影响，尤其是浮动汇率制度下汇率变化频繁，对各国经济产生的冲击日益深刻。因此，汇率政策及汇率调整已成为各国经济政策的重要组成部分。

汇率变动对经济各方面产生的作用和影响是不同的，下面主要以本币对外贬值为例，分析汇率变动对一国对外经济、国内经济和国际经济关系几方面产生的影响。

(一)汇率变动对一国国际收支的影响

1. 汇率变动对贸易收支的影响

汇率变动最为直接也最为重要的影响就是对进出口贸易的影响。一国货币对外贬值，有利于扩大出口，抑制进口，改善其贸易收支状况；一国货币对外升值，则刺激进口，抑制出口，使贸易状况恶化。

本币对外贬值后，对出口产生两种影响：一是出口商品国内售价不变，本币贬值，出口商品在国际市场上的外币价格会下降，市场竞争力增强，外国对本国出口商品的需求增加，刺激本国出口；二是出口商品在国际市场上的外币价格保持不变，则国内出口商的出口利润(以本币计)增加，从而国内出口商的出口积极性提高，本国出口数量增加。

本币对外贬值对进口产生的作用与出口正相反，贬值后，以外币计价的进口商品在国内销售时折合的本币价格比贬值前提高，本国对外国进口商品需求下降，进口减少。如果维持原有的国内销售价格，则进口商成本增加，利润减少甚至亏损，从而使进口商减少进口。如果要压低进口品的外币价格，这又会招致外国商人的反对，往往又不能实现。因此，本币贬值会自动地抑制商品的进口。

如果本币对外贬值有效地促进了出口，限制了进口，则会改善一国的贸易条件，扭转贸易收支的不平衡。但是，本币贬值起到扩大出口、限制进口的作用不是在任何条件下都能实现的。本币贬值措施在实际运行中要受到一些因素的制约。

其一是进出口商品需求弹性。贬值能否改善一国的进出口贸易状况，还取决于需求与供给的弹性，即出口商品的需求和供给弹性、进口商品的需求和供给弹性。若供给具有完全的弹性，其贬值的效果便取决于需求的弹性。需求的弹性是指商品价格变动所引起的进出口需求数量的变动。假定货币贬值时其他条件不变，马歇尔—勒纳条件认为，只有在进口商品需求弹性和出口商品需求弹性的绝对值之和大于1时，贬值才能改善进出口贸易状况；小于1，则会恶化进出口贸易状况；等于1，则对进出口贸易没有影响。

其二是时滞效应。一国货币贬值后，该国商品的外币价格虽然会下降，但外国对其出口商品的需求并不会马上增加，从而该国出口商品的数量也不会迅速增加，又由于以前的进口合同还未完全履行或由于产业结构尚未做出及时调整，进口数量及进口支出仍会持续增加。因此，本币贬值对于扩大出口、抑制进口的作用，要在一段时间之后才能显示出来。在贬值之初，贸易收支会有一段继续恶化的过程，一段时间以后，出口才开始增加，贸易收支才开始改善。这就是反映时滞的所谓"J 曲线效应"。"J 曲线效应"(J curve effect)的期限一般为 9～12 个月,即汇率变化之后要半年以上时间才能对贸易差额产生正效应。如果在这个期限内,马歇尔—勒纳条件能够满足,那么国际收支就能得到理想的调节;如果马歇尔—勒纳条件不能满足,或者在这一期限内国内物价上涨赶上甚至超过本币贬值程度,则国际收支非但不能改善,反而有可能进一步恶化,贬值出现负效应。详见图 2-1 所示。

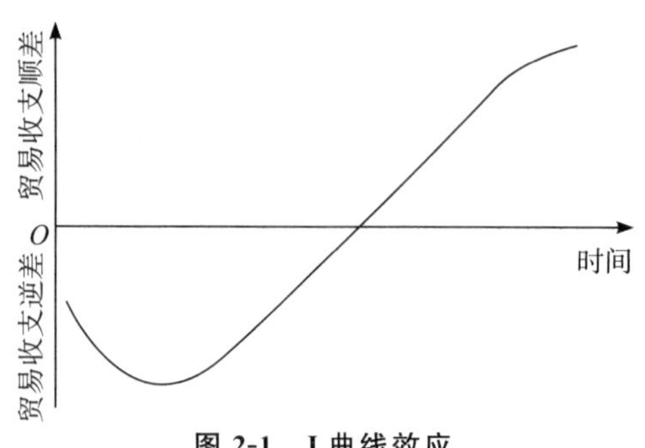

图 2-1 J 曲线效应

本币对外贬值在一定条件下有促进商品出口的功能,因而许多国家便以本币贬值作为促进出口和改善贸易状况的主要手段,这就是外汇倾销。

外汇倾销(exchange dumping)是指在有通货膨胀的国家中,货币当局通过促使本币对外贬值,且货币对外贬值程度大于对内贬值程度,借以用低于原来在国外销售商品的价格倾销商品,从而达到提高商品竞争力、扩大出口、增加外汇收入和最终改善贸易逆差的目的。但外汇倾销会使本国产品冲击对方国家市场,并抢占其他国家在国外的市场,因此容易遭到贸易对方和其他有关国家竞争对手的反对。如果这些国家采取一些反倾销措施,则会使外汇倾销失败。

2. 汇率变动对非贸易收支的影响

从非贸易收支来看,本币对外币贬值可以增加非贸易收入,抑制非贸易支出。

在国内物价水平和其他条件不变的情况下,本币贬值,单位外币折合更多的本币,外国货币的购买力相对增强,该国商品、劳务、交通和旅游等费用就变得相对便宜。这便能增加对旅游者的吸引力,促进本国旅游业及其有关部门的发展,增加旅游和其他非贸易外汇收入。同时,贬值使国外的旅游和其他劳务开支对该国居民来说相对提高,从而抑制该国的非贸易外汇支出。同样,贬值对非贸易收支的影响也存在弹性和时滞问题。

2. 汇率变动对资本流动的影响

资本流动的原因是追逐利润和规避风险,因而汇率变动会影响资本流动,特别是短期资本流动。

(1)汇率变动对长期资本流动的影响。本币贬值对此的影响不大,因为长期资本流动注重的是投资整体环境的好坏,贬值的影响只是其中的一个因素。但在其他条件不变的情况下,本币对外贬值后,1 单位外币折合更多的本币,外币的购买力相对上升,会促使外国资本流入增加,有利于吸引外商到货币贬值国进行新的直接投资。

(2)汇率变动对短期资本流动的影响。短期资本的流动性强,货币对外贬值使金融资产的相对价格降低，本币贬值对此影响较大而且直接。如果本币将要贬值或市场上对本币有继续贬值的预期，则资金会从该国迅速大规模地转移到其他国家，即发生资本外逃，其间伴随着本币贬值。如果本币贬值停止或市场认为贬值过头，其后必然要反弹，从而产生本币升值的预期，那么资金会从国外流入国内，从而本币趋于升值。

汇率变化对于资本流动的影响方向和影响程度的大小还要受到其他因素，如政府管制、资本投资的安全性等方面的制约。资本管制严格的国家，汇率变动对资本流动影响较小；资本管制松的国家，汇率变动对资本流动的影响较大。资本的本性是追求利润和规避风险的，所以资本投资的安全性也是一个重要因素。只有在既有利可图，风险又不是很大的情况下，资本的流动才会是积极的和活跃的。

3. 汇率变动对外汇储备的影响

汇率变动对外汇储备的影响主要体现在三个方面：

(1)货币贬值对一国外汇储备规模的影响。本国货币汇率变动，通过资本流动和对外贸易收支影响本国外汇储备的增减。本币贬值，引起国内短期资本外流，从而导致本国国际储备的减少。但贬值同时有利于出口、抑制进口，可使经常项目收入增加，增加本国外汇储备。

(2)储备货币的汇率变动会影响一国外汇储备的实际价值。储备货币实际上也是一种价值符号，其所代表的实际价值会随该种货币贬值而减少，从而使持有该种储备货币的国家遭受损失。

(3)汇率的频繁波动将影响储备货币的地位。20 世纪 70 年代以后，各国外汇储备逐渐走向多元化。由于储备货币的多元化，汇率变化对外汇储备的影响也多样化了。有时外汇市场汇率波动较大，但因储备货币中升值和贬值货币的力量均等，外汇储备就不会受到影响；有时虽然多种货币汇率下跌，但占比重较大的储备货币汇率上升，外汇储备总价值也能保持稳定或略有上升。

(二)汇率变动对国内经济的影响

本币对外贬值对物价的影响有两方面：一是通过贸易收支改善的乘数效应，引起需求拉上的物价上升。本币对外贬值，扩大了出口，抑制了进口，这意味着本国商品市场上的商品供应相对减少；本币对外贬值后，出口增加，外汇收入增加，居民手中的外汇需兑换成本币才能用于国内的购买和支付，致使本国货币投放量增加，由此可能造成国内商品需求大于商品供应，拉动物价水平上升。二是通过提高国内生产成本推动物价上升。本币对外贬值后，进口商品以本币表示的价格会立即上涨，其中进口消费品的价格上升会直接引起国内消费物价某种程度的上升，而进口原材料、中间品和机器设备等的价格上升，则会造成产成品的价格上升。

现实生活中，一国发生通货膨胀会导致本币对内贬值，本币对内贬值又会产生物价上涨的压力。如果政府当局不能有效地加以控制，则会陷入“本币贬值→国内通货膨胀→本币贬值”的恶性循环之中。

2. 汇率变动对经济增长和就业的影响

本币对外贬值，可以扩大本国出口商品和进口替代商品在国内外市场的份额，出口商品和进口替代商品生产的扩大，又通过产业递推作用直接或间接地推动整个国民经济的发展。本币贬值还可以增加本国的外汇积累,加大投资,还可能吸引外来的直接投资,使本国生产能力大大提高。总之,本币对外贬值后,贸易收支的改善通过乘数效应会扩大总需求,带动投资、消费增加,使社会总产量倍数扩张,从而推动经济增长,扩大就业。

因此,各国都把汇率作为十分重要的经济杠杆,通过汇率调整以奖出限进,实现充分就业、经济增长的宏观经济目标。但这种作用的前提条件是国内尚未达到充分就业,还有闲置资源可供利用;否则,不仅对经济增长作用不大,而且还会造成通货膨胀压力。

3. 汇率变动对国内资源配置的影响

本币对外贬值后,出口商品本币价格由于出口数量的扩大而上涨,进口商品本币价格上升带动进口替代品价格上涨,从而使整个贸易品部门的价格相对于非贸易品部门的价格上升,引发生产资源从非贸易品部门转移到贸易品部门,这样的话,一国的产业结构就导向贸易品部门,整个经济体系中贸易品部门所占的比重就会扩大。

(三)汇率变动对国际经济关系的影响

浮动汇率制下,国际外汇市场各种货币频繁的、不规则的波动,不仅给各国对外经济、国内经济造成了深刻的影响,而且也影响着各国之间的经济关系。

1. 对国际贸易的影响

某些国家以促进出口、改善贸易逆差为主要目的的货币贬值,会使顺差国的货币相对升值。这必然引起顺差国和其他利益相关国家的反对与报复。特别是主要发达国家的货币贬值,不利于其他国家的贸易收支,由此可能引起贸易战和汇率战。各国货币竞相贬值以促进各自国家的商品出口是国际上普遍的现象,由此造成的不同利益国家之间的分歧和矛盾层出不穷,加深了国际经济关系的复杂化。

2. 对国际金融市场的影响

汇率频繁波动会引起外汇投机的盛行,造成国际金融市场的动荡与混乱,加剧国际贸易与国际金融运作的风险,为外汇交易中的投机者提供可乘之机,增加国际金融市场的不稳定因素。但从另一角度看,汇率的不稳定又进一步促进期货、期权、货币互换等金融衍生产品交易的出现,使国际金融业务形式与市场机制不断地创新。

3. 对国际储备货币的影响

某些储备货币国家如果其国际收支恶化,汇率持续贬值,会影响它的储备货币的地位和作用。与此同时,另一些国家由于国际收支持续顺差,黄金外汇储备充裕,币值稳中有升,其货币在国际结算领域中的地位和作用则日益加强。因而汇率的频繁波动促进了国际储备货币多元化的形成。

最后,必须提醒的是,一国货币对外贬值只有在适度的范围内,才可能产生正面的效应。如果一国货币贬值幅度过大,反而会使投资者失去信心,从而产生负面影响,甚至会引发货币危机。以上所有分析均建立在这个前提下。

第四节　汇率决定理论

汇率理论是就外汇汇率的决定与变动,从理论上进行的概括和阐述。它和国际收支理论共同成为西方国际金融理论的核心。汇率理论是随着经济形势和西方经济学理论的变迁而发展演变的，因而形成了不同的汇率学说。这些学说从不同侧面探讨了汇率问题，但任何一种学说又都不能对汇率问题提供完美的答案。

一、购买力平价理论

购买力平价理论(theory of purchasing power parity)是汇率决定理论中最具影响和争议的理论之一。该理论的基本思想可以追溯到16世纪中叶，但直到1922年才由瑞典经济学家古斯塔尔·卡塞尔(Gustav Cassel)正式提出，并在《1914年以后的货币和外汇》一书中加以完整阐述。其基本思想是：货币的价值在于其购买力，不同货币之间的兑换比率取决于其购买力之比(绝对购买力平价)，汇率的变动也取决于两国货币购买力的变动(相对购买力平价)。购买力平价学说的理论基础是"一价定律"。

(一)一价定律

一价定律(law of one price)是商品市场的无套利定价原理，也是购买力平价理论成立的基础条件。假定两国均实行自由贸易，只考虑可贸易商品，不考虑贸易成本和贸易壁垒，则同种可贸易商品在世界各地以同一货币表示，其价格相同。这就是一价定律，用公式表示为：

$$P_{A}=P_{B}\cdot R_{A}$$

式中，P_{A}(tradable goods)代表商品的国内价格，P_{B}代表商品的国外价格，R_{A}代表直接标价法下的汇率。贸易品(tradable goods)是指地区间价格差异可以通过套购活动消除的商品；非贸易品(non-tradable goods)是不可移动或套购成本无限高的商品，如不动产和个人劳动。如果一价定律成立，则商品市场在不同国家没有差异，国际贸易或国际套购活动就会停止。但现实中，就某一种商品而言，一价定律很难成立，因此国际套购活动一直存在。

【例2-1】美国1千克小麦6美元，英国1千克小麦3英镑，即$P_{A}=6$，$P_{B}=3$(美国为本国)，GBP 1=USD 1.8000。在固定汇率制度下，套购活动带来物价水平的调整，使一价定律成立，英国出口小麦，直到价格调整使$P_{A}=1.8P_{B}$成立，套购才停止；在浮动汇率制度下，套购活动引起外汇市场供求变化，进而引起汇率调整，使一价定律成立，英国出口小麦，直到汇率调整使GBP 1=USD 2成立，套购才停止。

一价定律通常假定，存在着完全竞争的市场及国内商品和国外商品直接的完全可替代性。这就意味着，国际贸易是完全自由的，厂商是价格的接受者，国内外商品是完全同质的。

(二)绝对购买力平价

如果对任何一种可贸易商品一价定律都成立，且在各国物价指数中，各种可贸易商品所占的权重相等，那么就可以用物价指数(一般物价水平)替代某种具体的商品价格，然后通过简单推导，可得到如下公式：

$$R_{A}=\frac{P_{A}}{P_{B}}$$

其中，R_{A}代表A时刻直接标价法下的汇率，P_{A}代表A时刻本币表示的本国一般价格水平，P_B 代表A时刻外币表示的外国一般价格水平。

上式表明，汇率可以通过两国一般物价水平之比计算得出。若本国价格水平不变，外国价格水平上涨，则本币升值，外币贬值；反之，则外币升值，本币贬值。由于货币购买力与物价水平互为倒数，所以，物价之比又可以看作购买力之比，用两国的物价指数直接相除计算汇率的方法也称为“绝对购买力平价”。

绝对购买力平价是购买力平价理论的典型形式，该学说解释了某一时点上的汇率决定方法，是对汇率决定的静态分析。

（三）相对购买力平价

在绝对购买力平价的计算过程中，需要获得反映两国真实物价水平的准确数据，这在实际操作过程中是比较困难的，而两国物价水平的变动率（即通货膨胀率）是相对容易获得的。此外，对于汇率决定问题，除了要有静态的分析，还需要对某时段汇率的变化原因有所分析，这一点是绝对购买力平价所无法解决的。为此，卡塞尔又提出了相对购买力平价理论。其一般形式为：

$$\frac{R_t - R_o}{R_o} = i_A(t) - i_B(t)$$

其中：R_o 代表本国基期均衡汇率，R_t 代表经过 t 时间变动后的汇率；$i_A(t)$ 是本国物价在经过 t 时间后比基期物价水平上升的幅度（通货膨胀率），$i_B(t)$ 则是外国物价水平上升的幅度。该公式表明，一国货币是升值还是贬值，是由两国通货膨胀率之差决定的。若本国通货膨胀率超过外国，则本币贬值；反之，则本币升值。即基期与报告期之间的通货膨胀的差别应等于同期汇率的差别，反过来说，汇率变动率等于两国通货膨胀率之差。

购买力平价的绝对形式和相对购买力平价形式有其内在联系，但也存在着区别。首先，绝对购买力平价反映的是某一时点的汇率，而相对购买力平价反映的是某一时段内的汇率；其次，绝对购买力平价反映的是汇率的绝对水平，而相对购买力平价反映的是汇率的变化率；再次，绝对购买力平价说明汇率决定的基础，而相对购买力平价说明的是汇率之所以变动的原因。一般而言，绝对购买力平价是相对购买力平价的基础。如果绝对购买力平价是正确的，那么相对购买力平价也是正确的；然而，如果相对购买力平价是正确的，绝对购买力平价却不一定正确。因为经济中存在着其他因素，如资本流动、政府干预等，都会对汇率产生影响，即使汇率的变化率与两国通胀之差相等，但汇率的水平却不一定等于两国价格之比。

购买力平价理论在汇率决定理论中是最有影响力的，是从货币的基本功能角度分析货币的交换问题，它并不是一个完整的汇率决定理论，但却是更为复杂的汇率决定理论的基础。购买力平价理论开辟了从货币数量角度对汇率进行分析之先河，从货币的基本功能出发，将汇率水平、物价水平和通货膨胀率的关系联系起来，成为人们计算长期均衡汇率的常用方法。它能够较为合理地解释汇率的决定基础，并广泛地应用于预测汇率走势的数学建模中。

但购买力平价理论本身仍存在一定的缺陷与矛盾。具体表现在：其一，该理论只考虑了可贸易商品，没有考虑不可贸易商品，也没有考虑交易成本和贸易壁垒；其二，购买力平价理论比较注重国际收支中经常项目特别是贸易收支状况，但对资本项目的变化却很少涉及；其三，存在一些技术性问题，比如一般物价水平指标的选取、样本商品的确定等；其四，过分强调物价对汇率的作用，而忽视了汇率变动对物价的影响；其五，相对购买力平价理论本身也存在一些缺陷与不足，如基期汇率的选择问题。

二、利率平价理论

外汇除用作商品交易媒介外，还被当作投资工具，用来投机获利，而利率又是投资回报水平的参照标准，因此，利率与汇率之间存在着必然的联系，探讨两者之间联系的学说就是利率平价理论（theory of interest rate parity）。与购买力平价相比，两者区别如表2-3。

利率平价学说的理论渊源追溯到19世纪下半叶。1923年，凯恩斯在其著作《论货币的改革》中较为系统地阐述了利率平价说，其后的经济学家们逐步完善了这一理论。该理论的主要出发点是：投资者投资于国内所得到的短期投资收益，应该与按即期汇率折成外汇在国外投资，再按远期汇率买回本国货币所得到的短期投资收益相同；一旦两者出现差异，投资者的套利行为仍将使汇率回复至均衡水平。利率平价说根据投资者行为的假设不同，可以分为抛补套利平价（covered interest parity）和无抛补套利平价（uncovered interest parity）两大类。

表 2-2 利率平价理论与购买力平价理论研究比较

类别	市场	对象	时期	理论基础	核心观点
IRP	金融市场	国内外利率与汇率的关系	短期行为	利率平价论	货币供求导致利率（资产价格）变动，决定汇率变动
PPP	商品市场	商品和服务价格与汇率	中长期行为	货币数量说	货币数量引起购买力（商品价格）变动，决定汇率变动

（一）抛补套利平价

假设 I_a、I_b 分别为本国和外国的利率，S_t 与 F_t 分别为两国货币的即期汇率与远期汇率，φ 是即期汇率与远期汇率的升贴水率，则有：

$$\varphi=\frac{F_t-S_t}{S_t}$$

如果假设投资者采取用远期合约的抛补方式进行交易，就可以得到抛补的利率平价的一般形式：

$$\varphi=I_a-I_b$$

上式说明，远期汇率的升水或贴水率约等于两国间的利率差异。如果本国利率高于外国利率，则本币在远期将贬值；反之，则本币在远期将升值。也就是说，汇率的变动会抵消两国间利率的差异，从而使得金融市场处于平衡状态。

（二）无抛补套利平价

假设投资者根据自己对未来汇率变动的预期计算的收益，在承担一定的汇率风险情

况下进行投资活动。即投资者预期的汇率变动率为 E_{φ},则无抛补套利平价可以表述为:

$$E_{\varphi}=I_{a}-I_{b}$$

上述公式的经济含义是:预期的汇率变动率等于两国货币利率之差。在无抛补套利平价成立时,如果本国利率高于外国利率,则意味着市场预期本币将贬值。

抛补套利平价和无抛补套利平价有其内在联系,但也存在着区别。二者区别在于投资者的风险偏好不同,二者所适用的范围不同。前者假定投资者是风险规避者,他们对高风险投资要求获得风险补偿,因而,他们更趋向于通过远期外汇交易锁定在对外金融投资中的投资收益。而后者则认为投资者对风险没有明显的偏好,属于风险中性者,在提供相同市场收益的情况下,他们对各种金融资产不存在风险偏好。他们对有稳定收益的投资和提供相同预期收益的风险投资,在风险认同上是一致的,因此,他们更趋向于承担外汇风险。

二者的联系主要取决于外汇市场上套利活动的投机者预期。如果投机者预期的未来即期汇率大于远期汇率,意味着投机者认为远期汇率对未来的外币币值低估,他将会购买远期外汇。期满后,如果预期正确,即实际市场汇率等于预期的未来即期汇率,按照远期汇率进行实际交割买进外汇,再按当时的即期汇率(也即预期的未来即期汇率)出售外汇,则可获利。这种套利活动将使预期的未来即期汇率上升直至与远期汇率相当。反之,如果预期的未来即期汇率小于远期汇率,投机者便会采取相反的措施。因此,外汇市场上投机者的套利活动将使远期汇率完全等于预期的未来即期汇率,抛补套利平价和无抛补套利平价同时成立。

利率平价理论在推理上是严密的,也较好地解决了远期外汇市场上汇率与利率的相互作用机制及即期汇率变化与利率变动的关系,具有较高的应用价值。由于利率的变动非常迅速,且可对汇率产生立竿见影的影响,货币当局可以利用汇率与利率的关系来灵活调整外汇市场,具有特殊的实践意义。但该理论也存在缺陷:没有考虑交易成本,假定资本流动不存在障碍,只能作为解释短期汇率波动的一种工具。事实上市场汇率波动还受到其他多种因素的影响,短期汇率决定也是一个复杂的过程,利率变动只是其中一个重要的影响因素。

三、国际收支说

(一)国际借贷说

国际借贷说(international indebtedness)是第一次世界大战前较为流行的汇率理论,由英国经济学家戈申(Gossen)在其 1861 年所著的《外汇理论》一书中正式提出,对第一次世界大战前盛行的国际金本位制下汇率的决定和变动问题提供了系统的理论阐释。

其理论的主要内容:

1.外汇汇率是由外汇的供给和需求决定的。外汇供给和需求源于国际借贷关系,并由此而发生外汇的收入与支出。所以,国际借贷关系是汇率变动的主要依据。

2.国际借贷关系主要是指由于国家间商品的进出口、劳务的输出输入、股票和公债的买卖、利润和利息及股息的支付、旅游收支、单方面转移、资本交易等引起的国际债权债务关系。

3.国际借贷分为固定借贷和流动借贷两个部分。前者是指借贷关系业已形成，但尚未进入实际收支阶段的借贷；后者是指已经进入实际收支阶段的借贷。即一国的对外流动借贷是指该国一段时期内实际收付阶段的对外债权和对外债务。该国国际收支中的经常项目和资本与金融项目的收支，均为该国对外流动债权与对外流动债务。只有流动借贷的改变才会对外汇供求产生影响。

国际借贷说的主要成就在于运用古典经济学价格理论的供求法则，通过国际收支与外汇供求的关系成功地解释了汇率短期变动的原因。其观点因符合当时的经济背景，很快被人们所接受。其缺陷在于没有说明汇率形成和决定的基础，不能解释纸币流通条件下的汇率波动，忽略了影响外汇供求的其他因素。

（二）国际收支说

国际收支说（balance of payment theory of exchange rate）是以国际借贷说为基础，利用凯恩斯宏观经济模型来说明影响国际收支的主要因素及其对汇率的影响的理论，是国际收支理论的现代形式。

该理论认为，外汇汇率是由外汇供求决定的，而外汇供求又取决于国际收支，尤其是经常账户收支。由于汇率的变动最终会使外汇市场供求达到均衡，从而使国际收支始终处于平衡状态，因此，凡是影响国际收支均衡的因素，都可以引起均衡汇率的变动。在肯定价格和利率对汇率影响的同时，该理论又将国民收入纳入其中，作为影响经常项目收支及汇率的重要因素。

假定汇率完全自由浮动，政府不对外汇市场进行任何干预。其基本公式为：

$$e=f(Y,Y_f,P,P_f,i,i_f,E_e)$$

其中，Y 和 Y_f分别代表国内和国外的国民收入水平，P 和 P_f分别代表国内和国外的物价水平，i 和 i_f分别代表国内和国外利率水平，E_e 代表人们对汇率变化的预期。

该式表明，影响均衡汇率变动的因素有国内外国民收入、国内外价格水平、国内外利息率以及人们对未来汇率的预期。

当本国国民收入增加时，进口会随之增加，国际收支会出现赤字，从而导致外汇市场外汇需求大于供给，本币贬值；当外国国民收入增加时，本国出口增加，国际收支会出现盈余，外汇市场外汇供给大于需求，外币贬值。当本国物价上升或外国物价下降时，本国出口减少，进口增加，国际收支出现赤字，外汇需求大于供给，本币贬值；反之亦然。当本国利率上升或外国利率下降时，国外资本流入增加，从而导致外汇的供给大于需求，或本币的需求大于供给，本币升值；反之亦然。如果对未来外汇汇率看涨，人们就会大量买进外汇，导致外汇升值；反之亦然。

国际收支是从宏观经济角度，而不是从货币数量角度来研究汇率的，具有浓厚的凯恩斯主义色彩，是现代汇率理论的一个重要分支。该理论在运用供求分析的基础上，将影响国际收支的各种因素纳入汇率均衡分析，这对于短期外汇市场分析具有重要意义。

但国际收支说仍不是一种完整的汇率决定理论。同时，该理论是关于汇率决定的流量理论，且只是简单地运用价格与供求之间的关系对外汇市场进行分析，对一些经济现象很难做出解释。

四、资产市场说

20 世纪 70 年代以来，国际资本流动的发展对汇率产生了重大影响，外汇市场上的汇率变动极为频繁且波幅巨大。在传统理论以外，越来越多的新兴理论逐渐成为主流派别，其中，资产市场说尤为盛行。

资产市场说认为，在国际资本流动高度发展的背景下，汇率呈现出与金融资产价格相似的特点，如价格波动幅度大且极频繁，受心理预期的影响大等。因此，可将汇率看成一国货币用另一国货币表示的相对资产价格，采用与普通资产价格决定相同的方法分析汇率。

该理论认为，理性预期是决定当期汇率的重要因素，同时强调金融资产的存量均衡对汇率的决定作用，突破性地将商品市场、货币市场和证券市场相结合进行汇率决定分析。由于三个市场之间本币资产和外币资产替代性以及受到冲击后调整速度快慢不同，产生了不同类型的资产市场说，具体构成如图 2-2 所示。

- 资产市场说
  - 货币论（国内外资产完全替代）
    - 弹性价格货币分析法（即国际货币主义汇率模型）
    - 黏性价格货币分析法（即汇率超调模型）
  - 资产组合分析法（国内外资不完全替代）

图 2-2　资产市场说理论构成

（一）汇率的货币论

汇率货币论(monetary approach to exchange rate)强调货币市场对汇率变动的影响。一国货币市场失衡后，国内商品市场和证券市场会受到冲击，在国内外市场紧密联系的情况下，国际商品套购机制和套利机制就会发生作用。在商品套购和套利过程中，汇率就会发生变化，以符合货币市场恢复均衡的要求。在调整过程中，是国际商品套购机制还是套利机制发挥作用呢？这取决于两个市场调整速度的对比。国际货币主义模型假定商品市场与证券市场一样能迅速、灵敏地加以调整，由此国际商品套购机制发生作用。而汇率超调模型则假定证券市场的反应要比商品市场灵敏得多，故短期内是由利率和汇率的变动，而不是价格和汇率的变动来恢复货币市场均衡。

1. 国际货币主义的汇率模型

该理论是由约翰逊(H.G. Johnson)、蒙代尔(R.A.Mundel)等经济学家在 20 世纪 70 年代初提出的，认为汇率变动是一种货币现象，强调货币市场上货币供给对汇率的决定性作用，当国内货币供给大于货币需求时，本国物价会上涨，这时国际商品的套购机制就会发生作用，其结果会使外币汇率上浮，本币汇率下浮。相反，当国内货币需求大于货币供给时，本国物价会下跌，从而通过国际商品套购机制，使本币汇率上浮，外汇汇率下浮。与汇率的国际收支理论看法相反，货币主义认为，国民收入、利息率等因素是通过影响货币需求而对汇率发生作用的，本国国民收入增加会扩大货币需求，从而本币汇率上浮；本国利息率上升，会缩小货币需求，从而本币汇率下浮。货币主义认为：一国货币疲软，是其货币增长过快所致。因此，该理论主张：货币的增长率要控制在与 GNP 增长率一致的水平上，才能保持汇率的稳定；否则，汇率是不稳定的。

国际货币主义汇率模型实际上是购买力平价说的现代翻版，只是在购买力平价说的基础上，采用现代货币学派的货币供求理论来进一步说明物价水平。这种理论对于说明长期汇率趋势有一定的意义，并唤醒人们对货币的重新重视。但是它过于绝对地把物价与货币市场均衡相联系，而忽略了影响物价的其他因素。另外，实证分析也表明，汇率符合购买力平价的现象极为少见。

2. 汇率超调模型

汇率的超调模式(overshooting model)是由美国经济学家鲁迪格·多恩布什(Rudiger Dorbusch)在1976年提出的。多恩布什接受资产市场理论的汇率变动是由货币市场失衡引起的观点，但认为，从短期来看，商品市场价格由于具有黏性，对货币市场失衡的反应很慢，而证券市场的反应却很灵敏，因而利率会立即发生变动。这样，货币市场的失衡就完全由证券市场来承受，从而形成利率的超调，即利率的变动幅度大于货币市场失衡的变动幅度。如存在资本在国家间自由流动的条件，利率的变动必然引起套利活动和汇率的变动，而且汇率的变动幅度也大于货币市场失衡的变动幅度。这就是汇率的超调现象。从长期来看，商品价格由于利率、汇率的变动也会慢慢变化，最终达到资产市场理论说明的长期汇率均衡。正因如此，汇率的超调模型与资产市场理论同属汇率货币论，只不过汇率的超调模型是一种动态分析，有助于人们认识短期内的汇率变动。这是汇率的超调模型的贡献，但它将汇率的变动完全归因于货币市场的失衡，则有失偏颇。

(二)汇率的资产组合平衡论

资产组合平衡理论(approach of portfolio balance)是资产组合选择理论的运用，产生于70年代中期，由勃莱逊(W.Branson)、霍尔特纳(H.Halttune)和梅森(P.Masson)等人提出并完善。该理论在现代汇率研究领域占有重要的地位。

该理论赞同多恩布什的价格在短期内具有黏性的观点，因而认为在短期内，汇率取决于资产市场(包括货币市场和证券市场)的均衡。由于各国货币和证券之间具有替代性，一国居民既持有本国资产，也持有外国资产。当国内外利率、货币财政政策、经常项目差额和对汇率的预期发生变化时，人们就会进行资产组合的调整，从而引起资本的国际流动、外汇供求与汇率的变动。在长期内，物价也会慢慢调整，物价与经常项目相互发生作用，共同影响汇率。

资产组合平衡论一方面承认经常项目失衡对汇率的影响，另一方面也承认货币市场失衡对汇率的影响，这在很大程度上摆脱了传统汇率理论和货币主义汇率理论中的片面性，具有积极意义。同时，它提出的假定，如各国资产间的“高度”替代性，而不是“完全”替代性等，与另一些汇率理论中的假定相比，更加贴近现实。

但是，该理论也存在着明显的问题：(1)它在论述经常项目失衡对汇率的影响时，只注意到资产组合变化所产生的作用，而忽略了商品和劳务流量变化所产生的作用；(2)它只考虑目前的汇率水平对金融资产实际收益产生的影响，而未考虑汇率将来的变动对金融资产的实际收益产生的影响；(3)它的实践性较差，因为有关各国居民持有的财富数量及构成的资料，是有限的、不易取得的。

关键词

外汇　汇率　直接标价法　间接标价法　买入汇率　卖出汇率　即期汇率　基础汇率　套算汇率　铸币平价　远期汇率　固定汇率　浮动汇率　即期外汇　远期外汇　绝对购买力平价　相对购买力平价　利率平价理论　国际收支说　资产市场说

本章小结

1. 动态外汇指国际汇兑的行为。静态外汇又有广义和狭义之分。广义的静态外汇是指一切以外国货币表示的国外资产。狭义的静态外汇是指以外币表示的可用于国际结算的支付手段。外汇具有外币性、可偿性、普遍接受性和可自由兑换性。

2. 汇率是一个国家的货币折算成另一个国家货币的比率。汇率的标价方法有直接标价法、间接标价法、美元标价法和非美元标价法。从不同角度可以将汇率分为买入汇率、卖出汇率、中间汇率、现钞汇率,电汇汇率、信汇汇率和票汇汇率,即期汇率与远期汇率,固定汇率与浮动汇率等。

3. 不同的货币制度下,决定汇率的基础不同。金本位制度下的汇率决定基础是铸币平价,即汇率以铸币平价为轴心,以黄金输送点为上下限波动。金块本位制和金汇兑本位制下,货币的汇率由法定金平价决定。布雷顿森林体系(1933—1973 年)下,黄金平价或者法定平价是决定汇率的基础。现行国际货币制度下,购买力平价是汇率决定的基础。汇率的波动主要受外汇供求关系的影响,波动频繁,幅度很大。

4. 影响汇率变动的主要因素有国际收支、相对通货膨胀率、相对利率水平、经济增长、政府的市场干预、宏观经济政策、投机活动和心理预期、重大政治、突发因素等。汇率变动又对经济产生影响,这些影响体现在对贸易收支、非贸易收支、资本流动、外汇储备、国内经济增长、就业、资源配置的影响及国际经济关系的影响上。

5. 随着经济形势和西方经济学理论的变迁,形成了不同的汇率学说,诸如购买力平价理论、利率平价理论、国际收支说、资产市场说等,这些学说从不同侧面探讨了汇率问题,但任何一种学说又都不能对汇率问题提供完美的答案。

练习与思考

一、单选题

1. 外汇是以(　　)表示的用于国际清偿的支付手段和资产。

A. 本国货币　　B. 外国货币　　C. 外国有价证券　　D. 外国金币

2. 我国和世界上绝大多数国家和地区采用的汇价标价方法是(　　)。

A. 间接标价法

B. 直接标价法

C. 间接标价法为主,直接标价法为辅

D. 间接标价法为辅,直接标价法为主

3. 卖出汇率,又称汇率卖出价,是指(　　)。

A. 银行卖出外汇的价格
B. 客户卖出外汇的价格
C. 政府卖出外汇的价格
D. A、B和C

4. 我国《外汇管理条例》中的外汇不包括(　　)。

A. 外国货币
B. 黄金
C. 外币有价证券
D. 外币支付凭证

5. 一定单位的本币折算的外币数量减少,说明(　　)。

A. 本币汇价下跌
B. 外币汇价下跌
C. 本币汇价上涨或外币汇价下跌
D. 本币汇价下跌或外币汇价上涨

6. (　　)是基础汇率,其他汇率的制定均以此为基础。

A. 票汇汇率
B. 市场汇率
C. 电汇汇率
D. 信汇汇率

7. 金币本位制度下,汇率决定的基础是(　　)。

A. 法定平价
B. 铸币平价
C. 通货膨胀率差
D. 利率差

8. 购买力平价理论的理论基础是(　　)。

A. 费雪效应
B. 一价定律
C. 奥肯法则
D. 持久收入法则

9. 将一国的通货膨胀因素考虑进汇率决定的理论是(　　)。

A. 利率平价理论
B. 货币主义理论
C. 绝对购买力平价理论
D. 相对购买力平价理论

10. 根据货币主义汇率理论,在其他条件不变的情况下,一国的国民收入增长快于其他国家,会导致该国货币汇率(　　)。

A. 上升
B. 下跌
C. 不变
D. 难以判断

二、多选题

1. 外汇银行对外报价时,一般同时报出(　　)。

A. 交割价
B. 中间价
C. 买入价
D. 卖出价
E. 市场价

2. 引起一国外汇需求的主要经济活动包括(　　)。

A. 商品进口
B. 无形商品进口
C. 向外国提供援助
D. 外国对本国的单方转移
E. 增加外汇储备
F. 外国向本国进行短期投资

3. 国际金本位制的基本特征是(　　)。

A. 黄金是国际货币
B. 各国货币汇率由含金量决定
C. 严格的固定汇率制度
D. 汇率可以自由浮动
E. 国际收支通过价格铸币流动机制自发调节

4. 一般情况下,人民币汇率持续升值会使我国(　　)。

A. 出口减少，进口增加

B. 出口增加，进口减少

C. 外国居民对本国货币的需求可能会增加

D. 通货紧缩压力会加大

E. 提高人民币的国际货币地位

5. 远期汇率、即期汇率和利息率三者的关系是（　　）。

A. 其他条件不变，利率较高的货币其远期汇率为贴水

B. 其他条件不变，利率较高的货币其远期汇率为升水

C. 其他条件不变，利率较低的货币其远期汇率为贴水

D. 其他条件不变，利率较低的货币其远期汇率为升水

E. 远期汇率与即期汇率的差异，取决于两种货币的利率差异

6. 一国利率水平相对于其他国家提高，会导致该国货币（　　）。

A. 即期贬值　　B. 即期升值　　C. 远期贬值　　D. 远期升值

7. 汇率的标价方法根据标准货币是本国货币还是外国货币，可以分为（　　）。

A. 直接标价法　　B. 美元标价法

C. 间接标价法　　D. 非美元标价法

8. 金本位制度是以黄金为本位货币的货币制度，它包括（　　）。

A. 金元本位制　　B. 金币本位制

C. 金块本位制　　D. 金汇兑本位制

9. 按照国际货币制度的演变，外汇汇率可分为（　　）。

A. 固定汇率　　B. 即期汇率　　C. 远期汇率　　D. 浮动汇率

10. 若相对购买力平价成立，则（　　）。

A. 本国物价水平和外国物价水平保持恒定比例

B. 折算成同一货币后，本国物价水平与外国物价水平相等

C. 本国通货膨胀率高于外国时，本国货币将会贬值

D. 若将两国物价折算成同一货币，则两国通货膨胀率相等

三、填空题

1. ________是以外币表示的各种金融资产，其中________是国际支付手段中最为常见的一种外汇资产。

2. ________是交易双方达成交易（一方同意买入，另一方同意卖出）的意向，________则是指双方支付货币的授受两清行为。

3. 外汇牌价中________价高于________价高于________价。

4. 直接标价法下，远期汇率等于即期汇率________升水，等于即期汇率________贴水。

5. 一国货币汇率下跌，则外国货币兑换成本国货币的数量________，外币的购买力相对________，本国商品和劳务相对________。

6. 抛补套利平价理论认为远期汇率的升水或贴水率约等于____________。

7. 当某种外汇的远期汇率高于即期汇率时，我们称该外汇的远期汇率________，反之，我们称该外汇的远期汇率________，当两者相等时，则称为____________。

8. 马歇尔—勒纳条件认为，只有在＿＿＿＿＿＿＿＿＿＿＿＿＿时，贬值才能改善进出口贸易状况。

9. 在影响汇率变动的长期因素中，＿＿＿＿＿＿＿＿＿＿是最主要的因素。

10. 资产组合平衡论提出的假定，如各国资产间的＿＿＿＿＿＿＿＿＿，与另一些汇率理论中的假定相比，更加贴近现实。

四、判断题（正确请写“T”，错误请写“F”）

(　　)1. 外汇是在国外能得到偿付的货币债权，至于它能否兑换成其他货币表示的资产或支付手段，则无关紧要。

(　　)2. 外汇买入价是指客户向银行买入外汇时所使用的汇价，外汇卖出价是指客户向银行卖出外汇时所使用的汇价。

(　　)3. 在纸币流通条件下，影响汇率频繁变动的直接原因是外汇供求变化。

(　　)4. 在金本位制度下，各国均规定每一金币单位包含的黄金重量与成色，即含金量。

(　　)5. 广义的外汇泛指一切以外币表示的金融资产。

(　　)6. 资产组合模型的一个主要特征在于假定本币资产与外币资产是完全替代物。

(　　)7. 在金币本位制下，市场上的汇率总是等同于铸币平价。

(　　)8. 由于相对购买力平价只论述了影响汇率变动的因素，因此该理论并不是一个完整的汇率决定理论。

(　　)9. 在非抛补的利率平价成立时，如果本国的利率高于外国利率，意味着市场预期本币在远期将会升值。

(　　)10. 货币主义认为，国民收入、利息率等因素是通过影响货币供给而对汇率发生作用的。

五、简答题

1. 如何理解外汇的概念？外汇与外币有什么联系和区别？
2. 影响汇率变动的主要因素是什么？
3. 在不同的货币汇率下，汇率的决定基础及表现形式如何？
4. 阐述利率平价理论的内容。
5. 简述汇率变动对贸易收支的影响。

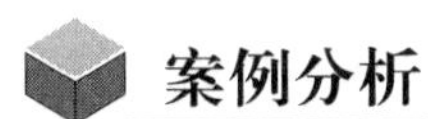

案例分析

人民币升值

随着中国经济超常规的强劲增长后的财富积累效应，人民币将不可避免地向实际购买力靠拢，而且会出现持续强劲的升值。而今，人民币升值由开始的小步慢跑，转向了中到大步快速跑。

从 2006 年 1 月 4 日人民币汇率中间价以 8.0702 起步到 2008 年 4 月 10 日人民币中间价破 7.0 大关，仅用了两年时间，人民币对美元升值达到 15%左右。除美元外，人民币相对于其他主要货币，如英镑、日元等在 2007 年也呈现一定程度的升值；只是相对欧元表现为贬值。人民币对美元的汇价一度曾破 1：6 的大关。显然，中国与世界都将迎来一个人民币资产在国际金融市场大有作为的新时代。

要求：试运用相关汇率理论知识，分析人民币升值现象。

实训演练

一、实训目的

1. 通过浏览外汇管理网站，熟悉外汇牌价的报价方式。

2. 通过联系实际，理解现钞价和现汇价的高低关系及形成这种关系的原因。

二、实训资料

浏览外汇管理局网站，记录自汇改以来人民币的升值路径。

三、实训要求

以 6～8 人组成小组，合理分工，在获取翔实数据的基础上，通过分析、讨论得出本组结论。各组再选派一人，写成报告完成本任务。

本章推荐阅读

[1]王广谦.20 世纪西方货币金融理论研究：进展与评述[M].北京：经济科学出版社，2003.

[2]http://www.518a.com/jr/(中国国际金融网).

[3]崔孟修.现代西方汇率决定理论研究[M].北京：中国金融出版社，2002.

[4]加特纳.汇率经济学——理论模型与实证分析[M].吕随启，译.北京：中国市场出版社，2009.

[5]人民币的基准汇率。国家外汇管理局每天公布，可登录国家外汇管理局网查阅，http://www.safe.gov.cn，网站上还有人民币汇率中间价的历史汇率(1994 年 1 月 1 日至今).

[6]我国外汇市场行情和汇市评论，可登录中国银行网站查阅，http://www.boc.cn.

[7]国际外汇市场行情和汇市评论，可查询伦敦金融时报网站，http://www.ft.com，及美国华尔街日报网站，http://www.wsj.com.

第三章

汇率制度与货币可兑换

知识结构图

汇率制度与货币可兑换

模块	内容	目标
汇率制度（0.5学时）	· 定义 · 种类 · 汇率制度的选择	**知识目标：**掌握汇率制度的含义、种类 **技能目标：**理解固定汇率制度和浮动汇率制度的内涵
中国的汇率管理制度（1学时）	· 发展历程 · 作用	**知识目标：**了解人民币汇率制度的发展历程 **技能目标：**掌握人民币汇率制度的内涵
货币自由兑换问题（1学时）	· 定义 · 基本条件 · 步骤 · 成本和收益	**知识目标：**了解货币自由兑换的内涵、基本条件和步骤 **技能目标：**掌握货币自由兑换的成本和收益
人民币的国际化（0.5学时）	· 最终目标 · 作用 · 弊端 · 进程	**知识目标：**了解人民币国际化的最终目标 **技能目标：**掌握人民币国际化的作用和弊端以及人民币国际化的进程

案例导读

案例一：

根据国际货币基金组织的统计资料，1999 年全球有 8 个国家和地区使用货币局汇率制度，其中包括阿根廷。

20 世纪 80 年代，阿根廷如同其他某些拉美国家一样饱受极度通货膨胀和沉重国际债务之苦。90 年代初该国开始进行经济改革。为了解决国内出现的恶性通货膨胀问题，1991 年阿根廷将原来实行的管理汇率制度改为货币局制，新制度固定了阿根廷比索与美元的比价。阿根廷政府为了维持与美元的固定汇率，要求本国银行体系每发行 1 个单位比索都要由该国银行所持有的黄金或美元作为支持基础。这种 100%的储备体系使阿根廷的货币政策取决于该国通过国际贸易和国际投资获得美元的能力，只有当所获得的美元增加以后，该国的货币供应量才能增加。

阿根廷政府相信采用这一汇率制度会消除因货币供应过量而引起的严重通货膨胀的可能性。在实行货币局制以后的几年中恶性通货膨胀确实被抑制住了，通货膨胀率从 1991 年的 172%下降到 1992 年的 24.6%，以后的几年里，通货膨胀率进一步下降，到了 1995 年只有 3.3%。但是，货币局制度也同时消除了为宏观经济调控需要选择实施不同货币政策的可能性，严厉、紧缩的货币政策阻碍了经济发展的速度，GDP 实际年增长率不断下降，从 1991 年的 10.5%下降至 1995 年的－2.8%。伴随着经济发展减速的另一个问题则是失业率的不断攀升，从 1991 年的 6.3%上升至 1995 年的 15.9%。

在实行货币局制期间，阿根廷比索对美元的汇率确实保持了稳定，然而经济发展速度、企业盈利能力等经济因素并未有好的结果。外债不断增加，从 1991 年的 654 亿美元上升至 1999 年的1 490亿美元；国际收支经常账户的逆差从 1991 年的 6.5 亿美元增加至 1999 年的1 195亿美元；财政预算赤字则从 1991 年的 10.1 亿美元增加至 1999 年的 81.3 亿美元。2002 年 1 月，在发生了严重的经济和政治问题，以及连续近三年的经济萧条以后，阿根廷的货币局制度宣告结束。

案例二：

2005 年 7 月 21 日，中国实施了汇率制度改革，实行以市场供求为基础、参考一篮子货币进行调节、有管理的浮动汇率制，其目的是增强人民币汇率弹性，充分发挥市场机制调节外汇供求的作用。此后人民币兑美元不断升值，但同时，欧元和日元对人民币升值的压力也在加大。由于中国经济的快速发展以及国际收支持续双顺差等因素会长期存在，高依存度的对外贸易发展以及大规模的外商直接投资所形成的外向型经济结构在短期内难以改变，人民币汇率也将长期承受来自外部的压力。虽然汇率问题属于国家的货币主权，国际社会无权要求中国改变汇率水平、汇率制度及汇率政策，但是汇率的外部性将成为西方国家施压的借口。从发展趋势看，人民币汇率将长期承受沉重的压力，需要认真研究和应对。

此外，随着经济全球化的演进和地区一体化的扩展，各种生产要素在全球范围内的流通日渐便捷，全球实体经济的资源配置不断优化。这也就要求与实体经济相对应的虚拟经济进一步全球化，首先就要求实现金融市场的国际化。近年来随着国际资本流动规模的增大和速度的加快,各国金融市场之间的联系日益紧密,已经达到了"牵一发而动全身"的程度。可以说没有任何一个国家可以依靠完全封闭的金融市场实现经济发展,为此必须逐步推进其金融市场的国际化。而在一个国家爆发的金融危机会由该国扩散至全世界,从虚拟经济领域向实体经济领域蔓延,最终酿成全球性的经济危机。2007 年由美国次贷危机引发的全球金融危机表明,必须对现存的国际金融秩序进行改革,使其更加符合国际经济的现实。中国作为一个发展中的大国,理应在国际金融市场占有相应的地位,在国际金融秩序改革中发挥更大的作用。为此必须进一步深化人民币汇率制度的改革,实现人民币的自由兑换,积极稳妥地开放资本项目,推进人民币的国际化。

阿根廷从采用货币局汇率制度到放弃货币局汇率制度仅仅经历了 12 年的时间,它的经历也侧面反映了一国选择适当的汇率制度的重要性。什么是汇率制度?怎样选择汇率制度?中国作为经济总量位居世界前列的发展中大国,是否应该推进人民币自由兑换?怎样推进人民币自由兑换?本章将对关于汇率制度和货币自由兑换的以上相关问题进行详细讲述。

第一节　汇率制度

一、汇率制度的含义

汇率制度,也称为汇率安排,是指一国货币当局对于确定、维持、调整和管理本国货币汇率的原则、办法、方式和机构等所做出的系统安排和规定。其主要内容包括确定汇率的原则和依据,维持和调整汇率的办法,管理汇率的法令、制度和政策,以及制定、维持和管理汇率的机构。汇率制度是国际货币体系和各国货币制度的重要组成部分,是各国对外金融管理的主要内容。

二、汇率制度的种类

按照汇率变动的方式,汇率制度被分为固定汇率制和浮动汇率制两大类,同时也包括介于两者之间的中间汇率制度,如爬行钉住制度、汇率目标区制度、货币局制度等。根据国际货币基金组织 2019 年公布的《2018 年汇兑安排与汇兑限制年报》(*Annual Report on Exchange Arrangements and Exchange Restrictions* 2018)统计,目前世界各国的汇率制度安排见表 3-1。

从国际货币体系的历史发展来看,在金本位制度下,各国自行决定汇率制度且普遍实行固定汇率制;在布雷顿森林体系下,各国统一实行固定汇率制;在牙买加体系下,各国又重新自行选择汇率制度,全球开始实行多样化的汇率制度。总体来看,汇率制度经历了由固定汇率制向浮动汇率制发展的过程。

(一)固定汇率制度

固定汇率制度(fixed exchange rate regime)是指政府用行政或法律手段确定、公布、

表 3-1 目前世界各国的汇率制度安排

汇率制度	国家(或地区)数量	国家名称
无独立的法定货币(no separate legal tender)	13	厄瓜多尔、巴拿马、萨尔瓦多、圣马力诺等
货币局制度(currency board)	11	中国香港、保加利亚、文莱等
传统的钉住(conventional peg)	43	约旦、阿拉伯联合酋长国、摩洛哥、尼泊尔、丹麦、西非经济和货币联盟国、中部非洲经济和货币共同体等
稳定化安排(stabilized arrangement)	27	新加坡、越南、埃及、巴基斯坦、印度尼西亚等
爬行钉住(crawling peg)	3	尼加拉瓜、博茨瓦纳、洪都拉斯
类似爬行安排(crawl-like arrangement)	15	中国、伊朗、阿富汗、孟加拉国、斯里兰卡、老挝等
水平带钉住(pegged exchange rate within horizontal bands)	1	汤加
其他管理安排(other managed arrangement)	13	柬埔寨、津巴布韦、苏丹、阿尔及利亚等
不事先公布汇率路径的管理浮动(floating)	35	韩国、巴西、新西兰、乌克兰、印度、阿根廷、以色列等
自由浮动(free floating)	31	欧盟、美国、英国、日本、加拿大、瑞典、墨西哥等

资料来源:IMF.Annual Report on Exchange Arrangements and Exchange Restrictions [R].2018.

维持本国货币与某种参考物之间固定比价的汇率制度,充当参考物的东西可以是黄金,也可以是某一种外国货币,或是某一组货币。固定汇率制度包括金本位制下的固定汇率制度和纸币本位制下的固定汇率制度。

1. 金本位制下的固定汇率制度

金本位制是以黄金为本位货币的一种货币制度。金本位制中金币本位制下固定汇率制度是一种典型的固定汇率制,即铸币平价是汇率决定的基础,汇率围绕黄金输送点波动,由于波动范围很小,因此是一种固定汇率制度。

金本位制下的固定汇率制主要有以下特点:(1)决定各国货币汇率基础的是各国金铸币的含金量之比;(2)市场汇率随外汇供求关系围绕铸币平价上下波动;(3)汇率波动受黄金输出入的调节,限制在黄金输送点的范围之内;(4)汇率的形成是自发的,国际上没有对汇率的统一安排和规定。

2. 纸币本位制下的固定汇率制度

纸币本位制下的固定汇率制度主要指的是布雷顿森林体系下建立的以美元为中心的固定汇率制。布雷顿森林体系下的固定汇率制度是一种双挂钩制度,即美元与黄金挂钩、其他货币与美元挂钩。美元与黄金的兑换比例为 1 盎司黄金=35 美元;其他货币根据自身情况与美元挂钩，确定与美元的汇率。起初各国货币对美元的汇率只能在平价上下1%的幅度内波动，直至1971年12月之后调整为平价上下2.25%的幅度内波动，各国中央银行有义务对外汇市场进行干预，以维持本国货币汇率的稳定。

纸币本位制下的固定汇率制主要有以下特点：(1)决定各国货币汇率基础的是各国纸币法定代表的含金量之比；(2)市场汇率随外汇供求关系围绕黄金平价上下波动；(3)汇率波动没有黄金点的制约，波动幅度大大增加；(4)汇率波动受政府干预控制，相对仍比较稳定。

(二)浮动汇率制度

浮动汇率制度(floating exchange rate regime)是指汇率水平完全由外汇市场上的供求决定，政府不加任何干预的汇率制度。浮动汇率制度是在布雷顿森林体系崩溃后，主要西方国家开始普遍实行的一种汇率制度。按照不同的分类方式，浮动汇率制度分为不同的类型。

1. 按照政府是否干预，可分为自由浮动和管理浮动

(1)自由浮动(free float)，又称为清洁浮动(clean float)，是指政府对外汇市场不加任何干预，汇率完全由外汇市场上的供求状况决定。由于汇率的波动直接影响一国经济的稳定与发展，各国政府都不会听任汇率在供求关系的影响下无限制地波动，因此，绝对的自由浮动只能是理论上的，现实中即使有，也只是相对的、暂时的，不可能长期存在。

(2)管理浮动(managed float)，又称为肮脏浮动(dirty float)，是指政府为使本国货币对外的汇率不至于波动过大，或使汇率向着有利于本国经济发展的方向波动，通过各种方式直接或间接对外汇市场进行干预。

2. 按照汇率浮动方式，可分为单独浮动、钉住浮动和联合浮动

(1)单独浮动(single float)，是指一国货币的汇率不与任何其他国家货币发生固定联系，其汇率根据外汇市场的供求变化而自动调整。

(2)钉住浮动(pegged float)，包括钉住某单一货币(pegged to a single currency)和钉住一篮子货币(pegged to a basket of currencies)，是将本币按固定比价同某单一外币或一篮子货币相联系，本币对其他外币的汇率随钉住货币与其他外币汇率的浮动而浮动。根据IMF统计，截至2019年4月，钉住美元的国家有38个，钉住欧元的国家有25个，而钉住一篮子货币的国家有9个。

(3)联合浮动(joint float)，是指一国出于与某些其他国家相互间发展经济关系的需要，组成某种形式的经济联合体，建立稳定的货币区，对区内各国货币之间的汇率规定一个比值和上下波动幅度，而对区外国家货币的汇率则采取联合浮动。欧盟的前身——欧洲经济共同体曾实行联合浮动，形成所谓的欧洲货币体系。

(三)中间汇率制度

中间汇率制度(intermediate exchange rate regime)是介于完全的固定汇率制度与完全的浮动汇率制度之间的汇率制度。主要包括爬行钉住制度、汇率目标区制度、货币局制度等。

1. 爬行钉住制度

爬行钉住制度(crawling peg),是指本币钉住外币,同时政府按预先宣布的固定范围对汇率作较小的定期调整或对选取的定量指标的变化作定期的调整,使汇率逐步趋向于目标水平的汇率制度安排。爬行钉住制度有两个基本特征:(1)实施爬行钉住制度的国家有维持某种平价的义务;(2)这一平价与一般的可调整钉住制度有区别,它经常性地作小幅调整。从 20 世纪 60 年代起,部分拉美国家采用了此种汇率制度。

2. 汇率目标区制度

汇率目标区制度(exchange target zone),是指政府设定本国货币对其他货币的中心汇率,并规定汇率的上下浮动幅度的汇率制度,同时政府对中心汇率按照固定的、预先宣布的比率或对选取的定量指标的变化作定期调整。根据目标区区域的范围、目标区调整的范围、目标区公开程度以及对目标区进行维持的承诺程度,目标区制度可以分为严格的目标区与宽松的目标区。严格的目标区区域较小,区域上下限极少变动,目标区公开,政府有较大的维持目标区责任;宽松的目标区区域较大,经常进行调整,目标区保密,政府只是有限度地用货币政策来维持汇率目标区。

3. 货币局制度

货币局制度(currency board),是指在法律中明确规定本国货币与某一外国可兑换货币保持固定的兑换率,并且对本国货币的发行做特殊限制,以保证履行这一法定的汇率制度。在货币局制度下,货币当局被称为货币局,而不是中央银行,这是因为在这种制度下,货币发行量的多少不再完全听任货币当局的主观愿望或经济运行的实际情况,而更多地取决于可用做准备的外币数量的多少。中国香港特别行政区采用的就是货币局制度。

三、汇率制度的选择

汇率制度的选择是一个非常复杂的问题,是一国政府的政策行为。汇率制度的选择建立在一国所拥有的特殊的经济特征的基础之上,在不同的时期,由于政府所追求的政策目标不同,政府所选择的汇率制度也相应不同。固定汇率制与浮动汇率制的优劣比较是国际金融领域中一个长期争论不休的问题,有人赞成浮动汇率制,有人支持固定汇率制,两者各有优劣。

(一)固定汇率制度和浮动汇率制度的优劣势比较

1. 支持固定汇率制度的观点

(1)固定汇率制度有利于国际贸易和投资的发展。浮动汇率制度下的汇率经常波动,波动幅度难以预测,使国际贸易和投资的成本、收益不易准确核算,原先有利可图的交易会因为相反的汇率变动反而蒙受亏损,因而人们不愿缔结长期贸易和投资契约。进出口商不仅要考虑进出口货价,而且要注意避免汇率风险。由于要考虑到汇率的变动趋势,往往报价也不稳定,还容易引起借故延期付款或要求减价、取消合同订货等现象。这种状况显然阻碍了国际贸易和投资的发展。

(2)固定汇率制度有助于抑制国际金融市场上的投资活动。在浮动汇率制度下,汇率的波动频率和幅度都有明显加大,并存在表现为“汇率超调”的过度波动现象。因此,在浮动汇率制度下虽然“单向投机”不复存在,但汇率波动的频率和幅度的加大却为日常的投机活动提供了机会。随着世界经济的发展和财富的迅速增长，国际投机资金的数额也日趋庞大，这种巨额资金在国际外汇市场上的游走无疑加剧了国际金融局势的动荡。

(3)固定汇率制度可避免引发竞相贬值。在浮动汇率条件下，一国往往可通过调低本币汇率的方法来改善国际收支，但这会使其他国家的国际收支处于不利地位，因此，其他国家也会竞相调低本币汇率，引发周而复始的竞相贬值现象。结果，各国的国际收支状况依然得不到改善，国际经济关系却会趋于紧张，国际金融局势也会因这种竞相贬值而剧烈动荡。

(4)固定汇率制度有益于抑制通货膨胀。在固定汇率制度下，政府为了维持汇率水平，就不能以可能引发通货膨胀的速度增加货币供应量，以免本币受到贬值压力，这就是所谓的货币纪律。但在浮动汇率制度下，由于国际收支可完全依赖汇率的自由浮动而得到调节，在缺乏货币纪律约束的情况下，货币当局就会偏好采取扩张性政策来刺激国内经济增长，而不必顾忌其对国际收支的不利影响。本币汇率的下浮固然有助于改善国际收支，但经汇率折算的进口商品的价格却会上扬，由此又带动国内价格水平的涨升，而在价格刚性的作用下，货币汇率上浮的国家的价格水平并不下跌。这些因素都会推动整个世界的通货膨胀。

2. 支持浮动汇率制度的观点

(1)有助于发挥汇率对国际收支的自动调节作用。当一国发生国际收支逆差时，外汇市场上就会出现外汇供不应求，在浮动汇率制度下，汇率就会迅速做出反应，通过外汇汇率的上浮，可刺激外汇供应，抑制外汇需求，国际收支趋于平衡。此外，对外经济管理也变得简便易行，灵活主动。可见，浮动管理制度可避免货币当局不恰当的行政干预或拖延实行调节措施，以及由此形成的汇率高估或低估，以致国际收支迟迟得不到改善。

(2)防止国际游资的冲击，减少国际储备需求。在固定汇率制度下，国际游资，尤其是投机资金往往通过抛售软货币(即可能发生贬值的货币)、抢购硬货币(即可能出现升值的货币)以便从中谋利。而且，投机者表现出一致的行为，即共同抛售某一种货币，抢购另一种货币，形成所谓"单向投机"，杀伤力极大。由此会导致软币国家出现货币危机，国际储备大量流失，而硬币国家的货币当局则被迫进行外汇干预，收进外币，投放本币，最终酿成输入型通货膨胀。国际金融市场也会因此动荡不宁。而在浮动汇率条件下，由于软货币的汇率会及时下跌，硬货币的汇率会及时上升，因而不必保留过多的外汇储备。

(3)内外均衡易于协调。在一国经济出现衰退时，国际收支存在逆差时，在固定汇率条件下只能通过紧缩性的财政、货币政策来改善国际收支，但这会加剧经济衰退。在浮动汇率制度下，国际收支可由汇率来调节，从而实现对外均衡，国内均衡则可以依赖财政、货币政策，内外均衡就不致发生冲突。此外，在固定汇率制度下，紧缩政策或扩张政策的效能常常会因外资的流入或流出而受到削弱。在汇率浮动时，外汇汇率的急剧下跌使外汇持有人处于不利的汇兑地位，因而可抑制外汇的流入。而在外汇大量流出之际，外汇汇率会相应上升，抑制资金流出，显然，浮动汇率可避免资本流动对政策效能的不利影响。

(二)汇率制度的选择因素

1. 经济结构

一国经济的结构性特征是汇率制度选择的基础。小国比较适宜于实行固定汇率制，因为它一般与少数几个国家的贸易依存度较高,汇率的浮动会给它的对外贸易带来不利影响。此外,小国经济内部的结构调整成本较低。相反,大国由于对外贸易的商品构成多样化及贸易的地区分布的多元化,就很难选择一种货币作为参照货币实行固定汇率,加之大国经济内部的结构调整的成本较高,并且往往倾向于追求独立的经济政策,因此,大国一般比较适宜于实行浮动汇率制。

2. 政策目标

特定的政策意图是汇率制度选择的政策目标。当一国政府面临较高的国内通货膨胀率时,政府的政策意图是控制国内的通货膨胀,固定汇率制就比较受青睐。此时若采取浮动汇率制,则本国的高通货膨胀使本国货币贬值,本国货币贬值又通过成本、工资收入等机制进一步加强国内的通货膨胀。若一国政府的政策意图是为了防止从国外输入通货膨胀,则应该选择浮动汇率制度,原因在于浮动汇率制度下,一国货币政策的自主性较强。

3. 经济合作

一国与其他国家的经济合作情况对汇率制度的选择有着重要的影响。当两国之间存在非常密切的经济贸易往来时,两国货币保持固定比价较有利于各自的经济发展。区域经济合作关系比较密切的国家之间,也适宜于实行固定汇率制,如欧洲货币体系的汇率机制。

第二节　中国的汇率管理制度

人民币是我国的本位货币,在我国国内发挥着价值尺度、流通手段、支付手段和储藏手段的作用。在对外经济关系中,人民币的汇率代表着人民币的对外价值,是开展对外贸易、加强与世界各国经济往来的重要工具。因此,人民币汇率制度是否稳定合理,对发展我国对外经济关系具有十分重要的意义。

一、人民币汇率制度的发展历程

(一)1994 年以前的人民币汇率形成机制

中华人民共和国成立以来至改革开放前,在传统的计划经济体制下,人民币汇率由国家实行严格的管理和控制。根据不同时期的经济发展需要,改革开放前我国的汇率制度经历了中华人民共和国成立初期的单一浮动汇率制(1949—1952 年)、五六十年代的单一固定汇率制(1953—1972 年)和布雷顿森林体系后以“一篮子货币”计算的单一浮动汇率制(1973—1980 年)。

党的十一届三中全会以后,我国进入了向社会主义市场经济过渡的改革开放新时期。为鼓励外贸企业出口的积极性,我国的汇率体制从单一汇率转为双重汇率制,经历了官方汇率与贸易外汇内部结算价并存(1981—1984 年)和官方汇率与外汇调剂价格并存(1985—1993 年)两个汇率双轨制时期。其中,以外汇留成制为基础的外汇调剂市场的发展,对促进企业出口创汇、外商投资企业的外汇收支平衡和中央银行调节货币流通均起到了积极的作用。但随着我国改革开放的不断深入,官方汇率与外汇调剂价格并存的人民币汇率双轨制的弊端逐渐显现出来：一方面，多种汇率并存，造成了外汇市场秩序混乱，助长了投机；另一方面，长期外汇黑市的存在不利于人民币汇率的稳定和人民币的信誉。因此，外汇体制改革的迫切性日益突出。

（二）1994—2005 年的人民币汇率形成机制

1993 年 11 月，党的十四届三中全会通过的《中共中央关于建立社会主义市场经济体制若干问题的决定》要求："改革外汇体制，建立以市场供求为基础的、有管理的浮动汇率制和统一规范的外汇市场，逐步使人民币成为可兑换货币。"1993 年 12 月，《国务院关于进一步改革外汇管理体制的通知》正式颁布，该通知指出了现阶段外汇管理体制改革的总体要求，具体包括：实现汇率并轨，实行以市场供求为基础的、单一的、有管理的浮动汇率制；实行银行结汇和售汇制，取消外汇留成和上缴；建立银行间外汇交易市场；等等。

1994 年 1 月 1 日，人民币官方汇率与外汇调剂价格正式并轨，我国开始实行以市场供求为基础的、单一的、有管理的浮动汇率制。企业和个人按规定向银行买卖外汇，银行进入银行间外汇市场进行交易，形成市场汇率。中央银行设定一定的汇率浮动范围，并通过调控市场保持人民币汇率稳定。1996 年 7 月，我国又将外商投资企业的外汇买卖纳入银行结售汇体系。

这一时期，我国在外汇交易方面的市场化取得了较大的进展，但人民币钉住美元的汇率制度特征却极为突出：1995 年 7 月 1 日至 2005 年 7 月 1 日人民币兑美元的日汇率走势几乎呈现一条水平线。

（三）2005—2010 年的人民币汇率形成机制

2005 年人民币汇率制度发生了根本性的变革，中国人民银行做出如下决定：(1)自 2005 年 7 月 21 日起，我国开始实行以市场供求为基础、参考一篮子货币进行调节、有管理的浮动汇率制度，人民币汇率不再钉住单一美元；(2)中国人民银行于每个工作日闭市后公布当日银行间外汇市场美元等交易货币对人民币汇率的收盘价，作为下一个工作日该货币对人民币交易的中间价格；(3)2005 年 7 月 21 日 19 时，美元兑人民币交易价格调整为 1 美元兑 8.11 元人民币，作为次日银行间外汇市场上外汇指定银行之间交易的中间价，外汇指定银行可自此起调整对客户的挂牌汇价；(4)银行间外汇市场美元兑人民币的每日交易价仍在中国人民银行公布的美元交易中间价上下 3‰的幅度内浮动，非美元货币对人民币的交易价在中国人民银行公布的该货币交易中间价上下一定幅度内浮动。

具体而言，人民币汇率形成机制的内容是：人民币汇率不再钉住单一美元，而是按照我国对外经济发展的实际情况，选择若干种主要货币，赋予相应的权重，组成一个货币篮子。同时，根据国内外经济金融形势，以市场供求为基础，参考一篮子货币计算人民币多边汇率指数的变化，对人民币汇率进行管理和调节，维护人民币汇率在合理均衡水平上的基本稳定。参考一篮子货币表明外币之间的汇率变化会影响人民币汇率，但参考一篮子货币不等于钉住一篮子货币，它还需要将市场供求关系作为另一个重要依据，据此形成有管理的浮动汇率制度。

2007 年美国次贷危机初期，为稳定通货膨胀预期，人民币升值速度加快，人民币对美元调整呈现单边升值态势，人民币对一篮子货币走势稳中有升。2008 年 7 月到 2010 年 6

月，美国次贷危机日益恶化，为应对全球金融危机、稳定中国经济，人民币兑美元双边汇率基本稳定，波动区间收窄。

(四)2010年之后的人民币汇率形成机制

2010年6月19日，中国人民银行宣布进一步推进人民币汇率形成机制改革，事实上结束了两年来人民币钉住美元的制度，重新采取参考一篮子货币进行调节、有管理的浮动汇率制度，继续按照已公布的外汇市场汇率浮动区间，对人民币汇率浮动进行动态管理和调节，保持人民币汇率在合理、均衡水平上的基本稳定。人民币对美元汇率的波动幅度开始扩大。2011年，IMF将人民币汇率制度从稳定化安排归为准爬行汇率制度，标志着人民币汇率波动性增强。

2012年4月16日起，人民币兑美元交易价浮动幅度扩大为1%，外汇指定银行为客户提供当日美元最高现汇卖出价与最低现汇买入价之差不得超过当日汇率中间价的幅度由1%扩大至2%。从银行间外汇市场的实际交易情况看，在2012年，人民币兑美元即期汇率的下跌和上升幅度曾多次达到偏离中间价1%的限制。2014年3月17日，银行间市场人民币对美元汇率相对中间价的日浮动区间进一步扩大到2%。

2015年8月11日，中国人民银行推出对人民币汇率中间价报价机制的改革，中间价报价参考上日银行间外汇市场收盘价，并将当日人民币汇率中间价调整为6.2298，较上日的6.1162下跌1.9%。2015年12月，外汇交易中心发布人民币汇率指数，央行强调要加大参考一篮子货币的力度，以保持人民币对一篮子货币汇率的基本稳定。2015年的汇改，是此前汇率市场化改革的一个延续，是十八届三中全会关于稳步推进利率和汇率市场化改革以及加快实现人民币资本项目可兑换要求的一个贯彻落实。这一阶段主要有以下两个特点：一是人民币能贬能升，实现双向波动；二是央行退出了外汇市场的常态式干预。

此后，为应对外汇市场中存在的顺周期行为，避免市场出现恐慌，央行于2017年2月和2018年8月，两次在中间价报价中引入逆周期因子，并对国际资本流动加强了宏观审慎管理。

二、人民币参考一篮子货币汇率制度的作用

(一)有助于稳定人民币实际有效汇率

对国际贸易和国际投资产生影响的是实际有效汇率。人民币钉住单一美元汇率制度，尽管可以稳定人民币对美元的双边名义汇率，但在美元对世界主要货币之间的汇率发生较大波动时，由于人民币对美元汇率保持不变，因此，美元对非美元货币汇率的波动完全由人民币兑非美元货币汇率波动吸收，从而可能会导致人民币兑非美元货币汇率的大幅波动，进而引起人民币名义有效汇率的较大不稳定。因此，在人民币钉住美元汇率制度下，人民币兑美元双边名义汇率的稳定，不仅不能稳定人民币名义有效汇率，反而可能会造成人民币名义有效汇率的更大不稳定。

人民币钉住一篮子货币汇率制度是使人民币相对于几种货币的加权平均汇率保持不变的一种汇率制度。人民币钉住一篮子货币汇率制度是一种比较稳定的汇率制度，因为人民币兑货币篮子中任何一种货币双边汇率的变动，经过权重(小于1)稀释后传导给以

人民币表示的一篮子货币价格的影响大大缩小了。

（二）可以有效配置资源

一般认为，人民币汇率低估（相对于均衡汇率）会促进出口，但人民币汇率低估会提高进口成本，从而不利于进口。我国经济的发展需要进口大量外国先进技术和设备，人民币汇率长期低估，也会对经济增长产生消极影响。人民币汇率低估尽管有助于出口，但若长期低估，可能会扭曲价格机制，使人民币汇率丧失在资源配置中的积极作用，造成资源浪费。另外，人民币汇率长期低估，会减少贸易伙伴国的市场占有份额，引起贸易伙伴国的报复，这不仅会抵消人民币汇率低估的积极效应，而且还会损害国际协调机制的建立，从而可能会对我国经济及世界经济带来新的问题。

同样，人民币汇率高估对贸易双方国家也都是不利的。首先，人民币汇率高估会抑制出口。其次，人民币汇率高估尽管有助于降低进口成本，促进进口，但人民币汇率长期高估也会扭曲价格机制，从而降低外汇资源的使用效率，造成外汇资源的浪费。另外，如果我国出口产品是贸易伙伴国消费者欢迎的商品，那么人民币汇率高估也会损害贸易伙伴国消费者的利益。如果人民币汇率长期过度高估严重影响了我国经济的发展，需求大幅下降，那么贸易伙伴国对我国的出口不仅不会增加，反而会下降。

（三）有助于增强货币政策独立性

在开放经济条件下，如果实行钉住单一货币汇率制度，则本国货币政策将依附于钉住货币国的货币政策。当钉住货币国提高利率时，本国中央银行就必须提高利率，否则就会产生套利，资金就会外流，本币就会贬值，为维持钉住汇率制度，央行就需要对外汇市场进行干预，即抛出外币，回购本币，这会减少货币供应量，最终会导致本国利率上升；反之，当钉住货币国降低利率时，本国中央银行也必须降低利率，否则投机资金就会大量流入境内，冲击国内金融市场，本币升值的压力就会增大，为维持钉住汇率制度央行就需要对外汇市场进行干预，即抛出本币，购买外币，这会增加货币供应量，最终会导致本国利率下降。同样，在开放经济条件下，如果我国继续实行钉住美元的汇率制度，那么当美国调整货币政策时，我国货币政策也必须做出一致的调整，否则人民币钉住美元的汇率制度将难以为继。

人民币钉住一篮子货币汇率制度是使人民币相对于几种货币的加权平均汇率保持不变的一种汇率制度，具有较好的稳定性。与人民币钉住美元汇率制度相比，在人民币钉住一篮子货币汇率制度下，即使我国货币政策与美国货币政策出现了偏离，以人民币表示的一篮子货币价格仍会保持相对稳定，从而减轻了人民银行干预外汇市场的负担，增强了我国货币政策的独立性。与人民币钉住一篮子货币汇率制度相比，在人民币参考一篮子货币汇率制度下，由于允许以人民币表示的一篮子货币价格可以在一定范围内浮动，从而使我国货币政策获得了较大的独立性。

（四）会增加市场预期的不确定性

在人民币参考一篮子货币汇率制度下，货币篮子中各种货币汇率的变动会影响人民币汇率，但参考一篮子货币不等于钉住一篮子货币，它还要将市场供求作为另一重要依据，并据此形成有管理的浮动汇率。这种缺乏明确汇率形成规则的汇率制度会增加市场预期的不确定性，从而产生一些消极作用。(1)不确定的汇率形成规则会损害企业的投资行为。汇率形成规则的不明确会导致汇率变动的不确定性，进出口价格随之不确定，这直接影响到利润的不确定，增加企业选择投资的难度。(2)不确定的汇率形成规则会增强人们对人民币汇率随意猜测的想象空间，刺激投机资金频繁流入流出，对国民经济产生消极影响。

第三节　货币自由兑换问题

一、货币自由兑换的定义

货币自由兑换性与外汇管制密切相关，在外汇管制条件下，本国货币同外汇的兑换部分或全部地受到限制，本币成为不可自由兑换的货币，从而使外汇买卖、国际结算、国际投资等金融活动都置于国家的严格控制之下。可以说，一国货币的不可兑换性正是外汇管制的核心内容和必然结果。如果一国取消了外汇管制，本国货币与外汇的兑换也就不再受到限制，本币就成为自由兑换货币。

货币自由兑换是指国内外居民能够自由地将其所持有的本国货币兑换成任何其他货币。实行本国货币的自由兑换，意味着外汇管制的放松和取消。与外汇管制的放松状态相对应，货币自由兑换可分为经常账户下的自由兑换、资本与金融账户下的自由兑换以及全面的可兑换。

(一)经常项目下货币的自由兑换

经常项目是指本国与外国进行经济交易而经常往来的项目，包括对外贸易收支(包括出口货物所得外汇收入和进口货物的外汇支出)、非贸易往来(包括服务贸易收支及个人报酬和投资收益等)和经常性转移(包括资金或货物在国家间的单向转移)三类项目。

经常项目自由兑换有利于提高经济的自由度，通过改善生产投入和获得现金的技术促进国内产出，同时简化进口手续，增加进口商品和劳务的种类，使消费者直接受益。间接的好处是进口竞争对提高国内生产效率的影响以及国际市场的相对价格对投资分配提供的指导。但是实行经常项目可兑换的成本有两项：一是要求短期实际汇率低于其较长期均衡汇率水平，这就会提高进口(包括重要生产投入品和资本货物)的相对价格；二是保持经常项目平衡就意味着汇率不稳定性加剧，或者当局承受更大的压力从而采取政策措施以保持对外收支稳定，而不是保持国内经济稳定。

总体来看，经常项目可兑换带来的好处可能远远大于付出的成本。也正是这样的原因，目前包括中国在内的许多国家都已经接受了《国际货币基金协议》第8条的规定，即“一国在实行货币经常项目可兑换时，不得对国际间经常性往来的对外支付和资金转移施加限制；不得实行歧视性的货币措施或多重汇率；应兑付外国持有的在经常性交易中取得的本国货币”，实现了经常项目可兑换。

(二)资本项目下货币的自由兑换

资本项目也称资本账户，是指国际收支平衡表中的资本与金融项目，记录了金融资产在国家或地区间的转移。在国际收支平衡表中包括资本项目和金融项目,其中资本项目包括资本转移和非生产、非金融资产的对外交易;金融项目则涵盖一个经济体所有对外资产与负债所有权变更的交易,主要包括直接投资、证券投资、其他投资和储备资产。根据《中华人民共和国外汇管理条例》(2008)附则的解释,资本项目是指国际收支中引起对外资产和负债水平发生变化的交易项目,包括资本转移、直接投资、证券投资、衍生品及贷款等。

资本项目可兑换的利弊权衡较为复杂,其有利之处包括:(1)有利于本币从交易职能向结算、投资和储备等职能扩展,不断扩大本币在境外的应用范围和数量;(2)有利于促进资本跨国自由流动,使资本能够在全球范围内优化配置,提高资源的使用效率;(3)有利于增强外国投资者的信心,鼓励外国私人资本的流入,弥补发展中国家储蓄和外汇的不足,从而促进经济增长;(4)有利于通过外商直接投资自由进入提高本国技术和管理的水平;(5)有利于本国居民通过多样化投资增加其资产收益并降低风险。

资本项目自由兑换可能产生的弊端包括:(1)导致汇率的较大波动,资本的自由进出会相应地引起外汇供求关系的变化,难以维持汇率的稳定,这也是绝大多数已实现资本项目可兑换的国家都采用浮动汇率制的原因;(2)冲击国内经济,跨境资本的大规模进出不仅会通过对汇率的影响冲击国内经济,而且可以通过各种投机手段牟利,影响国内经济和金融的稳定;(3)引起经济和金融的不稳定,如果一国的经济规模不大、金融市场不发达、金融机制不健全,短期资本的急剧流动就会造成经济和金融的不稳定。此外,对发展中国家而言,资本项目可兑换本来应该带来的正面影响可能还会被一些相关的负面因素抵消。

(三)全面的可兑换

如果一国货币在经常账户下和资本与金融账户下都实现了自由兑换,则该国货币就实现了全面可兑换,该国货币可被称之为"充分可兑换货币"或"完全自由兑换货币"。

二、实现货币自由兑换的基本条件

IMF 根据各国货币自由兑换的历史经验,将货币自由兑换尤其是资本项目下货币自由兑换的基本条件归纳为以下四个方面。

(一)健康的宏观经济状况

货币自由兑换后,商品和资本的跨国流动会对宏观经济形成各种形式的冲击,这要求宏观经济具备对各种冲击进行及时调整的能力。是否具备这种能力可从三方面进行考察。

1. 稳定的宏观经济形势。即没有严重的通货膨胀,也不存在大量失业,经济运行处于正常有序状况。

2. 有效的市场调节机制。要求一国具有一体化、有深度、有效率的市场体系,无论商品市场还是金融市场,价格不存在被压制和扭曲的现象。商品市场上的价格能与国际市场保持某种一致;金融市场上交易工具品种繁多,交易活跃,价格富有弹性;外汇市场上供求趋于相等,使汇率趋于一致,并允许外汇投机;短期货币市场活跃,由此不仅为外汇市场的发展创造条件,而且可为政府的宏观调控提供有效手段。

3. 成熟的宏观调控能力。首先,政府能灵活运用各种政策工具,如财政收支良好,可根据经济需要及时调整财政政策;货币政策具有较大的独立性,作为货币政策操作场所的金融市场发育良好。其次,政府具有宏观调控的丰富经验和高超的操作技巧。

(二)健全的微观经济主体

在一国货币自由兑换后,企业将面临国外同类企业的激烈竞争,它们的生存和发展状况将直接决定货币自由兑换的可行性。提高企业的国际竞争力,要求企业成为真正的自负盈亏、自我约束的利益主体,能对价格变动做出及时反映;更重要的是,企业必须具有较高的劳动生产率。在货币自由兑换后,政府很难以直接管制方式控制各种国际经济交易,因此国际收支平衡的维持在很大程度上依靠本国企业国际竞争力的提升。商业银行的经营状况对实现资本与金融账户下自由兑换意义更为重大,否则在资本与金融账户自由兑换后,外资银行的竞争会使存在大量不良资产的本国商业银行经营状况进一步恶化。

(三)较强的经济实力和合理的经济开放状态

货币自由兑换必须有强大的国力作支撑。一方面,一国经济结构合理,产品具有较强的国际竞争力,经济能够保持较高的增长速度,就有实力应对因货币自由兑换可能带来的金融风险,有能力控制实行货币自由兑换可能造成的负面影响。另一方面,合理的对外经济开放态势既是形成外汇市场的必要前提,又是货币自由兑换得以顺利进行的必要前提。

(四)恰当的汇率制度与汇率水平

货币自由兑换的前提是维持稳定和恰当的汇率水平,这在很大程度上取决于是否拥有合理的汇率制度。一般而言,资本自由流动时,具有更多浮动汇率特征的汇率制度更为合适。

三、实现货币全面自由兑换的步骤

无论是从理论研究还是各国的实践来看,实现货币的全面自由兑换往往都要分阶段逐步推进。

通常,经常项目下可兑换是货币全面兑换的第一步,也是最为基本的一步,它往往成为各国货币自由兑换实践的突破口。纵观战后金融史,从 1958 年欧洲共同体实现有限度的自由兑换,1964 年日本实现部分的自由兑换,到 20 世纪七八十年代以来的拉美国家、苏联东欧国家以及东南亚各国货币的自由兑换,再到 1996 年年底我国实行的人民币在经常项下的完全可兑换,大多数国家都是以经常项下的自由兑换作为开端的。少数国家(如阿根廷、波兰)首先实行资本项下的可兑换,但都没有成功,造成金融市场动荡。需要强调的是,经常项目可兑换一般也是逐渐实现的。

经常项目下的可兑换作为货币全面自由兑换的第一步,原因在于:(1)就经常项目和资本与金融项目开放对于一国宏观经济的影响程度而言,后者投机性因素较强,比前者的难度与风险大得多。所以,一般实行货币自由兑换的国家比较倾向于由易到难,以此较安全的顺序来实现货币的可兑换。(2)从国际货币基金组织的要求来看,经常项目的可兑换是可兑换货币的起码含义,只要做到了这一点,该种货币就可以被认为是自由兑换货币了。而在国际货币基金协定中对资本与金融项下的货币自由兑换并无强制性规定,因此成员国在资本项下取消管制的压力大为减轻。(3)从国际经济交易发展进程来看,首先实现经常项下货币自由兑换,与战后先由《关税与贸易总协定》(GATT)后由世界贸易组织(WTO)所一致推动的贸易自由化有关。贸易自由化在先,资本自由化在后,是战后世界经济的一个重要特点。这一特点无疑也对货币自由兑换安排的阶段性产生影响。

在经常账户实现了自由兑换以后,再推行资本与金融账户可兑换。根据许多国家的实践,资本与金融项下货币自由兑换也需要分阶段实施。一般首先考虑长期资本项目自由兑换,然后再逐步允许短期资本项下的自由兑换,这样可以在一国金融体系的培育健全过程中,免于国际游资带来的风险和不确定因素。目前,在已经实行资本与金融账户可兑换的成员中,绝大多数是工业化国家,发展中国家和地区所占比例很少。

四、资本账户下货币自由兑换的收益与成本

一国货币实现完全自由兑换意味着该国货币的完全对外开放。一般而言,经常账户的自由兑换相对容易一些,给一国所带来的负面影响也要小一些。而资本账户的自由兑换则复杂得多,它给一国所带来的影响和冲击也要深远和大得多。因此,资本账户的自由或开放是一国货币迈向自由兑换过程中最关键、最敏感的问题,必须谨慎对待。从国际社会看,直到 1994 年墨西哥金融危机之后,西方大部分经济学家和国际金融机构仍然在鼓吹资本账户自由化的种种好处。但是,经历了 1997 年的亚洲金融危机之后,国际社会开始重新审视资本账户自由化的问题。

资本账户要不要开放,取决于开放资本账户的成本与收益的对比。因此,分析资本账户开放所能带来的潜在收益与这种开放的成本,显得特别必要。

(一)资本项目下货币自由兑换的收益

较为开放的资本账户可能会在以下几个方面获得社会福利的增加:

1. 资本自由流动可以使一国获得更多的由金融服务专业化带来的好处。同贸易商品一样,进口某种金融服务比生产这种金融服务效率更高。

2. 资本账户的可兑换会增强金融部门的活力,国外的竞争将迫使国内生产者提高效率,并将促进创新,提高生产力。如果国际金融市场能够对金融债权的风险和收益恰当地定价,那么,取消资本管制还将改进资源从储蓄者手中转移到投资者手中的全球性中介活动,这能将全球储蓄配置到生产性最强的投资中去。此外,企业也将更容易在国外扩展业务,采取新的技术和管理经验,尤其是利用新的金融产品来管理风险和为投融资服务。

3. 资本账户可兑换使居民能在全球范围内实现资产组合多样化,降低居民收入和财富遭受国内金融和实际部门冲击的不利影响。

4. 资本项目自由化还有助于一国进入国际金融市场,降低借款成本。

(二)资本项下货币自由兑换的成本

开放资本账户在带来收益的同时,也会带来成本和风险的增加,具体表现在以下几个方面:

1. 盲目的资本账户开放容易导致国际投机资本流动剧烈变动引起的国际收支危机或汇率波动。国际投机资本往往以投资基金为工具进攻一国的证券市场和外汇市场,其

实现冲击的一个基本前提就是东道国的资本账户是开放的。如果没有资本账户开放，就切断了国际短期投机资本进入本国的渠道。

2. 可能导致国内储蓄外流，不利于欠发达国家发展经济。不同国家经济发展水平不一样，国际竞争力有区别，资本账户的开放将不可避免地导致那些竞争力较差的国家的国内储蓄外流，它们要想获得经济发展所需的资金，必然要比发达国家付出更大的代价。如果这种情况持续存在，最终的结果将是不同国家之间的经济发展出现两极分化，发达国家有可能控制不发达国家的经济命脉。

3. 增加了当局对本国金融活动进行监管的难度。

4. 国际短期资本流动的冲击可能对一国的经济稳定和结构改革方案产生冲击。

不同国家之间、同一国家不同的经济发展时期，其开放资本项目成本与收益之间的对比可能是不同的。对于那些经济发展水平较低、国内市场体系不健全、银行体系脆弱、宏观经济调控能力有限的国家来说，开放资本账户的成本可能高于潜在收益；而对于那些经济发展水平较高、市场经济发达、拥有较强的宏观调控能力的国家来说，开放资本账户则能带来更多的利益。因此，要求不同经济条件的国家实行同样的资本账户开放政策，可能是不适宜的。在历史上，西方发达国家基本上都有过资本管制的做法，如今大力鼓吹资本账户自由化的美国，在 20 世纪 60 年代末 70 年代初，就曾为防止资本大量外流而实行过“利息平衡税”。从长远来看，世界各国开放其资本账户，享受全球一体化带来的种种好处是一种趋势。但是，在国际金融体系尚不够健全的当今世界，发展中国家选择对资本项目进行适当的管理，尤其对短期国际资本流动加以适当的限制，可能更适合于其经济的发展。

第四节 人民币的国际化

一国货币的国际化就是该国的主权货币可以在国际上流通和使用，即可以在国际市场上履行其作为价值储藏、交易媒介和记账单位等货币的一般职能，成为国际上通用的货币。中国作为一个发展中的大国，在世界政治和经济中将占据越来越重要的地位，因此，人民币国际化是中国走向全球化的一个必然途径。

一、人民币国际化的最终目标

人民币国际化的最终目标应该是在国际货币体系中拥有与美元及欧元并驾齐驱的地位。

第一，人民币应该可以在境内和境外自由兑换成外币，可以在境外银行中开设人民币账户，在境外使用以人民币为基础的信用卡和借记卡，在个别情况下还可以小规模地直接使用人民币现金。

第二，在国际贸易合同中可以以人民币为计价单位，而且不仅可用于中国的进出口贸易，还可以在不涉及中国的国际贸易中作为买卖双方都同意使用的计价货币。

第三，在国际贸易结算时可以采用人民币作为支付货币，甚至在一些未采用人民币作为计价货币的国际贸易中,也可以经买卖双方同意采用人民币支付。

第四,人民币可以作为国际投资和融资的货币,这不仅包括人民币可以用于实体经济的绿地投资、并购等活动,还包括人民币可以用于虚拟经济领域的各种金融资产及其衍生产品,例如股票、债券、票据、保单、保函、期货、期权、远期和互换。

第五,人民币可以作为国际储备货币,不仅可以作为各国政府或中央银行干预外汇市场的手段,而且应在特别提款权中占有一定的比例。

由于中国人口众多,资源匮乏,政治体制独树一帜,难以与多数发达国家建立较深的互信,社会、经济、科技和文化等方面的发达程度还不够高,金融的国际竞争力较差,人民币尚未实现自由兑换等原因,实现人民币国际化这一目标的难度很大。因此,人民币国际化需要制定阶段性目标,扎实推进,分步实现。

二、人民币国际化的作用

人民币作为中国这样一个发展中大国的主权货币,在国际货币体系中地位不高,尚未起到参与国际金融资源配置的作用。在中国政治保持稳定、经济较快发展、外贸基本平衡、人民币币值稳定、外汇储备充裕等有利条件下,努力实现人民币的国际化将有助于增强中国的国际金融竞争力,逐步摆脱目前由发达国家主导的国际货币体系规则的桎梏,提升中国的国际地位,在国际经济的竞争与合作中掌握主动权。此外,人民币国际化还可以促进中国国内金融改革,推动中国经济又好又快发展。

(一)促进中国汇率制度的改革

中国目前的汇率制度是以市场供求为基础、参考一篮子货币进行调节、有管理的浮动汇率制,但在人民币不断升值的过程中并未实现真正的浮动,美元事实上仍是中国的"货币锚"。随着人民币国际化程度的提高,将会迫使中国的汇率制度向以市场供求为基础、钉住一篮子货币进行浮动的方向转变,逐步增加其透明度及灵活性,并渐渐摆脱对美元的依赖。

(二)促进中国利率的市场化改革

随着人民币国际化程度的提高,必然会要求放松对人民币利率的管制,让商业银行能根据境内外各金融市场人民币供求情况配置资金,提高资金使用效率并缩小套利空间。此外,利率市场化还有利于设计并推出各种境外人民币金融产品,扩大人民币在境外流通的规模并建立更多的人民币回流渠道。中国目前虽然已经基本放开了贷款利率的上限和下限,以及存款利率的下限,但存款利率的上限还需要逐步放开。

(三)促进中国商业银行的改革

随着人民币国际化程度的提高,中国商业银行境外机构的人民币存款及贷款业务将会增长,尽管其数量会因对人民币汇率的预期而变化(预期升值时,存款增加而贷款减少;预期贬值时,贷款增加而存款减少),但由于人民币的境外需求量不断增大,故存贷款总量仍然会不断增长。此外随着人民币境外流通量的增加和信誉的提高,中国商业银行境外机构的中间业务也会增长,人民币衍生产品也将得到发展。在面临激烈竞争的境况下,将迫使中国商业银行境外机构进一步提高效率,改善服务,努力创新,拓展业务。

（四）促进中国资本市场的改革

随着人民币国际化需求的增长，资本项目的开放也将加速。这一方面将允许外资企业在国内A股市场上市，迫使中国的上市公司提高质量；另一方面将允许境外机构和个人投资者进入国内资本市场，从而导致B股市场的淡出。此外，随着人民币境外流通量的增大，需要通过发行人民币债券等手段以便人民币的回流，从而有助于建立多层次的资本市场，增加外商直接投资的比重。

（五）增强中国货币政策的灵活性和主动性

当人民币的国际化程度很低时，为了防止发生货币支付危机乃至金融危机，就必须有充足的国际货币作为储备资产。中国目前拥有的巨额外汇储备虽然有利于防范国际金融风险的冲击，但也限制了中国货币政策的灵活性和自主性。一方面，外汇储备占款过多，影响货币政策的实施；另一方面，由于没有更好的保值增值手段，大量的外汇储备只好用于购买美国的债券，这不仅加深了中国货币政策对美元的依赖，还迫使中国承担美元兑人民币贬值的后果。随着人民币国际化程度的加深，人民币汇率的形成机制也会更加合理，中国的进出口贸易趋向均衡，外汇储备的增速减缓，外汇的使用渠道也会实现多元化，从而可以增强中国货币政策的灵活性和自主性。

（六）提高中国金融监管的水平

人民币国际化并不是放任自流，而是对监管部门提出了更高的要求。中国于1996年开放经常项目之后，随着金融监管水平的提高，经过十多年循序渐进的努力，在IMF2018年的《汇兑安排与汇兑限制年报》所划分的7大类共40子项资本项目中，中国已有14项基本实现可兑换，24项部分实现可兑换。人民币国际化将促使中国的金融监管体系不断改善，努力做到依法、合理、适度和有效。同时也会加强金融监管部门与海关、税务和对外贸易等有关部门之间的信息交流与合作，最终做到“综合监管，混业经营”。

三、人民币国际化的弊端

人民币国际化作为一种手段，肯定是利弊并存的。当前，在中国国内也确实存在反对人民币国际化的声音，其中大部分人是出于对风险的担忧。

一是担心会削弱中国央行运用货币政策调控国民经济的能力，增大防范投机资本流动和输入型通货膨胀的难度。

二是担心汇率的波动幅度和频率增大，增加宏观调控的难度，并影响进出口企业的效益。

三是担心人民币国际化会改变中国目前国际收支双顺差的局面，从而背负沉重的外债。

四是担心中国金融机构将面临激烈的竞争，难以生存和发展。

四、人民币国际化的进程

实现人民币国际化绝不能只凭主观的愿望和中国政府单方面的推动，而应当是中国国内金融改革与国际金融体系相互作用逐渐演化的结果。从复杂性科学的视角来看，系统内部各成员之间以及系统与外部环境之间的相互影响和作用会推动系统向一定的方向演化。回顾迄今为止人民币国际化的进程，就可以看到人民币沿着以下几条途径演化的轨迹。

(一)人民币作为结算货币

亚洲金融危机以后，中国开启了对商业银行的股份制改革，银行体系抵御风险的能力得到增强，并为应对经济金融领域的波动打下了基础。2008 年国际金融危机爆发后，中国经济仍保持较快增长，人民币汇率相对稳定，市场主体逐渐产生了使用人民币结算的客观需求。为顺应市场需求，促进贸易和投资便利化，2009 年 4 月，国务院批准在上海、广州、深圳、珠海、东莞开展跨境贸易人民币结算试点，从此正式拉开了人民币国际化进程的帷幕。2010 年 6 月和 2011 年 8 月，试点地区进一步扩大到包括辽宁在内的 20 个省市和全国所有地区。随着业务的发展，跨境人民币政策逐渐扩展到资本项下，对外和对内直接投资等业务相继铺开。同时，为进一步探索人民币跨境使用政策框架，在上海、福建、天津、广东自贸区和一些试点地区开展了对跨境人民币双向资金池、个人跨境人民币等业务的先行先试。创新业务试点为政策的全面铺开积累了宝贵的经验。2016 年 5 月，全口径跨境融资宏观审慎管理政策在全国推广，不仅整合了本外币和中外资机构外债管理方式，而且进一步提高了业务开展的便利化程度。目前，跨境人民币政策已覆盖境外放款、跨境人民币双向资金池、经常项下集中收付、跨境贸易融资、境外项目贷款、跨境电子商务等多个领域，人民币跨境使用的政策框架进一步完善。

(二)人民币作为计价货币

一是涉外经济管理部门在统计核算中开始使用人民币计价。人民币是我国的法定货币，采用人民币来计价、核算和管理我国涉外经济，体现了我国的货币主权。2013 年 2 月，海关总署增加了以人民币计价的进出口及贸易差额的数据发布，并于 2014 年起全面实行以人民币计价的统计数据。2014 年 1 月，国家外汇管理局开始公布以人民币为计价单位的银行结售汇、代客涉外收付款、国际收支平衡表、金融机构直接投资和外债等国际收支相关统计数据。同年 3 月，商务部增加以人民币计价的方式公布外国对华直接投资和中国对海外投资的金额总额。涉外经济部门以人民币计价公布数据有效引导了市场主体开展本币计价结算业务，起到了良好的示范作用。

二是推动大宗商品期货及国际版人民币计价。国际大宗商品以美元定价为主，中国作为主要的大宗商品消费国，提升国内大宗商品期货市场在国际计价领域中的地位也将促进人民币国际化发展。2013 年以来，上海国际能源交易中心一直在筹备原油期货交易。2015 年 7 月，人民银行对境内原油期货交易跨境结算管理做出具体规定，明确了境内原油期货交易以人民币进行计价、结算。2018 年 3 月，原油期货正式上市。在此前，黄金国际版交易也于 2014 年 9 月正式启动交易。2016 年 4 月，全球首个以人民币计价的黄金基准价格“上海金”集中定价合约正式挂牌交易，这将逐步提升中国在国际黄金市场计价中的话语权和影响力。

三是离岸市场人民币计价产品不断完善。包括人民币计价的存单、债券、股票、外汇期货、基金、信托、保险、衍生产品等陆续推出。离岸人民币计价产品的推出，有利于提升境外主体持有人民币资产的吸引力，也有利于人民币逐步成为全球避险货币。

（三）人民币作为储备货币

跨境人民币业务开展以来，英国、泰国、南非等国已明确表示将人民币纳入外汇储备，2014 年人民币已成为全球第七大储备货币。2015 年 11 月，俄罗斯央行决定将人民币纳入外汇储备。2016 年新加坡金管局、坦桑尼亚央行、菲律宾央行先后宣布将人民币纳入外汇储备。与此同时，中央银行间的货币互换交易也可以看作是一种潜在的储备货币。国际金融危机期间，有的国家主动希望与中国签署货币互换协议，以提振市场信心，维护金融稳定。至 2016 年 6 月末，人民银行先后与 35 个境外央行或货币当局签署双边货币互换协议，总额超过 3.3 万亿元。同年 12 月，人民银行与埃及中央银行签署了规模为 180 亿元的货币互换协议，并与突尼斯央行签署谅解合作备忘录。虽然人民币在全球外汇储备中的占比还很低，但是随着人民币加入 SDR 篮子，人民币作为储备货币的地位将得到进一步认可和增强。

（四）人民币债券和外汇交易

一是境内银行间债券市场和银行间外汇市场对外开放，满足了境外机构对冲人民币利率和汇率风险的需求。2014 年以来，银行间市场先后推出利率衍生产品及人民币标准化外汇掉期产品。2015 年 5 月，境外人民币清算行和参加行可以在银行间债券市场开展债券回购交易。同年 7 月和 9 月，境外央行（货币当局）、国际金融组织、主权财富基金先后获准进入银行间债券市场和外汇市场。2016 年 2 月，境外私人机构投资者可以进入银行间债券市场，债券市场的开放程度进一步提高。同年 4 月，人民银行发布了境外央行类机构进入中国银行间债券市场和外汇市场的具体操作流程，进一步便利了境外投资者进入中国金融市场。

二是境外机构在境内发行人民币债券。熊猫债是指境外（含港、澳、台）机构在中国境内发行的人民币债券。2005 年 10 月，国际金融公司和亚洲开发银行在中国银行间债券市场首发了人民币债券，并依照国际惯例命名为熊猫债。但多年来熊猫债的发行始终处于不温不火的状态。随着人民币国际化的深入推进和金融市场的进一步开放，2015 年下半年，熊猫债又重新焕发了生机。目前，国际开发机构、境外非金融企业、国际性商业银行、外国政府已先后在中国境内发行熊猫债。2014 年 12 月和 2016 年 8 月，韩国政府和波兰政府先后通过中国银行间债券市场成功发行 30 亿元人民币主权债券。

三是离岸人民币主权债券发行。离岸人民币主权债券的发行显示了发行国对人民币资产及人民币国际化的坚定信心，进一步促进了离岸人民币市场发展。2014 年 10 月 14 日，英国政府发行了首只人民币主权债券，规模 30 亿元人民币，票面利率 2.7%，期限 3 年，这是西方国家发行的首只人民币主权债券。2015 年 10 月 24 日，蒙古国政府首次发行离岸人民币债券，金额 10 亿元，票面利率为 7.5%，期限 3 年。

四是离岸中央银行票据的发行。2015 年 10 月 20 日，人民银行在伦敦成功发行了 50 亿元人民币央行票据，期限 1 年，票面利率 3.1%。这是中国央行首次在中国以外地区发行以人民币计价的央行票据。此举丰富了离岸市场金融机构的流动性管理工具、高信用等级的投资产品和抵押品，同时也可视为中央银行对离岸人民币市场流动性调节的尝试。

五是人民币直接交易市场发展。货币的直接交易可以促进我国与相关国家的双边贸易和投资,减少汇兑成本,摆脱美元依赖。2016 年,银行间外汇市场陆续推出人民币对南非兰特、韩元、沙特里亚尔、阿联酋迪拉姆等 12 种货币直接交易。目前,在银行间外汇市场上,已经开展与人民币直接交易的品种已达 22 个。货币的直接交易将进一步降低市场主体的汇兑成本,促进与相关国家贸易和投资往来中的人民币使用。

(五)人民币股票及基金交易

一是建立人民币合格境外机构投资者机制。2011 年 12 月,证监会、人民银行、国家外汇管理局联合发布文件,允许符合条件的基金公司、证券公司香港子公司作为试点机构开展 RQFII 业务。2013 年 3 月,进一步扩大试点机构范围,放宽投资比例限制。2016 年 9 月,单家人民币合格境外机构投资者投资额度实行备案或审批管理。RQFII 业务为境外投资者提供了投资人民币资产的重要渠道,有利于人民币资金的跨境循环。

二是建立人民币合格境内机构投资者机制。2014 年 11 月,人民银行发布《关于人民币合格境内机构投资者境外证券投资有关事项的通知》,境内的合格机构投资者可采用人民币的形式投资境外的人民币资本市场。RQDII 机制的正式推出,不仅有利于丰富境内投资者的资产配置渠道,也有利于丰富离岸人民币计价产品,促进离岸市场发展。

三是开展在岸与离岸股票市场的互联互通。2014 年 4 月,证监会正式批复开展沪港通试点,沪港通率先启动。2015 年 7 月,内地与香港基金实现互认。2016 年 12 月,深港通顺利开通,不仅扩大了上市公司覆盖范围,取消了交易总额的限制,而且扩大了机构投资者范围。目前,上海正在积极研究沪伦通的建立。资本市场的双向互联互通进一步提升了市场主体使用人民币的积极性。

综上所述,人民币的国际化程度不仅取决于中国的态度,更取决于世界各国对人民币的接受程度。这就需要中国进一步深化改革,扩大开放,保持宏观经济又好又快地发展,努力完善金融市场和金融体系,维持汇率水平相对稳定,逐步扩大人民币的投资渠道,不断增强世界各国对人民币作为硬通货的信心。与此同时,中国应当努力推进人民币汇率制度改革,逐步实现资本项目可兑换,适度开放资本项目,为实现人民币国际化创造必要的条件。

关键词

汇率制度　固定汇率制　浮动汇率制　货币自由兑换　人民币国际化

本章小结

1. 汇率制度,也称为汇率安排,是指一国货币当局对于确定、维持、调整和管理本国货币汇率的原则、办法、方式和机构等所做出的系统安排和规定。其主要内容包括确定汇率的原则和依据,维持和调整汇率的办法,管理汇率的法令、制度和政策,以及制定、维持和管理汇率的机构。汇率制度是国际货币体系和各国货币制度的重要组成部分,是各国对外金融管理的主要内容。

2. 固定汇率制与浮动汇率制各有利弊，随着国际经济背景的变化在国际货币体系中各主沉浮。就一国来说，选择哪种汇率制度，主要取决于该国的国情。

3. 中国曾经实行过钉住汇率制，现在正向着有管理的浮动汇率制度迈进。

4. 随着中国经济对外开放的力度加大，原先的汇率制度及政策已不能适应经济发展的要求，因而人民币汇率制度理所当然要进行改革。

5. 现在人民币已基本实现经常账户下的自由兑换，因为它已具备自由兑换所要求的一般条件。而实现人民币在资本账户下的自由兑换，将是人民币汇率制度进一步改革的目标。

练习与思考

一、单选题

1. 关于汇率制度的分类，以下哪项不属于国际货币基金组织对汇率制度划分的种类？（　　）。

A. 货币局制度　　B. 爬行钉住　　C. 固定汇率制度　　D. 稳定化安排

2. 金本位制下的固定汇率制的主要特点不包括（　　）。

A. 决定各国货币汇率基础的是各国金铸币的含金量之比

B. 市场汇率随外汇供求关系围绕铸币平价上下波动

C. 汇率波动受黄金输出入的调节，限制在黄金输送点的范围之内

D. 汇率波动受政府干预控制，相对仍比较稳定

3. 货币局制度指的是（　　）。

A. 本币钉住外币，同时政府按预先宣布的固定范围对汇率做较小的定期调整或对选取的定量指标的变化做定期的调整，使汇率逐步趋向于目标水平的汇率制度安排

B. 政府设定本国货币对其他货币的中心汇率，并规定汇率的上下浮动幅度的汇率制度，同时政府对中心汇率按照固定的、预先宣布的比率或对选取的定量指标的变化做定期调整

C. 在法律中明确规定本国货币与某一外国可兑换货币保持固定的兑换率，并且对本国货币的发行做特殊限制，以保证履行这一法定的汇率制度

D. 以上都不正确

4. 在有管理的浮动汇率制度下，中央银行偶尔干预外汇市场是为了（　　）。

A. 维持一定的汇率水平

B. 控制企业在外汇市场上的交易

C. 避免汇率的过分波动

D. 以上选择都不对

5. 与浮动汇率制度相比，固定汇率制度的优势在于（　　）。

A. 有助于抑制国际金融市场上的投资活动

B. 有助于防止国际游资的冲击，减少国际储备需求

C. 有助于发挥汇率对国际收支的自动调节作用

D. 有利于促进出口，抑制进口

6. 以下哪项不属于1994年以前我国人民币汇率形成机制的特征？（　　）

A. 多种汇率并存

B. 存在外汇黑市

C. 由国家实行严格的管理和控制

D. 实行以市场供求为基础的、单一的、有管理的浮动汇率制

7. 人民币汇率低估会（　　）进口成本，（　　）进口。

A. 提高；有利于　　B. 提高；不利于　　C. 降低；有利于　　D. 降低；不利于

8. 目前，中国已经实现了人民币（　　）。

A. 经常项目下的自由兑换　　B. 资本项目下的自由兑换

C. 金融项目下的自由兑换　　D. 以上都正确

9. 实现货币自由兑换的基本条件不包括（　　）。

A. 健康的宏观经济状况

B. 健全的微观经济主体

C. 较强的经济实力和合理的经济开放状态

D. 固定的汇率制度与稳定的汇率水平

10.（　　），中国正式接受IMF第八条款，实行人民币经常项目下的自由兑换。

A. 2001年12月11日　　B. 1996年12月21日

C. 2005年7月21日　　D. 2001年11月11日

二、多选题

1. 根据IMF对汇率制度的分类标准，以下实行自由浮动汇率制度的国家有（　　）。

A. 欧盟　　B. 英国　　C. 日本　　D. 墨西哥

2. 金本位制下，固定汇率制度的特点有（　　）。

A. 决定各国货币汇率基础的是各国金铸币的含金量之比

B. 市场汇率随外汇供求关系围绕铸币平价上下波动

C. 汇率波动受黄金输出入的调节，限制在黄金输送点的范围之内

D. 汇率波动受政府干预控制，相对仍比较稳定

3. 按照汇率浮动方式，浮动汇率制度可分为（　　）。

A. 单独浮动　　B. 联合浮动　　C. 统一浮动　　D. 钉住浮动

4. 实行固定汇率制度的优势是（　　）。

A. 有利于国际贸易和投资的发展

B. 有助于抑制国际金融市场上的投资活动

C. 有助于防止国际游资的冲击，减少国际储备需求

D. 有益于抑制通货膨胀

5. 影响汇率制度选择的因素包括（　　）。

A. 通货膨胀　　B. 经济结构　　C. 政策目标　　D. 经济合作

6. 人民币参考一篮子货币汇率制度的作用是（　　）。

A. 有助于稳定人民币实际有效汇率　　B. 可以有效配置资源

C. 有助于增强货币政策独立性　　D. 会减少市场预期的不确定性

7. 实行经常项目可兑换的成本包括(　　)。

A. 要求较长期实际汇率低于其短期均衡汇率水平

B. 要求短期实际汇率低于其较长期均衡汇率水平

C. 保持贸易项目平衡就意味着汇率不稳定性加剧

D. 保持经常项目平衡就意味着汇率不稳定性加剧

8. 资本项目下货币自由兑换的成本包括(　　)。

A. 盲目的资本账户开放容易导致国际投机资本流动剧烈变动引起的国际收支危机或汇率波动

B. 可能导致国内储蓄外流,不利于欠发达国家发展经济

C. 国际短期资本流动的冲击可能对一国的经济稳定和结构改革方案产生冲击

D. 增加了当局对本国金融活动进行监管的难度

9. 中国目前拥有的巨额外汇储备虽然有利于防范国际金融风险的冲击,但也限制了中国货币政策的灵活性和自主性,主要体现在:(　　)。

A. 外汇储备占款过多,影响货币政策的实施

B. 汇率的波动幅度和频率增大

C. 由于没有更好的保值增值手段,大量的外汇储备只好用于购买美国的债券

D. 会削弱中国央行运用货币政策调控国民经济的能力

10. 人民币国际化的弊端有:(　　)。

A. 会削弱中国央行运用货币政策调控国民经济的能力,增大防范投机资本流动和输入型通货膨胀的难度

B. 汇率的波动幅度和频率增大,增加宏观调控的难度,并影响进出口企业的效益

C. 人民币国际化会改变中国目前国际收支双顺差的局面,从而背负沉重的外债

D. 中国金融机构将面临激烈的竞争,难以生存和发展

三、填空题

1. 汇率制度,也称为汇率安排,是指一国货币当局对于确定、维持、调整和管理本国货币汇率的________、________、________和________等所做出的系统安排和规定。

2. 按照汇率变动的方式,汇率制度被分为________________和________________两大类,同时也包括介于两者之间的________________,如爬行钉住制度、汇率目标区制度、货币局制度等。

3. 浮动汇率制度,按照政府是否干预,可分为________和________;按照汇率浮动方式,可分为________、________和________。

4. 布雷顿森林体系下的固定汇率制度是一种双挂钩制度,即________________以及________________。美元与黄金的兑换比例为________________;其他货币________________与美元挂钩,确定与美元的汇率。

5. 自________起,我国开始实行________________________汇率制度,人民币汇率不再钉住单一美元。

6. 2011 年,IMF 将人民币汇率制度从________归为________________,标志着人民币汇率波动性增强。

7. 与外汇管制的放松状态相对应，货币自由兑换可分____________、__________以及__________。

8. 中国于______年开放经常项目之后，随着金融监管水平的提高，经过十多年循序渐进的努力，在 IMF 2018 年的《汇兑安排与汇兑限制年报》所划分的______大类共______子项资本项目中，已有______项基本实现可兑换，______项部分实现可兑换。

9. 一国货币的国际化就是该国的______可以在国际上流通和使用，即可以在国际市场上履行其作为______、______和______等货币的一般职能，成为国际上通用的货币。

10. 国务院常务会议 2009 年 4 月 8 日正式决定，在______和______、______、______、______等城市开展跨境贸易人民币结算试点。

四、判断题（正确请写“T”，错误请写“F”）

(　　)1. 根据国际货币基金组织 2014 年公布的《2014 年汇兑安排与汇兑限制年报》统计，目前实行货币局制度的国家和地区共有 12 个。

(　　)2. 按照汇率变动的方式，汇率制度被分为固定汇率制和浮动汇率制两大类，同时也包括介于两者之间的中间汇率制度，如爬行钉住制度、汇率目标区制度、货币局制度等。

(　　)3. 自由浮动(free float)，又称为清洁浮动(clean float)，是指政府对外汇市场不加任何干预，汇率完全由外汇市场上的供求状况决定。美国等发达国家严格实行自由浮动汇率制度。

(　　)4. 一般认为，人民币汇率高估(相对于均衡汇率)会促进出口，但人民币汇率高估会提高进口成本，从而不利于进口。

(　　)5. 在浮动汇率制度下，汇率的波动频率和幅度都明显加大，并存在表现为“汇率超调”的过度波动现象。

(　　)6. 1994 年 1 月 1 日，人民币官方汇率与外汇调剂价格正式并轨，我国开始实行以市场供求为基础的、单一的、有管理的浮动汇率制。

(　　)7. 人民币汇率长期高估，会减少贸易伙伴国的市场占有份额，引起贸易伙伴国的报复，这不仅会抵消人民币汇率低估的积极效应，而且还会损害国际协调机制的建立，从而可能会对我国经济及世界经济带来新的问题。

(　　)8. 经常项目开放会冲击国内经济，跨境资本的大规模进出不仅会通过对汇率的影响冲击国内经济，而且可以通过各种投机手段牟利，影响国内经济和金融的稳定。

(　　)9. 过早地开放资本账户可能导致国内储蓄外流，不利于欠发达国家发展经济。

(　　)10. 由于中国人口众多，资源匮乏，政治体制独树一帜，难以与多数发达国家建立较深的互信，社会、经济、科技和文化等方面的发达程度还不够高，金融的国际竞争力较差，人民币尚未实现自由兑换等原因，实现人民币国际化这一目标是不可能的。

五、思考题

1. 简述人民币汇率制度的发展历程。

2. 论述人民币参考一篮子货币汇率制度的积极作用和消极作用。

3. 比较资本项目下货币自由兑换的成本和收益。

4. 谈谈对人民币国际化的看法。

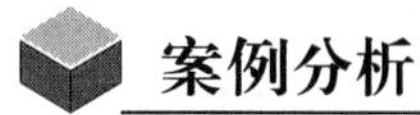

案例分析

金融动荡中的泰国汇率制度改革

1971—1991年，泰国经济年均增长率达7.9%，1991—1996年的年均增长率则达8%，而且长期以来，泰国通胀率一直有效地控制在3%～6%，被称为亚洲的“第五小龙”。

然而，1997年泰国爆发了金融危机。1997年2月初，国际投资机构掀起抛售泰铢风潮，引起泰铢汇率大幅度波动。国际投资机构于1997年2月开始向泰国银行借入高达150亿美元的数月期限的远期泰铢合约，而后于现汇市场上大规模抛售，使泰铢汇率波动的压力加大，引起泰国金融市场动荡。同年3月5日和6日，投资者就从泰国10家出现问题的财务公司提走近150亿泰铢(约合5.77亿美元)。与此同时，投资者大量抛售银行与财务公司的股票，结果造成泰国股市连续下跌，汇市也出现下跌压力。5月7日，货币投机者通过经营离岸业务的外国银行，悄悄建立了即期和远期外汇交易的头寸。从5月8日起，以从泰国本地银行借入泰国铢，在即期和远期市场大量卖泰铢的形式，在市场上突然发难，沽空泰铢，造成泰铢即期汇率的急剧下跌。泰铢一度兑美元贬至26.94：1的水平。6月中下旬泰国财长辞职，引起泰铢汇率猛跌至1美元兑28泰铢左右。泰国股市也从年初的1 200点跌至461.32点，为8年来的最低点。最终1997年7月2日，泰国实行有管理的浮动汇率制。

泰国的汇率制度内容主要包括：(1)取消原有的主要以钉住美元为主的钉住汇率制度；(2)实行泰铢汇率市场浮动制；(3)泰国国家银行根据情况负责干预外汇市场，以保护汇率基本稳定；(4)由泰国中央银行定期公布参考汇率。

要求：根据资料回答(1)1971年到1991年间，泰国实行的是什么汇率制度？(2)泰国为什么在1991年将汇率制度变更为有管理的浮动汇率制度？

实训演练

一、实训目的

1. 熟悉汇率制度基本概念、基本理论。

2. 锻炼学生收集信息、分析资料、实际分析问题的能力。

二、实训资料

通过浏览国家外汇管理局网站、中国人民银行网站以及其他相关的网站、专业书籍和专业期刊，了解2005年7月21日我国人民币汇率制度改革背景、主要内容以及对我国经济的影响。

三、实训要求

1. 以6～8人为一组，将班级分成若干小组，在获取翔实资料的基础上，经过本组分析、讨论,得出本组的结论与观点,并形成书面报告。

2. 绘出2005年7月汇改以来人民币兑美元、日元、英镑、港币、欧元中间价走势图。

本章推荐阅读

[1]我国的汇率政策及人民币汇率制度的具体内容,可以登录中国人民银行网站查阅,http://www.pbc.gov.cn。

[2]人民币基本汇率变动情况以及我国外汇市场的管理法规,可以登录国家外汇管理局官方网站查阅,http://www.safe.gov.cn。

[3]人民币汇率报价,可以登录中国外汇交易中心网站查阅,http://www.chinamoney.com.cn/。

[4]国际货币基金组织各成员的汇率制度安排,可登录IMF官方网站查询,http://www.imf.com。

第四章

国际金融市场

知识结构图

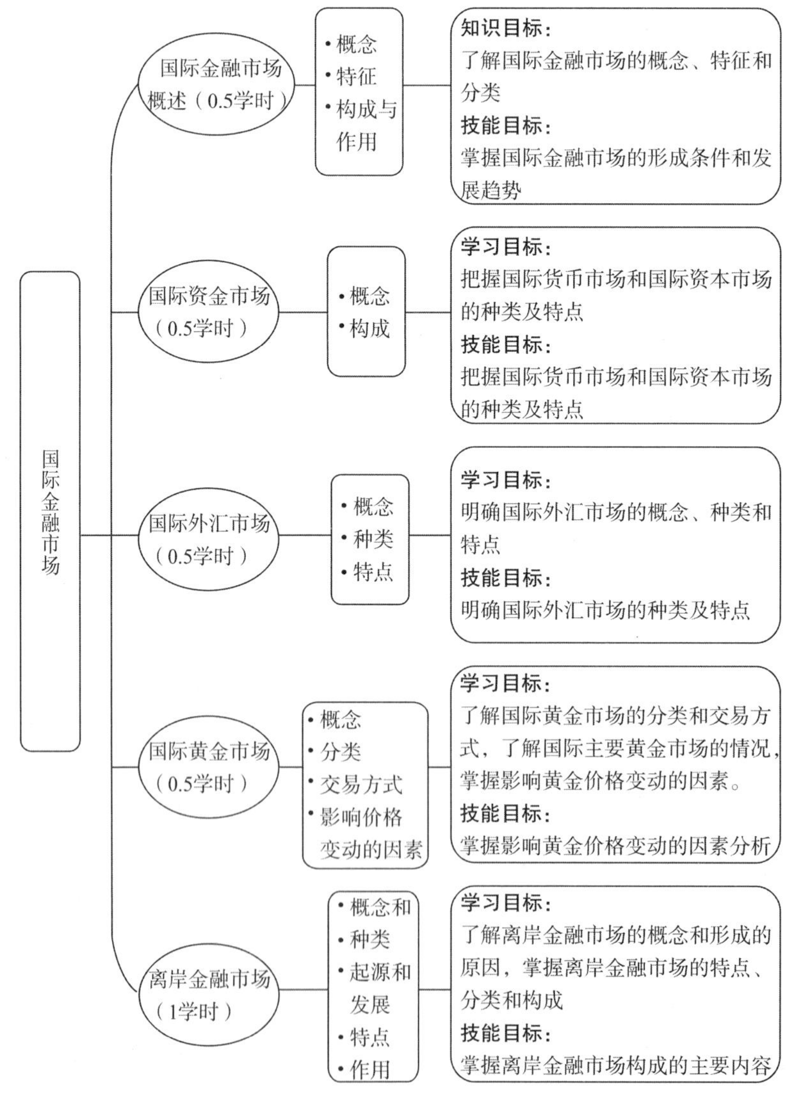

案例导读

2020年8月的第一周，国际金融市场中的金价首次突破每盎司2000美元，爆炸式的增长超出了所有人的预期。8月5日，金价升至每盎司2052美元，自2018年秋季以来已上涨72%，今年已累计上涨近35%。在新冠大流行期间，随着投资者争相购买黄金，投资黄金的热情达到了顶峰。在经济不稳定和其他金融市场动荡的时期，投资者正在寻找更可靠的投资品。金价大涨的主要原因有以下几点：一是黄金是避风港。对黄金的需求通常在危机或不确定时期激增。2020年3月，随着新冠疫情日益严重，黄金价格达到7年来的最高点，反映出人们对金融系统应对经济冲击能力的担忧，黄金作为避险的重要工具受到人们的追捧。二是稳定感。黄金通常不受通货膨胀和普遍不确定性的影响。从长远看，这种贵金属相对稳定，不易受外部因素或其他货币影响而贬值。三是美元走弱。美元持续贬值，使美元计价的贵金属对美国以外的投资者更具吸引力，黄金以美元计价时更便宜。四是资本的低收益率。自2020年3月份以来，美联储一直将利率保持在接近于零的水平，以稳定金融市场，并尽可能地降低借贷成本，以支持经济，这导致了资本的收益率下降，使黄金更具吸引力。五是由于影响国际经济未来不确定因素的增加，引发市场对未来金价上涨的预期，而市场预期也在一定程度上推动了国际金价的上扬。

第一节 国际金融市场概述

一、国际金融市场的概念

（一）定义

国际金融市场(international financial market)是指由居民和非居民之间，或者是非居民和非居民之间进行国际性的资金借贷、结算、汇兑以及有价证券、黄金和外汇的买卖活动的场所。在国际领域中，国际金融市场显得十分重要，商品与劳务的国际性转移、资本的国际性转移、黄金输出入、外汇的买卖以至于国际货币体系运转等各方面的国际经济交往都离不开国际金融市场，国际金融市场上新的融资手段、投资机会和投资方式层出不穷，成为推动世界经济发展的主导因素。

从国际金融市场发展的进程来看，具有狭义和广义两个层面的概念。狭义的国际金融市场亦称为国际资金市场，包括短期资金市场(国际货币市场)和长期资金市场(国际资本市场)。广义的国际金融市场是指运用各种现代技术手段和通信工具，进行长短期资金的国际借贷、证券、外汇及黄金的国际交易等各种金融业务活动的场所。它包括国际资金市场、国际外汇市场、黄金市场、离岸金融市场、金融衍生品市场等新兴国际金融市场。本章论述的，是广义的国际金融市场。

（二）国际金融市场的特征

1. 借助现代网络技术开展业务，以无形市场为主。现代通信技术的广泛运用，紧密联系起遍布世界各地的金融中心和金融机构，国际金融市场交易实现了高度电子化。借助电子网络系统的实施，这个市场在时空上形成一个整体，如按时区排列：伦敦—纽约—香港—伦敦，前一个时区收市的时间和后一个时区开市的时间，首尾连接，形成一个昼夜24小时全天候的连续不断进行交易的世界性金融市场。

2. 全球金融市场信息彼此相互传导。世界各国经济的一体化是国际金融市场全球化的基础。由于信息传播技术的发展，主要国际金融市场的动向能迅速影响其他国际金融市场行情。任何一个市场上的金融动荡或波动，都会迅速在其他市场上蔓延，带来连锁性效应。2007年美国爆发次贷危机，许多大型金融机构倒闭，美股急剧下跌，这一金融危机在国际金融市场上迅速蔓延，进而导致全球金融危机，使各国经济严重受创。

3. 金融创新活动不断增加。20世纪80年代以来融资工具的创新包括金融期货、期权以及互换等融资工具迅速发展，改变了国际融资结构，削弱了资本交易的一些市场阻隔，加剧了危机扩散风险。金融衍生工具滥用、资产过度证券化是导致2007年美国爆发次贷危机的主要原因之一。

4. 国际金融市场业务的竞争性、投机性和冒险性进一步加大。其主要原因有以下方面：一是国际金融市场信用贷款金额增大，缺乏有效的抵押保证；二是离岸金融业务不受当地金融法律、法规的约束和管制；三是借贷资金连续转手，不确定因素增加。

二、国际金融市场的分类

按照不同的属性，可以对国际金融市场进行不同的分类。

（一）按照交易品种划分，可分为货币市场（money market）、资本市场（capital market）、外汇市场（foreign exchange market）和黄金市场（gold market）等子市场

国际货币市场是金融资产交易期限在一年或一年以内的短期国际资金借贷市场。资本市场是指融资期限在一年以上或无期限限制的资金交易市场。

外汇市场和黄金市场分别是从事外汇交易和黄金交易的市场。

这些市场之间关系紧密，如长短期资金借贷和黄金交易都离不开外汇市场，而外汇交易又促进资金借贷的发展。

（二）按照营业组织方式划分，可分为有形市场（tangible market）和无形市场（intangible market）

二者的区别在于在国际金融交易过程中是否有固定的场所和专门的组织机构。传统的国际金融市场大都采取有形市场的形式，随着电子技术和网络科技的发展，国际金融市场的业务越来越多地在无形市场中完成，如国际银行间的外汇市场就是典型的无形金融市场。目前的国际金融市场主要以无形市场为主。

（三）按照国际金融市场上交易客体的不同，可分为在岸金融市场（onshore financial market）和离岸金融市场（offshore financial market）

在岸金融市场亦称传统的国际金融市场，是指居民与非居民之间进行资金融通及相关金融业务的场所。典型的在岸市场是外国债券市场和国际股票市场。其主要特点是：

(1)以市场所在国发行的货币为交易对象;(2)交易活动一般是在市场所在国本地居民和非居民之间进行的;(3)该市场要受市场所在国的法律和金融条例的管理和约束。

离岸金融市场亦称欧洲货币市场,是指非本地居民之间,以银行为中介,在某种货币发行国国境之外,从事该种货币交易的市场。也有人将它称为欧洲货币市场。它是目前国际金融市场的核心组成部分。之所以称为欧洲货币市场,是因为它是由欧洲美元市场发展而来的。所谓的欧洲美元市场,是指在美国境外(最初在欧洲)的银行吸存和贷放美元资金的业务,实际上包括三个方面的内容:首先是进行境外货币的借贷业务,其次是发行各种以境外货币表示的债券,再次是各种境外货币之间的兑换。其主要特点是:(1)以非市场所在国的货币即境外货币为交易对象;(2)交易活动一般是在市场所在国的非居民之间进行的,当地居民不能参与交易,即所谓的"两头在外";(3)融资业务基本不受任何国家政府政策和法令的管制,并可享受税收方面的优惠待遇,资金出入境自由。在离岸市场上,资金交易和利率自由,银行无须缴纳存款准备金,它是自由化程度最高的国际金融市场。

三、国际金融市场的形成与发展

(一)国际金融市场的形成条件

国内金融市场超越国界而形成国际金融市场,是必须具备一些条件的,这些条件主要有:

1. 稳定的政治经济环境。这是形成国际金融市场的最基本的条件。建立国际金融市场意味着形成一个连接各国金融交易者的业务网络。保障债权人、债务人利益和业务稳定发展,降低交易风险和费用等,都需要相对稳定的经济和政治环境。

2. 自由开放的经济政策和宽松的外汇管制。自由开放的经济政策,就容易加强与世界各国的经济金融往来,并进行各种形式的经济金融合作;而自由宽松的外汇管制或取消外汇管制,就充分保证了国际资金的自由出入,容易形成国际资金的集散地,进而形成国际金融市场。

3. 完善的金融市场体系和健全的金融制度。这是指一方面要拥有发达的银行业和其他的非银行金融机构,能组织相当规模的金融资产交易;另一方面,要有健全的一国金融制度和法规,否则就无法保障金融活动高效地进行。

4. 现代化的通信设施和交通便利的地理位置。一国或地区要成为国际金融中心,必须有完善的通信设施,使国际市场交易更加安全高效。这个市场还应具有不断吸收高新科技的能力,这样才能迅速准确地保证国际信息的通畅。而良好的地理位置,容易吸引各种参与者,方便其交易,进而增加各种国际金融业务。香港、新加坡之所以成为新兴的国际金融中心,无不与其优越的地理位置有关。

5. 充足的国际金融专业人才。要拥有既具备现代金融、财务、法律等专业知识,又具备丰富实践经验的国际金融专业人才。拥有这些人才,才能为国际金融市场提供高质量、高效率的专业服务。

(二)国际金融市场的发展

1. 伦敦国际金融市场的形成和发展

第一次世界大战之前,英国是世界上最大的资本主义工业强国。英国政局稳定,同世界各国贸易有着广泛的联系，是当时世界第一大贸易大国。到18世纪末，英国贸易范围波及全球，对外贸易和国际清算业务大幅度地增长。英国在这日益增加的国际贸易结算与支付中，大量地用英镑作为支付手段，扩大英镑的使用范围，使英镑成了当时资本主义世界的主要货币。随着国际结算业务的发展、各种票据的广泛使用，在英国伦敦产生了票据交换所（或称票据承兑公司）和一大批融通海外贸易活动的商人银行等新型金融机构。同时，当时英格兰银行的国际结算业务也大为发展，并在世界各地建立了广泛的业务代理网络。加上海外殖民掠夺和积累的巨额利润，形成强大的资金实力，成为充裕的信贷资金来源，英镑成为当时世界上最主要的国际结算货币和储备货币，从而使伦敦成为世界上最主要的国际金融市场。随着1914年第一次世界大战的爆发，英国被迫放弃了金本位制度，经济实力也受到很大的削弱。在1929世界经济大萧条时期，英国又实行了外汇管制措施。于是，英镑作为主要的国际结算货币和储备货币的地位急剧削弱，也冲击了伦敦的国际金融地位。但是由于历史传统和银行业务的联系，伦敦的国际金融市场仍发挥着重要的作用。

2. 纽约、苏黎世与伦敦并列成为三大国际金融中心

二次大战后，国际资本大规模流动，对国际金融市场产生了重大的影响。这突出地表现在新的国际金融市场不断产生。阿姆斯特丹、法兰克福、东京等，在突破国内金融业务的基础上，成为新兴的国际金融市场。这一时期，国际金融市场发展的特点是：纽约、苏黎世和伦敦三大国际金融市场鼎足而立。伦敦因为传统的历史原因，仍然保持了国际金融市场的主导地位。纽约因为美国在两次大战中大发战争财扩张了经济，特别是二次大战后建立了以美元为中心的国际货币制度即布雷顿森林货币体系，而成为国际资金市场以及国际贸易美元结算中心。而苏黎世则因为瑞士在两次大战中为中立国，经济实力得到保存，因此发展了自由外汇市场和黄金市场，而与伦敦、纽约并列成为三大国际金融中心。

3. 欧洲货币市场的建立与发展

自20世纪60年代起，美国的国际收支连年出现巨额逆差，大量美元流出美国境外，黄金储备也大幅流失，美国政府被迫采取一系列限制资本外流的措施。同时，西欧各国纷纷实行浮动汇率制度，为了防止美元泛滥而引起外汇市场动荡，也采取了一些对本国货币的管制措施和对资本流入的限制措施。这些国家的银行和跨国公司为了逃避这些限制措施，纷纷把资金转移到国外，从而形成了许多逃避管制的离岸金融市场，这些市场通称为欧洲货币市场。欧洲货币市场的出现破除了国际金融中心必须设在货币发行地的传统，迅速分散到了伦敦、巴黎、法兰克福、布鲁塞尔、东京等地，甚至是一些原来不重要的地区，如巴哈马、开曼群岛和新加坡等地。欧洲货币市场的出现标志着国际金融市场进入了一个崭新的发展阶段。

4. 新兴金融市场的出现及发展

20世纪70年代以后，发展中国家开始积极建立新兴金融市场并逐步走向国际化。经过较长时期的积累和发展，部分发展中国家和地区的金融市场已经具备相当的规模，并逐步成长为新兴的国际金融中心，如新加坡、中国香港等。同期，由于两次石油危机的爆发，石油输出国凭借石油收入积累了巨额的石油美元，促进了阿拉伯金融体系的建立和巴林金融中心的形成与发展。

5. 国际金融市场发展呈现一体化趋势

自80年代以来,国际金融市场呈现一体化趋势,其原因如下:①西方各国普遍放松对金融业的管制,以利率自由化、金融业务自由化、金融市场自由化为核心内容的金融"自由化"趋势不可逆转;②金融创新蓬勃发展,融资技术要加完善,融资工具日益多样化,使得资金市场和资本市场、股票市场与债券市场之间的联系更加紧密,资金在各类金融市场间的分配和转移更加顺利;③电子技术和电传通信技术的高度发展,为一体化提供了强有力的技术支撑;④世界经济区域化、集团化的发展,促进了国际金融区域性的一体化;⑤各国在放松原有管制的同时,适应竞争和国际化趋势开始采取新的管制,推动国际金融的一体化。国际金融市场一体化对世界经济和国际金融本身的发展产生了深化的影响,例如使国际金融的经融资活动更为便捷,促使全球范围的利率变化趋于一致,增大了国际金融市场的风险。

五、国际金融市场的作用

(一)主要积极作用

1. 有利于调节国际收支状况。由于国际金融市场资金规模巨大,筹措资金速度快而且不受各国管制,因此它成为各国外汇资金的重要来源,为国际收支逆差的国家提供重要的融资场所。即逆差国可到国际金融市场上举债或筹资,从而能更灵活地规划经济发展,也能在更大程度上缓和国际收支失衡的压力。

2. 有利于金融业的国际化。国际金融市场的发展,聚集了无数的跨国金融组织,特别是国际银行,它们是国际金融市场的重要参与者。国际市场的发展为国际银行业务发展提供了重要的契机。国际结算、欧洲市场等业务为银行提供了更多盈利的机会,推动银行到境外设立分支机构或者代理行关系,形成全球性的金融服务业务网络。

3. 有利于推动国际贸易和投资的发展。国际金融市场的产生和发展都是国际贸易和国际投资发展的结果,而反过来,参与者通过国际金融市场进行国际借贷、结算与外汇交易,因此国际金融市场的形成和发展也极大地便利了开展国际贸易和投资。通过国际金融市场把国际上暂时闲置的资本转化成盈利资本,资金不足的国家或地区在国际金融市场上获得资金,不再受国内储蓄和资金积累不足的限制,从而促进本国经济迅速增长。

4. 推动世界经济全球化的发展。首先,国际金融市场能在国际范围内把大量闲散资金聚集起来,从而满足了国际经济贸易发展的需要,同时通过金融市场的职能作用,推动生产与资本的国际化。其次,欧洲货币市场的形成与发展,又为跨国公司在国际范围进行资金储存与借贷、资本的频繁调动创造了条件,促进了跨国公司经营资本的循环与周转,由此推动世界经济全球化的巨大发展。

(二)主要消极作用

1. 大规模的国际资本流动影响一国货币政策的执行效果;
2. 容易导致汇率剧烈波动,为货币投机创造机会;
3. 可能加剧世界性通货膨胀;
4. 可能埋下国际债务危机的隐患;

5. 国际金融市场的一体化可加剧国际金融市场动荡不安。

由于国际金融市场对世界经济影响较为复杂，其双重作用显而易见，因此，国际金融机构和各国力图通过国际金融合作和协调，加强对它的监管。

第二节 国际资金市场

国际资金市场是经营资金国际借贷的市场，包括短期资金市场和中长期资金市场。

一、短期资金市场

短期资金市场也称国际货币市场(international money market)，是指资金期限在1年以内(含1年)的短期金融工具进行交易的场所，其主要功能是为短期资金在国与国间转移和融通提供渠道。该市场的参与者主要是商业银行、票据承兑公司、贴现公司、证券交易商和证券经纪商等。该市场根据不同的借贷或交易方式和业务，可分为银行短期信贷市场、票据贴现市场和短期证券市场。

(一)银行短期信贷市场

银行短期信贷市场是指银行对外国工商企业提供短期信贷资金和国际银行同业间的拆放的场所。该市场是在资本国际化过程中发展起来的，其功能在于解决企业临时性的短期流动资金的不足，解决银行平衡一定时间的资金头寸，调节其资金余缺的需要。其特点：一是短期信贷市场的借贷期较短。最短为日拆，一般多为1周、1个月、3个月和6个月，最长不超过1年。其中，期限为3个月内的占绝大部分。二是利率参考伦敦银行同业拆借利率。在国际上，使用最广泛的基准拆放利率是伦敦银行同业拆放利率(London Inter Bank Offered Rate，LIBOR)。为了反映伦敦银行同业拆借利率的水平及变动情况，英国银行家协会每天计算并公布其选定的有代表性的国际大银行上午11时的同业拆借利率的算术平均数。三是交易方式较为简便。银行短期信贷市场存贷款都是每天通过电话联系来进行的，贷款不必担保，无须提供抵押品。

(二)贴现市场

它是指对未到期票据，通过贴现方式进行资金融通而形成的交易市场。所谓贴现是指持票人将未到期的票据按贴现率扣除自贴现日到票据到期日的利息后，向贴现行换取现金的一种业务。贴现对于持票人来说，等于提前取得未到期的票款；对贴现公司来说，等于为持票人提供了一笔相当于票据票面金额的贷款。

贴现市场的主要经营者是包括经营贴现业务的商业银行和专门经营贴现业务的贴现公司。贴现交易的信用票据主要有政府国库券、短期债券、银行承兑票据和部分商业票据等。贴现业务包括银行票据和商业票据的贴现、商业银行对贴现公司的拆借、中央银行对贴现公司的再贴现。贴现利率一般高于银行贷款利率。目前，世界上最大的贴现市场是伦敦贴现市场，其历史悠久，在英国的金融市场中占有十分重要的地位。

(三)短期证券市场

它是指进行短期证券发行与买卖的场所。其期限一般不到1年。这里的短期证券包括国库券、可转让定期存款单、商业票据、银行承兑票据等,它们的最大特点是具有较大的流动性和安全性。各国的短期信用工具种类繁多,名称也不一样,但实质上都属于信用票据。

1. 国库券(treasury securities)

即各国政府财政部发行的短期债券。发行国库券是政府筹集短期资金的一种最便利的措施,一般用于季节性需要。美国国库券是证券市场上流动性最强、交易量最大的交易工具。美国国库券是美国财政部为弥补财政赤字,偿还到期债券,增加可支配资金而发行的一种短期债券凭证。自1929年6月发行以来,它一直是美国货币市场上最重要的信用工具。国库券的期限分为3个月、6个月、9个月和1年期四种,为贴现债券。美国的国库券分为定期发行和不定期发行两种。定期发行的国库券,是指固定期限的国库券,有固定的发行日期,是为筹集经常可用的货币,由财政部按周或按月例行发行的。其中,3月期、6月期的每周发行一次,9个月和1年期的每个月发行一次。不定期发行的国库券是指没有固定的发行日期,由财政部为了解决财政先收后支的矛盾,对纳税人发行的一种到期可用的抵缴税款的国库券。美国国库券主要采用拍卖的方式发行。国库券发行采用拍卖方式的优点是:国库券的价格(利率)由市场决定,发行者不必为价格去费心思;一般能把要出售的国库券都出售,即使投标者出低价,影响的主要是卖价,而不是数量。

2. 商业票据(commercial bills/paper)

它是指由金融机构或某些信用较高的企业为了筹集资金而发行的短期无担保票据。商业票据的可靠程度依赖于发行企业的信用程度,可以背书转让,可以承兑,也可以贴现。商业票据的期限一般为4～6个月,由于其风险较大,利率高于同期银行存款利率。商业票据可以由企业直接发售,也可以由经销商代为发售。但由于商业票据是一种无担保的短期期票,因此对出票企业信誉审查十分严格。如由经销商发售,则经销商实际在幕后担保了售给投资者的商业票据,商业票据有时也以折扣的方式发售。商业票据是一种可转让的金融工具,通常是不记名的。

中国的票据和欧美国家的票据在含义上有着非常大的差别。“票据”传统上被定义为有价证券的一种。但事实上,中国的票据仅限于汇票、本票和支票等交易性票据。由于本票和支票在银行直接兑现,目前市场上交易的票据仅限于商业汇票,包括银行承兑汇票和商业承兑汇票两种,其中银行承兑汇票占了绝大部分。当前,贴现和转贴现是票据业务的主要方式。此类票据的签发和流通转让必须具有真实的贸易往来背景,因此,商业票据在中国首先是一种结算工具和支付手段,其次才具有融资功能。

3. 银行承兑汇票(bank acceptance bill)

银行承兑汇票是商业汇票的一种。指由在承兑银行开立存款账户的存款人签发,向开户银行申请并经银行审查同意承兑的,保证在指定日期无条件支付确定的金额给收款人或持票人的票据。对出票人签发的商业汇票进行承兑是银行基于对出票人资信的认可而给予的信用支持。银行承兑汇票折价销售。这种汇票期限一般为30～180天,以90天为最多,面额无限制。票据一经银行承兑,其信用就得以提高,从而易于流通。由于银行信用较高，故其流动性比商业承兑票据更强。它可在贴现市场上转让。

4. 可转让定期存单(certificate of deposits)

大额可转让定期存单亦称大额可转让存款证，是银行印发的一种定期存款凭证，凭证上印有一定的票面金额、存入和到期日以及利率，到期后可按票面金额和规定利率提取全部本利，逾期存款不计息。大额可转让存单性质上仍属于债务凭证中的本票，由银行允诺到期时还本付息。大额可转让定期存单可流通转让，自由买卖。购买存单的投资者需要资金时，可把存单出售换成现金。这种存单的特点是：面额大，期限固定，不记名，可以自由转让。美国花旗银行与1961年2月首先开发，行大额可转让存单之先例。这种存单的利率高于同期普通定期存款，低于银行同业拆借利率，并且提供了近似活期存款的流动性，因此既为银行带来的方便，也为客户提供了好处，深受市场欢迎，很快成为一种重要的货币市场工具。

大额可转让存单与普通的定期存款不同：第一，它有规定的面额，面额一般很大。而普通的定期存款数额由存款人决定。第二，它可以在二级市场上转让，具有较高流动性。而普通定期存款只能在到期后提款，提前支取要支付一定的代价。第三，大额可转让定期存单的利率通常高于同期限的定期存款利率，并且有的大额可转让存单按照浮动利率计息。

二、中长期资金市场

中长期资金市场又称为国际资本市场(international capital market)，是指期限在1年以上的资金借贷和证券交易的场所。国际资本市场有以下主要功能：首先，提供了一种机制，使资本能迅速有效地从资本盈余单位向到资本不足单位转移，此时资本市场承担了一级市场功能，只有一级市场才能通过发行和增发新的证券，为资金需求者提供新的资金来源。第二，为已发行证券提供充分流动性的二级市场，即发行证券的流通市场。二级市场的存在是为了保证一级市场更有效地运行，二级市场上投资人可以通过不断调整其资产组合来降低风险，获取最大收益，并且随时使证券变现；同时发行人也可以迅速并持续地从社会上募集到其扩张所需的资金。第三，能够更广泛地吸引国外资本或国际资本，提高资本使用效率及跨空间调配速度。第四，能够以较低的成本吸收资本，降低融资成本，提高资金运作效率。第五，能够通过发行国际证券的形式或创造新的金融工具，规避风险，逃避各国的金融、外汇管制及税收问题。

国际资本市场按融通资金方式的不同，又可分为银行中长期信贷市场和证券市场。

(一)银行中长期信贷市场

银行中长期信贷市场是一种国际银行提供中长期信贷资金的场所，为需要中长期资金的政府和企业提供资金便利。这个市场的需求者多为各国政府和工商企业。一般期限1～5年的称为中期信贷，5年以上的称为长期信贷。银行中长期信贷市场的主要特点是：

1. 期限长。银行中长期信贷市场主要是银行为企业等长期资本需求者提供的1年以上的中长期贷款，其期限多为2～10年或更长。

2. 金额大，多采用辛迪加贷款方式。银行中长期信贷市场的贷款方式，有双边贷款和多边贷款之分。双边贷款是两国银行之间签订信贷协定；多边贷款是对金额较大的项目，由几家银行组成银团提供贷款，即辛迪加贷款，贷款需要政府担保。该市场一般采用辛迪加贷款方式，一方面可以增大资金的供给实力，另一方面也可分散风险。

3. 信贷利率较高。中长期信贷一般采取欧洲货币形式发放，利率受经济形势、资金供求量、通货膨胀和金融政策等因素影响，采用市场利率，通常是伦敦同业拆放利率再加上一个附加利率。

（二）证券市场

证券市场是指证券发行与流通的场所。发行证券的目的在于筹措长期资本，是长期资本借贷的一种方式。证券市场是金融市场的重要组成部分，主要由国际股票市场和国际债券市场构成。

1. 国际股票市场(International Stock Market)

国际股票市场是国际间通过发行股票来筹集资金的场所。它与国内股票市场不同之处，在于国际股票的发行是跨国界的，股票的认购、销售和交易都是在发行公司所在国之外。国际股票市场的主要交易品种有股票现货、股票期货、股指期货和股票期权等。

国际股票市场的出现是在二次世界大战以后，尤其在六七十年代获得快速发展，目前，庞大的国际股票市场已对全球经济产生举足轻重的影响。自1992年以来，中国已有多家企业在纽约、香港等地的证券交易所上市，发行国际股票已成为中国企业利用外资的一个重要方式。

在国际股票市场中，股票的发行和买卖交易是分别通过一级市场和二级市场实现的。一级市场即股票发行市场，二级市场即对已发行的股票进行买卖的市场。发行市场让发行股票的筹资者获得资金，二级市场让转让股票的投资者获得资金和再投资的能力。

股票市场的国际化主要包括海外上市和开放本国股票市场两条途径。我国股票市场对外开放的程度还较低，中国企业在进入世界资本市场时采用了一些不同的融资结构。2002年11月5日，中国证监会颁布了《合格境外机构投资者境内证券投资管理暂行办法》，我国正式开始实施QFII(Qualified Foreign Institutional Investors)制度，中国资本市场开始有条件向合格境外机构投资者开放。

2. 国际债券市场(International Bond Markets)

国际债券市场是专门从事国际债券发行买卖的场所。根据不同的标准，国际债券市场有多种分类：按期限为标准划分，有1～5年的中期债券市场与5年以上的长期债券市场；按性质为标准划分，有发行市场(一级市场)与流通市场(二级市场)。

新债券的发行有公募和私募两种方式。

公募债券(Public Offering Bond)是指债券在证券市场上公开销售，购买者为社会的各个阶层。公募证券的发行必须经过国际上认可的债券信用评定机构的评级，借款人需要公布自己的各项信息。

私募债券(Private Placement Bond)是指私下向限定数量的投资者发行的债券。这种债券不能上市交易转让，所以其利率高于公募债券利率，并且发行价格偏低，以保障投资者的利益。此外，这种债券的发行规模较小，期限较短。发行私募债券手续简便，一般无须债券信用评级机构评级，也不要求发行者公布自己的情况。1982年1月，中国国际信托投资公司首次在日本发行100亿日元私募债券，开中国私募债券境外发行之先河。

国际债券市场按面值货币的不同，有外国债券市场与欧洲债券市场之分。

外国债券市场是从事外国债券发行和买卖的市场。外国债券是指某一国借款人在本国以外的某一国家发行的以该国货币为面值的债券。一般把外国债券称为传统国际债券。这种债券只在一国市场上发行并受该国证券法规制约。例如，扬基债券（Yankee Bond）是非美国主体在美国市场上发行的美元债券，武士债券（Samurai Bond）是非日本主体在日本市场上发行的日元债券，同样，还有英国的猛犬债券（Bull-dog Bond）、西班牙的斗牛士债券、荷兰的伦勃朗债券，都是非本国主体在该国发行的债券。在人民币逐步实现资本项目下的可自由兑换以及人民币的国际化基础上，我国也可以考虑发行以人民币计价的外国债券，以进一步向外国筹资者开放国内债券市场。

欧洲债券市场是从事欧洲债券发行和买卖的市场。欧洲债券是指借款人在本国以外市场发行的，以第三国的货币为面值的国际债券。例如法国一家机构在英国债券市场上发行的以美元为面值的债券即是欧洲债券。欧洲债券并不是指在欧洲发行的债券，它并非局限于地理概念上的欧洲范围。欧洲债券不受任何国家资本市场的限制，免扣缴税。欧洲债券市场是一个无利率管制、无发行额限制的自由市场，且发行费用和利息成本都较低，无须官方的批准，没有太多的限制要求，所以其吸引力非常大，能满足各国政府、跨国公司和国际组织的多种筹资要求。

三、国际货币市场与国际资本市场的区别

（一）融资期限上的不同

国际货币市场是1年或1年以下的资金融通场所，主要是为政府和企业提供短期资金融通；国际资本市场是1年以上的资金融通场所，主要为需要中长期资金的政府和企业提供资金便利。

（二）使用的金融工具不同

国际货币市场使用的金融工具主要有银行短期信贷、国库券、商业票据、银行票据等；国际资本市场使用的金融工具主要有银行中长期信贷、股票、债券等。

（三）筹集资金的用途不同

国际货币市场筹集到的短期资金主要是经营流动资金，不用于资本性投资；国际资本市场筹集到的长期资金可以用于固定资产的投资。

第三节　国际外汇市场

一、外汇市场的概念

（一）定义

国际外汇市场是指在国际间从事外汇买卖，调剂外汇供求的交易场所。它的主要优势在于其透明度较高，交易量巨大，每日交易量高达3.2万亿美元，使得外汇市场成为全

世界最大、资本流动性最高的金融市场。如此巨大的交易量是任何一家金融机构或个人无法操纵的。它也是现行国际市场中最年轻的市场，创建于1971年废止金汇兑本位时期。国际经济往来必然伴随着债权债务的清偿和货币的收付，为了使不同的货币间的清算顺利进行，就必须解决由此引起的各国货币彼此间的兑换和外汇买卖活动。外汇市场就为这种活动提供了可实现的场所。

（二）外汇市场的主要参与者

1. 中央银行(central bank)。中央银行既是外汇市场的干预者，也是外汇市场买卖直接的参与者。体现在当外汇市场上的货币汇率剧烈波动时，中央银行就通过买入或卖出外汇来干预市场，以稳定货币汇率。在干预无效，外汇市场爆发货币危机时，还往往采用关闭外汇市场的措施，停止外汇银行之间以及外汇银行与客户之间的外汇买卖。

2. 外汇银行(specialized foreign exchange bank)。它也称外汇指定银行，是指由各国中央银行指定或授权经营外汇业务的银行，是外汇市场的主要经营机构，外汇交易大部分都是通过它来进行的。

3. 外汇经纪人(broker)。旧称跑街或掮客，是指专门为外汇买卖双方介绍交易以获取佣金的中间商人，一般须经中央银行批准，才能取得营业资格。西方国家银行之间的大笔外汇买卖，大多通过外汇经纪人，有的国家还规定必须通过外汇经纪人。

4. 贴现商号(discount company)。也称贴现公司，是指经营各种票据的贴现为主要业务的公司。其经营的票据以外国汇票为主，因为这类汇票一般经大银行承兑，信用与流动性都相对较高。贴现商号还可将这些汇票再贴现，以解决对资金的需要。贴现商号是重要的外汇供求者之一。

5. 外汇交易商(foreign exchange trader)。它是指经营汇票买卖业务的商号，因此也叫汇票交易商。其买卖是通过先买后卖、先抛后补或同时进出等方式，利用时间与空间的差异进行外汇交易，从中获取外汇价格上的差额利润。这类交易商，一般多为信托公司、银行(兼营)或个人。外汇交易商是重要的外汇供求者。

6. 跨国公司(multinational company)。是指生产和经营国际化了的公司，其资金调拨都在国际范围进行，因此，它经常以自身强大的实力，参与外汇交易活动，进行外汇投机，影响市场行情，甚至操纵外汇行市。跨国公司也是主要的外汇供求者。

7. 外汇投机者(speculator on foreign exchange)。它也是不可忽视的外汇供求者之一，其进行外汇投资是利用外汇市场上汇率的涨跌，以买空卖空或其他各种方式进行交易，从中牟取暴利。在外汇市场上，私人、企业和银行以及其他机构都可能参与外汇投机活动。

8. 进出口商和其他外汇供求者。进出口商从事进出口贸易活动，是外汇市场上主要的外汇供求者，进口商进口商品所需外汇与出口商出口商品需要卖出外汇，都要通过外汇市场上的外汇买卖来进行。进出口商所进行的这种外汇买卖，多为远期外汇买卖。其他外汇供求者，是指由于运输、保险、旅游、留学、单方面汇兑、国际有价证券买卖、外债本息收付等非贸易外汇交易而产生的外汇需求者。

二、国际外汇市场的种类

(一)按外汇市场的外部形态进行分类,可分为无形外汇市场和有形外汇市场

无形外汇市场,也称为抽象的外汇市场,是指没有固定、具体场所的外汇市场。这种市场最初流行于英国和美国,故其组织形式被称为英美方式。这种组织形式不仅扩展到加拿大、东京等其他地区,而且也渗入欧洲大陆。无形外汇市场的主要特点是:(1)没有确定的开盘与收盘时间;(2)外汇买卖双方无须进行面对面的交易,外汇供给者和需求者凭借电传、电报和电话等通信设备与外汇机构联系;(3)各主体之间有较好的信任关系,否则,这种交易难以完成。目前,除了个别欧洲大陆国家(如法国、德国等)的一部分银行与顾客之间的外汇交易还在外汇交易所进行外,世界各国的外汇交易均通过现代通信网络进行。无形外汇市场已成为今日外汇市场的主导形式,有形外汇市场交易逐步由无形外汇市场交易取代。

有形外汇市场,也称为具体的外汇市场,是指有具体的固定场所的外汇市场。这种市场最初流行于欧洲大陆,故其组织形式被称为大陆方式。有形外汇市场的主要特点是:(1)固定场所一般指外汇交易所,通常位于世界各国金融中心;(2)从事外汇业务经营的双方都在每个交易日的规定时间内进行外汇交易。在自由竞争时期,西方各国的外汇买卖主要集中在外汇交易所。但进入垄断阶段后,银行垄断了外汇交易,致使外汇交易所日渐衰落。

(二)按外汇所受管制程度进行分类,可以分为自由外汇市场、外汇黑市和官方市场

自由外汇市场是指政府、机构和个人可以买卖任何国际流通的货币且不限兑换数量的外汇市场,汇率随行就市。这种市场主要存在于外汇管制宽松的发达国家。

外汇官方市场是指按照政府的外汇管制法令来买卖外汇的市场。这种外汇市场对参与主体、汇价和交易过程都有具体的规定。在发展中国家,官方市场较为普遍。

外汇黑市是指一些发展中国家由于政府限制或法律禁止外汇交易而产生的非法外汇交易市场。其存在往往影响官方市场的正常运转,政府通常要采取一些措施予以取缔。

(三)按外汇买卖的范围进行分类,可以分为外汇批发市场和外汇零售市场

外汇批发市场是指银行同业之间的外汇买卖行为及其场所。其主要特点是交易规模大,通常有最小成交额的限制。

外汇零售市场是指银行与个人及公司客户之间进行的外汇买卖行为及场所。其主要特点是交易有时比较零碎,无最小成交额的限制。

三、国际外汇市场的特点

二战以后,全球各地区外汇市场普遍得到了发展,出现了遍及全球的外汇市场网络,代替了战前实际外汇业务集中于少数市场的状态。现在,世界上大约有 30 多个国际外汇

市场，如伦敦、纽约、苏黎世、法兰克福、巴黎、东京、米兰、新加坡、香港等。外汇市场除了交易规模巨大以外，还呈现出以下比较显著的特征：

（一）市场形态以无形市场为主

外汇交易是通过没有统一操作市场的行商网络进行的，它不像股票交易有集中统一的地点。但是，外汇交易的网络却是全球性的，并且形成了没有组织的组织，市场是由大家认同的方式和先进的信息系统所联系，交易商也不具有任何组织的会员资格，但必须获得同行业的信任和认可。这种没有统一场地的外汇交易市场被称为“有市无场”。尽管外汇市场“有市无场”，但它具备信息公开、传递迅速等特点，是今后全球金融业的发展方向。

（二）业务以外汇批发业务为主

目前国际外汇市场大部分外汇交易发生在银行之间，外汇银行是市场交易主体，中央银行则根据调控本币汇率的需要，参与外汇市场交易，是外汇市场的最终操纵者。外汇银行为了自身业务开展和规避风险的需要，彼此间进行频繁而大量的外汇批发业务。外汇批发业务在全球交易中占了绝大多数的比重。

（三）交易的空间是统一的，时间是连续的

由于全球各金融中心的地理位置不同，亚洲市场、欧洲市场、美洲市场因时差的关系，连成了一个全天24小时连续作业的全球外汇市场。早上8时半（以纽约时间为准）纽约市场开市，9时半芝加哥市场开市，10时半旧金山开市，18时半悉尼开市，19时半东京开市，20时半香港、新加坡开市，凌晨2时半法兰克福开市，3时半伦敦市场开市。如此24小时不间断运行，外汇市场成为一个不分昼夜的市场，只有星期六、星期日以及各国的重大节日，外汇市场才会关闭。这种连续作业，为投资者提供了没有时间和空间障碍的理想投资场所，投资者可以寻找最佳时机进行交易。比如，投资者若在上午纽约市场上买进日元，晚间香港市场开市后日元上扬，投资者在香港市场卖出，不管投资者本人在哪里，他都可以参与任何市场、任何时间的买卖。因此，外汇市场可以说是一个没有时间和空间障碍的市场。可以说，国际外汇市场是由多个外汇市场通过网络相互连接而组成的一个全球一体的24小时随时可以进行交易的市场。

国际各主要外汇市场开盘收盘时间（北京时间）如下：

新西兰惠灵顿外汇市场：4:00—12:00（冬令时）；05:00—13:00（夏令时）

澳大利亚悉尼外汇市场：06:00—14:00（冬令时）；07:00—15:00（夏令时）

日本东京外汇市场：08:00—14:30

新加坡外汇市场：09:00—16:00

中国香港外汇市场：09:00—16:00

英国伦敦外汇市场：16:30—00:30（冬令时）；15:30—23:30（夏令时）

德国法兰克福外汇市场：14:00—22:00

美国纽约外汇市场：21:30—04:00（冬令时）；20:30—03:00（夏令时）

外汇市场波动越频繁，意味着投资外汇的盈利机会越多。三大外汇交易市场，即伦敦市场、纽约市场、东京市场中，伦敦市场与纽约市场的交易时段是各国银行外汇交易的密集区，因此市场波动最为频繁。尤其在两个市场交易时间的重叠区，也就是北京时间

21:30—24:00 是全球外汇交易最频繁、大宗交易最多的时段。如果选择这一时段进行交易,盈利的机会可能会相对多一些。同时,一般本地货币会在本地市场的交易时段内比较活跃,比如:亚洲市场开市时,澳元、日元比较活跃;欧洲市场开市时,欧元、英镑、瑞郎比较活跃;美洲市场开市时,美元、加元比较活跃。进行外汇交易时可根据自己手中的币种进行交易时段的选择。

(四)不同外汇市场的汇率差异日益缩小

由于先进技术的运用,各地外汇市场的金融信息传递准确而又快捷,从而使各外汇市场的汇率差异越来越小,并逐渐趋于一致。其结果也导致了传统的利用各地汇差进行外汇投机的可能性逐渐减少。

(五)交易方式灵活,交易成本较低

交易者在外汇市场上买涨买跌都可以,不论在熊市或牛市投资都有获利的机会。外汇市场是 T+0 的交易制度,交易者能在一日内自由进出,瞬间即可成交,随时兑现盈利,使得交易自由度更高。外汇行情也没有涨停限制。另外,外汇交易不论是透过电话或是网络下单,在线上外汇的交易费用都非常低廉。一般只有投资总额的万分之几。如 EUR/USD=1.4001/1.4004,其中仅有的 3 个点的点差就是交易者的成本。此外,透过网络科技,投资人可以即时看到汇率,也使得交换的成本降低。而在股票市场进行买卖,股票交易通常会收取一定的交易佣金,买进卖出一个来回,佣金将被收取两次,投资人还必须额外负担佣金或手续费。

(六)外汇交易是一种零和游戏

零和游戏(zero-sum-game),是博弈论的一个概念,意指在游戏双方中,一方得益必然意味着另一方亏损,如赌博就是典型的零和游戏。在外汇市场上,汇价的波动所表示的价值量的变化和股票价值量的变化完全不一样,这是由于外汇交易是“货币兑换”的交易,汇率的变化表现为货币对中一种货币价值的减少与另一种货币价值的增加。例如,美元对日元的汇率,30 多年前为 1 美元兑换 350 日元,现在约为 1 美元兑换 108 日元。这说明日元币值上升,而美元币值下降,从总的价值量来说,上升获得的正是下降失去的。因此,外汇交易是一种零和游戏。

四、全球主要外汇市场概况

目前,全球主要外汇市场大约有 30 多个,遍布于世界各大洲的不同国家和地区,可分为亚洲、欧洲、北美洲、澳洲等四大部分,其中,最重要的有亚洲的东京、新加坡和香港,欧洲的伦敦、法兰克福、苏黎世和巴黎,美洲的纽约和洛杉矶,澳洲的悉尼等市场。在这些市场上买卖的外汇货币主要有美元、欧元、日元、英镑、瑞士法郎、加元、澳元等十多种货币;其他货币也有买卖,但为数极少。

(一)伦敦外汇市场

伦敦外汇交易市场一直是世界最大的外汇交易中心,对世界外汇市场走势有着重要的影响。作为世界上最悠久的国际金融中心,伦敦外汇市场的形成和发展也是全世界最早的。1979 年 10 月 24 日,英国政府宣布自即日起完全解除外汇管制,伦敦外汇市场成为基本上完全自由的市场，外汇交易量不断增长，并以交易效率高、货币种类多、交易设施先进和拥有一批训练有素的专门人才而闻名。伦敦外汇市场的交易货币种类众多，常见的就有30多种，其中交易规模最大的为英镑兑美元的交易，其次是英镑兑欧元、美元兑瑞郎、美元兑日元等交易。

伦敦外汇市场是一个典型的无形市场，没有固定的交易场所，只是通过电话、电传、电报完成外汇交易。伦敦外汇市场上，参与外汇交易的外汇银行机构约有600家，包括本国的清算银行、商业银行、贴现公司和外国银行等。伦敦外汇市场的交易时间是北京时间16:30—次日00.30。由于伦敦交易时段承接东京和纽约两大交易时段，且由于伦敦是全球关键性的金融中心，该时段所进行的外汇交易量十分巨大，这导致市场上的流动性较高，且交易费用更低。伦敦外汇市场的外汇交易分为即期交易和远期交易。汇率报价采用间接标价法，交易货币种类众多，最多达80多种，经常有三四十种。交易处理速度很快，工作效率高。此外，伦敦外汇市场上外币套汇业务十分活跃。

（二）纽约外汇市场

纽约外汇市场是北美洲最活跃的外汇市场，同时也是世界第二大外汇交易中心、全球美元交易的清算中心，有着世界上任何外汇市场都无法取代的美元清算中心和划拨的职能，对世界外汇市场走势有着重要的影响。纽约外汇市场的日交易量仅次于伦敦。除美元外，交易币种依次为欧元、英镑、瑞郎、加元和日元。

纽约外汇市场是一个无形市场，外汇交易通过现代化通信网络与电子计算机进行，其货币结算都可通过纽约地区银行同业清算系统和联邦储备银行支付系统进行。由于美国没有外汇管制，对经营外汇业务没有限制，政府也不指定专门的外汇银行，所以几乎所有的美国银行和金融机构都可以经营外汇业务。但纽约外汇市场的参加者以商业银行为主。纽约外汇市场上的外汇交易分为三个层次：银行与客户间的外汇交易、本国银行间的外汇交易以及本国银行和外国银行间的外汇交易。其中，银行同业间的外汇买卖大都通过外汇经纪人办理。

（三）苏黎世外汇市场

瑞士苏黎世外汇市场是一个有着悠久历史传统的外汇市场，在国际外汇交易中处于重要的地位。这一方面是由于瑞士法郎是自由兑换货币；另一方面是由于二次大战期间瑞士是中立国，外汇市场未受战争影响，一直坚持对外开放。其交易量也在2007年位居世界第三位。苏黎世外汇市场具有良好的组织和效率，瑞士三大银行即瑞士银行、瑞士信贷银行和瑞士联合银行，是苏黎世外汇市场的中坚力量。

苏黎世外汇市场是一个无形市场，外汇交易由银行之间通过电话或电传进行，不通过外汇经纪人或外汇中间商。这与伦敦外汇市场和纽约外汇市场有所不同。苏黎世外汇市场可进行即期和远期的外汇买卖业务。银行的外汇业务即期汇率视对各种货币的需求而随时变动，但当天业务的开盘价格是参照纽约和远东在前一天的收盘价、经济政治形势的新发展，以及银行各种外汇头寸来确定的。由于瑞士法郎一直处于硬货币地位，汇率坚挺稳定，并且瑞士作为资金庇护地，对国际资金有很大的吸引力，同时瑞士银行能为客户资金严格保密，吸引了大量资金流入瑞士。所以苏黎世外汇市场上的外汇交易大部分是由于资金流动而产生的，只有小部分是出自对外贸易的需求。

（四）东京外汇市场

东京外汇市场是亚洲最大的外汇交易中心，目前也是世界第四大外汇交易中心。日本是贸易大国，进出口商的贸易需求对东京外汇市场上的汇率波动的影响较大。东京外汇市场90%以上是美元对日元的买卖，日元对其他货币的交易较少。目前市场上最大宗的交易仍是日元美元互换买卖，这是因为日本贸易多数以美元计价，日本海外资产以美元资产居多。由于汇率的变化与日本贸易状况密切相关，日本中央银行对美元兑日元的汇率波动极为关注，同时频繁地干预外汇市场。这是该市场的一个重要特点。

东京外汇市场是一个无形市场，交易者通过现代化通信设施联网进行交易。东京外汇市场的交易者是外汇银行、外汇经纪商、非银行客户。东京外汇市场的交易品种比较单一，主要是美元兑日元、欧元兑日元。交易时间是北京时间8:00—14:30。东京外汇市场上，银行同业间的外汇交易可以通过外汇经纪人进行，也可以直接进行。日本国内的企业、个人进行外汇交易必须通过外汇指定银行进行。

（五）新加坡外汇市场

新加坡外汇市场是在70年代初亚洲美元市场成立后，才成为国际外汇市场的。它是“亚洲美元”市场的交易中心，2007年跻身于全球外汇交易量的第5位。新加坡地处欧亚非三洲交通要道，时区优越，上午可与香港、东京、悉尼等市场进行交易，下午可与伦敦、苏黎世、法兰克福等欧洲市场进行交易，中午可同中东的巴林、晚上可同纽约进行交易。根据交易需要，一天24小时都同世界各地区进行外汇买卖。新加坡外汇市场除了保持现代化通信网络外，还直接同纽约的CHIPS系统和欧洲的SWIFT（环球银行金融电信协会）系统连接，货币结算十分方便。

新加坡外汇市场是一个无形市场，大部分交易由外汇经纪人办理，并通过他们把新加坡和世界各金融中心联系起来。交易以美元为主，约占交易总额的85%左右。大部分交易都是即期交易，掉期交易及远期交易合计占交易总额的1/3。汇率均以美元报价，非美元货币间的汇率通过套算求得。

（六）香港外汇市场

香港外汇市场在2007年的世界外汇交易排名中处于第六位，是亚洲第三大外汇交易中心。香港外汇市场是70年代以后发展起来的国际性外汇市场。自1973年香港取消外汇管制后，国际资本大量流入，经营外汇业务的金融机构不断增加，外汇市场越来越活跃，香港外汇市场由此发展成为国际性的外汇市场。

香港外汇市场是一个无形市场，没有固定的交易场所，交易者通过各种现代化的通信设施和电脑网络进行外汇交易。香港地理位置和时区条件与新加坡相似，可以十分方便地与其他国际外汇市场进行交易。该外汇市场上多数交易是即期交易买卖，远期交易和掉期交易约占20%。70年代以前，香港外汇市场的交易以港币和英镑的兑换为主。70年代后，随着该市场的国际化及港币与英镑脱钩与美元挂钩，美元成了市场上交易的主要外币。香港外汇市场上的交易可以划分为两大类：一类是港币和外币的兑换，其中以和美元兑换为主；另一类是美元兑换其他外币的交易。

(七)法兰克福外汇市场

法兰克福外汇市场是德国最大的外汇市场,在欧洲仅次于伦敦外汇市场。它是法兰克福外汇指定银行、外汇经纪人和客户之间进行外汇买卖的市场。法兰克福外汇市场遵循欧洲大陆的传统方式,每天午后由各银行和外汇经纪商派出的代表在专门设立的交易所内从事交易活动,交易量约占全国交易量的50%左右。法兰克福外汇市场分为定价市场和一般市场。定价市场由官方指定的外汇经纪人负责撮合交易,他们分属法兰克福、杜塞尔多夫、汉堡、慕尼黑、和柏林五个交易所,接收各家银行外汇交易委托,如果买卖不平衡,汇率就继续变动,一直变动到买汇和卖汇相等,或中央银行干预以达到平衡,定价活动才结束,时间大约在上午12:45。

(八)悉尼外汇市场

悉尼外汇市场是大洋洲最重要的外汇交易市场。这是由于悉尼不仅是澳大利亚重要的经济文化中心,同时也是整个大洋洲最重要的金融中心。悉尼的地理位置比较特殊,这使悉尼外汇市场成为全球主要外汇市场中最早开始交易的市场。

第四节 国际黄金市场

一、国际黄金市场概述

(一)定义

黄金市场,是集中进行黄金买卖的交易场所。黄金交易与证券交易一样,都有一个固定的交易场所,世界各地的黄金市场就是由存在于各地的黄金交易所构成的。黄金交易所一般都设在各个国际金融中心,是国际金融市场的重要组成部分。

世界上共有五大黄金交易所,分别是英国伦敦黄金交易所、瑞士苏黎世黄金交易所、纽约和芝加哥黄金交易所、香港黄金交易所和东京黄金交易所。目前,伦敦仍然是世界上最大的黄金现货市场,其他各地黄金市场所采用的交易方式和交易系统基本上都是由伦敦黄金市场确定的。苏黎世黄金市场是在第二次世界大战后发展起来的国际黄金市场。目前,瑞士不仅是世界上新增黄金的最大中转站,也是世界上最大的私人黄金的存储中心。纽约和芝加哥的黄金市场是在20世纪70年代中期发展起来的,他们虽然历史短暂,但发展迅速。目前,纽约商品交易中心(New York Commodities Exchange)和芝加哥商品交易所(Chicago Mercantile Exchange)是世界黄金期货的交易中心,因此美国的黄金市场以期货交易为主,投机气氛较浓。两大交易所对黄金现货市场的金价影响很大。香港黄金市场于1910年正式开业,自1974年1月政府撤销黄金进口管制后获得迅速发展,如今是远东地区最主要的黄金分销和结算中心。

我国上海黄金交易所于2002年年底成立,位于上海外滩的中国外汇交易中心内。我国黄金市场实行的是会员制,目前共有金融类和非金融类共108家会员,其中以商业银行为代表的金融类会员占据了大部分的交易量。中国黄金总公司下属的中金股份有限公司是金交所最大的黄金提供者。

(二)市场参与者

黄金市场的主要参与者有以下几类:(1)出售黄金的采金企业和进口黄金的各国工商企业;(2)利用黄金作为对外结算、投资与保值手段的各国企业、个人、银行和其他金融机构;(3)专门经营黄金买卖的各国金商和经纪人;(4)通过买卖黄金调节储备资产与国际收支的各国中央银行;(5)利用金价涨落牟取暴利的黄金投机商;(6)某些国际性金融机构(如国际货币基金组织等)。

(三)黄金的重量标准

在黄金市场上买卖的黄金形式多种多样,主要有各种成色和重量的金条、金币、金丝和金叶等,其中最重要的是金条。大金条量重价高,是专业金商和中央银行买卖的对象;小金条量轻价低,是私人和企业买卖、收藏的对象。金价按纯金的重量计算,即以金条的重量乘以金条的成色。

与任何物品一样,无论是金块、金条还是金币,黄金都有其重量规格。国际上计算黄金、白银等贵重金属的基本单位是金衡盎司,也称“特洛伊”盎司。盎司旧称“英两”,系英制中的容量、重量和质量单位。金衡盎司是重量、质量盎司中的一种,其质量折算如下:

1金衡盎司=31.103477克=0.62207市两(中国10两制)

金块的质量大小不等,既有仅仅10克左右(轻于1/3盎司)的薄片形式的小块状金锭,也有重达数百盎司的金条。同时还可以根据需要铸造成任何形状与规格的黄金条块,不过购买这些金块时需要支付铸造费用。对于标准规格100盎司或400盎司条金的购买,则不必支付铸造费用。当然,与其他投资一样,经纪人或零售商品的“佣金”是必不可少的。

对于投资者来讲,根据自己的资金状况与喜好选择恰当规格的黄金进行投资十分重要。一般而言,对于喜欢购买小于10盎司条金的投资者来说,购买金块并不经济,因为购买较轻的金块不但要支付铸造费用,同时要付出较高的额外价格(溢价)与经纪人佣金。如果投资者拥有较雄厚的资金或对金条有偏好或者较大的金块符合预算与投资理念时,应购买大的条块金,这样可相对地支付较低的溢价(因为大小与重量不同的条块金,各自需要支付的溢价所差无几),获得规模经济效益。

(四)市场职能

黄金市场的发展不但为广大投资者增加了一种投资渠道,而且还为中央银行提供了一个新的货币政策操作的工具。

1. 黄金市场的保值增值功能。因为黄金具有很好的保值、增值功能,这样黄金就可以作为一种规避风险的工具,这和贮藏货币的功能有些类似。黄金市场的发展使得广大投资者增加了一种投资渠道,从而可以在很大程度上分散投资风险。

2. 黄金市场的货币政策功能。黄金市场为中央银行提供了一个新的货币政策操作的工具,也就是说,央行可以通过在黄金市场上买卖黄金来调节国际储备构成以及数量,从而控制货币供给。虽然黄金市场的这个作用是有限的,但是由于其对利率和汇率的敏感性不同于其他手段，从而可以作为货币政策操作的一种对冲工具。随着黄金市场开放程度的逐步加深，它的这个功能也将慢慢显现出来。

二、国际黄金市场的分类

（一）按市场交易有无固定地点划分，有无形市场和有形市场

前者采取开放式交易，没有固定的交易地点，主要是现代通信技术联系成交，如伦敦、苏黎世等欧洲型黄金市场；后者采取集中式交易，有固定交易地点，即在交易所面对面成交，如纽约、芝加哥、香港等美国型的黄金市场。黄金市场大多通过经纪人成交。黄金市场对每个黄金经纪人的席位收取高额费用。

（二）按市场的作用大小划分，有主导性黄金市场和地区性黄金市场

前者主要是指国际交易集中程度高，价格形成及交易量的变化对其他金市起着主导作用的市场，如伦敦、苏黎世、纽约、芝加哥、香港等黄金市场；后者是指交易规模有限，且多局限在本地区，有区域性影响力的市场，如新加坡、东京、巴黎、法兰克福、卢森堡、悉尼等市场。

（三）按市场管制程度划分，有自由交易市场和有限制交易市场

前者是指黄金可自由输出入，任何人都可以买卖黄金的市场，香港、苏黎世市场均属此类；后者是指对黄金的输出入和市场交易主体实行某种限制的市场，如巴黎黄金市场。1979 年 10 月撤销金币外汇管制前的伦敦市场亦属于此类市场。

（四）按市场交易方式划分，有现货市场和期货期权市场

前者基本上指的就是实物黄金的即期交易市场，主要进行买卖金条、金块和金币，交易一般是场内进行，价格一般由买卖双方商定。后者买卖对黄金的要求权，这是一个远期交易市场，从事交易的目的主要是投资和避险，很少有实物黄金的实际过户。黄金期货期权的价格归根到底是由现货黄金市场上供求关系的变化来决定的。目前，黄金的期货和期权交易已经成为黄金市场的主要业务活动。

三、国际黄金市场的交易方式

国际黄金市场的交易方式主要有现货交易和期货交易两种方式。

（一）黄金现货交易及其特点

国际黄金市场上黄金现货交易的价格较为特殊。在伦敦国际黄金市场上的黄金现货交易价格，分为定价交易和报价交易两种。

定价交易的特点是提供给客户单一交易价，即无买卖差价，按所提供的单一价格，客户均可自由买卖，金商只收取少量的佣金。定价交易只在规定的时间里有效，短则一分钟，长则一个多小时，具体时间视供求情况而定。

报价交易的特点就是有买价和卖价之分。一般是在定价交易以外的时间进行报价交易。如伦敦国际黄金市场，每日进行两次定价交易：第一次为上午 10 时 30 分，第二次为下午 3 时。定价交易在英国最大金商洛希尔父子公司的交易厅里进行，该公司担任首席

代表,其他各金商均选一名代表参加。在定价交易前,市场的交易活动要停止片刻,这时各金商对外均不报价,由首席代表根据市场金价动态定出开盘价,并随时根据其他代表从电话里收到的订购业务调整价格。若定价交易开盘后没有买卖,则定价交易结束。若有买卖,首席代表就不能结束定价交易活动。订购业务完成时的金价即为黄金现货买卖的成交价格。定价交易是世界黄金行市的"晴雨表",世界各黄金市场均以此调整各自的金价。定价交易结束后,即恢复正常的黄金买卖报价活动。

国际黄金市场上的报价交易由买卖双方自行达成,其价格水平在很大程度上受定价交易的影响。但一般说来,报价交易达成的交易数量要多于定价交易达成的现货交易数量。在黄金市场上进行现货交易,除支付正常的黄金价格外,还要支付给金商一定的手续费。伦敦国际黄金市场的手续费一般为0.25%。由于市场竞争日益激烈,支付给金商的手续费已有下降的趋势。

(二)黄金期货交易及特点

在国际黄金市场上进行的期货交易,又分保值交易和投机交易两种。

保值交易是指人们为了避免通货膨胀或政治动乱,出于寻求资产价值"庇护所"的意图,而购买黄金的活动。当然,也有的是以避免由于金价变动而遭受损失为目的而进行黄金买卖的。一般来说,套期交易是保值的理想办法。

国际黄金市场上的投机交易,则是利用市场金价波动,通过预测金价在未来时期的涨跌趋势,买空或卖空,从中牟取投机利润。在进行期货投机时,若投机者预测市场金价将会下跌时,便卖出期货合约,即所谓的做"空头"或"卖空"。如果届时金价果然下跌,他就可以按跌落后的价格买入黄金,以履行卖出期货的义务,从而赚取先贵卖后贱买的差额投机利润。但在一般情况下,他并不必购买黄金现货来履行卖出期货的义务,而只是收进价格之间的差额。反之,当投机者预测未来市场金价趋涨时,他买进期货,即所谓的做"多头"或"买空"。期货到期后,如果金价真的上涨,他可以将原来低价买入的期货,再按上涨后的价格卖出,从中赚取先贱买后贵卖的差额利润。同样,一般情况下也不需要在买卖时交割实际黄金,而只由投机者收取金价差额即可。当然,投机者可以一面做"空头",又可另一面做"多头"。例如,当投机者预计1个月后金价会上升,但到3个月后金价又会下降,那么,他可以一面做购进1个月的远期黄金合约,另一面出售3个月的远期黄金合约。在国际黄金市场上,那些实力雄厚的银行和垄断企业,往往在一定程度上主宰市场的投机活动,制造市场金价的大起大落,在价格起落之前,购之于先或抛之于先,以从中牟取暴利。

(三)黄金的交割方式和特点

在国际黄金市场上,所交易的黄金,不论是期货还是现货,其大宗交易,特别是在国际金融机构、国家之间,以及大的垄断金融机构之间的黄金买卖,一般是采用账面划拨方式,把存放于某金库的属于某一国家或集团的寄存黄金改变一下标签即可,很少采用直接以黄金实物进行交割的方式。但是在黄金市场上,私人或企业集团对新开采出来的黄金进行交易时,一般多按实物进行交割。在黄金交易活动中,成交额较大的是各种成色和重量的金块。其中,专业金商和中央银行交易的对象一般是重量为400盎司、成色为99.5%

的大金锭。进入世界黄金市场的大金锭,必须有国际公认的鉴定机构的印记。世界上的主要产金国,如南非、加拿大、原苏联等,所开采的黄金一般都以这种形式投放市场。各金库储存的大量黄金,也大多是这种规格的金锭。普通私人黄金储存者交易的对象一般是成色和重量不等的小金条,最常见的是1公斤重的金条(合32.150742盎司),小金条的成色分为99.5%、99.9%和99.99%几种。小金条的售价要高于大金锭。

四、影响黄金价格变动的因素

黄金价格是黄金市场的中心内容,其价格高低首先取决于流通中的纸币实际代表的黄金量或价值量。在金本位时期,因纸币可以自由兑换成黄金,并稳定地代表一定的黄金量或价值量,加上黄金可自由地输出入,因此黄金价格比较稳定。金本位制崩溃之后,在不兑现的纸币流通情况下,黄金的买卖和输出入受到限制,纸币和黄金的联系被割断,纸币实际代表的金量和黄金市场的供求关系经常变动,市场金价也随之起伏波动。

第二次世界大战以后,黄金价格的变化大致可以分为三个时期:(1)维持官价时期(1945—1968年3月)。从布雷顿森林体系建立到黄金总库解散前,黄金的市场价格一直维持在每盎司35美元的官价水平上。(2)双价时期(1968年3月—1971年8月)。1969年美元危机爆发后,美国不得不实行黄金双价制,即美国对外国中央银行仍维持官价兑换,而对自由市场的金价则根据市场供求状况任其波动。在此期间,市场的金价波动有限,一般仍在每盎司35~40美元之间波动。(3)价格完全自由波动时期(1971年8月至今)。由于美元危机频发,因此美国被迫停止对外国中央银行按官价兑换黄金。至此,黄金价格进入了完全自由波动时期。影响黄金价格变动的因素主要有以下方面:

(一)黄金供求数量的变化

黄金供求数量的变化,对国际黄金市场黄金价格的涨跌有着直接的影响。一般来说,在供应量有限、需求量较大,即供不应求的时期,国际黄金市场上的金价就会上涨;反之,金价就会下跌。南非是生产和供应黄金最多的国家,它所生产的黄金已占到西方世界黄金产量的70%以上。因此,南非的黄金年产量的变化,对世界黄金市场的供应量的增减有着举足轻重的影响。

过去10年,黄金年供求总量维持在4 500吨左右,实物供求总量并非黄金价格的主要影响因素。2019年年末,全球黄金储量5万吨,金矿资源分布比较多元,在近90个国家或地区都有分布,其中澳大利亚、俄罗斯、南非、美国、印尼是储量前五的国家。

黄金的供给来源分为矿产金、回收金和净生产商对冲。全球黄金产量主要以矿产金为主,矿产金供给量近三年保持在3 500吨左右,回收金保持在1 200吨左右。截至2019年全球矿产金3 463.7吨,占全部黄金供给比重的72.5%,回收金1 304.1吨,相比2018年有明显增长。分国家来看,中国金矿储量虽然不具优势,但每年矿产金规模保持全球最大规模,2016—2019年中国矿产金均保持在400吨以上,2019年中国矿产金420吨,相比2018年略有增长。其次是澳大利亚和俄罗斯,矿产金分别为330吨和310吨。

全球黄金消费需求集中在珠宝首饰、工业、投资以及各国中央银行储备领域。

全球黄金主要以珠宝首饰为主,但近些年受钻石珠宝影响,黄金消费需求量出现一定幅度的下滑,截至2019年全球黄金在珠宝首饰领域需求量为2 107吨,占比48.37%,相比

2013 年下降了 11.31 个百分点。数据显示，黄金投资成为目前黄金需求的主要方向，黄金投资需求量从 2013 年的 856.4 吨，上升至 2019 年的1 271.7吨，增长率 48.49%。2016 年至今，全球黄金价格保持稳中有升的趋势，截至 2019 年全球 LBMA 黄金价格为1 393 美元/盎司。受到国际关系对峙加剧以及新冠肺炎疫情继续肆虐的影响，2020 年 8 月 5 日国际金价一度上涨至2 026美元/盎司，突破了 2011 年 9 月创下的近十年历史最高点 1 921美元。

在经济混乱、外汇收支不平衡现象出现时，黄金作为最后支付手段，对稳定国有经济、保持币值稳定有重要的积极作用；黄金流动性强，紧急状态(如战争)下，黄金可以作为各国普遍接受的流动资源；一国的黄金储备也有彰显国力的作用。黄金战略意义十分重要，事关国家的发展大计，是国际政治博弈的重要筹码。

(二)世界经济周期发展趋势

一般来说，在经济危机或发生经济“衰退”的时期，利润率会降到最低限度，人们对经济前景缺乏信心，于是纷纷抛售纸币去抢购黄金，以求保值。这时对黄金的需求就会增加，从而刺激黄金价格上涨。反之，在经济复苏时期，由于对资金的吸收量大，利润率增高，人们反过来愿意把黄金抛出，换成纸币进行投资，以获得更多的利润。这时候如果持有黄金非但不能获取利息，还要支付保管费等。因此，在这一时期，人们对黄金需求就会减少，黄金价格便会呈现疲软局面。黄金价格徘徊不前，时起时伏，其中经济危机的影响是比较强烈的。但 1973—1975 年的世界性经济危机属于例外。在这次危机中，国际黄金市场的黄金价格非但没有下降，反而呈现明显的涨势。但这种异常现象并不能说明经济周期变化对黄金价格的影响消失了，而是在经济危机进程中，其他刺激黄金价格上涨的因素其影响力要大于经济危机迫使金价下降的影响力。当时正值石油输出国组织大幅度提高石油价格，对这一时期的黄金价格上升起到了决定性的作用。

(三)通货膨胀率和利率对比关系变化

一般来说，通货膨胀会使人们手中持有的货币无形地贬值。当通货膨胀率高于利率时，利息收入不足以抵消通货膨胀所带来的损失时，人们也会对纸币失去信心，认为持有黄金比持有纸币更稳妥、更安全，对黄金的需求增加，金价就会上升。当通货膨胀率低于利率时，不仅会抑制金价的上涨，甚至可以迫使金价下跌。因为这时候将资金投入证券市场或存入银行，不仅可以保值，而且还可以获取较高的收益。例如，国际黄金市场上，黄金价格自 1980 年 2 月以来，一直处于稳中有跌的态势，在很大程度上，就是由于美国的利率一直居高不下，加上各国通货膨胀率均呈下降趋势所致。

(四)美元汇率的走势

由于美元仍是目前国际清算、支付以及储备中使用最多的货币，其在国际货币市场中所占比例亦最大，因此各国际黄金市场的价格也都是以美元标价的。当美元汇价出现波动时，国际黄金市场上的黄金价格，就会相应出现波动。当美元汇价“疲软”时，往往会引起大量抛售美元抢购黄金的风潮，从而导致金价大幅度上涨。反之，当美元汇价“坚挺”时，金价一般都处于比较平稳或稳中略有下降的趋势。

(五)石油价格变动

石油一向以美元标价。如果石油价格上涨,美元就会贬值,而美元的贬值又会导致人们抛售纸币抢购黄金来保值,进而刺激黄金价格上涨。如 1973 年 10 月第四次中东战争爆发,为了抵制以色列对阿拉伯国家的侵略,中东产油国决定对非友好国家实行石油禁运,同时大幅度提高油价,使油价上涨近 4 倍,对西方国家经济产生了深刻的影响。一方面西方工业国家石油进口费用急剧增加,国际收支状况普遍恶化,通货膨胀加剧,货币信用低落;另一方面,产油国美元收入显著增加,为了减少美元汇价下跌造成的损失,这些产油国便将出口石油所得的部分美元抛向黄金市场,形成黄金价格节节上涨的局面。而 1981 年后,由于石油供过于求,油价不断下跌,又对 1982 年上半年出现的金价下跌产生了明显的影响。

(六)各国中央银行对其持有黄金的变化

世界各国中央银行是世界上现存黄金最大的持有者,其收购黄金还是抛售黄金,都会引起国际黄金市场黄金价格的变动。中国人民银行公布的数据显示,截至 2019 年 3 月末,中国官方的黄金储备为6 062万盎司,环比增加 36 万盎司。这是自 2018 年 12 月以来,央行连续 4 个月增加黄金储备。不仅中国央行,近年来全球央行都在买黄金,2018 年是近 50 年来世界各国央行黄金购买量最高的年度。世界黄金协会数据显示,2018 年全球央行增加了 651.5 吨的官方黄金储备,同比增长 74%,是自 1971 年美元与黄金的固定兑换体系脱钩后,全球央行黄金净购买量最高的年度。数十年高位的央行黄金净买入,驱动了 2018 年全球黄金需求同比增长 4%。黄金是各国央行外汇储备的重要组成部分,各国央行持有黄金主要出于资产配置的需求。但是 2018 年以来各国央行纷纷增持黄金则主要有几方面的原因:(1)美联储货币政策转宽松后,美元指数有可能走弱,有利于以美元计价的黄金价格走强;(2)目前全球经济增长放缓,地缘政治和经济不确定性加剧,黄金作为安全性和流动性兼备的资产,其配置价值提升;(3)各国央行外汇储备结构优化的需要。非美国家的外汇储备一般以美元资产为主,在美元资产价格有回落风险的环境里,各国央行增持黄金,让自己的资产组合更丰富,是一种对冲美元风险的需要。各国央行纷纷增持黄金的行动使得国际黄金市场黄金价格呈现上涨的势态。

(七)政治局势与突发性重大事件

政治局势与突发性重大事件,对国际黄金市场上的黄金价格也有一定的影响。黄金是一种非常敏感的投机商品,任何政治、经济的大动荡,都会在国际黄金市场的金价上反映出来。国际上一旦发生重大的政治事件或发生政治动荡,就会引起抢购黄金的风潮,从而给黄金价格带来极大的冲击。如 1979 年 11 月,美国和伊朗的关系恶化后,伊朗停止向美国出售石油。美国则采取了冻结伊朗在美国存款的报复行为,伊朗扣留美国人质的问题也迟迟得不到解决。同年 12 月,苏联出兵阿富汗,立即加剧了中东地区的紧张局势,美苏关系也呈现出紧张状态。由于上述两个政治事件的发生,增加了西方人士的忧虑。他们害怕政治局势的恶化使自己的美元财产遭到损失,便大量抢购黄金,从而使金价急剧地大幅度地上涨。在伦敦国际黄金市场上,黄金的价格每盎司连破 500、600、700 美元大关,到 1980 年 1 月 21 日,竟达到每盎司 850 美元的高峰。

第五节 离岸金融市场

一、离岸金融市场的概念

离岸金融市场(offshore financial markets),也称为欧洲货币市场,是指非本地居民之间,以欧洲银行为中介,在某种货币发行国国境外,从事该种货币借贷或交易的市场,这个市场最早发源于20世纪50年代末的伦敦,后逐步扩散到世界其他地方。由于欧洲货币市场发展迅速,其交易量远超过传统的国际金融市场,因此,从某种意义上讲,它已成为当代国际金融市场的代表。为了更好地了解欧洲货币市场,我们必须弄清以下几个概念。

(一)欧洲货币(Euro-currency)

欧洲货币又称为境外货币或者离岸货币,指在货币发行国境外交易、借贷和存储的各种货币的总称,而非欧洲国家发行的货币。因这类业务始于欧洲,故习惯上称为欧洲货币。如欧洲美元指的是美国境外交易、借贷和存储的美元,而不是指欧洲地区的美元。

(二)欧洲货币市场(Euro-currency market)

欧洲货币市场是对离岸金融市场的概括和总称,是国际金融市场的核心,是指货币发行国境外办理该国货币存贷业务的市场,即经营欧洲货币的市场。如果一个国际借款人在纽约市场借入美元,这是纽约美元市场业务,是传统的国际金融市场的业务。如果他是在伦敦借入美元(境外美元),就构成了欧洲货币市场(欧洲美元)市场业务。

在理解欧洲货币时需要注意以下几个问题:

1. 欧洲货币市场中的"欧洲"已超出了地理上的意义,被赋予了经济上的意义,是"境外"和"离岸"的意思。如亚洲地区的新加坡也经营欧洲货币业务。

2. 欧洲货币市场,重点在伦敦、卢森堡等金融中心,亚洲地区则集中在新加坡、日本等地。

3. 欧洲货币市场是境外货币借贷市场,也是一个多币种的体系。在欧洲货币市场中除欧洲美元之外,还包括欧洲英镑、欧洲日元等,但不包括该市场所在国发行的货币。

(三)欧洲银行(Euro-bank)

经营境外货币业务的国际银行组织,被称为欧洲银行。欧洲银行以伦敦为中心,散布在世界各大金融中心。他们拥有全球性的分支机构和客户网络,利用现代通信工具联系,依靠先进业务技术和严格的经营管理,联系世界各地的欧洲货币供求者,形成一个以若干著名的离岸金融中心为依托,高效且高度全球化的欧洲货币市场整体。因此,欧洲货币市场基本上是以运营网络形式存在的无形市场。

二、离岸金融市场的起源和发展

(一)20世纪50年代以后,国际经济关系发生了一系列重大变化

1. 许多国家获得了政治独立,渴望有一个能为它们提供不受任何一国管辖与影响的、资金可自由借贷的国际金融市场。

2. 跨国公司获得了巨大发展。它们不仅以对外直接投资为特点促使生产国际化，而且资本也国际化，迫切要求有一个灵活自由的资金贷放市场，以满足国际业务迅速发展和资金频繁调动的需要。

3. 一些短期资本持有者，鉴于美元总的地位相对下降和资本逃避的需要，也要求有一个不受各国法令管制的资金“避难所”。

4. 从20世纪50年代开始，美国就连续发生国际收支逆差，大量美元流往境外，形成了“欧洲美元市场”，即境外美元市场。60年代后，欧洲联邦德国马克、欧洲法国法郎、欧洲荷兰盾以及其他境外货币，也在这个市场出现，从而使欧洲美元市场发展成为欧洲货币市场。

欧洲货币市场是一个新型的国际金融市场。这种金融市场，最早出现在伦敦，以后在新加坡、纽约、东京、香港等地相继开设。

（二）英镑危机促成欧洲美元市场的形成

在20世纪50年代，由于朝鲜战争，美国冻结了我国在美所有金融资产，苏联和一些东欧国家出于自己在美资金安全的考虑，于是把其持有的美元存款转存至美国境外的欧洲银行，多数存于英国伦敦。而当时英国的“英镑危机”是促成欧洲美元市场形成的重要条件。1957年的英国由于出兵埃及，使其国际收支严重恶化，导致英镑发生危机，英国政府为维护英镑稳定，实行外汇管制，限制本国商业银行向英镑区以外的企业发放英镑贷款，但同时政府也需要大量资金来恢复英镑的地位和支持其国内经济的发展，所以准许伦敦的各大商业银行接受境外美元存款和办理美元借贷业务。随后，欧洲其他国家也纷纷效仿，于是欧洲美元市场便出现了，从而形成了欧洲货币市场的最原始形态。

（三）美国金融法令推动欧洲美元市场的形成

20世纪60年代起，美国的国际收支逆差逐渐扩大，为平衡国际收支和加强对银行业务的管理，美国联邦储备委员会出台了一系列限制资金流动的措施。20世纪30年代初颁布的“Q条例”(Regulation Q)，规定了商业银行储蓄与定期存款利率的最高限额。到60年代后，严重的通货膨胀使得美国政府采取紧缩性的货币政策，市场利率上升，超过了Q条例规定的上线，银行存款吸引力下降。而此时西欧各国美元的存款利率水平持续上升，于是美国国内的金融机构与大公司纷纷将资金转存欧洲各国。此外，美国货币政策“M项条例”规定商业银行必须向联邦储备体系缴存累进的存款准备金。为了逃避该规定，跨国银行在国外吸收存款直接进行营运，而不再运回美国国内。1963年，美国政府还对购买外国有价证券的美国居民征收“利息平衡税”，规定美国人购买外国有价证券所获得的高于本国证券利息的差额，必须作为税收缴纳。美国资本市场的低利率因该税收的征收丧失，外国借款人转向欧洲货币市场筹资。1965年，美国政府又颁布了“对外贷款自愿限制计划”，对美国的银行和跨国公司的海外贷款实行限制，并设立对外直接投资指导机构，管理美国直接投资。1968年，美国颁布了“国外直接投资法规”，使上述自愿限制变成了强制性限制。这些限制措施虽然在主观上是为了限制资金流出，改善国际收支，但是实际效果却适得其反，迫使美国的银行和跨国公司为避免受限制，将大量的资金投放在美国境外的市场上，不再流回国内。这对欧洲美元市场的发展起到了极大的推动作用，并为欧洲美元市场注入了中长期信贷的资金来源。

（四）石油美元充实和扩大了欧洲美元市场

1973年和1979年，石油输出国组织两次大幅度提高油价，获得了巨额国际收支盈余，积累了大量石油美元，石油美元投放到欧洲美元市场生息获利，使得欧洲美元市场存款总额急剧增加，市场规模迅速扩大。同时，因油价上涨而造成国际收支逆差的石油进口国，纷纷向欧洲美元市场举债，形成欧洲美元的现实需求方。因此，石油美元充实和扩大了欧洲美元市场。

（五）一些西欧国家货币政策的变化推动了欧洲货币市场的发展

20世纪70年代以后，美元霸权地位日益衰落，美元危机频频爆发，美元地位极其不稳定，各国中央银行为了保持储备价值的稳定，也纷纷将原来持有的单一的美元储备转换成持有多种货币的组合，以降低外汇风险。全球外汇储备中非美元资产的比重因此明显上升。一些西欧国家抢购硬货币的风潮时有发生。但同时，西欧国家的通货膨胀日益严重，政府为了保护本币和金融市场的稳定，抑制通货膨胀，曾采取鼓励非居民持有外币的金融措施，以减少本国的货币流通量。一些西欧国家货币政策的变化也推动了欧洲货币市场的发展。

为提高本国金融业在国际金融中的地位，争夺国际金融市场份额，参与国际金融利润平均化过程，从20世纪70年代起，一些国家开始由政府推动建立本国的离岸金融市场。世界主要的离岸金融市场有英国伦敦、美国、日本东京、瑞士、中国香港、新加坡、卢森堡以及南美洲、欧洲、中东及亚太纽约、地区的岛屿国家或地区，如开曼群岛、维京、百慕大等。

三、离岸金融市场的特点

离岸金融市场是在传统国际金融市场的基础上发展起来的，但又突破了交易主体、交易范围、交易对象、所在国政策法规等众多限制。它有如下的特点：

（一）高度国际化

离岸金融市场是一个高度国际化的金融市场，吸纳了全球范围的剩余资本和资金。它是由经营境外货币业务的全球性国际银行网络构成的，具有广泛的经营欧洲货币业务的银行网络，其业务一般都是通过电话、电报、电传等工具在银行间、银行与客户之间进行。因此，离岸金融市场是一种无形市场，从广义来看，它只存在于某一城市或地区，并不存在于某个固定的交易场所，由所在地的金融机构与金融资产的国际性交易而形成。

（二）高度自由化

离岸金融市场的经营环境和市场业务高度自由化，是一种超国家、无国籍的资金融通市场，货币借贷和外汇买卖既不受制于货币发行国的金融法规，又不受制于市场所在国的银行法以及外汇管制。因为一方面，这个市场本质上是一个为了避免主权国家干预而形成的“超国家”的资金市场，它在货币发行国境外，货币发行国无权施以管制；另一方面，市场所在地的政府为了吸引更多的欧洲货币资金，扩大借贷业务，则采取种种优惠措施，尽力创造宽松的管理氛围。因此，这个市场经营非常自由，不受所在国的金融监管机构的管制,并可享受税收方面的优惠待遇,资金出入境自由。

(三)交易规模巨大

离岸金融市场上的交易规模很大,是大型金融机构资金融通的场所,以银行间交易为主,其业务往往带有批发的性质。欧洲货币市场是以批发交易为主的市场,该市场的资金来自世界各地,数额极其庞大,各种主要可兑换货币应有尽有,充分满足了各国不同类型的银行和企业对不同期限和不同用途的资金的需求。

(四)业务是非居民之间的交易

离岸货币市场的借贷关系,是外国投资者与外国筹资者的关系,亦即非居民之间的借贷关系。离岸金融市场借贷货币是境外货币,借款人可以自由挑选货币种类。该市场上的借贷关系是外国放款人与外国借款人的关系,这种借贷关系几乎涉及世界上所有国家。

(五)有其独特的利率体系

离岸金融市场有其独特的利率体系,均以伦敦同业拆借利率(LIBOR)为基准利率,是各种货币在国际借贷过程中的唯一参照标准。一般来说,其存款利率略高于国内金融市场,而放款利率又略低于国内金融市场,利差很小,更富有吸引力和竞争性。存款利率较高,是因为一方面国外存款的风险比国内大,另一方面不受法定准备金和存款利率最高额限制。而贷款利率略低,是因为欧洲银行享有所在国的免税和免缴存款准备金等优惠条件,贷款成本相对较低,故以降低贷款利率来招徕顾客。存放利差很小,一般为0.25%~0.5%,因此,欧洲货币市场对资金存款人和资金借款人都极具吸引力。

四、离岸金融市场的分类

欧洲货币市场按其在岸业务和离岸业务的关系可以分为三种类型。

(一)内外混合型

内外混合型(integrated center)又称为内外一体型,是指离岸金融市场业务和所在国的在岸金融市场业务不分离,即居民和非居民都可以从事有关货币的存款和贷款业务。离岸业务不设单独账户,与在岸账户并账操作。离岸金融交易的币种是市场所在国或地区以外的货币,在岸资金和离岸资金可以随时互相转换。该类型的金融市场需要金融业具有高度的经营自由,境内市场几乎完全开放,对所在地的经济、金融发展基础和管理水平有较高的要求。该类型的市场以伦敦和香港的离岸金融为代表。

(二)内外分离型

内外分离型(segregated center)又称分离型,是指离岸市场业务与在岸市场业务严格分离,这种分离可以是地域上的分离,也可以是账户的分离。该类型的市场是由政策诱导、推动,专门为非居民交易所创设的。一方面便于金融管理当局对在岸业务、离岸业务分别加以监管,另一方面可以较为有效地阻挡国际金融市场对国内金融市场的冲击。该类型的市场以纽约、新加坡和东京的离岸金融市场为代表。

(三)避税港型

避税港型又称走账型或簿记型,是指在不征税的地区,只是名义上设立机构,目的是逃避管理和避税，它几乎没有实际的离岸业务交易，只起着对其他金融市场资金交易进行注册、记账和转账作用。它产生的投资效应、就业效应和国民收入效应很低，但在硬件方面的投入成本却不低，对软件的要求很高。该类型的金融市场主要位于自身经济规模极小的小型国家或地区或原系发达国家的殖民地或附庸国。该类型的市场以加勒比海的巴哈马、开曼群岛以及百慕大、巴拿马等的离岸金融市场为代表。

四、离岸金融市场的构成

欧洲货币市场按借贷方式、借贷期限和业务性质，可分为欧洲货币信贷市场与欧洲债券市场。

（一）欧洲货币信贷市场

1. 欧洲货币短期信贷市场

该市场主要进行 1 年以内的短期资金拆放。短期贷款多数为 1～7 天或 1～3 个月，最短的为日拆。在欧洲货币市场上，欧洲银行的负债有 95％是期限不超过 1 年的短期存款，约 80％的资产期限也在 1 年以下。欧洲银行短期信贷的每笔交易金额都很大，一般最小的交易单位是 100 万美元。由于交易金融大，很少有个人参与，所以欧洲短期信贷市场基本上是一个银行间的批发市场。

欧洲货币短期信贷市场的业务有五个特点：(1)期限短，如欧洲美元短期存款中的通知存款期限为 1 天和 7 天，放款期限通常是 3 个月和 9 个月。(2)批发性质，一般借贷额都比较大，有的年份有 1 亿美元甚至更大的交易，由于交易金额大，很少有个人参加，所以欧洲货币短期信贷市场基本上是一个银行间的批发市场。(3)灵活方便，即在借款期限、借款货币种类和借款地点等方面都有较大的选择余地，这也是欧洲货币市场对借款人的最大吸引力之一。(4)利率由双方具体商定，一般来说欧洲货币市场对公司借款者的利率取决于借款者的资信等级。在欧洲货币市场上，利率差价常用基点来报出，一个基点一般是 0.01％。如对于 AAA 级公司借款人的大额贷款利率一般比伦敦银行同业拆放利率(LIBOR)高出 15～25 个基点，但对资信状况好的大型跨国银行，由于其违约风险和利率风险低，可以报出低至 12.5 个基点的利差。(5)不需要签订协议。该市场借贷业务主要靠信用，无须缴纳担保品，一般通过电话或电传即可成交。

2. 欧洲货币中长期信贷市场

该市场信贷期限都在 1 年以上。这个市场的筹资者主要是世界各地私营或国营企业、社会团体、政府以及国际性机构。资金绝大部分来自短期存款，少部分来自长期存款。该市场贷款额多在 1 亿美元以上，期限较长，往往采用辛迪加贷款(Syndicated Loan)。辛迪加贷款又称“银团贷款”，指由一家或几家银行牵头，若干家商业银行联合向借款人提供资金的贷款形式。20 世纪 60 年代，这一贷款方式发展成为国际上中长期筹资的主要途径。其优点是：借款人只需委托一家银行牵头组织贷款，手续方便；借款成本(包括利息和各种费用)相对较低；贷款金额较大，可达数十亿美元；贷款期限长，从 3 年到 15 年不等，通常采用分期偿还方式，大部分采用浮动利率。贷款大部分用美元计算，也有用欧元、瑞士法郎、日元等计算的。借款人多为各国政府机构、国际机构和大公司。目前，伦敦和香港等都是国际辛迪加贷款的主要市场。

欧洲货币中长期信贷市场的业务有四个特点：(1)数额大，期限长。金额少则数千万美元，多则数亿美元。期限一般为1～3年，有的是5年或更长，最长的可达10年以上。(2)以辛迪加贷款为主，分散了提供中长期贷款的风险。(3)吸引力强。由于其流动性水平高，它对贷款人和借款人都非常方便从而极具吸引力。(4)必须签订贷款协定，如果借款人的资信与借款的金额不相称，往往需要政府、中央银行、大商业银行等提供担保。贷款协定主要包括一般条款和特殊条款：一般条款包括贷款币种、期限、数额、利率、费用、货币选择权条款、违约条款、保证条款、适用法律条款、贷款用途条款、税收条款等。特殊条款包括先决条件、市场中断、法律变更、税收及折扣和贷款人之间债权的转让及豁免等。

(二)欧洲债券市场

欧洲货币债券市场是指专门从事欧洲债券的发行和买卖业务的一种长期资金市场。它是欧洲货币市场的重要组成部分，产生于60年代初。1961年2月1日在卢森堡发行了第一笔欧洲货币，1963年正式形成市场。70年代后，各国对中长期资金的需求日益增加，以债券形式出现的借贷活动迅速发展。在欧洲债券结构中，主要有欧洲美元债券、欧洲瑞士法郎债券、欧洲荷兰盾债券等。欧洲日元债券在1980年对非政府机构开放。

目前，欧洲货币债券市场上的债券种类主要有五种：(1)普通固定利率债券，其特点是债券发行时，利率和到期日已作明确规定，通常每年支付一次；(2)浮动利率债券，其特点是利率可以调整，多为半年调整一次，以6个月期的伦敦银行同业拆放利率或美国商业银行优惠放款利率为准，加上一定的附加利息；(3)可转换债券，其特点是购买者可按发行时规定的兑换价格，把它换成相应数量的股票；(4)授权证债券，其特点是购买者可获得一种权利(而非责任)，并据此按协定条件购买某些其他资产，类似对有关资产的买入期权；(5)合成债券，它具有固定利率债券和利率互换合同的特点。

欧洲债券是一种新型的国际债券，它是一种境外债券，像欧洲货币不在该种货币发行国国内交易一样，欧洲债券也不在面值货币国家债券市场上发行。欧洲货币债券市场的主要特点有：

1. 债券的发行者、债券面值和债券发行地点分属于不同的国家。例如A国的机构在B国和C国的债券市场上以D国货币为面值发行的债券，即为欧洲债券。这个债券的主要发行人是各国政府、大跨国公司或大商人银行。

2. 债券发行的条件比较优越。欧洲债券的发行费用和利息成本都比较低。欧洲债券利息一般免除所得税或不预先扣除借款国家的税款，并且其不记名的方式还可使投资者逃避国内所得税。

3. 债券发行方式以辛迪加为主。债券的发行方式，一般由一家大专业银行或大商人银行或投资银行牵头，联合十几家或数十家不同国家的大银行代为发行，大部分债券是由这些银行买进，然后转到销售证券的二级市场或本国市场卖出。

4. 发行手续简便。在欧洲债券市场发行欧洲债券，不受任何国家有关法律的管制，无须任何国家官方主管机构的审批，其发行和包销有主要金融中心的金融机构所组成的国际承购团来承担。

5. 安全性高，流动性强。欧洲债券市场的主要借款人是跨国公司、各国政府和国际组织，其资信较高，因此对投资者来说比较安全。同时该市场是一个有效的和流动性极强的二级市场，欧洲债券的持有人可方便地转让债券取得现金。

6. 市场反应灵敏，交易成本低。欧洲债券市场拥有欧洲清算银行有限公司(Euroclear Clearance System Ltd.)和中央证券交收系统(Cedel S. A.)两大清算系统，从而使该市场能够准确、迅速、及时地提供国际资本市场现时的资金供给和利率变动的动向，缩小债券交割时间，减少交割手续。

7. 金融创新层出不穷。欧洲债券市场是最具活力的市场之一，它可以根据供求情况，不断推出新的或组合产品，并以此把国际股票市场、票据市场、外汇市场和黄金市场紧密联系在一起。

五、离岸金融市场的作用

离岸金融市场的作用是广泛的，一般有以下几个方面：

(一)推动经济全球化发展

首先，离岸金融市场能在国际范围内把大量闲散资金聚集起来，满足国际经济贸易发展的需要，同时通过金融市场的职能作用，把“死钱”变为“活钱”，由此推动了生产与资本的国际化。其次，正如欧洲货币市场促进了当时的联邦德国和日本经济的复兴，亚洲美元市场对亚太地区的经济建设也起了积极的作用。发展中国家的大部分资金也都是在离岸金融市场上筹集的。货币市场的形成与发展，又为跨国公司在国际上进行资金储存与借贷、资本的频繁调动创造了条件，促进了跨国公司经营资本的循环与周转，由此推动世界经济全球化的巨大发展。

(二)为经济发展提供资金

离岸金融市场是世界各国资金的集散中心，各国可以充分利用这一国际性的蓄水池，获取发展经济所需的资金。可以说，某些国家或地区就是以在离岸金融市场上借钱付利息的代价来推动经济发展的。

(三)调节各国的国际收支

离岸金融市场的产生与发展，为国际收支逆差国提供了一条调节国际收支的渠道，即逆差国可到离岸金融市场上举债或筹资，从而更能灵活地规划经济发展，也能在更大程度上缓和国际收支失衡的压力。

(四)促进金融业的国际化

离岸金融市场的发达，吸引着无数的跨国金融组织，尤其是银行业汇集于此。离岸金融市场成了国际大银行的集散地。金融市场通过各种活动把这些银行有机地结合在一起，使世界各国的银行信用突破空间制约而成为国际银行信用，在更大程度上推动诸多金融业务国际化。

(五)引导国际资本流动

离岸金融市场会导致国际资本在国际上充分流动，使当前的国际资本流动达到了空前的规模。与此同时，也带来了一些负面效果。为此，近几年西方各国在推行金融自由化的同时，都不同程度地加强了对离岸金融市场的干预与管理。

(六)离岸金融市场的负面作用

离岸金融市场的主要负面作用:(1)刺激投机,加剧外汇市场的动荡。欧洲货币市场因不受市场所在地政府法令的管理,具有极强的流动性,利率、汇率的波动会刺激投机,加剧外汇市场的动荡。(2)会削弱各国金融政策实施的效果。当一些国家为了遏制通胀实施紧缩政策时,国内商业银行和工商企业仍可以从欧洲货币市场上借入大批资金,使得紧缩政策不能达到预期效果;反之,当一些国家为了刺激经济改行宽松的政策时,各国银行也可能为追求高利率把资金调往国外,这样各国货币当局将不得不提高国内的利率来防止资金外流。这些会削弱各国金融政策实施的效果。(3)增加了国际信贷的风险。在欧洲货币市场上存短放长的期限错配,很容易使银行陷入困境,欧洲货币的贷款,以辛迪加贷款为主要形式,贷款对象难以集中在一个国家或政府机构,万一贷款对象到期无力偿还,这些银行就会遭受损失。另外,欧洲货币市场没有一个中央机构,使其缺乏最后融资的支持者,且该市场也没有存款保险制度。该市场本身就是一个信用创造机制,因此,在欧洲货币市场上操作,增加了经营欧洲货币业务的银行所承担的信贷风险。

关键词

国际金融市场　国际货币市场　国际资本市场　国际外汇市场　国际黄金市场　离岸金融市场

本章小结

1. 国际金融市场是指运用各种现代技术手段和通信工具,进行长短期资金的国际借贷、证券、外汇及黄金的国际交易等各种金融业务活动的场所。它包括国际资金市场、国际外汇市场、黄金市场、离岸金融市场、金融衍生品市场等新兴国际金融市场。由于国际金融市场对世界经济影响较为复杂,其双重作用显而易见,因此,国际金融机构和各国力图通过国际金融合作和协调,加强对它的监管。

2. 国际资金市场是经营资金国际借贷的市场,包括短期资金市场和中长期资金市场。短期资金市场也称国际货币市场,是指资金期限在 1 年以内(含 1 年)的短期金融工具交易的场所,该市场根据不同的借贷或交易方式和业务,可分为银行短期信贷市场、贴现市场和短期证券市场。中长期资金市场又称为国际资本市场,是指期限在 1 年以上的资金借贷和证券交易的场所。它按融通资金方式的不同,又可分为银行中长期信贷市场和证券市场。

3. 国际外汇市场是指在国际范围从事外汇买卖,调剂外汇供求的交易场所。它的主要优势在于其透明度较高,交易量巨大,使得外汇市场成为全世界最大、资本流动性最高的金融市场。其特点是市场形态以无形市场为主,业务以外汇批发业务为主,交易的空间是统一的,时间是连续的,不同外汇市场的汇率差异日益缩小,交易方式灵活,交易成本较低。外汇交易是一种零和游戏。

4. 国际黄金市场是集中进行黄金买卖的交易场所。黄金市场的发展不但为广大投资者增加了一种投资渠道，而且还为中央银行提供了一个新的货币政策操作的工具。它的交易方式主要有现货交易和期货交易两种。黄金供求数量的变化、世界经济周期发展趋势、通货膨胀率和利率对比关系变化、美元汇率的走势、石油价格变动、各国中央银行对其持有黄金的变化、政治局势与突发性重大事件等是影响国际黄金市场上的黄金价格的主要因素。

5. 离岸金融市场是指非本地居民之间，以欧洲银行为中介，在某种货币发行国国境之外，从事该种货币借贷或交易的市场，也有人将它称为欧洲货币市场。离岸金融市场是在传统国际金融市场的基础上发展起来的，但又突破了交易主体、交易范围、交易对象、所在国政策法规等众多限制。它有高度国际化、高度自由化、交易规模巨大、业务是非居民之间的交易、有其独特的利率体系等特点。按其在岸业务和离岸业务的关系，可以分为内外混合型、内外分离型和避税港型三种。欧洲货币市场按借贷方式、借贷期限和业务性质，可分为欧洲货币信贷市场与欧洲债券市场。

练习与思考

一、单选题

1. 欧洲货币市场的经营范围包括(　　)。

A. 仅限于欧洲境内　　B. 以西方发达资本主义国家为主

C. 欧元区国家　　D. 不受地域限制

2. 下列关于欧洲债券错误的说法是(　　)。

A. 在欧洲国家发行的债券即欧洲债券。

B. 欧洲债券是借款人在本国以外市场发行的，以第三国的货币为面值的国际债券。

C. 欧洲债券的发行费用和利息成本都较低。

D. 欧洲债券不受任何国家资本市场的限制，免扣缴税。

3. 全世界最大、资本流动性最高的金融市场是(　　)。

A. 国际资金市场　　B. 国际外汇市场

C. 国际黄金市场　　D. 离岸金融市场

4. (　　)既是外汇市场的干预者，也是外汇市场买卖直接的参与者。

A. 外汇银行　　B. 中央银行　　C. 外汇经纪人　　D. 外汇投机者

5. (　　)是世界最大的外汇交易中心，对世界外汇市场走势有着重要的影响。

A. 伦敦外汇市场　　B. 纽约外汇市场

C. 苏黎世外汇市场　　D. 东京外汇市场

6. (　　)黄金市场是世界上最大的黄金现货市场。

A. 苏黎世　　B. 纽约　　C. 伦敦　　D. 香港

7. 当美元汇价出现波动时，国际黄金市场上的黄金价格，就会相应地出现波动。当美元汇价出现较大幅度“疲软”时，往往会导致金价(　　)。

A. 平稳　　B. 下跌　　C. 上涨　　D. 没有变化

8. 伦敦和香港离岸金融中心属于(　　)的金融中心。
A. 内外混合型　B. 内外分离型　C. 分离渗透型　D. 避税港型
9. 欧洲美元是指(　　)。
A. 欧洲地区的美元　B. 美国境外的美元
C. 世界各国美元的总称　D. 各国官方的美元储备
10. (　　)黄金市场是世界上最大的私人黄金存储中心。
A. 苏黎世　B. 纽约　C. 伦敦　D. 香港

二、多选题

1. 广义的国际金融市场包括(　　)。
A. 国际资金市场　B. 国际外汇市场
C. 国际黄金市场　D. 金融衍生品市场
2. 在岸国际金融市场的特点是(　　)。
A. 以市场所在国发行的货币为交易对象
B. 交易主要发生在居民与非居民之间
C. 交易主要发生在非居民之间
D. 要受市场所在国的法律和金融条例的约束
3. 形成国际金融市场的主要条件有(　　)。
A. 稳定的政治经济环境
B. 自由开放的经济政策和宽松的外汇管制
C. 完善的金融市场体系和健全的金融制度
D. 现代化的通信设施和交通便利的地理位置
4. 国际货币市场是国际金融市场的重要组成部分,主要包括(　　)。
A. 银行短期信贷市场　B. 短期证券市场
C. 票据贴现市场　D. 国际股票市场
5. 国际资本市场包括(　　)。
A. 银行中长期信贷市场　B. 黄金市场
C. 国际股票市场　D. 国际债券市场
6. 下列属于外国债券的有(　　)。
A. 猛犬债券　B. 欧洲债券　C. 扬基债券　D. 武士债券
7. 国际黄金市场按市场作用的大小划分,可分为(　　)。
A. 无形市场　B. 有形市场
C. 主导性黄金市场　D. 地区性黄金市场
8. 影响黄金价格的主要因素有(　　)。
A. 黄金供求数量的变化　B. 通货膨胀率和利率对比关系的变化
C. 世界经济周期发展趋势　D. 政治局势与突发性重大事件
9. 按照交易品种划分,国际金融市场可分为(　　)。
A. 国际货币市场　B. 国际资本市场
C. 国际外汇市场　D. 国际黄金市场

10. 欧洲货币中长期信贷市场的业务有(　　)的特点。

A. 数额大,期限长　　B. 以辛迪加贷款为主

C. 流动性水平高,吸引力强　　D. 必须签订贷款协定

三、填空题

1. 狭义的国际金融市场亦称为__________,包括__________和__________。

2. 短期资金市场又称__________,是指金融资产交易期限在1年或1年以内的短期国际资金借贷市场;中长期资金市场又称__________,是指融资期限在1年以上或无期限限制的资金交易市场。

3. 国际金融市场按照金融市场上交易客体的不同,可分为__________和__________。

4. 国际资本市场是指期限在__________的资金借贷和证券交易的场所。

5. 国际债券市场按面值货币的不同,分为__________与__________。

6. 在国际黄金市场上进行的期货交易,可以分为__________和__________两种。

7. 欧洲货币市场按其在岸业务和离岸业务的关系,可以分为__________、__________和__________三种类型。

8. 离岸金融市场上的交易规模很大,是大型金融机构融通资金的场所,以__________交易为主,其业务往往带有__________的性质。

9. 欧洲货币市场按借贷方式、借贷期限和业务性质,可分为__________和__________。

10. 欧洲货币中长期信贷市场的业务以__________为主,分散了提供中长期贷款的风险。

四、判断题

(　　)1. 目前的国际金融市场主要以有形市场为主。

(　　)2. 在岸金融市场要受市场所在国的法律和金融条例的管理和约束。

(　　)3. 离岸金融市场交易活动一般是在市场所在国的非居民之间进行,当地居民不能参与交易。

(　　)4. 自由开放的经济政策和宽松的外汇管制是形成国际金融市场最基本的条件。

(　　)5. 国际货币市场中的银行短期信贷市场存贷款不必担保,无须提供抵押品。

(　　)6. 商业票据是指由金融机构或某些信用较高的企业为了筹集资金而发行的短期无担保票据,它是一种可转让的金融工具,通常是记名的。

(　　)7. 欧洲债券是外国债券的一种。

(　　)8. 欧洲债券市场是一个无利率管制、无发行额限制的自由市场,且发行费用和利息成本都较低。

(　　)9. 当通货膨胀率低于利率时,利息收入不足以抵消通货膨胀所带来的损失时,对黄金的需求增加,金价就会上升。

(　　)10. 离岸金融市场经营非常自由,不受所在国的金融监管机构的管制,并可享

受税收方面的优惠待遇,资金出入境自由。

五、思考题

1. 什么是国际金融市场?当代国际金融市场的特征是什么?
2. 国际货币市场与国际资本市场的区别在哪里?
3. 国际外汇市场除了交易规模巨大以外,还呈现出哪些显著的特征?
4. 什么是离岸金融市场?它有什么特点?
5. 欧洲货币短期信贷市场的业务有哪些特点?

案例分析

20 世纪 60 年代各国政府纷纷提高税率,大规模的私人企业和巨额收入者为了减轻税收负担,往往寻求一个可以合法避税的地方。与此同时,若干小国或海岛为了繁荣经济,常用减免所得税及其他税收优惠方式吸引国际资金,逐渐形成一种新型的离岸金融中心——避税港型离岸金融中心。这类离岸金融中心分布很广,但因不具备构成国际金融与外汇市场的条件,所以多为簿记型中心。其典型代表为加勒比海地区离岸金融市场,如开曼群岛和巴哈马。

20 世纪 60 年代后期,美联储允许美国银行在巴哈马和开曼建立“贝壳”分行,这是促进避税港离岸金融市场发展的部分原因。美联储的目的在于为那些没有能力在欧洲货币中心建立分支机构的小银行参与欧洲美元市场提供机会。从事这一业务,银行只需要在加勒比海地区持有一个邮箱,实际业务是在国内总行进行的。加勒比海离岸市场属于典型的避税港型离岸金融中心,它形成于 20 世纪 70 年代。以中小发展中岛国为特征的加勒比海地区虽然政治经济不甚发达,但却偏离政局动荡和战乱地区,具有"世外桃源"之优势,特别是在不征或极少税费的条件下,吸引了大量境外资产。由于缺乏像伦敦和纽约那样大型市场的基本设施和条件,加勒比海离岸市场一般只是记账中心,而不进行实际交易业务。

加勒比海地区的离岸金融市场除了政局稳定、税赋低、没有金融管制等优势,还有一个吸引外资银行的重要因素就是银行享有保密权。一般来讲,如果法院或政府调查有关客户的资料,要求银行提供,银行必须照办。但在加勒比海的离岸金融市场,当地避税港法院往往阻止银行向外国法院或政府提供客户资料。

要求:通过以上案例,试分析避税港型离岸金融中心的特点以及对我们有何启示。

实训演练

一、实训目的

1. 熟悉国际金融市场基本概念、基本理论。
2. 锻炼学生收集信息、分析资料以及实际分析问题的能力。

二、实训资料

通过浏览国家外汇管理局网站、中国人民银行网站以及其他相关的网站、专业书籍和专业期刊，了解英国、美国、日本等国国际金融市场的发展情况，了解中国金融市场开放过程及国际金融市场变化对中国经济的影响。

三、实训要求

以 6～8 人为一组，将班级分成若干小组，在获取翔实资料的基础上，经过本组分析、讨论，每组形成一份关于中国金融市场国际化的目标及路径的书面报告。

本章推荐阅读

[1]国际清算银行提供的国际金融市场统计资料，请查阅国际清算银行官方网站，http://www.bis.org。

[2]欧洲货币市场以及国际金融市场发展的有关信息，请查阅欧洲银行集团官方网站，http://www.eurobank.org。

[3]国内外金融市场、金融机构动态，以及金融市场监管、证券外汇交易等领域的相关资料，请查阅世界汇金网，http://www.globefinance.net。

第五章

外汇交易实务

知识结构图

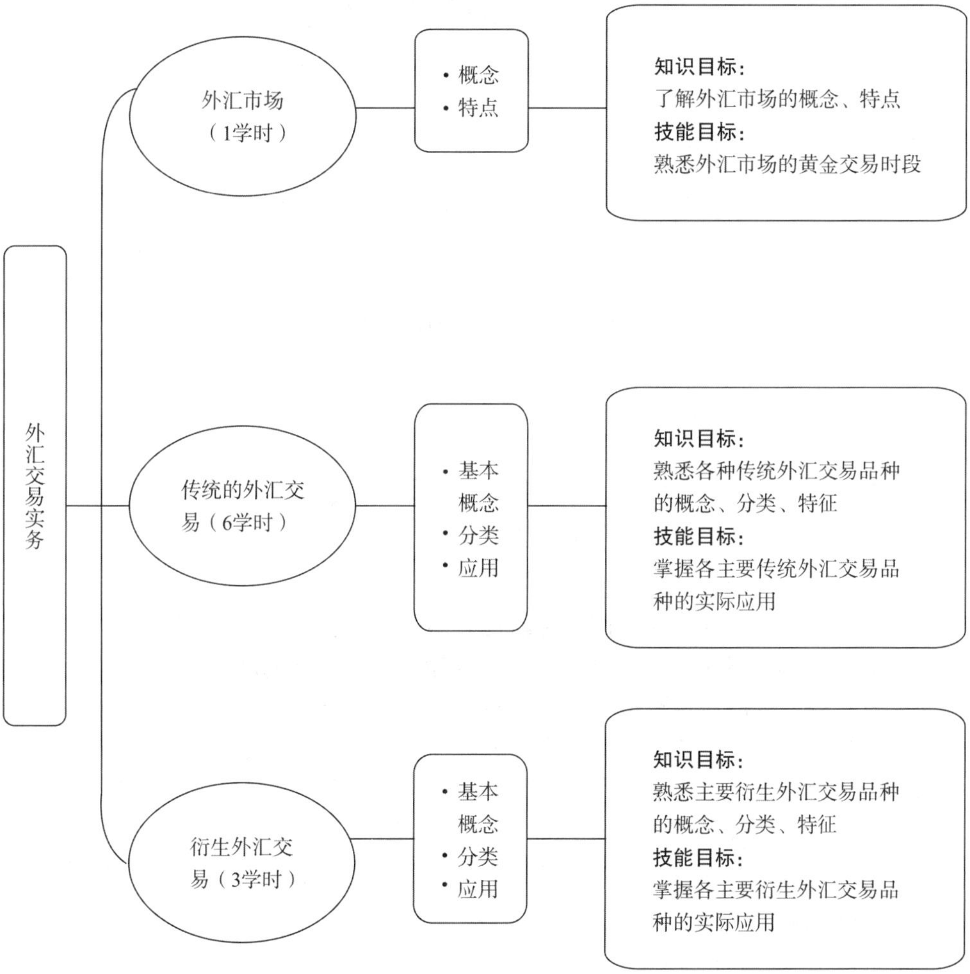

外汇交易实务

内容	要点	目标
外汇市场（1学时）	· 概念 · 特点	**知识目标：** 了解外汇市场的概念、特点 **技能目标：** 熟悉外汇市场的黄金交易时段
传统的外汇交易（6学时）	· 基本概念 · 分类 · 应用	**知识目标：** 熟悉各种传统外汇交易品种的概念、分类、特征 **技能目标：** 掌握各主要传统外汇交易品种的实际应用
衍生外汇交易（3学时）	· 基本概念 · 分类 · 应用	**知识目标：** 熟悉主要衍生外汇交易品种的概念、分类、特征 **技能目标：** 掌握各主要衍生外汇交易品种的实际应用

案例导读

2004 年 12 月 1 日中国航油(新加坡)股份有限公司发布消息:公司因石油衍生产品交易,总计亏损 5.5 亿美元。净资产不过 1.45 亿美元的中航油(新加坡)因严重资不抵债,已向新加坡最高法院申请破产保护。

2008 年 2 月,担任世界上最大衍生交易市场领导角色的法国第二大银行——兴业银行,因为从事金融衍生交易而出现了巨额亏损。

金融衍生交易是一种保证金交易。它是通过预测金融市场未来的走向,付出少量保证金而从事的一种投机性活动。这种交易风险极大,但是利润丰厚,所以世界主要金融机构都跻身金融衍生交易市场,从事金融冒险活动。金融衍生工具具有怎样的特征?金融衍生工具何以在国际金融风险防范中成为双刃剑?

第一节　外汇市场

一、外汇市场的含义

外汇市场(foreign exchange market),顾名思义就是进行外汇交易的场所,或者说是各种不同货币相互之间进行交换的场所。国家间的经济往来必然伴随着债权债务的清偿和货币的收付,为了使不同的货币间的清算顺利进行,就必须解决由此引起的各国货币彼此间的兑换和外汇买卖活动。外汇市场就为这种活动提供了可实现的场所。目前世界大部分国家的外汇交易均通过现代通信网络进行。

二、外汇市场的特点

近年来,外汇市场之所以能为越来越多的人所青睐,成为国际上投资者的新宠儿,与外汇市场本身的特点密切相关。外汇市场的主要特点是:

(一)有市无场

外汇交易是通过没有统一操作市场的行商网络进行的,它不像股票交易有集中统一的地点。但是,外汇交易的网络却是全球性的,并且形成了没有组织的组织,市场是由大家认同的方式和先进的信息系统所联系,交易商也不具有任何组织的会员资格,但必须获得同行业的信任和认可。这种没有统一场地的外汇交易市场被称为“有市无场”。全球外汇市场每天平均有上万亿美元的交易。如此庞大的巨额资金,就是在这种既无集中场所又无中央清算系统的管制,以及没有政府监督下完成清算和转移的。尽管外汇市场“有市无场”,但它具备信息公开、传递迅速等特点,是今后全球金融业的发展方向。

(二)循环作业

由于全球各金融中心的地理位置不同,亚洲市场、欧洲市场、美洲市场因时差的关系,连成了一个全天 24 小时连续作业的全球外汇市场。早上 8 时半(以纽约时间为准)纽约市场开市,9 时半芝加哥市场开市,10 时半旧金山开市,18 时半悉尼开市,19 时半东京开市,20 时半香港、新加坡开市，凌晨2时半法兰克福开市，3时半伦敦市场开市。如此24小时不间断运行，外汇市场成为一个不分昼夜的市场，只有星期六、星期日以及各国的重大节日，外汇市场才会关闭。这种连续作业，为投资者提供了没有时间和空间障碍的理想投资场所，投资者可以寻找最佳时机进行交易。比如，投资者若在上午纽约市场上买进日元，晚间香港市场开市后日元上扬，投资者在香港市场卖出，不管投资者本人在哪里，他都可以参与任何市场、任何时间的买卖。因此，外汇市场可以说是一个没有时间和空间障碍的市场。

（三）零和游戏

零和游戏（zero-sum-game），是博弈论的一个概念，意指在游戏双方中，一方得益必然意味着另一方亏损。如赌博就是典型的零和游戏。

在外汇市场上，汇价的波动所表示的价值量的变化和股票价值量的变化完全不一样，这是由于外汇交易是“货币对”的交易，汇率的变化表现为货币对中一种货币价值的减少与另一种货币价值的增加。例如，美元对日元的汇率，30多年前为1美元兑换360日元，现在约为1美元兑换110日元。这说明日元币值上升，而美元币值下降，从总的价值量来说，上升获得的正是下降失去的。因此，外汇交易是一种零和游戏。

外汇市场有很强的投机性质。对某个具体的交易主体来说，其交易总是有亏有赢，不可能永远都是赢家，只是有的交易者知识丰富、信息灵通、富有经验，故盈利机会较多；而那些对外汇行市缺乏了解的人，则总是亏得多一些。但从理论上说，亏的钱流入赢者的手中，赢的钱来自输家的损失，市场上盈亏之和为零了。

三、全球外汇市场交易时间及黄金交易时段

（一）全球主要外汇市场交易时间表

外汇市场的循环作业体现在主要外汇市场的交易时间是首尾相接的。表5-1是全球主要外汇市场交易时间。

表5-1 全球主要外汇市场交易时间

区域	市场	当地时间	（11月—次年3月）北京时间	（4月—10月）北京时间
澳洲	惠灵顿	09:00—17:00	04:00—12:00	05:00—13:00
亚洲	悉尼	09:00—17:00	06:00—14:00	07:00—15:00
	东京	09:00—15:30	08:00—14:30	
	香港	09:00—16:00	09:00—16:00	
	新加坡	09:30—16:30	09:30—16:30	
欧洲	法兰克福	09:00—16:00	15:00—22:00	14:00—21:00
	伦敦	09:30—15:30	17:30—（次日）01:30	16:30—（次日）00:30
北美	纽约	08:30—15:00	21:30—（次日）04:00	20:30—（次日）03:00

备注：由于夏时制原因，部分主要外汇交易市场的开收盘时间提前1个小时。具体的夏时制时间起始日期与结束日期请参照该国当时具体规定。如美国的夏令时大约是在每年4月的第一个周末至10月的最后一个周末。西欧的夏时制是每年3月最后一个周末到9月最后一个周末。澳大利亚和新西兰在南半球，夏时制时间与美国和欧洲正相反。

（二）黄金交易时段：21：30—24：00

尽管外汇市场是24小时全天候交易，但并非多花工夫就能赚到钱，在交易时段的选择上是有一定的技巧的。

外汇市场波动越频繁，意味着投资外汇的盈利机会越多。三大外汇交易市场，即伦敦市场、纽约市场、东京市场中，伦敦市场与纽约市场的交易时段是各国银行外汇交易的密集区，因此市场波动最为频繁。尤其在两个市场交易时间的重叠区，也就是北京时间21：30—24：00，是全球外汇交易最频繁、大宗交易最多的时段。如果选择这一时段进行交易，盈利的机会可能会相对多一些。同时，一般本地货币会在本地市场的交易时段内比较活跃，比如：亚洲市场开市时，澳元、日元比较活跃；欧洲市场开市时，欧元、英镑、瑞郎比较活跃；美洲市场开市时，美元、加元比较活跃。进行外汇交易时可根据自己手中的币种进行交易时段的选择。

第二节　传统的外汇交易

一、即期外汇交易

即期外汇交易是最基本的外汇交易形式。它具有满足客户临时性的支付需要、帮助客户调整手中外币的币种结构、进行外汇投机等作用。

（一）即期外汇交易的概念及其基本术语

即期外汇交易（spot exchange transactions），又称现汇交易。是指外汇买卖成交后，交易双方于当天或两个营业日内办理交割手续的一种外汇业务。即期外汇交易是国际外汇市场上最常用的一种交易方式，其交易量居各类外汇交易之首。主要是因为即期外汇买卖不但可以满足买方临时性的付款需要，也可以帮助买卖双方调整外汇头寸的货币比例，以避免外汇汇率风险。

（二）即期外汇交易的基本术语

1. 成交。在外汇交易中，成交是指确定外汇买卖协议，该协议规定了外汇交易的买方、卖方、买卖币种、数量、价格及交割标准。成交仅指确定买卖关系，并不发生实际收付行为。

2. 营业日。即工作日（working day），指一国法定休息日和节假日以外的工作日期。

3. 交割（delivery）。指买卖成交后交易双方完成实际货币收付的“钱货两清”行为，具体表现为：成交后交易双方分别按照对方的要求，将卖出的货币解入对方指定的银行账户中。

二、即期外汇交易交割日的确定

（一）即期交割日的分类

即期外汇交易的交割日（delivery date）也称为结算日或起息日（value date），是买卖

双方实际收付资金的日期,也是双方资金开始计息的日子。即期外汇的交割日包括以下三种情况:

(1)T+2,标准交割日(value spot/val SP):交割日为成交后的第二个营业日。目前世界上大多数即期外汇交易采用T+2交割。

(2)T+1,翌日或明日交割(value tomorrow or VAL TOM):交割日为成交后第一个营业日。

(3)T+0,当日交割(value today or VAL TOD):交割日为成交当天。

(二)即期交割日的确定规则

交割日必须是两种货币共同的营业日,只有这样才能将货币交付对方,故其规则如下:

(1)交割日必须是两种货币共同的营业日,至少应该是付款地市场的营业日。

(2)交易必须遵循"价值抵偿原则",即一项外汇交易合同的双方必须在同一时间进行交割,以免任何一方因交割不同而蒙受损失。

(3)成交后若不是营业日,则即期交割日必须向后顺延。比如一笔周五达成的标准交割日的即期外汇交易,周六、周日不是工作日,交割日应该顺延至下一周的周二。另外如果成交后的第一天是两个结算国中某国银行的节假日,则这一天不算营业日,交割时间顺延一天。同理,成交后的第一天是两国的营业日,而第二天是一国的假日,则同样要顺延一天。但是如果交易涉及美元的交割则情况例外,如果交易后的第一天在美国是假日而在另一国不是,则这一天也算作营业日。如美元买入欧元,成交日在周一,周二是美国的假日而另一国不是,周三是双方的营业日,则双方仍然在周三进行交割。

三、即期套算汇率的计算

在国际市场上,几乎所有的货币兑美元都有一个兑换率,银行一般报出美元与其他货币之间的即期汇率(即直盘,或直接汇率)。但有时候,往往需要知道一种非美元货币对另外一种非美元货币的汇率(即交叉盘),如瑞士法郎兑日元、英镑兑瑞士法郎等。这时就需要通过以美元为桥梁来计算两种非美元货币之间的汇率,这种套算出来的汇率就称为套算汇率或交叉汇率(crossing rate)。套算汇率的一个显著特征是一个汇率所涉及的是两种非美元货币间的兑换率。

套算汇率的计算方法可以概括为:**"三种情况,两种方法——交叉相除和同边相乘"**,下面进行详细说明。

(一)第一种情况

已知的两个即期汇率中,美元都是单位货币,则求两个非美元货币之间的套算汇率应通过交叉相除计算得出。

【例 5-1】已知:USD/JPY=110.10/20

USD/HKD=7.7860/80

求:HKD/JPY=?

解:已知的两个即期汇率中,美元都是单位货币,计算套汇汇率应交叉相除得出。具体过程如下：

由　　USD/JPY＝110.10/20

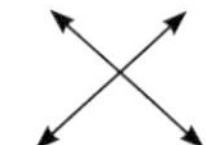

USD/HKD＝7.7860/80

得，HKD/JPY ＝110.10÷7.7880/110.20÷7.7860

＝14.1371/14.1536

故 HKD/JPY 的汇率为 14.1371/14.1536。

（二）第二种情况

已知的两个即期汇率中，美元都是报价货币，则求两个非美元货币之间的套算汇率应通过交叉相除计算得出。

【例 5-2】已知：GBP/USD＝1.5260/80

AUD/USD＝0.7150/60

求：GBP/AUD＝？

解：已知的两个即期汇率中，美元都是报价货币，计算套汇汇率也应交叉相除得出。具体过程如下：

由　　GBP/USD＝1.5260/80

AUD/USD＝0.7150/60

得，GBP/AUD ＝1.5260÷0.7160/1.5280÷0.7150

＝2.1313/2.1371

故 GBP/AUD 的汇率为 2.1313/2.1371。

（三）第三种情况

已知的两个即期汇率中，其中一个即期汇率以美元作为单位货币，另一个即期汇率以美元作为报价货币，则计算非美元货币之间的套算汇率应通过同边相乘得出。

【例 5-3】已知：EUR/USD＝1.2020/40

USD/CNY＝6.8760/80

求：EUR/CNY＝？

解：已知的两个即期汇率中，美元分别充当单位货币和报价货币，套算汇率应通过同边相乘的方法得出。具体过程如下：

由　　EUR/USD＝1.2020/40

USD/CNY＝6.8760/80

得，EUR/CNY ＝1.2020×6.8760/1.2040×6.8780

＝8.2650/8.2811

故 EUR/CNY 的汇率为 8.2650/8.2811。

二、远期外汇交易

(一)远期外汇交易的概念

远期外汇交易(forward exchange transaction),又称期汇交易,是指外汇买卖成交后并不立即办理交割,而是事先约定币种、金额、汇率、交割时间等交易条件,于两个工作日以后才进行实际交割的外汇业务。

学习远期外汇交易的概念应注意以下几点:

1. 在远期外汇交易中,双方必须订立远期合约(forward exchange contract)。合约规定交易币种、金额、约定的远期汇率、交割时间及地点等交易内容。

2. 远期期限。最短的远期外汇交易期限为成交日后的第3个营业日,最长的远期期限可达到10年。远期外汇合约较常见的期限有1个月、2个月、3个月、6个月、9个月和12个月等,最常用的是3个月期的远期外汇交易,这是因为国际贸易往往是在双方成交后的3个月付款。另外,有些客户需要特殊期限的远期交易,比如52天、97天等,这些客户可以同银行签订特殊日期的远期外汇合约,进行零星交易(odd date transaction 或 broken date transaction)。

3. 远期外汇交易与即期外汇交易的区别在于:(1)远期外汇交易的交割日至少在成交后的两个营业日之后,而即期外汇交易的交割日则在成交后的两个营业日之内,这是两者最主要的区别;(2)远期外汇交易一定要签订正式的书面合约,而即期外汇交易一般不需要签订书面合约。

(二)远期外汇交易的类型

远期外汇交易根据交割日是否固定,可分为以下两种类型:

1. 固定交割日的远期外汇交易

固定交割日的远期外汇交易又称标准交割日的远期外汇交易,是指具体的交割日已在远期合约中载明,交易双方在该确定的交割日进行交割,不能推迟或提前。如按约定3月16为远期交割日,到这一天,双方按时按对方要求将各自的货币划转到对方指定的银行账户内;如果有一方推迟交割,则必须向对方交纳一定资金作为补偿。

2. 非固定交割日的远期外汇交易

非固定交割日的远期外汇交易,也称为择期交易(optional forward),即交易双方确定一个交割期限,双方可以在约定期限内任何一个有效的营业日办理交割。

择期外汇交易又可分为两种:

(1)部分择期。确定交割月份但未确定交割日。例:5月20日,A公司与B银行达成一笔3个月的择期外汇交易,约定8月份进行交割,则A公司可以在8月1日至8月22日的任一个营业日内向B银行提出交割。

(2)完全择期。客户可以选择双方成交后的第三个营业日到合约到期之前的任何一天为交割日。例:上例中A公司可以选择从5月23日至8月22日这一段时间的任一个营业日向B银行提出交割。

(二)远期汇率

1. 远期汇率的概念及相关术语

远期汇率(forward rate)指在远期外汇合同中规定的买卖有关货币所使用的汇率。远期汇率不是远期外汇交易交割日当天的即期汇率,两者很少一致;远期汇率是预先确定的,而远期外汇交易交割日当天的即期汇率在签约时是未知的。远期汇率与签订远期外汇交易合约当天的即期汇率也是两回事。

与远期汇率相关的基本术语在远期外汇交易中很重要,有必要对这些术语进行了解。

(1)远期汇水(forward margin)。即远期差价,指远期汇率与即期汇率的差额。

(2)升水(premium)。当某货币在外汇市场上的远期汇价高于即期汇率时,称之为升水,表示单位货币远期价格比即期价格贵。如,美元兑日元的即期汇率为115.15/20,3个月期美元兑日元的远期汇率若为115.30/40,则称此时美元对日元升水,升水点数为15/20BP。

(3)贴水(discount)。当某货币在外汇市场上的远期汇价低于即期汇率时,称之为贴水,表示单位货币远期价格比即期价格便宜。如,美元兑日元的即期汇率为115.15/20,3个月期美元兑日元的远期汇率若为115.00/10,则称此时美元对日元贴水,贴水点数为15/10BP。

(4)平价(At Par)。表示远期汇率等于即期汇率。

2. 远期汇率的报价方法

远期汇率有两种报价方法:

(1)直接报价法,即直接报出远期汇率,又称买断或卖断远期汇率(outright rate)。银行对顾客的远期外汇报价通常采用这一形式。例,欧元兑美元1个月远期汇率为1.1550/60。

(2)远期差价报价法,即只报出远期汇率与即期汇率的差异点数,称点数汇率或换汇汇率(point rate/swap rate)。在外汇市场上以升水、贴水或平价来表示。银行同业间的远期汇率报价通常采用这种报价法。这种报价方法使银行可以不用根据即期汇率的频繁波动而调整远期汇率的报价。

下面是路透社交易终端显示的巴克莱银行某日以远期差价报价法报出的远期汇率。

Barclays Bank PLC London TEL 283-0909

TX 8,878/41 BAXX,

	Spot	1MTH	2MTHS	3MTHS	6MTHS	I2MTHS
STG	1.4960/70	92/90	160/157	231/228	415/410	703/69
CHF	1.0700/20	31/34	63/67	94/98	167/173	217/227
JPY	118.30/40	26/28	44/47	62/65	100/105	100/110

(其中Spot表示即期汇率,1MTH、2MTHS、3MTHS、6MTHS、12MTHS分别表示1个月、2个月、3个月、6个月、12个月的远期汇水)

3. 远期汇率的计算

在远期差价报价法中，要知道远期汇率是多少，需要根据即期汇率与远期差价计算得出。简单起见，计算远期汇率可以遵循如下规则：

(1)若远期差价按“前小后大”的顺序排列，在任何标价法下，

$$\text{远期汇率}=\text{即期汇率}+\text{远期差价} \tag{5-1}$$

(2)若远期差价按“前大后小”的顺序排列，在任何标价法下，

$$\text{远期汇率}=\text{即期汇率}-\text{远期差价} \tag{5-2}$$

【例 5-4】某日纽约外汇市场美元/日元的即期汇率为 110.56/77，美元 3 个月的远期差价为 10/20BP，欧元/美元的即期汇率为 1.2021/35，欧元 3 个月的远期差价为 25/15BP。分别计算美元/日元、欧元/美元 3 个月的远期汇率。

解：由于美元对日元的远期差价为 10/20BP，按“前小后大”的顺序排列，求远期汇率适用公式 5-1，因此，美元/日元 3 个月远期汇率为：

$$\begin{array}{r} 110.56/77 \\ +\qquad 10/20 \\ \hline 110.66/97 \end{array}$$

由于欧元对美元的远期差价为 25/15BP，按“前大后小”的顺序排列，求远期汇率适用公式 5-2，因此，欧元/美元 3 个月远期汇率为：

$$\begin{array}{r} 1.2021/35 \\ -\qquad 25/15 \\ \hline 1.1996/20 \end{array}$$

4. 远期汇水的计算与升水或贴水的判断

(1)远期汇水的计算

在远期差价报价法中，远期汇水是根据以下公式计算得到的，公式为：

$$\text{远期汇水}=\text{即期汇率}\times(\text{报价币利率}-\text{被报价币利率})\times\frac{\text{天数}}{360} \tag{5-3}$$

从上述公式可以看出，远期汇水由三个因素决定：两种货币的即期汇率、两种货币的利率水平、远期期限的长短。

(2)升水或贴水的判断

远期汇率是升水还是贴水，有两种判断方法。

方法一：在其他条件不变的情况下，低利率国家的货币远期汇率为升水，高利率国家的货币远期汇率为贴水，即利率平价原理——高利率货币远期贴水，低利率货币远期升水。如 6 个月美元利率为 2.5%，6 个月澳元利率为 4.5%，美元为低利率货币，远期应表现为升水，澳元为高利率货币，远期应表现为贴水。

方法二：若在利率未知，已知标价方法和远期汇水的情况下，则在直接标价法下，远期汇水按前小后大的顺序排列，外币远期升水；远期汇水按前大后小的顺序排列，外币远期

贴水。在间接标价法下则相反。

（三）远期外汇交易的应用

远期外汇交易的应用一般包括：

1. 保值性远期外汇交易

保值性远期外汇交易是指卖出（或买入）金额等于所持有的（或所承担的）一笔外币资产（或负债）的远期外汇，交割期限一般与资产变现（或负债偿付）的日期相匹配，使这笔外币资产（或外币负债）以本币表示的价值免受汇率变动的影响，从而达到保值目的的外汇交易。通常又简称为套期保值。

在国际贸易中，进出口商从签订买卖合同到交货、付款往往需要相当长时间（通常达30～90天，有的更长），而在此期间外汇市场的汇率变动是经常性的，时间越长，汇率变动给进出口商所带来的风险也就越大，因此，进出口商为避免汇率波动所带来的风险，经常采用远期外汇交易的方法来保值。

（1）出口商出口收汇的保值

出口商向国外出口商品，若使用外币计价，出口商就可能面临因为这种外币汇率的下跌所带来的损失。为避免这种损失，出口商可以应用远期外汇交易进行套期保值。

【例5-5】某美国出口商甲公司向英国出口了一批商品，根据贸易合同甲公司3个月后将收到100万英镑货款。由于有一笔未来的外币应收账款，甲公司担心3个月后英镑汇率出现下跌。为规避汇率波动的风险，甲公司决定与银行叙做一笔远期外汇买卖，假设成交时，纽约外汇市场英镑/美元的即期汇率为1.3750/60，英镑3个月的远期差价为30/20，则甲公司当天即可将卖出100万3月期英镑的价格锁定于FR（forward rate 的简称，下同）：（1.3750－0.0030）。这笔远期外汇交易成交后，无论国际外汇市场汇率如何变动，到收款日，甲公司都可收进：

$$1\ 000\ 000\times(1.3750-0.0030)=\text{USD}\ 1\ 372\ 000$$

假设甲公司没有预先采取保值措施，到收款日才出售100万英镑货款，当时市场即期汇率跌至1.3250/60，那么甲公司按该汇率卖出英镑，收进：

$$1\ 000\ 000\times1.3250=\text{USD}\ 1\ 325\ 000$$

与叙做远期外汇交易相比，甲公司将少收入：1 572 000－1 525 000＝USD 47 000。

可见，出口商应用远期外汇交易进行出口收汇保值可以预先锁定价格，规避汇率波动风险。当然，如果到期日市场即期汇率不跌反升，采用远期外汇交易锁定汇率，则会失去额外的获利机会。

（2）进口商进口付汇的保值

进口商从国外进口商品，若使用外币支付货款，该进口商就可能面临因为这种外币汇率上涨所带来的损失。为避免这种损失，进口商可以应用远期外汇交易进行套期保值。

【例5-6】香港某进口商乙公司向美国进口价值100万美元的商品，约定6个月后交付货款，成交日即期汇率为USD 1＝HKD 7.7810，乙公司担心未来美元上涨而导致损失，当天便买入远期：

币种——美元

金额——100万

远期汇率——USD 1＝HKD 7.7815

期限——6 个月

待 6 个月后的付款日，不论当天的市场即期汇率是多少，乙公司都可以按预先约定的远期汇率 FR：USD 1＝HKD 7.7815 买入 100 万美元，将进口成本锁定于 100 万×7.7815＝HKD 778.15 万。

若乙公司未预先采取保值措施，而是等到 6 个月后的付款日才买入美元支付进口货款，一旦美元升值，比如美元对港元汇率升至 USD 1＝HKD 7.7855，那么乙公司为支付 100 万的美元货款得支付 100 万×7.7855＝HKD 778.55 万，乙公司必须多付出 0.4 万港元。

因此，进口商为避免遭受汇率变动的损失，在订立买卖合约时就向银行买进相应期限的远期外汇，即可预先锁定进口成本，避免因计价货币汇率上升而造成损失。

2. 投机性远期外汇交易

投机性远期外汇交易是基于投机者预期未来某一时点市场上的即期汇率与目前市场上的远期汇率不一致而进行的远期外汇交易。由于投机者在签订远期合约时只需缴纳一定比例的保证金，无须付现，一般都是到期轧抵，计算盈亏、支付差额，所以利用远期外汇交易进行投机，投机者并不需要雄厚的资金，可以“以小搏大”，炒作成倍于投机本金的外汇资金，进行大规模的投机。

(1)买空(buy long)：先买后卖

当预测某种货币的汇率将会上涨时，投机者可先买进这种货币远期，然后在该远期的到期日再卖出这种货币的即期进行投机交易。若远期合约交割日市场即期汇率果然如投机者所料上涨而且高于远期合约协定的汇率，投机者即可获利。反之，则受损。

【例 5-7】假设某日东京外汇市场上美元/日元的 3 个月远期汇率为 116.00/10，一日本投机商预期半年后美元/日元的即期汇率将为 120.20/30。若预期准确，在不考虑其他费用的情况下，该投机商买入 100 万 3 个月 USD 远期，可获多少投机利润？

解：a.日商买入 100 万美元 3 个月期汇，预期支付：

1 000 000×116.10＝116 100 000 日元

b. 3 个月后卖出 100 万美元现汇，可收进：

1 000 000×120.20＝120 200 000 日元

c.可获利：

120 200 000－116 100 000＝4 100 000 日元

当然，若交割日市场即期汇率的变动与投机者预期相反，投机者将会遭受损失。

(2)卖空(sell short)：先卖后买

所谓卖空，是在预测某种货币的汇率将会下跌时，投机者先卖出这种货币的远期外汇，然后等到远期外汇的交割日再买进这种货币的即期进行冲抵的一种投机活动。

【例 5-8】在伦敦外汇市场上，某投机者判断美元在 1 个月后将贬值，于是他立即在远期外汇市场上以 1 英镑＝1.3250美元的价格抛售 1 月期 100 万美元，到远期外汇的交割日，即期美元不跌反涨，汇率为 1 英镑＝1.3220美元。该投机者在即期外汇市场购买 100 万美元现汇实现远期合约交割，要遭受 100 万÷1.3220－100 万÷1.3250＝1 712.67英镑的损失。

可见,远期外汇投机能否获利,取决于投机者对远期汇率走势的判断。若投机者对汇率行情的判断与实际的市场走势一致,即可获利;反之,若投机者对汇率走势判断与实际市场汇率走势背离,就会遭到损失。

三、掉期外汇交易

一家美国投资公司需要100万英镑现汇进行投资,预期3个月后可以收回投资。假设当时外汇市场上的即期汇率是£1=$1.3845/55,则该公司即期买进100万英镑时需要付出138.55万美元的本币投资本金。若3个月后英镑汇率下跌,则100万英镑所能换回的美元将少于138.55万美元,即该公司遭受了汇率变动的损失。

那么,如何规避这种汇率风险呢?掉期交易可以帮到忙。

(一)掉期外汇交易的概念

掉期交易是指将货币相同、金额相同,而方向相反、交割期限不同的两笔或两笔以上的交易结合起来进行的外汇交易,即指买进或卖出某种货币的同时,卖出或买进相同金额但交割期限不同的同种货币的外汇交易。利用掉期交易既可以轧平外汇头寸避免汇率风险,又可以贱买贵卖,获得交易利润。

掉期交易与之前介绍的即期交易和远期交易的区别在于:即期交易和远期交易通常称为单一的外汇买卖,即要么做单一的即期交易,要么做单一的远期交易,两者并不同时进行;而掉期交易则涉及即期交易与远期交易买卖的同时进行,是复合的外汇买卖,且这种组合式的复合外汇买卖一般针对同一对手进行,可以节省交易手续费。

(二)掉期外汇交易的类型

1. 即期对远期的掉期(spot-forward swap)

即在买进或卖出一笔即期外汇的同时,卖出或买进同一种货币、同等金额的远期外汇,这是最常见的形式。若即期买进A货币,远期卖出A货币,简称买/卖A货币掉期;即期卖出A货币,远期买进A货币,简称卖/买A货币掉期。下面以保值为例说明即期对远期掉期交易的应用。

【例5-9】一家加拿大投资公司需用1 000万美元投资美国3个月的国库券,为避免3个月后美元汇率下跌,该公司做了一笔掉期交易,即在买进1 000万美元现汇的同时,卖出1 000万美元的3个月期汇。假设成交时美元/加元的即期汇率为1.2880/90,3个月的远期汇率为1.2650/60,若3个月后美元/加元的即期汇率为1.2510/20。比较该公司做掉期交易和不做掉期交易的风险情况(不考虑其他费用)。

解:(1)做掉期交易的风险情况

买1 000万美元现汇需支付:1 000万×1.2890=1 289万加元

同时卖1 000万美元期汇将收进:1 000万×1.2650=1 265万加元

掉期损益:1 265万-1 289万=-24万加元(掉期成本)

(2)不做掉期交易的风险情况

3个月后,加拿大公司在现汇市场上出售1 000万美元,

收进：1 000万×1.2510=1 251 万加元

损失：1 251 万－1 289 万=－38 万加元

结论：做掉期可将1 000万美元的外汇风险锁定在 24 万加元的掉期成本上，而不做掉期，将遭受 38 万加元的损失。可见，掉期交易具有规避汇率风险的作用。

2. 即期对即期的掉期

亦称“一日掉期”(one-day swap)，即同时做两笔金额相同、交割日相差一天、交易方向相反的即期外汇交易。可分两种：

(1)今日对明日的掉期(today-tomorrow swap)，即将第一笔即期交易的交割日安排在成交后的当天，将第二笔反向即期交易的交割日安排在成交后的第二天。

(2)明日对后日的掉期(tomorrow-next swap)，即将第一笔即期交易的交割日安排在成交后的第一个营业日，将第二笔反向即期交易的交割日安排在成交后的第二个营业日。

3. 远期对远期的掉期交易(forward-forward swap)

即同时做两笔交易方向相反、交割期限不同的某种货币的远期交易。例如，进出口商经常出现有不同期限的外汇应收款和应付款并存的情况，他们通常利用掉期业务进行套期保值

【例 5-10】某中国贸易公司一个月后将收到出口货款 100 万美元，同时三个月后将支付进口货款 100 万美元，该公司利用掉期交易业务固定成本规避汇率风险。假设市场行情如下：

一个月期 USD 1=CNY 6.9500～6.9520

三个月期 USD 1=CNY 6.9000～6.9010

请计算该公司的掉期损益。

解：卖 100 万美元一个月期汇将收进：100 万×6.9500=695 万美元

同时买 100 万美元三个月期汇将支付：100 万×6.9010=690.1 万美元

掉期损益：695 万－690.1 万=4.9 万美元(掉期收益)

通过上述交易，该公司可以轧平外汇头寸，达到规避汇率风险的目的。

四、套汇交易

(一)套汇交易的概念

套汇(arbitrage)指外汇交易者利用不同外汇市场在同一时刻的汇率差异，在汇率低的市场上买进，同时在汇率高的市场上卖出，赚取不同市场汇差收益的外汇交易。

(二)套汇交易的类型

按其所涉及地点的不同，套汇交易可以分为以下几种：

1. 两地套汇

两地套汇即直接套汇，也称为两角套汇或两点套汇，是指利用两种货币在两个外汇市场上即期汇率的差异，贱买贵卖，以获取汇差的外汇交易。

【例 5-11】假定同一时刻，以下两个外汇市场的即期汇率如下：

伦敦外汇市场　1 英镑=1.3685/90 美元

纽约外汇市场　1 英镑＝1.3655/65 美元

一套汇者利用上述行情进行套汇，交易金额 100 万英镑，可以获取多少套汇收益（不计套汇费用）？

解：(1)在纽约外汇市场以 1.366 5 的买入英镑，付出：

100 万×1.3665＝136.65 万美元（成本）

(2)在伦敦外汇市场以 1.3685 的卖出英镑，收入：

100 万×1.3685＝136.85 万美元（收入）

(3)套汇毛利：136.85－136.65＝0.2 万美元

两地套汇的前提是：两个市场英镑与美元的汇率存在汇差，一旦汇差接近或消失，套汇就无利可图。

2. 三地套汇

三地套汇即间接套汇，也称为三角套汇或三点套汇，是指利用三个外汇市场之间即期汇率的差异，同时在这些外汇市场上进行贱买贵卖，以赚取汇差收益的外汇交易。

(1)判断三个外汇市场是否有机会进行套汇的判别方法

三地套汇较两地套汇复杂，很难直接判断是否存在汇差，因此在着手套汇之前，投资者必须先采用恰当的方法判断三个市场是否存在套汇机会。连乘积法即为基本方法之一。其方法是：将三地汇率换成统一标价法（直接标价法或间接标价法），且用同一数量单位；后将三个买入价或卖出价连乘，看其积是否等于 1 或几乎等于 1。若其乘积等于 1 或几乎等于 1，则说明三地汇率已处于均衡状态，套汇无利可图；若不等于 1，则表明三地汇率存在差价，套汇有利可图。

(2)三地套汇的计算步骤

三地套汇的计算较为繁杂，方法也不止一种，以下所介绍的方法虽然书写过程略繁复了些，但解题思路较为清晰，不易引起混淆，且计算量相对较简单。下面通过一道案例来具体说明。

【例 5-12】假定，某一天同一时刻，路透交易终端显示以下三地外汇市场的即期汇率如下：

纽约外汇市场　USD 1＝CHF 0.9850～0.9865

苏黎世外汇市场　GBP 1＝CHF 1.5110～1.5125

伦敦外汇市场　GBP 1＝USD 1.5570～1.5585

问：利用这三个外汇市场的行市是否可以进行三地套汇？若能套汇，以 100 万美元作为起套资金，可获取多少套汇利润？

解题过程如下：

步骤一：判断是否有套汇机会

将三地汇率换成统一标价法（间接标价法）并将前一个汇率连乘：

纽约外汇市场　USD 1＝CHF 0.9850～0.9865

苏黎世外汇市场　CHF 1＝GBP 1/1.5125～1/1.5110

伦敦外汇市场　GBP 1＝USD 1.5570～1.5585

因为　0.9850×1/1.5125×1.5570＝1.01398＞1

所以，可以进行三地套汇。

步骤二：确定套汇路线

将**换成统一标价法后**的三地汇率上下排列，使**首尾货币相同并衔接，且确保以起套货币始起套货币终**，然后求等号两边的连乘积并进行比较：

若等号左边的连乘积＜等号右边的连乘积，则从左上角出发起套；

若等号右边的连乘积＜等号左边的连乘积，则从右下角出发起套。

纽约外汇市场　　USD 1＝CHF 0.9850～0.9865

苏黎世外汇市场　　CHF 1＝GBP 1/1.5125～1/1.5110

伦敦外汇市场　　GBP 1＝USD 1.5570～1.5585

在本案例中，三地汇率的排列已满足首尾货币相同并衔接，且以起套货币（美元）开始起套货币（美元）结束，故可直接求等号两边的连乘积并进行比较。

因为：左边的乘积　　　右边的乘积

1×1×1　　＜　　0.9850×1/1.5125×1.5570＝1.01398

所以：从左上角出发起套，即套汇路线为纽约（卖美元买瑞郎）→苏黎世（卖瑞郎买英镑）→伦敦（卖英镑买美元）

步骤三：计算套汇收益

100 万美元进行套汇，可获得：

100 万×0.9850×1/1.5125×1.5570＝USD 101.398 万美元

套汇利润：

101.398 万－100 万＝USD 1.398 万美元

细心观察，容易发现：这种方法的解题过程三次运用到了“0.9850×1/1.5125×1.5570＝1.01398”这个连乘积，使得计算量大大减小，易于提高解题的准确性。

当然，在以上的解题过程中，步骤一采用了统一的间接标价法，有兴趣的读者亦可以将三地汇率换成统一的直接标价法，然后依据以上三步法尝试计算最后的套汇收益是否为 USD 1.398 万（若解题过程正确，结果当然应该一致）。

五、套利交易

如果甲国有一居民拥有 100 万的本币资产，甲国存款的年利率为 2%，同一时期乙国存款的年利率为 5%。假定甲国的资本项目可以自由兑换，甲国该居民会将其资产转移到乙国投资以获取比甲国高 3%的存款利率。该甲国居民就是在进行套利交易。易见，**套利交易是根据两国市场利率的差异，将资金从利率较低的国家调往利率较高的国家，以赚取利差收益的一种外汇交易**。根据是否对套利交易所涉及的汇率风险进行抵补，套利交易可分为：

（一）未抵补套利（uncovered interest arbitrage）

指投资者单纯根据两国市场利率的差异，将资金从低利率货币转向高利率货币，而对所面临的汇率风险不加以抵补。

【例 5-13】假设日本市场年利率为 1%，美国市场年利率为 4%，美元/日元的即期汇率为 119.85/00，为谋取利差收益，一日本投资者欲将 1.2 亿元日元转到美国投资一年，如果一年后美元/日元的市场即期汇率为 115.00/15，请比较该投资者进行套利和不套利的收益情况。

解：

(1)套利

用 1.2 亿日元买美元现汇：12 000 万÷120.00＝100 万美元

一年后 100 万美元投资的美元本利和：100 万×(1＋4%)×1＝104 万美元

104 万美元折合日元：104 万×115.00＝11 960 万日元

套利收益：11 960 万－12 000 万＝－40 万日元

(2)不套利

一年后日元在日本投资的本利和：1.2 亿×(1＋1%)×1＝12 120 万日元

不套利收益：12 120 万－12 000 万＝120 万日元

套利比不套利少收入 160 万日元，且在该案例中，由于一年后美元的大幅贬值，套利者甚至遭受本金亏损的损失。可见，若投资目标国货币大幅贬值对不抵补套利的影响很大，投资者要承受较大的汇率风险。因此，套利者往往利用远期外汇交易来规避这种风险，进行抵补套利。

(二)抵补套利(covered interest arbitrage)

指投资者将资金从低利率国家调往高利率国家的同时，利用远期外汇交易等交易手段对投资资金进行保值，以降低套利中的汇率风险，这是常见的一种套利交易。

如上例中，假设美元/日元一年期的远期汇率为 117.70/95，若日本投资者利用远期交易来抵补套利，请比较该投资者套利与不套利的收益情况。

解：

(1)套利

1.2 亿日元买美元现汇：12 000 万÷120.00＝100 万美元

100 万美元投资的美元本利和：100 万×(1＋4%)×1＝104 万美元

卖 104 万美元期汇折合日元：104 万×117.70＝12 240.8 万日元

套利收益：12 240.8 万－12 000 万＝240.8 万日元

(2)不套利

一年后日元在日本投资的本利和：1.2 亿×(1＋1%)×1＝12 120 万日元

不套利收益：12 120 万－12 000 万＝120 万日元

因此，套利比不套利可多收入 120.8 万日元，抵补套利的优势显而易见。

当然，抵补套利有利可图的前提是：高利率货币的贴水率低于两国同期利差，否则，套利就无利可图。高利率货币的贴水率的计算公式为：

$$\text{贴水率}=\frac{\text{贴水}}{\text{即期汇率}}\times\frac{12}{\text{月数}}\times 100\%$$

以上例进行检验：美元的年贴水率为 1.916%，小于两地一年的利差 3%，因此套利必然有利可图；而如果远期汇率不高于 116.40(120.00－120.00×3%)，进行套利就无利可图。

第三节 衍生外汇交易

本节将介绍外汇交易创新工具，即外汇衍生产品，包括外汇期货交易和外汇期权交易。

一、外汇期货交易

（一）外汇期货交易的含义

外汇期货交易(foreign exchange future)，也叫货币期货交易，是指交易双方在交易所内通过公开竞价的方式成交后，承诺在未来某一特定日期以事先约定的汇价买卖某种特定外汇的标准化合约。

1972年，利奥·梅拉梅德主持的芝加哥商品交易所创立了世界上第一个集中的外汇交易市场——国际货币市场(IMM)，首次推出了7种转移汇率风险的外汇期货合约交易。目前，以美国的国际货币市场(IMM)和英国伦敦的国际金融期货交易所(LIFFE)开办的外汇期货品种最多，规模和影响最大。

（二）外汇期货交易的基本规则

为维护交易秩序，外汇期货交易规定了以下基本规则：

1. 保证金制度

外汇期货交易在成交时只规定买卖双方在未来一定时期按合约规定的条件进行交易的责任，并没有进行实际的货币交割。在合约到期之前，随着每日汇率的波动，每笔外汇期货合约的市场价值也在不断地发生变化。在合约到期时，合约的一方有可能受损。如果合约缺乏强制力或缺乏对违约行为的有效处罚，亏损方很可能会选择违约。在外汇期货市场上，有一种很好的机制来预防违约行为的发生，这就是保证金(margin)制度。外汇期货进行交易时均须向经纪人公司缴纳规定的保证金，用以作为交易者履约的保证。

保证金分为两种：初始保证金和维持保证金。初始保证金(initial margin)是交易开始时(开仓时)缴纳的保证金。保证金的要求因不同的交易币种和不同的交易所而有所区别。通常是按照交易金额的2%～3%交纳。维持保证金(maintenance margin)是外汇期货交易中允许保证金下降的下限，一般是初始保证金的70%～80%。如果保证金账户余额低于维持保证金时，客户在极短的时间内须将保证金补足到初始保证金的水平，否则，其合约将按市场价格被强行平仓，价值损失部分将在客户的保证金中扣除。

2. 每日结算制度

它是指期货交易所的结算部门在每日收市时计算出该交易日的结算价，然后再根据当日交易的结算价，结算每一位会员所持头寸的盈亏，亏损的必须通知该会员及时追加，盈余的则由期货交易所的结算部门自动划入该会员的账户，由此做到每日无负债。按同样道理，经纪公司再依据交易所的结算通知书，对自己的每一位客户进行每日结算。有关具体的结算方法，在各个交易所的结算规则中都有详细的规定。可见，根据期货交易特有的每日结算制度，在收盘以后，客户当日建立头寸的价格如果比交易所公布的结算价更优，则账户中已经增加了盈利，反之，亏损也被从账户中实际划出；客户非当日建立的头寸如果上一交易日结算价比当日结算价更优，账户中也会增加盈利，反之则划出亏损；划出后的剩余保证金如不足以维持现有头寸，客户还会接到追加保证金通知书。

每日结算制度通过逐日盯市制(marking to market)来运作。逐日盯市制即期货市场按每个交易日的结算价格计算当日客户的损益记入保证金账户的做法。结算价格(settlement price)是指每日收盘前最后30秒或60秒所达到的最高价和最低价计算出的价格平均数。下面以一实例说明逐日盯市制的具体操作方法。

【例5-14】某年3月20日，星期一，一位投资者买入1份9月期的瑞士法郎期货合同，期货价格为CHF 1＝USD 0.7882，初始保证金为USD 2 000，维持保证金为USD 1 500。当各日外汇期货市场的期货收盘价(结算价格)为以下金额时，请计算该投资者的当日损益、累计损益、保证金账户的余额以及是否要追加保证金：

3月20日，收盘的期货价格为0.7874

3月21日，收盘的期货价格为0.7858

3月22日，收盘的期货价格为0.7838

3月23日，收盘的期货价格为0.7850

3月24日，收盘的期货价格为0.7856

3月27日，收盘的期货价格为0.7870

3月28日，收盘的期货价格为0.7868

解：1份瑞士法郎的期货合同金额为CHF 125 000，当期货价格上涨时盈利，则保证金账户余额增加；反之，则保证金账户余额减少。下面列表(表5-2)来说明该投资者的当日损益、累计损益、保证金账户的余额以及追加保证金情况。

表5-2　某投资者外汇期货交易账户变动情况

单位：美元

日期	收盘价	当日损益	累计损益	保证金余额	追加保证金
3月20日 3月20日	0.7882 0.7874	 －100	 －100	2 000 1 900	
3月21日	0.7858	－200	－300	1 700	
3月22日	0.7838	－250	－550	1 450	550
3月23日	0.7850	150	－400	2 150	
3月24日	0.7856	75	－325	2 225	
3月27日	0.7870	175	－150	2 400	
3月28日	0.7868	－25	－175	2 375	

表5-2说明：

(1)在3月20日当天收盘时，瑞士法郎期货价格下跌到CHF 1＝USD 0.7874，因此投资者账面损失了100美元[(0.7882－0.7874)×125 000]，这部分损失当天就要在保证金账户中扣除,因此保证金余额由2 000美元下降到1 900美元。同理,以后每天都要进行同样的过程,一直到合约平仓或到期了结为止。

(2)3 月 22 日瑞士法郎期货价格下跌到 CHF 1=USD 0.7838 时,该投资者的保证金余额为1 450美元。低于维持保证金1 500美元,经纪人向客户发出催缴追加保证金通知,客户及时追加了 550 美元的保证金,使保证金余额上升到2 000美元。

3. 外汇期货合约标准化制度

外汇期货交易,实质上是标准化的外汇期货合约的交易。即为了使期货交易能够高效率进行,外汇期货合约除了价格外,所有交易要素包括交易币种、合约面额、报价方法、最小变动单位、交易时间、保证金数额、交割月份、交割地点等都做了规范化、标准化的处理,在交易中唯一变动的是期货价格。下面以 IMM 交易的部分外汇期货合约的内容为例进行具体说明。表 5-3 是在 IMM 交易的部分外汇期货合约。

表 5-3 IMM 交易的部分外汇期货合约

合约名称	澳元	英镑	加元	日元	瑞士法郎
合约面额	100 000 澳元	62 500 英镑	100 000 加元	12 500 000 日元	125 000 瑞士法郎
报价方法	美分/澳元	美分/英镑	美分/加元	美分/日元	美分/瑞士法郎
初始保证金	$ 1 200	$ 2 800	$ 900	$ 2 100	$ 2 000
维持保证金	$ 900	$ 2 000	$ 700	$ 1 700	$ 1 500
汇价最小变动单位	0.0001	0.0002	0.0001	0.000001	0.0001
对应的点数	1 点	2 点	1 点	1 点	1 点
最小变动值	10.00 美元	12.50 美元	10.00 美元	12.50 美元	12.50 美元
交割月份	3、6、9、12 月				
交易时间	7:00a.m.—2:00p.m.(美国中部时间)				
最后交易日	交割月份的第三个星期的星期三				

下面结合表 5-3 做几点说明:

(1)各外汇期货市场分别规定各自的外币期货交易币种。如 IMM 交易的币种有英镑、德国马克、瑞士法郎、日元、加元、法国法郎、澳元 7 种,2002 年后德国马克、法国法郎被欧元取代。

(2)每种货币的最小标准交易单位是一份合约的面额,各货币的交易是以这个单位或其整数倍进行的。例如,IMM 英镑期货合约的交易单位为每份62 500英镑,买卖英镑期货只能是62 500的整数倍,如125 000英镑,或187 500英镑等,即 2 份或 3 份英镑期货合约等。因此,外汇期货交易的标的物是标准化的合约,而非外币本身。

(3)外汇期货实行美元报价制度,以每单位外币(日元为每 100 日元)兑换多少美元来报价。IMM 的外汇期货合约是以美分/外币来报价。“1 点”是指所报价格的小数点后最后一位数，每1点指小数点后第四位，日元则指小数点后第六位。

(4)交割月份，为每年的季月，即3月、6月、9月和12月。交割月的第三个星期三为该月的交割日。

(5)最小价格波动幅度。国际货币市场对每一种外汇期货报价的最小波动幅度做了规定。在交易场内，经纪人所做的出价或叫价只能是最小波动幅度的倍数。如英镑0.0002美元、加元0.0001美元、日元0.000001美元。

标准化的合约有许多好处：第一，合约标准化后，交易所可进行几个统一合约的交易，而不是同时买卖大量条款各异的合约，加强了期货市场的流动性和灵活性；第二，合约标准化后，交易者可方便地比较不同的期货价格。

(三)外汇期货交易与远期外汇交易的区别

外汇期货交易与远期外汇交易是两种不同的交易。外汇期货交易是买卖双方在期货交易所通过买卖合约，承诺未来某一特定日期以协议价格交割某种有标准数量外汇的交易形式。远期外汇交易是指外汇买卖成交后，当时并不办理，而是根据合同的规定，在将来某一特定时间内以成交时商定的价格交割一定数量外汇的交易形式。两者的区别主要有：

1. 交易目的不同

从事外汇期货交易的目的有两类：一类是为了规避外汇风险，如套期保值者；再一类是进行外汇投机活动以谋利，如投机者。而从事远期外汇交易的目的主要是规避外汇风险。

2. 交易者不同

从事远期外汇交易虽然没有资格限制，但实际上远期外汇参与者大多为专业化的证券交易商或与银行有良好往来关系的大厂商，广大个人投资者与中、小企业由于缺乏足够信用极难有参与交易的机会。而期货交易更具有大众意义，参加者可以是银行、其他金融机构、公司、政府和个人，只要按规定交纳保证金，均可通过期货交易所中有会员身份的经纪行进行交易。

此外，远期外汇市场的参与者大多为套期保值者，市场流动性较差；而外汇期货市场有大量投机者和套利者的参与，市场流动性很好，发展极为迅速。

3. 交易工具不同

外汇期货市场上交易的是外汇期货合约(futures contract)，而远期外汇市场上交易的是远期外汇合约(forward contract)。前者是一种标准化的合约，交易额是用合同的数量多少来表示的。买卖额最小是一个合同，大的可以是几个合同。每个合同的金额，不同的货币有不同的规定。而外汇远期合约则无固定的规格，合约细则由交易双方自行商定。

4. 交易场所与交易方式不同

外汇期货交易主要在指定的期货交易所进行，采取公开喊价的方式成交。交易所也必须能确保客户的下单在公平合理的交易价格下完成。期货合约在交易厅内公开交易，交易所还必须保证让当时的买卖价格能及时并广泛传播出去，使得期货交易者从交易的透明化中享受到交易的优点。而远期市场组织较为松散，没有交易所，也没有集中交易地点，交易方式也不是集中式的。

5. 交易规则不同

远期合约交易通常不交纳保证金，合约到期后才结算盈亏。期货交易则不同，必须在交易前交纳一定数额的保证金，并由清算公司进行逐日结算，如有盈余，可以支取，如有损失且账面保证金低于维持水平时，必须及时补足，这是避免交易所信用危机的一项极为重要的安全措施。

6. 交易结果不同

外汇期货市场可以用来保值，也可以用来投机，而期货交易本身也提供这种条件。货币期货交易的了结方式有两种：

第一种，等到到期日进行实物交割。在实际操作中，只有很少的合同进行到期时的实际交割，约占1%～2%。

第二种，随时做一笔相反方向的相同数量和相同交割月份的期货交易，叫作"对冲平仓"，绝大部分期货交易都是如此了结的。如果你买了若干个外币期货合同，随后又卖出了同样数量的相同的合同，这样就不仅轧平了头寸，而且完全结清了自己已做过的合同，也就是说等合同到期时，你不用再去进行货币的收付了。而远期外汇交易，一般都会在指定交割日交割现货。此外，货币期货的交割都通过清算所统一进行，而远期外汇交易是客户与银行之间的直接清算交割。

7. 交割日期的不同

外币期货合同中规定合同的到期日为交割月份的第三个星期的星期三(外币期货的交割月份一般为每年的3月、6月、9月、12月)。远期外汇交易则没有交割日期的固定规定，可由客户根据需要自由选择。除此之外，外汇期货合约是可以转让的；而远期外汇合约则不可转让，所以流动性较弱。

总之，外汇期货交易与远期外汇交易的区别是明显的，是两种不同种类的交易形式。

(四)外汇期货交易的作用

1. 套期保值(hedging)

(1)套期保值原理

由于期货合约是以现货商品作为合约标的物的，期货价格就是预期的现货价格，因此在正常的国际金融运行情况下，影响现货价格的各因素同样也影响着期货价格，外汇期货价格与外汇即期汇率的变动方向基本一致，即：即期汇率与期货价格同涨或同跌；两者涨跌幅度虽有差异但大致接近。在此基础上，再根据方向相反、数量相等、月份相同或相近的操作原则进行交易，必然形成：若现货交易发生亏损，期货交易就会盈利；反之，若现货交易盈利，期货交易亏损。现货交易与期货交易盈亏可以大致相互冲抵，用以固定收益或锁定成本，确保生产经营活动的顺利进行。

在期货套期保值交易中，买进期货以建立与现货头寸相反的部位时，称为多头套期保值(或买期保值)；卖出期货以对冲现货部位风险时，称为空头套期保值(或卖期保值)。套期保值者在交易中总遵循方向相反的原则。

(2)套期保值步骤

第一步：交易者根据现汇交易情况，通过买进或卖出期货合约建立与现货头寸相反的第一个期货部位(position，又称"头寸")。

套期保值者在交易中总遵循方向相反的原则，当套期保值者在现货交易中处于空头部位，即在未来某一天需要外汇时，则买进期货合约，称为多头(买进)套期保值或买期保值；当套期保值者在现货交易中处于多头部位，即在未来某一天有外汇收入时，则卖出期货合约，称为空头(卖出)套期保值或卖期保值。

第二步：在期货合约到期日之前完成现货交易时，通过建立另一个相反的期货部位将先前合约平仓。

当然，通过套期保值，套期保值者可以规避掉汇率波动的汇率风险，但却不可能获得汇率朝有利方向变动时的获利机会。

(3)套期保值案例

①多头套期保值，就是在期货市场上先买入某种外币期货，然后卖出期货轧平头寸。通过期货市场先买后卖的汇率变动与现货市场相关交易的汇率变动损益相抵冲，以避免汇率波动风险。

【例 5-15】美国某进口商在 9 月 10 日从英国进口价值250 000英镑的商品，11 月 20 日需向英国出口商支付货款。假设 9 月 10 日英镑的即期汇率是 GBP 1=USD 1.3320，当天 12 月期英镑期货价格为 GBP 1=USD 1.3350。

为防止英镑升值增加进口成本，该美国进口商利用期货市场进行套期保值。具体做法是：在 9 月 10 日买入 4 张 12 月期英镑期货合约，总价值为250 000英镑(每张英镑期货合约面额62 500英镑)。到了 11 月 20 日，再在期货市场上进行对冲，即卖出 4 张 12 月期英镑期货合约，同时在即期外汇市场上买入250 000英镑支付货款。交易过程如表 5-4 所示。

表 5-4　多头套期保值交易过程示例

现货市场	期货市场
9 月 10 日 现汇汇率 GBP 1=USD 1.3320 GBP 250 000折合 USD 333 000	9 月 10 日 买入 4 张 12 月期英镑期货合约(开仓) 价格：GBP 1=USD 1.3350 总价值：USD 333 750
11 月 20 日 现汇汇率 GBP 1=USD 1.3420 买入 GBP 250 000 现汇，付出 USD 335 500	11 月 20 日 卖出 4 张 12 月期英镑期货合约(平仓) 价格：GBP 1=USD 1.3440 总价值：USD 336 000
结果： 损失　USD 2 500	结果： 盈利　USD 2 250

由于英镑升值，该进口商为支付250 000英镑货款需多支付2 500美元。但由于做了套期保值，在期货市场上盈利2 250美元，从而可以大致弥补现汇市场上的损失。

当然，如果到期日英镑汇率不是上升而是下降，则期货市场上的损失要由现货市场上的盈利来弥补。

②空头套期保值，即在期货市场上先卖后买来固定汇率，避免汇率波动的风险。

【例 5-16】美国一出口商 3 月 10 日向瑞士出口一批货物，计价货币为瑞士法郎，价值250 000瑞郎，2 个月后收回货款。为防止 2 个月后瑞郎贬值，该出口商在期货市场上卖出 2 份 6 月期瑞士法郎期货合约(每张瑞郎期货合约面额125 000瑞士法郎)，价格为0.7680美元/瑞郎，至 5 月份瑞郎果然贬值。交易过程如表 5-5 所示。

表 5-5 空头套期保值交易过程示例

现货市场	期货市场
3 月 10 日 现汇汇率 USD 1=CHF 1.3024 CHF 250 000折合 USD 191 953.32	3 月 10 日 卖出 2 张 6 月期瑞郎期货合约(开仓) 价格：CHF 1 = USD 0.7680 (USD 1 = CHF 1.3020) 总价值：USD 192 000
5 月 10 日 现汇汇率 USD 1=CHF 1.3100 卖出 CHF 250 000 现汇，收入 USD 190 839.7	5 月 10 日 买入 2 张 6 月期瑞郎期货合约(平仓) 价格：CHF 1 = USD 0.7630 (USD 1 = CHF 1.3106) 总价值：USD 190 750
结果： 损失 USD 1 113.63	结果： 盈利 USD 1 250

该公司由于瑞士法郎贬值，在现货市场上少收入1 113.63美元，但由于在期汇市场上做了套期保值，在期汇市场上盈利1 250美元，从而不仅完全弥补了现汇市场上的损失，而且有 136.37 美元的盈利。

当然，如果瑞士法郎不是贬值而是升值，则期汇市场上的损失要由现货市场上的盈利来弥补。

2. 投机(speculation)

外汇期货投机是外汇期货交易的另一个重要组成部分，投机者参与期货交易的基本动机是为了获取风险利润。例如，若投机者预期某种外汇期货价格将上涨，就买进该种期货合约，预期期货价格将下跌就卖出期货合约。若期货价格走势与所预期的方向一致，则获利；若走势与预期的方向相反，则遭损失。因此，外汇期货投机获利的关键在于是否能对期货价格走势做出正确预测。

(1)外汇期货投机的主要方式

①简单投机，又称单项式投机，就是买空卖空同一市场上同一交割月份的期货合约的交易活动。

简单投机是投机者最基本的交易策略，投机者通过对外汇期货价格走势的预期和判断，买入或卖出某个币种一定数量某一交割月份的外汇期货合约，在合约到期之前，如果该合约的价格走势与投机者预期的一致，则卖出或买入以上合约进行对冲平仓，即可从中赚取利润。当然，如果外汇期货的价格走势与投机者预期相背离，投机者就要遭受损失。简单投机分多头投机(买空)和空头投机(卖空)。

多头投机(做多头或买空)：投机者预测某种外汇期货合约将要上涨时，买入该种期货合约，至上涨时再卖出平仓(先买后卖，希望低价买入，高价卖出对冲)。投机者在市场中处于多头部位，故称多头投机。

空头投机(做空头或卖空)：投机者预测某种外汇期货合约将要下跌时，卖出该种期货合约，至下跌时再买入平仓(先卖后买，希望高价卖出，低价买入对冲)，投机者在市场中处于空头部位，故称空头投机。

②外汇期货套利，指投机者同时买入或卖出两种相关的外汇期货合约，在合约到期前适时将所持有的合约同时平仓，从中获利的交易活动。

外汇期货套利可分为：跨月套利、跨市场套利、跨币种套利等。

跨月套利，指买进某一交割月份外汇期货合约的同时，卖出另一交易月份的同种期货合约，利用相同币种但不同交割月份的期货合约在某一交易所的价格差异进行套期图利。

跨市场套利，指在一个交易所买进一种外汇期货合约的同时，在另一交易所卖出同种外汇期货合约，利用同一种外汇期货合约在不同交易所的价差套取利润。

跨币种套利，指买入一个币种的外汇期货合约的同时，卖出另一个币种的期货合约，利用交割月份相同但币种不同的外汇期货合约价差进行交易，以获取投机利润。

(2)外汇期货交易案例

【例 5-17】(多头投机，即买空)某投机者预期 3 月期日元期货价格呈上涨趋势，于是在 1 月 10 日在 IMM 市场买进 20 份 3 月期日元期货合约(每张日元期货面额12 500 000日元)，当天的期货价格为＄0.008333/￥(即￥120.00/＄)。到 3 月 1 日，上述日元期货的价格果然上涨，价格为＄0.008475/￥(即￥118.00/＄)，该投机者悉数卖出手中日元期货合约获利了结。请计算该投机者的投机损益情况(不考虑投机成本)。

解：1 月 10 日购入时 20 份合约的总价值为：

0.008333×12 500 000×20＝2 083 250 美元

3 月 1 日售出时 20 份合约的总价值为：

0.008475×12 500 000×20＝2 118 750 美元

该投机者可获取的投机利润为：

2 118 750－2 083 250＝35 500 美元

当然，如果投机者预测错误，即日元期货不涨反跌，投机者就要承担风险损失。

【例 5-18】(空头投机，即卖空)某投机者预期 9 月期英镑期货将会下跌，于是在 2 月 20 日￡1＝＄1.3447的价位上卖出 4 份 9 月期英镑期货合约(每张英镑期货面额62 500英镑)。5 月 15 日英镑果然下跌，投机者在￡1＝＄1.3389的价位上买入 4 份 9 月期英镑期货合约对全部空头头寸加以平仓。请计算该投机者的损益情况(不计投机成本)。

解：2 月 20 日时卖出 4 份合约的总价值为：

1.3447×62 500×4＝336 175 美元

5 月 15 日买入 4 份合约的总价值为：

1.3389×62 500×4＝334 725 美元

该投机者可获取的投机利润为：

336 175－334 725＝1 450 美元

在不考虑手续费的情况下，该投机者从英镑期货的交易中获取利润1 450美元。

同样，如果投机者预测错误，即英镑期货不跌反涨，投机者就要承担风险损失。

【例 5-19】(跨月套利)假设某年 1 月 10 日 IMM 3 月期、6 月期的日元期货价格如下：

3 月期　　0.008858

6 月期　　0.008918

某投机者预期 3 月期的日元期货价格的增长速度将会快于 6 月期的日元期货价格的增长速度。为获取差价收益，该投机者进行“买 3 月/卖 6 月”的跨月套利，即购买 10 份 3 月期日元期货合约，同时出售 10 份 6 月期日元期货合约。假设到 2 月 20 日，3 月期和 6 月期的日元期货行情如下：

3 月期　　0.008925

6 月期　　0.008965

于是该投机者对两笔交易同时进行了结，其操作过程如表 5-6 所示。

表 5-6　跨月套利交易过程示例

3 月期合约	6 月期合约
1 月 10 日 买入 10 份合约 总价值　0.008858×12 500 000×10＝ USD 1 107 250	1 月 10 日 卖出 10 份合约 总价值 0.008918×12 500 000×10＝ USD 1 114 750
2 月 20 日 卖出 10 份合约 总价值 0.008925×12 500 000×10＝ USD 1 115 625	2 月 20 日 买入 10 份合约 总价值 0.008965×12 500 000×10＝ USD 1 120 625
结果 盈利　USD 8 375	结果 亏损　USD 5 875

套利者这笔“买 3 月/卖 6 月”跨月套利的净盈利是2 500美元(不考虑投机成本)。

【例 5-20】(跨市套利)9 月 20 日，某套利者在国际货币市场以 GBP 1＝USD 1.3300的价格买入 4 份 12 月期英镑期货合约，同时在伦敦国际金融期货交易所以 GBP 1＝USD 1.3500的价格出售 10 份 12 月期英镑期货合约。由于国际货币市场每份英镑期货合约为62 500英镑，而国际金融期货交易所每份英镑期货合约为25 000英镑，两者相差 2.5 倍，为保证套利合约实际金额一致，在两个交易所买入与卖出的期货合约份数也应与此比例相吻合。至 11 月 20 日，套利者以 GBP 1＝USD 1.3600的价格分别在两家交易所对两笔交易同时进行了结，其操作过程如表 5-7 所示。

表 5-7　跨市套利交易过程示例

国际货币市场	伦敦国际金融期货交易所
9 月 20 日 买入 4 份合约 总价值 1.3300×62 500×4＝USD 332 500	9 月 20 日 卖出 10 份合约 总价值 1.3500×25 000×10＝USD 337 500
11 月 20 日 卖出 4 份合约 总价值 1.3600×62 500×4＝USD 340 000	11 月 20 日 买入 10 份合约 总价值 1.3600×25 000×10＝USD 340 000
结果： 盈利 USD 7 500	结果： 亏损 USD 2 500

该交易者在国际货币市场上盈利7 500美元，在国际金融期货交易所中亏损2 500美元，通过跨市场套利交易盈利5 000美元。

二、外汇期权交易

（一）外汇期权交易概述

1. 外汇期权交易的概念

外汇期权（foreign exchange option）是以外汇作为合约标的物的期权，也称为外币期权（foreign currency option），是一种有关货币的选择权契约，其持有人即期权买方享有在契约到期或之前以事先规定的价格购买或出售一定数额某种外汇资产的权利。期权买方所拥有的是一种权利而非义务，当行情有利时，他有权买进或卖出该种外汇资产；当行情不利时，他也可以不行使期权。而期权的卖方则有义务在买方要求履约时卖出或买进期权买方买进或卖出的该种外汇资产。

2. 外汇期权交易的基本交易术语

（1）期权买方与期权卖方

期权买方（taker）：也称为期权持有人（holder），是买进期权合约的一方。在外汇期权交易中，期权买方支付一笔费用（期权费），就可获得期权合约所赋予的在合约约定时间内，按照事先确定的执行价格向期权卖方买进或卖出一定数量相关外汇资产的权利。期权买方只有买或卖的权利，而没有必须买或必须卖的义务。

期权卖方（granter）：卖出期权合约的一方。在外汇期权交易中，期权卖方在收取期权买方的权利金后，负有在期权合约约定时间内，只要期权买方要求执行期权（即买进或卖出一定数量某种外汇资产），必须按照事先确定的执行价格相应地向期权买方卖出或买进一定数量的外汇资产。期权卖方只有义务，没有权利。

（2）期权费（premium）

也称为权利金、保险费，是期权买卖的价格。期权费是在订立期权合约时买方为取得履约选择权而必须支付给卖方的代价。期权费是期权合约中唯一的变量，是由买卖双方在国际期权市场公开竞价形成的。对于期权的买方来说，期权费是其交易成本，所面临损失的最高限度；对于期权卖方来说，期权费是其面临风险的补偿，所可能获得的最大利润。

因此期权合约的买方或卖方各自的风险和收益是不对称的。

(3)执行价格(strike price)

也称为协议价格(contract price)或履约价格(exercise price),是期权合约中规定的买方行使权利时的买卖交割价格。

执行价格确定后,在期权合约的有效期内,无论市场汇率如何波动,只要期权的买方要求履约,期权的卖方就必须按执行价格履行义务。如:期权买方买入了美元看涨期权,在期权合约规定的时间内,如果美元汇率上涨且高过执行价格,买方决定履约,即有权以低于市场汇率的执行价格买入期权合约所规定的美元;而期权卖方也必须无条件地以执行价格履行卖出义务。

(4)到期日与交割日

到期日(expiration date):是指期权合约必须履行的最后日期。只能在期权合约到期日方可履约的期权称为欧式期权;在合约到期日之前的任何一个交易日(含合约到期日)均可履约的期权称为美式期权。

交割日(delivery date),是指期权买方行使期权,卖方履行合约义务的清算日。

3. 外汇期权交易的特点

外汇期权交易有别于远期外汇交易和外汇期货交易,它有自身鲜明的特点:

第一,期权交易中,买卖双方的权利、义务是不对等的。买方支付权利金后,获得买进或卖出的权利,而不负有必须买进或卖出的义务。卖方收取权利金后,负有应买方要求,必须买进或卖出的义务,而没有不买或不卖的权利。

第二,期权交易的收益与风险具有明显的非对称性。对期权购买者而言,他所承受的最大风险是事先就明确的权利金,而他所可能获得的收益却是无限的;对于期权出售者而言,他能实现的收益是事先确定的、有限的,但他承担的风险却是无限的。

第三,外汇期权购买者的权利具有很强的时间性,只有在合约的有效期内行使才有效;超过有效期,期权合约自行失效,买方所拥有的权利与卖方所承担的义务随之消失。

(二)外汇期权的种类

1. 按照期权交易方向不同分为买权和卖权

买权(call option):是买入期权的简称,指其持有人有权按照执行价格在约定时间购买特定数量外汇的权利。持有这种期权,将来市场即期汇率越上涨,期权买方越有利,因此也称为看涨期权。

卖权(put option):是卖出期权的简称,指其持有人有权按照执行价格在约定时间出售特定数量外汇的权利。持有这种期权,将来市场即期汇率越下跌,期权买方越有利,因此也称为看跌期权。

2. 按照行使期权的时间是否具有灵活性可以分为美式期权和欧式期权

美式期权(American style option):在到期日或到期日之前任何时间都可以行使的外汇期权。

欧式期权(European style option):只能在到期日行使的期权。

可见美式期权具有较大的灵活性,因此美式期权的期权费较欧式期权高。

3. 按期权执行价格与即期汇率的关系来划分

实值期权(in the money option,ITM):也称溢价期权,是指看涨期权(看跌期权)的执行价格低于(高于)即期汇率,即执行价格优于即期汇率,买方执行期权可获利;

平值期权(at the money option,ATM):也称平价期权,是指看涨期权(看跌期权)的执行价格等于即期汇率,买方执行期权没有损益,即行权与否结果都一样;

虚值期权(out of the money option,OTM):也称损价期权,是指看涨期权(看跌期权)的执行价格高于(低于)即期汇率,即即期汇率优于执行价格,买方执行期权会遭致损失,故放弃行权。

表 5-8 执行价格与即期汇率的关系

	看涨期权	看跌期权
实值期权	执行价格＜即期汇率	执行价格＞即期汇率
平值期权	执行价格＝即期汇率	执行价格＝即期汇率
虚值期权	执行价格＞即期汇率	执行价格＜即期汇率

(三)外汇期权交易策略

在国际金融市场上,利用期权合约及其基础的交易工具,可以构造四种基本的期权投资策略:裸期权、抛补期权、差价期权和组合期权。在此主要介绍裸期权和抛补期权交易策略。

1. 裸期权交易策略

裸期权(naked option):单纯买入或卖出单个看涨期权或看跌期权。裸期权要承担一切交易风险,其中风险最大的是出售裸看涨期权(writing naked calls),即出售一个允许某人购买而卖方还未拥有的期权。如某投资者出售一个裸外汇看涨期权。如果市场即期汇率高于执行价格,买方将执行该期权,该投资者就不得不按市场即期汇率买进相应的外汇资产实现交割。因此,其损失就可能非常大。

裸期权是外汇期权的基本交易策略,由于看涨期权和看跌期权各自都可以买进和卖出,因此就有了四种基本方法:

买入看涨期权(买权):多头买权;

卖出看涨期权(买权):空头买权;

买入看跌期权(卖权):多头卖权;

卖出看跌期权(卖权):空头卖权。

其他的期权交易策略均由这四种基本方法组成。

(1)买入看涨期权交易策略及运用

买入看涨期权(buying a call option),即多头买权(long call),它使买入者或期权持有者获得了到期日以前按执行价格(exercise or strike price)购买合同规定的某种外汇的权利(不是责任)。买入看涨期权购买者损益状况如下:

盈亏平衡点＝执行价格＋期权费

最大盈利＝即期汇率－(执行价格＋期权费)

最大亏损=支出的期权费

【例 5-21】李先生预计美元对瑞士法郎汇率将上涨，于是买进一张美元欧式看涨期权，执行价格为 USD 1=CHF 1.2800，支付的期权费为 USD 1=CHF 0.02。李先生获得在期权合约到期时，以 USD 1=CHF 1.2800的汇率买进的权利。设美元对瑞郎的市场汇率为 X，则李先生的损益如下：

盈亏平衡点=1.2800+0.02=1.3000 CHF/USD

最大盈利=X－(1.2800+0.02)=(X－1.3000) CHF/USD

最大亏损=0.02 CHF/USD

- 当美元对瑞郎的市场汇率 X 低于 1.2800 CHF/USD 时，李先生放弃履约，最大的损失是恒定的，即事先支出的期权费 USD 1=CHF 0.02；
- 当 X 高于1.2800 CHF/USD 低于1.3000 CHF/USD 时，李先生虽然行使期权，但由于事先支付的期权费，仍遭受损失，盈亏平衡点是1.3000 CHF/USD，这意味着，当市场汇率 X 上涨到1.3000 CHF/USD 时，李先生不再亏损；
- 当 X 高于1.3000 CHF/USD 时，李先生行使期权，可实现盈利，利润=X－1.3000，即随着美元即期汇率上升，李先生的收益将不断增加，且收益潜力是无限的。

其图解如图 5-1 所示。

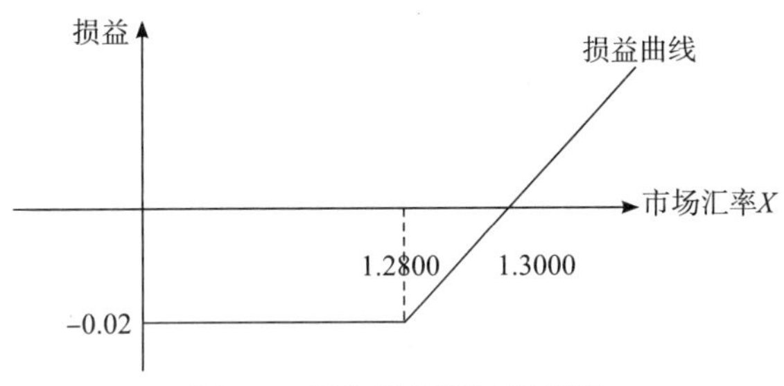

图 5-1 买入看涨期权损益图

(2)卖出看涨期权交易策略及运用

卖出看涨期权(writing or selling call option)，即空头买权(short call)，如果买方执行合同，出售者就有责任在到期日之前按执行价格出售合同规定的某种外汇，作为回报，期权的出售者可收取一定的期权费。

由于看涨期权出售者的收益正好是该期权购买者的亏损，看涨期权出售者的亏损正好是该期权购买者的收益，因此卖出看涨期权出售者损益状况如下：

盈亏平衡点=执行价格+期权费

最大盈利=收取的期权费

最大亏损=执行价格+期权费－即期汇率

【例 5-22】张先生预计美元对瑞士法郎汇率将不上涨，于是卖出一张美元看涨期权，执行价格为 USD 1=CHF 1.2800，收取期权费为 USD 1=CHF 0.02。设美元对瑞郎的市场汇率为 X，则张先生的损益如下：

盈亏平衡点=1.2800+0.02=1.3000 CHF/USD

最大盈利=0.02 CHF/USD

最大亏损＝1.2800＋0.02－X＝(1.3000－X)CHF/USD

• 当 X 低于 1.2800 CHF/USD 时，期权将不会被执行，张先生可获得最大利润，且利润是恒定的，即预先收入的期权费 USD 1＝CHF 0.02；

• 当 X 高于 1.2800 CHF/USD 低于 1.3000 CHF/USD 时，期权虽将被执行，但由于事先收取的期权费，张先生仍有盈利，盈亏平衡点是1.3000 CHF/USD，这意味着，市场汇率上涨到1.3000 CHF/USD 张先生将不再盈利；

• 当 X 高于1.3000 CHF/USD 时，期权将被执行，张先生开始遭受亏损，亏损＝1.3000－X，即随着市场汇率的上升，张先生的损失将不断增加，且损失的可能性是无限的。

其图解如图 5-2 所示。

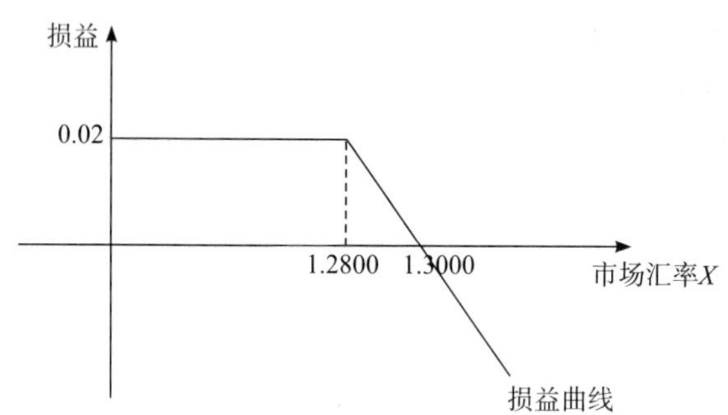

图 5-2　卖出看涨期权损益图

(3)买入看跌期权交易策略及运用

买入看跌期权(buying put option)，即多头卖权(long put)，使得购买者获得了在到期日以前按协议汇价出售合同规定的某种外汇的权利(而不是责任)。

买入看跌期权购买者损益状况如下：

盈亏平衡点＝执行价格－权利金

最大盈利＝执行价格－即期汇率－权利金

最大亏损＝支出的权利金

【例 5-23】王先生预计美元对瑞士法郎汇率将下跌，于是买入一张美元看跌期权，执行价格为 USD 1＝CHF 1.2800，支付期权费为 USD 1＝CHF 0.02。设美元对瑞郎的市场汇率为 X，则王先生的损益如下：

盈亏平衡点＝1.2800－0.02＝1.2600 CHF/USD

最大盈利＝1.2800－X－0.02＝(1.2600－X)CHF/USD

最大亏损＝0.02 CHF/USD

• 当 X 低于 1.2600 CHF/USD 时，王先生行使期权，收益＝1.2600－X，随着即期汇率的下跌，收益越来越大；

• 当 X 高于 1.2600 CHF/USD 低于1.2800 CHF/USD 时，王先生行使期权，但由于事先支付的期权费，他将遭受损失，盈亏平衡点＝1.2600 CHF/USD，这意味着 X 升到1.2600 CHF/USD 时，王先生不再盈利；

• 当 X 高于1.2800 CHF/USD 时，王先生不行使期权，损失是有限的，最大损失是支付的期权费 USD 1＝CHF 0.02。

其图解如图 5-3 所示。

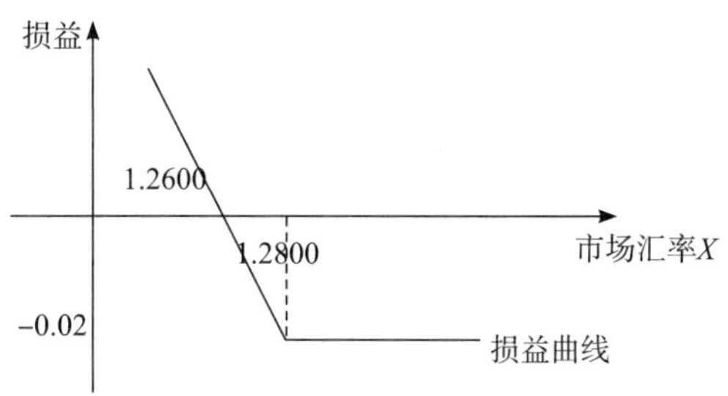

图 5-3 买入看跌期权损益图

(4)卖出看跌期权交易策略及运用

卖出看跌期权(writing or selling put option)即空头卖权(short put)。卖出看跌期权出售者售出一份期权合同后可以获得一笔期权费,同时承担了一种责任,即当卖出看跌期权的购买者选择行使权利时,他就有责任在到期日之前按执行价格买入合同规定的某种外汇。

卖出看跌期权售出者的损益状况如下:

盈亏平衡点=执行价格−权利金

最大盈利=收取的权利金

最大亏损=即期汇率+权利金−执行价格

【例 5-24】陈先生预计美元对瑞士法郎汇率将下跌,于是卖出一张美元看跌期权,执行价格为 USD 1=CHF 1.2800,收取期权价格为 USD 1=CHF 0.02。设美元对瑞郎的市场汇率为 X,则陈先生的损益如下:

盈亏平衡点=1.2800−0.02=1.2600 CHF/USD

最大盈利=0.02 CHF/USD

最大亏损=X+0.02−1.2800=(X−1.2600)CHF/USD

- 当 X 低于 1.2600 CHF/USD 时,看跌期权被执行,陈先生将可能遭受无限的损失风险,亏损=X−1.2600,随着即期汇率的下跌,陈先生的损失也越来越大;
- 当 X 高于 1.2600 CHF/USD 低于 1.2800 CHF/USD 时,看跌期权仍会被执行,但由于事先收取的权利金,陈先生将获得利润,盈亏平衡点=1.2600 CHF/USD,这意味着 X 涨到1.2600 CHF/USD 时,陈先生不再损失;
- 当 X 高于 1.2800 CHF/USD 时,看跌期权不会被执行,陈先生可获得最大收益,即收取的期权费 USD 1=CHF 0.02。

其图解如图 5-4 所示。

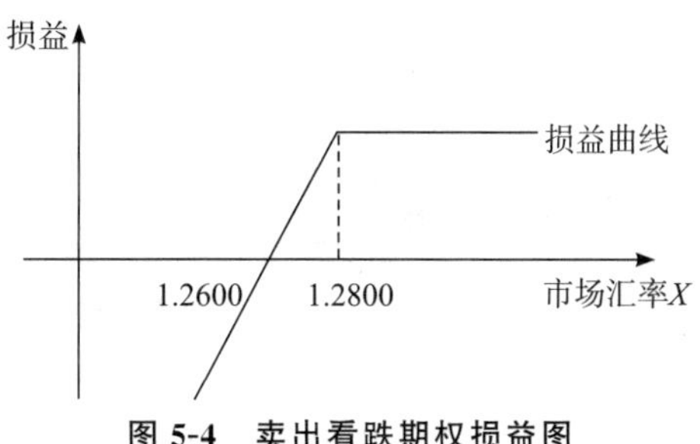

图 5-4 卖出看跌期权损益图

比较上述四种期权交易的损益曲线可看出，不管是看涨期权还是看跌期权，期权买方和卖方的收益和亏损是不对称的：买方的收益潜力是无限的，而亏损是有限的，仅限于期权费；卖方正好相反，收益是有限的，仅限于期权费，而亏损风险是无限的。

2. 抛补期权交易策略（外汇期权的套期保值策略）

抛补期权（covered option 或 hedge option）由期权合同和基础交易工具构成，其组合的功用类似于外汇期货交易的套期保值，可用以规避汇率的不利变动造成的损失。其交易策略如表 5-9 所示。

表 5-9　抛补期权交易策略表

策略 / 汇率风险	现货或期货部位	期权	
		保护策略	抵补策略
规避汇率上涨风险	空头	买入看涨期权（多头买权）	卖出看跌期权（空头卖权）
规避汇率下跌风险	多头	买入看跌期权（多头卖权）	卖出看涨期权（空头买权）

即抛补期权交易策略的具体组合为：

买入抛补的看涨期权：现货或期货空头加多头买权。

出售抛补的看跌期权：现货或期货空头加空头卖权。

买入抛补的看跌期权：现货或期货多头加多头卖权。

出售抛补的看涨期权：现货或期货多头加空头买权。

下面介绍前两个组合。

(1)买入抛补的看涨期权：现货或期货空头加多头买权

该组合下的买权也称为受保护的买权（protected call），采用者持有现货或期货空头，买入看涨期权，锁定成本支出，规避汇率上涨的风险，用以保护现货或期货空头部位。即，买入抛补的看涨期权含义是指买入一个将来以确定价格购买期权买方已具有的某种外汇负债的权利。这里的关键在于买方已经拥有某种外汇负债，这正是这种期权被称为抛补的原因。

【例 5-25】假设 3 月 10 日某日本进口商 A 公司从美国进口一批商品，3 个月后支付进口货款1 000万美元。为避免美元升值而增加进口成本，A 公司买入美元看涨期权，3 个月后到期，执行价格为 USD 1=JPY 108.00，支付权利金 USD 1=JPY 2.00。

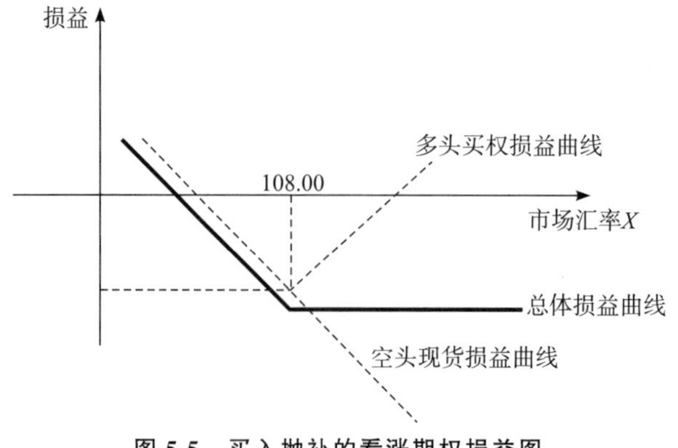

图 5-5　买入抛补的看涨期权损益图

其图解如图 5-5 所示。由图可知：

(1)如果美元市场汇率 X 高于 108.00，A 公司执行看涨期权，执行价格 108.00 是其买入1 000万美元的最高价格，其净支出成本为：

$$1\ 000\text{ 万}\times 108.00+1\ 000\text{ 万}\times 2.00=110\ 000(\text{万日元})$$

此时，外汇现货空头的汇价损失为多头买权的收益所抵消，多头买权保护了现货空头，锁定进口成本，汇率上涨可能产生的风险被完全规避了。

(2)如果美元市场汇率低于 108.00，A 公司放弃执行看涨期权，直接从市场上即期买入1 000万美元，其净支出成本为：

$$1\ 000\text{ 万 }X+1\ 000\text{ 万}\times 2.00=1\ 000X+2\ 000(\text{万日元})$$

上式表明：X 越小，即到期日市场汇率跌得越多，A 公司的进口成本越低。即当汇率下跌时，空头现货可获较低汇价的收益，而买入看涨期权的亏损却有限，因而，A 公司不但没有损失，反而可以获得汇价向有利方向变动的好处。

(2)出售抛补的看跌期权：现货或期货空头加空头卖权

该组合下的卖权也称为有抵补的卖权(covered put)，采用者持有现货或期货空头部位，卖出看跌期权，收取权利金，规避汇率上涨的风险，用以保护现货或期货空头部位。

【例 5-26】假设某年 3 月 10 日某日本进口商 B 公司从美国进口一批商品，3 个月后支付进口货款1 000万美元，为避免美元升值而增加进口成本，B 公司卖出美元看跌期权，3 个月后到期，执行价格为 USD 1=JPY 108.00，收取权利金 USD 1=JPY 2.00。

其图解如图 5-6 所示。由图可知：

(1)如果美元市场汇率 X 高于 108.00，即美元上涨，卖出的看跌期权不会被执行，B 公司按市场汇率买进1 000万美元，其净支出成本为：

$$1\ 000\text{ 万 }X-1\ 000\text{ 万}\times 2.00=1\ 000X-2\ 000(\text{万日元})$$

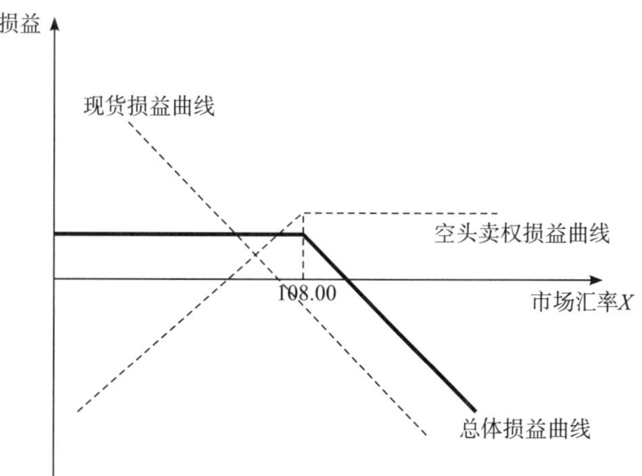

图 5-6 出售抛补的看跌期权损益图

上式表明：当汇率上升时，外汇空头现货将遭受高汇价损失，而卖出看跌期权的收益却有限，售出看跌期权所得的收益不足以抵消外汇现货的汇价损失，此时，B 公司处于不利地位，其损失随着美元市场汇率 X 的上升而增加。因此卖出一份看跌期权并不能完全回避B公司的汇率风险。

(2)如果美元市场汇率 X 低于108.00，即美元下跌，卖出的看跌期权被执行，B公司必须按执行价格108.00买入1 000万美元，其净支出成本为：

1 000万×108.00－1 000万×2.00＝106 000(万日元)

B公司卖出一份看跌期权，在市场汇率下降时，虽然空头现货可获得低汇价的收益，但这种收益被卖出看跌期权的亏损抵消了。

关键词

外汇市场　即期外汇交易　套算汇率　远期外汇交易　远期汇率　远期汇水　套期保值　投机　多头　空头　掉期交易　掉期成本　套汇交易　直接套汇　间接套汇　套利交易　抵补套利　未抵补套利　外汇期货交易　保证金　卖期保值　买期保值　外汇期权　期权买方　期权卖方　裸期权　抛补期权

本章小结

1. 外汇市场是各种不同货币相互之间进行交换的场所。目前世界上大部分国家的外汇交易均通过现代通信网络进行，是无形市场。外汇市场的主要特点有：有市无场、循环作业、零和游戏。

2. 即期外汇交易又称现汇交易，是指外汇买卖成交后，交易双方于当天或两个营业日内办理交割手续的一种外汇业务。即期外汇交易是国际外汇市场上最常用的一种交易方式，其交易量居各类外汇交易之首，其交割日期主要有：标准交割日、隔日交割、当日交割。

3. 远期外汇交易(forward exchange transaction)，又称期汇交易，是指外汇买卖成交后并不立即办理交割，而是事先约定币种、金额、汇率、交割时间等交易条件，于两个工作日以后才进行实际交割的外汇业务。

4. 远期汇率(forward rate)是指在远期外汇合同中规定的买卖有关货币所使用的汇率。

5. 远期外汇交易的应用一般包括保值性的远期外汇交易和投机性的远期外汇交易。

6. 外汇掉期交易(swap transaction)是指将货币相同、金额相同而方向相反、交割期限不同的两笔或者两笔以上的外汇交易结合起来进行的交易。根据组合方式的不同，外汇掉期交易可分为三种类型：即期对即期、即期对远期、远期对远期。

7. 套汇交易是利用不同的外汇市场、同一时刻汇率上的差异，贱买贵卖，赚取利润的外汇交易，可分为直接套汇和间接套汇。

8. 套利交易是指套利者利用不同国家或地区利率的差异，将资金从利率较低的国家或地区转移至利率较高的国家或地区，从中获取利差收益的一种外汇交易。根据套利者是否对外汇风险进行防范，套利交易可分为：非抵补套利和抵补套利。

9. 外汇期货交易(foreign exchange future)，是指交易双方在交易所内通过公开竞价的方式成交后，承诺在未来某一特定日期以事先约定的汇价交割某种特定的标准数量货币的外汇交易。为维护交易秩序,外汇期货交易规定了保证金制度、每日清算制度和外汇期货合约标准化制度等基本规则。外汇期货交易的交易策略可以分为套期保值策略和投机策略两种。

10. 外汇期权(foreign exchange option)是以外汇作为合约标的物的期权,也称为外币期权(foreign currency option),是一种有关货币的选择权契约,其持有人即期权买方享有在契约到期或之前以事先规定的价格购买或出售一定数额某种外汇资产的权利。

11. 外汇期权按照不同标准可以分为:外汇看涨期权与外汇看跌期权;美式期权与欧式期权;场内交易期权与场外交易期权;实值期权、虚值期权与平值期权;等等。

12. 裸期权是外汇期权的基本交易策略,是指单纯买入或卖出单个看涨期权或看跌期权。抛补期权由期权合同和基础交易工具构成,其组合的功用类似于外汇期货交易的套期保值,可用以规避汇率的不利变动造成的损失。

练习与思考

一、单选题

1. 外汇期货合约除了(　　)外,所有交易要素都做了规范化、标准化的处理。

A. 交易币种　　B. 合约价格　　C. 报价方法　　D. 保证金数额

2. 期权交易中,买卖双方的权利、义务是(　　)的。

A. 对等　　B. 不对等　　C. 相同　　D. 对称

3. (　　)是外汇期权合约中唯一的变量。

A. 期权费　　B. 履约价格　　C. 执行价格　　D. 合约金额

4. (　　)是掉期交易最常见的形式。

A. 即期对即期　　B. 远期对远期　　C. 即期对远期　　D. 明日对后日

5. 不可以用来进行套期保值的外汇交易工具是(　　)。

A. 远期交易　　B. 期货交易　　C. 期权交易　　D. 套汇交易

6. 在(　　)外汇交易业务中,买方可以不履行其合同。

A. 远期　　B. 即期　　C. 择期　　D. 掉期

E. 期权

7. (　　)是最灵活的外汇交易业务。

A. 远期外汇交易　　B. 欧式期权交易

C. 美式期权交易　　D. 掉期外汇交易

8. 商业银行在经营外汇业务时,如果卖出多于买进,则其头寸称为(　　)。

A. 多头　　B. 空头　　C. 升水　　D. 贴水

9. 外汇市场上,最常见的远期外汇交易期限是(　　)。

A. 1 个月　　B. 3 个月　　C. 半年　　D. 9 个月

10 办理掉期外汇交易的两笔外汇业务的(　　)相同。

A. 交割日期　　B. 交割汇率　　C. 成交金额　　D. 买卖方向

二、多选题

1. 外汇市场的参与者有（　　）。

A. 外汇指定银行　　B. 外汇经纪人
C. 中央银行　　D. 进出口商

2. 中央银行既是外汇市场的管理者，也是外汇交易的参加者，它参加外汇交易活动的目的是（　　）。

A. 贯彻执行汇率政策，干预汇率　　B. 外汇投机
C. 进行外汇储备的货币结构管理　　D. 套期保值

3. 在掉期交易的买卖业务中，相同的是（　　）。

A. 买卖的时间　　B. 买卖货币的种类
C. 买卖货币的数额　　D. 买卖货币的交割日

4. 在即期外汇交易中，资金的实际交割时间可以是（　　）。

A. 成交的当日　　B. 成交后的第一个营业日
C. 成交后的第二个营业日　　D. 成交后的第三个营业日

5. 预期某种货币汇率即将升值，（　　）将购买远期该货币。

A. 投机商　　B. 输入短期资本的牟利者
C. 输出短期资本的牟利者　　D. 持有该货币快到期债务的债务人
E. 持有该货币快到期债权的债权人　　F. 有该货币远期收入的出口商
G. 有该货币远期支出的进口商

6. 关于择期外汇交易，下列说法正确的是（　　）。

A. 出口商可同银行签订买入择期外汇交易合约
B. 出口商可同银行签订卖出择期外汇交易合约
C. 进口商可同银行签订买入择期外汇交易合约
D. 进口商可同银行签订卖出择期外汇交易合约

7. 掉期交易主要有以下形式（　　）。

A. 即期对即期　　B. 即期对远期
C. 远期对远期　　D. 明日对次日

8. 外汇期货交易的特点包括（　　）。

A. 保证金制度　　B. 逐日清算制度
C. 现金交割制度　　D. 保险费制度

9. 远期外汇交易可以分为（　　）和（　　）两种交易类型，这两种交易类型的实施目的和承担的风险均不同。

A. 套利交易　　B. 套汇交易
C. 套期保值交易　　D. 投机交易

10. 外汇远期交易的特点是（　　）。

A. 它是一个有组织的市场，在交易所以公开叫价方式进行
B. 业务范围广泛，银行、公司和一般平民均可参加
C. 最后要进行交割
D. 交易只限于交易所会员之间

三、填空题

1. 套利是利用两地间的________差异赚取利润的行为。

2. ________是各类外汇交易的基础。

3. 期权按照行使期权有效日划分,可分为________、________。

4. 远期外汇投机有________和________两种基本形式。

5. 目前世界上最大的外汇交易市场是________。

6. 利用不同外汇市场间的汇率差异赚取利润的交易是________。

7. 赋予期权买者在有效期内,无论市场价格升至多高,都有权以原商定价格(低价)购买合同约定数额的外汇交易是________。

8. 期权合同的购买者一般预期汇率变动所带来的收益要大于________的损失。

9. 在远期外汇买卖中,远期汇率与即期汇率的汇价差称为________。

10. 外汇期货交易是指交易双方在________内,通过________方式买卖________交易。

四、判断题(正确请写"T",错误请写"F")

( )1. 即期外汇交易是成交之后两天内交割的外汇买卖。

( )2. 远期汇率在远期合约期间可以改变。

( )3. 掉期交易不可用于投机图利。

( )4. 套利交易必然有利可图。

( )5. 期权的出售者只负有期权合约规定的义务。

( )6. 货币期货业务从实质上说是一种保证金的买卖交易,一般都要求进行最后交割。

( )7. 外汇期权交易中期权卖方的风险较大。

( )8. 择期交易是在即期外汇交易基础上发展起来的,比即期外汇交易灵活。

( )9. 外币期权业务给予了期权的买方和卖方可以履行合约,也可以不履行合约的权利。

( )10. 套汇交易的金额较大,因此风险也较大。

五、计算题

1. 某日银行报价为:USD/JPY=118.00/15

问:若A公司买100万日元,适用汇率是多少?同时,B公司卖100万日元,适用汇率又是多少?

2. 计算下列即期套算汇率

已知USD/CAD=1.2500/15,GBP/USD=1.5260/80,求GBP/CAD。

已知USD/CAD=1.2510/20,USD/JPY=117.50/60,求CAD/JPY。

已知GBP/USD=1.5260/80,AUD/USD=0.8000/10,求GBP/AUD。

3. 某日伦敦外汇市场报价GBP/USD即期汇率1.4980/1.4990,1月期差价为20/10,3月期差价为40/30。

请计算GBP/USD 1月期、3月期的远期汇率。

4. 某美国商人向英国出口了一批商品,100万英镑的货款预计3个月后才能收到,假设成交时，纽约外汇市场英镑/美元的即期汇率为1.4750/60，英镑 3 个月的远期汇水为30/20，若收款日市场即期汇率为1.4350/60。在忽略交易费用的情况下，请思考：

(1)若美出口商不采用远期交易套期保值，到期将收回多少美元？

(2)若美出口商在成交日采用 3 个月远期交易对出口货款进行保值，将收回多少美元？

(3)若在成交日当天，美出口商恰巧有一单进口合约，6 个月后支付 100 万英镑，6 个月的远期汇水为 50/40，请问该出口商还可以采取什么措施进行保值？

5. 假定同一时刻，以下两个外汇市场的即期汇率如下：

纽约外汇市场　1 澳元＝0.7785/90 美元

悉尼外汇市场　1 澳元＝0.7770/80 美元

问：一套汇者利用上述行情进行套汇，交易金额 100 万澳元，可以获取多少套汇收益？

6. 假定以下三个市场可以在同一时刻营业，这三个外汇市场某一天同一时刻即期行情如下：

香港外汇市场　1 美元＝7.7805/14 港元

纽约外汇市场　1 英镑＝1.4209/15 美元

伦敦外汇市场　1 英镑＝11.0723/35 港元

请问：(1)利用这三地行市，可否进行套汇？

(2)若可以，利用 100 万港元为起套资金，可以获得多少套汇利润(不计套汇费用)？

7. 现有美国年利率 6%，英国年利率 3%，美元兑英镑的即期汇率为 GBP 1＝USD 1.5200，若有一投资者拟用英镑进行套利交易，请问：远期汇率在什么水平时，该投资者进行套利才有利可图？

8. 假设瑞士 6 个月存款利率为 2%，美国 6 个月存款利率为 5%，瑞士苏黎世外汇市场即期汇率为 USD 1＝CHF 1.0000/15，6 个月远期汇水为 150/130，现有一瑞士套利者欲以 100 万瑞郎进行 6 个月期套利，请计算该笔套利交易的损益。

9. 美国一出口商 5 月 10 日向加拿大出口一批货物，计价货币为加元，价值200 000加元，3 个月后收回货款。为防止 3 个月后加元贬值，该出口商通过外汇期货交易进行套期保值。

已知市场行情如下：

5 月 10 日	即期汇率	USD 1＝CAD 1.164 1
	9 月期加元期货价格	CAD 1＝USD 0.8595
8 月 10 日	即期汇率	USD 1＝CAD 1.1709
	9 月期加元期货价格	CAD 1＝USD 0.8540

请列表显示其交易过程，并分析保值结果。

10. 请图示履约价格为 USD 1＝JPY 115.00，期权费为 USD 1＝JPY 2.00 的看涨期权(CALL)与看跌期权(PUT)买方与卖方的损益曲线。

11. 瑞士某进口商与某美国公司签订一份进口协议，协议规定瑞士进口商需在 3 个月后支付300 000美元，当日即期汇率为：USD 1＝CHF 1.1050。为避免美元 3 个月后升值而导致进口成本增加，该瑞士进口商购买了一份美元欧式看涨期权进行抛补，合约主要内容如下：

买入：美元欧式看涨期权

交易金额：300 000 美元

有效期：3 个月

执行价格：USD 1=CHF 1.1000

期权价格：USD 1=CHF 0.02

期权费：300 000×0.02=CHF 6 000

请图示并分析该抛补期权的损益情况。

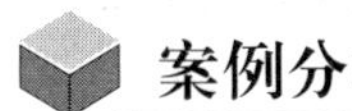

案例分析

索罗斯在东南亚金融危机中对外汇衍生工具的使用

索罗斯在阻击泰铢的过程中，并不是只使用单一的外汇，而是利用三个或三个以上的金融工具之间的相关性进行金融投机。

1997 年上半年，以量子基金为代表的一些大型基金大规模运用“杠杆”不断挤压泰国金融市场，它们以自有资本作抵押，从银行借款购买证券，再以证券抵押继续借款，迅速扩大了债务比率。不仅如此，它们还将借款广泛投机于具有“高杠杆”特点的各种衍生工具，从而进一步提高了杠杆比率。据《经济学家》报道，量子基金确实早在 1997 年 3 月就大量买入看跌期权，以掉期方式借入大量泰铢，卖出泰铢期货和远期，因料定交易对手要抛出泰铢现货为衍生合同保值，轻而易举地借他人之手制造了泰铢贬值压力。

值得一提的是，他在香港的做法更是立体投机的经典例子。随着各种金融衍生工具及其市场的诞生和发展，外汇即期市场、远期市场、货币市场、资本市场、衍生市场之间环环相扣，节节锁定，牵一发而动全身。1997 年 10 月以后，几次国际投机家冲击香港金融市场，料定对香港外汇市场发动进攻将引起连锁反应，国际投机家进攻香港金融市场时充分运用了这种“立体投机”策略：首先，在货币市场上拆借大量港币，在股票市场上借入成分股，在股票期指市场累计期指空头。然后，在外汇市场上利用即期交易抛空港币，同时卖出港币远期合约，迫使港府提高利率捍卫联系汇率。接着，在股票市场上将借入的成分股抛出，打压期指……综合看来，基于金融市场之间的密切关系，“立体布局”使杠杆投机威力和收益大增。

要求：分析金融工具尤其是衍生金融工具的作用。

实训演练

一、实训目的

1. 理解和掌握各类外汇交易概念、特征及它们的实际应用。

2. 锻炼学生收集信息、分析资料、口头表达、预测分析等能力。

二、实训资料

兰迪公司是美国一家大型投资公司，公司主要投资目的地是日本，近年公司业务蒸蒸日上，投资额和利润不断增长。但是近期，日元汇率剧烈波动给公司造成很大风险。假设你是该公司财务部员工史密斯，今天预计公司3个月后将有一笔150亿日元的投资到期，主管要求你为该笔日元投资设计一个最优的套期保值方案，以规避日元汇率变动的风险。

三、实训要求

为兰迪公司的该笔日元投资设计一个最优的套期保值方案，并陈述理由。

本章推荐阅读

[1]国际外汇市场行情、汇市动态，请查阅伦敦金融时报网站 http://www.ft.com 和华尔街日报网站 http://online.wsj.com/public/us。

[2]国际外汇市场行情和相关评论，请登录和讯网（http://www.homeway.com.cn）和彭博网（www.bloomberg.com）。

[3]外汇知识和外汇市场动态和相关分析，请登录外汇街网站，http://www.forex21.cn/。

[4]人民币基本汇率，请查询中国外汇管理局官方网站，http://www.safe.gov.cn。

[5]我国外汇市场的汇率行情及国际汇市动态，请登录中国银行网站 http://www.bank-of-china.com 进行查询。

第六章

外汇风险管理

知识结构图

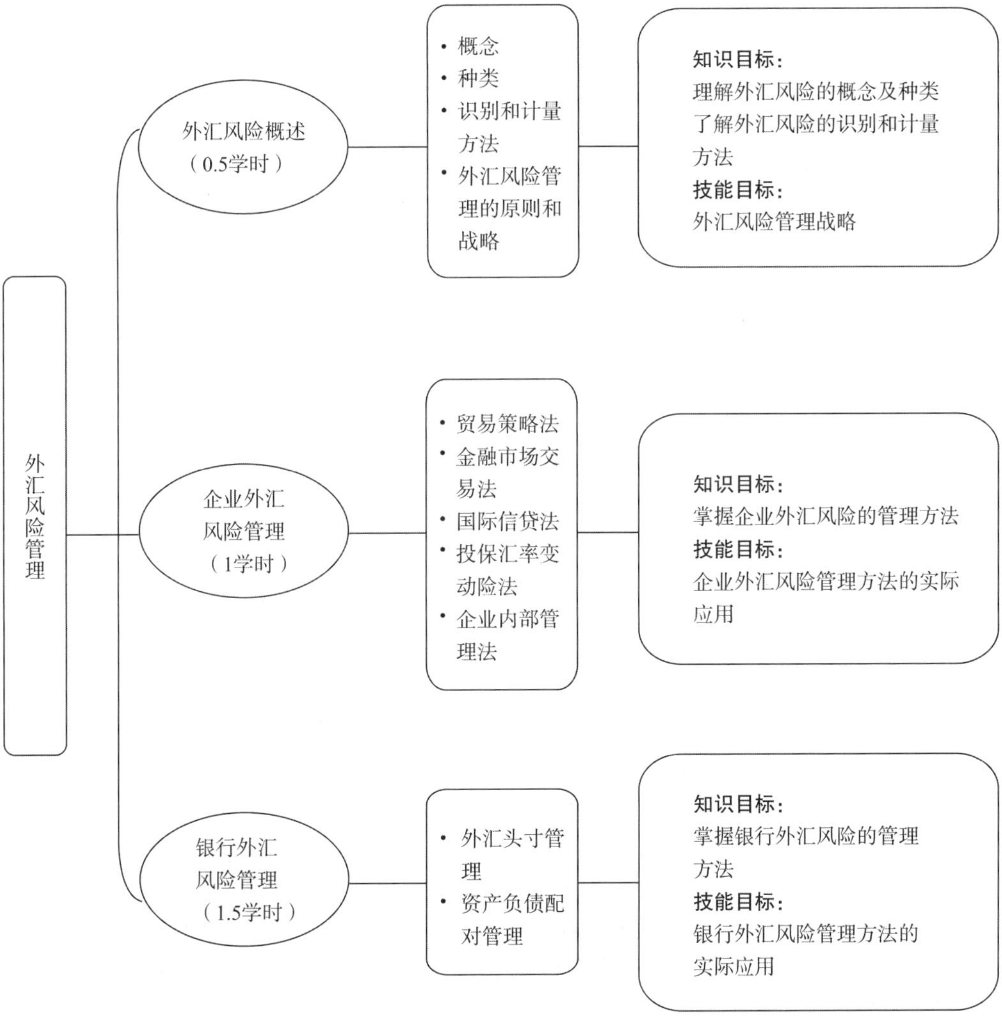

外汇风险管理

- 外汇风险概述（0.5学时）
  - · 概念
  - · 种类
  - · 识别和计量方法
  - · 外汇风险管理的原则和战略
  - **知识目标：**理解外汇风险的概念及种类；了解外汇风险的识别和计量方法
  - **技能目标：**外汇风险管理战略
- 企业外汇风险管理（1学时）
  - · 贸易策略法
  - · 金融市场交易法
  - · 国际信贷法
  - · 投保汇率变动险法
  - · 企业内部管理法
  - **知识目标：**掌握企业外汇风险的管理方法
  - **技能目标：**企业外汇风险管理方法的实际应用
- 银行外汇风险管理（1.5学时）
  - · 外汇头寸管理
  - · 资产负债配对管理
  - **知识目标：**掌握银行外汇风险的管理方法
  - **技能目标：**银行外汇风险管理方法的实际应用

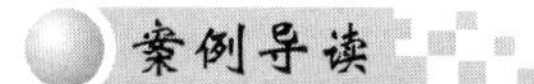

巴林银行破产与金融衍生产品风险

巴林银行集团是英国伦敦城内历史最久、名声显赫的商人银行集团，素以发展稳健、信誉良好而驰名，其客户也多为显贵阶层，包括英国女王伊丽莎白二世。该行成立于1762年，当初仅是一家小小的家族银行，逐步发展成为一个业务全面的银行集团。巴林银行集团的业务专长是企业融资和投资管理，业务网络点主要在亚洲及拉美新兴国家和地区，在中国上海也设有办事处。到1993年年底，巴林银行的全部资产总额为59亿英镑，1994年税前利润高达1.5亿美元。1995年2月26日巴林银行因交易员从事期货投机失败而遭受巨额损失，无力继续经营而宣布破产。从此，这个有着233年经营史和良好业绩的老牌商业银行在伦敦城乃至全球金融界消失。目前该行已由荷兰国际银行保险集团接管。

巴林事件提醒人们加强内部管理，合理运用金融衍生工具，建立风险防范措施。随着国际金融业的迅速发展，金融衍生产品日益成为银行、金融机构及证券公司投资组合中的重要组成部分。因此，凡从事金融衍生产品业务的银行应对其交易活动制定一套完善的内部管理措施，包括交易头寸的限额、止损的限制、内部监督与稽核。随着国际金融市场规模的日益扩大和复杂化，资本活动的不确定性也越发突出。作为一个现代化的银行集团，应努力扩大自己的资本基础，进行多方位经营，做出合理的投资组合，不断拓展自己的业务领域，这样才能加大银行自身的安全系数并不断赢利。

第一节　外汇风险概述

一、外汇风险的概念和种类

（一）外汇风险的概念

外汇风险（foreign exchange risk）的含义有广义与狭义之分。广义的外汇风险是指国际经济交易主体在从事外汇相关业务时，由于汇率及其他因素的变动而蒙受损失或将丧失预期收益的可能性。广义的外汇风险包括从事外汇相关业务时所面临的一切风险，如汇率风险、利率风险、政策风险、信用风险、决策风险以及道德风险等。狭义的外汇风险是指国际经济交易主体在从事外汇相关业务时，由于外汇汇率的变动而蒙受损失或将丧失预期收益的可能性。狭义的外汇风险实际上只包括汇率风险。本章所指的外汇风险就是狭义的外汇风险。

国际经济交易主体一般是指从事对外贸易、投资及国际金融活动的公司、企业、政府或个人，他们在国际范围内大量收付外汇，或者保有外币债权债务，或者以外币标示其资产或负债的价值。由于汇率频繁剧烈的波动，外汇风险随时都会发生。一般而言，外汇风险仅仅意味着交易主体蒙受损失的可能性；从国际经济交易实际的最终结果来看，风险承担者可能遭受损失,也可能获利。

一般而言,外汇风险的构成包括两个因素:货币和时间。如果没有两种不同货币间的兑换或折算,也就不存在汇率波动所引起的外汇风险。同时,汇率和利率的变化总是与时间期限相对应,没有时间因素,也就无外汇风险可言。时间结构对外汇风险的大小有直接的影响。时间越长,在此期间汇率波动的可能性就越大,外汇风险相对就大;时间越短,在此期间汇率波动的可能就越小,外汇风险相对就小。从时间结构越长、外汇风险越大这个角度分析,外汇风险包括时间风险与价值风险两个部分。改变时间结构,如缩短一笔外币债权、债务的收取或偿付的时间,可减缓外汇风险,但不能完全消除外汇风险,因为本币与外币折算或两种不同外币折算或兑换所存在的汇率波动风险仍然存在,特别是短期内汇率的波动,将使价值风险有增无减。如要消除或减少该价值风险,必须采取其他措施。

可见,外汇风险实质上是因汇率变动引起的外汇收益或者损失的一种不确定性。这种不确定性要求我们在处理外汇风险时必须慎重考虑,如果过分强调汇率变动带来的损失,而忽视可能带来的额外收益,可能导致当事人丧失获利的良机,有时反而增加不必要的成本;如过分看重汇率变动的投机收益而忽视损失的可能性,则有可能使当事人遭受更重大的损失。

(二)外汇风险的种类

根据外汇风险的作用对象和表现形式,一般把外汇风险分为三类:交易风险、会计风险和经济风险。

1. 交易风险

交易风险(transaction risk)又称结算风险(settlement risk),是指运用外币进行计价收付的交易中,经济主体因汇率波动而引起的应收资产与应付债务本币价值变化的风险。交易风险是一种尚未结算的债权债务在汇率变动后进行货币交割时发生的风险,是国际企业遇到的最常见、最主要的外汇风险。

交易风险主要表现在以下几个方面:

(1)在商品、劳务的进出口交易中,从合同的签订到货款结算的这一期间,外汇汇率变化所产生的风险。

(2)外汇银行在外汇买卖中持有外汇头寸的多头或空头,也会因汇率变动而遭受风险。

(3)在以外币计价的国际信贷中,债权债务未清偿之前因汇率变动所面临的风险。

2. 会计风险

会计风险(accounting risk)又称折算风险(translation risk)或评价风险(assessment risk),是指企业根据会计制度的规定,对企业的经营活动进行会计处理时,资产负债表中某些外币计值的资产、负债、收入和费用在折算成以本国货币表示的项目时,因汇率变动而可能产生账面损失或收益的可能性。

进行会计核算来评价经营状况是每个企业经营管理中的一项重要内容。公司在一国注册后,根据主权原则,会计报表必须使用注册国货币作为记账货币(即经济主体在编制财务报表时所使用的报告货币)。因此,企业在进行会计处理、编制资产负债表时,要将以外币计价的各种资产和负债按一定的汇率折算成记账货币表示,以便汇总编制综合的财务报表。这样，一旦功能货币（即经济主体在日常经营活动中所使用的货币）与记账货币之间的汇率发生变动，资产负债表中的某些项目的价值就会相应发生变动，这样就给公司造成账面损益，进而导致评价过大或过小。可见，会计风险并不涉及现金流动或财富转移，并不一定代表企业的实际经济状况发生了变化，因为在折算过程中并非发生现实的外汇交易。但是，会计风险对企业仍具有相当大的影响，主要表现为：(1)如果企业是根据会计账款纳税，则影响该企业纳税额度；(2)会计风险将直接以财务报表形式反映在公司业绩报告的损益报表中，进而会影响该公司效益的评估和股票的市场价格；(3)会计风险影响到企业的账面经营效益，从而对企业管理和经营决策产生影响。

3. 经济风险

经济风险(economic risk)又称经营风险(operating risk)，是指意料之外的汇率变动而引起企业未来预期收益发生变化的一种潜在性风险。

经济风险可从两方面来理解：(1)它所针对的是企业意料之外的汇率变动。意料中的汇率变动对企业经营的影响可由企业事前在产品定价等经营决策中加以考虑，从而不会给企业带来经济风险。影响汇率变动的因素有很多，企业不可能全部准确地对汇率变动做出判断，这种不能预料的汇率变动通过影响企业的生产成本、销售价格、销售数量等方面来影响企业的收益状况，对企业的生产经营带来很大的负面影响，企业只能采取事后的应对措施。(2)它所针对的是企业未来的预期收益，经济风险是从企业的整体预测将来一定时间内所发生的现金流量变化，是对企业整体的影响。

对企业而言，交易风险与会计风险的影响是一次性的，而经济风险对企业产生的影响则是长期的、复杂的，它不但影响企业在国内的经济行为与效益，还直接影响到企业的涉外经营效益或投资效益。

二、外汇风险的识别和计量

(一)外汇风险的识别

外汇风险的识别是衡量和防范汇率风险的前提。对于某一经济主体来说，在明确自己所面临的外汇风险的性质与类型的基础上，需要进一步识别该风险的受险部分，为制定相应的防范对策提供依据。

1. 交易风险的识别

(1)交易结算。如前所述，交易结算风险主要是指以外币计价进行进出口贸易及非贸易业务的企业所承担的外汇风险。在蒙受交易结算风险中，贸易与非贸易业务的情形与原理是一致的，因此，我们仅以进出口贸易来阐明如何识别交易结算风险的受险部分。确定交易结算风险的受险部分，需要以进出口合同为依据。在进出口合同中，有关条款载明了计价结算的外币、货款金额和支付时间。其时间间隔即为受险时间；计价结算的外币即为受险货币；结算金额即为受险金额。据此，我们可以把握有何种外币、多少外币、将在多长时间内承受外汇风险。

在现行的浮动汇率制度下，由于汇率波动频繁，即使相差一天，各自适用的汇率也会有很大差异。因此，在每天都有很多收汇和付汇时，可以只注意收付相抵后的受险部分。但对于外币交易金额很小、到期日又很分散的企业来说，受险部分综合不起来，就有必要进行个别考虑。

(2)外汇买卖。概括地说,外汇买卖风险的受险部分是存在于一定时间内的、一定币别的“多头”或“空头”的外汇头寸。一般而言,外汇买卖风险主要产生于外汇银行买卖外汇的过程中。外汇银行经常掌握空头或多头的外汇头寸,并通过在外汇市场上的资金买卖,尽可能避免外汇风险。为此,外汇银行需要制作“外汇头寸表”,以反映其持有的综合头寸。

在外汇买卖风险中,多头或空头的外币,即为受险货币;多头或空头的余额,即为受险金额;多头或空头的滞留期,即为受险时间。

(3)国际资本借贷。在借贷资本的输出输入中,确定其受险部分,要以外币存款凭证、外币商业票据及外币债券等金融工具和外币借贷合同为依据,以便把握有何种外币、多少外币及将在多长时间内承受汇率风险。

在国际借贷资本风险中,作为借贷对象的外币,即为受险货币;借贷金额,即为受险金额;借贷期限,即为受险时间。如果一个主体享有的外币债权与负有的外币债务在币种、金额和起讫日上均完全相同,则其外币债权和外币债务相互抵消,从而既无净损失也无净收益。显然,这种巧合是罕见的。一般来说,输出或输入借贷资本的所有主体,经常要面临外汇风险。

2. 会计风险的识别

在会计处理中,将外币折算成本币有不同的方法,一般企业只采用其中一种方法。由于所使用的折算汇率不同,会出现不同的计算结果。这时,我们将以决算日当天的汇率(即现行汇率)换算、评价的以外币计价的项目金额称为会计风险的受险部分。

跨国公司在认识和掌握会计风险的受险部分时存在两种观点:一种是“本国一元化论”,即认为总公司为总体法人,海外分公司的一切经济交易均视同总公司直接进行的外币交易,必须以总公司所在国的货币确定海外分公司的经营成果和损益;另一种是“海外机构为主论”,即认为海外分公司几乎在东道国永久性地进行营业,一般不会将其资产调回本国,只要在东道国进行的经济交易不牵涉总公司所在国货币(我们称为本币),就不存在东道国的货币或第三国货币同本币的兑换问题,因而也就不会承担相应的折算风险。具体说,对于不转换成本币就可以进行的每笔经济交易,是不存在与本币的兑换风险的;只有海外机构将其综合经营成果调回总公司的部分,才需要换算成本币,因而才会存在会计风险问题。

3. 经济风险的识别

对企业面临的经济风险进行识别是非常困难的。我们知道,经济风险是汇率变动对企业未来收益和成本的影响,存在于整个经营过程中,受环境变化的影响很大,因而是不可能准确识别的。由于经济风险具有长期性和连续性的特点,在识别经济风险时,我们不仅要考虑眼前的风险,更重要的是从长远的角度来考虑企业的经济风险。经济风险的分析要着眼于企业经营活动的具体情况及其对汇率的关联程度,如企业的成本结构、产品的需求价格弹性、生产要素间的可替代性、销售市场的规模和分布、企业劳动资金的管理水平等。企业的经营环境、原料来源以及汇率的波动等是识别企业经济风险的主要因素。经济风险的大小主要取决于汇率变动对企业的产量、成本、价格可能产生影响的程度。这种潜在性风险直接关系到在海外的经营成果或银行在国外的投资收益。

（二）外汇风险的计量

1. 交易风险的计量

企业的交易风险可以通过交易风险报告(transaction exposure report)和资金流量报告(fund flow report)来计量，前者是一种静态的反映。在实际中，企业的生产经营呈现连续性的特点，如果以静态的交易报告所计量的风险暴露额作为调整对象，往往会犯错误，因此需要编制隔月或隔季的不同币种的资金流量报告，动态反映交易风险的变动情况。

对银行而言，外汇交易记录则是评估和管理外汇交易风险的重要工具。为了管理外汇缺口头寸，银行建立外汇交易记录表，按照每种货币合约到期日记录每笔交易的外汇流量，这些头寸按币种和期限列示。但是，外汇交易记录表只是一个交易记录，它没有告诉我们目前外汇头寸的盈亏情况，难以体现汇率风险的总体状况。为了控制汇率波动造成外汇头寸的盈亏，银行应该用市场汇率重新估价外汇头寸，及时分析外汇头寸的盈亏情况，以便采取措施加以控制和避免。

2. 会计风险的计量

会计风险可以通过编制风险资产和风险负债报告来完成，此报告是对外汇会计风险敞口的直接计量。原则上，资产负债表内受险资产与受险负债和股东权益之和应该相等，因此单从资产负债表上并不能看出会计项目对汇率变动的敏感程度；而且真正的会计风险的大小不仅与公司资产负债表密切相关，还与折算汇率的选择有关，并进而与折算方法联系起来。历史上西方各国曾先后出现过四种折算方法。

(1)流动/非流动折算法。该方法将跨国公司的海外分支机构的资产负债划分为流动资产、流动负债和非流动资产、非流动负债。根据该方法，在编制资产负债表时，流动资产和流动负债按编表时的现行汇率折算，面临折算风险；非流动资产和非流动负债则按原始汇率折算，无折算风险。

(2)货币/非货币折算法。该方法将海外分支机构的资产负债划分为货币性资产负债和非货币性资产负债。其中，所有金融资产和负债均为货币性资产负债，按现行汇率来折算，面临折算风险；只有真实资产属于非货币资产负债，按照原始汇率来折算，没有折算风险。

(3)时态法。该方法为货币/非货币折算法的变形，只是对真实资产做了更真实的处理：如果真实资产以现行市场价格表示，则按现行汇率计算，面临折算风险；如果真实资产按原始成本表示，则按原始汇率计算，没有折算风险。当全部真实资产均按原始成本表示时，时态法与货币/非货币法完全一致。

(4)现行汇率法。该方法将海外分支机构的全部资产和全部负债均按现行汇率来折算，这样一来，海外分支机构的所有资产负债项目都将面临折算风险。目前，该方法已成为美国公认的会计习惯做法，并逐渐为西方其他各国所采纳。

3. 经济风险的计量

经济风险对企业的影响是长期的，而且是复杂和多层面的，因此，对经济风险的计量与管理需要采用整体和系统的方法。此外，企业还需要正确预测汇率变动的时间、方向和幅度，在这样的基础之上，企业才能正确估计这种变动对生产成本、产品价格以及销售数量的影响，进而评估企业可能遭受的损失。对汇率变动引起的收益和成本的敏感性分析和回归分析是评价经济风险的常用方法。

收益和成本敏感性分析把现金流量按收益表的不同项目分类，并根据汇率预测情况对收益表的各个项目做出估计。企业的盈余能力和现金流量取决于原材料和产品的价格、销售量以及各项费用。这些因素的综合代表了企业的竞争力，汇率的变动正是通过改变各种价格对企业的竞争力产生影响的。回归分析法利用已有的公司绩效变量（通常为现金流量和股票价格）和汇率的历史数据进行回归分析，测定企业的经济风险。这种方法的特点是具有客观性，只用历史数据来估计企业现金流量对于汇率变动的敏感性。相对来说，收益和成本敏感性分析要求企业管理人员做出许多主观的估计，这种估计有可能过度依赖于管理人员的个人看法。然而回归分析也有自身的缺陷，其不足之处在于，历史数据未必可以反映未来。这种测定的有效性也是有限的，但是毕竟为企业提供了分析问题的另一个角度。

三、外汇风险管理

外汇风险管理是指外汇资产持有者通过风险识别、风险计量、风险控制等方法，预防、规避、转移或消除外汇业务经营中的风险，从而减少或避免可能的经济损失，实现在风险一定条件下的收益最大化或收益一定条件下的风险最小化。外汇风险管理是企业经营管理的重要组成部分。

（一）外汇风险管理原则

外汇风险管理的目标是充分利用有效信息，减少汇率波动带来的现金流量的不确定性，以避免经济业务活动中可能面临的由汇率波动带来的不利影响。为了实现这一目标，在外汇风险管理中应该遵循一些共同的原则。

1. 全面重视原则

外汇风险无时不在、无处不在，外汇风险可能带来营运资本和现金流量的损失，影响企业的正常经营和核心竞争力，企业不能不防。全面重视原则要求对涉外经济交易中出现的外汇风险所有受险部分给予高度的重视，对风险进行准确的测量，及时把握风险额的动态变化情况，避免顾此失彼而造成人为的更大的损失。外汇风险有不同的种类，不同的外汇风险对不同经济主体的影响不同，有的是有利的影响，有的是不利的影响，因此涉外企业和跨国公司需要对外汇买卖、国际结算、会计折算、企业未来资金运营、国际筹资成本及跨国投资收益等项目下的外汇风险保持清醒的头脑，做到胸有成竹，避免顾此失彼，造成不必要的经济损失。

2. 管理多样化原则

管理多样化原则要求针对外汇风险不同的形成原因、风险头寸和结构以及自身的风险管理能力，充分考虑国家的外汇管理政策、金融市场发达程度、避险工具的成熟程度等外部制约，选择不同的外汇风险管理方法，进行灵活多样的外汇风险管理。

3. 收益最大化原则

收益最大化原则要求对外汇风险管理的成本和收益进行精确的计算，以综合收益最大化为出发点，制定具体的风险管理战术。外汇风险管理本质上是一种风险转移或分摊，金融市场上应用最广泛的风险管理工具，例如远期外汇交易、互换、期货、期权等，都需要支付一定的成本和代价，如果规避外汇风险所减少的损失金额小于为此支付的成本，外汇风险管理就是失败的。外汇风险管理中必须注意投入产出率，力求做到避险效果相等时成本最小，成本相等时避险效果最大。

（二）外汇风险管理战略

外汇风险管理战略是指导外汇风险管理的总体方针、规划和策略，涉及的是经济主体在外汇风险管理中的指导思想和基本态度。根据对外汇风险的不同态度，经济主体一般有以下三种战略可供选择。

1. 完全防范战略

完全防范战略即企业对外汇风险采取严格防范措施，不允许存在外汇风险暴露，或对业务中发生的一切外汇敞口头寸进行完全套期保值，以避免汇率波动可能带来的风险损失。完全防范战略能有效防范外汇风险，但不是最经济的战略，因为在防范风险时，不仅要花费高成本，费时费力，而且也不能获得投机收益。

2. 完全不防范战略

完全不防范战略即企业对外汇风险采取听之任之的态度，不采取任何措施管理。当汇率朝有利方向变动时则坐收其利，汇率朝不利方向变动时则甘愿蒙受损失，这是一种消极的外汇风险管理战略。

3. 积极管理战略

积极管理战略是指企业积极地预测汇率走势，根据预测对不同的涉险项目采取不同的措施，运用各种金融工具，以达到既能避免外汇风险造成的损失，又能在预测正确下获得风险报酬的管理战略。在现行的浮动汇率条件下，企业和外汇银行多采取积极管理战略来进行外汇风险管理，因为在现实经济环境中，不仅存在金融、外汇方面的管制，而且汇率容易受经济、政治、军事等各方面的影响而发生剧烈波动，外汇风险给企业和银行经营带来了很大的影响。

典型案例

庞氏骗局

所谓庞氏骗局是指骗人向虚设的企业投资，以后来投资者的钱作为快速赢利付给最初投资者以诱使更多人上当。庞氏骗局是一种最古老和最常见的投资诈骗，是金字塔骗局的变体。

1917年，查尔斯·庞兹(Charles Ponzi)注意到第一次世界大战给各国的经济带来的混乱，觉得有机可乘。他开始策划一个阴谋，移居波士顿并在那里开设了一家所谓的证券交易公司，向外界宣称该公司将从西班牙购入法、德两国的国际回邮优待券，加上一定的利润转手以美元卖给美国邮政局，以此赚取美元与战后货币严重贬值的法德两国货币的“价差”。事实上这个计划根本赚不到钱，但还是有些人冲着一个半月内能获得50%的回报率去尝试投资。让那些初期投资者感到狂喜的是，他们如期获得了红利。狡猾的庞兹把新投资者的钱作为快速赢利付给最初投资的人，以诱使更多的人上当。由于获得了难以置信的赢利，这一“消息”大范围地扩散开去，庞兹成功地在几个月内吸引了数万名投资者，累积获得的投资就超过了1 500万美元。后来当波士顿媒体的报道造成新投资者对公司产生怀疑和观望，使公司没有新的资金来源去支付先期投资者的利息时，他关掉店门，带着约 4 万名投资人的毕生积蓄逃之夭夭。后人称之为“庞氏骗局”。

庞氏骗局实质上是将后一轮投资者的投资作为投资收益支付给前一轮的投资者，以此类推使卷入的人和资金越来越多。毕竟投资者和资金是有限的，当投资者和资金难以为继时，庞氏骗局必然骤然崩溃。事实上，庞氏骗局既不是起源于庞兹也不可能止于庞兹，而在人类的经济活动中广泛地存在。庞兹的骗局只不过是一个典型的例子罢了。

资料来源：智库百科

第二节 企业外汇风险管理

在国际金融活动中，企业是外汇交易的重要参与者，相对于外汇银行，它们在一定意义上是外汇市场的被动交易者，面临更大的市场风险。因此如何避免外汇风险，已成为外向型企业经营管理的重要内容之一。

一、贸易策略法

贸易策略法是指企业在进出口贸易中，通过和贸易对手的协商与合作所采取的防范外汇风险的方法。这种方法具体又分为以下几种：

（一）币种选择法

币种选择法是指企业通过选择进出口贸易中的计价结算货币的种类来防范外汇风险的方法。

1. 选择的合同货币币种应尽可能与企业经营收入和支付的外币币种一致，这样外汇的应收账款和应付账款的汇兑就会相互抵消。也就是说合同货币的选择应与进出口贸易、外币借贷相结合，这样可以规避一部分外汇风险。

2. 尽量选用本币作为计价货币，如果买卖双方争执不下，就选择第三国货币。如果计价货币的选择不符合企业的利益，可以考虑调整进出口商品价格，以减轻外汇风险的程度。

3. 出口选用硬币计价结算，进口选用软币计价结算。此方法的实质在于希望将汇率变动所带来的好处留给自己，而将汇率变动所带来的损失推给对方。采用此方法时，一方面要受到贸易双方交易习惯的制约，另一方面由于各种货币的“硬”或“软”并不是绝对的，其硬软局面往往会出现逆转。因此，此方法并不能够保证进出口商能完全避免外汇风险。

4. 选择可自由兑换货币计价结算。在国际贸易结算中，一般用外币计价应以美元、欧元、日元、英镑等作为计价货币。它一方面使企业在预测汇率变动对己不利时，可以迅速转换成有利货币，从而有助于转移外汇风险；另一方面，这些货币市场流动性好，便于结算、调拨与运用。

(二)货币保值法

货币保值法是指企业在进出口贸易合同中通过订立适当的保值条款(provision clause),以防范外汇风险的方法。

1. 黄金保值条款。即在贸易合同中,规定黄金为保值货币,签订合同时,按当时计价结算货币的含金量,将货款折算成一定数量的黄金,到货款结算时,再按当时的含金量,将黄金折回成计价结算货币进行结算。

2. 硬币保值条款。即在贸易合同中,规定某种软币为计价结算货币,某种硬币为保值货币,签订合同时,按当时软币与硬币的汇率,将货款折算成一定数量的硬币,到货款结算时,再按当时的汇率,将硬币折回成软币来结算。

3. 一篮子货币保值条款。即在贸易合同中,规定某种货币为计价结算货币,并以一篮子货币为保值货币。具体做法是:签订合同时,按当时的汇率将货款分别折算成各保值货币,货款支付日,再按当时的汇率将各保值货币折回成计价结算货币来结算。在实际操作中,通常选用美元、欧元、日元、英镑等一篮子货币作为保值货币。在期限长、金额大的进出口贸易中,以一篮子货币保值的方式来避免外汇风险是一种有效的方法。

(三)价格调整法

价格调整法是指当出口用软币计价结算、进口用硬币计价结算时,企业通过调整商品的价格来防范外汇风险的方法。由于在进出口贸易中,"收硬付软"的原则往往受交易意图、市场需求、商品质量、价格条件等因素的制约而不能如愿以偿,有时出口不得不用软币成交,进口不得不用硬币成交,这就加大了外汇风险,这时可采用调整价格的方法来抵消一部分风险。

1. 加价保值。为出口商所用,实际上是出口商将用软币计价结算所带来的汇价损失摊入出口商品的价格之中,以防范外汇风险。加价的幅度相当于软币的预期贬值幅度。

2. 压价保值。为进口商所用,实际上是进口商将用硬币计价结算所带来的汇价损失从出口商品的价格之中剔除,以防范外汇风险。压价的幅度相当于硬币的预期升值幅度。

(四)期限调整法

期限调整法是指进出口商根据对计价结算货币汇率走势的预测,将贸易合同中所规定的货款收付日期提前或延期(leads or lags),以防范外汇风险并获取汇率变动收益的方法。按照"出口用硬币计价结算,进口用软币计价结算"的原则,当预测计价结算货币将升值时,出口商应争取对方的同意,延期收进外汇,以获得所收进的外汇能够兑换更多的本币的好处;而进口商则应争取对方的同意,提前支付外汇,以避免日后需要用更多的本币才能够兑换到同样数量的外汇。当预测计价结算货币将贬值时,出口商应争取对方的同意,提前收进外汇,以避免今后所收到的外汇兑换到的本币数额减少;而进口商则应争取对方的同意,延期支付外汇,以便于今后能够用更少的本币就可以兑换到同样数量的外汇。进出口商采用期限调整法的选择如表 6-1 所示。

严格地说,期限调整法中只有提前结清外汇才能彻底消除外汇风险,因为提前结清外汇使得受险部分提前消失,外汇风险也就随之不存在了;而延期结清外汇却延长了受险部分的持有时间,外汇风险依然存在。在延期结清外汇期间,一旦企业预测的结果与汇率的实际变动情况正好相反,则必然遭受损失,故延期结清外汇具有投机的性质。

表 6-1 进出口商提前或延期收付外汇的选择

预期 进出口商选择	预测外币升值 (本币贬值)	预测外币贬值 (本币升值)
出口商(收进外币) 进口商(支付外币)	推迟收汇 提前付汇	提前收汇 推迟付汇

(五)对销贸易法

对销贸易法是指进出口商利用易货贸易、配对、签订清算协定和转手贸易等进出口相结合的方式,来防范外汇风险的方法。

1. 易货贸易。即贸易双方直接、同步地进行等值的货物交换,交易时双方均无须收付外汇,同时都把互换商品的单价事先确定,故不存在外汇风险;但交易双方都存在各自商品涨价或对方商品跌价的风险。

2. 配对。即进出口商在一笔交易发生时或发生之后,再进行一笔与该笔交易在币种、金额、货款收付日期方面完全相同,但资金流向正好相反的交易,使两笔交易所面临的外汇风险相互抵消的方法。采用此方法的优点是可以节省防范外汇风险的成本费用;缺点是收汇和付汇的币种、时间以及金额上难以配合妥当。

3. 签订清算协定。即双方约定在一定时期内,所有的经济往来都用同一种货币计价,每笔交易的金额先在指定银行的清算账户上记载,到规定的期限再清算贸易净差的方法。清算协定由两国政府间签订,两国的进出口商通过指定银行分别向本国的中央银行办理结算,最后由两国的中央银行集中两国之间的债权债务关系,直接加以抵消,完成结算工作。

4. 转手贸易。是在签订清算协定的基础上发展起来的一种贸易方式,即三方或多方协商,按同一货币计价来交换一定数量的商品,且利用彼此间的清算账户进行清算。转手贸易能够有效地解决在清算协定贸易下,由于一方所提供的货物对方不满意,而产生的对方贸易出超问题。

(六)国内转嫁法

进出口商除了可以向国际贸易伙伴转嫁外汇风险外,也可以向国内的交易对象转嫁外汇风险。进出口商向国内交易对象转嫁外汇风险的方法即为国内转嫁法。

外贸企业进口原材料卖给国内制造商,以及在向国内制造商购买出口商品时,可以和制造商签订以外币计价结算的合同,这实际上等同于国内制造商直接从事进出口业务,外贸企业的外汇风险即由制造商承担;进口商对于因外汇风险所造成的损失,也可通过提高国内售价的方式,转嫁给国内的用户和消费者。

此方法的采用往往取决于以下两方面的因素:一方面是国内制造商的风险意识和风险承受能力,对进口原材料的急需程度,以及制造商所生产的出口商品的国际竞争能力;另一方面是国内的市场条件是否允许制造商和进口商,将风险损失通过涨价的方式再转嫁给国内的用户和消费者。

二、金融市场交易法

金融市场交易法是指进出口企业利用国际金融市场，尤其是利用外汇市场和货币市场的交易，来防范外汇风险的方法。

1. 即期外汇交易法。通常是指企业在业务经营中两个营业日内存在外汇汇率风险，则该企业可以与外汇银行签订购买外汇的即期交易合同来消除风险，但要注意实现资金的相反方向流动。

2. 远期外汇交易法。就是具有远期外汇债权或债务的企业与银行签订远期外汇交易合同，通过远期外汇交易来消除或减少外汇风险。利用远期外汇交易法，通过远期合同的签订把时间结构从将来转移到现在，并在规定的时间内实现本币与外币的冲销。

3. 外汇期货交易法。就是具有外汇债权或债务的企业，通过外汇期货市场进行外汇期货买卖，以消除或减小外汇风险的方法。由于外汇期货交易本身具有外汇风险所包含的要素，因而从理论上讲，这种方法能够全部消除外汇风险。

4. 外汇期权交易法。拥有应收外币账款或应付外币账款的企业，也可以通过外汇期权交易来抵补外汇风险。从外汇期权的交易特点可以看出，外汇期权比上述的几种外汇交易都更具有保值作用。

5. 掉期交易法。由于在掉期业务中，两笔外汇买卖的金额相同，买卖的方向相反，买卖所使用的汇率不同，利用掉期交易法，可以消除时间和价值风险。

6. 货币互换法。指交易双方在一定期限内，将一定数量的货币与另一种货币进行交换，它包括期初本金交换、期中或期末利息交换和期末本金交换，以控制借贷货币的风险。

三、国际信贷法

1. 对外贸易短期信贷法。对外贸易短期信贷是指基于国际贸易而开展的，期限在一年以内的信贷。对外贸易短期信贷的主要形式有：

(1)借款。出口商在签订贸易合同后，即从外汇银行借入一笔与其远期外汇收入币种相同、金额相同、期限相同的款项，并将该款项在即期外汇市场兑换成本币，当借款到期时，再以当日所收到的出口创汇偿还所借外汇。

(2)票据贴现。出口商在向进口商提供资金融通而拥有远期外汇票据时，出口商将持有的远期外汇票据到银行贴现，提前取得外汇并将外汇在即期外汇市场上出售，取得本币资金。

(3)保付代理(factoring)。简称保理，是指出口商以赊销、承兑交单等信用方式向进口商销售非资本性货物，在货物装运后立即将发票、汇票、提单等有关单据，卖断给保理机构，收进全部或一部分货款，从而取得资金融通的业务。

2. 出口信贷法。出口信贷是指一国为了支持和扩大本国大型设备的出口，以对本国的出口给予利息补贴并提供信贷担保的方法，由本国银行向本国的出口商或外国的进口商(或其往来银行)提供低利率贷款的融资方法。出口信贷属中长期融资，主要包括卖方信贷和买方信贷两种形式。

3. 福费廷(forfeiting)。又称包买票据,是指出口商将经过进口商承兑的,并由进口商的往来银行担保的,期限在半年以上的远期票据,无追索权地向进口商所在地的包买商(通常为银行或银行的附属机构)进行贴现,提前取得现款的融资方式。

国际信贷法的具体内容还可参见本书第八章的相关介绍。

四、投保汇率变动险法

汇率变动险是一国官方保险机构开办的,为本国企业防范外汇风险提供服务的一种险种。具体做法是,企业作为投保人,定期向承保机构缴纳规定的保险费,承保机构则承担全部或部分的外汇风险,即企业在投保期间所出现的外汇风险损失由承保机构给予合理的赔偿,但若有外汇风险收益,也由承保机构享有。目前,许多国家如美国、日本、法国、英国等,为鼓励本国产品的出口,都开办了汇率风险的保险业务。

五、企业内部管理法

企业可以通过调整内部业务安排、实行多样化管理来降低外汇风险。

1. 减少外汇风险业务。即通过减少使用外币种类或者根本不持有任何外币净头寸来减少外汇风险。这种做法的最大缺陷在于更多地考虑和回避了风险业务的损失,却因此丧失了风险业务可能带来的收益。而且在经济开放条件下,即使根本不与货币兑换或折算打交道,也无法彻底规避汇率变动产生的经济风险的影响。

2. 提高外汇风险的预防能力。通过增强企业外汇风险防范与管理的能力和汇率预测的准确度来提高外汇风险管理的有效性。

3. 分散化经营。通过实现分散化经营,使企业整体风险头寸的波动性明显降低。因此,企业可以通过持有各种外汇头寸的方式从内部来降低风险。

4. 信息投资。提高充分占有信息、处理和分析信息的能力是企业提高外汇风险管理水平的前提条件。据此决定外汇头寸,不仅可以避免汇率波动带来的损失,而且可能从中获利。

拓展阅读

人民币汇率变动下企业外汇风险的规避

1. 利用合同条款规避外汇风险

利用合同条款规避企业外汇风险的措施主要包括:一是选择合同期限法。对于目前存在的人民币的升值预期,进口付汇企业签订时间较长的合约比较有利,而对出口收汇企业而言则时间较短的合约相对有利。企业在签订涉外贸易合约时,应尽可能地将收汇时间提前;同时确定收汇金额和收汇日期,并在合同中加入汇率风险条款。二是选择合同货币法。在外贸合同远期收付汇中,争取收汇用硬币,付汇用软币。三是价格调整法。如在进口时使用硬币作为计价和支付货币,可在确定价格时将进口价格相应压低;相反,如在出口时使用软币作为计价和支付货币,则在确定价格时可以将出口价格相应提高,把汇差损失分摊到价格中去。这一办法通常较多适用于成交后进口付汇或出口收汇间隔时期较短的交易。四是加列复合货币保值条款法。应用传统的商业法规避外汇交易风险，是以合同双方的实力、对软硬币的判断为前提，因而很容易引起争执，影响交易进展；而且，一旦国际局势发生骤然变动，对软硬币走势的判断发生误差，就将形成企业难以承担的损失。因此，可采用多种货币对合同计价货币保值，以求减少合同计价货币价值的波动幅度。

2. 利用财务技术规避外汇风险

利用财务技术规避企业外汇风险的措施主要包括：一是提前或延期结汇。提前或延期结汇是指通过预测汇率变动趋势，提前或延期收付外币债权债务，以避免损失或获得好处。提前或延期结汇也是控制汇率风险的有效方法，可以用于进出口，也可以用于对外借贷。在出口或对外贷款的场合，如果预测计价货币贬值，可以在征得对方同意的条件下提前收汇，以避免该货币可能贬值带来的损失；反之，如果预测该货币升值，则可以争取延期收汇，以获得该货币可能升值带来的好处。二是福费廷。福费廷适用于长期贸易融资的场合，是一种无追索权的贴现。在银行或专门的包买商对进口商资信调查后，允许进口商延期付款，而出口商可以将进口商开具的远期票据卖给包买商，从而取得现款，并且票据拒付的风险一并转移给包买商。

3. 利用资产组合规避外汇风险

企业可通过经营全球化、多样化使外汇风险降到最低程度，这也是我国企业要采取大型联合经营模式的原因所在。中石化公司是我国开展国际化经营的先驱，已在20个国家或地区设立二级机构近40个，其经营也由单一进出口贸易向以石油、化肥和橡胶为主的转口贸易、易货贸易、期货贸易发展，并积极开发相关的航运、信息、保险、高科技等领域，使公司在国际市场竞争中始终处于主动地位，这充分证明了业务全球化、经营多样化对分散企业经济风险的卓著成效。

4. 利用金融工具规避外汇风险

尽管目前金融产品种类不是很多，但企业完全可以通过银行提供的外汇结构性存款业务来实现大额资金的保值增值；也可以通过向有关保险公司投保汇率变动险，一旦因汇率变动而蒙受损，可以向保险公司索赔。结合自身经营实际和资金运用情况，企业可以通过有效地规划汇率风险的预警机制，充分利用金融工具规避外汇风险。

5. 利用海外投资规避外汇风险

人民币汇率波动加大了出口企业的经济风险，但国家鼓励对外投资。在此背景下，企业可以考虑调整发展战略，更多地投资海外，通过建立海外原材料供应基地、直接接近目标市场建立生产基地、购买国外的品牌和研发力量以及通过投资进行对冲等，既可以规避人民币汇率变动对出口的冲击，也可以避免出口部门之间的恶性竞争，从而提高防范外汇风险的能力。

资料来源：外汇通网

第三节 银行外汇风险管理

外汇银行是外汇市场的主要参与者，它不但可为客户买卖充当经纪人，还可自营买卖，赚取差价利润。因此，银行加强外汇风险管理十分重要。

针对不同的风险类型，银行的外汇避险技术也是多样的，手段相当灵活。一般而言，银行主要从两个方面来进行外汇风险管理：一是加强头寸管理；二是加强资产负债的配对管理。当然，除了这两种避险技术外，银行还可以通过远期外汇交易、期货交易、期权交易等其他金融工具来进行外汇风险防范。本节主要叙述银行的外汇头寸管理方法和资产负债配对管理方法，其他避险方法可参照相关章节的介绍。

一、银行的外汇头寸管理

（一）外汇头寸的概念

外汇头寸（foreign exchange position）是指银行所持有的各种外币账户的余额状况，即其外币资产或负债的存量。银行在外汇业务中随着各种外汇大量的买进卖出或收入付出，在银行的外汇账户上就必然表现为某种外汇多了，另一种外汇少了；或者某种外汇今天多了，而明天又少了等等，这就是外汇头寸的变化。由于市场上汇率千变万化，银行外汇头寸的多缺都可能带来损失，因此，银行要对多余的头寸进行抛出，或对短缺的头寸进行补进。外汇头寸的变化有多头、空头和头寸轧平三种情况。

多头（long position），即外汇资产多于外汇负债；空头（short position），即外汇资产少于外汇负债；头寸轧平（square position），即外汇资产等于外汇负债。多头和空头统称为敞口头寸（open position）或头寸暴露（position exposure）。敞口头寸是银行的受险部分，因此银行在多头和空头时都面临外汇风险，即当银行处于多头地位时，面临该种货币汇率下跌的风险；而当银行处于空头地位时，则面临该种货币汇率上升的风险；只有当银行处于平衡头寸地位时，才没有外汇风险。银行为了防范外汇风险，就要主动轧平各种外汇的头寸，即抛出多头，补进空头，使敞口头寸重新平衡；或者增加硬币的净持有额，减少软币的净持有额。

银行的外汇头寸以及对外汇头寸的调整状况，都通过“外汇头寸表”来体现。外汇头寸表是反映银行外汇头寸及其变动情况的报表。

（二）外汇头寸的额度管理

1. 头寸限定法。即银行通过制定外汇交易头寸的限额来防范外汇风险的方法。

银行制定交易头寸的限额时，应考虑以下因素：第一，本银行在外汇市场中所处的地位，即本银行在外汇市场中是市场领导者，还是市场活跃者，或者是一般参与者；第二，本银行的最高领导层对外汇业务收益的期望值，以及对外汇风险的容忍程度；第三，本银行外汇交易人员的整体素质；第四，交易货币的种类。

一般来说，银行在外汇市场中的地位越重要，最高领导层对外汇业务收益的期望值越大，对外汇风险的容忍程度越高，外汇交易人员的整体素质越好，货币的交易越频繁，交易的币种越多，制定的限额就可以越大。

交易头寸的限额可按以下几方面来制定：

(1)按外汇交易的种类制定。针对不同的外汇交易种类分别制定不同的交易限额，一般应制定即期外汇交易头寸限额、远期外汇交易头寸限额、掉期外汇交易头寸限额等。

(2)外汇交易的币种制定。根据交易的币种分别制定各种外汇的敞口头寸，同时还可按照货币的软硬程度调整限额。

(3)按外汇交易人员的等级和素质制定。外汇交易人员一般可分为资金部经理、首席交易员、高级交易员、交易员、助理交易员和见习交易员等，外汇交易人员的等级越高，在外汇交易中的表现越好，头寸的限额就越多，敞口头寸平仓补仓的时间也越长。

在外汇市场，外汇交易头寸限额一般由外汇交易人员掌握，以美元来表示。例如，首席交易员的头寸限额为1 000万美元，这就意味着首席交易员在不断从事外汇的买进卖出时，只要在规定的时间范围之内敞口头寸不超过1 000万美元，他就没有超越规定的权限；否则，他就违反了头寸限额规定，应该受到处罚。

2. 亏损控制法。即银行通过对外汇交易制定止损点限额来防范外汇风险的方法。止损点限额(cut-loss limit)是银行对由于外汇风险所造成的损失的最大容忍程度。当市场汇率向不利的方向变动时，一旦亏损达到止损点限额，交易人员就应不问情由一律斩仓，以避免发生更大的亏损。

止损点限额可分为两部分：一是外汇资金部的止损点限额，这适合于即期外汇交易、远期外汇交易和掉期外汇交易等业务，止损点限额既可以按敞口头寸的百分比计算，也可以按每天或每月外汇交易的损失不超过一定金额来确定；二是外汇交易人员的止损点限额，通常按亏损额占交易额的百分比来计算，例如规定每笔交易的亏损额不超过该笔交易额的1%等。显然，百分比越大，表示容忍亏损的额度越大。当然，不同的外汇交易人员，止损点的限额也不同。

(三)外汇头寸的调整方法

银行防范外汇风险的重要措施就是调整外汇的敞口头寸，或者尽量缩小敞口头寸，或者使敞口头寸的情形与外汇汇率的走势相一致。银行调整外汇头寸一般是通过银行同业间的外汇交易来实现的。银行在同业交易中报送价格的原则是：当本银行需要买进某种外汇时，就应该提高这种货币的买入价，使其略高于外汇市场的平均水平；当本银行需要卖出某种外汇时，就应该降低这种货币的卖出价，使其略低于外汇市场的平均水平。这样才能促成其他银行尽快与本银行成交，以达到本银行调整外汇头寸的目的。

1. 单一货币头寸的调整。即银行只存在某一种货币的敞口头寸，防范外汇风险时只需对这一种货币的头寸进行调整。

(1)即期头寸的调整。例如，某银行某日的买卖情况为：买进美元1 000万，价格为USD 1＝RMB 6.50，付出6 500万元人民币；卖出美元 800 万，价格为 USD 1＝RMB 6.52，收进5 216万元人民币，结果是该银行持有美元多头 200 万。为防范外汇风险，该银行就要设法抛出这 200 万美元，使其美元的头寸平衡，从而获得利润。

(2)即期头寸与远期头寸的综合调整。在上例中，银行的外汇买卖和头寸的调整都是即期的，操作起来比较简单。实际上，银行在进行大量的即期外汇买卖的同时，也有大量的远期外汇买卖。这样，银行不仅在即期交易中会出现敞口头寸，而且在远期交易中也会出现敞口头寸，这就要求银行将即期头寸和远期头寸结合起来进行调整。

例如，某银行某日的外汇交易情况为：即期交易买进1 000万美元，卖出 800 万美元，多头 200 万美元；远期交易买进 100 万美元，卖出 400 万美元，空头 300 万美元。该银行的综合头寸为空头 100 万美元。

对上述头寸综合调整的方法有两种：

第一，将即期头寸和远期头寸同时进行抛补，使两者的头寸都为零，即卖出即期外汇 200 万美元，同时买进远期外汇 300 万美元。该方法虽然可使外汇风险完全得以消除，但在实际的外汇业务中，如此严密的操作既无必要，也难以实现，因为远期交易中外汇的买进、卖出，以及远期空头的补进，这三项交易要做到交割日期完全一致，几乎不可能。第二，只抛补综合头寸，使综合头寸为零。此方法又有两种具体措施：一是买进即期外汇 100 万美元，使即期交易的多头增加为 300 万美元，与远期交易的空头 300 万美元相匹配，综合头寸为零；二是卖出远期外汇 100 万美元，使远期交易的空头减少为 200 万美元，与即期交易的多头 200 万美元相匹配，综合头寸为零。由于综合头寸为零，该银行的外汇风险大大降低。

(3)不同交割日的远期头寸的综合调整。由于各个远期交易的交割日不尽相同，因此银行在实际的外汇交易中，也必然会产生不同交割日的远期头寸。为防范外汇风险，银行对不同交割日的远期头寸也应结合起来进行调整。

例如，某银行某年 1 月 1 日的外汇交易情况为：第一笔远期交易买进 100 万美元，该年的 3 月 31 日交割；第二笔远期交易卖出 100 万美元，该年的 5 月 31 日交割。

此例中虽然银行的综合头寸为零，但由于两笔远期交易的交割日不同，银行依然面临外汇风险，即 3 月 31 日交割的美元面临美元贬值的风险。而 5 月 31 日交割的美元则面临美元升值的风险。为此，银行可通过掉期交易来防范外汇风险，即 1 月 1 日银行卖出 100 万美元，交割日定为该年的 3 月 31 日；同时又买进 100 万美元，交割日定为该年的 5 月 31 日。通过该笔远期对远期的掉期交易，银行实际上将 3 月 31 日买进的 100 万美元，推迟到 5 月 31 日才持有，而此时这 100 万美元又正好与该银行所卖出的 100 万美元相抵，外汇风险得以完全避免。

当然，此例带有某种特殊性，即银行在 1 月 1 日所进行的远期外汇交易中，买进的美元与卖出的美元在金额上刚好相等，只是交割日不同。可事实上可能并非如此巧合。如果银行在不同交割日的远期外汇交易中，买进的某种货币的金额与卖出的该种货币的金额不相等，为了防范外汇风险，银行既可以通过掉期交易防范部分风险，也可以通过以后的外汇交易来加以平移，或两种方法同时并用。

现假设该银行 1 月 1 日买进远期美元 300 万，该年的 3 月 31 日交割；卖出远期美元 400 万，该年的 5 月 31 日交割。此时银行可在 1 月 1 日，先进行一笔远期对远期的掉期交易，卖出远期美元 300 万，3 月 31 日交割，同时买进远期美元 300 万，5 月 31 日交割；到 1 月 2 日或以后合适的时间，再补进远期美元 100 万，5 月 31 日交割。

2. 多种货币头寸的调整。即银行同时存在多种货币的敞口头寸，防范外汇风险时需要对这些头寸结合起来进行调整。由于银行在每天所进行的外汇交易中所使用的货币是多种多样的，因此，敞口头寸也就会出现在各种币种上。银行对多种货币头寸的调整可通过以下方法来进行：

(1)分别调整各种货币的头寸。一般通过具有敞口头寸的货币与美元之间的交易来转换。例如，某银行同时存在英镑的多头和瑞士法郎的空头，在调整头寸时，该银行首先要将英镑的多头转换为美元，同时以美元补进瑞士法郎的空头，也就是将英镑和瑞士法郎的敞口头寸转换为美元的敞口头寸；然后，再通过美元与本币之间的交易最终消除美元的敞口头寸。

在应用此方法时，非美元货币的敞口头寸一般不宜相互之间直接抛补，也不宜将非美元货币的敞口头寸通过与本银行所在国的货币之间的交易直接抛补。如英镑多头，瑞士法郎空头时，不宜直接将英镑转换为瑞士法郎，也不宜将英镑直接转换为本银行所在国的货币，同时又以本银行所在国的货币补进瑞士法郎。这是因为外汇市场上非美元之间的交易较为稀少，通过非美元货币之间的交易来防范外汇风险，既降低了速度，又增加了成本。

(2)调整综合头寸。即允许各种货币的头寸同时并存，只将综合头寸调整为零，使来自各种货币的风险相互抵消。例如，当某银行持有瑞士法郎空头时，该银行并不补进瑞士法郎，而是买进金额相当的加拿大元，当汇率发生变动时，用加拿大元多头的收益或损失，抵补瑞士法郎空头的损失或收益。

采用此方法防范外汇风险的前提，是预测加拿大元的汇率与瑞士法郎的汇率将同方向变动。如果现实汇率的变化与预测的结果相反，则银行不仅没有防范外汇风险，而且还会遭受双重损失。当具有敞口头寸的货币种类越多时，此方法防范外汇风险的效果越好。采用此方法防范外汇风险，往往也是银行资金结构安排的需要。

(3)预防性头寸的调整。所谓预防性头寸是指银行在预测汇率的变动趋势之后，积极制造出来的用以预防外汇风险的头寸。

银行防范外汇风险时，除了尽量缩小敞口头寸直至为零外，还可采取相反的做法，即积极地制造敞口头寸。当预测某种货币将升值时，就大量买进该种货币，以增加该种货币的多头；当预测某种货币将贬值时，就大量卖出该种货币，以增加该种货币的空头。通过调整预防性头寸来防范外汇风险的方法，带有明显的投机性。

二、外汇资产负债的配对管理

银行外汇买卖风险一是来源于经营对企业、个人的外汇买卖业务而形成的风险；二是来源于外汇资产与负债不平衡需要买卖调整形成的风险。对于前一种买卖风险的管理是通过头寸管理实现的，对于后一种买卖风险则应通过外汇资产负债的配对管理来实现。配对管理的实质是通过对外汇资产、负债时间、币别、利率、结构的配对，来尽量减少由于经营外汇存贷款业务、投资业务等而需要进行的外汇买卖，以避免外汇风险。

外汇资产负债的配对管理，是避免外汇风险的主要措施。这里的外汇风险是指因汇率变动而产生的外汇风险。至于由于外汇交易合同中的对方不能履约而可能造成的外汇损失的外汇信用风险，不包含在其中，因为这与人民币存贷、交易过程中的情况是类似的。

外汇资产负债的配对管理内容可归纳如下：

(一)做好远期头寸的到期日搭配

做好远期头寸的到期日搭配，使在未来的某一时点上，都尽可能使到期的资产能够并且恰好抵付到期的负债。在这种情况下，应该按不同币别分别统计，报告搭配情况，对账户进行现金流量管理，对不搭配的资产和负债进行调整，必要时为不足负债部分进行融资。通常有两种办法：(1)直接借入所需的外币，并且在期限上满足流动性资产的要求；(2)通过外汇市场用本币买进所需的外币资产。

(二)做好外币存贷款的币别匹配

在外汇的存贷款上做好币别的配对，实行筹资得来什么外币，借出什么外币；贷款到期时收什么外币，筹资合同到期时付出什么外币的原则。外汇贷款以美元、欧元、日元、英镑等为借贷货币，借什么货币，还什么货币，保证银行在借出货币时和收回货币时，都不需要通过买卖业务，直接与其贷款的来源、贷款的账面余额相匹配，使其不受汇率变动影响，做到币别匹配。

(三)做好存贷到期日搭配

存贷的到期日不对称，不仅存在外汇风险，还存在融资风险。如果一年期的外汇贷款，用一个月余额的外汇存款去融通，余下十一个月的资金来源，还不能准确把握融资的外汇汇率，这就存在着风险。如果一年期的外汇贷款，用一年期的外汇存款去融通，这样外汇风险就没有了，银行可以稳得存贷利差收入。因此，银行应做好外汇存贷款的对称统计，各个时期的存贷款、资产和负债是否有超借或超贷的情况，超借或超贷相互抵减，计算总的净不对称数量，检查某种外币负债和资产累计不对称金额，监督融资或流动性风险的程度，防止过多的超借或超贷，防止出现太大程度的不对称。

在存贷款时期搭配上，要做好存款和贷款及其利率的预测工作，如有稳定的短期外汇存款来源，也可以与长期外汇贷款相搭配；如果预测贷款中有长期贷款或呆账存在的，应与长期存款相搭配，适当留有余量。

(四)做好存贷款的利率搭配

这是外汇资产负债管理的重要内容，虽不直接关系到外汇风险，但存贷款的利息收支可受到汇率变动的影响，如收不抵支，就要减少现有外汇头寸。由于银行从国外借入的现汇资金是以伦敦市场银行同业拆放利率(LIBOR)计算利息的，因此在国内发放外汇贷款的利率，一般也应按浮动利率计收利息，不定期地将利率进行调整公布。外汇资产负债在利率的匹配上可选用以下策略：(1)相匹配的利率的资产与负债，要在数量上相等，期限上相配合。(2)采取浮动利率的资产和负债，要尽量争取浮动利率的资产大于浮动利率的负债，以减轻负债成本对资产运用的影响。这样，在高利率时期，扩大二者的差额可给银行带来可观的收益；在低利率时期，二者差额的缩小也不至于给银行造成损失。(3)对固定利率的资产与负债，要尽量争取固定利率的负债大于固定利率的资产，使一部分固定利率取得的资金来源能够适应金融市场的变化，投资于浮动利率的资产。

(五)合理调整外汇资产负债期限结构

在实际中，时常会出现短期外汇负债长期运用与长期外汇负债短期运用问题。短期外汇负债长期运用，表现在银行长期负债不足，而长期外汇资产（如一年以上的贷款及关注、次级、可疑贷款）比重过大，即使考虑到短期存款的稳定部分转化因素，仍然会形成资产负债期限搭配的缺口。在这种情况下，应适当增加长期存款，压缩长期外汇贷款，活化沉淀资金，提高资金的流动性。

长期外汇负债短期运用，是外汇资产负债期限不对称的又一种表现。在这种情况下，不能盲目增大长期外汇贷款而机械地追求期限对称，必须调整负债结构，增加低成本负债。外汇负债结构的调整可以通过增量的调节来改变存款结构。当长期外汇存款过大时，可以有意识地向外筹措到期资金。

（六）合理确定外汇交易限额

第一个交易限额是总的外汇账面值限额，防止过分的交易活动，使总风险限制在合理的范围内，一定时期内顾客的即期外汇交易和远期外汇交易的买卖总额应在这个限额内。第二个交易限额是全部到期日未抵补头寸的总和，包括全部未被不同货币抵消的外币超买和超卖头寸。第三个交易限额是不对称头寸限额，特别是控制期限较长的不对称头寸。此外，银行还应对企业确定信贷额度，防止超量的远期预约不能履行，银行不得不另找客户代替这个合约，而合约的汇率很可能对银行不利，这种风险可以通过规定未交割远期外汇的总量限额来控制。

拓展阅读

银监会发布有效控制银行外汇风险十大事项

一、高度重视、全面评估人民币汇率形成机制改革与银行间外汇市场发展对本行外汇业务和外汇风险可能带来的影响。各行（含城乡信用社，下同）董事会和高级管理层要主动研究并积极制定各项应对措施，并确保外汇业务发展战略与本行的风险管理水平、资本充足水平相适应。进一步完善外汇风险管理制度；积极建立与外汇业务经营部门相独立的外汇风险管理部门或职能，将风险管理贯穿于整个外汇业务的全过程。

二、准确计算本行的外汇风险敞口头寸，包括银行账户和交易账户的单币种敞口头寸和总敞口头寸，有效控制银行整体外汇风险。与此同时，还应注意监控和管理银行贷款客户的外汇风险，及时评估贷款客户的外汇风险水平变化对其偿债能力的影响。

三、加强对外汇交易的限额管理，包括交易的头寸限额和止损限额等。各行应对超限额问题制定监控和处理程序，建立超限额预警机制，对未经批准的超限额交易应当按照限额管理政策和程序及时进行处理。做市商银行要严格控制做市商综合头寸。

四、提高价格管理水平和外汇交易报价能力。各有关银行机构要实现银行与外汇交易市场之间、与客户之间、总分行之间外汇价格的有效衔接，实现全行统一报价、动态管理。各行在同业竞争和向客户营销时，要基于成本、收益和风险分析合理进行外汇交易报价，避免恶性价格竞争。

五、不断加强系统建设。做市商银行要加强交易系统、信息系统、风险管理系统建设，将分支行外汇交易敞口实时归集总行，并根据实际情况尽量集中在总行平盘，不断提高外汇交易和外汇风险管理的电子化水平。

六、制定并完善交易对手信用风险管理机制。在询价交易方式下，各行要通过加强对交易对手的授信管理等手段，有效管理交易对手的信用风险，并定期对交易对手的信用风险进行重估。各行应把外汇交易涉及的客户信用风险纳入企业法人统一授信管理。

七、有效防范外汇交易中的操作风险。各行要按照交易前准备、交易的实现、确认、资金清算、往来账核对、会计和财务控制等步骤严格识别和控制外汇交易中的操作风险。外汇交易的前、中、后台职责应严格分离。交易员要严格按照业务授权进行交易；后台人员要认真、及时进行交易确认、资金清算和往来账核对，发挥独立、有效的风险监控作用；必要时可设置独立的中台岗位监控外汇交易风险。切实加强各项规章制度的执行力度，有效控制合规性风险。

八、加强对外汇风险的内部审计。审计部门应配备熟悉外汇交易业务、能够对外汇风险进行审计的专业人员；要加强外汇风险内部审计检查，及时评估本行在外汇风险控制方面的差距，确保各项风险管理政策和程序得到有效执行。

九、严格控制外汇衍生产品风险。从事人民币兑外币衍生产品交易业务的银行，要严格按照《金融机构衍生产品交易业务管理暂行办法》的要求，建立有效的、与所从事的衍生产品交易相适应的风险管理制度；要从系统开发、会计核算等方面，积极支持与配合新的衍生产品开发与业务发展。

十、配备合格的外汇交易人员、外汇风险管理人员。要充分运用市场化的手段招聘和遴选外汇交易人员和风险管理人员，建立有效合理的激励机制和业绩考核系统，以适当的待遇留住人才、吸引人才。

资料来源：中国会计师网

关键词

外汇风险　交易风险　会计风险　经济风险　外汇风险管理　全面重视原则　管理多样化原则　利益最大化原则　币种选择法　货币保值法　价格调整法　期限调整法　对销贸易法　外汇头寸　敞口头寸　止损点限额　配对管理

本章小结

1. 外汇风险的含义有广义与狭义之分。广义的外汇风险是指国际经济交易主体在从事外汇相关业务时，由于汇率及其他因素的变动而蒙受损失或将丧失预期收益的可能性。狭义的外汇风险是指国际经济交易主体在从事外汇相关业务时，由于外汇汇率的变动而蒙受损失或将丧失预期收益的可能性。狭义的外汇风险实际上只包括汇率风险。

2. 经济主体在其国际经营活动的过程、结果、预期经营收益中，都存在着因外汇汇率变化而引起的外汇风险。其中，在经营活动中的风险为交易风险，在经营活动结果中的风险为会计风险，预期经营收益的风险为经济风险。

3. 不同类型风险的表现形式及其对经济主体的影响也不相同。外汇风险的识别和计量是防范和规避汇率风险的前提，根据这三种外汇风险各自的特性，相应的风险识别和计量方法也大不相同，各有侧重，应区别对待，以便采取相应的策略来进行风险防范和规避。

4. 外汇风险管理是企业经营管理的重要组成部分。外汇风险管理的目标是充分利用有效信息，减少汇率波动带来的现金流量的不确定性，以避免经济业务活动中可能面临的由汇率波动带来的不利影响。为了实现这一目标，在外汇风险管理中应该遵循一些共同的原则，包括全面重视原则、管理多样化原则和利益最大化原则。

5. 外汇风险管理战略是指导外汇风险管理的总体方针、规划和策略，涉及的是经济主体在外汇风险管理中的指导思想和基本态度。根据对外汇风险的不同态度，企业或外汇银行主要有完全防范、完全不防范、积极管理三种战略可供选择。

6. 在国际金融活动中，企业是外汇交易的重要参与者，相对于外汇银行，它们在一定意义上是外汇市场的被动交易者，面临更大的市场风险。企业进行外汇风险管理的方法，主要包括贸易策略法、金融市场交易法、国际信贷法、投保汇率变动险法、企业内部管理法五种类型。

7. 作为外汇市场的主要参与者，外汇银行需要加强外汇风险管理。银行进行外汇头寸额度管理时，可以采用头寸限定法或亏损控制法。银行防范外汇风险的重要措施就是调整外汇的敞口头寸，或者尽量缩小敞口头寸，或者使敞口头寸的情形与外汇汇率的走势相一致。

8. 银行外汇资产负债配对管理的实质是通过对外汇资产、负债时间、币别、利率、结构的配对，来尽量减少由于经营外汇存贷款业务、投资业务等而需要进行的外汇买卖，以避免外汇风险。

练习与思考

一、单选题

1. 外汇风险的不确定性在实质上是指(　　)。

A. 外汇风险可能发生，也可能不发生

B. 外汇风险给持汇者或用汇者带来的可能是损失也可能是盈利

C. 给一方带来的是损失，给另一方带来的必然是盈利

D. 外汇汇率可能上升，也可能下降

2. (　　)是指涉外企业在其经营活动中存在的外汇风险。

A. 交易风险　　B. 会计风险　　C. 经济风险　　D. 经营风险

3. 一笔应收或应付外币账款的时间结构对外汇风险的大小具有直接影响，时间越长外汇风险就越(　　)。

A. 大　　B. 小　　C. 没有影响　　D. 无法判断

4. 出口收汇的计价货币要尽量选择(　　)。

A. 软币　　B. 硬币　　C. 黄金　　D. 篮子货币

5. 某企业有一笔 3 个月的欧元应收货款，为了防止汇率风险，该企业应该(　　)。

A. 寻找买方，安排一项 3 个月后欧元计价的、同等金额、即期付款的出口业务

B. 寻找卖方，安排一项 3 个月后欧元计价的、同等金额、即期付款的进口业务

C. 寻找买方，安排一项 3 个月后美元计价的、同等金额、即期付款的出口业务
D. 寻找卖方，安排一项 3 个月后美元计价的、同等金额、即期付款的进口业务

6. 商业银行在经营外汇业务时应遵循（　　）原则，以防范和避免风险。
A. 保持空头　　B. 保持多头
C. 扩大买卖差价　　D. 保持买卖平衡

7. 引起交易风险的原因是（　　）。
A. 外汇汇率变动　　B. 本币汇率变动
C. 汇率制度改变　　D. 国际金融市场扩大

8. 为了防止外汇风险，出口收汇中应贯彻（　　）的原则。
A. 安全及时　　B. 现金支付　　C. 自主管理　　D. 自负盈亏

9. 企业（　　）存在外汇风险。
A. 处于多头地位　　B. 开展易货贸易
C. 以本币开展国际投资　　D. 以本币作为交易结算货币

10. 外汇风险头寸是指（　　）。
A. 全部外汇资产的金额
B. 暴露在外汇风险之下的资产和负债
C. 全部外汇负债的金额
D. 全部外汇资产和外汇负债之和

二、多选题

1. 通过（　　）可以防止汇率风险。
A. 优化货币组合　　B. 签订保值条款
C. 选好结算方式　　D. 投资业务

2.（　　）等方法只能减少而不能消除汇率风险。
A. 选好计价货币　　B. 多种货币组合
C. 组对法　　D. 调整价格法

3. 选好计价货币，以防止汇率风险的措施有（　　）。
A. 出口选用硬币　　B. 进口选用硬币
C. 计价货币中软、硬币各占一半　　D. 采用多种货币计价、结算

4. 外汇会计风险产生的原因包括（　　）。
A. 结售汇银行的操作失误　　B. 功能货币和报告货币的不一致
C. 历史汇率与当前汇率的不一致　　D. 某国家规定的以何种汇率折算制度

5. 某涉外企业有一笔美元应收账款，同时预测美元即将贬值，则该企业可以（　　），以防止汇率风险。
A. 提前收取这笔美元应收账款
B. 推迟收取这笔美元应收账款
C. 签订一份买进等额美元的远期外汇合约
D. 签订一份卖出等额美元的远期外汇合约

6. 根据外汇风险的作用对象和表现形式来划分，外汇风险可分为（　　）。

A. 交易风险　　B. 会计风险　　C. 经济风险　　D. 时间风险

7. 外汇风险的构成要素主要包括(　　)。

A. 经营方式　　B. 外币　　C. 本币　　D. 时间

8. 企业外汇风险管理的具体方法包括(　　)。

A. 做好货币选择,优化货币组合　　B. 采取保值措施,订好保值条款

C. 根据实际情况选用结算方式　　D. 利用外汇交易业务

9. 在(　　)等情况下,不存在汇率风险。

A. 开展易货贸易　　B. 以本币计价结算

C. 企业处于多头状态　　D. 用本币对外投资

10. 下列交易中,(　　)能有效地规避汇率风险。

A. 承做延期美元收款的出口商——卖出远期美元

B. 持有长期美元贷款的债权人——卖出远期美元

C. 承做延期美元付款的进口商——买进远期美元

D. 负有长期美元贷款的债务人——买进远期美元

三、填空题

1. 一般而言,外汇风险的构成包括两个因素:________和________。

2. 外汇风险实质上是因________引起的外汇收益或者损失的一种不确定性。

3. 对企业而言,________与________的影响是一次性的,而________对企业产生的影响则是长期的、复杂的。

4. 外汇风险管理是企业经营管理的重要组成部分。在外汇风险管理中应该遵循的原则包括:________、________和________。

5. 币种选择法是指企业通过选择进出口贸易中的________的种类来防范外汇风险的方法。

6. 价格调整法是指当出口用________计价结算、进口用________计价结算时,企业通过调整商品的价格来防范外汇风险的方法。

7. 福费廷是指出口商将经过进口商承兑的,并由进口商的往来银行担保的,期限在半年以上的远期票据,________地向进口商所在地的包买商进行贴现,提前取得现款的融资方式。

8. ________是指银行所持有的各种外币账户的余额状况,即其外币资产或负债的存量。

9. 银行进行外汇头寸额度管理时,可以采用________或________。

10. 外汇资产负债的配对管理是通过对外汇________和________的时间、币别、利率、结构的配对,来尽量减少由于经营外汇业务等而需要进行的外汇买卖,以避免外汇风险。

四、判断题(正确请写"T",错误请写"F")

(　　)1. 外汇的交易风险是指在约定的外币计价的交易过程中,由于结算时的利率与签订合同时的利率不同而面临的风险。

(　　)2. 只要企业在进出口贸易中不使用外币,就不存在外汇风险。

( )3. 在进口贸易中，选择用硬币结算可以防范外汇风险。

( )4. 外汇风险可以减缓，但无法消除。

( )5. 外汇的会计风险是指由于外汇财会管理方面发生错误而导致的损失。

( )6. 会计风险的大小，会因所采取的折算方法不同而异。

( )7. 外汇银行为避免汇率变动的风险损失，在出现空头时应及时补进相同金额的同种外汇。

( )8. 由于汇率变化而引起的资产负债表中某些外汇项目金额变动的风险称为经营风险。

( )9. 在获悉人民币汇率将贬值时，如果合同规定以外币计价，则我出口公司应争取延期收款，进口公司应提前支付，以获取汇率变动的收益。

( )10. 某美国公司 30 天后有一笔欧元的应付货款，若预测美元对欧元将下跌，该公司可推迟支付，以减轻汇率变动的风险损失。

五、简答题

1. 什么是外汇风险？外汇风险有哪些类型？
2. 经济风险应如何识别和计量？
3. 外汇风险管理应遵循哪些原则？
4. 企业外汇风险管理办法具体有哪些类型？
5. 银行外汇风险管理具体包括哪些内容？

案例分析

管理者的偏差

2019 年 5 月，中华集团公司与美国某公司签订出口订单2 000万美元，当时美元/人民币汇率为 6.90，6 个月后交货时，美元/人民币汇率为 6.80，由于人民币汇率的变动，该公司损失了 200 万元人民币。

这一事件发生后，该公司为了加强外汇风险管理，切实提升公司外汇风险防范水平，于 2019 年 12 月召开了关于公司强化外汇风险管理的高层会议，总结本次损失发生的经验教训，制定公司外汇风险管理对策。有关人员的发言要点如下：

总经理陈某：我先讲两点意见：(1)加强外汇风险管理工作十分重要，对于这一问题必须引起高度重视。(2)外汇风险管理应当抓住重点，尤其是对于交易风险和会计风险的管理，必须制定切实的措施，防止汇率变化对于公司利润的侵蚀。

常务副总经理吴某：我完全赞同总经理的意见，在人民币汇率比较稳定的背景下，我们只要抓好生产，完成订单，利润就能够实现；但在当前的经济形势下，我们不能再固守以往的管理方式，漠视汇率风险，必须对所有的外汇资产和外汇负债采取必要的保值措施。另外，总经理提出的加强会计风险管理的观点也十分重要，我们建立的海外子公司即将投入运营，应当采取必要的措施对于会计风险进行套期保值，避免出现账面损失。

总会计师李某：加强外汇管理的确十分重要。我最近对外汇风险管理的相关问题进行了初步研究，发现进行外汇风险管理的金融工具还是比较多的，采取任何一种金融工具进行避险的同时，也就失去了汇率向有利方面变动带来的收益，外汇的损失和收益主要取决于汇率变动的时间和幅度，因此强化外汇风险管理，首先必须重视对于汇率变动趋势的研究，根据汇率的不同变动趋势，采取不同的对策。

董事长张某：以上各位的发言我都赞同，最后提两点意见：(1)思想认识要到位。当前我国已形成更富弹性的人民币汇率机制，在此宏观背景下，采取措施加强外汇风险管理十分必要。(2)建议财务部成立外汇风险管理的小组，由财务部经理担任组长，具体负责外汇风险管理的日常工作。

要求：从外汇风险管理基本原理的角度，指出总经理陈某、常务副总经理吴某、总会计师李某以及董事长张某在会议发言中的观点有何不当之处，并分别简要说明理由。

实训演练

一、实训目的

理解和掌握外汇风险概念、种类、企业外汇风险管理方法以及银行应如何加强外汇风险管理等相关理论知识。

二、实训资料

中国的一家跨国公司获得了 5 亿欧元的德国政府采购合同，合同将延续 3 年，德国政府以欧元付款。德国政府的采购约占该家公司销售量的 60%，公司 10%的经营费用是欧元，其他是人民币。

三、实训要求

撰写一份报告，回答以下问题：

(1)该公司在未来 3 年中会出现多大的经济风险？

(2)应该采取哪些行动来降低欧元汇率波动所产生的经济风险？

(3)可以获得哪些外部资源来实现外汇风险管理？

本章推荐阅读

[1]国际外汇市场行情、汇市动态，请查阅伦敦金融时报网站 http://www.ft.com 和华尔街日报网站 http://online.wsj.com/public/us。

[2]国际外汇市场行情和相关评论，请登录和讯网 http://www.hoxum.com.cn 和彭博网 www.bloomberg.com。

[3]外汇知识和外汇市场动态和相关分析，请登录外汇街网站，http://www.forex21.cn/。

[4]人民币基本汇率，请查询中国外汇管理局官方网站，http://www.safe.gov.cn。

[5]我国外汇市场的汇率行情及国际汇市动态，请登录中国银行网站，http://www.bank-of-china.com。

第七章

国际储备

知识结构图

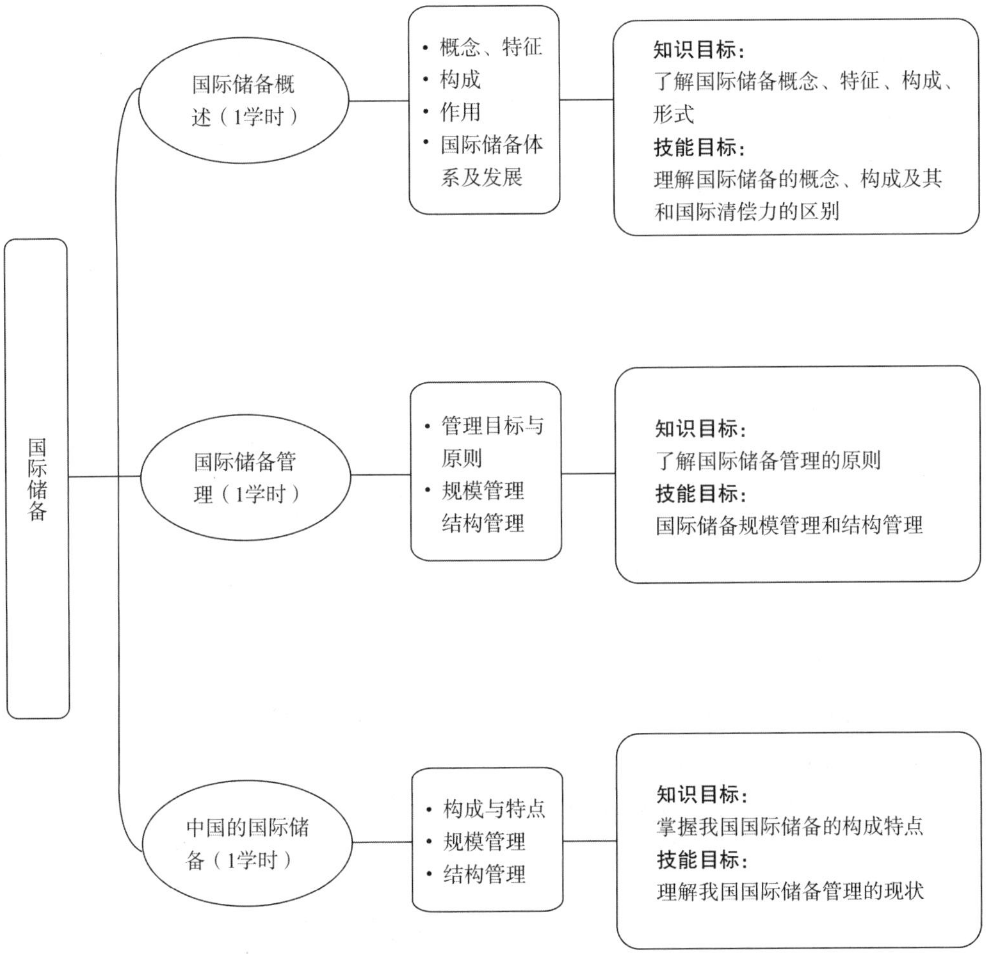

国际储备

模块	内容	目标
国际储备概述（1学时）	· 概念、特征 · 构成 · 作用 · 国际储备体系及发展	**知识目标：** 了解国际储备概念、特征、构成、形式 **技能目标：** 理解国际储备的概念、构成及其和国际清偿力的区别
国际储备管理（1学时）	· 管理目标与原则 · 规模管理结构管理	**知识目标：** 了解国际储备管理的原则 **技能目标：** 国际储备规模管理和结构管理
中国的国际储备（1学时）	· 构成与特点 · 规模管理 · 结构管理	**知识目标：** 掌握我国国际储备的构成特点 **技能目标：** 理解我国国际储备管理的现状

导入案例

中国外汇储备何去何从

新中国成立65年以来，外汇储备增加了近26 000倍，中国由长期的外汇短缺国一跃成为世界第一大外汇储备国。1952年中国外汇储备只有1.39亿美元，到1978年也只增加到1.67亿美元。随着对外开放的推进，中国外汇储备逐步由短缺走向充裕，1990年首超百亿美元，1996年超过千亿美元，2006年突破万亿美元，超越日本成为世界第一。截至2013年9月，中国外汇储备规模已经达到36 626.62亿美元。不断攀升的储备规模意味着中国面临巨额的资本流入。同时，中国外汇储备的主要构成是美元资产及美国国债。有数据显示，中国作为美国第一债主的地位不断巩固，截至2013年11月底，中国当月持有美国国债总额达1.3167万亿美元，再创历史新高。中国持有量接近外国主要债权人持有的美国国债总额(5.716 9万亿美元)的23%，美国通过发行国债向外国政府借得的每1美元中约有0.2美元来自中国。

2008年美国金融危机后，美元受到重创以致大幅度贬值，随之而来的中国高额外汇储备保值增值问题备受关注，这正是国际储备管理需要研究的问题。

第一节　国际储备概述

一、国际储备的概念和特征

(一)国际储备的概念

所谓国际储备(international reserve)，一般是指各国货币当局为弥补国际收支赤字和维持汇率稳定及应对各种紧急支付而持有的在国际上可以被普遍接受的一切资产。

世界银行对国际储备所下的定义是："各国货币当局占有的、在国际收支出现逆差时可以直接或通过同其他资产有保障的兑换来支持该国汇率的所有资产。"这一解释目前已成为国际金融学界公认的标准定义。

(二)国际储备的特征

根据该定义，能够作为国际储备的资产必须具备以下四个特点：

1. 官方持有性

作为国际储备的资产必须是一国货币当局集中掌握的。非官方金融机构、企业和私人持有的资产均不能作为国际储备资产。这一特点使国际储备有时也被称为官方储备。

2. 自由兑换性

作为国际储备的资产必须可以自由地与其他金融资产相交换，充分体现储备资产的国际性。缺乏自由兑换性，储备资产的价值就无法实现，这种储备资产在国际上就不能被普遍接受，也就无法用于弥补国际收支逆差及发挥其他作用。

3. 充分流动性

作为国际储备的资产，必须是随时能够动用的资产，如存放在国外银行的活期可兑换外币存款、有价证券（如美国国库券）等。这样，当一国出现国际收支赤字时，可迅速动用这些资产予以弥补，或者干预外汇市场来维持汇率的稳定。

4. 普遍接受性

作为国际储备的资产，必须能够为世界各国普遍认同和接受，否则就不能作为国际支付手段用于弥补国际收支赤字。

（三）国际储备与国际清偿力

国际清偿力（international liquidity），又称国际流动性，简言之，是指一国的对外支付能力，具体说，是指一国直接掌握或在必要时可以动用作为调节国际收支、清偿国际债务及支持本币汇率稳定的一切国际流动资金和资产。它实际上是一国的自有储备（亦称第一储备）、借入储备（亦称第二储备）与诱导储备的总和。详见表 7-1。

国际储备与国际清偿力的关系表述如下：

第一，国际清偿力是自有储备、借入储备及诱导储备资产的总和。其中，自有储备是国际清偿力的主体，因此，国内学术界亦把国际储备看作是狭义的国际清偿力。

第二，外汇储备是自有储备的主体，因而也是国际清偿力的主体。

第三，可自由兑换资产可作为国际清偿力的一部分，或者说包含在广义国际清偿力的范畴内，但不一定能成为国际储备货币。只有那些币值相对稳定，在经济贸易往来以及市场干预方面被广泛使用，并在世界经济与货币体系中地位特殊的可兑换货币，才能成为储备货币。

表 7-1 国际清偿力的构成

<table>
<tr><td rowspan="8">国际清偿力</td><td rowspan="4">自有储备（国际储备）</td><td>黄金储备</td></tr>
<tr><td>外汇储备</td></tr>
<tr><td>在 IMF 的储备头寸</td></tr>
<tr><td>特别提款权</td></tr>
<tr><td rowspan="3">借入储备</td><td>备用信贷</td></tr>
<tr><td>互惠信贷和支付协议</td></tr>
<tr><td>其他类似的安排</td></tr>
<tr><td>诱导储备</td><td>商业银行对外短期可兑换货币资产</td></tr>
</table>

决定一个国家国际清偿能力大小的主要因素是：第一，现有国际储备的多少。现有国际储备越多，则清偿能力越大；现有国际储备越少，国际清偿能力越小。第二，从国际金融机构和国际金融市场获得借款能力的大小。借款能力越大，国际清偿能力越强，反之越弱。第三，商业银行持有的外汇资产、金融当局从私人部门可迅速获得的短期外汇资产。这些资产越多，潜在的清偿能力就越大，反之则越小。第四，一国发生国际收支逆差时，外国人持有逆差货币的意愿。意愿越强，清偿能力越强，反之越弱。第五，利率提高或利率期限结构的变化，在不发生不利的国内影响的条件下，对于鼓励资金内流的程度。程度越高，清偿能力越高，反之则越低。

此外，还可以通过一些指标来判断一国国际清偿力的强弱，主要有：可兑换的流动储备额，一般应相当于3～4个月的进口额，包括在国外的银行存款；还债率，指当年中长期贷款还本付息的支出总额与有形和无形贸易外汇收入之间的比率；国家对外债务余额与出口外汇收入之间的比率；外汇储备量与进口额之间的比率；净债务与国民生产总值的比率；人均债务或人均国民收入。

正确认识国际储备与国际清偿力的关系，对一国货币当局充分利用国际信贷或筹款协议，迅速获得短期外汇资产来满足其对外支付的需求，具有重大意义；对理解国际金融领域中的一些重大发展，如欧洲货币市场对各国国际清偿力的影响，一些发达国家国际储备占进口额的比率下降趋势，以及研究国际货币体系存在的问题与改革方案等，都是十分有帮助的。

二、国际储备的构成

国际储备资产的构成是随着历史的发展而变化的。目前，IMF对国际储备的概念是从国际储备构成的角度定义的。即一国国际储备主要包括以下四种形态的资产：

（一）黄金储备

黄金储备(gold reserves)是指一国货币当局作为金融资产所集中持有的货币黄金(monetary gold)，工业用金和民间藏金等非货币用途黄金不在此范围内。据统计，目前世界黄金储量中，饰品用量占50%，工业用量占15%，牙科用量占5%，货币用量占15%，其他用量占15%。黄金作为储备资产的历史悠久，在国际金本位制度下，黄金是最主要的国际储备资产，是当时唯一的世界货币，充当国际支付的最后手段。在布雷顿森林体系下，黄金仍是货币汇率的基础，保有一般支付手段的职能，且仍是重要的国际储备资产。

目前黄金储备作为国际储备资产的地位虽然已被削弱，但仍然是国际储备的重要形式(见表7-2)。以黄金作为储备资产有其特殊的优点：其一，黄金是最可靠的手段，特别是当国际环境出现政治、经济动荡时，黄金能够保值。其二，黄金储备不受任何超国家权力的干预，完全是一国主权范围内的事情，可自由控制。其三，黄金储备具有内在价值，比较可靠，不受国家或金融机构的信用和偿付能力的影响，债权国处于主动地位。其四，一国黄金储备的多少，代表了一国的金融和经济实力。例如，海湾战争后，国际社会对伊拉克实施了严厉的经济制裁，但伊拉克凭借手中持有的黄金储备购买进口急需物品，最大限度地抵消了制裁的压力。

表7-2 国际货币基金组织成员国的黄金储备分布

单位：百万盎司

年末	2007	2008	2009	2010	2011
世界	963.47	964.06	980.88	991.21	1 003.23
发达经济	716.52	707.81	704.29	704.06	705.18
新兴和发展中经济	139.08	148.80	175.01	180.58	191.97
中国	19.29	19.29	33.89	33.89	33.89

数据来源：沈国兵.国际金融[M].北京：北京大学出版社，2013

但是，以黄金作为储备资产也有缺点：其一，黄金的流动性较低。根据“牙买加协议”，黄金不能直接进行对外支付。一国为了弥补国际收支逆差，必须首先将黄金储备变现为外汇资产。在变现过程中，涉及两项成本，一项是变现成本，另一项是因短期集中抛售黄金导致金价下跌的成本。这两项成本的存在使得黄金储备的吸引力下降。其二，黄金收益率偏低。由于黄金本身不能生息，所以黄金的收益来自于金价的上涨扣除保管黄金的费用。

（二）外汇储备

作为储备货币，必须具备三个条件：在国际货币体系中占有重要的地位；自由的兑换性，即能自由兑换成其他货币；价值稳定，即其汇率和购买力应相对稳定，内在价值比较稳定。可见，并非所有可兑换货币都可以成为储备货币。在 1880—1914 年间，英镑是主要的储备货币。在两次世界大战之间，英镑、美元和法郎是最重要的储备货币，布雷顿森林体系建立后美元成为最主要的储备货币，1973 年布雷顿森林体系崩溃，储备货币呈现多元化趋势。目前，美元、欧元、日元、英镑和瑞士法郎等都成为重要储备货币，但美元在储备货币中仍居中心地位。外汇储备的供给状况直接影响世界贸易和国际经济往来能否顺利开展。如果供给太多，会增加世界性的通货膨胀；反之，供给太少，很多国家将被迫实行外汇管制或采取其他不利于国际贸易的措施。所以，外汇供给量如何保持适度规模，储备货币发行国有何制约机制，是国际金融亟待研究的课题。表 7-3 列示国际货币基金组织成员国的外汇储备分布。

表 7-3 国际货币基金组织成员国的外汇储备分布

单位：10 亿 SDR

年份	2007	2008	2009	2010	2011
世界	4 242.6	4 769.2	5 207.8	6 014.9	6 644.0
发达经济	1 539.1	1 617.4	1 772.4	2 007.9	2 213.8
新兴和发展中经济	2 703.5	3 151.8	3 435.4	4 007.0	4 430.2
中国	967.1	1 263.4	1 530.4	1 848.9	2 072.0

数据来源：沈国兵.国际金融[M].北京：北京大学出版社，2013

【特别提示】

由于进入各国国际储备的货币往往是一些主权国家发行的国别货币，所以主权国家的货币输出成为国际储备的重要源泉。这些货币的输出有两条途径，一条是借贷，另外一条是购买外国的商品。总之，是通过国际收支逆差输出货币。逆差的结果和实质就是对他国实物资源的占有，取得铸币税收益。美元是当今各国储备中比例最大的币种，因此，美国借美元输出占有了其他国家的大量财富，类似于以美元这种标准化的欠条来换取他国的财富。

（三）在国际货币基金组织的储备头寸

储备头寸又称为普通提款权(general drawing rights)，是基金组织成员国在 IMF 的普通账户中可以随时自由提取和使用的资产(数据见表7-4),包括成员国在基金组织部分提款权余额和基金组织对成员国货币的净使用。按照货币基金组织的规定,成员国加入时必须缴纳份额,其中25%用可兑换货币缴纳,75%用本国货币缴纳,缴纳的份额使成员国获得向基金组织的普通提款权。发生国际收支困难时,成员国有权以本国货币为抵押向基金组织申请提用可兑换货币,最多可以达到份额的125%,每25%为一档,条件逐档严格。成员国以可兑换货币缴纳的部分,称为“储备部分提款权”,这部分提款权在成员国发生国际收支逆差时可以随时无条件提取使用,不需要经过基金组织批准。其余四档为信用提款权,实际上是基金组织向成员国提供的可兑换货币贷款。

表7-4　国际货币基金组织成员国的储备头寸

单位:亿SDR

年末	2007	2008	2009	2010	2011
世界	137.3	251.0	386.8	488.1	982.6
发达经济	93.3	181.1	274.4	345.3	739.1
新兴和发展中经济	44.1	70.0	112.3	142.8	243.5
中国	5.3	13.2	28.0	41.5	63.7

数据来源:沈国兵.国际金融[M].北京:北京大学出版社,2013

(四)特别提款权

特别提款权(special drawing rights,SDRs),是国际货币基金组织创设的用于会员国之间或会员国与国际货币基金组织之间国际支付的一种国际储备资产。与其他储备资产相比,特别提款权具有以下特征:

1. 人为创设,无偿分配。1969年,为摆脱美元危机的困扰,国际货币基金组织通过设立特别提款权的决议,以补充各国储备资产的不足。特别提款权是国际货币基金组织按份额比例不定期、无偿分配给会员国的,接受者无须付出任何代价。而黄金、外汇、储备头寸是通过贸易、投资、借贷等活动取得的,储备头寸以所缴纳的份额为基础,其融通使用必须按期偿还。

2. 属账面资产,无内在价值。国际货币基金组织设有特别提款权部,参与的会员国均设有一个特别提款权账户。特别提款权只是一种账面资产,是成员国在IMF特别提款账户上的贷方余额,并非实体货币,既无纸币,也无硬币。可见,特别提款权是一种没有任何物质基础的账面资产与记账单位,本身不像黄金具有内在价值,不能提现、兑换黄金和购物,同时也不像美元等储备货币有一国的政治和经济实力为后盾。

3. 使用受到限制。特别提款权仅限于政府间结算,私人不得持有和使用,不可以用于支付商品和服务。(1)经货币发行国同意后,可以划账的形式兑换成该国货币;(2)清偿与IMF之间的债务;(3)缴纳份额;(4)向IMF捐款或贷款;(5)作为本国货币汇率的基础;(6)用于成员国之间的互惠信贷协议;(7)基金组织的记账单位;(8)充当储备资产。特别提款权的持有人分为两类:一类是法定持有人,它是指IMF的各会员国政府,截至2010年12月31日已达187个国家和地区;另一类是指定持有人,是IMF特别指定可以持有和使用特别提款权的区域性或国际性金融机构，包括国际清算银行、世界银行、亚洲开发银行和瑞士国民银行等 16 个。

特别提款权创设初期，价值由含金量决定，规定 1 盎司黄金等于 35 特别提款权单位，即特别提款权与美元等值。1971 年 12 月 18 日，美元第一次贬值，而特别提款权的含金量未变，因此 1 特别提款权上升为 1.08571 美元。1973 年 2 月 12 日美元第二次贬值，特别提款权含金量仍未变，1 特别提款权上升为 1.20635 美元。1973 年西方主要国家的货币纷纷与美元脱钩，实行浮动汇率制以后，汇价不断发生变化，而特别提款权同美元的比价仍固定在每单位等于 1.20635 美元的水平上。

1974 年 7 月，基金组织正式宣布特别提款权与黄金脱钩，改用"一揽子"16 国货币作为定值标准。即特别提款权价值是通过对所选择的货币篮子进行加权平均计算得到的。最初的货币篮子包括美元、联邦德国马克、日元、英镑、法国法郎等 16 种货币。1981 年减少为 5 种。2016 年变为美元、欧元、日元、英镑和人民币 5 种货币。特别提款权采取一揽子货币的定值方法。货币篮子每五年复审一次，以确保篮子中的货币是国际交易中所使用的那些具有代表性的货币，各货币所占的权重反映了其在国际贸易和金融体系中的重要程度。特别提款权每日计算，并且以美元列示。计算方法是根据美元、欧元、日元、人民币及英镑这五种货币与每日中午在伦敦市场所报汇率计算等值美元总额，所得即为特别提款权的价值。

2001—2008 年 IMF 所有成员国持有的加总 SDRs 基本没有变化，而 2009 年为应对欧洲主权债务危机，IMF 的增资扩容使得各方持有的 SDRs 出现跨越式增长。2011 年发达经济体持有的 SDRs 占比为 61.9%，新兴市场和发展中经济体持有的 SDRs 占比为 33.0%，中国持有的 SDRs 占比仅为 3.8%。相比来看，发达经济体持有的 SDRs 将近是新兴市场和发展中经济体的 2 倍。从表 7-5 可以看出，中国持有的 SDRs 在逐年增加。这既反映出中国向 IMF 认缴份额的增加，也表明中国运用特别提款权来平衡国际收支差额的能力增强。

表 7-5 国际货币基金组织成员国的 SDR

单位：亿 SDR

年末	2007	2008	2009	2010	2011
世界	214.8	214.5	2 039.9	2 040.7	2 040.7
发达经济	140.4	142.0	1 295.9	1 294.7	1 263.5
新兴和发展中经济	43.5	46.6	711.1	699.6	672.8
中国	7.5	7.8	79.8	80.2	77.2

数据来源：沈国兵.国际金融[M].北京：北京大学出版社，2013

纵观特别提款权创立 40 余年的历史可以发现，特别提款权没有足够的经济或物质保证，总体规模偏小，使用范围狭窄。同时特别提款权的分配是以成员国在 IMF 的份额为基础的，这就使得那些基金份额少、国际清偿力有限的发展中国家获得的特别提款权的额度远远少于发达国家。因此，特别提款权至今未能成为国际货币制度中的主要储备资产。

【特别提示】

1976年1月《牙买加协议》确定未来的国际货币体系应以特别提款权为主要储备资产。但特别提款权发展面临障碍。首先，特别提款权是一种虚构的国际清偿能力，本身没有价值，人们对它作为国际储备资产的信心不足。其次，特别提款权发行数量和分配有限。再次，特别提款权的使用范围有限，没有流通手段职能，不是一种完全的世界货币。最后，虽然特别提款权是为了支持布雷顿森林体系，缓解美元压力，但美国又尽力保持美元国际地位，一旦美元压力减轻，美国就对SDRs采取种种限制措施。分配新的特别提款权须85%的多数票才能通过，美国有近20%投票权，一家就能否决决议，这对于加强特别提款权的地位十分不利。

三、国际储备的来源

（一）国际收支顺差

对于绝大多数非储备货币发行国来说，增加国际储备主要途径是争取国际收支顺差。即国际收支顺差是一国增加国际储备资产的主要来源。而在一个国家的国际收支顺差中，贸易顺差是最可靠的增加国际储备来源的途径，因为它反映了一个国家的国际竞争能力；非贸易收支的顺差则具有重要的补充作用；资本项目的顺差则在一定程度上反映了一个国家所具有的国际信誉和国际融资能力，但它并不是一个国家增加国际储备资产的可靠来源和稳定的来源。因为长期资本项目的顺差如果没有新资本的流入，反而会因为利润和红利的汇出而减少，如果发生资本抽回投资的情况，还可能使顺差消失。至于短期资本项目的收支顺差则本身就具有不稳定的特征。

（二）购买黄金

尽管黄金的地位有所弱化，但黄金作为价值实体和补充国际储备资产的作用并未改变。一个国家的央行通过在国际金融市场上购买黄金，或者在国内收购黄金，都会使得本国国际储备资产中黄金储备资产增加。但必须指出的是，对绝大多数的非储备货币发行国来说，如果是用国际储备资产中的储备货币，即外汇储备资产来购买黄金，那么这种买卖实际上并没有改变一个国家的国际储备资产的总量，改变的只是国际储备资产结构。只有当一个国家用本国货币在国内市场上收购黄金时，即将原来储藏于国内的黄金从非货币用途转变为货币用途而使得官方持有的黄金储备资产增加时，这种黄金的货币化才会使得一个国家国际储备资产总量增加。

（三）对外借款

一个国家政府或央行通过在国际金融市场或者向国际金融机构借入款项，可以补充该国国际储备资产。

（四）外汇干预

一个国家的金融管理当局为了干预外汇市场而买入外汇也可以增加该国国际储备资产的存量。当一个国家的货币受到升值压力时，该国的金融当局就会在外汇市场上抛售本国货币买入外汇以稳定汇率，这些买入的外汇就成为该国的国际储备资产。

(五)储备头寸的提用

作为国际货币基金组织会员国原来上缴组织中的相当于所缴份额25%的储备头寸在需要平衡国际收支逆差时可以申请提用,也可以视为一项补充性质的国际储备资产。

(六)接受基金组织分配的特别提款权

特别提款权是一个国家国际储备资产的构成形式之一,因此,当一个国家接受了来自国际货币基金组织所分配的特别提款权时,即意味着国际储备资产的增加。但这一来源不是一个国家在需要增加国际储备资产时就能主动增加的,对于许多发展中国家来说,这一来源的增加会受到许多的限制。

四、国际储备的作用

从世界范围来看,国际储备对于促进商品和资本的国际流动,维持国际金融秩序的稳定和保障世界经济的正常运行都发挥着重要作用。就一国而言,国际储备的作用主要表现在以下几个方面:

(一)弥补国际收支逆差,维持对外支付能力

国际储备的首要作用就是在一国国际收支发生困难时起到一定的缓冲作用,使其国内经济在某种程度上免受国际收支变化的冲击,这种缓冲作用可以从短期和长期两种情况分析。当一国的国际收支因偶然性和季节性的因素而导致出口减少,出现暂时的国际收支逆差时,可直接动用国际储备来平衡国际收支,而无须采取影响整个宏观经济的财政货币政策或压缩进口等限制性措施,以避免影响国内经济的正常发展,减少其对国内经济的负面影响。当国际收支失衡是长期的、巨额的或根本性的,而不可避免地采取调节措施时,动用国际储备,可起到一种缓冲作用,避免猛烈的调节措施可能带来的国内经济动荡。针对根本性的国际收支失衡,仅靠动用国际储备来调节不但不能解决问题,相反会导致国际储备的枯竭。因此,当一国经济因政策失误或经济结构不合理而造成国际收支持续性逆差时,对包括外汇储备在内的储备资产的动用,必须谨慎进行。

(二)干预外汇市场,维持本国货币汇率的稳定

各国用来干预外汇市场的储备基金称为外汇平准基金,它由黄金、外汇和本国货币构成。

在本币贬值太快的情况下,通过在市场上抛出外汇储备购入本币,增加外汇市场上外汇的供应,可以使本币汇率上升;而在本币升值过快的情况下,通过购入外汇抛出本币,增加外汇市场上本币的供应,以使本币汇率下降。当然,一国持有的国际储备是有限的,因而外汇干预只能对汇率产生短期影响,无法根本改变决定汇率的基本因素。而且,国际储备要真正发挥干预资产的作用,必须具备两个前提条件:发达的外汇市场和本国货币的完全自由兑换。

(三)增强本国货币的信誉,充当对外举债的保证

一国的国际储备状况,一直是评定其偿债能力和资信的重要指标,一国拥有充足的国际储备可以为本国货币在国际上的信誉和地位提供有力的支持。国际储备是债务国到期

还本付息的基础和保证，因而它也是一国政府对外借款的信誉保证，如果一国国际储备雄厚，则该国国际信誉就高，在国际上借债就比较容易，成本也较低；反之，一国国际储备枯竭，则其国际信誉较低，难以在国际上筹措资金，即使能筹到资金，条件也比较苛刻。

（四）获得国际竞争优势

国际储备是国家财产，一国持有比较充裕的国际储备，就意味着有力量左右其货币的对外价值，即有力量使其货币汇率上升或下降，以获取国际竞争优势。如果是储备货币发行国，拥有充分的国际储备，对支持其货币的国际地位至关重要。

五、国际储备体系及其发展

国际储备体系是指在一种国际货币制度下国际储备货币或资产的构成与集合的法律制度安排。这种安排的根本问题是中心储备货币或资产的确定及其与其他货币的相互关系。

（一）国际储备体系的演变

国际储备体系的演变即中心货币或资产在国际经济交易中的延伸与扩展。随着国际货币体系的变迁，国际储备体系的演变从单元的储备体系逐步向多元的储备体系发展。

1. 第一次世界大战之前单元化的储备体系

在典型的金本位制度下，世界市场上流通的是金币。国际储备体系特点就是国际储备受单一货币支配。即国际储备体系单元化。

1816 年英国率先实行金本位制度，后来各国纷纷仿效。于是，以英镑为中心，金币（或黄金）在国际上流通并被广泛储备。因此，在这个制度下的储备体系被称为黄金—英镑储备体系。黄金是国际结算的主要手段，同时也是最主要的储备资产。

2. 第一次世界大战与第二次世界大战之间过渡性的储备体系

第一次世界大战后，典型的金本位制崩溃，各国建立起金块或金汇兑本位制的货币制度（美国仍推行金本位制）。国际储备中外汇储备逐渐朝着多元化方向发展，形成非典型性的多元化储备体系，它不完全受单一货币支配。由于该体系的不系统与不健全原因，我们说它是一种过渡性的储备体系。以英镑为主，英镑、美元充当当时的国际储备货币。但美元有逐步取代英镑的趋势。

3. 第二次世界大战后至 20 世纪 70 年代初以美元为中心的储备体系

第二次世界大战后，布雷顿森林体系建立，美元取得了与黄金同等的地位，成为这时最主要的储备货币。这时的储备体系称为美元—黄金储备体系。在这个体系中虽然黄金仍然是重要的国际储备货币，但随着国际经济交易的恢复与迅速发展，美元成为最主要的储备资产。这是因为，一方面，当时世界黄金产量增长缓慢，产生经济的多样化需求与黄金单方面供应之间的矛盾；另一方面，黄金储备在各国的持有量比例失衡，美国持有了黄金总量的 75%以上，其他国家的持有比例则很小。因此，各国逐渐降低黄金储备，而美元在国际储备体系中的比例却逐渐超过黄金成为最重要的国际储备资产。如：在 1970 年，世界储备中外汇储备占 47.8%，而美元储备又占外汇储备的 90%以上。因此，总体上看，这时期各国的外汇储备仍是美元独尊的一元化体系。

4. 20 世纪 70 年代后至今的多元化储备体系

布雷顿森林体系崩溃后,国际储备体系发生了质的变化。这表现为国际储备体系完成了从长期的国际储备单一化向国际储备多远化过渡,最终打破了某一货币如美元一统天下的局面。40 多年来,形成了以黄金、外汇、特别提款权、储备头寸多种国际储备资产混合构成的一种典型的国际储备体系。其特点是国际储备受多种硬货币支配。多种硬货币互补互衡,共同充当国际流通手段、支付手段和储备手段。

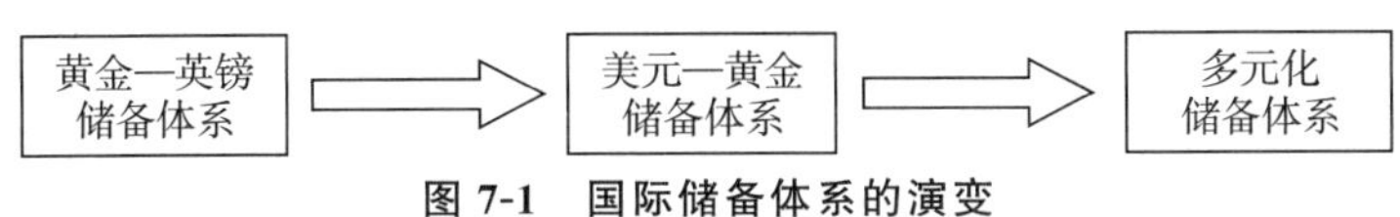

图 7-1 国际储备体系的演变

(二)多元化储备体系产生的主要原因

1.“特里芬难题”的出现

“特里芬难题”的出现及其补救措施的失败,是促使国际储备体系多元化的一个重要原因。保证美元的中心储备地位须有三个条件,但自 60 年代开始,这些条件均不同程度地丧失或被破坏。

(1)美国自 60 年代开始,持有的黄金储备逐年降低,从战后初期的 245 亿美元降至 1967 年的 121 亿美元,再降至 1971 年美元第一次贬值时的 102 亿美元。美国的黄金储备已远远不能满足其他国家官方美元储备向美国兑换黄金的需要。

(2)由于只存在单元的中心储备货币,因此,随着各国持有的美元储备的增长,对美元的需求压力也会增大,美国国际收支必然逆差。美国从 50 年代开始,国际收支就连年出现逆差,至 1970 年,其逆差累计高达 492 亿美元。从 1971 年开始,曾连续 80 年之久的贸易顺差也转变为逆差,从而加剧了美元外流。1977 年和 1978 年美国国际收支经常项目逆差两年都在 140 亿美元以上。

(3)黄金大量外流,国际收支连年逆差,导致了美元信用下降进而导致人们抛售美元,抢购黄金和其他硬货币,最后导致美元危机爆发。

在这里出现了这样一个两难其全的矛盾现象:一方面,储备货币发行国即美国要满足世界各国对储备货币的需求,其国际收支就会发生逆差,而国际收支逆差又会降低该储备货币的信誉,导致储备货币危机;另一方面,储备货币发行国美国要维持储备货币信誉,则必须保持国际收支顺差,而国际收支顺差又会断绝储备货币的供给,导致他国国际储备的短缺,最后影响国际清偿力。由于最初揭开这个矛盾现象的是美国经济学家罗伯特·特里芬,因此称为“特里芬难题”。为解开这个难题,国际货币基金于 1969 年 10 月创设了特别提款权,试图以此作为国际储备资产的补充,减轻不断增长的国际储备需求对美元的压力,缓和美元危机,并最终取代黄金和美元而成为中心储备货币。但由于特别提款权的“纸黄金”性质以及其他局限性,这一措施未能从根本上解决这个“难题”,美元危机仍不断产生。据统计,从 1960 年 10 月爆发了战后第一次美元危机,至 1973 年 2 月美元战后第二次贬值为止,先后共发生了 10 次美元危机。美元危机又反过来削弱了美元的信用,且进一步加剧人们对美元储备的心理预期,只要外汇市场一有风吹草动,就会抛售美元,去寻找新的国际储备来源。

2. 日元、马克等货币地位的上升

随着战后日本、西欧经济的恢复与发展，相应的，这些国家的货币也被人们不同程度地看好而成为硬通货。当美元信用逐渐削弱而使美元危机迭生时，这些硬货币也就成了人们作为中心储备货币的最佳选择。因此，许多国家在预期到美元贬值时，就纷纷将美元储备兑换成日元、马克、瑞士法郎等硬货币，甚至还抢购黄金，从而使国际储备资产分散化和多元化。1979 年 11 月，美国对伊朗资产的冻结，又加速了储备货币多元化的进程。石油输出国为避免储备美元的风险，将大量的石油美元从美国调往日本和欧洲，并兑换成日元、马克和其他硬货币。这样储备货币中美元的比重就不断下降，而其他硬货币的比重则不断增加。据统计，至 1979 年年底，美元在诸多储备货币中所占的比重从 1973 年的 84.6%降为 1979 年的 65.1%，而其他货币所占比重则由 1973 年的 15.4%上升为 34.9%。到 70 年代末期，国际储备构成已包括美元、英镑、法国法郎、瑞士法郎、荷兰盾、日元和欧洲货币单位以及黄金等，一个新的、系统的、以多元化为特征的国际储备体系建立起来了。

3. 西方主要国家国际储备意识的变化

一个储备体系的建立，除必须具备一定的客观条件外，还必须具备一定的主观条件，这个主观条件，主要是指各国对国际储备的意识。多元化国际储备的形成很大程度上是受这一意识的变化推动的，表现在：

(1)美国愿意降低美元的支配地位。战后美国一直坚持维护美元在储备体系中的垄断地位，这样，美国可借助于储备货币的发行国这个优势，用直接对外支付美元的方式弥补其国际收支逆差，还可以用美元大量发放贷款或进行投资，获取高额利息，甚至控制其他国家的经济。但 70 年代以来，因美元危机对内外经济造成巨大的压力，迫使美国改变意识，表示愿意降低美元的支配地位，同各国分享储备中心货币的利益。

(2)前联邦德国、日本等硬货币国家愿意把本国货币作为中心储备货币。

这些国家最初是不愿本国货币成为中心储备货币的。因为一旦成为中心储备货币，就成为储备货币发行国，它虽然可获得一定的好处，但必须对外完全开放国内金融市场，对资本输出入也不加任何限制，这样就会影响国内的货币政策乃至经济发展。同时任何一国货币作为储备货币都会遇到“特里芬难题”，即随着储备货币发行量的增长，其信用保证必然下降，进而影响货币汇率。但自 1979 年遭到第二次石油危机冲击后，这些国家改变了态度，放松了对资金的管制，鼓励外资内流以及外国中央银行持有本国货币的增加，加速了这些货币作为国际储备货币的进程。

4. 保持国际储备货币的价值

从 1973 年开始，浮动汇率制成了国际汇率制度的主体，随之而来的是汇率剧烈波动，且波幅很大。为了防止外汇风险，保持储备货币的价值，各国就有意识地把储备货币分散化，以此分散风险，减少损失。这种主观保值行为也推动了国际储备体系走向多元化。

(三)多元化储备体系产生的影响

1. 有利影响

(1)有利于缓解储备货币稀缺困难。在多元化国际储备体系下，同时以几个经济发达国家的硬货币为中心储备货币，使各国可使用的储备资产增加，为各国提供了满足多样化需求和灵活调节储备货币的余地，弥补国际清偿力不足，维持国际储备体系的正常运转。

(2)降低了对美元的过度依赖，促进了各国货币政策的协调。多元化体系的建立，减少了个别大国对国际金融事务的操纵，可以很大程度上削弱一国利用储备货币发行国的地位而强行转嫁通货膨胀和经济危机的可能性。为了维持多元化储备体系的健康发展和国际金融形势的稳定，各国必须互相协作，共同干预与管理，从而促进国际经济和金融领域的合作与协调。

(3)有利于各国调节国际收支。在国际储备多元化的情况下，可以采取各种渠道，利用多种硬货币对本国的国际收支进行调节。而在单一储备体制下，只能以单一美元储备弥补国际收支逆差，且为了调节国际收支而采取变更汇率措施时，必须事先征得基金组织同意才能实施。

(4)有利于防范汇率风险。多元化国际储备体系下各国可根据金融市场具体的变化情况，适时、适当地调整储备资产结构，对其进行有效的搭配组合，增加了调整储备资产的空间和灵活性，提高国际支付的便利，更有效地分散和防范汇率风险，并增加获利机会。

2. 不利影响

(1)增加储备管理难度，削弱各国金融政策效力。在国际储备多元化的情况下，各储备货币发行国经济发展的不平衡、各储备货币持有国需求的不一致以及各国国际经贸发展情况的差异，都会影响储备货币地位的变化和汇率的涨跌，从而加大了储备货币管理的难度，削弱储备货币国金融政策效力。

(2)加剧了国际外汇市场的动荡。储备货币多元化后，受储备需求、市场需求和各国货币当局外汇储备币种结构调整的影响，外汇市场各储备货币的汇率往往出现较大幅度波动。这种状况给外汇投机活动以可乘之机，从而进一步加剧外汇市场的动荡。

(3)加剧了国际货币制度的不稳定性。目前国际储备制度的稳定是建立在多种货币稳定基础上的。由于当今世界还没有为储备多元化建立起权威的协调和约束机制，因此，当储备货币发行国中的任何一国的经济发生波动时，都会影响其货币的变动，从而加剧国际货币制度的不稳定性。

第二节 国际储备管理

一、国际储备管理的目标与原则

国际储备管理是一国政府或货币当局根据一定时期内本国的国际收支状况和经济发展的要求，对国际储备的规模、结构和储备资产的使用进行调整控制，从而实现储备资产的规模适度化、结构最优化和使用高效化的整个过程。一个国家的国际储备管理包括两个方面：一是国际储备规模的管理，以求得适度的储备水平；二是储备结构的管理，使储备结构得以优化。

国际储备管理的基本原则是坚持安全性、流动性和营利性的合理统一。

（一）安全性原则

即充分利用国际金融市场的各种工具和业务，确保储备资产有效、可靠和价值稳定。不能频繁波动，而蒙受损失并影响对外支付。

（二）流动性原则

储备资产应具有较高的变现能力，当有对外支付和干预市场需要时，能随时转化为用于国际支付的支付手段。由于各种储备资产的流动性不同，各国货币当局应根据各种资产的流动性合理安排短期、中期、长期的投资，以保证储备资产具有充分的流动性。

（三）盈利性原则

储备资产必须能够增值创利。其作为一种资产，就必须具有资产的一般性质，即在市场经济的条件下不断增值。

在国际储备管理的三性原则中，储备资产的安全性与流动性呈正相关。安全性、流动性和盈利性呈负相关关系：安全性与流动性高，盈利性较低，如外国政府国库券，其安全性与流动性较强，但盈利性较低；如果盈利性高，安全性与流动性较差，如欧洲债券，其盈利性较高，但安全性与流动性较弱。所以货币当局对这三个原则应统筹兼顾，互相补充，在安全性、流动性有保证的前提下，争取最大盈利。

【特别提示】

在这三个性质中，流动性是最重要的，安全性仅次于流动性。只有在流动性和安全性都得到充分保证的前提下，才考虑到投资的盈利性。同时，这三个性质不是完全独立的，它们都是国际储备本质的体现，不可或缺。

二、国际储备的规模管理

国际储备规模是指一国一定时期持有国际储备资产的总量或水平。国际储备规模管理是对国际储备规模进行确定和调整，使国际储备数量保持适度水平。适度的国际储备规模既能满足国家经济增长和对外支付需要，又不因储备过多造成负面影响。

（一）一国国际储备适度规模的因素

1. 国际收支状况

首先，一国的储备需求和国际收支赤字出现的规模和频率呈正相关关系，国际收支状况越不稳定，对国际储备的需求越高。其次，一国储备需求和国际收支失衡的性质有关，面临的国际收支逆差越偏向于短期性，在其他条件不变的情况下，需要的储备越多。国际收支的调节机制和政策也会影响储备需求，国际储备的需求与国际收支调节机制的效率成反比。自动调节机制和调节政策的效率越高，储备需求就越小。

2. 汇率制度

储备需求与汇率制度密切相关。固定汇率制度下，政府需要较多的储备来应对国际收支危机和汇率波动。浮动汇率制度下，汇率变动越灵活，越富有弹性，该国对储备的需求越小；反之，汇率变动越缺乏弹性，对储备的需求量越大。

3. 融资能力

一国对储备的需求与其融资能力呈负相关关系。发达国家融资能力越强，具有较高的资信等级，可以方便迅速地筹措、利用国际金融市场的信贷资金，或者获得国际金融机构或外国政府的贷款，所以对储备的需求较小。而发展中国家外部融资能力相当薄弱，这就决定了发展中国家一般要求较高的国际储备量。

4. 国际资本流动状况

国际储备传统上用于国际收支差额的支付，但在当今资本流动规模日益扩大，同时各国又实行金融自由化的情况下，国际储备的作用更多地体现在应对国际资本流动对一国国际收支的冲击。1997 年东南亚金融危机中，大多数危机发生国由于储备有限，被迫放弃维系固定汇率制度的努力。而遭受同样境遇的香港，依靠充足的国际储备和完善的金融体系，最终成功捍卫了港元的联系汇率制。因此发展中国家特别是新兴市场国为了增强本国经济抵御外部冲击的能力，需要持有较多的储备。

5. 政府政策选择偏好

如果一国以经济增长和提高国民收入为首要目标，偏好膨胀性的经济政策，则持有较多的国际储备有利于经济和收入的稳定。如果一国的对外开放度较高，对外贸易规模很大，该国对储备的需求也相应增加。其他因素如外汇管制的宽严、就业率、汇率弹性、对投资风险管理的态度等都会对储备需求量有一定的影响。

6. 本币的国际地位

如果一国货币为主要国际储备货币，则该国在调节国际收支不平衡时就具有一个有利条件，即可以用本币对外支付和清偿债务。因此，对储备货币发行国来说，它无须保持规模过大的国际储备。不过，储备货币发行国必须具有强大的经济实力以维持其货币的国际地位。

7. 金融市场的发育程度

金融市场越落后，调节国际收支需要的自有储备越大。

8. 持有国际储备的机会成本

持有国际储备是要付出代价的，因为储备代表了对外国经济资源的购买力，如用于进口急需的外国商品、技术或劳务，可增加本国的投资，促进国民收入的提高和国内就业。所以，持有国际储备的机会成本越高，对国际储备的需求越低。

9. 国际政策协调和国际货币合作状况

一国与其他国家之间开展的经济合作和国家间的政策协调，可以有效地减少对国际储备的需求。有良好国际货币合作关系的国家，一般对自有储备的需求较小。

（二）适度国际储备规模确定的方法

1. 比率分析法

比率分析法是一种简单的测量储备需求量的方法。该分析法的特点是把储备量与某一个或某些数量相比，得出一个比例结果。此结果就可以作为衡量储备水平是否适度的一个标准。

（1）国际储备/进口额。美国耶鲁大学特里芬（Triffin）教授在 1960 年出版的《黄金与美元危机》一书中提出：一国国际储备应与其进口贸易额维持一定的比例关系，这个比例以 40%为上限，以 20%为最低限，25%为适宜，才能在经常项目和资本项目收支时间不匹配时保证正常的对外支付。

这方法虽受到不少经济学家的批评，但仍可以为储备需求水平的适度性提供一个比较粗略的指标，而且简便易行，后被国际货币基金组织所采用。并且认为，能应付3个月进口额的国际储备水平，就可以算是发展中国家的理想水平。总之，它只能作为一种参考，一国不能完全依靠这种测算作为一国适度储备水平的依据，必须结合其他定量方法进行测算。

(2)国际储备/外债。一国国际储备占外债总额的比例是衡量一国资信和对外清偿力的重要指标。这项指标是从满足国际社会对国内经济要求角度而设计的，国际经济界认为一国国际储备占外债总额的比例以30%～50%为宜，低于30%就会引发债务危机。

上述方法分别从不同角度测定国际储备的适度规模，但正如美国经济学家马克卢普(P.Machlup)所说的那样，从理论和实证的角度来看，没有什么证据可以说明储备与任何变量之间的直接联系。因此，比率分析法对国际储备规模的测算只能作为一种参考数据。在具体估测一国的国际储备适度规模时，还应根据该国经济发展的实际情况、经济的政策目标作出相应的调整。

2. 区间分析法

所谓适度国际储备区间，是指以适度储备量为中心，确定一个目标区间，使一国储备持有额以较小幅度在适度储备水平上下波动。目标区间的上限是一国保险储备量，它既能满足一国可能出现国际收支逆差时的对外支付，又能保证国内经济增长所需要的实际资源投入，而且不会引起通货膨胀；目标区间的下限是一国经常储备量，它以保证一国正常经济增长所必需的进口不因储备不足而受到影响为原则。只要一国储备持有额保持在这个目标区间范围内，就可以认为该国国际储备量是适度的。因此，区间分析法为各国金融当局更加灵活地管理国际储备提供了更多的可能性与现实性。

3. 回归分析法

自20世纪60年代后半期以来，西方一些经济学家广泛运用回归技术，建立了许多经济计量模型，对影响一国最佳国际储备量的因素进行了分析。回归分析法将对储备的分析从单纯的规范分析转向实证分析，引入了诸多经济变量，主要包括国民收入、货币供给量、国际收支变量、进口水平、边际进口倾向，以及持有储备的机会成本，如长期利率等，从而使得储备水平的分析更为全面。但是，回归模型的建立主要依赖于过去的经验数据，因此预测未来储备量还要和其他理论结合起来进行综合分析。

4. 成本收益分析法

成本收益分析法就是指当持有储备的边际成本等于收益时，所持有的储备量是适度的。它是20世纪60年代以来西方一些学者用以研究适度储备需求量的一种新方法。其特点是通过对一国持有储备的成本和收益进行分析，进而根据储备持有成本和收益的均衡求出储备的适度水平。其主要代表人物是海勒(H. R. Heller)和阿加沃尔(J. P. Agarwal)，并形成了两种主要的分析模式：海勒模式和阿加沃尔模式。如何正确选择代表成本和收益的变量以及如何测算量化成本和收益，是该方法在运用时要解决的最大问题。

5. 定性分析法

20世纪70年代中期西方经济学家卡鲍尔(Carbaugh)和范(Fan)提出，影响一国储备需求量的因素有：一国储备资产的质量、各国经济政策的合作态度、一国国际收支调节机制的效力、政府采取调节措施的谨慎态度、一国国际清偿力的来源及稳定程度、一国国际收支动向以及经济状况等。定性分析法能够结合各国实际情况从宏观经济政策和经济变量的状况全面判断储备规模是否适度，大大丰富了储备适度规模理论的研究。但由于许多因素难以量化，得出的结论无法在具体实践中提供指导。

三、国际储备的结构管理

国际储备结构管理指的是如何确定四种储备资产在国际储备中的比例、在储备货币中如何进行币种的分配以及如何在银行存款与证券投资之间进行选择，以便既能满足需要，又能分散风险，同时获取收益，更好地发挥国际储备作用。

（一）储备货币币种的选择

在一般情况下，应尽可能地增加硬货币的储备量，减少软货币的储备量。但还必须注意，并非硬货币持有得越多越好。这是因为：(1)硬货币的利率一般较软货币低，持有硬货币可避免汇率风险，但要损失一定的利息收入；(2)一国储备货币总是有“硬”有“软”，如果是清一色的硬货币，到了支付时，还得兑换成软货币，这既会遇到汇率风险，也会增加一定的兑换费用；(3)硬货币与软货币的区分又是相对的，即硬货币在某一时期可能会变“软”，如果全部储备硬货币，一旦硬货币变成软货币，就要承受汇率损失。因此，软硬货币如何组合，还得根据长期与短期的汇率波动状况做全面考察与选择。

（二）储备货币的汇率选择

各国货币当局应根据各种储备货币汇率变动的幅度进行选择。一般来说，应尽可能增加汇率波动幅度较小的货币储备量，减少汇率波动幅度较大的货币储备量。由于在短期内国际金融市场汇率变动频繁，加之政府的干预，因此汇率的变动趋势很难预测，这时，可以根据各种储备货币长期内汇率波动的平均幅度来选择，以减少汇率波动的贬值风险。

（三）储备货币中的需求选择

它包括两方面：一是指根据本国对外贸易结构和其他金融活动对储备货币的支付需求进行选择，即对某种储备货币需求大，就尽可能增加其储备量；反之，就减少储备量。二是指根据本国干预外汇市场、维持本国货币汇率稳定的情况对储备货币需求进行选择，一种货币用于干预市场多的话，就需多储备；反之，少储备。一些储备货币发行国，尽管它能用本国货币支付逆差，但还要选择其他国家的货币作为国际储备，以备随时干预外汇市场之需。

（四）外汇储备资产分级管理

为使外汇储备的运用能最大限度地在流动性、安全性和盈利性之间进行平衡，根据变现能力不同，将外汇储备划分为三个等级分级管理。

1. 一级储备

一级储备流动性最高，但盈利性最低，主要用于一国经常性和临时性对外支付的需要，包括现金、活期存款、短期存款、短期债券、商业票据等。一级储备是可以随时变现使用的资产，其数量应以满足国家对外支付、维护国际信誉为标准。

2. 二级储备

二级储备流动性低于一级储备,但收益性高于二级储备,主要是用于一国发生临时性或突发事件时对外的保证,包括各种定期存单、年限在2～5年的中期外国政府债券等。

3. 三级储备

三级储备流动性最低,盈利性最高。主要用于弥补一级储备收益过低的缺陷,是外汇储备资产中用于长期投资的部分,包括期限为4～10年的长期外国政府债券、AAA级欧洲债券等。三级储备到期后可以转化为一级储备,但未到期前如果提前变现,则会遭受收益上的巨额损失。

国情不同,各国货币当局持有上述三级储备的结构也不同。一般来说,国际收支逆差国必须在其储备资产中保留较大比重的一级储备,而顺差国则保留小比重的一级储备和较大比重的三级储备。

【特别提示】

外汇储备资产的流动性最高,使用时随时可以变现,但因为汇率、利率风险,价值不稳定,安全性较差;黄金储备安全性较好,但流动性差,使用时必须先兑换外汇资产,所以被列为高收益低流动性的三级储备资产;SDRs兼备外汇储备和黄金储备优点,它的定值是按五种货币加权平均计算的,比外汇储备的价值稳定,流动性高于黄金储备,可以视同二级储备;储备头寸则类似于一级储备,但储备头寸和特别提款权的数量并不能由一国政府决定,不能在储备资产中占据主导地位。

第三节　中国的国际储备

一、我国国际储备的构成与特点

1980年4月我国正式恢复了在IMF的合法席位后,我国国际储备的构成与其他国家一样,也是由黄金储备、外汇储备、储备头寸和特别提款权四个部分组成(数据见表7-6)。其中,我国的黄金储备的数量基本保持稳定,只是在2009年出现了一次跳跃性增持。外汇储备是我国储备资产的主体。1994年我国外汇体制改革之前,我国外汇储备基本处于一种稳定水平,而在外汇体制改革以后,我国的外汇储备呈现出明显的持续增长态势。1994年到2000年处于一种平稳增长态势,2000年之后外汇储备表现出了明显增长态势。尤其是2006年2月,我国外汇储备总体规模首次超过日本,达到8 537亿美元,位居全球第一。2006年10月突破一万亿美元,达到10 096.26亿美元。2009年4月突破两万亿美元,达到20 088.8亿美元,占全球储备30%。截至2011年年末,我国外汇储备突破3万亿美元,达到31 811.48亿美元,雄踞世界第一外汇储备国的位置。但我国在IMF的份额较低,因此特别提款权和在IMF的储备头寸在我国国际储备中的占比较小。到2011年在基金组织中的储备头寸为98亿美元,占我国国际储备总额的0.3%;特别提款权为119亿美元,占国际储备资产总额的0.37%。详见表7-7。我国外汇储备的快速增长使二者在整个储备资产中所占比重较小,作用有限。

【特别提示】

中国国际储备的结构管理框架：SDRs和在IMF的储备头寸由中国人民银行国际司的国际货币基金组织处管理；国家外汇管理局储备管理司承担国家外汇储备和黄金储备经营管理的责任。从事外汇资金投资管理业务的机构是2007年9月29日北京成立的中国投资有限责任公司，于2003年12月16日成立的中央汇金投资有限责任公司作为其全资子公司整体并入中国投资有限责任公司。

表 7-6 中国国际储备的构成

年份	黄金储备（百万盎司）	外汇储备（亿美元）	储备头寸（亿美元）	特别提款权（亿美元）
2007	19.3	15 282	8	12
2008	19.3	19 460	20	12
2009	33.9	23 992	44	125
2010	33.9	28 473	64	123
2011	33.9	31 811	98	119

资料来源：都红雯.国际金融[M].北京：高等教育出版社，2013

表 7-7 2012 年世界主要国家和地区黄金储备量排名

排名	国家/地区	储备量/吨	占外汇储备的比例%
1	美国	8 133.5	76.1
2	德国	3 391.3	73.2
3	意大利	2 451.8	72.5
4	法国	2 435.4	72.0
5	中国	1 054.1	1.7
6	瑞士	1 040.1	11.0
7	俄罗斯	934.9	9.8
8	日本	765.2	3.3
9	荷兰	612.5	60.3
10	印度	557.7	10.3

资料来源：都红雯.国际金融[M].北京：高等教育出版社，2013

二、我国国际储备资产的管理

由于在国际货币基金组织中的储备头寸和特别提款权在我国的国际储备资产中所占的比重很小，两者合起来所占比例不足1%，黄金储备规模不大，且相对比较稳定，而外汇储备在国际储备资产中所占比例高于97%以上，因此，我国的国际储备管理的重点就是外汇储备的管理。

(一)我国外汇储备规模不断扩大的原因

1. 我国外汇储备增长的制度因素

(1)强制的结售汇制是我国外汇储备规模不断扩大的最关键因素。从2004年开始我国呈现贸易和资本项目的双顺差。在结售汇制度下,除了允许部分外商投资企业开设外汇现汇账户外,企业个人手中的外汇都必须卖给外汇指定银行,外汇指定银行则必须把高于国家外汇管理局批准头寸额度之外的外汇在市场上卖出。中央银行为了维持人民币与其他货币的汇率波动幅度,一般作为市场上的接盘者被动买入外汇,造成我国外汇储备规模不断被动增长。因此,强制结售汇制度是造成外汇储备增长的直接制度性原因。

(2)偏向稳定的汇率政策。自1994年人民币外汇体制改革直到2005年7月21日,我国实行了长达12年之久的人民币汇率稳定政策。加上我国廉价的劳动力成本和政府给予的出口退税政策,使得我国商品在国际市场上竞争力大大增强,成为世界制造工厂,贸易出口顺差造成我国外汇储备大量累积。

(3)外向型的经济发展战略。外向型战略是在我国改革开放初期的社会经济条件下形成的。我国需要外汇资金、技术和增加就业,所以一直鼓励出口、限制进口,同时积极引进外资。截至2011年年底,我国外商直接投资已累计11 643.92亿美元。

2. 我国外汇储备增长的经济因素

(1)经常项目持续大幅顺差造成外汇储备大幅增长。国际收支中对外贸易的顺差是一国外汇储备最重要、最稳定的来源。1994年人民币并轨以来,我国进出口贸易的形势一直较好,经常项目连续保持较大的顺差,这为外汇储备的大幅增长奠定了基础。

(2)资本和金融项目中外国直接投资不断增长造成外汇储备大幅增长。入世后,外商对华直接投资继续保持良好的上升态势,通过银行结汇和中国外汇交易市场交易的方式进入国家外汇储备,使得中国外汇储备出现大幅增长。中国对外债务和国内金融机构外汇贷款不断增加也是国际储备不断增长的重要因素之一。

(3)大量国际游资在人民币升值的预期下流入我国,也被认为是我国外汇储备过度增长的另一个重要原因。

(二)我国外汇储备规模的管理

关于我国外汇储备的适度规模问题一直是社会各界争议的话题,引起了广泛的讨论。赞同我国外汇储备应该保持在较高水平的观点认为:第一,作为国际收支经常项目主要收入来源的外贸出口结构仍然十分不合理,我国的出口产品仍然属于附加值较低的初级加工品和初级制成品,在国际市场的竞争能力受到很大限制,盈利水平较低。在外贸进口中,生产资料占主要地位,尤其是能源(石油)的进口占了较大比重,石油价格的大幅上涨曾使我国外贸一度出现逆差。因此,在我国外贸结构尚未根本性改善之前,保持较高的国际储备水平是必要的。第二,由于中国国际地位不断提高及中国出口贸易的不断发展,人民币面临的升值压力愈来愈大,我国现行的有管理的浮动汇率制度需要我国在今后相当长的时期内保持稳中有升的人民币汇率。因此人民银行通过外汇市场干预汇率可能性会大幅增加,也需要足够外汇储备。第三,我国大力吸引外商来华投资,外汇储备充足,有利于增强国际清偿能力,维护国家和企业的对外信誉,提高海内外对中国经济和中国货币的信心，有利于吸引外资流入。第四，随着资本市场的逐步放开和QFII（qualified institution investor，合格的境外机构投资者）制度的推行，外资流入中的游资（短期资本）部分将增加，这部分资金可能对我国经济造成重大影响。国家保持较高外汇储备，有利于应对突发事件，防范金融风险，维护国家经济安全。

反对我国外汇储备应该较高的观点认为：第一，持有过多储备会带来较高的机会成本，目前我国正处于经济快速发展时期，保持较大规模的国际储备等于放弃了相应的投资和消费需求，国际储备对国际收支调节的边际效用也会逐渐降低。因此，保持过多的储备，不仅会增加持有储备的机会成本，而且会在一定程度上限制我国经济的发展。第二，外汇储备过多会增加人民币基础货币投放量，加大国内一定时期的通货膨胀压力，影响国内物价稳定和经济发展。第三，外汇储备过多，一般会支持本币汇率上升，会增强本币的坚挺程度和国际地位，但同时也不利于本国商品的出口。第四，外汇储备的大量增加，并不等于储备效益也大量增加。因为外汇储备多为硬货币，硬货币一般利率较低，因此储备越多，利息收益的潜在损失也越大。而且我国目前经营管理外汇储备的水平较低，手段也较缺乏，容易造成较大的亏损。

一个国家不能没有一定数量的国际储备资产，但一个国家所持有的国际储备资产也并非越多越好。一国的国际储备以多少为最佳？应该在什么规模范围内？各国没有统一的标准，因为一个国家在不同的发展阶段、不同国家在相同的发展阶段，对储备规模的要求是不尽相同的。多少最为适度，必须根据各国经济的实际需求来定。

为解决我国高额的外汇储备问题，中国人民银行提出了三项解决措施：调整“宽进严出”的外汇政策取向、变“藏汇于国”为“藏汇于民”、构建完整的“走出去”的外汇管理体系。

（三）我国国际储备的结构管理

我国一直没有对外公布外汇储备的结构，外界只能从央行官员及美国政府的公开信息中得到一些关于我国外汇储备结构的信息。在币种结构上，外汇储备由美元、欧元、日元、英镑等储备货币构成，其中美元的比重在70%以上，日元资产约占10%，欧元和英镑的资产约占20%。在资产结构上，我国较多持有美国政府国债及政府机构债。2002年以来，美元汇率持续下跌，欧元汇率不断下跌，这使我国外汇储备面临贬值的风险。

我国外汇储备币种结构管理需要坚持几个原则：坚持储备货币多元化，以减少汇率变动可能带来的损失；根据对外支付的需要确定该货币在储备中的比重；随时根据外汇市场汇率变动趋势调整各储备货币的币种结构。

此外，要加强外汇资产流动性结构的管理。要合理安排储备资产的短期、中期和长期投资结构，适时调整外汇储备投资策略，改变过去我国外汇资产主要用于购买美国国债等短期投资，适当调整外汇储备投资的期限结构，进行一些中长期投资。同时将外汇储备分散化存放，可选择进入欧洲货币市场，因为境外货币被冻结的政治风险较小，且存款利率往往高于货币发行国利率。此外，可考虑提高外汇在国内的运用效率，发展境内外币债券市场，以减少到国际市场筹集资金，并替代部分外商直接投资。

再者，利用外汇资产加大对战略物资储备的投资。根据国际市场上原油、重要金属等战略物资价格的变化，适时增加战略物资储备，扩大对全球大宗商品交易的参与，积极争取战略物资的国际定价权，提高我国经济发展的安全性。通过将超额部分的外汇储备资产转化为战略物资储备，一方面可以降低“双顺差”所带来的超额外汇供给，缓解人民币升值压力；另一方面，还可以减少外汇占款，降低货币供应量的被动增加。

最后，可以将部分外汇储备转化为黄金储备。黄金储备是一国货币当局持有的，用以平衡国际收支、维持或影响汇率水平，作为金融资产持有的黄金。在国际货币信用危机汇率大跌之时，黄金价格往往大幅上升。因此黄金天然是一种规避信用货币风险的多元化储备工具。目前很多国家尤其是发达国家纷纷增持黄金储备。据央行公布数据，截至2015年6月底，我国黄金储备规模为1 658吨，较2009年4月底增加604吨。我国2015年6月末外汇储备为3.69万亿美元，以市价计算，我国黄金储备仅占外汇储备总量的1.6%，远低于发达国家。在目前国际局势动荡、金融危机频发时期，可以将部分外汇储备转化为黄金储备以加强我国金融、经济安全。

【特别提示】

目前，人民币在越南、泰国、缅甸、朝鲜、蒙古、俄罗斯、巴基斯坦、尼泊尔等国家作为支付货币和结算货币被普遍接受，我国台湾地区、孟加拉国、马来西亚、印度尼西亚、菲律宾、老挝、柬埔寨、新加坡、韩国等地区和国家已经接受人民币存款并办理人民币其他业务。据估计，人民币的境外滞留量已经达到数千亿元规模，且仍在逐年增加。目前，人民币出现的国际化发展趋势并非政府主动行为的结果，而是中国实体经济发展以及国际经济环境演变的自然反映。

资料来源：陈雨露等.作为国家竞争战略的货币国际化：美元的经验证据[J].经济研究，2005(02)

相关链接

王二的粮食

中国外汇储备回报率低甚至遭受损失的状况恐怕很难改变，因为这根本不是一个储备货币的问题。让我们想想下面这个简单的例子。

王二生活在一个荒岛上，自己开荒种地。每年打下粮食，一些留作种子来年用，一些自己吃。开始每年打的粮食都不多，根本不存在剩余的问题。但后来有一年风调雨顺，多收了三五斗，除了放开肚子吃和留下足够的种子之外，还剩下不少。很快夏天来了，剩下的粮食眼看就要坏掉，吃也吃不完，也没有多余的地可以播种了，请问王二该怎么办？

大概没什么办法，只能眼看着粮食烂掉。还能怎么办？也许可以酿酒、磨面或者做米饼，可惜王二不会。

接下来，我们可以假设王二不是一个人生活在荒岛上，还有一个邻居罗宾逊。如果罗宾逊那里有块空地，王二可以把自己多余的粮食借给罗宾逊。罗宾逊把那些粮食当种子种下，等到秋天收了粮食，除了能把当初借的粮食还给王二之外，可能还多给一点，算是利息。这样王二和罗宾逊都划算，王二多余的粮食有了去处，罗宾逊的空地也有了种子。到了秋天，王二和罗宾逊都能有更多的粮食可以消费。

这是一个没有货币的二人世界，这个世界里的硬通货就是粮食，王二把粮食借给罗宾逊的那一刻，发生了一件重要事情：王二有了自己的(外汇)储备。罗宾逊就有了自己的外债。储备也好，外债也好，都是用粮食计价的，货真价实，不存在“贬值”的问题。

但现在想象这样一种情形：罗宾逊其实根本没有空地，借给罗宾逊的粮食，他自己吃了也好，烂了也好，扔在海里也好，或者证券化了也好，都不重要，重要的是这些粮食从来没有被种下去。所以等到秋天收获粮食的时候，这个岛上粮食并没有增加。罗宾逊也没有多余的粮食来还王二。这个时候王二去找罗宾逊收账，罗宾逊能干什么呢？有三种可能：一、勒紧裤腰带还了；二、赖了；三、还一部分，赖一部分。

如果仔细想想中国的外汇储备，无论用什么货币储备，最本质的东西还是：中国人打下了"粮食"，借给了一些国家(比如美国)，这些国家没把那些"粮食"种了，而是吃了，烂了，证券化了，或者说"消费了"而没有进行"投资"。如果中国去要账，这些国家的选择和罗宾逊的一模一样：一、勒紧裤腰带还了；二、赖了；三、还一部分，赖一部分。

因此，如果这些国家采取的政策，不是使得最后的结果是"勒紧裤腰带还了"，那中国面对的结果只能是"赖了"或者"还一部分，赖一部分"，这和用什么货币储备没有直接的本质关系。美国至今为止采取的政策，还让人看不到"勒紧裤腰带还了"的迹象，全部都赖了当然也不太可能，所以"还一部分，赖一部分"大概是必然的结果。

罗宾逊在借粮食的时候，可以给王二打各种白条，叫它美元也好，叫它特别提款权也好，只要罗宾逊没拿出真金白银的粮食，最后这些白条都是不值钱的。但如果真的需要罗宾逊拿出粮食，那就必须得保证罗宾逊是把借来的粮食种了，而不是吃了、烂了或者证券化了。

话再说回来，假设罗宾逊执迷不悟，于是王二决定不再把粮食借给罗宾逊。但如果没有更好的办法处理多余的粮食，那粮食最后还是会烂掉，王二还是要浪费粮食，只不过是烂在自己手里而不是烂在罗宾逊手中而已。从这个意义上说，浪费粮食的最终根源还是来自王二，因为他生产的能力超过了自己的消费能力，也就是经常提到的"内需不足"。

因此，如果不想浪费粮食，王二真的是要学习酿酒、磨面、做米饼了——光会种地是不行的。

资料来源：郭凯.王二的粮食[J].瞭望东方周刊，2009(15)：57

关键词

国际储备　国际清偿力　特别提款权　国际储备体系　多元化储备体系　特里芬难题　国际储备规模管理　国际储备结构管理　一级储备　二级储备　三级储备

本章小结

1. 国际储备是指各国货币当局为弥补国际收支赤字和维持汇率稳定及应对各种紧急支付而持有的在国际间可以被普遍接受的一切资产。国际储备具有以下特征：官方持有性、自由兑换性、充分流动性、普遍接受性。

2. 与国际储备相关的一个概念是国际清偿力，又称国际流动性，是指一国的对外支付能力，具体说，是指一国直接掌握或在必要时可以动用作为调节国际收支、清偿国际债务及支持本币汇率稳定的一切国际流动资金和资产。

3. 一国国际储备主要包括黄金储备、外汇储备、在国际货币基金组织的储备头寸、特别提款权四种形态资产。国际储备来源于国际收支顺差、购买黄金、对外借款、外汇干预、储备头寸的提用、接受基金组织分配的特别提款权。国际储备有以下作用：弥补国际收支逆差，维持对外支付能力；干预外汇市场，维持本国货币汇率的稳定；增强本国货币的信誉，充当对外举债的保证；获得国际竞争优势。

4. 国际储备体系是指在一种国际货币制度下国际储备货币或资产的构成与集合的法律制度安排。这种安排的根本问题是中心储备货币或资产的确定及其与其他货币的相互关系。随着国际货币体系的变迁，国际储备体系的演变从单元的储备体系逐步向多元的储备体系发展。

5. 国际储备管理是一国政府或货币当局根据一定时期内本国的国际收支状况和经济发展的要求，对国际储备的规模、结构和储备资产的使用进行调整控制，从而实现储备资产的规模适度化、结构最优化和使用高效化的整个过程。一个国家的国际储备管理包括两个方面：一是国际储备规模的管理，以求得适度的储备水平；二是储备结构的管理，使储备结构得以优化。通过国际储备管理，既可维持一国国际收支的正常进行，又可提高一国国际储备的使用效率。

6. 中国的国际储备由黄金储备、外汇储备、在 IMF 的储备头寸及特别提款权四部分构成，其中外汇储备在中国国际储备资产中的比重极大。中国国际储备资产的管理也包括总量管理和结构管理两个方面，但中国国际储备的管理体制有着显著的自身特点。

练习与思考

一、单选题

1.（　　）是一国国际清偿力的主体。

A. 自有储备　　B. 借入储备　　C. 诱导储备　　D. 国际借贷

2. 国际储备的首要功能是（　　）。

A. 作为支付手段弥补国际收支逆差　　B. 作为维持货币汇率的“干预资产”

C. 作为稳定市场信心的信号　　D. 作为主要国际清偿力，维护本国信誉

3. 当某一时期外汇汇率持续上升，本币汇率持续下跌时，该国就通过平准基金在外汇市场上（　　）。

A. 买进外汇，卖出本币　　B. 卖出外汇，买进本币

C. 观望　　D. 关闭外汇市场

4. 在典型的金本位制度下，（　　）是国际结算的主要手段，也是最主要的储备资产。

A. 黄金　　B. 英镑　　C. 美元　　D. 法郎

5. 世界各国目前广泛使用（　　）进口额作为确定适度国际储备量的标准。

A. 6 个月　　B. 3 个月　　C. 9 个月　　D. 1 年

6.（　　）是当今世界上最主要的储备货币。

A. 美元　　B. 欧元　　C. 日元　　D. 英镑

7. 在现行的国际货币体系下，要实现外汇储备的安全性、流动性、盈利性，就必须注意合理保持外汇储备的（　　）。

A. 标准化　　B. 证券化　　C. 多元化　　D. 单一化

8. 当前,(　　)在世界各国的国际储备中所占比重最大。

A. 黄金储备　　B. 外汇储备

C. 在国际货币基金组织的储备头寸　　D. 特别提款权

9. (　　)仅限于成员国之间和成员国与国际货币基金组织之间使用。

A. 黄金储备　　B. 外汇储备

C. 在国际货币基金组织的储备头寸　　D. 特别提款权

10. (　　)顺差是一个国家国际储备最主要、最可靠的来源。

A. 经常项目　　B. 资本项目

C. 金融项目　　D. 外来直接投资项目

二、多选题

1. 国际储备具有(　　)的特点。

A. 官方持有性　　B. 自由兑换性　　C. 充分流动性　　D. 普遍接受性

2. 目前,根据国际货币基金组织的规定,一国的国际储备资产包括(　　)。

A. 政府持有的货币黄金　　B. 政府持有的非货币黄金

C. 政府持有的外汇储备　　D. 公司和个人持有的外汇储备

E. 普通提款权　　F. 特别提款权

3. 特别提款权作为成员国的账面储备资产,只能用于(　　)。

A. 兑换黄金　　B. 弥补成员国国际收支逆差

C. 偿还基金组织的贷款　　D. 用于贸易和非贸易支付

4. 一国营运、安排其国际储备资产的原则是(　　)。

A. 安全性　　B. 流动性　　C. 保值性　　D. 盈利性

5. 一般来说,(　　)等资产的流动性较高,可作为第一储备;(　　)等资产的流动性较弱,可作为第二储备。

A. 金银　　B. 活期存款　　C. 现钞　　D. 债券

E. 汇票

6. 有(　　)情况的国家需要保持较多的国际储备。

A. 国民经济对外依存度较高

B. 国际清偿力较强

C. 对外贸易管制较严

D. 经济调整的速度和强度都较低

E. 实行固定汇率制并力求保持其货币汇率稳定

7. 国际储备的结构管理包括(　　)。

A. 储备货币币种的选择　　B. 储备货币的汇率选择

C. 储备货币中的需求选择　　D. 外汇储备资产分级管理

8. 国际清偿力包括(　　)。

A. 以本币表示的股票　　B. 以本币表示的债券

C. 国外筹集资金的能力　　D. 本国货币

E. 一国货币当局持有的国际储备

9. 关于特别提款权,下面哪些是正确的说法?(　　)

A. 是一种实际发行的货币　　B. 可以充当流通手段

C. 是一种账面资产　　D. 是一种资金使用权利

E. 是一种人为虚拟资产

10. 影响一国国际储备需求的因素有(　　)。

A. 持有的国际储备的成本　　B. 国外筹集资金能力

C. 对外贸易状况　　D. 本币的国际地位

E. 外汇管制程度

三、填空题

1. 一级储备流动性最高,但盈利性最低,主要用于一国经常性和临时性对外支付的需要,包括________、________、________、________等。

2. 国际清偿力的范畴较国际储备________。

3. 特别提款权是________在1969年创造的无形货币。

4. 作为储备货币,必须具备三个条件:________、________、________。

5. 一国国际储备主要包括四种形态资产:________、________、________、________。

6. 国际储备管理的基本原则是坚持________、________、________的合理统一。

7. 作为国际储备的资产必须具备以下四个特点:________、________、________、________。

8. 特别提款权具有以下特征:________、________、________。

9. “________”的出现及其补救措施的失败,是促使国际储备体系多元化的一个重要原因。

10. 2016年10月1日,特别提款权改用________、________、________、________、________5种货币定值。

四、判断题(正确请写“T”,错误请写“F”)

(　　)1. 特别提款权主要用于弥补成员国国际收支逆差或者偿还基金组织的贷款,任何私人和企业均不得持有和使用,也不能用于贸易或非贸易支付。

(　　)2. 一国中央银行在国际黄金市场上收购黄金不仅改变了国际储备的结构,而且国际储备的总量也有大幅增加。

(　　)3. 目前国际储备币种结构已实现多元化,美元已不是主要的储备货币了。

(　　)4. 一国持有的国际储备可以调节国际收支逆差,稳定本币汇率,因此越多越好。

(　　)5. 一般来说,国际储备大小与一国经济活动的规模大小成反比。

(　　)6. 所谓“国际清偿力”就是“国际储备”。

(　　)7. 凡是可以自由兑换的货币,都可以列为外汇储备货币。

(　　)8. 储备货币的汇率不稳定促使各国的储备货币多元化。

(　　)9. 一般说来,一个国家实行固定汇率制所需保持的国际储备规模要比实行浮动汇率制大。

(　　)10. 所有国家的国际储备都包括了黄金储备、外汇储备、在国际货币基金组织的储备头寸和特别提款权。

五、简答题

1. 简述国际储备的含义及其构成。
2. 简述国际储备与国际清偿力的区别与联系。
3. 国际储备的作用有哪些?
4. 分析影响一国适度国际储备规模的因素。
5. 分析国际储备多元化的积极影响与消极影响。

案例分析

国际储备的作用

哥伦比亚和墨西哥1975—1984年不同的经历生动地说明了国际储备的作用。在这10年中,这两个国家都有一个非常有利的外部环境。1977—1979年,世界市场上咖啡价格上涨,使哥伦比亚的外汇收入增加,此外,哥伦比亚还是一个毒品走私猖獗的国家,毒品价格上涨,使哥伦比亚受益匪浅。1977—1981年石油价格第二次大幅度提价,使墨西哥由于出口石油赚取了大量的外汇。

面对当时国际收支的有利形势,哥伦比亚和墨西哥两国政府采取了截然相反的政策。哥伦比亚政府决定保持经济稳定增长,把增加的外汇收入储存起来。在1980年,该国的外汇储备为48.31亿美元,那年的进口额为47.39亿美元,外汇储备已经超过12个月的进口额,而1975年,该国的外汇储备仅为4.75亿美元。在5年内,哥伦比亚的外汇储备增加了近10倍。墨西哥1980年平均外汇储备为29.60亿美元,进口平均为183.39亿美元,外汇储备仅为进口的1/6左右,1975年该国的外汇储备为13.83亿美元。墨西哥几年花光了所有增加的外汇收入,外汇储备从来没有超过2个月的进口额。墨西哥政府借助出口增长,有恃无恐地大量举债增加消费,其速度之快,超过了其收入的增长。

两种相反的政策产生了两种不同的结果。哥伦比亚政府由于积累了外汇储备,在20世纪80年代前5年,在美元升值,国际利率提高,外债负担加重的情况下,能从容地应付外债冲击,避免了重新安排债务,没有发生外债危机,维持了经济的稳定增长。而墨西哥面对大好的经济形势,不知谨慎,耗费了全部外汇收入,没有保留足够的国际储备,在美元涨价,利息率提高,石油价格下跌时,无法应对外部冲击,在1982年不得不宣布无力对外按期偿还利息和本金,要求对外债重新安排,在国内实行紧缩政策,使墨西哥经济陷入了衰退。

资料来源:黄志强,吴平凡.国际金融[M].北京:清华大学出版社,2013

要求:分析国际储备的作用。

实训演练

一、实训目的

1. 了解国际储备的构成与管理。

2. 要求学生评价我国国际储备的管理，锻炼其实际分析问题的能力。

二、实训资料

自1994年外汇管理体制改革以来，中国外汇储备便进入高速增长期：1996年，中国外汇储备余额首次突破1 000亿美元；2006年，外汇储备突破10 000亿美元，居世界首位；截至2020年9月，中国外汇储备已达31 425.62亿美元。据众多学者的研究表明，我国自2002年起，实际外汇储备余额就超出了外汇储备适度规模区间的上限，现阶段的外汇储备已经远远超过了充足性和合理性要求的数量，外汇储备规模偏大已是一个不争的事实。另外，我国外汇储备的币种结构过于集中。储备货币以美元居多，欧元、日元等外汇持有量偏少。

三、实训要求

以6～8人组成小组，合理分工，在获取翔实数据的基础上，对我国外汇储备管理现状进行评价。各组再选派一人，通过多媒体形式阐述本组观点。

本章推荐阅读

[1]国家外汇管理局按月公布我国国际储备的年度和月度数据，可以查阅国家外汇管理局的官方网站，http://www.safe.gov.cn。

[2]国际货币基金组织会定期公布各国储备的规模和结构情况，以及特别提款权、储备头寸的分配持有情况，可以查阅IMF的官方网站，http://www.imf.org。

[3]中国历年进出口贸易、国际收支和国际储备的历史数据和最新数据，可以查阅中国海关官方网站，http://www.customs.gov.cn。

第八章

国际融资

知识结构图

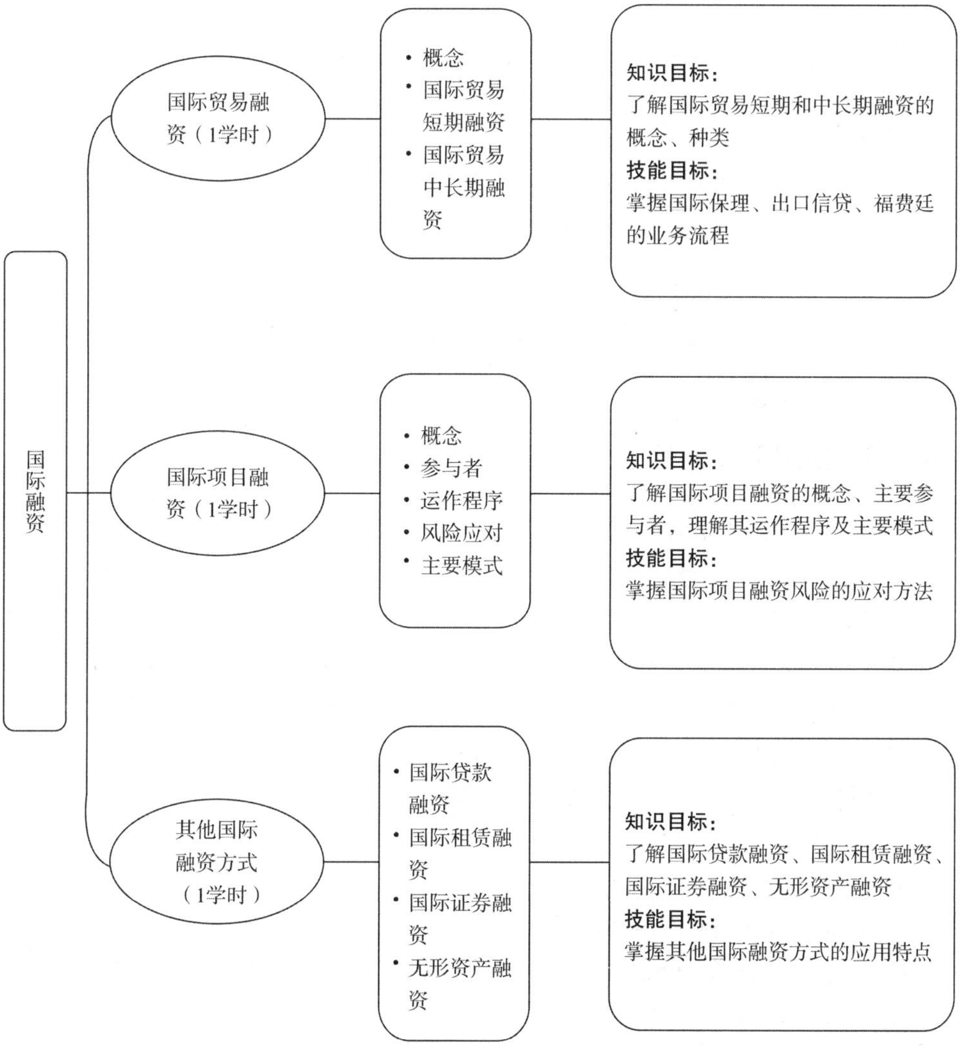

国际融资

- 国际贸易融资（1学时）
  - 概念
  - 国际贸易短期融资
  - 国际贸易中长期融资

  知识目标： 了解国际贸易短期和中长期融资的概念、种类
  技能目标： 掌握国际保理、出口信贷、福费廷的业务流程

- 国际项目融资（1学时）
  - 概念
  - 参与者
  - 运作程序
  - 风险应对
  - 主要模式

  知识目标： 了解国际项目融资的概念、主要参与者，理解其运作程序及主要模式
  技能目标： 掌握国际项目融资风险的应对方法

- 其他国际融资方式（1学时）
  - 国际贷款融资
  - 国际租赁融资
  - 国际证券融资
  - 无形资产融资

  知识目标： 了解国际贷款融资、国际租赁融资、国际证券融资、无形资产融资
  技能目标： 掌握其他国际融资方式的应用特点

案例导读

中国进出口银行与阿根廷签署融资备忘录

2015年2月4日，在中国国家主席习近平和阿根廷总统克里斯蒂娜的见证下，中国进出口银行与阿根廷经济和公共财政部在北京签署了《中国进出口银行与阿根廷经济与公共财政部关于阿根廷贝尔格拉诺联合循环燃机电站二期项目融资备忘录》。

根据该备忘录，中国进出口银行将为该项目提供融资支持。本项目是燃气—蒸汽轮机机组联合循环电站，位于布宜诺斯艾利斯省坎帕纳地区，距离首都布宜诺斯艾利斯市45公里。项目的实施将有助于增强阿根廷电力行业的发展，并为阿根廷的经济发展提供电力保障。

作为国际经济合作银行，中国进出口银行此次与阿根廷政府签署融资备忘录不仅有利于为中国企业在阿实施项目提供资金支持，同时对促进阿经济发展和深化中阿经贸关系均具有重要意义。

国际融资是指一国(或地区)居民通过与本国(或地区)外的非居民建立一系列的信用关系来实现货币资本或其他形态资本融通的行为。在现代经济社会，经济主体要从事经济活动，离不开融资活动的资金支持。当国内资本市场的资金不足以满足一国经济发展的需要时，经济主体必然会突破国内金融市场融资能力的“瓶颈”，在全球范围内寻找资金来源。因此，国际融资是否顺畅，直接关系到经济主体的运营及其效益。

第一节　国际贸易融资

一、国际贸易融资概述

(一)国际贸易融资的概念

国际贸易融资是指围绕国际贸易结算的各个环节所发生的资金和信用的融通活动，包括进出口商相互间为达成贸易而进行的资金或商品信贷活动、银行及其他金融机构以及政府机构或国际金融机构为支持国际贸易而进行的资金信贷活动、银行及其他金融机构为支持贸易信贷而进行的信用担保或融通活动，以及各国政府机构或银行等为支持本国出口而进行的出口信用保险活动等。

(二)国际贸易融资的主要功能

一般而言，国际贸易融资具有以下三方面的功能：

1. 提供资金或商品信贷。通过进出口商相互之间提供资金或商品信贷，银行及其他金融机构、政府机构或国际金融机构等向进出口商提供资金信贷，为促进国际贸易提供支持。这是国际贸易融资的基础功能，以下两项功能均是在这一基础功能之上派生出来并服务于这一基础功能的。

2. 提供资金融通或信用担保。可由银行或其他金融机构通过为客户提供各种融通、票据保证或信用担保等服务，为贸易中的各种信贷业务以及国际保理和福费廷等新型的贸易结算服务业务等提供支持。

3. 提供出口信用保险。可由政府的专门机构通过对战争、动乱、没收、货币不可兑换等各种国家风险，以及有关商业风险提供特别保险，为贸易中的信贷、融通或信用担保业务以及新型的贸易结算服务业务等提供全面支持。

（三）国际贸易融资的机构

一般来说，商业银行是国际贸易融资的主力军，除此之外各国政府为了发展本国的出口贸易一般都建立有各种官方或半官方的专业银行或非银行金融机构，直接参与出口信贷并鼓励和支持本国商业银行开展各种外贸融资活动，不同国家又有着不同形式的外贸融资结构格局。

在美国从事国际贸易融资的机构主要有进出口银行、海外私人投资公司和商品信贷公司。其中，美国进出口银行是联邦政府的一个独立机构，其宗旨是补充和鼓励私人资本而不与之竞争，参与合作融资计划但不牵头，并为对外贷款的政治风险提供担保。美国海外私人投资公司则是由美国国会通过建立的一个半官方机构，其主要业务是为私人企业提供融资服务，并且也为美国对国外私人投资的政治风险提供担保。美国商品信贷公司则是由美国农业部创立的一个官方机构，其任务是对所有农产品的出口提供贷款援助及政治风险担保，目的在于减少美国农产品的剩余。

在英国从事国际贸易融资的机构主要有皇冠代理银行和出口信贷担保局，前者的职能是为外贸信贷融资，后者的职能是为外贸信贷提供综合保险。

在德国从事国际贸易融资的机构主要有出口信贷银行、复兴信贷银行和出口信贷保险公司，前两者负责为外贸信贷融资，后者负责为外贸信贷担保政治风险。

在法国从事国际贸易融资的机构主要有法兰西银行、外贸银行和外贸保险公司。其中，法国外贸银行与法兰西银行共同负责为外贸信贷融资，而法国外贸保险公司则负责为外贸信贷提供综合保险。

在日本从事国际贸易融资的机构主要有输出入银行、海外经济协力基金组织和通产省下设的出口保险科，前两者负责为外贸信贷融资，后者负责为外贸信贷提供综合保险。

在加拿大从事国际贸易融资的机构主要是经济发展公司，负责为外贸信贷提供融资和保险等全方位的服务。

在中国从事国际贸易融资的机构主要是中国进出口银行，负责为外贸信贷提供政策性融资和担保等综合性的金融支持。

二、国际贸易短期融资

国际贸易短期融资是指期限在一年以内的贸易融资，主要形式有开证额度、进口押汇、信托收据、打包贷款、出口押汇、出口商业发票贴现、国际保理等。

（一）开证额度

开证额度(limits for issuing letter of credit)是指银行为帮助进口商融通资金而对一些资信较好、有一定清偿能力的进口商，根据其提供的质押品和担保情况，核定的一个相应的开证额度。进口商在每次申请开证时可获得免收或减收开证保证金的优惠。

具有外贸业务经营资格，在银行有一定外贸结算业务，业务情况及收付汇情况良好、资信可靠、具备一定经济实力，能够提供银行接受的可靠担保、抵押、质押的客户，可以向银行申请并由银行核定进口开证授信额度。申请人取得进口开证授信额度后，在额度范围内，根据有关规定，可以要求银行免收或减收保证金，循环开立信用证。

（二）进口押汇

进出口双方签订买卖合同之后，进口方请求进口地某个银行（一般为自己的往来银行）向出口方开立保证付款文件，大多数为信用证。然后，开证行将此文件寄送给出口商，出口商见证后，将货物发送给进口商。商业银行为进口商开立信用保证文件的这一过程，称为进口押汇（import bill advance）。

因为进口商通过信用保证文件的开立，可以延长付款期限，不必在出口商发货之前支付货款，即使在出口商发货后，也要等到单据到达自己手中才履行付款义务，这样，进口商减少了资金占用的时间。同时，出口商愿意接受这种延长付款期限，是以开证行保证到期付款为条件的。因此，进口押汇是开证行向进口商提供的一种资金融通。

（三）信托收据

信托收据（trust receipt）是指为了进口或本地购货融资，由进口商或本地购货商与提供融资的银行所签署的协议，协议表明进口商或本地购货商作为银行的代理人（受托人）为银行处理（出售）货物，因进口商该行为所带来的利益应优先用于偿还银行提供融资所产生的债权，从而从银行获取短期融资的一项业务。

信托收据的主要内容有：进口商保证到期付款，承认在未付清货款前，货物所有权及其收益归银行，进口商以银行受托人身份代银行报关、提货、保险、销售货物，所得销售收入必须存入银行指定账户不得动用等。

（四）打包贷款

打包贷款（packing loan）又称信用证抵押贷款，是指出口商收到境外开来的信用证，出口商在采购这笔信用证有关的出口商品或生产出口商品时，资金出现短缺，用该笔信用证作为抵押，向银行申请本、外币流动资金贷款，用于出口货物进行加工、包装及运输过程出现的资金缺口。

打包放款是出口地银行向出口商提供的短期资金融通。具体做法为：出口商与国外进口商签订买卖合同后，就要组织货物出口。在此过程中，出口商可能会出现资金周转困难的情况。此时，出口商用进口地银行向其开具的信用证或其他保证文件，连同出口商品或半成品一起，交付出口地银行作为抵押，借入款项。出口地银行在此种情况下向出口商提供的贷款就称为打包放款。打包放款的期限一般很短，出口商借入打包放款后，很快将货物装船运出。在取得各种单据并向进口商开出汇票后，出口商通常前往放款银行，请其提供出口押汇贷款，该银行收下汇票和单据后，将以前的打包放款改为出口押汇，这时的打包放款即告结束。在打包放款中，如果出口商不按规定履行职责，贷款银行有权处理抵押品，以收回贷款款项。打包放款的数额一般为出口货物总价值的50%～70%。

(五)出口押汇

出口押汇(export bill purchase)是指银行根据出口商(受益人)的申请,以其提交的符合信用证条款的全套物权单据做质押,在扣除从押汇日至预计收汇日的利息及相关费用后,将款项垫付给出口商,然后凭单向开证行索回货款的一种有追索权的短期融资业务。

出口押汇主要适用于以下几种情形:(1)流动资金有限,依靠快速的资金周转开展业务;(2)发货后、收款前遇到临时资金周转困难;(3)发货后、收款前遇到新的投资机会,且预期收益率肯定高于押汇利率。

(六)出口商业发票贴现

出口商业发票贴现(discount against commercial invoice)是指出口商与银行之间签订的协议,在协议有效期内出口商将其现在或将来向进口商收取的商业发票项下的应收账款转让给银行,由银行为其办理贴现融资,并同时为出口商提供应收账款催收、销售分户账管理等综合金融服务。

这种融资方式是一种新兴的出口融资业务,银行在扣除预计利息和有关的费用后,将发票余额贷给出口商,因此,出口商实际获得的金额少于货款的金额。出口商的还款来源是进口商的付款,如到期未收回出口货款,则银行应立即从出口商处收回融资本息。银行对出口商的融资保留有追索权。一旦进口商未按期付款,银行可向出口商行使追索权。

出口商业发票贴现业务使出口商可在较短的时间内获得融资,解决流动资金不足的困扰;降低出口商的应收账款,改善其财务报表指标;业务操作简单,且由银行为出口商进行销售分户账管理,使企业账款管理更有效率;使出口商利息的支出更趋合理,降低财务成本;由银行为出口商进行到期应收账款的催收,节约出口企业的人力和物力。

(七)国际保理

1. 国际保理业务概述

国际保理(international factoring)是指在国际贸易中出口商以赊销(O/A)、承兑交单(D/A)等信用方式向进口商销售非资本性货物时,由出口保理商和进口保理商共同提供的一项集出口贸易融资、销售账务处理、收取应收账款、买方信用调查与担保等内容为一体的综合性金融服务。

现代保理业务作为一种新型的短期贸易融资形式,近三十年来在国际上获得了快速发展,很多国家和地区都非常重视保理业务对国际贸易的促进作用,并创造条件大力发展这项业务,如德国、意大利、比利时、荷兰等发达国家的国际保理业务都比较发达。

2. 国际保理业务流程

由于在国际保理业务中主要采用的是双保理方式,即涉及买卖双方保理商的保理方式,因此我们仅以双保理方式来介绍保理业务的基本流程。

①出口商向出口保理商提出叙做保理的需求并要求为进口商核准信用额度。

②出口保理商要求进口保理商对进口商进行信用评估。

③如进口商信用良好,进口保理商将为其核准信用额度。

④进口保理商核定进口商信用额度并通知出口保理商。

⑤出口保理商将进口商信用额度通知出口商。

⑥如进口商同意购买出口商的商品或服务，则出口商开始供货，并将附有转让条款的发票寄送进口商。

⑦出口商将发票副本交出口保理商。

⑧出口保理商通知进口保理商有关发票详情。

⑨如出口商有融资需求，则出口保理商付给出口商不超过发票金额80%的融资款。

⑩进口保理商于发票到期日前若干天开始向进口商催收。

⑪进口商于发票到期日向进口保理商付款。

⑫进口保理商将款项付给出口保理商。

⑬出口保理商扣除融资本息及相关费用，将余款付给出口商。

具体流程见图8-1。

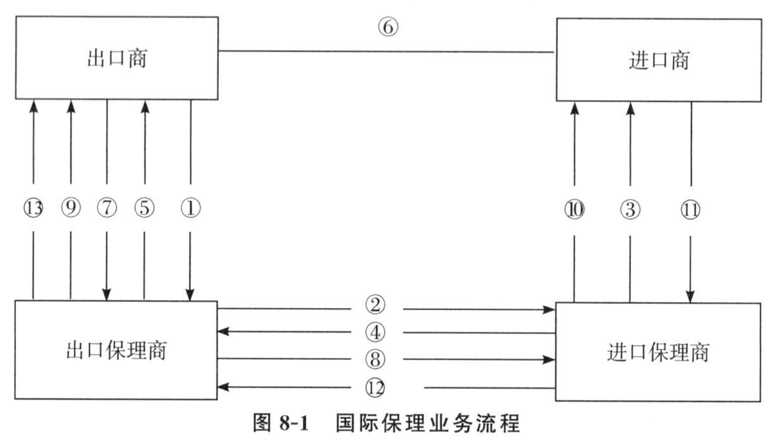

图8-1　国际保理业务流程

3. 国际保理业务的利弊分析

首先，对出口商而言，国际保理业务无疑具有明显的好处，最主要的是能够加速资金流转，缓解出口商的资金紧张，使出口商能够采用赊销这种方式来促进出口，开拓国际市场。而且，由于保理商对进口商的应收账款提供坏账担保，这样就减轻和避免了出口商由于呆账、坏账所引起的损失。另外，由于保理商往往还同时提供账户管理、会计处理、客户资信调查等服务，就有利于出口商降低经营成本，集中精力进行生产和销售。

当然，不可能有对出口商完全"一面倒"的好事。国际保理业务中的保理商所收取的管理费用一般要高于信用证和托收方式下的手续费。因此，对于客户并不集中、销售量也不大的出口商来说，保理业务就显得不太划算了。但对于从事批发业务的大中型出口商来说，保理业务比较有吸引力。出口商要根据自己的情况来决定是否选择国际保理。

其次，由于国际保理业务是一项支持赊销方式的综合性金融服务，对进口商的益处显而易见：进口商风险非常小，而且能够得到出口商的融资，可以有更多机会获得以赊销方式成交的交易。另外，由于是采用赊销方式，进口商直接付款给保理商，这样就节省了开立信用证的费用并且简化了进口手续。当然，为获得保理业务支持下的赊销交易，进口商要受到专业保理商严格的资信调查；而且出口商有权要求保理商为自己的客户（进口商）核定一个信用销售额度（credit line）。

最后，对保理商而言，开展国际保理业务，最大的益处当然是获得收益。保理商的收益主要由利息和手续费用所组成。保理商从购入单据向出口商支付现金开始，到从进口商那里收到货款为止，向出口商提供了一段时间的资金融通，因此可以收取相应的利息。利息一般采取预先扣除的方式，在对出口商支付现金时就予以扣除。而利率通常要比优惠利率高出 2%～2.5%。除了利息以外，保理商还可以就所提供的其他服务（如资信调查等）收取手续费用，费率一般是应收账款总额的 1.75%～2%。除了直接的收益以外，由于保理业务具有连续性的特点，开展保理业务还有利于带动进出口商与保理商建立其他的业务往来。

保理商当然也有风险，一旦出现商业纠纷、坏账或者汇率风险等问题，保理商就可能遭受损失。为了控制风险，维护自身利益，保理商在开展业务之前也必须未雨绸缪，预先防范。因此，保理商对出口商申请保理业务有一定的条件限制。此外，调查客户的资信以及核定信用额度，也是保理商防范风险的重要措施。

可见，保理业务对各方当事人都是有利有弊，需要当事人根据具体情况加以决定。关键在于，国际保理业务通过保理商介入贸易活动，提供综合性的金融服务，为各方当事人提供了一条满足“各有所求”，实现“各有所需”的途径，这也正是保理业务这种贸易融资方式的本质所在。

三、国际贸易中长期融资

国际贸易中长期融资是指期限在一年或一年以上的贸易融资，主要形式有出口信贷和福费廷业务。

（一）出口信贷

1. 出口信贷的含义

出口信贷（export credit）属于国际贸易中长期融资，指出口国政府为了支持和扩大本国大型机械、成套设备、大型工程项目等的出口，通过成立官方出口信贷机构，或者通过给予商业银行利息补贴、提供信贷担保的方式，向出口方或进口方或进口方银行提供的一种融资方式。它是一种在出口国政府支持下的优惠贷款。

如果说国际贸易短期融资只能满足进出口方日常资金周转的需要的话，那么出口信贷则是对进出口商从事的成交金额大、货款回收期长的资本性货物贸易提供的资金支持，以增强本国资本性货物出口的国际竞争力。

2. 出口信贷的特点

(1)出口信贷是一种官方资助的政策性贷款。很多国家都设有专门的信贷机构，负责出口信贷的管理和经营业务。有些国家虽没有出口信贷机构，但设有专门的政府部门，对商业银行办理的出口信贷给予资助。

(2)出口信贷是一种与出口贸易密切联系的贷款。贷款具有指定用途，即必须联系项目，用于购买贷款国出口的资本货物和技术以及有关的劳务等。

(3)出口信贷的金额，只能占合同金额的 85%左右，其余部分要支付现汇。

(4)出口信贷是一种相对优惠的贷款。出口信贷利率一般比同期的商业银行贷款利率低，利率差由国家给予补贴。

(5)出口信贷和信贷保险相结合。一般而言，银行在办理出口信贷以前，都要求出口商向本国的出口信贷机构投保,以减少可能发生的违约风险损失。

3. 出口信贷的主要形式及其业务流程

(1)卖方信贷(supplier credit),是出口国的出口信贷机构或银行直接向本国出口商(卖方)提供的中长期贷款。出口商获得此项融资就可以为国外进口商提供赊销或延期付款便利,以促进本国资本性货物、技术或有关劳务的出口。

卖方信贷的业务流程如图 8-2 所示。

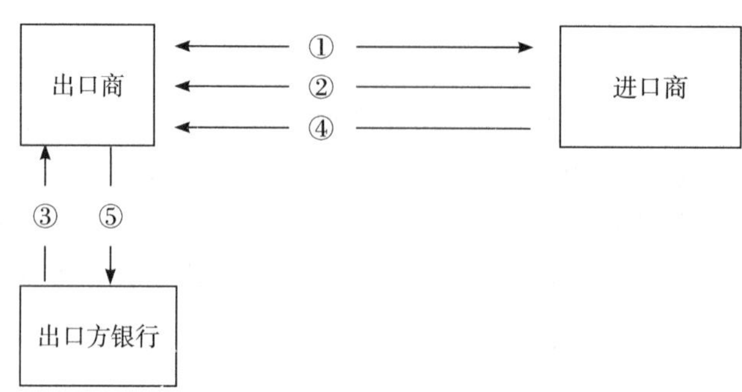

图 8-2 卖方信贷业务流程

①进出口双方签订贸易合同。合同中写明给予进口商延期付款便利。

②进口方向出口方预付 10%~15%的定金。在分批交货验收和保证期满时,再支付 10%~15%的货款,其余 70%~80%的货款在合同规定的期限内分期偿还。

③出口商发运货物后,凭出口单证从银行取得相当于延期付款金额的贷款。

④进口商按合同规定随同利息向出口方分期支付货款。

⑤出口商到期偿还贷款本息。

卖方信贷对进口商来说可谓一举两得,因为他只需与出口商签订一份贸易合同,既达到了进口目的,又缓解了资金压力。卖方信贷对进口商的不利之处体现在:①支付成本较高。在卖方信贷中,出口商作为借款者,除了要向贷款行支付贷款利息外,还要承担保险费、管理费等,这些支出都要附加到货价当中,所以以赊销或延期付款方式成交的货价一般比以现汇支付方式成交的货价高出 3%~4%,有时高出 8%~10%。②要承担汇率变动风险。由于是延期付款,如果支付币种升值,进口商要支付更多的本国货币。③不易了解真实货价。卖方信贷下的出口报价包括货物的实际价格和附加的利息费用两部分。由于出口商接受的是优惠性贷款,而贷款国的优惠政策对不同国别和不同出口项目存在差别,所以进口商很难把握出口商实际得到的利息贴补数额,也就难以把货物的实际价格与市场同类商品的报价相比较,在选择上存在一定的盲目性。

(2)买方信贷(buyer credit),是出口国的出口信贷机构或银行向进口商或进口方银行提供的中长期贷款。在出口信贷中,买方信贷的应用较卖方信贷普遍,其中尤以出口方银行向进口方银行提供融资的方式应用最广,其原因在于这种融资方式对各方当事人都比较有利。就进口商来说,一方面可以集中精力于商务谈判,另一方面由于货价中不含利息等因素,有利于进口商比较出口商报价的高低,可以避免卖方信贷中选择上的盲目性;对出口商来说,一方面可以集中精力组织生产,另一方面可以在发货后及时收到现汇,有利于加速资金周转;对进出口双方银行来说,资信普遍高于企业,所以风险较小。

买方信贷根据贷款对象不同,可以分为两种类型。

第一种类型,出口方银行贷款给进口商。其业务流程如图 8-3 所示。

①进出口双方签订贸易合同。

②进口商向出口商预付 15%的现汇定金。

③进口商与出口方银行签订贷款协议。

④进口商用所得贷款,以现汇方式向出口商支付货款。

⑤进口商按贷款协议规定向出口方银行分期偿还贷款。

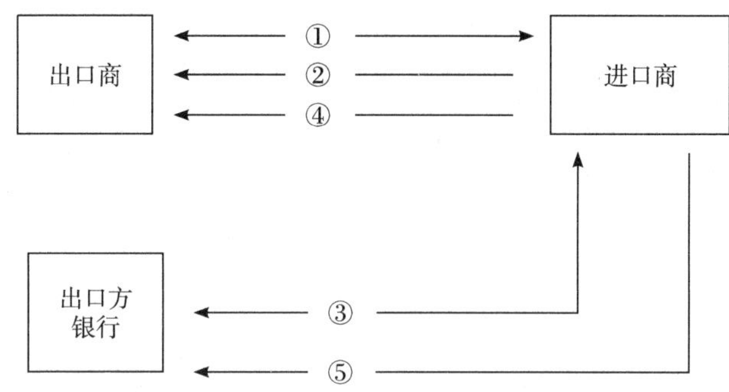

图 8-3 出口方银行贷款给进口商的业务流程

第二种类型,出口方银行贷款给进口方银行。其业务流程如图 8-4 所示。

①进出口双方签订贸易合同。

②进口商向出口商预付 15%的现汇定金。

③进口方银行与出口方银行签订买方信贷协议。

④进口方银行将其从出口方银行取得的贷款转贷给进口商。

⑤进口商用所得款项以现汇方式向出口商支付货款。

⑥进口商向进口方银行偿还贷款。

⑦进口方银行按买方信贷协议向出口方银行偿还贷款。

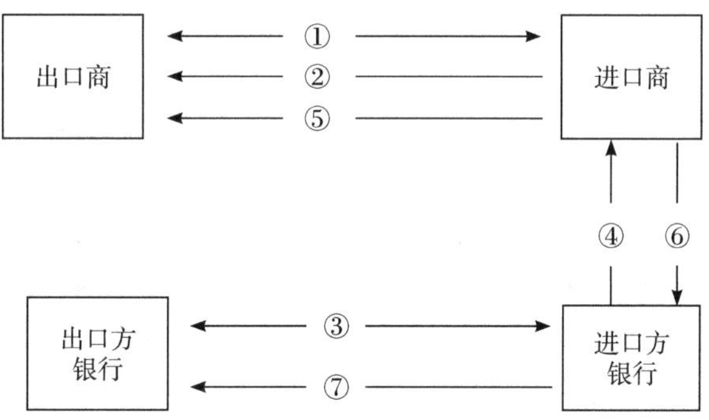

图 8-4 出口方银行贷款给进口方银行的业务流程

(二)福费廷

1. 福费廷业务概述

福费廷(forfeiting),又称包买票据,即包买商(一般是指商业银行)从出口商处无追索权地购买已承兑的远期汇票或远期本票,使出口商得以提前取得现款的一种出口融资方式。福费廷业务主要提供中长期贸易融资,利用这一融资方式的出口商应同意向进口商提供期限为 6 个月至 5 年甚至更长期限的贸易融资;同意进口商以分期付款的方式支付货款,以便汇票、本票或其他债权凭证按固定时间间隔依次出具,以满足福费廷业务需要。除非包买商同意,否则债权凭证必须由包买商接受的银行或其他机构无条件地、不可撤销地进行保付或提供独立的担保。

现代福费廷业务起源于"二战"后的欧洲,是为了适应国际贸易的融资需求应运而生的。其实质属于融资担保业务,是出口信贷业务的一个种类,随着全球经济的发展,它也不断发生着变化。近代,福费廷业务从适用于消费性货物交易转向了资本性货物交易,从适用于东西欧贸易,发展为适用于发达国家与发展中国家之间的贸易。由于福费廷业务属于中长期票据融资业务,因此很快又出现了福费廷的二级市场。这样该业务越来越向综合化发展,逐渐成为集贸易融资、担保、投资和出口服务、票据流通转让及结算等业务于一体的银行综合业务。

2. 福费廷业务流程(以远期信用证下的福费廷业务为例,见图 8-5)

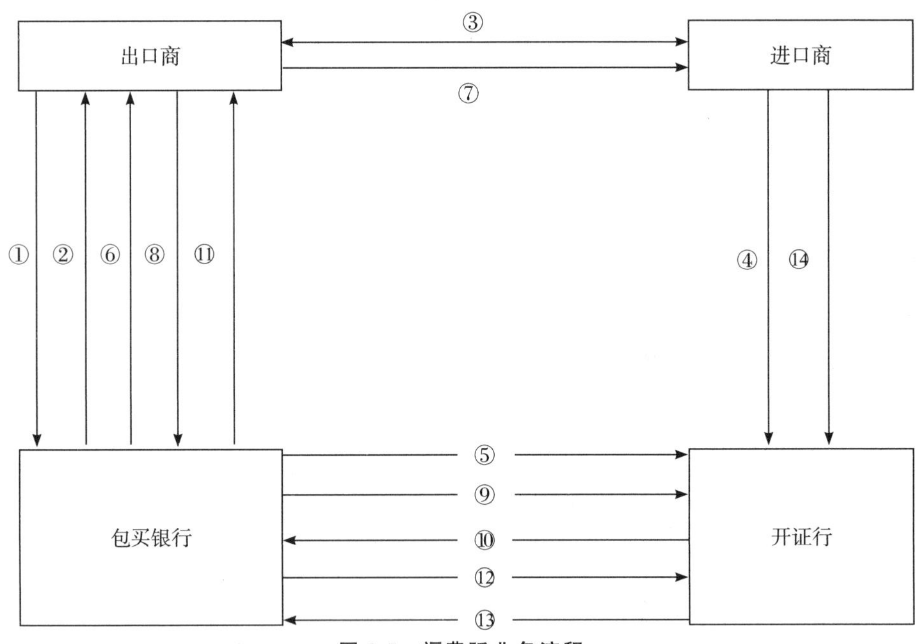

图 8-5　福费廷业务流程

①出口商向包买银行询价。

②包买银行报价。包买银行根据出口商提供的材料对进口商、担保行、进口国家政策等以及贸易谈判过程等进行细致调查,给出一个买进贸易单据的报价,报价一般包括贴现息、承诺费、宽限期贴息等。

③进出口双方签订贸易合同与福费廷合同。

④进口商申请开证。

⑤开证行开出远期信用证。

⑥通知信用证。通知信用证的银行往往就是包买银行。

⑦出口商发货，缮制单据。

⑧出口商交单。

⑨包买银行审单后寄单给开证行。

⑩开证行审单后承兑或给出承付通知。

⑪包买银行与出口商签订包买合同(融资协议)，扣除利息及相关费用后贴现票据，无追索权地将款项支付给出口商。

⑫到期包买银行向开证行索偿。

⑬开证行偿付给包买银行。

⑭进口商付款给开证行。

3. 福费廷业务的利弊分析

(1)福费廷业务对出口商的积极作用

①改善企业流动资金状况。将远期应收货款变成现金销售收入，减少资产负债表中的负债金额，提高企业财务资信水平。

②转移企业债务风险。由于包买银行无追索权地买断出口商远期票据，就等于把应收账款转移到自己身上，承担一切收取债务的责任和风险；前提是票据的有效性、真实性。出口商将国家风险、信用风险、汇价风险转移到包买银行身上。

③消除利率风险。包买银行提供的是固定融资利率，出口商可以在谈判前向包买银行询价，能够正确估价并转嫁融资成本。

(2)福费廷业务对进口商的积极作用

①福费廷业务可使进口商的分期付款安排得到出口商的接受，从而克服了进口商现汇不足又需要进口资本密集型商品的矛盾。

②福费廷方式下，包买银行对票据的贴现是按固定贴现率计算贴息的，因此，出口商通过价格调整转嫁给进口商的贴息负担也是按固定贴现率计算的，也即进口商是在固定利率进行分期付款的，避免了融资期间的利率风险。

③在福费廷方式中，以进口商开立本票(若该国法律允许进口商开立本票)可以比出口商开立汇票更为方便。就总体手续来看，福费廷方式也比使用买方信贷简便。

(3)福费廷业务对于银行的积极作用

①办理福费廷贴现利息收益极高，并且其贴现利率已将风险差异因素充分包含在内，所以风险相对较小。

②由于包买银行是无追索贴现，就能够尽快帮助企业融资，尽早收汇，即时出具相应的出口收汇核销单由企业办理退税，增强银企合作。

(4)福费廷业务的局限性

①融资成本相对较高。由于福费廷业务的贴现商需承担各种风险(包括信用、政治、汇兑、汇率、利率等风险)，因而其融资成本相对较高。福费廷的融资成本由利息、承诺费

和付款宽限期三部分构成，其中利息是主要成本。计算利息的贴现利率是由伦敦或新加坡金融市场银行间拆借利率（LIBOR 或 SIBOR）与风险加码（risk margin）构成的。进口国银行的担保、进口商的信用评级、进口国的政治及商业风险等都会反映在风险加码上。

②无追索权的例外。在福费廷业务中，贴现商对出口商通常情况下无追索权，但下列情况除外：出口商对进出口交易的错误陈述；出口商履行贸易合同有违约行为；出口商提交的票据无效；进口商的风险评级未被接受等。

③票据承兑与保证严格。贴现商要求票据必须先由进口国银行承兑或保证，其目的不仅是保护其债权，同时也是为了评估贴现商所承担风险的大小。为此，贴现商在承做福费廷时，以票据获得信誉良好的银行的承兑或保证为前提。

知识拓展

全球贸易融资服务计划

全球贸易融资服务计划（GTFP）是指国际金融公司（IFC）的贸易融资服务计划，该项目成立于2005年。IFC贸易融资计划的启动资金为10亿美元（现在扩增为30亿美元），希望通过提供有效的风险管理途径，拓展和提高银行在新的具有挑战性市场中提供贸易融资的能力，以打破所在经济体可能面临的贸易限制。这个计划可以向为新兴市场国家贸易提供相关交易的银行提供部分或者全额担保，这些担保针对不同的交易类别，可以采取不同的信用凭证，比如信用证、福费廷、汇票、投标和履约保证金以及预付款担保等。国际金融公司将扩大对世界66个较贫穷国家的银行提供贸易融资担保的计划。每笔融资的平均担保期限是半年，在未来三年内可为银行提供高达180亿美元的贸易融资担保。受惠银行可以利用这笔资金，部分或者全部覆盖和贸易有关的交易所带来的风险。

中国和IFC全球贸易融资服务计划的合作较为深入而且卓有成效，中国银行、中国建设银行、兴业银行、民生银行和北京银行等都是IFC全球贸易融资服务计划的保兑行。

资料来源：www.rcif.org.cn

第二节　国际项目融资

一、国际项目融资概述

（一）国际项目融资的概念

国际项目融资（international project financing）是指以境内建设项目的名义在境外筹措资金，并以项目自身的收入资金流量、自身的资产与权益，承担债务偿还责任的融资方式，也是无追索或有限追索的融资方式。

国际项目融资是20世纪70年代以后，国际金融市场推出的一种新型融资方式，主要用于石油、天然气、煤炭、铜、铝等矿产资源的开发，如英国北海道油田、美国天然气输送管道、智利埃斯康迪达铜矿的开发等都是采用了项目融资的方式。这类项目往往需要巨额投资，主办这类大型项目的公司和政府越来越感到难以完全承担这类项目的投资风险，于是发展了项目融资这种新的融资方式。此后，项目融资的应用范围更是超越了传统的领域，广泛应用于资源型、能源型工业项目和大型基础设施建设项目，如上海南浦大桥、欧洲迪士尼乐园、悉尼2000年奥运会奥林匹克体育场及2010年上海世博会场馆的建设等。

（二）国际项目融资的特点

尽管国际项目融资具有结构复杂性和类型多样化的特点，但与传统的国际贷款融资相比，国际项目融资通常具有以下基本特征：

1. 以项目为主体安排融资。投资发起人是以项目投产运行后所产生的现金流量和项目的资产为基础来融资的，而不是依靠发起人的信誉或资产。

2. 融资周期长。项目生命周期包括从立项开始，经过项目的准备、实施、竣工验收、试运行，直到项目的正式投产运行等众多的阶段。前期准备阶段需要花费大量的时间进行可行性研究、项目评估和合同谈判等；实施阶段又要经过项目建设期、试运行期，然后进入经营期。项目只有进入经营期后才有可能产生净现金流量，归还借款。因此，融资时间比较长。

3. 非公司负债型融资。项目融资属资产负债表外的融资，即用于建设项目的债务不出现在项目投资者的资产负债表上，投资者不至于因为资产负债比例失衡等状况而降低信用度，从而丧失一些新的筹资机会。

4. 融资成本高。项目融资以商业银行为主，融资金额大，手续简便，但融资成本较高。国际商业银行贷款的利率以国际金融市场利率为基准，一般由伦敦商业银行间同业拆放利率再加上一个附加利率构成，与出口信贷、政府贷款和国际金融机构贷款的低息、无息相比较要高得多，而且还要承担各种费用。

5. 项目融资多数能够得到政府的支持。由于融资的项目一般来说是规模大、投资时间长、风险相对高的国家级项目，本国政府一般不得不出面以借款人的身份给予支持或担保。另外，对于国际项目融资的较高利率，本国政府也会给予一定补贴。

二、国际项目融资的参与者

由于项目融资具有比较复杂的结构，因此，参与项目融资并在其中发挥不同作用的当事人也比较多。一般来说，国际项目融资的参与者主要有以下各方：

（一）项目主办人和投资人

项目主办人是指对于建设项目担当领导、发起和前期组织职责的借款方当事人（不一定为借款人），它通常由项目所在国的政府机构或企业组织担任。项目投资人是指对于拟建设项目（或项目公司）共同进行股权性投资的当事人，它们通常为项目所在国的企业组织和有关的外国企业组织。在许多情况下，项目主办人也同时为项目投资人，但此并非必须。

（二）项目公司

在多数国际项目融资中，项目投资人以股权投资方式组成项目公司。项目公司是指直接实施项目投资，并直接拥有项目资产的财产权和项目营业权的公司组织。项目公司的一般特征在于:(1)它仅为特定项目建设而设立,仅对该项目投资,并仅拥有该项目的资产、负债和营业;(2)它通常为有限责任公司;(3)根据不同融资项目的要求,它可能同时为借款人及拟建项目的经营管理人,但从国际项目融资的实践来看,组建项目公司主要是为了便于控制拟建设项目的资产负债状况、损益状况和现金流量状况,而非令其担任项目的经营管理人。

(三)贷款人与借款人

国际项目融资的贷款人通常是对拟建项目提供协议贷款的国际性商业银行或由多家商业银行组成的贷款银团;但由于具体的国际项目融资方式不同,在某些情况下(例如以证券化方式融资的项目中),实际上是由负责组织国际信贷融资的金融中介机构代替贷款人参与项目融资。在国际项目融资中,负责组织国际贷款或融资的牵头经理人往往极端关心拟投资项目的结构,不仅负责融资安排,不仅代表贷款银行与项目主办人协商确定项目融资的结构和安排,而且常常负有提供专业咨询和金融管理的职责。但在法律上,参加贷款银团的每家贷款人均与借款人形成独立的债权债务关系;在有关的贷款文件中,甚至要求各贷款人声明其依赖于自己的独立判断参加贷款银团,而不使牵头经理人负担保责任。

国际项目融资的借款人通常为项目公司,但在某些情况下也可以是项目主办人或项目投资人。在同一项目融资中,可以有几个借款人,它们可以是具有相同职责的共同借款人,也可以是依不同职责使用融资的其他当事人(如工程承包公司、原材料或设备供应商、产品购买人等)。

(四)工程承包人

国际项目融资中的工程承包人是指依据工程承包合同负责以约定价格、约定期限和约定工程质量全面完成拟建项目工程的建设工程公司。工程承包人通常以竞标方式确定,依其责任,它可分为负责项目管理和工程全面竣工的总承包人(通常由国际性工程承包公司担任)与接受分包的各分包人;依其工作内容,它又可分为工程设计承包人、工程施工承包人、工程安装承包人、工程监理人、工程金融管理人等。国际项目融资中的工程承包由一系列复杂的合同文件构成,其基本作用在于锁定工程造价、完工期限与工程质量标准,以实现“交钥匙项目”之目标;为限定工程完工风险,其违约控制与索赔条款规定得极为严格。

(五)项目设备与原材料供应商

国际项目融资中的供应商是指根据项目设备和原材料供应合同,向拟投资项目定期或长期售卖项目设备、提供能源供应或提供原材料供应的销售商。根据项目结构和相关合同的安排,供应商向项目公司或工程承包人售卖项目设备、能源或原材料之价款可以由贷款方信托受托人以贷款定期支付,由此形成项目公司的信贷购买;也可以由供应商按照出口信贷方式延期收款,由此形成供应商向项目公司提供信贷融资。在国际项目融资实践中,国际贷款人往往将借款方购买其本国设备或原材料作为承诺贷款的重要条件,这不仅支持了本国企业的产品出口,而且具有分散项目融资风险的作用。

（六）项目产品购买人

项目产品购买人是指根据项目产品购买合同或使用合同，将长期购买项目产品或长期使用项目设施的商业当事人。典型的项目产品合同通常采取“提货即付款”合同及“或提货或付款”合同形式；其作用在于对项目融资提供信用支持；购买人通常是具有批售能力和资金实力的批发商，在我国的项目融资实践中，往往由项目主办人或者政府机构（如在交通运输或电力项目中）承担项目产品购买人责任，该项购买具有预定承诺性质。由于项目产品购买是项目融资信用保障结构的一部分，故购买人实际上在项目融资谈判阶段即已介入项目。

（七）信托受托人

国际项目融资中的受托人是指根据信托文件，负责管理设为担保的项目资产、项目收入和现金流量的独立金融机构。在国际项目融资中，项目资产担保和现金流量担保是项目融资信用保障结构中最重要的部分，这在资产负债表外融资的情况下表现得最为典型。根据信托文件，信托受托人一方面负责对设为担保的项目资产进行直接管理或监督管理，另一方面将负责以独立账户托管项目现金流量或其中的受托管理部分，确保其中的可还贷部分首先用于清偿债务，其通常的支出顺序为：生产成本支出、折旧还贷支出、管理费用支出、财务费用或贷款利息支出、税收支出、偿还贷款本金、利润分配。

（八）项目融资保证人与保险人

在国际项目融资中，贷款人除要求以项目资产和项目现金流量为担保外，有时还要求项目公司或项目主办人提供信用性有限担保，此种就一定信用数额提供有限担保的当事人为项目融资的保证人。国际项目融资中的保险除工程保险和项目财产保险外，更重要的是对项目所在国可能发生的战争、内乱、国有化、法律变革、外汇汇率变动等事件的保险，后一类保险通常由相关国家的官方或半官方保险机构承保。除上述之外，在某些国际项目融资中，项目所在国政府机构或其代理机构（如项目主办人或项目投资人）对投资项目提供的运营特许、税收优惠特许、外汇汇兑特许和担保性承诺也对项目融资具有重要的信用保障作用。

（九）专业性顾问机构

在国际项目融资中，通常须有许多专业性中介机构（融资顾问）协助项目贷款人或项目主办人进行工作，其中最重要的是工程咨询顾问、财务税务顾问和法律顾问。工程咨询顾问通常负责协助项目贷款人或主办人进行项目可行性分析和项目风险预测；财务税务顾问除负责财务审计工作外，还将协助贷款人对拟投资项目进行财务税务分析和现金流量预测；法律顾问除须对拟投资项目和环境进行法律分析外，主要协助项目贷款人和项目主办人确定项目融资结构，起草有关的法律文件，出具法律意见等。

三、国际项目融资的运作程序

尽管各个项目在融资过程、融资模式等方面存在着许多差别，很难找到两个完全一样的融资项目，但在项目融资过程中它们往往都存在着一些共同的特征，都要遵循相似的运作程序。一般来说，项目融资的程序大致可以分为五个阶段：投资决策、融资决策、融资结构分析、融资谈判和执行。

（一）投资决策阶段

对于任何一个投资项目，在决策者下决心之前，都需要经过相当周密的投资决策的分析，这些分析包括宏观经济形势的判断、工业部门的发展以及项目在工业部门中的竞争性分析、项目的可行性研究等内容。一旦做出投资决策，接下来的一个重要工作是确定项目的投资结构，项目的投资结构与将要选择的融资结构和资金来源有着密切的关系。同时，在很多情况下项目投资决策也是与项目能否融资以及如何融资紧密联系在一起的。投资者在决定项目投资结构时需要考虑的因素很多，其中主要包括：项目的产权形式、产品分配形式、决策程序、债务责任、现金流量控制、税务结构和会计处理等方面的内容。

（二）融资决策阶段

在这个阶段，项目投资者将决定采用何种融资方式为项目开发筹集资金。是否采用项目融资，取决于投资者对债务责任分担、贷款资金数量、时间、融资费用以及债务会计处理等方面的要求。如果决定选择采用项目融资作为筹资手段，投资者就需要选择和任命融资顾问，开始研究和设计项目的融资结构。

（三）融资结构分析阶段

这一阶段的主要任务是完成对项目风险的分析和评估，设计出项目的融资结构和资金结构，并对项目的投资结构进行修正和完善。项目融资结构设计的关键点之一是要求项目融资顾问和项目投资者一起对项目有关的风险因素进行全面的分析和判断，确定项目的债务承受能力和风险，设计出切实可行的融资方案。项目融资结构以及相应的资金结构的设计和选择必须全面反映出投资者的融资战略要求和考虑。

（四）融资谈判阶段

在初步确定项目融资方案以后，融资顾问将有选择地向商业银行或其他一些金融机构发出参加项目融资的建议书，组织贷款银团，着手起草项目融资的有关文件。在与贷款银行接触和相关融资文件的起草过程中，必须既能最大限度地保护投资人的利益，又能为贷款银行所接受，因此往往需要经过多次的反复和不断的谈判，并对有关的法律文件进行必要的修改，在很多情况下也会涉及融资结构的调整问题，有时甚至会对项目的投资结构及相应的法律文件做出修改。在谈判过程中，强有力的顾问可以帮助加强投资者的谈判地位，保护其利益，并能够灵活地、及时地找出方法解决问题，打破谈判僵局，因此，在谈判阶段，融资顾问的作用是非常重要的。

（五）执行阶段

在正式签署项目融资的法律文件之后，融资的组织安排工作就结束了，项目融资进入执行阶段。在这期间，贷款人通过融资顾问经常性地对项目进展情况进行监督，根据融资文件的规定，参与部分项目的决策、管理，控制项目贷款资金的投入和部分现金流量。贷款人对项目的参与往往在项目的建设期、试生产期和正常运行期表现出不同的内容和特点。此外，贷款人也会帮助项目投资者加强对项目风险的控制和管理，以降低项目的金融风险和市场风险。

四、国际项目融资风险的识别与应对

（一）国际项目融资风险的识别

项目融资风险表现类型主要有以下几种：

（1）信用风险。项目融资所面临的信用风险是指项目有关参与方不能履行协定责任和义务而出现的风险。和提供贷款资金的银行一样，项目发起人也非常关心各参与方的可靠性、专业能力和信用。

（2）完工风险。完工风险是指项目无法完工、延期完工或者完工后无法达到预期运行标准而带来的风险。项目的完工风险存在于项目建设阶段和试生产阶段，它是项目融资的主要核心风险之一。完工风险对项目公司而言意味着利息支出的增加、贷款偿还期限的延长和市场机会的错过。

（3）生产风险。生产风险是指在项目试生产阶段和生产运营阶段存在的技术、资源储量、能源和原材料供应、生产经营、劳动力状况等风险因素的总称。它是项目融资的另一个主要核心风险。生产风险主要表现在：技术风险、资源风险、能源和原材料供应风险、经营管理风险。

（4）市场风险。市场风险是指在一定的成本水平下能否按计划维持产品质量与产量，以及产品市场需求量与市场价格波动所带来的风险。市场风险主要有价格风险、竞争风险和需求风险，这三种风险之间相互联系，相互影响。

（5）金融风险。金融风险主要表现在利率风险和汇率风险两个方面。项目发起人与贷款人必须对自身难以控制的金融市场上可能出现的变化加以认真分析和预测，如汇率波动、利率上涨、通货膨胀、国际贸易政策的趋向等，这些因素会引发项目的金融风险。

（6）政治风险。政治风险可以分为两大类：一类是国家风险，如借款人所在国现存政治体制的崩溃，对项目产品实行禁运、联合抵制、终止债务的偿还等；另一类是国家政治、经济政策稳定性风险，如税收制度的变更，关税及非关税贸易壁垒的调整，外汇管理法规的变化等。在任何国际融资中，借款人和贷款人都要承担政治风险，项目的政治风险可以涉及项目的各个方面和各个阶段。

（7）环境保护风险。环境保护风险是指为满足环保法规要求而增加的新资产投入或由于不能满足环保要求迫使项目停产等风险。随着公众愈来愈关注工业化进程对自然环境的影响，许多国家颁布了日益严厉的法令来控制辐射、废弃物、有害物质的运输及低效使用能源和不可再生资源，“污染者承担环境债务”的原则已被广泛接受。因此，也应该重视项目融资期内有可能出现的任何环境保护方面的风险。

（二）国际项目融资风险的应对

（1）信用风险。在项目融资中，即使对借款人、项目发起人有一定的追索权，贷款人也应评估项目参与方的信用、业绩和管理技术等，因为这些因素是贷款人依赖的项目成功的保证。

（2）完工风险。超支风险、延误风险以及质量风险是影响项目竣工的主要风险因素，控制它们的方法通常由项目公司利用不同形式的项目建设承包合同和贷款银行利用完工担保合同或商业完工标准来进行。

(3)生产风险。降低这种类风险可以通过一系列的融资文件和信用担保协议来实施。应针对不同种类的生产风险,设计不同的合同文件。对于能源和原材料风险,可以通过签订长期的能源和原材料供应合同,加以预防和消除;对于资源类项目所引起的资源风险,可以利用最低资源覆盖比率和最低资源储量担保等加以控制;对于生产风险中的技术风险,贷款银行一般要求项目中所使用的技术是经过市场证实的成熟生产技术并且是有市场成功先例的。

(4)市场风险。市场风险贯穿于项目始终。在项目筹划阶段,投资方应做好充分的市场调研和市场预测,减少投资的盲目性。在项目建设和经营阶段,应该签订长期的原材料供应协议、产品销售协议等。项目公司还可以争取获得其他项目参与者,如政府或当地产业部门的某种信用支持来分散项目的市场风险。在一定程度上,市场风险是产供销三方均要承担的。

(5)金融风险。对于金融风险的控制主要是运用一些传统的金融工具和新型的金融衍生工具。传统的金融风险管理是根据预测的风险,确定项目的资金结构。新型的金融衍生工具可采用期货交易、期权交易、货币互换等方式。

(6)政治风险。广泛搜集和分析影响宏观经济的政治、金融、税收方面的政策,对未来进行政治预测,规避风险。还可以通过向官方机构或商业保险公司投保政治风险,转移和减少这类风险带来的损失。

(7)环境保护风险。项目投资者应熟悉项目所在国与环境保护有关的法律,在项目的可行性研究中应充分考虑环境保护风险;拟订环境保护计划作为融资前提,并在计划中考虑到未来可能加强的环保管制;以环保立法的变化为基础进行环保评估,把环保评估纳入项目的不断监督范围内。

五、国际项目融资的主要模式

自20世纪90年代起,项目融资已发展成为一个全球化的业务,并形成了几种主要的融资模式,如BOT、ABS、PPP等。

(一)BOT模式

BOT(build-operate-transfer)意为“建设—经营—转让”,是私营企业参与基础设施建设,向社会提供公共服务的一种方式。我国一般称其为“特许权融资”,是指政府通过契约授予私营企业以一定期限的特许专营权,许可其融资建设和经营特定的公用基础设施,并准许其通过向用户收取费用或出售产品以清偿贷款,回收投资并赚取利润;特许权期限届满时,该基础设施无偿或以极少的名义价格移交给东道国政府。

BOT的实施步骤包括:(1)项目发起方成立项目公司,项目公司同东道国政府或有关政府部门达成项目特许协议。(2)项目公司与建设承包商签署建设合同,并得到建筑商和设备供应商的保险公司的担保。专设公司与项目运营承包商签署项目经营协议。(3)项目公司与商业银行签订贷款协议或与出口信贷银行签订买方信贷协议。(4)进入经营阶段后,项目公司把项目收入转移给一个担保信托。担保信托再把这部分收入用于偿还银行贷款。(5)特许期满时,项目无偿或以极少的名义价格移交给东道国政府。

从 BOT 的基本内涵可以看出，BOT 的一个很显著的特征就是“权钱交易”：政府赋予私营企业对某一项目的特许权，由其全权负责建设与经营，政府无须花钱，通过转让权利即可获得一些重大项目的建成并产生极大的社会效益，特许期满后还可以收回项目。当然，投资者也因为拥有一定时期的特许权而获得极大的投资机会，并相应赚取了利润。所以 BOT 模式能使多方获利，其优点如下：

(1)可利用私营企业投资，减少政府公共借款和直接投资，缓和政府的财政负担。

(2)避免或减少政府投资可能带来的各种风险，如利率风险、汇率风险、市场风险、技术风险等。

(3)有利于提高项目的运作效益。因为一方面 BOT 项目一般都涉及巨额资金的投入，并且项目周期长、风险大，由于有私营企业的参加，贷款机构对项目的要求就会比对政府更严格；另一方面私营企业为了减少风险，获得较多的收益，客观上会加强管理，控制造价，减少项目建设费用，缩短建造期。

(4)可提前满足社会与公众需求。采取 BOT 模式，可在私营企业的积极参与下，使一些本来急需建设而政府目前又无力投资建设的基础设施项目，提前建成发挥作用，从而有利于全社会生产力的提高，并满足社会公众的需求。

(5)可以给大型承包公司提供更多的发展机会，有利于刺激经济发展和提高就业率。

(6)项目的运作可带来技术转让、培训本国人员、发展资本市场等相关利益。

(7)利用 BOT 模式不但有利于培养各类专业人才，也有助于促进东道国法律制度的健全与完善。

自 1984 年土耳其首次将 BOT 应用于该国公共基础设施项目的私有化后，BOT 引起了世界各国尤其是发展中国家的关注和应用。目前，发展中国家共有数百个 BOT 项目正在实施。包括：土耳其的火力发电项目(现代世界第一个 BOT 项目)，菲律宾的诺瓦斯塔电厂(国际上公认的第一个成功的 BOT 项目)，中国的沙角 B 电厂(现代世界第一个成功移交的 BOT 项目)和英法之间的欧洲隧道(世界上最大的 BOT 项目)，马来西亚的南北大道，泰国的曼谷公路和轻轨，香港的多个隧道，澳洲的悉尼隧道和英国的曼彻斯特轻轨等。

(二)ABS 模式

ABS(asset backed securitization)即资产支持证券化，它是以项目所拥有的资产为基础，以该项目资产可以带来的预期收益为保证，通过在资本市场上发行债券筹集资金的一种项目融资方式。概括说就是“以项目所属的资产为支持的证券化融资方式”。

具体而言，资产支持证券化是指将一组流动性较差的资产进行一系列组合，将之包装，使该组资产在可预见的未来所产生的现金流保持相对稳定，在此基础上配以相应的信用增级，提高其信用质量并进行重新评级后，将该组资产预期现金流的收益权转变为可在金融市场上流动，且信用等级较高的债券型证券的技术和过程。

ABS 融资方式的运作过程分为六个主要阶段。

第一阶段：组建项目融资专门公司。采用 ABS 融资方式，项目主办人需组建项目融资专门公司，可称为信托投资公司或信用担保公司，它是一个独立的法律实体。这是采用 ABS 融资方式筹资的前提条件。

第二阶段:寻求资信评估机构授予融资专门公司尽可能高的信用等级。由国际上具有权威性的资信评估机构,经过对项目的可行性研究,依据对项目资产未来收益的预测,授予项目融资专门公司AA级或AAA级信用等级。

第三阶段:项目主办人(筹资者)转让项目未来收益权。通过签订合同、项目主办人在特许期内将项目筹资、建设、经营、债务偿还等全权转让给项目融资专门公司。

第四阶段:项目融资专门公司发行债券筹集项目建设资金。由于项目融资专门公司信用等级较高,其债券的信用级别也在A级以上,只要债券一发行,就能吸引众多投资者购买,其筹资成本会明显低于其他筹资方式。

第五阶段:项目融资专门公司组织项目建设、项目经营并用项目收益偿还债务本息。

第六阶段:特许期满,项目融资专门公司按合同规定无偿转让项目资产,项目主办人获得项目所有权。

ABS作为一种独具特色的融资方式,其作用主要体现在:

(1)项目筹资者仅以项目资产承担有限责任,可以避免筹资者的其他资产受到追索;

(2)通过在国际证券市场上发行债券筹资,不但可以降低筹资成本,而且可以大规模地筹集资金;

(3)由于国际证券市场发行的债券由众多的投资者购买,因此可分散、转移筹资者和投资者的风险;

(4)国际证券市场发行的债券,到期以项目资产收益偿还,本国政府和项目融资公司不承担任何债务;

(5)由于有项目资产的未来收益作为固定回报,投资者可以不直接参与工程的建设与经营。

随着国际经济合作的发展,ABS融资方式受到了越来越多的筹资者和投资者的重视。凡是可预见未来收益和持续现金流量的基础设施和公共工程开发项目,都可利用ABS融资方式筹资。很多国家和地区将ABS融资方式重点用于交通运输部门的铁路、公路、港口、机场、桥梁、隧道建设项目,能源部门的电力、煤气、天然气基本设施建设项目,公共事业部门的医疗卫生、供水、供电和电信网络等公共设施建设项目,并取得了很好的效果。如美国雷曼兄弟公司就曾以项目融资专门公司的身份,通过公开在证券市场发行债券,为墨西哥的IDLUCA收费公路建设项目筹资2.05亿美元,使该项目提前服务于社会。作为一种国际融资方式,ABS以其涉及环节少、风险分散、筹资成本低、融资证券化等优势成为国际金融市场上为大型工程项目筹措资金的重要方式。

(三)PPP模式

PPP(public private partnership)即公共私营合作制,是指政府与私人组织之间,为了合作建设城市基础设施项目,或是为了提供某种公共物品和服务,以特许权协议为基础,彼此之间形成一种伙伴式的合作关系,并通过签署合同来明确双方的权利和义务,以确保合作的顺利完成,最终使合作各方达到比预期单独行动更为有利的结果。

PPP模式是公共基础设施建设中发展起来的一种优化的项目融资与实施模式,这是一种以各参与方的“双赢”或“多赢”为合作理念的现代融资模式。其典型的结构为:政府部门或地方政府通过政府采购形式与中标单位组成的特殊目的公司签订特许合同(特殊目的公司一般由中标的建筑公司、服务经营公司或对项目进行投资的第三方组成的股份有限公司),由特殊目的公司负责筹资、建设及经营。政府通常与提供贷款的金融机构达成一个直接协议,这个协议不是对项目进行担保的协议,而是一个向借贷机构承诺将按与特殊目的公司签订的合同支付有关费用的协定,这个协议使特殊目的公司能比较顺利地获得金融机构的贷款。采用这种融资形式的实质是:政府通过给予私营公司长期的特许经营权和收益权来换取基础设施加快建设及有效运营。

PPP 和 BOT 模式都是解决政府财政在公共基础设施建设上投资资金不足的融资模式,其共同特点是可以把私营资本和国外资本引入当地基础设施及城市公共事业建设。从定义上看,两种模式本质上是一样的,都“通过项目来融资”,债权人(银行)对借款人(项目公司)抵押资产以外的资产没有追索权或仅有有限追索权。PPP 和 BOT 模式对私营机构的补偿都是通过授权私营机构在规定的特许期内向项目的使用者收取费用,由此回收项目的投资、经营和维护等成本,并获得合理的回报(即建成项目投入使用所产生的现金流量成为支付经营成本、偿还贷款和提供投资回报等的唯一来源),特许期满后项目将移交回政府。但 PPP 的含义更为广泛,反映更为广义的公私合伙、合作关系。PPP 模式是建立在公共部门和私营企业之间合作和交流基础上的“共赢”,避免了 BOT 模式缺乏互相沟通协调造成的项目前期工作周期过长的问题,也解决了项目全部风险由私营企业承担而造成融资困难的问题。在 PPP 模式下,公共部门、私营企业合作各方可以形成互利的长期目标,能创造更多的社会效益,更好地为社会和公众提供服务。除了基础设施和自然资源开发,PPP 的应用领域还包括公共服务设施和国营机构的私有化,等等。因此,近年来国际上越来越多采用 PPP 这个词,以取代 BOT。

知识拓展

赤道银行

所谓赤道银行(Equator Banks)是指已宣布在项目融资中采纳赤道原则的银行。赤道原则(Equator Principles)是参照国际金融公司(IFC)的可持续发展政策与指南建立的一套自愿性金融行业基准,旨在判断、评估和管理项目融资中环境和社会风险,倡导金融机构对项目融资中的环境和社会问题尽到审慎性核查义务。

这个原则确立了项目融资的环境与社会最低行业标准并将其应用于国际融资实践中,在国际金融发展史上具有里程碑的意义,成为各国银行可持续金融运作的行动指南。目前全球已有 60 多家金融机构宣布采纳赤道原则,项目融资额约占全球项目融资总额的 85%。中国除兴业银行外,此前尚没有银行宣布采纳赤道原则。

目前赤道原则已经成为国际项目融资的一个新标准,包括花旗集团、渣打银行、汇丰集团在内的 40 余家大型跨国银行已明确实行赤道原则,在贷款和项目资助中强调企业的环境和社会责任。赤道原则列举了赤道银行(实行赤道原则的金融机构)做出融资决定时需依据的特别条款和条件,共有 9 条。在实践中,赤道原则虽不具备法律条文的效力,但却成为金融机构不得不遵守的行业准则,谁忽视它,就会在国际项目融资市场中步履艰难。

资料来源:MBA 智库百科

第三节　其他国际融资方式

一、国际贷款融资

(一)外国政府贷款

外国政府贷款也称双边政府贷款,是指一国政府利用财政资金向另一国政府提供的贷款。政府贷款是具有双边援助性质的优惠性贷款,以两国良好的政治关系为前提,偿还期限一般在 20～30 年,最长可达 50 年,有 5～10 年的宽限期,贷款利率一般为 2%～3%,甚至是无息贷款。贷款可分为四类。第一类是软贷款,也就是政府财政性贷款,一般无息或利率较低,还款期较长,并有较长的宽限期,多贷放给非营利的开发性项目,如城市基础设施等。第二类是混合性贷款,由政府财政性贷款和一般商业性贷款混合在一起,比一般商业性贷款优惠。第三类由一定比例的赠款和出口信贷混合组成。第四类是政府软贷款和出口信贷混合性贷款,称为"政府混合贷款",这是最普遍实行的一种贷款。

外国政府贷款一般根据贷款国的经济实力、经济政策和具有优势的行业,确定贷款投向范围和项目。由于政府贷款是一种优惠性贷款,按照国际惯例优惠性贷款的赠与成分一般应在 25%以上。所谓"赠与成分"是指根据贷款的利率、偿还期限和综合贴现率等数据,计算出衡量贷款优惠程度的综合性指标。

(二)国际商业银行贷款

国际商业银行贷款是指一国借款人在国际金融市场上向外国银行借入货币资金。国际商业银行贷款的债务人是世界各国的借款人,包括银行、政府机构、公司企业、国际机构,其债权人则是外国的贷款银行,主要是工业发达国家的大型商业银行。国际商业银行贷款根据贷款对象的不同,可分为企业贷款、银行间贷款以及对外国政府和中央银行的贷款;根据贷款期限的不同,可分为短期、中期和长期贷款;根据贷款银行的不同,可分为单一银行贷款和多银行贷款。国际商业银行贷款一般具有以下几个特点:(1)贷款利率按国际金融市场利率计算,利率水平较高;(2)贷款可以自由使用,一般不受贷款银行的限制;(3)贷款方式灵活,手续简便;(4)资金供应充沛,允许借款人选用各种货币。

(三)国际金融组织贷款

国际金融组织贷款主要有国际货币基金组织和世界银行集团等国际性金融组织的贷款,具体内容详见本书第十章的介绍。

二、国际租赁融资

(一)国际租赁概述

国际租赁又称租赁贸易或租赁信贷,指出租人通过签订租赁合同将设备等物品较长期地租给承租人,承租人将其用于生产经营活动的一种经济合作方式。在租赁期内,出租人享有租赁物的所有权;承租人拥有租赁物的使用权,并定期向出租人缴纳租金;租赁期满后租赁物按双方约定的方式处理。国际租赁关系的主体可以是自然人、法人、国家或国际经济组织,客体一般为价值较高的动产或不动产,如工厂的成套设备、建筑设备、采矿设备、炼油钻井设备、轮船、码头港口设备以及飞机、机场等。在租赁关系存续期间,出租人以某一特定物租与他方并收取租金;承租人支付租金并享有对该物的使用权与收益权。租赁关系终止后承租人将该物返还出租人,或根据双方约定,将该物转归承租人所有,或由承租人以低价收购,或由承租人支付较低的租金继续租赁。

(二)国际租赁的主要类型

目前国际上通用的租赁方式主要有以下几种:

(1)融资租赁。融资租赁是指出租人根据承租人对租赁物件的特定要求和对供货人的选择,出资向供货人购买租赁物件,并租给承租人使用,承租人则分期向出租人支付租金,在租赁期内租赁物件的所有权属于出租人所有,承租人拥有租赁物件的使用权。租期届满,承租人对租赁物件有权选择留购、续租和退租三种处理方法。

(2)经营租赁。经营租赁方式中,出租人拥有原始设备,承租人可以根据自己的需要确定租赁机器设备时间的长短,付给出租人租金。租期结束后,如果承租人无意再租或购买该设备,可以把设备归还给出租方,出租人可以继续把设备出租给下一个承租人。租赁期间,设备的维修费、保险费和资产税等均由出租方负担,租金也较高。

(3)杠杆租赁。杠杆租赁多见于价格昂贵的设备和固定资产。由于所需资金金额巨大,出租人无力独自购买,以设备本身和设备出租后租金的受让权为担保,向银行贷款,用贷款和一部分自有资金购买设备,再把设备出租给承租人,用租金偿还贷款本息。杠杆租赁方式结构复杂,当事人较多,是租赁贸易中较特殊的方式。

(4)回租。即承租人将自有设备作价卖与出租者,先将固定资产转变为现有资金后,再将原设备反租过来,采用分期交付租金的办法。这种租赁方式主要用于不动产,由于承租人缺少资金而出售不动产以筹措所需资金。

(5)综合性租赁。综合性租赁是租赁与合资经营、合作经营、对外加工装配、补偿贸易及包销等其他贸易方式相结合的租赁方式。具体来说,由出租人将机器设备租给承租人后,承租人或用租赁的设备生产出的产品偿付租金,或用加工装配所获工缴费顶替租金分期偿付,或把产品交出租人包销,由其从包销价款中扣取租金。

三、国际证券融资

(一)国际证券融资概述

国际证券融资是指一国的借款人在国际金融市场上通过发行债券或股票的方式进行的融资活动,以此促进公司规模的快速增长。发行证券的目的在于筹措长期资本,是一种长期融资方式。国际证券融资包括国际债券融资和国际股票融资两种形式。

国际债券是指在国际金融市场上以外国货币为面值发行和交易的债券。国际债券分为外国债券和欧洲债券。外国债券即一国政府、企业、银行或其他金融机构及国际性组织为发行人在某一外国的债券市场上以该外国货币为面值发行的债券,主要由在债券发行地注册的银行和证券公司承销。目前使用较为广泛的外国债券有扬基债券、武士债券、猛犬债券等。欧洲债券即一国政府、企业、银行或其他金融机构及国际性组织，为借款人在国外债券市场上以第三国货币为面值发行的债券。欧洲债券主要面向发行地的非居民发行，所筹措的主要是欧洲货币资金即发行地的境外货币资金，因此，对发行当地国的货币资金流动影响不大。

国际股票是指在境外金融市场发行和交易的股份有限公司的股票。国际股票的发行分两种情况：一种情况是在其本国发行股票经政府批准后，允许本国的外资企业或境外企业和个人购买；另一种情况是东道国的发行人直接到特定的投资国发行股票。国际股票的发行要得到东道国与投资国两国政府的批准。目前，中国国际股票融资的种类主要有B股、H股、N股、S股等。

（二）国际融资证券化

所谓国际融资证券化是指在国际金融市场上筹资手段的证券化和贷款债权的证券化。筹资手段的证券化是指20世纪80年代以后，国际金融市场上的筹资格局发生了重大变化，人们改变了长期以来主要依靠金融中介间接筹措资金的方式，转而利用债券市场和股票市场直接融资。贷款债权证券化是指金融机构以贷款债权作担保发行证券，即以证券交易方法转让贷款债权，从而实现贷款债权的流动性，加速资金的周转。

导致国际融资证券化的原因主要是：(1)国际债务危机的爆发，银行越来越认识到以债券方式持有债权比以贷款方式持有债权的风险小，易于转让；(2)债券是各国引进外资和进行资本输出的有效方式，发行和购买者踊跃；(3)国际债券信誉较高，投资者乐于购买。

四、无形资产融资

无形资产融资是指将无形资产资本化，进行无形资产营运，利用无形资产筹资与投资，使其实现价值的最大增值。对现代企业而言，知识产权、行为权利、声誉、商誉等无形资产发挥着越来越重要的作用，通过无形资产融资，可以将无形资产作为可增值的资本，使其充分发挥应有的作用。

不同的企业根据其拥有无形资产的特点选择不同的融资方式。通常，无形资产融资方式大致包括三种：无形资产的许可、转让与参股投资；利用声誉资产筹资；特许权融资。相对而言，企业利用无形资产融资既不存在偿债的压力与破产的风险，也不会丧失企业对资产的所有权、控制权，同时也没有太多的限制条件，只要企业经过自身的努力开发新产品，注重品牌建设，树立良好的企业形象和声誉，就会拥有无形竞争优势，其品牌、商誉等就会成为企业所拥有的重要的自有资本。企业凭此无形资产可以进行筹资与投资，增加企业的市场价值，而不受许多外部环境或审批条件的限制，有利于拓宽企业的融资渠道。

关键词

国际融资　国际贸易融资　开证额度　进口押汇　信托收据　打包贷款　出口押汇　出口商业发票贴现　国际保理　出口信贷　卖方信贷　买方信贷　福费廷　国际项目融资　BOT　ABS　PPP　外国政府贷款　国际商业银行贷款　国际金融组织贷款　国际

租赁 融资租赁 经营租赁 杠杆租赁 国际证券融资 国际融资证券化 无形资产融资

本章小结

1. 国际融资是指一国(或地区)居民通过与本国(或地区)外的非居民建立一系列的信用关系来实现货币资本或其他形态资本融通的行为。

2. 国际贸易短期融资是指期限在一年以内的贸易融资,主要形式有开证额度、进口押汇、信托收据、打包贷款、出口押汇、出口商业发票贴现、国际保理等。

3. 国际保理是指在国际贸易中出口商以赊销、承兑交单等信用方式向进口商销售非资本性货物时,由出口保理商和进口保理商共同提供的一项集出口贸易融资、销售账务处理、收取应收账款、买方信用调查与担保等内容为一体的综合性金融服务。

4. 出口信贷是指出口国政府为了支持和扩大本国大型机械、成套设备、大型工程项目等的出口,通过成立官方出口信贷机构,或者通过给予商业银行利息补贴、提供信贷担保的方式,向出口方或进口方或进口方银行提供的一种融资方式。主要包括卖方信贷和买方信贷两种类型。

5. 福费廷又称包买票据,即包买商(一般是指商业银行)从出口商处无追索权地购买已承兑的远期汇票或远期本票,使出口商得以提前取得现款的一种出口融资方式。

6. 国际项目融资是指以境内建设项目的名义在境外筹措资金,并以项目自身的收入资金流量、自身的资产与权益,承担债务偿还责任的融资方式,也是无追索或有限追索的融资方式。国际项目融资主要有 BOT、ABS、PPP 等模式。

7. 外国政府贷款也称双边政府贷款,是指一国政府利用财政资金向另一国政府提供的贷款,是一种具有双边援助性质的优惠性贷款。

8. 国际租赁又称租赁贸易或租赁信贷,是指出租人通过签订租赁合同将设备等物品较长期地租给承租人,承租人将其用于生产经营活动的一种经济合作方式。

9. 国际证券融资是指一国的借款人在国际金融市场上通过发行债券或股票的方式进行的融资活动,以此促进公司的快速增长。

10. 无形资产融资是指将无形资产资本化,进行无形资产营运,利用无形资产筹资与投资,使其实现价值的最大增值。

练习与思考

一、单选题

1. 出租人在租赁期间不享有(　　)。

A. 租赁物的使用权　　B. 租赁物的所有权

C. 租赁物的收租权　　D. 租赁物的转让权

2. 出口信贷的表现形式是(　　)。

A. 国家信用　　B. 银行信用　　C. 商业信用　　D. 社会信用

3. (　　)是福费廷业务中风险的最终承担者。

A. 办理票据贴现的出口方银行　　B. 出口商本身

C. 为票据办理担保的进口方银行　　D. 进口商本身

4. 一家生产企业有一笔出口业务，由于资金周转困难，想在货物出口后马上得到货款，此时正确的国际融资方式是(　　)。

A. 出口信贷　　B. 项目融资

C. 国际保理　　D. 票据发行便利

5. 下列不属于国际项目融资特征的是(　　)。

A. 以项目为主体安排融资　　B. 融资周期长

C. 公司负债型融资　　D. 项目融资多数能够得到政府的支持

6. 一般情况下，使用(　　)的进口成本最高。

A. 买方信贷　　B. 卖方信贷

C. 福费廷　　D. 混合信贷

7. 利用买方信贷，进口商可以从贷款国进口(　　)。

A. 原材料　　B. 粮食

C. 家电消费品　　D. 资本货物

8. 国际保理与福费廷的相似之处是(　　)。

A. 票据的担保　　B. 期限的长短

C. 卖断性质　　D. 事先与进口商商妥

9. 租约期满，承租人必须将租赁标的物归还出租人的租赁方式是(　　)。

A. 融资租赁　　B. 经营租赁　　C. 杠杆租赁　　D. 混合性租赁

10. (　　)是我国负责发放出口信贷的专门机构。

A. 商务部　　B. 财政部

C. 中国人民银行　　D. 中国进出口银行

二、多选题

1. 国际贸易短期融资的特点包括(　　)。

A. 期限短　　B. 方式少

C. 多与国际结算相结合　　D. 提供融资方对债权的可控性较强

2. 银行对出口方的融资方式有(　　)。

A. 信托收据　　B. 短期贷款

C. 打包放款　　D. 出口押汇

3. 银行在决定是否提供打包放款时主要考虑的因素有(　　)。

A. 信用证的条款能否被有效执行　　B. 银行能否有效地控制物权

C. 出口商品是否违反本国禁令　　D. 款项是否真正用于打包

4. 国际保理(　　)。

A. 其前提是出口商凭借商业信用出售商品

B. 出口商将与贸易相关的单据保留追索权地卖给银行

C. 作为保理商的机构可以是银行、财务公司或专门组织

D. 是一种长期贸易融资方式

5. 出口信贷的特点有(　　)。

A. 金额大、期限长　　B. 利率较低，而且固定

C. 不限定用途　　D. 信贷和保险、担保相结合

6. 福费廷与国际保理业务的区别在于（　　）。

A. 融资的期限不同　　B. 融资金额不同

C. 交易的连续性不同　　D. 风险承担不同

7. 国际银行信贷的特点包括（　　）。

A. 一般在贷款用途上不加限制　　B. 贷款手续相对比较复杂

C. 资金供应充足　　D. 利率一般固定不变

8. 国际项目融资具有以下特征（　　）。

A. 以项目为主体安排融资　　B. 融资周期长

C. 非公司负债型融资　　D. 融资成本相对较低

9. 国际项目融资具有以下功能（　　）。

A. 筹资功能强　　B. 融资方式灵活多样

C. 规避政治风险　　D. 实现项目风险隔离

10. 与传统的承包模式相比，BOT 模式具有以下特点（　　）。

A. 采用 BOT 模式的主要是基础设施项目

B. 能减轻政府的借款负债义务

C. 给项目所在国带来先进的技术和管理经验

D. 可以提前满足社会和公众的需求

三、填空题

1. ________是指一国（或地区）居民通过与本国（或地区）外的非居民建立一系列的信用关系来实现货币资本或其他形态资本融通的行为。

2. 银行为进口商提供的贸易融资方式主要有开证额度、________、________。

3. 打包放款是出口地银行向________提供的短期资金融通。

4. 项目融资属________的融资，即用于建设项目的债务不出现在项目投资者的资产负债表上。

5. 项目融资所面临的________是指项目有关参与方不能履行协定责任和义务而出现的风险。

6. PPP 模式是________中发展起来的一种优化的项目融资与实施模式，这是一种以各参与方的“双赢”或“多赢”为合作理念的现代融资模式。

7. 政府贷款是具有________性质的优惠性贷款，以两国良好的政治关系为前提。

8. 在国际租赁的租赁期内，出租人享有租赁物的________，承租人拥有租赁物的________，并定期向出租人缴纳租金，租赁期满后租赁物按双方约定的方式处理。

9. ________是指在国际金融市场上筹资手段的证券化和贷款债权的证券化。

10. 无形资产融资是指将无形资产________，进行无形资产营运，利用无形资产筹资与投资，使其实现价值的最大增值。

四、判断题（正确请写“T”，错误请写“F”）

（　　）1. 国际商业银行贷款较多使用浮动利率。

(　　)2. 政府贷款一般出于经济和政治的需要而提供，具有较强的政治性。

(　　)3. 买方信贷一般用于支持大型成套设备交易。

(　　)4. 出口信贷由于时间长、金额高、风险大，其利率水平一般高于相同条件的其他类型贷款。

(　　)5. 国际项目融资是一种有追索权的融资方式。

(　　)6. 出口商将单据卖断给保理公司，保理公司对出口商有追索权。这是保理业务的最主要特点。

(　　)7. 项目融资主要特点是将归还贷款资金来源限定在特定项目的收益和资产范围之内。

(　　)8. 租赁也是一种信用形式，是所有权和使用权的分离，是物品的所有者以收取报酬为条件，让渡使用权的一种方式。

(　　)9. 在福费廷业务中，办理贴现的银行在遇到进口商不能到期付款时，可以向出口商行使追索权。

(　　)10. 租赁物件既可以是有形资产，也可以是无形资产。

五、简答题

1. 国际贸易融资具体包括哪些形式？
2. 国际项目融资具有哪些特点？
3. 国际商业银行贷款具有哪些特点？
4. 如何看待当前国际融资证券化的趋势？
5. 无形资产融资应注意防范有形风险，这句话应怎样理解？

案例分析

国际贸易融资案例：福费廷

A 客户收到一单出口业务，开证银行为孟加拉国汇丰银行，信用证类别为 90 天远期信用证，单据金额为10 000.00美元并已经开证银行承兑，该客户申请融资的日期为 2020 年 5 月 24 日，该信用证承兑付款日为 2020 年 8 月 17 日。鉴于该客户为中小企业客户，融资方式受到较多限制，故其开户银行 B 银行为其合理安排出口福费廷授信额度，在扣除对方银行预扣费、银行手续费后，客户顺利获得了9 500美元的融资金额。

要求回答以下问题：

(1)如果 A 客户的开户银行未能在 2020 年 8 月 17 日收到开证行的付款，该银行能否对 A 客户行使追索权？

(2)福费廷业务属于短期融资，还是中长期融资？

(3)福费廷业务对出口商的积极作用体现在哪些方面？

实训演练

上海迪士尼乐园项目融资

一、实训目的

1. 理解和掌握国际融资基本概念和基本理论。

2. 锻炼学生收集信息、分析资料、提高其实际分析问题的能力。

二、实训资料

(一)项目背景

2009 年 1 月,迪士尼宣布与上海市政府签订《项目建议书》。它将联合上海市政府,在浦东兴建全球第 6 个迪士尼乐园。

2010 年 11 月 5 日,中国上海申迪公司与美国迪士尼公司签署上海迪士尼乐园项目合作协议,标志着上海迪士尼乐园项目正式启动。这也意味着中国迄今为止规模最大的中外合资现代服务业项目正式落地。

2009 年 11 月 4 日,上海迪士尼项目申请报告获国家有关部门核准,上海迪士尼乐园项目启动。

2009 年 11 月 23 日,国家发改委在网站上发布,“2009 年 10 月,经报请国务院同意,我委正式批复核准上海迪士尼乐园项目。该项目由中方公司和美方公司共同投资建设。项目建设地址位于上海市浦东新区川沙新镇,占地 116 公顷。项目建设内容包括游乐区、后勤配套区、公共事业区和一个停车场。”

上海迪士尼项目一期建设的迪士尼乐园及配套区占地 3.9 平方公里,以 1.16 平方公里的主题乐园和约 0.39 平方公里的中心湖泊为核心。主要建设内容包括:游乐设施(主题乐园)、中心湖与围场河、商业娱乐、旅馆、公共停车场(游客停车场)、公共交通设施、办公(管理服务中心)、市政设施等,总投资超过 338 亿元。

(二)项目概况

1. 项目参与方

上海国际主题乐园有限公司,中美双方持股比例分别为 57%和 43%;

上海国际主题乐园配套设施有限公司,中美双方持股比例分别为 57%和 43%;

上海国际主题乐园和度假区管理有限公司,中美双方持股比例分别为 30%和 70%。

2. 上海国际主题乐园有限公司概况

乐园公司注册资金1 713 600万元,股东发起人为上海申迪旅游度假开发有限公司、WD HOLDINGS(Shanghai),后者是美国迪士尼在上海成立的美方公司。

乐园公司的功能主要是主题乐园的开发、建设和经营等,也包括园区内服务提供。

3. 上海国际主题乐园配套设施有限公司概况

配套公司注册资金为316 796.76万元,经营范围包括酒店、购物中心、体育、娱乐和休闲设施的开发、建设和管理等。

4. 上海国际主题乐园和度假区管理有限公司概况

管理公司注册资金为2 000万元,主要涉及财务管理、员工配需等。

建设期：项目于2011年4月8日动工建设，到2015年建成，工期大约为5年。

（三）融资方式

项目总投资达338亿元人民币，所有投资中40%资金为中方和迪士尼双方共同持有的股权，其中中方政府占57%，迪士尼占43%。其余占总投资的60%的资金则为债权，其中政府拥有80%，另外20%则为商业机构拥有。

（资料来源：智慧库）

三、实训要求

分析上海迪士尼乐园项目融资可能存在哪些风险，应如何予以防范。

本章推荐阅读

[1]国际保理商联合会网站，http://www.factors-chain.com，可以了解国际保理业务的最新进展，也可以查询所有该协会会员。

[2]中国进出口银行网，http://www.eximbank.gov.cn，可以了解我国的进出口融资政策性银行的基本情况和主要业务种类。

[3]美国进出口银行网站，http://www.exim.gov，可以了解该机构的基本情况和主要业务类型。

[4]日本贸易振兴机构网站，http://www.jetro.go.jp，可以了解该机构对日本对外贸易的支持政策。

第九章

国际货币体系

知识结构图

国际货币体系

章节	内容	目标
国际货币体系概述（0.5学时）	• 概念 • 内容 • 类型	知识目标： 了解国际货币体系的概念 技能目标： 掌握国际货币体系的内容
国际金本位制（0.5学时）	• 概述 • 特点 • 崩溃原因	知识目标： 了解国际金本位制的特征和优缺点 技能目标： 理解国际金本位制汇率的决定基础
布雷顿森林体系（0.5学时）	• 内容 • 崩溃全过程 • 崩溃原因	知识目标： 了解布雷顿森林体系的主要内容 技能目标： 理解布雷顿森林体系崩溃的过程及原因
牙买加货币体系（0.5学时）	• 内容 • 特征 • 缺陷	知识目标： 了解牙买加货币体系的主要内容 技能目标： 理解牙买加货币体系崩溃的过程及原因
欧洲货币体系（0.5学时）	• 内容 • 欧元诞生 • 欧洲货币体系作用、影响	知识目标： 了解欧洲货币体系的主要内容 技能目标： 理解欧洲货币体系崩溃的过程及原因
国际货币体系改革（0.5学时）	• 货币本位制改革 • 汇率制改革	知识目标： 了解国际货币体系改革涉及的两问题 技能目标： 理解国际货币体系改革的方案

导入案例

中国人民银行行长周小川2009年3月发表题为《关于改革国际货币体系的思考》的文章提出,"国际货币体系改革的理想目标"即"创造一种与主权国家脱钩,并能保持币值长期稳定的国际储备货币",引发国际热议,也得到了联合国和国际货币基金组织等国际组织的呼应。文章摘要如下:

什么样的国际储备货币才能保持全球金融稳定、促进世界经济发展。金融危机表明,这一问题不仅远未解决,由于现行国际货币体系的内在缺陷反而愈演愈烈。

1. 金融危机在全球范围内迅速蔓延,反映出当前国际货币体系的内在缺陷和系统性风险。

对于储备货币发行国而言,国内货币政策、目标与各国对储备货币的要求经常产生矛盾。理论上特里芬难题仍然存在,即储备货币发行国无法在为世界提供流动性的同时确保币值的稳定。

2. 创造一种与主权国家脱钩、并能保持币值长期稳定的国际储备货币,从而避免主权信用货币作为储备货币的内在缺陷,是国际货币体系改革的理想目标。

(1)由于分配机制和使用范围上的限制,SDRs的作用至今没有能够得到充分发挥。

(2)超主权储备货币不仅克服了主权信用货币的内在风险,也为调节全球流动性提供了可能。由一个全球性机构管理的国际储备货币,能极大地降低未来危机发生的风险,增强危机处理的能力。

3. 改革应该从大处着眼,小处入手,循序渐进,寻求共赢。

SDRs的使用需要拓宽,从而能真正满足各国对储备货币的要求:建立起SDRs与其他货币之间的清算关系;积极推动在国际贸易、投资和企业记账中使用SDRs计价;积极推动创立SDRs计值的资产,增强其吸引力;进一步完善SDRs的定值和发行方式。

4. 由基金组织集中管理成员国的部分储备,不仅有利于增强国际社会应对危机、维护货币金融体系稳定的能力,更是加强SDRs作用的有力手段。

资料来源:周小川2009年3月《关于改革国际货币体系的思考》一文,有删减

第一节 国际货币体系概述

一、国际货币体系的含义

随着经济一体化的进程,各国之间的经济关系日益密切,国际贸易、债权债务以及资本转移等经济活动,都涉及各国货币的兑换、汇率制度的规定、国际收支和国际储备的管理原则等,这就需要一种货币体系来协调各个独立国家的经济活动。各国必须通过协商就上述各方面达成一致,以便共同遵守这一具有国际性约束的规则,并建立相应的管理机构,从而形成国际货币体系。

国际货币体系(international monetary system)又称为国际货币制度,是指各国政府

为适应国际贸易和国际支付的需要，所确定的货币国际流通和发挥世界货币职能的基本原则、采取的措施和建立的组织机构等。它是国际货币关系的集中反映，构成了国际金融活动的总框架。规范和制约着国际金融活动，从而直接或间接地影响着世界各国的对外经济交往。

二、国际货币体系的内容

国际货币体系是支配各国货币关系的规则和机构所形成的一个完整系统，这个系统主要内容包括：

（一）国际货币本位或国际储备资产的确定，即确定以哪一种或哪几种货币作为国际支付货币，一国政府应持有何种货币或储备资产，用于满足国际支付和调节国际收支的需要。

（二）国际汇率制度的安排，即一国货币与他国货币之间的汇率应如何决定和维持，能否自由兑换成支付货币，是采取固定还是浮动汇率制度。

（三）国际收支的调节方式，即当国际收支不平衡时，各国政府应采取什么方法弥补缺口，各国之间的政策措施又如何相互协调。

（四）国际金融市场与国际资本流动管理，即国与国之间进行贸易和投资时，如何通过金融市场进行国际融资和国际结算，并对跨境资本流动实施有效管理，以保证国际贸易和国际资本流动顺利进行。

（五）国际货币合作的形式与国际金融机构等，即如何对国际货币进行协调和合作，使其既能满足世界经济和贸易发展的需要，又不至于由于货币过度发行而导致世界性通货膨胀。这就有赖于各国货币当局和国际金融机构之间加强合作和管理。

三、国际货币体系划分类型

汇率制度是国际货币体系的核心，货币本位是国际货币体系的基础。国际货币体系可以从汇率制度角度划分，也可以从货币本位角度划分。

1. 从汇率制度角度划分，国际货币体系可划分为固定汇率制和浮动汇率制两种类型。有时也可以同时以国际储备货币和汇率制度作为国际货币制度分类的标准。例如金本位制度下的固定汇率制，以美元为本位的固定汇率制度，以黄金和外汇为储备的可调整的固定汇率制度或者管理浮动汇率制度等。

2. 从货币本位的角度划分，国际货币体系可划分为纯粹商品本位、纯粹信用本位和混合本位三种类型。纯粹商品本位是指以某种商品或贵金属作为货币本位的货币制度，如国际金本位制。纯粹信用本位也可称为“不兑换纸币本位”，是指只以外汇作为国际本位而与黄金无任何联系的货币制度，如牙买加体系。所谓混合本位，是指同时以黄金和可兑换黄金的外汇作为国际货币本位的货币制度，如金汇兑本位制和布雷顿森林体系。

3. 根据世界经济和国际货币体系发展的历史阶段，国际货币体系的演进可以分为以下三个阶段：国际金本位制、布雷顿森林体系和牙买加体系。

第二节 国际金本位制

一、金本位制概述

国际金本位制是世界上最早出现的国际货币制度。金本位制(gold standard)是指以黄金作为本位货币，并建立起流通中各种货币与黄金间固定兑换关系的货币制度。它是在英国、荷兰、德国、美国、拉丁货币联盟(含法国、比利时、意大利、瑞士)及若干北欧国家实行国内金本位的基础上形成的。1880—1914 年的 35 年是国际金本位制的黄金时代，其典型特征是金币本位制。此后，金币本位制被金块本位制和金汇兑本位制所替代。

(一)金币本位制

金铸币本位制(gold standard)是金本位制的最初形态。其特点是：

1. 以法律规定货币的含金量，即含有一定重量、成色的金币为本位货币，可在市场上流通，和金币同时流通的还有以 100%黄金作为发行准备的银行券、以部分黄金作为准备的其他银行券等；

2. 金币可以自由铸造、自由熔化；

3. 流通中其他货币和金币之间可以按法定比率自由兑换，也可以兑换与金币等量的黄金；

4. 黄金可以自由地输出或输入本国。

(二)金块本位制

金块本位制(gold standard)的特点是：

1. 金币仍作为本位货币，但市场不再流通和使用金币，而是流通银行券；

2. 国家储存金块，作为储备；

3. 不许自由铸造金币，但仍以法律规定银行券的含金量；

4. 银行券不能自由兑换金币，但在国际支付或工业用金时，可按规定的限制数量用银行券向央行兑换金块(如英国在 1925 年规定一次至少兑换 100 盎司黄金，约1 700英镑；法国 1928 年规定在215 000法郎以上方可兑换黄金)

(三)金汇兑本位制

金汇兑本位制(gold exchange standard)的特点是：

1. 国家无须规定货币的含金量，市场上不再流通金币，只流通银行券；

2. 银行券不能兑换黄金，只能兑换实行金币或金块本位制国家的货币，这些外汇在国外才能兑换成黄金；

3. 实行金汇兑本位制的国家使其货币与另一实行金币或金块本位制国家的货币保持固定汇率，并将大量黄金或外汇存放于该国，从而间接地将本国货币与黄金联系起来。金汇兑本位制实质是一种附庸的货币制度。实行这种制度的国家多为殖民地或附属国家。如第一次世界大战前的印度、马来西亚以及一些拉美国家。

二、国际金本位制的特点

(一)黄金作为国际支付手段,充当了世界货币

金币的自由铸造保证了各国物价水平的稳定;金币的自由兑换又保证了黄金与其他代表黄金流通的金属铸币和银行券之间的比价相对稳定,从而保证了币值的稳定;黄金的自由输出入,保证了各国货币汇率稳定。自发形成的国际金本位制盛行于资本主义自由竞争的全盛时期,汇率、国际收支、物价等的稳定,大大促进了国际贸易、资本流动及各国经济的迅速发展。

(二)实行典型的固定汇率制

国际金本位实行的是严格的固定汇率制,各国货币都规定有含金量,各国本位币所含纯金量之比即铸币平价。在国际金本位制下,汇率的决定基础是铸币平价。市场汇率的波动以黄金输送点为界限。黄金输送点和铸币平价之间的差异取决于各个国家间的运输费用。如运费、保险费。

(三)具有自动调节国际收支的机制

在金本位制下,一国国际收支出现逆差,意味着本国黄金的净输出,由于黄金外流使国内黄金存量下降,货币供给就会减少,价格水平下降。但黄金流入顺差国,从而使顺差国货币供给量增加,国内物价水平上升。逆差国的价格下降会扩大出口净额(出口减进口),顺差国价格上升会减少出口净额,从而恢复国际收支平衡。这就是英国经济学家大卫·休谟于 1752 年提出的"价格—铸币流动机制"(price-specie flow mechanism)。

三、国际金本位制的崩溃

国际金本位制的缺点从根本上讲是过于"刚性"。表现在:①黄金生产量的增长幅度远远低于商品生产增长的幅度,黄金不能满足日益扩大的商品流通需要,这就极大地削弱了金铸币流通的基础;②黄金存量在各国的分配不平衡,较发达的国家通过贸易顺差的持续积累和其他特权,不断积累黄金,到 1913 年,英、美、法、德、俄五个国家的黄金存量达到了世界黄金存量的 2/3,这就使其他国家国内的金本位制难以继续维持;③第一次世界大战爆发,黄金被参战国集中用于购买军火,并停止自由输出和银行券兑现,从而最终导致金本位制的崩溃。

一战结束后,各国希望重建国际货币体系。除英国、法国、美国等国实行与黄金直接挂钩的货币制度外,其他欧洲国家的货币均通过间接挂钩的形式实行了金汇兑本位。但黄金数量满足不了世界经济的增长和维持汇率稳定的需要。当 1929—1933 年的资本主义经济大危机到来时,国际金汇兑本位制便宣告瓦解了。1931 年 9 月,英国宣布停止实行金块本位制;1933 年 3 月,美国宣布停止美元兑换黄金,放弃金币本位制。至此,国际金本位制彻底崩溃。

国际金汇兑本位制崩溃后,世界各国纷纷加强外汇管制,实行竞争性货币贬值和外汇倾销(即所谓的"以邻为壑"的货币战)。大危机过后,英、美、法三国为了恢复国际货币秩序,于 1936 年 9 月达成一项"三国货币协议"(Tripartite Agreement),力图减少汇率的波

动，维持货币关系的稳定。这个协议后因第二次世界大战的来临和爆发，很快便瓦解了。因此，自大危机至“二战”结束这一时期，国际货币金融领域的基本特征是无政府、无秩序的混乱状态。

第三节 布雷顿森林体系

在经历了两次世界大战和20世纪30年代大萧条的痛苦之后，各国已逐渐形成了一种共识——健全的国际货币制度和稳定的国际货币金融体系对世界贸易的扩展和经济的繁荣起到决定性的作用，在此背景下，努力实现国际货币合作已经成为一种时代的要求。

一、布雷顿森林体系的建立

1943年，英国经济学家约翰·梅纳德·凯恩斯(J.M.Keynes)和美国财政部高级顾问怀特(H.P.White)分别从本国利益出发，设计战后国际货币金融体系，提出了两个不同的计划，即凯恩斯计划和怀特计划。1944年7月，在美国新罕布什尔州(New Hampshire)的布雷顿森林(Bretton Woods)召开有44国参加的“联合和联盟国家国际货币金融会议”，即“布雷顿森林会议”(Bretton Woods Conference)，通过了以“怀特计划”为基础的《国际货币基金协定》和《国际复兴开发银行协定》，总称《布雷顿森林协定》(*Bretton Woods Agreement*)，从而建立起布雷顿森林体系。表9-1是“凯恩斯计划”与“怀特计划”对比表。

表9-1 “凯恩斯计划”与“怀特计划”对比表

计划名称	凯恩斯计划	怀特计划
计划提出国	英国	美国
总部机构名称	国际清算同盟	国际基金组织
新国际货币认缴份额	各国所占的份额以战前3年各国的进出口贸易平均额的75%确定	各国所占的份额取决于战后各国国民收入与黄金储备的量
计划的主要内容	在发行新计账单位“班克”(Bancor)的基础上进行国际清算。“班克”与黄金有固定比价，各国货币直接与“班克”建立固定比价，但允许适当调整汇率。各国可以用黄金换取“班克”，但不可以用“班克”换取黄金。各会员国在国际清算联盟中承担一定的份额。各国央行在国际清算联盟开立账户，彼此用“班克”进行清算	发行“尤尼它斯”(Unitas)，它以黄金为基础，含金量为137格令，相当于10美元。“尤尼它斯”可以在会员国之间互相转移。会员国要规定本国货币与“尤尼它斯”之间的法定平价，平价确定后不经IMF3/4的会员国同意，不得随意变动。如果一国发生国际收支逆差，可用本国货币向IMF购买所需外汇，但数额最多不得超过本国向IMF认缴的份额
总部机构地点	英国与美国	份额最多的国家
计划基本原则	以透支方式进行国际清算	以存款方式运营
计划实质	与美国共享世界金融霸主地位	美国独占世界金融霸主地位

二、布雷顿森林体系的主要内容

(一)建立一个永久性的国际金融机构,促进国际货币合作

根据《布雷顿森林体系协定》成立了国际货币基金组织,以加强各会员国在货币金融领域的合作,稳定货币汇率。国际货币基金组织成为战后国际货币体系的核心,是布雷顿森林体系赖以维持的基本运行结构,其主要职能有监督、磋商、资金融通,在一定程度上起到了维持国际金融秩序稳定的作用。时至今日,国际货币基金组织作为调节国际货币、贸易和投资的三大国际经济机构之一,其协作功能不断增强,在全球范围协调和治理国际金融危机、经济危机等方面正在发挥日益重要的作用。

(二)规定以美元作为最主要的国际储备货币,实行美元—黄金本位制下可调整的固定汇率制

在布雷顿森林体系下,美元取代黄金成为主要的国际储备资产。美元直接与黄金挂钩,规定每盎司黄金等于 35 美元(即 1 美元含金量为 0.888671 克),各国政府或中央银行可随时用美元向美国政府按这一比价兑换黄金。各国货币按固定比价与美元挂钩,从而间接地与黄金挂钩。各国政府有义务通过干预外汇市场使汇率波动不超过上下各 1%的幅度。只有当一国国际收支发生“根本性不平衡”时,才允许升值或贬值。平价的变动要得到国际货币基金组织的同意。实践中,平价的变动小于 10%,一般可以自行决定;只有当平价变动大于 10%时,才需国际货币基金组织的批准。由于各国货币均与美元保持可调整的固定比价,因此各国货币相互之间实际上也保持着可调整的固定比价,整个货币体系成为一个可调整的固定汇率货币体系。

布雷顿森林体系下美元与黄金挂钩,各国货币与美元挂钩,称为“双挂钩”,其实质是以美元来充当国际货币,黄金作为美元的后盾,通过可自由兑换来维持美元的信誉。

(三)协助国际收支逆差的成员国解决国际收支困难

在布雷顿森林体系下,当一国发生短期的国际收支失衡时,IMF 将向国际收支逆差国提供短期资金融通,以协助国际收支逆差的成员国解决国际收支困难。《国际货币基金协定》第 3 条规定,每个会员国向国际货币基金组织缴纳份额的 25%用黄金,后改为以可兑换货币或特别提款权缴纳,其余部分则以本币缴纳。会员国需要从国际货币基金组织贷款时,可以用本币向国际货币基金组织按规定程序购买一定数额的外汇,将来在规定的期限内再以黄金或自由货币购回本币,偿还上述借用外汇。但是这种援助是有条件的。首先,贷款的资金来源是成员国向国际货币基金组织缴纳的份额,贷款的数量也与份额的大小有关。其次,要获得援助,一国必须按照国际货币基金组织的要求对经济进行调控。通常,国际货币基金组织从国际收支的角度出发,要求被援助国采取紧缩的宏观经济政策。这种政策对于援助国国内的经济运行通常有负面的影响。因此,通常情况下,成员国不轻易申请这种援助。

(四)取消对经常账户外汇管制,但是对国际资金流动进行限制

《国际货币基金协定》第 8 条规定,会员国不得限制经常项目的支付,不得采取歧视性货币政策,在可兑换的基础上实行多边支付。目的是努力消除阻碍多边贸易和清算的外

汇管制，以保障国际结算和国际支付的自由，促进世界经济的发展。考虑到具体情况的复杂性，该条款认为有三种情况例外：(1)会员国在战后过渡时期可以延迟履行货币可兑换性义务。国际货币基金组织本希望废除经常项目账户外汇管制的过渡期不超过5年，实际上到1958年年末主要工业国家才取消了经常账户的外汇管制，实现了货币的自由兑换。(2)会员国政府可以对资本账户实行管制以抵消游资冲击等不利影响。由于第二次世界大战期间国际资金流动的投机色彩浓厚，给国际货币体系的稳定带来了非常大的冲击，因此布雷顿森林体系允许对资本账户实行管制。各国均严格限制资金的国际流动。(3)会员国有权对“稀缺货币”采取临时性的兑换限制。

(五)设立“稀缺货币条款”

设立“稀缺货币条款”(scarce currency clause)的目的是使国际收支顺差国主动承担调整国际收支的责任。根据规定，当一国国际收支持续出现大量顺差时，逆差国对该顺差国货币的需求将明显持续增长，并向基金组织借取该种货币，这就会使这种货币在基金组织的库存急剧下降，当该种货币在IMF的库存下降到其份额的75%以下时，IMF可将该国货币宣布为“稀缺货币”(scarce currency)，并按逆差国的需要进行限额分配；逆差国有权对“稀缺货币”采取临时性兑换限制措施。这一条款实际上从未真正实施过，国际收支调节的责任是由逆差国承担的。

三、布雷顿森林体系维持与崩溃的过程

布雷顿森林体系从建立到最后崩溃，大致经历了“美元荒—美元灾—美元危机”三个阶段。在这个过程中，西方国家为维持该体系运转，采取了一系列拯救措施，但最终仍因自身无法克服的内在缺陷而失败。

(一)美元荒

这是指第二次世界大战结束至20世纪50年代初期，各国普遍感到美元匮乏、支付困难的现象。“二战”使欧洲各国普遍遭到严重破坏，生产一时难以恢复，资金短缺，物质匮乏，所需商品都必须以黄金或美元向美国购买，而各国黄金储备十分有限，不足以应付巨额贸易逆差。同时，欧洲及其他地区国家因经济尚未恢复，可输往美国换取美元的商品有限。因此各国普遍感到缺乏美元，形成美元荒。

(二)“美元灾”

这是指美元在国际上供过于求的现象。它出现在20世纪50年代中后期。其主要成因是：1948年，美国开始实行“马歇尔计划”，对外提供经济援助并在西欧大量驻军，美元资金就此开始流入西欧各国。随着西欧国家经济逐步恢复和发展，商品开始进入美国，其国际收支逆差开始减少，转而出现顺差，持有的美元逐渐充裕；50年代、60年代初，美国还先后在亚洲发动侵略朝鲜、越南等战争，耗资巨大，大量美元流出美国；美国在数十个国家的驻军费用支出庞大；美国低利率政策又促使国内资金外流，大量美元流出美国，致使美元泛滥。

(三)美元危机及体系崩溃

美元危机是指国际金融市场上人们大量抛售美元抢购黄金和其他硬通货，引起黄金

价格上涨，美元汇率急剧下跌的现象。在历次较大规模的美元危机爆发时，美国及各主要工业国家都采取了一系列拯救措施，但最终仍无法阻挡布雷顿森林体系的崩溃。

1. 美元危机与十国集团和黄金总库

1960 年 10 月，第一次美元危机爆发。1960 年美国的短期债务达到 210 亿美元，黄金储备只有 178 亿美元，美国国内全部黄金储备已不足以抵偿国外短期债务。人们对美元的币值是否能维持黄金官价普遍产生怀疑，结果出现了抛售美元的危机。为了预防和平息美元危机，1961 年 11 月，美、英、法、意、荷、比、日、联邦德国、瑞士和加拿大等国在巴黎举行会议，成立十国集团，达成了《借款总安排协定》，此协定于 1962 年 10 月生效。1961 年 12 月，为维持黄金和美元的地位，在美国的提议下建立黄金总库。由美、英、法、意、荷、比、日、联邦德国和瑞士参加，总库所需黄金由各国分担，并指定英格兰银行为总库代理机构。通过买卖黄金，以维持伦敦市场的金价稳定在每盎司 35.2 美元（黄金官价加上运费和保险费）上。

2. 美元第二次危机与黄金双价制和特别提款权

1968 年 3 月爆发第二次美元危机，因为美国陷入越南战争后，其财政金融和国际收支状况更加恶化，黄金储备大大低于对外短期债务，美元不断贬值。危机中抢购黄金风潮猛烈，已使黄金总库无力维持 1 盎司 35.2 美元的金价，而改行黄金双价制，即仍维持 1 盎司 35.2 美元的官价，用于官方结算，而黄金的自由市场价由供求关系自发决定，不再进行干预。1969 年 10 月，国际货币基金组织第 24 届年会通过了设立特别提款权的决议，目的是进一步扩大基金组织的贷款能力，使其能够利用特别提款权这种“纸黄金”来弥补国际收支逆差，减少美元外流，并逐步用特别提款权来代替黄金作为国际储备。特别提款权是一个由 IMF 组织发行的没有商品支持的不兑现货币（pure fiat money）。特别提款权的设立和黄金双价制的实行，实际上反映了布雷顿森林体系的基础已经动摇。

3. 美元第三次危机与《史密森协定》

1971 年夏，美国出现对外贸易严重逆差，随之爆发了第三次美元危机。法国政府带头以美元向美国兑换黄金，美国黄金储备降到 102 亿美元。而同期美国对外短期债务高达 510 亿美元。为防止黄金继续外流，1971 年 8 月 15 日美国总统尼克松发表声明称美元不再与黄金挂钩，美国实行“新经济政策”。主要内容是：(1)停止美元兑换黄金，以保持有限的黄金储备；(2)征收 10%的进口附加税。美元停止兑换黄金表明，布雷顿森林体系的一大支柱已倒塌。1971 年 12 月，十国集团在华盛顿一个以“史密森”命名的机构开会，达成《史密森协定》(*Smithsonian Agreement*)。具体内容为：(1)黄金官价从每盎司 35 美元提高到 38 美元，贬值 7.89%，但美元仍不可兑换黄金；(2)美元同时对一些国家的货币贬值 2.76%～7.66%不等；(3)将市场外汇汇率的波动幅度从黄金本价的 1%扩大到 2.25%。《史密森协定》只是对付美元危机的暂时性措施，并没有解决各国货币关系中的根本性问题。

4. 美元第四次危机与布雷顿森林体系的最终崩溃

1972 年下半年起，美国国际收支状况继续恶化，人们对美元信用彻底失去信心，国际金融市场上再次爆发美元危机。美国政府于 1973 年 2 月被迫宣布战后美元第二次官方贬值，美元对黄金贬值 10%，即黄金官价再提高到每盎司 42.22 美元。此举仍未能遏制美元危机，伦敦黄金价格一度涨到每盎司 96 美元。联邦德国和日本的外汇市场被迫关闭 17 天。为此，西方国家经磋商达成协议：取消各国货币对美元的固定比价，实行浮动汇率制。至此，以黄金为基础、美元为中心的可调整的固定汇率制彻底解体。1976 年 1 月，国际货币基金组织在牙买加召开会议，达成“牙买加协定”，标志着布雷顿森林体系最后崩溃。

四、对布雷顿森林体系的评价

布雷顿森林体系的建立结束了第二次世界大战前各个货币集团之间相互对立、相互进行外汇倾销进而进行货币战或汇率战的局面，稳定了国际金融局势。同时，它重新建立了国际货币秩序，实行以美元为中心的可调整的固定汇率制度，有力地促进了多边贸易和多边清算，为国际贸易和国际投资提供了有利的外部环境，使战后的国际贸易和国际投资不仅比战前有较大的提高，而且其增长率还超过了同期世界工业生产增长的速度。因此，有人把这段时期称为资本主义世界的第二个“黄金时代”，堪与第一次世界大战前的国际金本位制度媲美。

然而，布雷顿森林体系虽然为 20 世纪 50 年代 60 年代世界经济的高度繁荣创造了有利条件，但它也存在着许多缺陷和问题。

（一）国际储备的增长和对储备货币信心的矛盾

这是布雷顿森林体系最主要的缺陷。该体系建立的基础是黄金—美元双挂钩，美元既是一国货币又是世界货币。作为一国货币，美元的发行必须受制于美国的货币政策和黄金储备；而作为世界货币，美元的供应又必须适应世界经济和国际贸易增长的需要。于是美元便面临一种进退两难的状况：为满足世界经济增长和国际贸易发展的需要，美元的供应必须不断增长；而美元供应的不断增长，将使美元同黄金的兑换日益难以维持。这就是美国耶鲁大学教授特里芬早在 20 世纪 50 年代末就发现和提出的美元两难境地，也称“特里芬难题”，即美国若要保证美元与黄金之间固定比价和可兑换，就必须保持国际收支顺差，若如此则世界其他国家就会出现国际收支逆差；而美国若要满足世界其他国家保持充足的外汇储备的需求，美国的国际收支就会长期逆差。美元的这种两难窘境说明布雷顿森林体系无法提供一种数量充足的能够适应国际贸易发展需要的可为各国接受的国际储备形式，无法克服美国经济利益与世界各国经济利益之间的矛盾，存在内在的不稳定性。

（二）布雷顿森林体系过分强调汇率的稳定，忽视了国际收支的调节机制

在布雷顿森林体系下，汇率是固定的，各国有义务维持本国货币与美元的平价关系。只有当一国发生严重国际收支不平衡时，征得国际货币基金组织同意，才能变动法定平价。而判断一国国际收支是否严重失衡又缺乏统一的标准，事实上各国很少能够变动平价。即使变动平价的要求最终得到批准，失衡的国际收支也早已对该国造成严重影响，因此，在布雷顿森林体系下缺乏汇率这一重要经济杠杆对国际收支的调节机制。于是各国要么实行贸易管制，要么放弃稳定国内经济的政策。

（三）国际收支失衡的调节责任不对称

一方面在布雷顿森林体系下虽然逆差国可能会在压力下降低汇率或者实行紧缩性的货币政策，国际货币基金组织却无法迫使顺差国提高汇率或者实行扩张性的货币政策。虽然该体系规定有稀缺货币条款，但却很少实行，国际收支不平衡的调节责任仍然落在逆差国一方的肩上。另一方面各国不能利用汇率杠杆来调节国际收支，国际货币基金组织提供的贷款又有限，各国只能采取一些有损国内经济的政策，造成国内经济的不稳定，从而形成为实现外部平衡而牺牲内部平衡的状况。

（四）美元的特权地位使得美国与其他国家之间利益分配不公平

美元作为等同于黄金的主要储备资产，其发行国可以享受铸币税收益。在布雷顿森林体系建立之初，美国通过高估美元，低价掠夺他国黄金，之后又通过美元贬值使持币方财富减少。同时美国可以通过发行本币清偿外债，不必调整国内经济政策。另一方面，其他国家不得不积累美元储备，相当于拥有美元储备国家的实际资源向美国转移，由于各国货币汇率钉住美元，也造成了各国货币对美元的依附关系，使得美国的货币政策对各国经济有着重大影响。

第四节 牙买加货币体系

布雷顿森林体系解体之后，国际金融形势更加动荡不定，国际货币体系呈现出多样化的格局，浮动汇率成为国际上的主要汇率制度，国际储备资产也呈现出多样化的趋势。此外，美元的国际地位不断下降，全球性国际收支失衡现象日益严重，西方发达国家之间以及发达国家与发展中国家之间的矛盾空前激化。

1976 年 1 月 8 日，国际货币基金组织的临时委员会在牙买加首都金斯顿举行会议，就许多有关国际货币体系问题达成协议，并建议修改国际货币基金协定的条款，汇率制度和黄金问题是该次会议讨论的重点。1976 年 4 月，国际货币基金理事会通过了国际货币基金协会修改草案，并送交各成员国完成立法批准手续。1978 年 4 月 1 日，修改后的国际货币基金协定正式生效。由于这个协定是在牙买加会议上通过的，所以称为“牙买加协定”，国际上一般把牙买加协定后的国际货币体系称为“牙买加货币体系”。

一、牙买加货币体系的主要内容

牙买加货币体系涉及汇率制度、黄金问题、扩大 IMF 对发展中国家的资金融通，以及增加会员国在 IMF 中的份额等问题。它对形成目前的国际货币制度有着重要作用。其主要内容包括以下几点：

（一）浮动汇率合法化

会员国可以自由选择作出适合本国的汇率制度安排（浮动、固定），但会员国的汇率制度应受到 IMF 的监督，并与 IMF 协商。可见，牙买加协议对 20 世纪 70 年代以后各国实施的浮动汇率制予以法律认可，同时又强调了 IMF 在稳定汇率方面的监督和协调作用。

(二)黄金非货币化

牙买加协议废除了黄金官价,黄金不再作为货币定值标准,各会员国央行可以按照市价自由买卖黄金,取消会员国之间及会员与 IMF 之间须用黄金清算的义务,IMF 将其持有的黄金总额的 1/6(约2 500万盎司)按市价出售,另有 1/6 由会员国按官价购回,其余 4/6 根据总投票权的决议另作其他处理。

(三)扩大特别提款权的作用

新协议规定各会员国之间可以自由进行 SDRs 交易,而不必征得 IMF 同意。IMF 与会员国之间的交易以 SDRs 代替黄金,IMF 一般账户中所持有的资产一律以 SDRs 表示。在 IMF 一般业务交易中扩大 SDRs 的使用范围,并尽量扩大 SDRs 其他业务使用范围。另外,IMF 应随时对特别提款权制度进行监督,适时修改或增减有关规定以提高 SDRs 的国际储备地位,使之逐步取代黄金与美元而成为国际主要储备资产。

(四)扩大基金组织的份额

各会员国对 IMF 所缴纳的基本份额,由原来的 292 亿 SDRs 增加到 390 亿 SDRs。各会员国应缴纳份额所占的比重也有所改变,主要是石油输出国的比重,由 5%增加到 10%,其他发展中国家维持不变,主要西方国家除联邦德国和日本略增以外,都有所降低。

(五)扩大对发展中国家的资金融通

1. 用出售黄金超过官价部分的所得收入建立信托基金,以优惠条件对人均收入不足 300 特别提款权的发展中国家提供援助,解决其国际收支困难。

2. 改善发展中国家的贷款条件,并扩大 IMF“信用贷款”的额度,由占成员国份额 100%增加到 145%,信用贷款加储备贷款共计 170%。

3. 提高基金组织“出口波动补偿贷款”,由占会员国份额的 50%增加到 75%。通过放松贷款条件、延长偿还期限等一系列措施帮助国际收支持续逆差的国家解决困难。

二、牙买加货币体系的主要特征

20 世纪 70 年代末以来,在国际货币基金协定第二次修正的条件下,国际货币体系在世界经济的风云变幻中继续演进,然而 20 世纪 90 年代以来,正当全球经济一体化加快步伐的时候,世界范围内的金融危机此起彼伏。1994 年的墨西哥金融危机、1997 年的东南亚金融危机以及此后的阿根廷金融危机,充分暴露了当今国际货币体系的缺陷。现行国际货币体系的主要特征如下:

(一)以美元为中心的多元化国际储备体系

在牙买加体系下,美元仍是主导货币,是最主要的国际支付手段和最重要的价值贮藏手段。同时,SDRs 的作用得到增强,欧元今后将成为美元强有力的竞争对手。黄金的国际储备地位虽有所下降,但世界范围内黄金的总储备一直较为稳定。虽然牙买加协议实行黄金非货币化政策,但由于黄金具有重要的价值贮藏功能,它仍可被用作一种二级储备资产。此外,由于国际货币制度改革问题长期没有突破,黄金前途未卜,所以目前各国仍非常重视黄金储备的持有。

（二）多种形式的汇率制度安排

由于不存在维持固定汇率的义务，因此各国可以根据本国具体国情，自主安排本国汇率制度。从各国实际的汇率安排情况看，总体上是有管理的浮动汇率制度。发达工业化国家多采取单独浮动或联合浮动，但也有的采取钉住自选的货币篮子或实行某种管理浮动汇率制度。发展中国家多数是钉住美元、欧元、SDRs 或自选的货币篮子，并实行一定程度的外汇管制，实行单独浮动的很少，同时，在有的货币集团内部则实行某种形式的固定汇率。

（三）多样化的国际收支调节方式

布雷顿森林体系下，发生国际收支逆差时，主要通过政策调节（支出增减和支出转换政策的配合）；而在牙买加体系下，调节方式更多、更加灵活。在牙买加体系下，可通过汇率机制、利率机制、IMF 的干预和贷款以及动用国际储备资产等方式来综合调节国际收支不平衡。

三、牙买加货币体系的作用

牙买加货币体系建立以来，对维持国际经济正常运转，推动世界经济继续发展，发挥了积极作用。

1. 它基本摆脱了布雷顿森林货币体系时期各国货币与美元挂钩所产生的弊端，这对于世界经济的发展是比较有利的。

2. 在一定程度上解决了“特里芬难题”。牙买加货币体系形成以后，实现了国际储备多元化，美元已经不是唯一的国际储备货币和国际清算及支付手段，即使美国国际收支不断出现顺差，即使美国不向外投放美元，仍会有其他国际储备货币和国际清算及支付手段缓解国际清偿力的不足。由于美元已与黄金脱钩，即使美国的国际收支不断发生逆差，即使各国的美元储备超过美国的黄金储备，各国也不可能用美元向美国挤兑黄金，从而加重美国的经济困难。

3. 牙买加货币体系比较灵活的复合汇率体制使各个主要国家货币的汇率能够根据市场供求状况自发调整，灵活地反映不断变化的客观经济状况。

4. 牙买加货币体系采取多种调节机制相互补充的办法来调节国际收支，因而在一定程度上缓和了布雷顿森林货币体系调节机制失灵的困难。

四、牙买加货币体系的内在缺陷

（一）美元并非良好的价值标准

近年来，对现行国际货币体系的指责之声不绝于耳。但不少缺陷是由现行体系的内在本质所决定的，因而是难以克服的。现行体系的最根本属性在于纯信用本位货币特质。黄金非货币化之后，衡量国际范围内货币价值稳定的最客观标准也就消失了，如前所述，美元作为当前关键的国际储备货币、国际结算货币和锚货币，相当于替代黄金而成为信用货币本位下的国际货币价值标准。但是，作为一国的信用货币，美元的历史行为记录表明，它并不完全胜任这一“角色”。因为，理论上，一个良好的可以作为“价值标准”的核心货币应该在许多方面是“自律”的。

1. 为了保证美元能够充分发挥流通货币的核心作用，促进商业银行支付清算的顺利进行，使国外私人和政府机构能够自由地持有流动性美元资产或不受限制地借用美元债务，美国应该保持资本市场开放。

2. 为了能够在现行体系下更容易地建立一套协调一致的交叉汇率体系，美国不应该固定美元兑其他货币的汇率，而应该允许其他国家自由地选择本币兑美元的汇率水平和汇率制度，也就是说，美国不应该有自己的外汇目标，否则，就会失去一致性，就有可能使各国官方汇率目标之间产生冲突。

3. 为了稳定美元的价值，即美元对广泛的国际可贸易商品和服务的购买力，美国应该实行独立的货币政策，但必须是谨慎的——在“特里芬难题”中寻求适当的平衡——既不过于紧缩也不过于扩张。

然而，除第一条外，美国在其他方面并不能很好地发挥稳定货币体系的作用。首先，美国实质上常常把汇率的变动作为实现国内经济目标的政策工具，具体表现往往是迫使别国货币对美元升值，结果既扰乱了国际汇率体系的稳定，也造成了汇率的大幅波动，常常是美国经济自身带来的负担由其他国家来共同分担。为了实现自身广泛领域内的霸权目标，美国总体上倾向于扩张的货币政策，在广泛传播全球性通货膨胀的同时，更造成了当前巨额的全球经济失衡。由于美国拥有货币政策自主权，当遭遇非对称的需求冲击时，美国的非合作性政策行为常常使全球经济难以实现均衡。究其原因，主要是世界其他国家无法摆脱对美元的依赖，同时，也没有约束和制约美国行为的有效机制。造成这一尴尬局面背后的根本原因在于缺少价值稳定的“第 N+1 种货币”。从历史角度看，黄金最能胜任“第 N+1 种货币”的职能，但是，历史也同样说明，黄金作为价值标准的内在缺陷是无法为世界提供足够的国际流动性，因而，起码在可预见的一定时期内，黄金难以替代美元而恢复其现行体系价值标准的地位，这是现行国际货币体系难以克服的内在缺陷。

（二）核心国的行为难以受到有效制约

在纯信用本位货币体系下，只有当关键货币国（美国）的货币政策和财政政策操作高度自律，并严格按照应有的行为准则（不干预他国汇率制度选择）行事时，美元才能较好地发挥名义锚作用并使国际汇率体系协调稳定。但正如上述所言，美国的行为常常并非如此，因为，美国的行为无法受到有效约束。其直接原因是美国具有无法取代的霸权，基于在经济、政治和军事等领域的霸权实力，美国在国际货币基金组织以及其他国际性组织和机构中都拥有支配性的政策权，在诸多相关问题上别国难以阻止其“一意孤行”。

但最根本的原因仍然在于美元的特殊属性——美元是一种信用货币，而且是一种当前不可能被其他货币替代的最关键的国际货币。美元的信用货币属性使美国并不担心过多的美元流入外国，原因是美元的外流虽然会导致美国对外债务的增加，但并不必然意味着美国国民财富的流失，因为，在短期内，美国可以利用美元的特殊地位为其增长的外债融资，长期内，美国不但只为其债务支付较低的利率，而且还可以利用汇率的变动使原有的债务“缩水”，只要外债是可持续的，就相当于美国在廉价消费别国的稀缺资源。而在金本位制尤其是古典金本位制下，情况则完全不同，长期扩张性的货币政策必然导致黄金的大量外流，而黄金的外流总是被视为国民财富的流失，所以，黄金流动机制能够“自动”约束体系内各国(尤其是核心国)的行为。

另外,美国也不惧怕美元汇率的波动,一方面,世界上愿意与美元保持稳定汇率关系的货币仍占绝大多数,弱化了美元汇率波动对美国经济的影响;另一方面,美国拥有世界上最发达的金融市场,品种繁多的大规模衍生金融交易有效化解了汇率波动对美国微观经济主体可能带来的负面影响;同时,美联储的货币政策操作也相当有效,通过联邦基金利率的调整,能够有效地抵消或弱化因汇率波动导致的诸如资本流动等的扰动;当汇率的变动对国内产业的负向冲击转化成较大的就业压力进而转化成政府较大的政治压力之后,美国就会对相关国家施压以使其对本币兑美元汇率水平作出调整。相反,其他国家则既难以承受大幅的汇率波动,也无力对其他国家施压。

(三)国际流动性提供机制不健全

美元的信用货币本质与美国霸权相结合必然导致过多的国际流动性,这是自布雷顿森林体系后期以来,国际货币体系在国际流动性提供上所表现出的基本特点。近年来,更是表现出这样的态势,例如全球金融一体化程度大大增强,全球金融资产规模迅速扩大,由 1990 年的 51 万亿美元增长到 2019 年的 233 万亿美元。而美元金融资产则有更大规模的增加,美元在全球外汇储备中的份额,从 1997 年亚洲金融危机时的 57%左右增加到 2003 年的 72%,2020 年占到了 61.9%左右;美元交易占全球外汇交易总量的份额,2003 年是 62%,2020 年是 89%左右;美国股市市值占全球股市市值的份额,已经从 2000 年的 22%左右增长到 2020 年的 35.6%左右。

随着美元成为关键的"信用货币",国际流动性提供机制就面临困境——"特里芬难题"。在特里芬时代,国际货币领域中的美元资产仍处于短缺状态,特里芬已经预见到美元的提供可能会过多,但却没有预见到美元提供从此不可能过少,所以,"特里芬难题"具有一种对称性——美元要么过少,要么过多。正如上述所言,实质上,"特里芬难题"早已演化成如何解决美元过多的难题。

这与产业资本和金融资本的本质差异有关——产业资本在扩张过程中需要投入货币以购买厂房、设备、原料、燃料、劳动等生产要素,如果这些物质形态的要素供给不足,则势必会使产业资本的扩张受到限制;而金融资本的扩张虽然也必须有货币资本的投入,但所购买的主要对象却是有价证券等资产,因此,只要有充足的货币供应就可以实现金融资本的扩张。这说明,货币脱离黄金是金融资本得以空前发展的必要条件。

事实也正是如此。在信用本质下,尤其是布雷顿森林体系崩溃之后,货币供给量的增长从此不再受到实体经济增长的硬约束,结果使得全球金融资本总量急速膨胀,远远超过实体经济总量。

"美元总是过多"的难题给世界经济和国际货币体系带来了许多问题,比如:(1)汇率大幅波动,金融危机频繁发生;(2)外围国汇率制度选择面临窘境;(3)引发全球经济失衡等。

第五节 欧洲货币体系

欧元的诞生是20世纪国际金融领域最重要的事件之一，是目前国际货币政策协调方面最为成功的典范，欧洲货币一体化代表了世界经济、政治发展的大趋势。

一、欧洲货币体系的建立与发展

（一）欧洲经济共同体的建立与发展

1957年3月25日，法国、联邦德国、意大利、荷兰、比利时和卢森堡等六国的政府首脑和外长云集意大利首都罗马，签订了两个条约：《欧洲经济共同体条约》和《欧洲原子能共同体条约》，统称“罗马条约”，同年12月4日，六国先后完成立法批准手续。1958年1月1日，“罗马条约”正式生效，欧洲经济共同体成立。《欧洲经济共同体条约》的核心内容是建立关税同盟和共同农业政策，要求协调经济和社会政策，实现成员国间商品、人员、劳务和资本的自由流通。

20世纪60年代末的资本主义金融危机危及欧洲共同体成员国，成员国的货币如法国法郎和德国马克汇率波动严重，严重影响了共同体的经济发展，欧共体成员国意识到仅靠成员国各自的力量是不够的，必须加强经济与货币政策的协调，维持汇率的相对稳定，这样才能巩固欧共体已经取得的成果。在这一背景下，1969年12月的共同体海牙首脑会议决定建立欧洲经济与货币同盟。1970年3月欧共体理事会委托卢森堡首相兼财政大臣维尔纳主持金融与货币专家小组，与各国中央银行的行长一起研究经济与货币联盟的具体计划。1970年10月专家小组向部长理事会提出了“关于在共同体内分阶段实现经济与货币联盟的报告”，即“维尔纳报告”。报告制订了一个十年计划，分三阶段实现经济与货币联盟。第一阶段：从1970年年初至1973年年底，主要目标是着手建立储备基金，稳定成员国的货币汇率，协调成员国经济与货币政策；第二阶段，从1974年年初到1976年年底，集中成员国的部分外汇储备以巩固货币储备，各国汇率进一步稳定甚至固定，资本流动逐步自由化；第三阶段，从1977年年初至1980年年底，共同体内部商品、劳务、人员和资本自由流动，实行统一货币，建立联合中央银行。

（二）欧洲货币体系的建立与发展

在20世纪70年代初建立货币联盟尝试的基础上，欧共体于1979年3月建立了欧洲货币体系（European Monetary System，EMS），为欧洲货币联盟的建立奠定了基础。

欧洲货币体系主要有三个组成部分：欧洲货币单位（European Currency Unit，ECU）、欧洲货币合作基金（European Monetary Cooperation Fund，EMCF）、稳定汇率机制（Exchange Rate Mechanism，ERM）。

1. 欧洲货币单位

欧洲货币单位是欧洲货币体系的核心。它是按“一篮子”办法由共同市场各国货币混合构成的货币单位。其定值方法是根据成员国的国民生产总值和在共同市场内部贸易所占的比重加权平均计算。成员国货币在欧洲货币单位所占的加权数每五年调整一次，必要时也可以随时调整。

2. 实行双重中心汇率

共同体成员对内实行固定汇率，对外实行联合浮动。成员国货币之间都确定了中心汇率，并将汇率波动的上下限由"蛇形浮动汇率制"时期的±1.125%扩大为±2.25%，而英镑的波动幅度为±6%。各成员国货币还要和欧洲货币单位确定一个中心汇率和波动的浮动，其最大幅度为±1.6875%。如果偏离，有关国家的中央银行应及时采取措施将汇率控制在差异幅度之内。

3. 建立欧洲货币基金

1979 年 4 月，各成员国(包括英国)均提取本国黄金储备的 20%和外汇储备的 20%建立欧洲货币合作基金，作为发行欧洲货币单位的准备金，并决定以两年为期建立欧洲货币基金。建立基金的目的是稳定成员国货币汇率，提供政府间的清偿手段，对国际收支困难的成员国提供信贷支持。

二、欧元的诞生

20 世纪 80 年代起，欧洲经济一体化的步伐开始加快。1985 年 12 月，欧洲理事会卢森堡会议通过《单一欧洲法案》(*A Single Europe Act*)，规定到 1992 年将实现欧共体内部统一大市场，使欧共体各国成为没有边界的地区，区域内实行商品、劳务、人员和资本的自由流通。作为欧洲统一大市场建立、实现资本流动完全自由化的必要条件，进一步发展欧洲货币体系至关重要。1988 年 6 月，欧洲经济共同体首脑会议在德国的汉诺维举行，会议决定成立以当时的欧共体委员会主席德洛尔为主席的，包括 12 国中央银行行长和 3 名独立专家在内的 17 人专门委员会，具体研究建立欧洲货币联盟的方案。经过不到一年的研究，在 1989 年 4 月委员会提交了《关于欧洲共同体经济与货币联盟》的报告(即《德洛尔报告》)。报告包括三个部分：第一部分对欧共体经济与货币一体化历程进行简要回顾；第二部分是对欧洲货币联盟的最后阶段内容的详尽分析，这其中包括机构的设置和安排；第三部分提出了分阶段建设货币联盟的建议(第一阶段从 1990 年 7 月 1 日起，主要目标是实现资本的自由流动，消除外汇管理，加强成员国的经济与货币政策的协调等；第二阶段原定于 1993 年开始，主要致力于制度改革如建立欧洲中央银行体系，完成从独立的货币政策合作转向单一的货币政策合作；第三阶段是实行单一货币，发行欧元)。在德洛尔报告中关于第三阶段没有确定具体起止年限。

1991 年 12 月，在荷兰的马斯特里赫特城召开了欧共体首脑会议。经过两天的争论，各方本着妥协的原则，达成了《欧洲联盟条约》，即《马斯特里赫特条约》(以下简称《马约》)。《马约》就欧洲货币联盟、欧洲外交和防务等问题达成了广泛的共识。因此，它在欧盟的发展历史上有着重要的历史意义。在协议里为货币联盟的建立规定了具体的时间表，同时也规定了每一阶段的任务。第一阶段从 1990 年 7 月 1 日至 1993 年 12 月 31 日，主要任务是：(1)资本自由流动，促进金融市场一体化；(2)加强货币政策、汇率政策的协调，尽可能减少欧洲货币体系中心汇率的调整；(3)所有成员国加入货币汇率运行的窄幅波动；(4)扩大欧洲货币单位的运用范围。第二阶段：从 1994 年 1 月 1 日至 1996 年 12 月

31日或1998年12月31日,主要任务包括:(1)进一步加强货币和汇率政策协调,尽可能再缩小欧洲汇率运行的窄幅波动;(2)建立欧洲中央银行雏形——欧洲货币局。第三阶段从1997年1月1日或1999年1月1日开始,主要任务是:(1)建立欧洲中央银行体系;(2)实现不可逆转的固定汇率制,引进单一货币。在实际运作中,欧盟货币联盟建设的第一阶段开始于1990年7月1日,1994年1月1日开始第二阶段,1999年1月1日开始第三阶段。

1995年12月,欧盟首脑会议在马德里举行,会议就各国货币向单一货币过渡的具体步骤以及单一货币的名称达成一致意见,并明确了欧盟各国政府实施这一计划的坚定决心。这次首脑会议重申必须严格遵守《马约》规定的加入货币联盟的通货膨胀、利率、汇率、预算赤字、债务等五项经济趋同指标,确保于1999年1月1日实行统一货币,并将未来的新货币正式命名为"欧元"。为保证货币联盟按计划实施,在《马约》规定的时间表基础上,又制定了一份更为详细、具有操作性的时间表。按照时间表规定,单一货币进程划分为三个阶段:

第一阶段:从1996年到1998年年底。该阶段为准备阶段,其主要任务是确定首批有资格参加货币联盟的国家,决定发行欧元的合法机构,筹建欧洲中央银行。

第二阶段:从1999年1月1日到2001年12月31日,为过渡阶段。在此阶段将确定欧元与各参加国货币之间的汇率,但是没有有形的欧元,可以欧元发行新的政府公债。在货币政策上,将由欧洲中央银行制定统一的相关政策。

第三阶段:从2002年1月1日起,欧洲中央银行将发行统一货币的纸钞和硬币,有形欧元问世,在6月30日之前,欧元与各国货币一起流通;7月1日起各参加国原有的货币退出流通,欧元成为欧洲货币联盟内唯一法定货币。

三、欧洲货币体系的作用及影响

(一)欧洲货币体系的作用

1. 增加欧盟国家的经济实力

欧元区成为与美国相当的经济实体,其实力强于日本。欧元启动后提高了欧洲货币在国际货币体系中的地位,再加上统一的市场和统一的货币,有助于促进各国的经济与贸易合作,扩大内需,从而增强了欧盟总体抵御国际金融动荡的能力。欧盟在实行欧元后经济实力迅速增强,有助于和美、日竞争。

2. 减少内部矛盾

启动欧元,在货币领域由欧洲中央银行统一操纵欧元进行干预,有助于各成员国集中精力制定和实施区域统一的财政政策,有利于区域经济持续、稳定发展。统一的货币政策和严格的财政预算促进了物价的稳定,为经济的良好运作创造条件。

3. 简化流通手续

以前欧盟成员国各自使用自己的货币,增加了贸易交往中货币兑换、防范汇率风险的费用。欧元区实行统一的货币后,免除了货币兑换与佣金的损失,从而加快商品与资金流通速度,增强了出口商品的竞争能力。

4. 增加消费和投资

在欧盟内部,尽管统一大市场已经建立,但同样的商品、劳务和资源在不同国家价格不同。这种现象若长期存在会对各国的产业结构与投资结构产生不利影响，不利于大市场的合理发展。在实行了单一货币欧元后，各国物价、利率、投资收益的差别已逐步缩小或将趋于一致，物价和利率水平总体下降，居民社会消费增大，企业投资环境改善，最终有利于欧盟总体经济的发展。

(二)欧洲货币体系的影响

1. 巩固与发展了多元化的国际货币体系，有利于世界范围内汇率的稳定

欧元作为中远期强势货币，有可能与美元并驾齐驱，因而将重新构筑国际货币格局。欧元作为国际储备和金融投资的主要货币之一，使国际货币汇率决定机制多元化，迫使美国在制定金融和经济政策时不得不加强与欧盟的磋商和协调，从而有助于国际货币汇率的稳定。欧元与美元这两种国际货币既竞争又合作的关系，有利于现行国际货币体系的均衡与稳定。

2. 促进国际储备多元化，欧元已与美元、日元并驾齐驱成为一种主要储备货币

目前美元在全球外汇储备的比重已有所下降。单一货币欧元使用后，统一欧洲中央银行的建立，有利于欧元币值的稳定。各国中央银行会卖出部分美元，买入一部分欧元，以满足国际结算的需要。这会进一步提高欧元在国际储备中的比重，促进国际储备货币多元化的发展。

3. 增强欧洲金融市场地位，有利于欧洲资本市场的发展

统一欧元的流通，已使欧元区成员国放弃本国货币的主权，拆除贸易壁垒，加强商品、资本和劳动力的自由流动，使欧洲政治经济的向心力与凝聚力空前加强，从而形成了一个透明的、流动性更高的商品资本市场，吸引更多的资本流向欧元资本市场，向传统的国际金融市场和新兴的国际金融市场提出严峻的挑战。

第六节 国际货币体系改革

自从国际货币体系产生以来，经济学家就从未停止过对国际货币体系的研究。随着国际贸易的发展和国际金融领域合作的日益密切，建立一个防范国际货币危机、保证利益公平分配及促进全球经济共同发展的国际货币体系显得十分重要。

目前运行的牙买加体系是由各国利害冲突的妥协而衍生的一种松散的国际货币体系，这个体系很不稳定。尽管它有优越的一面，但随着国际贸易和国际金融的发展，其弊端也越来越明显。各国一致认为改革国际货币体系是个很重要的问题，改革的进程也一直在继续。

国际货币体系改革涉及两个问题：一是货币本位制的问题，即以什么货币作为国际货币体系中的基础货币；二是汇率制度的选择问题。

一、货币本位制的改革

(一)恢复金本位制方案

恢复金本位制的方案是法国经济学家吕埃夫提出的，其主要内容是：各国持有的美元

可以自由向美国兑换黄金，黄金价格可以提高；各国对于外国持有的本国通货，在外国要求时，都应兑换为黄金；恢复用黄金弥补赤字的做法。

反对重建金本位制者并不否认金本位制的好处，但他们认为现在的经济环境与19世纪时大不相同。在19世纪时，政府的经济活动极为单纯，维持其对内及对外币值之安定，几乎是唯一且重要的目标。而现在政府的经济活动相当复杂，政府对于民间经济活动的干涉也相当广泛，币值稳定是多项经济活动目标之一而已。在这种经济环境下，金本位制的运行会遭遇到下列三项难题。

1. 重定金价的难题

如果主要国家彼此协商重建金本位制，则重建金本位制的第一项必要步骤是重定金价，若金价是根据当前黄金的美元价格定价，则在黄金需求上升的前提下，有可能导致全球的通货紧缩。为了避免此情形，必须有共同协议去提高黄金的价格。但规定合理的金价，实务上存在困难。另外，即使能定出正确而合理的金价，也难保长时间都能维持正确而合理的价格。

2. 全世界普遍实行的难题

任何一国无力片面决定恢复金本位制，否则极易受到他国黄金供给量或需求量改变的伤害。至于全面重建金本位制度，由于其等于重建固定汇率制度，因而对于此问题，各主要国家将有不同的意见，难以在短期内获得主要国家的一致同意。实际上，假若全世界都同意重建金本位制，仍难免出现对内均衡与对外均衡目标的冲突。

3. 黄金供给量的难题

自20世纪以来，每年黄金生产量对其当时黄金存量的年增率固然有升降变动，但平均每年增产率仍低于2%，以这段时间全世界的经济成长状况来说，实在难以满足货币储备资产的需求。若勉强重建金本位制，难免会定期发生通货紧缩的现象；为避免通货紧缩，就须定期提高金价，故又回到制定金价的难题上来。

（二）组建世界中央银行方案

建立一个新的国际货币体系，必须首先建立世界中央银行。过去几十年来，类似建立世界中央银行的方案曾以许多不同的面貌被提及，如凯恩斯在20世纪40年代早期提出过、特里芬在20世纪60年代也建议过以及最近库珀也提倡过。这些方案皆建议设置一个新的、集权的货币机构。国际社会应该积极推进区域性的国际货币体系或货币联盟的建设，促进世界现有的各货币联盟的改革和完善，在这些货币联盟的基础上组建世界中央银行，各货币联盟可以作为世界中央银行的分行发挥作用。世界中央银行领导决策机构如理事会由各货币联盟共同组成，各货币联盟选派世界中央银行的领导决策机构成员，必须坚持避免世界中央银行被少数国家操纵或受其制约的原则，不能根据国家的经济实力确定，而应按其成员国多少来决定。

世界中央银行在国际货币金融事务中的主要任务是加强和协调国际货币金融关系的合作，制定国际货币金融法律法规并保证实施，统一制定和发行世界货币，确定和调整世界货币的定值和定值标准，为世界经济提供稳定的流通手段和支付手段。为此，世界中央银行在国际货币金融事务中必须享有最高权威。世界中央银行成立后，可以取代IMF、世界银行、国际清算银行、巴塞尔委员会等机构目前行使的那部分世界中央银行的职能，从而撤销这些机构,使世界中央银行的职能得到统一。

(三)特别提款权本位制方案

一些学者主张将特别提款权作为本位货币,提出了如下建议:第一,在国际货币基金组织的控制下,以特别提款权为国际基础货币,通过它来影响国际储备总量;第二,特别提款权要有坚实的物质基础,使人们对它形成信任;第三,在储备总量的构成上,逐步增加特别提款权的比重,最后把多种储备资产简化成单一储备资产,所有官方储备只有黄金和特别提款权;第四,各国中央银行可以用特别提款权干预外汇市场。

(四)多种货币为基础的本位制方案

法国政府在1985年提出建立“多极”国际货币体系,主张让日元、德国马克、法国法郎和瑞士法郎也像美元一样,处于“关键货币”的地位。日本经济学家小岛清倡议实行“复数中心货币金汇兑本位制”,让美元、日元和德国马克三种货币取得无优劣差别价值的国际通货资格。美元、日元和德国马克规定含金量,黄金可在三国间转移。

二、汇率制度的改革

(一)对现行汇率制度持否定态度的改革

以美国经济学家库珀为代表,他们认为在浮动汇率制度下,汇率的频繁波动给世界经济的发展造成了损害,改革必须以国际货币的稳定作为目标。为此,应加强国际货币基金组织对汇率的监督,尤其需要国内的经济政策与国际合作密切配合。只有如此,才能保持汇率的稳定。反映发展中国家意见的二十四国集团的《蓝皮书》也认为应当改革目前的浮动汇率制度。

(二)对现行汇率制度持肯定态度的改革

这是代表发达国家的十国集团的主张。他们认为:目前尚不具备恢复固定汇率制的条件。以主要货币为基础的浮动汇率制是灵活的、可行的,但今后还要采取措施来稳定汇率和金融市场。要取得汇率和金融市场的稳定,需要完善的国内政策以及主要国家间的密切合作,必要时应共同采取行动干预外汇市场。

(三)建立汇率目标区

荷兰财政大臣杜森伯里在1976年提出建立欧洲共同体六国货币汇价变动的目标区计划。后来美国国际经济研究所高级研究员约翰·威廉森又提出了详细的汇率目标区设想及行动计划。汇率目标区的基本指导思想是:用发达国家的货币建立一个汇率目标区,在这个“区”内有一个中心汇率,即基本汇率;在中心汇率附近确定一个汇率波动的范围,有关国家应力求使汇率的波动不超出这个范围。

关键词

国际货币体系　金本位制　特里芬难题　牙买加体系　《马斯特里赫特条约》
欧洲货币联盟

本章小结

1. 国际货币体系是指各国政府为适应国际贸易和国际支付的需要，确定的货币国际流通和发挥世界货币职能的基本原则、采取的措施和建立的组织机构等。其主要内容包括：国际货币本位或国际储备资产的确定；国际汇率制度的安排；国际收支的调节方式；国际金融市场与国际资本流动管理；国际货币合作的形式与国际金融机构等。

2. 金本位制是指以黄金作为本位货币，其特点是：以法律规定货币的含金量；金币可以自由铸造、自由熔化；流通中其他货币和金币之间可以按法定比率自由兑换，也可以兑换与金币等量的黄金；黄金可以自由地输出或输入。

3. 布雷顿森林体系是以美元作为最主要的国际储备货币，实行美元—黄金本位制下可调整的固定汇率制。该体系对当时的世界经济起到过积极的作用，但本身却存在致命缺陷，这一缺陷称为"特里芬难题"。

4. 牙买加货币体系的主要内容是：浮动汇率合法化；黄金非货币化；扩大特别提款权的作用；扩大基金组织的份额；扩大对发展中国家的资金融通。

5. 欧洲货币一体化代表了世界经济、政治发展的大趋势。欧洲联盟各成员国达成的《马斯特里赫特条约》是欧洲货币一体化的里程碑。欧洲经济货币联盟的作用：增加欧盟国家的经济实力；减少内部矛盾；简化流通手续；增加消费和投资。欧洲经济货币联盟的影响：巩固与发展了多元化的国际货币体系，有利于世界范围内汇率的稳定；促进国际储备多元化，欧元于 1999 年 1 月 1 日成功问世，目前已与美元、日元并驾齐驱成为一种主要储备货币；增强欧洲金融市场地位，有利于欧洲资本市场的发展。

6. 国际货币体系改革涉及两个问题：一是货币本位制的问题，二是汇率制度的选择问题。

7. 对于货币本位制的改革，专家提出多种方案：恢复金本位制方案；组建世界中央银行方案；特别提款权本位制方案；多种货币为基础的本位制方案。关于汇率制度的改革，当今学者有对现行汇率制度持否定态度的改革，也有对现行汇率制度持肯定态度的改革及建立汇率目标区计划。

练习与思考

一、单选题

1.（　　）成员国本国货币全面退出流通领域，欧元国际化启动。

A. 1998 年 5 月 2 日　　B. 1999 年 1 月 1 日

C. 2002 年 1 月 1 日　　D. 2002 年 7 月 1 日

2. 金本位制度下决定汇率基础是（　　）。

A. 铸币平价　　B. 法定金平价

C. 两国货币的实际价值之比

3. 最早实行国际金本位制的国家是（　　）。

A. 美国　　B. 法国　　C. 英国　　D. 荷兰

4. 布雷顿森林体系的两支柱是（　　）。

A. 建立一个长久性的国际金融机构
B. 美元与黄金挂钩,其他国家货币与美元挂钩
C. 实行可调整的固定汇率制
D. 建立国际性的资金融通计划

5. 布雷顿森林体系的致命缺陷是(　　)。
A. 美元双挂钩　B. 权利与义务的不对称
C. 特里芬难题　D. 汇率波动缺乏弹性

6. 金本位制崩溃的根本原因是(　　)。
A. 缺乏统一章程　B. 特里芬难题
C. 黄金产量不足　D. 西方国家没有普遍采用金本位制

7. 目前欧洲经济货币联盟实行的单一货币是(　　)。
A. 特别提款权　B. 欧元
C. 欧洲计算单位　D. 欧洲货币单位

8. 国际货币体系进入浮动汇率时代开始于(　　)。
A. 国际金本位制　B. 布雷顿森林体系
C. 牙买加体系　D. 欧元诞生之后

9. 发行特别提款权的时间是(　　)。
A. 1968 年　B. 1970 年　C. 1971 年　D. 1969 年

10. 布雷顿森林体系采纳的是(　　)的结果。
A. 怀特计划　B. 凯恩斯计划　C. 贝克计划　D. 布雷迪计划

二、多选题

1. 布雷顿森林体系维持正常运作的基本条件是(　　)。
A. 美国国际收支保持顺差,美元汇价稳定
B. 美国国际收支逆差,美元汇价经常波动
C. 美国黄金储备充足,美国履行其美元兑黄金的有限兑换义务
D. 黄金价格维持在不超过 35 美元 1 盎司的官价水平

2. 国际金本位制经历了下列哪几个发展阶段?(　　)
A. 金铸币本位制　B. 金银复本位制
C. 金块本位制　D. 黄金本位制
E. 金汇兑本位制

3. 欧洲货币一体化的主要特征是(　　)。
A. 汇率的统一　B. 税率统一
C. 货币的统一　D. 统一的中央货币机关

4. 当前国际货币体系的缺陷主要有(　　)。
A. 各国货币价值缺乏一个可靠的锚　B. 在资源分配方面缺乏公正、公平
C. 缺乏有效的危机预警机制　D. 缺乏有效的援助机制

5. 当前人民币汇率制度实行(　　)。
A. 以市场供求为基础的　B. 参加-篮子货币进行调节的

C. 固定汇率制　　D. 有管理的浮动汇率制

6. 欧洲货币体系主要内容是(　　)。

A. 创建欧洲货币单位　　B. 建立欧洲货币合作基金

C. 构建稳定汇率机制　　D. 构建多元化国际收支调节机制

7. 牙买加货币体系的主要内容是(　　)。

A. 浮动汇率合法化　　B. 黄金非货币化

C. 扩大特别提款权的作用　　D. 扩大基金组织的份额

E. 扩大对发展中国家的资金融通

8. 国际金本位制的内容包括(　　)。

A. 金币作为本位货币　　B. 黄金自由输出入

C. 黄金限制输出入　　D. 自由铸造金币

E. 限制铸造金币

9. 1999 年欧洲中央银行开始运行,其职能包括(　　)。

A. 维护欧元稳定　　B. 制定统一货币政策

C. 建立和完善货币政策机制　　D. 以上都不对

10. 用于拯救第一次美元危机的措施有(　　);用于拯救第二次美元危机的措施有(　　);用于拯救第三次美元危机的措施有(　　)。

A. 互惠信贷协议　B. 借款总安排　C. 黄金总库　D. 黄金双价制

E. 特别提款权　F. 史密森协议

三、填空题

1. 根据世界经济和国际货币体系发展的历史阶段,国际货币体系的演进可以分为以下三个阶段:________、________和________。

2. 国际货币体系主要内容包括________、________、________、________和________。

3. 国际货币体系改革涉及两个问题:________、________。

4. 从________起,欧洲中央银行发行统一货币的纸钞和硬币,有形欧元问世。

5. ________起各参加国原有的货币退出流通,欧元成为欧洲货币联盟内唯一法定货币。

6. 牙买加货币体系的主要特征是:________、________和________。

7. 以美元为中心的固定汇率制规定汇率波动范围不得超出货币平价的上下________%。

8. 第一次世界大战之后,西方国家建立的金块本位与金汇兑本位的货币制度,________仍是最后的支付手段,国际货币体系仍属于________范围。

9. 当前发展最完善、影响最大的区域性国际货币体系是________。

10. "二战"后的国际货币体系是以________为中心的________体系。

四、判断题(正确请写"T",错误请写"F")

(　　)1. 国际收支及其调节机制是国际货币体系所要解决的核心问题。

(　　)2. 牙买加体系下实行的是多元储备体系,不以美元为主体。

(　　)3. 欧元的启动是国际金融领域自布雷顿森林货币体系以来最重要的历史事件,对现行的国际货币体系产生了巨大的挑战和影响。

(　　)4. 在现行国际货币体系下,储备货币发行国可以同时满足国内货币政策需要与全球流动性需求。

(　　)5. 布雷顿森林体系实质是国际金汇兑本位制。

(　　)6. 布雷顿森林体系下的汇率制度是不可调整的固定汇率制。

(　　)7. 欧洲货币单位是欧洲货币体系的核心。它是按“一篮子”办法由共同市场各国货币混合构成的货币单位。

(　　)8. 欧元启动时共有 12 个成员国,包括奥地利、比利时、英国、法国、德国、希腊、爱尔兰、意大利、卢森堡、荷兰、葡萄牙和西班牙。

(　　)9. 从国际储备货币来看,现行国际货币体系的最大缺陷在于各国货币价值缺乏一个可靠的锚。

(　　)10. 牙买加体系下,汇率可以通过自由浮动进行调整,对世界性通货膨胀有很好的隔离作用,促进国际货币体系的稳定。

五、简答题

1. 简述国际金本位制度的基本特征。
2. 简述布雷顿森林体系的主要内容及崩溃全过程。
3. 简述牙买加体系的基本内容与特点。
4. 简述欧洲货币经济联盟的作用与影响。
5. 国际货币体系改革涉及哪两个问题?你认为应如何进行改革?

案例分析

蒙代尔获 1999 年诺贝尔经济学奖

1961 年罗伯特·蒙代尔(Robert Mundell)提出适度货币区理论。而欧洲统一货币——欧元于 1999 年 1 月 1 日的正式启动标志着适度货币区理论实践的成功。罗伯特·蒙代尔被誉为“欧元之父”并获 1999 年诺贝尔经济学奖。欧元启动十几年来,尽管欧元汇率波动剧烈,但欧元区经济、金融的迅速发展使欧元的国际储备货币地位日益提升。据国际货币基金组织统计,欧元外汇储备占全球外汇储备总额的比重已经从 1999 年的 17.9%增长到 2008 年的 26.8%;但受欧洲债务危机影响,2013 年下降到 24.2%。与此同时,亚洲国家的货币金融合作不断加强,人民币的区域化程度也日益加深。这些趋势在长期内都将会在一定程度上削弱美元在欧洲和亚洲的影响力,对美元本位制形成挑战。

要求:试分析欧元启动经济现象。

实训演练

一、实训目的

1. 了解国际货币体系的基本概念、基本理论。
2. 要求学生掌握目前国际货币体系的情况,锻炼其实际分析问题的能力。

二、实训资料

2009 年 3 月，中国人民银行行长周小川公开提出创建一种全新的超主权储备货币，在国际储备中扩大“特别提款权”(SDRs)用途，从而降低对美元依赖的建议。这一建议得到了包括俄罗斯、巴西等新兴市场国家的积极响应。当时的法国总统萨科齐也呼吁就美元地位、改革国际货币体系等问题进行正式讨论。

三、实训要求

以 6～8 人组成小组，合理分工，在所获取的资料基础上，试分析超主权储备货币充当全球储备货币的益处及对美元本位的影响。各组再选派一人，通过多媒体形式阐述本组观点。

本章推荐阅读

[1]有关欧元区的基本经济情况，可以登录欧洲中央银行的官方网站，http://www.ecb.org。

[2]朱邦宁.国际货币体系改革与人民币国际化[J].红旗文摘，2011(18)。

第十章

国际金融组织与金融全球化

知识结构图

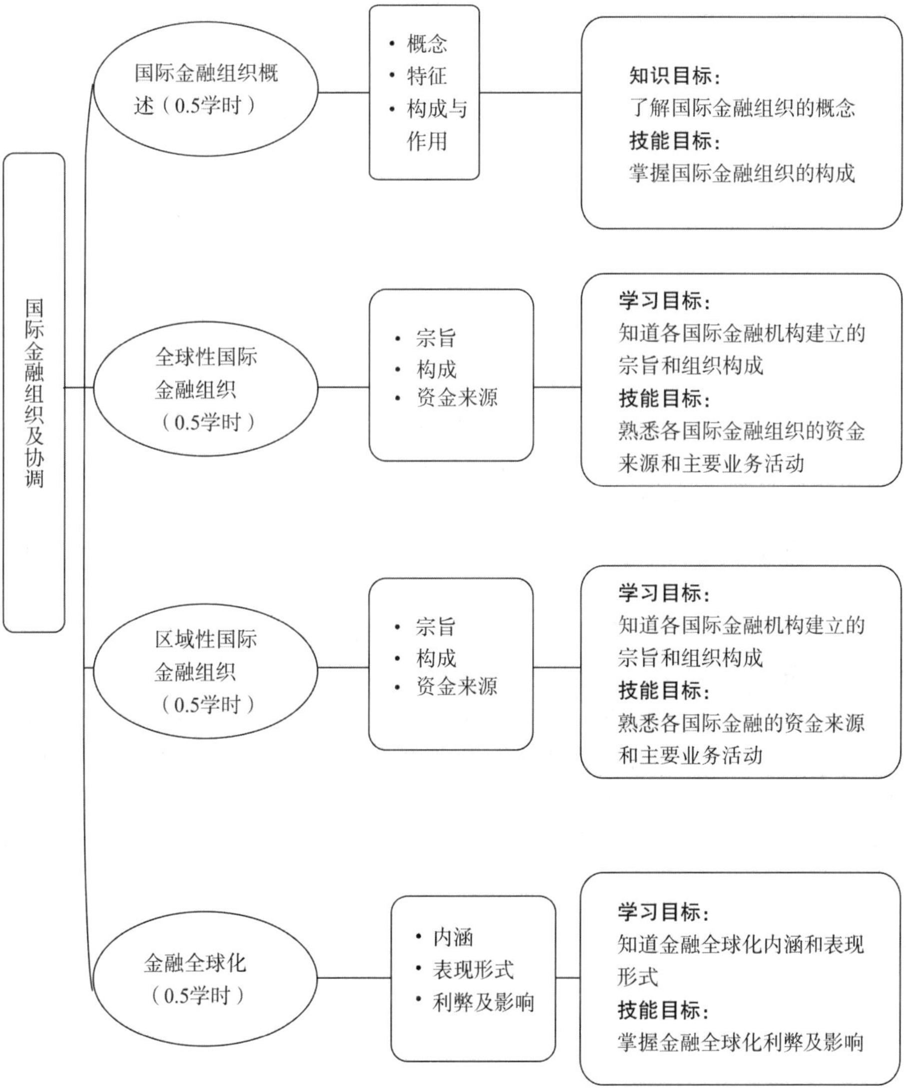

国际金融组织及协调

- 国际金融组织概述（0.5学时）
  - · 概念
  - · 特征
  - · 构成与作用
  - **知识目标：** 了解国际金融组织的概念
  - **技能目标：** 掌握国际金融组织的构成
- 全球性国际金融组织（0.5学时）
  - · 宗旨
  - · 构成
  - · 资金来源
  - **学习目标：** 知道各国际金融机构建立的宗旨和组织构成
  - **技能目标：** 熟悉各国际金融组织的资金来源和主要业务活动
- 区域性国际金融组织（0.5学时）
  - · 宗旨
  - · 构成
  - · 资金来源
  - **学习目标：** 知道各国际金融机构建立的宗旨和组织构成
  - **技能目标：** 熟悉各国际金融的资金来源和主要业务活动
- 金融全球化（0.5学时）
  - · 内涵
  - · 表现形式
  - · 利弊及影响
  - **学习目标：** 知道金融全球化内涵和表现形式
  - **技能目标：** 掌握金融全球化利弊及影响

案例导读

2009年10月，希腊政府忽然对外宣布2009年政府财政赤字和公共债务占国内生产总值的比例预计将分别达到12.7%和113%，远超欧盟《稳定与增长公约》规定的3%和60%的上限。2009年12月开始，全球三大信用评级机构惠誉、标准普尔和穆迪相继调低希腊主权信用评级，希腊债务危机正式拉开序幕。

2009年债务危机爆发后，希腊为避免违约，一直接受国际救助，于2010年和2012年分两轮先后获得欧盟、欧洲央行和国际货币基金组织提供的1100亿和1300亿欧元的救助资金，条件是在国内进行一系列改革，如对效率低下的国有企业进行私有化、发起针对失业青年人和失业家庭的就业计划、向无保险者提供免费医疗服务等；实行财政紧缩法案，如减少政府开支、削减社会福利和养老金等。

希腊政府对改革和紧缩政策的执行力度虽远远不够，却进一步加剧了希腊的经济衰退，希腊与国际债权人之间的关系变得微妙，多次处在违约的边缘。2015年6月底，相关的救助计划到期，希腊必须偿还15.5亿欧元的贷款，但因极左翼政府对公众承诺政府不会大幅削减公务员和国有企业雇员的薪资，也不会减少社会福利，造成与国际债权人将近5个月的谈判未果。希腊因无力偿还国际货币基金组织15.5亿欧元的贷款，成为国际货币基金组织70年历史上首个违约的发达国家。

思考：在希腊的债务危机中，国际货币基金组织充当的是什么角色？为什么说“人们仅仅在发生时才想到国际货币基金组织，而这些危机往往是政府不愿尽早采取行动的结果”？

1989年，阿根廷的梅内姆赢得总统选举后，寻求恢复与国际货币基金组织的贷款谈判，同时提出一揽子经济改革方案，出现了所谓的“阿根廷奇迹”，通货膨胀率从1989年的4位数下降到1995年的1.6%，GDP的年增长速度从1989年的—6.2%上升到1994年的7%，财政出现盈余，国际收支得到改善。

1997年亚洲金融危机中，国际货币基金组织分别向菲律宾、泰国、印度尼西亚、韩国提供过紧急援助性贷款。

2010年，国际货币基金组织出资2500亿欧元，向陷入主权债务困境的欧盟国家提供临时性专项融资，用于帮助其渡过难关，防止危机继续蔓延。

可见，作为国际金融协调的主体，国际金融机构推动了国际金融协调，使其成为有效解决国际金融领域内各种矛盾和协调各国货币金融政策的重要途径与有效方式。《巴塞尔协议》和《全球金融服务贸易协议》的两个突出成果。

本章重点阐述国际货币基金组织、世界银行集团、国际清算银行等国际性金融组织和区域性金融机构的成立背景、基本宗旨及主要业务内容和特点等。

第一节 国际金融组织概述

一、国际金融组织概述

（一）国际金融组织的产生与发展

国际金融组织（International Financial Institution）又称国际金融机构，是指从事国际金融管理和国际金融活动的超国家性质的国际金融组织机构。国际金融机构在国际金融活动中扮演着重要角色，它能够在重大的国际经济金融事件中协调各国的行动，能够提供短期资金缓解国际收支逆差、稳定汇率、能够提供长期资金促进各国经济发展。

第一次世界大战前，主要资本主义国家的货币信用和国际结算制度尚未真正建立起来，它们的国际收支又大多呈现顺差，加之外汇汇率一向比较稳定，彼此在国际金融领域的矛盾并不尖锐，所以当时尚不具备产生国际金融机构的基础和条件。

第一次世界大战结束后，德国按照《凡尔赛条约》从1924年起支付战争赔款。到1928年，德国声称发生经济危机，无力赔付逐年增加的战争赔款，要求减少。1930年1月，为处理德国无力赔款问题，由英国、法国、意大利、德国、比利时和日本六国的中央银行，以及代表美国利益的摩根银行、纽约花旗银行和芝加哥花旗银行三大银行组成的银团在瑞士巴塞尔共同联合成立了国际清算银行，这是建立最早的国际金融组织。

20世纪30年代世界性资本主义经济危机和第二次世界大战的爆发，激化了资本主义基本矛盾，世界金融状况陷于严重危机之中，信用混乱，国际收支恶化。各国普遍希望建立一个稳定的国际货币金融体系，摆脱金融困境。1944年7月，44个国家在美国布雷顿森林举行联合国货币金融会议，通过了《国际货币基金协定》和《国际复兴开发银行协定》。

1945年12月，国际货币基金组织和国际复兴开发银行两个国际性金融组织正式成立。之后，国际复兴开发银行（世界银行）又设立了四个附属机构，统称为世界银行集团。至此，以国际清算银行、国际货币基金组织、世界银行集团为主体的国际金融组织体系初步形成。20世纪50年代末到70年代，欧洲、亚洲、非洲、拉丁美洲等地区的国家，为抵制美国对国际金融事务的控制和操纵，通过互助合作方式建立起区域性国际金融组织，以适应本地区的实际需要，谋求本地经济发展。1957年西欧共同体创立了欧洲投资银行，这是最早成立的区域性国际金融组织。1960年后，泛美开发银行、亚洲开发银行、非洲开发银行和阿拉伯货币基金组织先后成立。这些区域性的国际金融机构的出现，标志着区域性国际金融机构的产生。同时，也反映了各国政府在金融领域合作的广泛和深化。

（二）国际金融组织的分类

国际金融组织按地区范围划分，可分为全球性金融组织和区域性金融组织。全球性国际金融机构：成员国遍布全球各地，如国际货币基金组织、世界银行、国际清算银行；半区域性国际金融组织：成员国主要在区域内，但也有区域外的国家参与，如亚洲开发银行、泛美开发银行、非洲开发银行等;区域性国际金融组织:成员国完全由地区内的国家组成,如欧洲投资银行、阿拉伯货币基金、西非发展银行等。

国际金融组织按其职能划分,主要可分为:从事国际金融事务的行使协调和监督职能的国际金融组织,如国际货币基金组织和阿拉伯货币基金组织等。从事各种国际信贷业务的国际金融组织,如世界银行集团和亚洲开发银行等。从事国际清算活动的国际金融组织,如国际清算银行、亚洲清算联盟等。以提供贸易融资为基本业务的国际金融组织,如拉丁美洲出口银行、阿拉伯—拉美银行等。

(三)国际金融组织特点

1.国际金融组织是国家间的金融组织

国际金融组织是以国为参与单位的,多国之间共同组成的世界性或区域性的政治、经济联合体。国际金融组织通过在会员国派驻代办处以及会员国派出代表参加该组织的年会、临时磋商会议等方式协调国际经济矛盾,加强金融货币合作关系和对世界经济的干预。

2.国际金融组织是股份公司式的金融组织

国际金融组织作为超国家的金融组织,是以成员国政府共同出资、共同管理,按照股份制方式经营国际资金借贷的实体。各成员国在国际金融组织的发言权与该国在该国际金融组织中的出资比例有着密切关系。通常是由出资最多的国家委派代表组成该金融组织日常业务的执行董事会。

3.国际金融组织具有浓厚的政治色彩

由于国际金融机构是成员国政府间进行经济和政治交往的渠道和论坛,而且各成员国在国际金融组织的发言权与该国在该金融组织中的出资比例有着密切关系,因此该金融组织的观点和行为往往代表着该金融组织中出资比例较高的主要参加国的意见。所以国际金融组织的活动难以避免会受到经济大国的控制。

二、国际金融组织的作用

不同的国际金融组织虽然有着各自的建立背景和出发点,但是最终目的都是为了加强国际经济、政治的合作与协调,形成共同遵守的法律和规则,以此促进世界经济和贸易的发展。国际金融组织的作用主要体现在以下几个方面:(1)组织商讨国际经济、金融领域中的重大事件,以协调各国间的相互关系;(2)提供短期资金,解决有些国家国际收支逆差,这在一定程度上缓和了国际支付危机;(3)提供长期发展基金,促进许多国家,特别是发展中国家经济发展。(4)提供普通提款权和分配特别提款权,增强国际货币基金组织会员国的国际清偿能力,应付世界经济发展的需要。(5)稳定汇率,保证国际货币体系的运转,促进国际贸易的增长。

第二节 全球性国际金融组织

一、国际货币基金组织

国际货币基金组织(International Monetary Fund,IMF)于1945年12月27日经当时参加布雷顿森林会议的44个国家中占总份额65%以上会员国政府批准,正式成立,总部设在美国华盛顿,并于1947年3月1日开始营业,同年11月15日成为联合国的一个专门机构。当时在协定上签字正式参加的国家称为创始会员国,共39个国家。此后成员国数量逐年增加,至2016年年初,共有会员国189个。中国是创始会员国之一,并于1980年4月18日正式恢复了在IMF合法席位。

(一)基本宗旨和职能

国际货币基金组织的基本宗旨是:促进成员国在国际货币问题上的磋商与协作;促进汇率的稳定和有秩序的汇率安排,避免竞争性的汇率贬值;为经常项目收支建立一个多边支付和汇兑制度,消除外汇管制;提供资金融通,缓解国际收支不平衡;促进国际贸易的发展,实现就业和实际收入水平的提高及生产能力的扩大。

基金组织的职能主要有:(1)汇率监督,目的在于保证有秩序的汇兑安排和汇率体系的稳定,消除不利于国际贸易发展的外汇管制,避免会员操纵汇率或采取歧视性的汇率政策以谋求不公平的竞争利益。(2)向国际收支发生困难的会员国提供必要的临时资金融通和金融援助,以使其遵守上述行为准则。(3)为会员国提供进行国际货币合作与协商的场所、技术援助和培训。

(二)组织机构

理事会是IMF的最高决策机构,由各成员国各派一名理事、一名副理事组成,任期5年(可以连任)。理事通常由该成员国的财政部长或中央银行行长担任,副理事大多是各国外汇管理机构的负责人,副理事只有在理事缺席时才有投票权。理事会的主要职能是:接纳新成员;决定或调整成员国的份额、分配特别提款权以及处理国际货币制度的重大问题。理事会通常每年开一次年会,一般同世界银行理事会年会联合举行。

执行董事会是IMF负责处理日常业务工作的常设机构,由24名执行董事组成,任期两年。执行董事包括指定与选派两种,指定董事由持有基金份额最多的美、英、德、法、日各派一名,中国、俄罗斯与沙特阿拉伯各派一名。选派董事由其他成员国按选区轮流选派。

总裁是IMF的最高行政长官,其下设副总裁协助工作。总裁负责管理IMF日常事务,由执行董事会推选,并兼任执行董事会主席,任期5年。总裁可以出席理事会和执行董事会,但平时没有投票权,只有在执行董事会表决双方票数相等时,才可以投决定性的一票。根据不成文规定,IMF的总裁来自欧洲,从1946年成立至今一直如此。

在执行董事会与理事会之间还有两个机构:一是国际货币基金组织理事会关于国际

货币制度的临时委员会,简称“临时委员会”;二是世界银行和国际货币基金组织理事会关于实际资源向发展中国家转移的联合部长级委员会,简称“发展委员会”。两个委员会每年开会2—4次,讨论国际货币体系与开发援助等重大问题,其通过的决议最后往往就是理事会的决议。

(三)资金来源

国际货币基金组织具有多样化的资金来源方式,主要由三部分组成:会员国认缴的份额、对外借款和信托基金。

1.会员国认缴的份额

这是基金组织资金的主要来源。会员国要向基金组织认缴一定的份额,各会员国在基金组织的份额,决定其在基金组织的投票权、借款的数额以及分配的特别提款权(SDRs)的份额。各会员国份额的大小,由理事会决定,要综合考虑会员国的国民收入、黄金与外汇储备、平均进出口额和变化率以及出口额占GDP的比例等多方面的因素。对各会员国应缴的份额,每隔五年重新审定一次,并对个别国家的份额进行调整。份额的25%为可兑换货币或特别提款权,75%为本国(或地区)货币。份额中的外汇存放于有关国家的中央银行,本币则存放于本国中央银行在基金组织的账户中。当基金组织需要时可以随时动用。

基金份额在IMF的活动中发挥了十分重要的作用。份额不仅决定成员国的出资额,还决定它的投票权、从IMF得到的资金数额以及它在SDRs分配中所占的比例。IMF的一切重大问题均由投票决定,80%以上的票数同意才能通过,有些特别重大的问题要有85%的多数票同意才能通过。成员国的投票权主要取决于它们的份额,份额越大,成员国拥有的票数越多。具体是:每个成员国都有基本票数250票;每增加10万SDRs的份额,在基本票数的基础上增加1票;IMF贷出成员国货币每达到40万SDRs,则该成员国增加投票权1票;成员国从IMF借款,每借40万SDRs,则减少该成员国的投票权1票。

2.借款

借款是国际货币基金组织的另一个主要的资金来源。它可以使IMF应对国际货币体系面临的威胁。IMF通过和成员国协议,向成员国借入资金。借款除了通过政府渠道(如从各国财政部或中央银行借款),也可以向私人机构借款。借款唯一的限制在于:如果IMF向某一成员国的非政府渠道借入该国货币,那么它必须征得该成员国政府的同意。目前,IMF有两个借款安排:借款总安排和新借款安排。同时,基金组织还与日本签订了一份双边借款协议,可以从日本获得最高1000亿美元的借款。

3.信托基金

从1976年1月开始,IMF决定将持有黄金的1/6(即2500盎司)分4年按市价出售,用所获利润(即市价超过每盎司黄金42.22美元官价的部分)46.4亿SDRs作为信托基金(Trust Fund),向最贫困的发展中国家提供优惠贷款。

(四)主要业务

国际货币基金组织的主要业务包括外汇与汇率政策监督、促进成员国政策磋商与协调、对成员国提供贷款三个方面。

1.外汇与汇率政策监督

为保证有秩序的汇兑安排和汇率体系的稳定,取消不利于国际贸易的外汇管制,防止成员国操纵汇率或采取歧视性的汇率政策以谋求竞争利益,国际货币基金组织会对成员国的汇率政策进行监督。监督有两种形式:

在多边基础上的监督,通过分析发达国家的国际收支和国内经济状况,评估这些国家的经济政策和汇率政策对维持世界经济稳定发展的总体影响。

在个别国家基础上的监督,主要是检查各成员国的汇率政策是否符合基金协定所规定的义务和指导原则。

近年来,随着成员国经济往来中依赖性的增强、国际经济一体化和国际资本流动的加速,以及国际金融市场的动荡,在多边基础上的监督显得越来越重要。墨西哥货币危机、亚洲金融危机、美国次贷危机发生之后,IMF扩大了监督活动范围,加大了对成员国经济数据的质量及这些数据的适时公布情况、成员国金融制度的效率和能力,以及私人资本的稳定性的关注程度,并通过对可能性的问题提出警告来防止金融和经济危机的发生。

2.促进成员国政策磋商与协调

为了能够履行监督成员国汇率政策的责任,了解成员国的经济发展状况和政策措施,迅速处理成员国申请贷款的要求。IMF按基金协定规定每年原则上对成员国的经济、金融形势和政策进行协调与磋商。专家小组通过了解有关的统计资料,如贸易收支、物价水平、失业率、利率和货币供应量等,与政府官员讨论经济政策的效果及将进行的调整措施,预测国内外经济发展的前景。专家小组写出报告,供执行董事会磋商、讨论与分析成员国经济时使用,并发表一年两期《世界经济展望》和年度报告《国际资本市场》刊物上。但从时实践来看,基金组织目前的磋商协调程序对成员国的决策影响并不很大,难以独立解决各成员国的利益冲突,而往往需要求助于基金组织的贷款批准政策。

3.贷款业务

金融贷款是IMF的一个主要业务活动。其形式多种多样,条件严格,特点十分明显。

贷款对象。仅限于成员国政府,IMF只同成员国的财政部、中央银行及类似的财政金融机构往来。

贷款用途。仅限于解决短期性的国际收支不平衡,用于贸易和非贸易的经常项目的支付。

贷款期限。多为平衡短期国际收支不平衡的短期贷款。

贷款额度。是按各成员国的份额及规定的各类贷款的最高可贷比例确定其最高贷款总额。

贷款方式。是根据经磋商同意的计划,由借款成员国使用本国货币向基金组织购买其他成员国的等值货币(或特别提款权),而偿还时用特别提款权或IMF指定的货币买回过去借用时使用的本国货币。

国际货币基金组织从成立到现在,根据世界经济形势的变化,开展了多种多样的贷款业务,从最初的普通贷款拓展到之后的出口波动补偿贷款、缓冲库存贷款、中期贷款、补充储备便利贷款、结构调整贷款、制度转型贷款与预防性信贷等,不同的贷款业务具有不同的操作方式和贷款条件。

(1)普通贷款。普通提款权是 IMF 最基本的贷款,期限不超过 5 年,利率随期限递增。主要用于成员国弥补国际收支逆差。贷款最高额度为成员国所交纳份额的 125%。贷款分两部分,即储备部分贷款和信用部分贷款。前者占成员国份额的 25%,成员国提取这部分贷款是无条件的,也不需支付利息,但须用外汇或特别提款权缴纳的份额做保证;后者占成员国缴纳份额的 100%,共分四个档次,每档位份额的 25%,成员国申请第一档贷款比较容易获得,一般只需制定出借款计划便可得到批准,而二至四档属高档信用贷款,贷款条件较严格,成员国要借取就必须提供全面、详细的财政稳定计划,而且在使用时还必须 IMF 监督。

(2)出口波动补偿贷款。出口波动补偿贷款于 1963 年 2 月创立,旨在帮助初级产品出口国因出口收入下降或因进口价格上升引起的国际收支短期困难时,可在普通贷款外,另申请此项贷款。贷款期限为 3—5 年。

(3)缓冲库存贷款。设立于 1969 年 6 月,IMF 通过提供资金以支持成员国采取相应措施,使其维持初级出口产品库存,从而稳定初级出口产品的价格,以缓解初级产品出口收入波动过大对相关国家造成不利影响。贷款最高额度为成员国份额的 50%,期限为 3—5 年。

(4)中期贷款。设立于 1974 年 9 月,用于解决会员国长期的结构性国际收支逆差。其贷款限额大于普通贷款的限额,因此贷款条件比较严格,借款国必须提出整个贷款期限内有关政策、目标、计划及为实现这些目标将要采取的具体措施等。贷款期限为 4—10 年,贷款最高限额为会员国所交份额的 140%。由于该项贷款与普通贷款性质有相似之处,故又规定这两项贷款总额最高不得超过该国所交份额的 165%。

(5)补充贷款。IMF 于 1977 年 8 月正式发放,用于补充普通贷款的不足,贷款资金由产油国及发达国家提供(产油国提供 48 亿美元,发达国家提供 52 亿美元,共 100 亿美元)。这项贷款的备用安排期限为 1—3 年,贷款期限为 7 年。该项贷款已于 1981 年 4 月全部提供完毕。1981 年 5 月,IMF 又实行扩大贷款政策,作为对补充贷款的一种延续。贷款限额视情况而逐一确定。

(6)结构调整贷款。于 1986 年 3 月设立,旨在帮助低收入发展中国家通过宏观经济调整,解决国际收支长期失衡的问题。贷款条件优惠,期限一般为 10 年,且有 5 年宽限期,贷款最高限额为会员国份额的 250%。

(7)信托基金贷款。如前所述,设立于 1976 年,信托基金以优惠条件向低收入的发展中国家(1973 年人均国民收入低于 300SDRs 的国家和 1975 年人均国民收入低于 520 美元的国家)提供援助。同时,IMF 审核申请贷款国的国际收支、货币储备以及其他发展情况,证实确有资金需要并有调整国际收支的适当计划。此项贷款期限为 10 年,贷款利率为 0.5%,每半年归还一次,5 年内分 10 次还清。该项贷款现已结束。

(8)临时性信用贷款。它是 IMF 根据需要设立的临时性贷款,在 20 世纪 70 年代发生能源危机时,石油价格上涨 4 倍,IMF 于 1974 年 6 月设立石油贷款。通过临时性石油贷款,IMF 帮助石油出口国的外币盈余进行再循环。它从石油出口国及其他对外状况强劲的国家借入专项资金,再贷给石油进口国,帮助它们为与石油有关的逆差提供融资,并且专款专用。该项贷款已于 1976 年 5 月停止。1993 年 4 月,IMF 设立制度转型贷款,旨在帮助前苏联和东欧国家克服从计划经济向市场经济转轨过程中出现国际收支困难，以及其他同这些国家有传统的以计划价格为基础的贸易和支付关系的国家克服因贸易价格基础变化而引起的国际收支困难，该项贷款的最高额度为成员国份额的50%，期限为4—10年，1995年12月底，该项贷款通知运作。

（五）基金组织存在的主要问题和改革方向

国际货币基金组织和世界银行是联合国11个专门机构中，专门经营国际金融业务的全球性金融组织。在所有国际金融组织中，其规模最大、成员最多、影响最广泛。在加强国际经济和货币合作、稳定国际金融秩序等方面，发挥着极为重要的作用。

贷款的限制性条款过严。要求受款国在使用基金组织贷款时必须采取一定的经济调整措施，以便在有关贷款项目结束时能够恢复国际收支平衡。但是，造成国际收支不平衡的原因有很多，有些并不是能够简单地通过基金组织所要求的紧缩性政策解决的。

贷款资金分配不合理。基金组织对会员国的贷款数量与该国缴纳的份额挂钩，由于发达国家的份额通常远高于发展中国家，这就导致了最需要信贷资金的发展中国家只能得到很少量的贷款。不符合发展中国家利益。

贷款规模不能满足需要。尽管基金组织从建立以来不断增资，但是一旦遭遇金融或债务危机，需要贷款的国家数量大幅上升，基金组织很难满足这些国家贷款需求。同时基金组织对外借款手段有限，经常出现捉襟见肘的情况。

基金组织的改革方向：第一，提高各会员国的永久性认缴份额，以增加基金组织可调配的资金；强化基金组织的危机监控能力；立即采取措施扩大发展中国家在基金组织中的话语权和代表权；改革贷款机制：如加强备用贷款安排、设计灵活贷款额度、提高贷款额度、调整和简化贷款成本与期限结构、简化贷款工具等。

二、世界银行集团

世界银行集团（World Bank Group）由国际复兴开发银行、国际开发协会及国际金融公司、国际投资争端处理中心、多边投资担保机构组成。其中，国际复兴开发银行、国际开发协会和国际金融公司是三个具有融资功能的金融机构，国际投资争端处理中心和多边投资担保机构是两个服务性附属机构，这五个机构分别侧重于不同的发展领域，但都致力于实现减轻贫困的最终目标。

（一）国际复兴开发银行

国际复兴开发银行（International Bank for Reconstruction and Development，IBRD）

也称世界银行，是根据1944年7月《国际复兴开发银行协定》而与IMF同时建立的国际金融组织，1945年12月27日正式成立。1946年6月开始运营，1947年11月成为联合国的一个专门机构之一，该行的成员国必须是IMF的成员国，但IMF成员国不一定都参加世界银行。总部设在美国华盛顿。中国是IBRD创始成员国之一，于1980年5月15日恢复在IBRD的合法席位。

1.IBRD的宗旨

按照《国际复兴开发银行协定条款》的规定，世界银行的宗旨是：

(1)通过对生产事业的投资,协助成员国经济的复兴与建设,鼓励不发达国家对资源的开发;

(2)通过担保或参加私人贷款及其他私人投资的方式,促进私人对外投资。当成员国不能在合理条件下获得私人资本时,可运用该行自有资本或筹集的资金来补充私人投资的不足;

(3)鼓励国际投资,协助成员国提高生产能力,促进成员国国际贸易的平衡发展和国际收支状况的改善;

(4)在提供贷款保证时,应与其他方面的国际贷款配合。

世界银行与国际货币基金组织两者起着相互配合的作用。国际货币基金组织主要负责国际货币事务方面的问题,其主要任务是向成员国提供解决国际收支暂时不平衡的短期外汇资金,以消除外汇管制,促进汇率稳定和国际贸易的扩大。世界银行则主要负责经济的复兴和发展,向各成员国提供发展经济的中长期贷款。

2.组织机构

理事会是世界银行最高权力机构,由每一会员国选派理事和副理事各一人组成。理事连任 5 年,可以连任,副理事在理事缺席才有投票权。其主要职责是:批准接纳会员国;决定银行股本的调整;决定银行净收入的分配;停止会员资格;批准修正银行协定以及其他重大问题。理事会每年举行一次会议,一般与国际货币基金组织的理事会联合举行。必要时还可以召开特别会议。

执行董事会。是 IBRD 负责日常事务的机构,行使由理事会授予的职权。现有执行董事 24 人,任期两年。其中 5 人由持有股份最多的 5 国(美、英、西德、法、日)委派,其余 16 人由其他会员国的理事按地区分组选举产生。中国、俄罗斯、沙特阿拉伯由于拥有一定的投票权,均可自行单独选派一人。

世界银行行长是 IBRD 的最高行政长官,由执行董事长选举产生,负责领导 IBRD 的日常工作及任免高级职员和工作人员。理事、副理事、执行董事和副执行董事不得兼任行长。行长无投票权,只有在执行董事会在表决中双方票数相等时,才可投下决定性的 1 票。行长任期为 5 年,可以连任。

3.资金来源

IBRD 的资金来源,主要来自三个方面:

(1)会员国缴纳的股金。IBRD 成立之初,协定规定其法定股金为 100 亿美元,分为 10 万股,每股 10 万美元(1978 年 4 月 1 日以后 IBRD 的股本以特别提款权计值),之后 IBRD 经过了多次增资,截至 1995 年,其法定认缴股金已达到 1840 亿特别提款权。成员国政府根据其相对经济实力认缴的股金分为两部分:第一部分:会员国参加 IBRD 时,先缴纳股金的 20%,其中的 2%以黄金或美元缴纳,IBRD 对这部分股金有权自由使用;18%以会员国本币缴纳,IBRD 将这部分股金用于贷款时须征得该成员国的同意。第二部分:其余 80%是待缴股金。只有当 IBRD 遇到资金困难或其他危机时才缴纳。但到目前为止,IBRD 尚未要求成员国缴付过待缴股金。到 1990 年 6 月 30 日,我国认缴 IBRD 的股金为 42.19 亿美元,实缴股金为 2.99 亿美元,投票权为 35221 票,占总票数的 3.27%。

(2)向国际金融市场借款。在实有资本极其有限而又不能吸收短期存款的情况下,

IBRD 所需要的大部分资金(约 80%)主要通过在国际金融市场上发行债券来筹措,特别是在资本市场上发行中长期债券。IBRD 主要通过投资银行、商业银行等中介机构向私人投资者发行债券,期限从 2 年到 25 年不等,利率随行就市(由于 IBRD 的信誉较高,所以利率要低于普通公司债券和某些国家的政府债券),除了在国际金融上发行债券以外,IBRD 也会直接向成员国政府、中央银行等机构发行中、短期债券来筹措资金。20 世纪 60 年代,IBRD 的债券主要在美国发行,随着西欧和日本经济实力的增强,逐渐扩大到欧洲、日本和发展中国家发行债券,币种达 13 种之多,并具有多样化的期限结构。2000 年 1 月,IBRD 首次成功发行了总额为 30 亿美元的电子债券。

(3)债权转让。为了提高贷款资金的周转能力,20 世纪 80 年代以来,IBRD 将贷款债权的一部分有偿转让给私人投资者(主要是国际商业银行等金融机构),以提前收回一部分资金。

(4)利润收入。IBRD 自 1947 年开办以来,除第一年略有亏损外,历年都有盈余。IBRD 的净收益不分配给股东,除一部分以赠款的形式拨给国际开发协会及撒哈拉以南非洲地区特别基金以外,其余均留作准备金,充当银行的自有资金,作为 IBRD 发放贷款的一个资金来源。

4.IBRD 的贷款业务

IBRD 的主要业务是贷款业务。成立之初,贷款重点是帮助发达国家复兴经济。1948 年以后重点开始转向为发展中国家提供开发资金,其中主要是对中等收入国家提供贷款。

(1)贷款的条件:①只向成员国政府或由成员国政府、中央银行担保的公司机构提供贷款。②贷款一般用于 IBRD 批准的特定项目,贷款项目必须是经 IBRD 审定在技术上和经济上可行,并且是借款国经济发展应优先考虑的项目。只有在特殊情况下,IBRD 才发放非项目贷款。③贷款必须专款专用,并接受 IBRD 监督。IBRD 不仅对款项的使用进行监督,而且对工程的进度、物资的保证、工程的管理等方面进行监督。④申请贷款的国家确实不能以合理的条件从其他方面取得贷款时,IBRD 才考虑发放贷款或提供担保。⑤IBRD 贷款的资金主要来源于国际金融市场的借款。为保证贷款如期还回,贷款只发放给那些有偿还能力的成员国。

(2)贷款的特点:①贷款的重点是各种基础设施,如交通运输、通信、能源开发、公用事业、文教卫生和农业等。②贷款期限长、利率低。IBRD 贷款平均期限为 20 年,并有 5 年的宽期限。IBRD 贷款从 1976 年开始实行浮动利率,基本是按其在金融市场借款的利率再加 0.5 百分点计算,承担费按贷款额的 0.75%征收。③贷款程序严密。一般而言,IBRD 贷款分为三个步骤:首先,IBRD 对申请国的经济结构现状和前景进行调查,以确定贷款项目。其次,派专家小组对已确定的项目进行项目评估。最后,举行贷款谈判,并签订贷款与担保协议等法律文件。④贷款数额不受借款国股份数额的限制,但借款国要承担汇率变动的风险。

(3)贷款的种类。①项目贷款(Project Loan),又称投资项目贷款,是 IBRD 最主要的贷款,用于资助成员国的具体发展项目。IBRD 对工农业发展、文教卫生、能源开发、交通运输、城市发展等方面的贷款都属于此类贷款。②非项目贷款(Non-project Loan)。这是

IBRD为支持成员国进口物质、设备所需外汇提供的贷款，或是为支持成员国实现一定的计划所提供的贷款。③联合贷款(Co-fi-nancing)。IBRD与借款国以外的其他贷款者联合起来，为IBRD贷款资助的某一项目共同筹资和提供的贷款。联合贷款有两种形式：一种为平行联合贷款，是指IBRD同借款国政府选定贷款项目后，签署联合贷款协议，共同承担同一项目；另一种为组合式联合贷款，即IBRD与其他贷款者根据事先同意的比例出资将资金混合起来，按照IBRD的贷款程序和商品劳务采购原则与借款国签订借贷协议。IBRD更倾向于后一种形式。④第三窗口贷款(The Third Window Facility)，是指IBRD和国际开发协会提供的两项贷款(IBRD的一般性贷款和国际开发协会的优惠贷款)之外的一种贷款，亦称中间性贷款(Intermediate Financing Facility)，该贷款条件优于IBRD的一般性贷款条件，但不如国际开发协会的贷款条件优惠。这种贷款主要援助低收入的发展中国家，设立于1975年12月，到1977年结束。

向会员国提供技术援助也是IBRD业务活动的重要组成部分。这种技术援助往往是与贷款结合在一起的，该行派出人员、专家帮助借款国进行项目的组织和管理，提高项目资金使用效益。IBRD还设立由该行直接领导的一所经济发展学院，其任务主要是为发展中国家培训中高级管理干部。IBRD也经常帮助会员国制定社会经济发展计划，并为某些特殊问题提供咨询意见和解决方案。

(二)国际开发协会

国际开发协会(International Development Association，IDA)是一个专门从事对欠发达国家提供无息长期贷款的国际性金融组织。它于1960年9月正式成立，同年11月开始营业。总部设在美国华盛顿。国际开发协会的宗旨是向欠发达地区的协会成员国发放比一般贷款条件更优惠的贷款，以此作为IBRD贷款的补充，从而促进IBRD目标的实现。只有IBRD的成员国才能成为IDA的成员国。

1.IDA的组织机构

IDA的组织机构及其管理方式与IBRD相同。IDA的正、副理事，正、副执行理事，正、副经理和办事机构，均由IBRD的相应人员兼任。IBRD每年向IDA收取一笔管理费，弥补因兼营协会业务而增加的开支。IDA与IBRD实际上是“两块牌子、一套人马”，但是IDA又是一个独立的实体，它有自己的股本、资产和负债业务，有自己的协定、法规和财务系统。IDA不能向IBRD借款。

2.IDA的资金来源

(1)成员国认缴的股本。IDA原定的法定资本为10亿美元，之后，股本额随成员国的增加而增大，截至1995年6月底，成员国认缴股本额为928.91亿美元。IDA的成员通过投票参与决策活动，成员国的投票权与其认缴的股本成正比。成立之初，每一成员具有基本投票权500票，另外每多认缴5000美元股本增加1票。成员国认缴股本数量按其在IBRD的认股比例确定。IDA的成员国分为两类：第一类为发达国家和高收入国家，共21个，这些国家认缴股本应以黄金和自由外汇缴付；第二类为发展中国家，这些国家认缴股本的10%需以黄金或自由外汇缴付，其余90%以本国货币支付，且这些货币在未征得货币发行国同意之前IDA不得使用。

(2)各国提供的补充资金。由于成员国缴纳的股本有限，不能满足信贷业务的需要，而按规定 IDA 不得在国际金融市场上发行债券来筹措资金。因此，IDA 需要成员国政府（主要是第一类成员国家）不时地提供补充资金，以继续进行其业务活动。

(3)1964 年起，IBRD 从每年的业务净收入中拨出部分款项，作为 IDA 的贷款资金。

(4)IDA 本身的业务经营净收入，由于国际开发协会的贷款十分优惠，所以此部分数额很少。

3.IDA 的信贷业务

IDA 的贷款只发放给低收入的，并且无法从世界银行获得贷款的成员国，IDA 的贷款称为信贷(Credit)，以区别于世界银行提供的贷款(Loan)。IDA 提供的是优惠贷款，被称为软贷款(IDA Credit)，而 IBRD 提供的贷款条件较严，被称为硬贷款(Hard Loan)。IDA 贷款条件的优惠主要表现在长期和无息两个方面，具有明显的援助性质，具体包括：贷款不收利息，对已支付额每年仅收取 0.75%手续费，对未付贷款每年收 0.5%的承诺费。贷款期限 35—40 年，宽限期 10 年。头 10 年不必还本，第二个 10 年起，每年还本 1%，其余 30 年，每年还本 3%。贷款可全部或部分用本国货币偿还。贷款方向与 IBRD 一致。主要用于发展农业、工业、运输和电力、电信、城市供水以及文教卫生和计划生育等。从 20 世纪 70 年代开始，IDA 发放的是用于农业和农村发展的信贷。IDA 贷款的使用和监督，与 IBRD 要求一致。

（三）国际金融公司

IBRD 的贷款是以成员国政府为对象的，这在一定程度上限制了 IBRD 业务的发展。为了促进对私人企业国际贷款的发展，1956 年 7 月国际金融公司(International Financial Company，IFC)正式成立。总部设在华盛顿。截至 2016 年有成员国 182 个。根据《国际金融公司协定》，其宗旨是对发展中国家成员国私人企业的新建、改建和扩建提供贷款资金和技术援助，促进发展中国家私营经济的增长和国内资本市场的发展。按协定，只有世界银行的会员国才能参加国际金融公司。1957 年，IFC 与联合国签订协议，成为联合国的一个专门机构。我国于 1980 年 5 月恢复在 IFC 的合法席位。

1.IFC 的组织机构

组织机构与世界银行一样，最高决策机构是理事会，并设有管理日常业务的执行董事会。公司的正副理事、正副执行董事都由世界银行的正副理事和正副执行董事兼任。公司的经理则由世界银行行长兼任，其余内部机构人员也多数由世界银行的相应机构和人员兼管和兼任。但它有自己的法律和业务人员。

2.IFC 的资金来源

①成员国认缴的股本。IFC 最初的法定股本为 1 亿美元，分为 10 万股，每股 1000 美元，成员国必须以黄金或自由兑换货币缴纳股本。每个成员国有基本投票权 250 票，每增加 1 股，增加 1 票。IFC 也进行了多次增资。②向 IBRD 借款是 IFC 资金的一个重要来源，向 IBRD 借入的资金只能用于贷款业务。从个别国家借入的资金可用于公司协定条款授权的任何业务。此外，公司还通过国际金融市场发行债券筹措资金，用途不限。③业务经营的净收入。由于 IFC 一直将主要资助活动放在小而穷的会员国，所以业务经营收入数量有限。

3.IFC 的业务活动

与 IBRD 和 IDA 相比，IFC 的贷款与投资有如下特点：①IFC 主要向成员国的私人公司提供贷款或直接投资于私人企业。其中，贷款不需要成员国政府提供担保。②IFC 常常与私人商业银行等联合贷款，从而起到促进私人资本在国际范围流动作用。③IFC 一般只对中小型私人企业提供贷款，贷款数额一般在 200 万—400 万美元。而直接投资的对象仅仅是不发达国家的私人企业，投资额不超过项目资金的 25%，最低的只有 2%。④IFC 在提供资金时，往往采取贷款与资本投资相结合的方式，但是公司并不参与投资企业的经营管理。⑤贷款具有较大的灵活性，既提供项目建设的外汇需要，也提供本地货币开支部分。所贷资金既可以作为流动资金，也可作为购置固定资产之用。

IFC 的贷款期限一般为 7—15 年，还款须用原借入时的货币，贷款利率不统一，视投资对象的风险和预期收益而定，但一般高于 IBRD 的贷款利率，对于未提取的贷款资金，公司收取 1%的承担费。IFC 在进行投资时，还向项目主办企业提供必要的技术援助，向成员国政府提供政策咨询服务，以协助创造良好的投资环境，从而达到促进私人资本投资的目的。

（四）多边投资担保公司

多边投资担保公司（Multilateral Investment Guarantee Agency，MIGA）成立于 1988 年，是世界银行集团中最新成立的一个机构。其宗旨是鼓励生产性的外国直接投资向发展中国家的流动以及资本在发展中国家之间的流动，从而促进发展中国家经济增长，并以此补充 IBRD 和 IDA 的业务活动。为实现其目标，该机构的主要任务之一是经东道国批准对外国投资者在该国的非商业性风险提供担保，包括再保和分保以及开展合适的辅助性服务。

（五）国际投资争端处理中心

国际投资争端处理中心（International Centre for Settlement of Investment Disputes，ICSID）成立于 1966 年，是 IBRD 为成员国政府与外国投资者在投资、结算等方面发生的纠纷提供仲裁和调解的机构。

ICSID 作为一个国际性的常设机构，设有一个行政理事会和一个秘书处，并分别设立一个调停人小组和一个仲裁人小组。行政理事会是解决投资争端国际中心的权力机关，其职责是制定 ICSID 的行政和财务规章，制定调解和仲裁程序的规则等。秘书处由秘书长、副秘书长和工作人员组成，秘书长在法律上代表 ICSID，其职责是负责 ICSID 的日常行政事务。ICSID 并不直接参加调解和仲裁，只是提供调解员和仲裁员名册，供投资者和成员国选择，依《华盛顿公约》组成特别委员成员或仲裁庭，并遵循 1966 年 10 月 14 日生效的《国际投资结算仲裁惯例》进行调解和仲裁。ICSID 于 1978 年还建立了一套《附加规则》，授权秘书处仲裁一些不在《国际投资结算仲裁惯例》规定范围内的国家纠纷以及纠纷一方不是 ICSID 成员国的纠纷。总之，世界银行集团通过设立该机构，促进了国际投资流量的增加。

三、国际清算银行

国际清算银行（Bank of International Settlement，BIS），是指在 1930 年 5 月，根据《海

牙国际协定》,由英、法、德、意、比、日六国的中央银行以及美国摩根保证信托公司、纽约花旗银行、芝加哥花旗银行共同出资组建的国际金融机构。它是世界上最早成立的国际金融机构,总部设在瑞士巴塞尔。中国人民银行于1996年11月正式加入BIS,中国人民银行是该行亚洲顾问委员会的成员。

创立BIS的目的是处理第一次世界大战后德国对协约国的赔款问题和与德国赔偿的"杨格计划"有关的业务。随着一战后债务问题的解决,BIS的职能也在不断发生变化。BIS一度成为围绕"马歇尔计划"而在各国之间办理国际结算的代理机构。现在它专门从事各国中央银行存放款业务,被称为"中央银行的银行",为国际金融活动提供更多的便利,在国际金融清算业务方面充当受托人和委托人。

(一)BIS的宗旨

国际清算银行的基本宗旨是促进国际货币金融领域合作,并为各国中央银行服务,增进成员国中央银行之间的合作,目标是促进货币金融稳定。

(二)BIS的组织机构

国际清算银行是股份制的企业性质金融机构,BIS 80%的股权由成员国中央银行持有,其余20%为私人股权。其最高权力机构是股东大会,每年召开一次大会,由认购其股票的各国中央银行派代表参加。股东大会的投票权根据认股数按比例分配,私人持股者没有投票权。BIS的日常业务由董事会负责,董事会是BIS的实际领导机构。董事会由13人组成,董事长兼行长由选举产生。董事会是主要的政策制定者。董事会下设经理部,有总经理和副总经理及正、副经理10余人,下设四个业务机构:银行账号部,货币经济部,秘书处和法律处。

(三)BIS的资金来源及主要业务活动

BIS的资金来源包括会员国缴纳的股金、各国中央银行和商业银行的存款、向各国中央银行的借款。BIS的基本业务活动主要有:①处理国际清算业务。第二次世界大战后,为政府间的国际金融业务提供便利,BIS先后成为欧洲经济合作组织、欧洲支付同盟、欧洲货币合作基金等国际金融业务的代理人,承担着大量的国际结算业务。②为各国中央银行提供服务,包括办理成员国中央银行的存款和贷款,代理各国中央银行和一些国际机构办理买卖或为其保存黄金、外汇及国债券等金融资产,协助各国中央银行管理外汇储备与金融投资。③定期举办中央银行行长会议。BIS于每月的第一个周末在巴塞尔举行西方主要中央银行行长会议,商讨有关国际金融问题,协调有关国家的金融政策,推动国际金融合作。④进行国际货币与金融问题的研究。

第三节 区域性国际金融组织

一、亚洲开发银行

亚洲开发银行(Asian Development Bank,ADB)是亚洲和太平洋地区的区域性金融机构。它是联合国亚洲及太平洋经济社会委员会(联合国亚太经社会)赞助建立的机构，同联合国及其区域和专门机构有着密切的联系。根据1963年12月在马尼拉由联合国亚太一经社会主持召开的第一届亚洲经济合作部长级会议的决议，1965年11月至12月在马尼拉召开的第二届会议通过了亚洲开发银行章程。同年12月19日正式营业，总部设在菲律宾首都马尼拉。亚洲开发银行有来自亚洲和太平洋地区的区域成员和来自欧洲和北美洲的非区域成员。亚洲开发银行在成立之初只有33个成员，目前，包括中国在内的亚洲开发银行的成员国共有67个，其中，48个成员国为亚洲及太平洋地区的称为本地区成员国，另外19个来自欧洲和北美洲的，称为非本地区成员国。中国于1983年正式加入该机构。

(一)ADB的宗旨和组织机构

亚洲开发银行的宗旨是通过发放贷款，进行投资，提供技术援助，以促进亚洲和太平洋地区的经济增长和合作，并协助本地区的发展中成员国集体或单独地加速经济发展的进程。

亚洲开发银行是股份制企业性质的金融机构，凡成员国都须认缴该行的股份，一般由成员国财政部或中央银行与该行往来。其组织机构主要有理事会和董事会。理事会是亚行最高的决策机构，一般由各成员国财长或中央银行行长组成，每个成员在亚行有正、副理事各一名。亚洲开发银行理事会每年召开一次会议，通称年会。理事会的主要职责是：接纳新会员，改变注册资本，选举董事或行长，修改章程。亚行67个成员分成12个选区，每个选区各派出1个董事和副董事。董事会由12个董事和12个副董事组成。67个成员中，日本、美国和中国三大股东国是单独选取区，各自派出自己的董事和副董事。其他成员组成9个多国选取区，董事和副董事一职由选区内不同成同根据股份大小分别派出或轮流派出。亚洲开发银行设行长(总裁)一名，负责主持董事会，管理亚行的日常工作。行长是该行的法定代表和最高行政负责人，由理事会选举产生，任期5年，可连任，主要负责亚行的日常业务和亚行其他行政人员和工作人员的聘任和辞退。行长没有投票权，只有在投票出现等数时，方可投出决定性的一票。由于日本在亚行的地位，亚洲开发银行的历任行长均由日本人担任。亚洲开发银行的主要职能部门有：农业和乡村发展部、基本建设部、工业和开发银行及预算部。

(二)ADB的资金来源

1.普通资金

普通资金用于亚洲开发银行的硬贷款业务。这是亚洲开发银行进行业务活动最主要的资金来源。普通资金来源于股本、借款、普通储备金、特别储备金、净收益和预交股本等。普通资金是亚行开展业务活动的主要资金来源。

2.开发基金

亚洲开发银行基金创建于1974年6月，基金主要是来自亚洲开发银行发达会员国或地区成员的捐赠，用于向亚太地区贫困国家或地区发放优惠贷款。同时亚洲开发银行理事会还按有关规定从各会员国或地区成员缴纳的未核销实缴股本中拨出10%作为基金的一部分。此外，亚洲开发银行还从其他渠道取得部分赠款。

3.技术援助特别基金

亚洲开发银行认为,除了向会员国或地区成员提供贷款或投资以外,还需要提高发展中国家会员或地区成员的人力资源素质和加强执行机构的建设。为此,亚洲开发银行于1967年成立了技术援助特别基金。该项基金的一个来源为赠款;另一来源是根据亚洲开发银行理事会1986年10月1日会议决定,在为亚洲开发基金增资36亿美元时将其中的2%拨给技术援助特别基金。

4.日本特别基金

在1987年举行的亚洲开发银行第20届年会上,日本政府表示,愿出资建立一个特别基金。亚洲开发银行理事会于1988年3月10日决定成立日本特别基金。主要作用有两种:第一,以赠款的形式,资助在会员国或地区成员的公营、私营部门的开发项目。第二,以单独或联合赠款的形式,对亚洲开发银行向公营部门开发项目进行贷款的技术援助部分予以资助。

5.联合融资

亚行除了用自己筹集到的资金从事贷款和技术援助以外,还通过联合融资这一形式为本地区的经济发展筹集更多的开发资金。亚行的联合融资是指一个或一个以上的外部经济实体与亚行共同为某一开发项目融资。

(三)ADB的主要业务

1.贷款

亚洲开发银行所在地发放的贷款按条件划分,有硬贷款、软贷款和赠款三类。硬贷款的贷款利率为浮动利率,每半年调整一次,贷款期限为10～30年(2～7年宽限期)。软贷款也就是优惠贷款,只提供给人均国民收入低于670美元(按1983年的美元)且还款能力有限的会员国或地区成员,贷款期限为40年(10年宽限期),不收利息,仅有1%的手续费。赠款用于技术援助,资金由技术援助特别基金提供,赠款额没有限制。亚洲开发银行贷款按方式划分有项目贷款、部门贷款、开发金融机构贷款、特别项目援助贷款和私营部门贷款等。

2.股本投资

股本投资是对私营部门开展的一项业务,也不要政府担保。除亚行直接经营的股本投资外,还通过发展中成员的金融机构进行小额的股本投资。

3.技术援助

技术援助可分为项目准备技术援助、项目执行援助、咨询技术援助和区域活动技术援助。技术援助项目由亚洲开发银行董事会批准,如果金额不超过35万美元,行长也有权批准,但须通报董事会。

4.联合融资和担保

亚行不仅自己为其发展中成员的发展提供资金,而且吸引双边、多边机构以及商业金融机构的资金,投向共同的项目。这是亚行所起的催化作用。这种做法对各方都有利。对受款国来说,增加了筹资渠道,而且条件优惠于纯商业性贷款。对亚行来说,克服了资金不足的困难。对联合融资者来说,可以节省对贷款的审查费用。

亚行对参加联合融资和私营机构所提供的贷款还提供担保服务。担保服务可以帮助发展中成员从私营机构那里争取到优惠的贷款。

二、欧洲投资银行

根据1957年西欧六国在罗马签订的《欧洲经济共同体条约》(即《罗马条约》),作为欧洲经济共同体各国政府间的一个金融机构,欧洲投资银行(European investment Bank,EIB)于1958年1月成立,总部设在卢森堡。根据《罗马条约》第130条规定,欧洲投资银行的宗旨是:利用国际资本市场和共同体内部资金,促进共同体的平衡和稳定发展。该行的业务重点是对共同体内落后地区兴建的项目,对有助于促进工业化和结构改革的计划提供长期贷款或担保。从1964年开始,该行贷款对象扩大到与共同体有较密切联系或有合作协定的共同体以外的国家。

欧洲投资银行是股份制的企业性金融机构。其最高权力机构是由成员国财政部长组成的董事会。董事会负责制定银行总的方针政策,董事长由各成员国轮流担任;理事会负责主要业务的决策工作,如批准贷款、确定利率等;管理委员会负责日常业务的管理。

欧洲投资银行的资金来源主要由两部分组成:成员国认缴的股本金;通过发行债券在国际金融市场上借款。

欧洲投资银行的主要业务活动包括:第一,为促进地区平衡发展的工业、能源和基础设施项目的兴建与改造提供贷款或贷款担保。提供贷款的种类有普通贷款和特别贷款。普通贷款主要向共同体成员国政府和私人企业发放,特别贷款是向共同体以外的国家和地区发放的一种优惠贷款。第二,促进成员国或共同体感兴趣的事业发展。第三,促进企业现代化。

三、泛美开发银行

(Inter—American Development Bank,IDB)于1959年12月30日根据《建立泛美开发银行的协定》正式成立,并于1960年11月1日开始营业。总部设在美国华盛顿。是由美洲及美洲以外的国家联合建立的向拉丁美洲国家提供贷款的金融机构。泛美开发银行的宗旨是:动员美洲内外资金,为拉丁美洲国家的经济和社会发展提供项目贷款和技术援助,以促进拉美经济的发展。其资金来源主要是会员国认缴的股金、向国际金融市场借款和来自较发达会员国的存款。

泛美开发银行的最高权力机构是董事会,由所有成员国各派1名董事组成,董事和副董事任期5年。董事会讨论决定银行的重大方针政策问题。董事会下设执行理事会,负责银行的日常业务工作。执行理事由董事会选派,12名理事的分配名额大致是拉丁美洲国家8名,美国和加拿大各1名,其余2名由美洲以外的国家提供。董事会选出行长1名,行长兼任执行理事会主席,在董事会指导下处理日常业务并主持理事会会议。

泛美开发银行法定资本金分为普通资本和特种业务基金两种,原定为10亿美元。普通资本金为8.5亿美元,其中美国出资3.5亿美元;特种业务基金为1.5亿美元,其中美国出资1亿美元。以后随着资本金的增加,资本金又划分为普通资本、区际资本和特种业务基金,除了资本金以外,泛美开发银行还通过发行债券在国际金融市场上筹集资金。

泛美开发银行的主要业务是提供贷款。该行的贷款可分为普通业务贷款和特种业务基金贷款。前者贷款的对象是政府和公、私机构的特定经济项目，后者的贷款对象主要为需要特别对待的经济和社会项目。除贷款之外，银行还向成员国提供技术合作援助。

四、非洲开发银行

非洲开发银行(African Development Bank，ADB)简称非行，是非洲国家在联合国帮助下成立的政府间国际金融组织，它成立于1964年9月，1966年7月正式开业，总部设在科特迪瓦首都阿比让。非行成立的宗旨是向非洲成员国提供贷款和投资或给予技术援助，以充分利用非洲大陆的人力和资源，促进各国经济的协调发展和社会进步，尽快改变非洲贫穷落后的面貌。

(一)非行的组织机构

非洲开发银行的最高决策与权力机构是理事会，由各成员国指派一名理事组成，理事一般由各国财政部长或中央银行行长担任，理事会每年召开一次会议。每个理事的投票表决权根据成员国缴纳股本的多少确定。理事会选举出18名成员组成董事会，董事会负责非行的日常经营活动。董事会选举非行的行长，行长即董事会主席在董事会指导下安排非行的日常业务工作。

为广泛动员和利用资金，解决贷款资金的来源，非行先后建立了以下四个机构。

1.非洲投资开发国际金融公司

该公司于1970年11月在非行倡议和参与下组建的控股公司，其宗旨是动员国际私人资本建设和发展非洲的生产性企业。

2.非洲开发基金

该基金成立于1972年7月，由非行与非行以外的22个发达国家出资，主要向非洲最贫穷的成员国的发展项目提供长达50年的无息贷款(其中包括10年的宽限期)。

3.尼日利亚信托基金

该基金建立于1976年2月，由尼日利亚政府出资、由非行管理。它与其他基金一起联合向非行成员国提供低息项目贷款，主要用于解决公用事业、交通运输和社会部门的建设。该基金贷款期限为25年，且有5年的宽限期。

4.非洲再保险公司

该公司是发展中国家建立的第一家政府间再保险机构，它成立于1977年3月，其宗旨是促进非洲保险和再保险事业的发展，通过投资和提供保险与再保险的技术援助来促进非洲国家的经济自立和加强区域合作。

(二)非行的业务活动

非行的业务活动分普通贷款业务和特别贷款业务。普通贷款业务是该行用普通股本资金提供的贷款和担保偿还贷款，特别贷款业务是用非行规定的专门用途的“特别基金”开展的优惠贷款业务。

非行自成立以来，特别是20世纪80年代以后，业务发挥非常迅速。非洲开发银行的贷款主要用于农业、交通运输、公用事业、工业和金融部门，对非洲经济的发展作出了应有的贡献。

五、金砖国家新开发银行

2013 年 3 月 27 日，第五次金砖国家领导人峰会上决定建立金砖国家开发银行、筹备建立金砖国家外汇储备库，并成立工商理事会。按照最初的设计，金砖银行的初始本金为 500 亿美元，由每个国家各出资 100 亿美元。金砖国家开发银行的宗旨是通过制度性安排，帮助金砖国家以及更广泛意义上的发展中国家，充分调动可用资金，实现储蓄向实体投资转化，从而增进资源的有效配置。2011 年，南非正式成为金砖国家中的一员，从此，金砖国家由中国、俄罗斯、印度和巴西四国，变成目前的“金砖五国”。

金砖国家都是新兴经济体，发展速度较快，对资金的需求较大，且彼此之间的贸易往来较多，存在诸多共同利益。金砖国家开发银行的成立，将以基础设施建设等项目投资为重点，为五国乃至更多的新兴市场国家提供融资便利，从中长期看，将促进这些国家的经济发展，最终实现共同繁荣。另外，发展中国家在面临经济困难和财政困难时，除了向世界银行和国际货币基金组织求援外，也可以向金砖国家开发银行求助。再者，成立金砖国家开发银行，可以简化金砖国家间的相互结算与贷款业务，从而减少对美元和欧元的依赖，有效保障成员国间的资金流通和贸易往来，促进经济的发展。

金砖国家开发银行的成立，将标志着新兴经济体在全球框架中发挥越来越重要的影响，从而对 IMF(国际货币基金组织)、世界银行这一长期由欧美国家把持主导权的国际金融体系构成挑战。事实上，该银行构想的虚变实，同样也体现了这种挑战的逐步清晰化、成形化；2012 年新德里峰会，“金砖”首次公开提出加速改革 IMF/世界银行机制，本着公开、择优原则推选两大机构最高领导人等共识；2013 年包括金砖国家开发银行在内、一揽子构想的推出，则更直接表明了“金砖”们已不仅仅满足于欧美在 IMF/世界银行机制框架里有限的让步和安抚，而要“别开生面”、构建另一套相对平行的国际金融架构。

金砖国家 2014 年 7 月 15 日发表《福塔莱萨宣言》，宣布金砖国家新开发银行(New Development Bank)的初始授权资本为 1000 亿美元，初始认购资本为 500 亿美元，由 5 个创始成员国均摊。其总部设在中国上海，其首任理事长来自俄罗斯，首任董事长来自巴西，首任行长来自印度。

六、亚洲基础设施投资银行

亚洲基础设施投资银行(Asian Infrastructure Investment Bank，简称亚投行，AIIB)是一个政府间性质的亚洲区域多边开发机构。重点支持基础设施建设，成立宗旨是为了促进亚洲区域的建设互联互通化和经济一体化的进程，并且加强中国及其他亚洲国家和地区的合作，是首个由中国倡议设立的多边金融机构，总部设在北京，法定资本 1000 亿美元。

(一)成员概况

自 2016 年 1 月正式成立以来，经历了多次扩容，截至 2019 年 4 月 22 日，亚投行的成员总数达到 97 个。按大洲分，涉及亚洲、欧洲、大洋洲、南美洲、非洲等。联合国安理会五大常任理事国已占四席：中国、英国、法国、俄罗斯。G20 国家中已占 16 席：中国、英国、法国、印度、印度尼西亚、沙特阿拉伯、德国、意大利、澳大利亚、土耳其、韩国、巴西、南非、俄罗斯、加拿大、阿根廷。七国集团已占五席：英国、法国、德国、意大利、加拿大。金砖国家全部加入亚投行：中国、俄罗斯、印度、巴西、南非。

（二）主要宗旨

秉持“简洁、廉洁、清洁”的核心价值观，通过在基础设施及其他生产性领域的投资，促进亚洲经济可持续发展、创造财富并改善基础设施互联互通；与其他多边和双边开发机构紧密合作，推进区域合作和伙伴关系，应对发展挑战。

（三）主要职能

1.推动区域内发展领域的公共和私营资本投资，尤其是基础设施和其他生产性领域的发展。

2.利用其可支配资金为本区域发展事业提供融资支持，包括能最有效支持本区域整体解决和谐发展的项目和规划，并特别关注本区域欠发达成员的需求。

3.鼓励私营资本参与投资有利于区域经济发展，尤其是基础设施和其他生产性领域的发展的项目、企业和活动，并在无法以合理条件获取私营资本融资时，对私营投资进行补充。

4.为强化这些职能开展的其他活动和提供的其他服务。亚投行采用股份制银行的治理模式，组织框架由理事会、董事会和银行总部组成。其中，由所有成员国代表组成的理事会是其最高权力和决策机构；董事会由理事会选举的总裁主持，负责对日常事务的管理决策；银行总部下设银行各主要职能部门，包括综合业务部、风险管理部等，分别负责亚投行日常业务的开展。运行后的亚投行将是一个政府间性质的亚洲区域多边开发机构，按照多边开发银行的模式和原则运营，重点支持亚洲地区基础设施建设。

第二节　金融全球化

一、金融全球化的内涵

金融全球化是指金融业务跨境发展并趋于全球一体化的趋势。伴随着生产的全球化，生产要素在全球范围内进行配置，资金作为重要的生产要素，也跨越国界，在全球范围内流动，构成了金融全球化。

金融自由化、金融国际化和金融全球化密切相关，从不同角度反映出金融全球化的程度。

（一）金融自由化

金融自由化也称金融深化，主张改革金融制度，改革政府对金融的过渡干预，放松对金融机构和金融市场的限制，增强国内的筹资功能以改变对外资的过度依赖，放松对利率和汇率的管制使之市场化。从而使利率能反映资金供求，汇率能反映外汇供求，促进国内储蓄率的提高，最终达到抑制通货膨胀、刺激经济增长的目的。金融自由化的产生一方面是为了适应跨国公司的发展，另一方面是因为金融创新造成金融管制失效，迫使金融当局放松管制，加快金融自由化。金融自由化是金融全球化的前提和条件，没有金融自由化，就不可能有金融全球化。

(二)金融国际化

金融国际化是指一国的金融活动超越本国国界，脱离本国政府金融管制，在全球范围展开经营、寻求融合、求得发展的过程。金融自由化为金融国际化提供了制度基础；现代计算机技术和信息技术，特别是互联网技术的发展，消除了各国市场之间和国际市场之间金融信息传递的时空障碍，使得高速度、低成本处理大规模金融交易成为可能；为规避金融管制而进行的金融创新进一步促进了金融国际化的发展。金融国际化是金融全球化发展的过渡阶段，是实现金融全球化的必经过程。

(三)金融一体化

金融一体化是指国与国之间的金融活动相互渗透、相互影响而形成的一个联动整体，在这个整体内部，同一金融资产在不同国家或地区同一时点上获得的收益率相同。金融一体化是金融自由化和金融国际化发展的必然结果，也是金融全球化的最终目标。

二、金融全球化的表现形式

金融活动是投资者和融资者通过一定的金融机构、利用金融工具在金融市场进行的资金交易活动，因此金融全球化就是金融活动的全球化。具体表现为以下几方面。

(一)资本流动全球化

随着投资行为和融资行为的全球化，即投资者和融资者都可以在全球范围内选择最符合自己要求的金融机构和金融工具，资本流动也实现了全球化。20 世纪 80 年代以来，国际资本流动呈现出不断加速和扩大的趋势。特别是 20 世纪 90 年代以来，国际资本以前所未有的数量、惊人的速度和日新月异的形势使全球资本急剧膨胀。

(二)金融机构全球化

金融机构是金融活动的组织者和服务者。金融机构全球化包括本国金融机构的准出和外国金融机构的准入两个方面。表现突出的是发展中国家逐步放宽了对外资金融机构的限制，鼓励本国金融机构积极开展国际业务，设立国外分支机构，从而推动了跨国金融机构的蓬勃发展，形成全球范围的经营网络。1997 年末，世界贸易组织会员国签署《金融服务协议》，把允许外国在其境内建立金融服务公司并将按竞争原则运行作为加入该组织的重要条件，进一步促进了金融机构全球化。

(三)金融市场全球化

金融市场是金融活动的载体，金融市场全球化就是金融交易的市场超越时空和地域的限制而趋向于一体。目前，全球主要国际金融中心已连成一片，全球各地以及不同类型的金融市场趋于一体，金融市场的依赖性和相关性日益密切。随着信息通信技术的高度发达和广泛应用，全球金融市场已经开始走向金融网络化，即全球金融信息系统、交易系统、支付系统和清算系统的网络化。全球外汇市场和黄金市场已经实现了每天 24 小时连续不间断交易。世界上任何一个角落有关汇率的政治、经济信息，几乎同步显示在世界任何一个角落的银行外汇交易室计算机网络终端的显示器上。远隔重洋的地球两端以亿美元为单位的外汇交易在数秒钟之内可以完成。

(四)金融监管和协调全球化

金融全球化客观上要求有相应的国际金融监管的协调机制和机构，以确保国际货币和金融体系的正常运作。因此，国际货币基金组织、世界银行集团、国际清算银行等全球性金融组织应运而生。如国际货币基金组织是典型的国际金融协调机构，负责调节成员国的国际收支差额，维持汇率的稳定。“各国中央银行的中央银行”——国际清算银行发起拟定的巴塞尔协议以及有效银行监管的核心原则等文件为越来越多的国家所接受，标志着全球统一的金融监管标准趋于形成。

三、金融全球化的原因

(一)实体经济的发展为金融全球化奠定了经济基础

金融全球化是生产和对外直接投资全球化的必然要求，而生产和对外直接投资的全球化则成为金融全球化发展的重要推动力量。以跨国公司为主要载体的全球直接投资的迅速增长，不仅推动了金融机构的活动跨越国家疆界，而且为金融的全球化创造了必要的实体经济条件。同时，实体经济的发展为金融全球化奠定了坚实经济基础。

(二)金融创新为金融全球化提供了技术保障

金融创新作为金融技术的革命，其发展不仅对发达国家的金融业产生了革命性的影响，也对全球金融活动产生了深刻的影响。从发达国家来看，其影响主要表现为使各类金融机构之间的传统业务分工趋于模糊，呈现出同质化的特征；从全球金融活动来看，各种新的金融工具作为引导资金跨国流动的载体，最终将各国的金融市场真正联结在一起，从根本上改变了全球金融运作的基础。金融创新丰富了金融市场的交易品种，促进了金融改革，提高了金融机构的运作效率，有力地推动了金融全球化。

(三)金融自由化为金融全球化扫清了制度障碍

过去各国对金融监管较严是为了避免金融风险或维护本国经济稳定，金融活动主要局限于国内金融市场。随着生产力的进一步发展，各国政府从自身经济利益出发，积极推动金融自由化进程。从各国实践看，金融自由化主要集中在价格自由化、业务经营自由化、市场准入自由化、资本流动自由化等方面。

20 世纪 70 年代以来，发达国家相继开始放松金融管制，发展中国家则以金融深化为标志的金融体制改革。20 世纪 80 年代后，以美国、英国、德国、日本和法国为主的工业化国家采取了一系列金融市场自由化措施：取消利率上限、引入创新金融工具、放松市场准入和营业限制、放松税收管制。伴随着金融自由化进程加快，发达国家为减少竞争成本、降低与防范投资风险，不断开拓金融市场，创新金融交易方式。发展中国家则积极与发达国家或地区金融市场相联结，努力构成全球化市场运作体系。金融自由化为金融全球化扫清了制度障碍。

四、金融全球化的利弊

金融全球化是一把双刃剑,客观上会产生积极与消极两个方面的作用。

(一)积极作用

1.促进国际贸易和国际投资的发展以推动世界经济增长。

2.促进全球金融业自身效率的提高。促进金融机构的适度竞争,降低流通费用;实现全球范围内的最佳投资组合,合理配置资本,提高效率;增强金融机构的竞争能力。大力发展金融。

3.加强了国际监管领域的国家协调与合作。

(二)消极作用

1.增加金融风险。金融全球化加深了金融虚拟化程度。衍生金融工具本身是作为避险工具而产生的,但过度膨胀和运用不当滋生了过度投机,剥离了金融市场与实体经济的联系,反而成为产生金融风险的原因。

2.削弱了宏观经济政策的有效性,降低了国家对宏观经济的干预能力。当一国采取紧缩性货币政策,使得国内金融市场利率提高时,国内的银行和企业可方便地从国际货币市场获得低成本的资金,削弱了宏观经济政策的有效性,降低了国家对宏观经济的干预能力。

3.加快金融危机在全球范围内的传递,增加国际金融体系的脆弱性。

五、金融全球化对不同国家的影响

(一)对发达国家的影响

发达国家是金融国际化的主要受益者。发达国家拥有充裕的资金和高度发达的金融市场,在国际金融业的竞争中拥有绝对优势;但在宏观管理、税收、培养竞争者等方面有不利影响。

(二)对新兴市场国家的影响

1.积极影响表现在:充分利用市场充裕的资金和先进的技术促进经济发展;促生一批新兴的国际金融中心,从而改变了单纯依赖发达国家金融市场的局面;有利于建立国际经济新秩序。

2.消极影响表现在:首先,一旦经常项目连续出现逆差或国内经济出现问题,国际资本匆匆撤离,严重冲击新兴市场国家的经济发展;其次,发达国家转移夕阳产业和过时技术,影响了新兴市场国家的可持续发展。

(三)对欠发达国家的影响

欠发达国家由于经济落后,对国际资本缺乏吸引力,这些国家金融市场国际化的步伐远远落后于新兴市场国家,有被边缘化的倾向。尽管金融全球化带来了部分资金,但许多现代经济部门被外资所控制,容易成为发达国家组装工厂,金融国际化正在逐步加大欠发达国家与发达国家甚至新兴市场国家的贫富差距。

本章小结

1.国际金融机构包括国际货币基金组织、世界银行集团、国际清算银行、半区域性和区域性国际金融机构。国际货币基金组织和世界银行集团是规模最大、成员最多、影响广泛的国际金融机构。

2.IMF 的土要职能是进行全球监督与资金融通。世界银行集团由国际复兴开发银行、国际开发协会、国际金融公司等成员机构组成。国际复兴开发银行主要向发展中国家提供中长期贷款,国际开发协会专门向低收入国家提供长期贷款,国际金融公司是世界银行对发展中国家私人部门投资的窗口。

3.作为历史最悠久的国际金融机构,国际清算银行是专门从事各国中央银行存放款业务的银行,被人们称为中央银行的银行。

4.亚洲开发银行是一个类似于世界银行的,但只面向亚洲和太平洋地区的地区性国际金融机构。

5.金融全球化是指金融业务跨境发展并趋于全球一体化的趋势。金融自由化、金融国际化和金融全球化密切相关,从不同角度反映出金融全球化的程度。金融全球化的表现形式:资本流动全球化、金融机构全球化、金融市场全球化、金融监管和协调全球化。金融全球化是一把双刃剑,客观上会产生积极与消极两个方面的作用。对发达国家、新兴市场国家、欠发达国家有不同影响。

练习与思考

一、单选题

1.最早建立的国际金融组织是( )。

A.国际货币基金组织　　B.国际开发协会

C.国际清算银行　　D.世界银行

2.IMF 最基本的一种贷款是( )。

A.中期贷款　　B.普通贷款　　C.项目贷款　　D.信托基金贷款

3.IMF 普通贷款的最高额度为会员国所缴份额的( )。

A.50%　　B.100%　　C.200%　　D.125%

4.下列不属于 IMF 业务范围的有( )。

A.汇率监督与政策协调

B.储备资产的创造与管理

C.对国际收支赤字国提供短期资金融通

D.对低收入国家提供长期优惠贷款

5.下面关于 IBRD 宗旨阐述不正确的是( )

A.为会员国提供生产性资金,组织和提供长期贷款和投资,促进会员国经济发展。

B.为保证宗旨的实现,IBRD 规定:银行及其官员不干预会员国的政治,一切决定只应与经济方面的考虑有关。

C.在贷款担保或组织其他渠道资金时,保证大项目优于小项目。

D.鼓励国际投资以开发会员国生产资源的方法,促进国际贸易长期均衡发展。

6.专门向低收入国家提供长期贷款的国际金融机构是(　　)。

A.国际开发协会　　B.国际复兴开发银行

C.国际金融公司　　D.多边投资担保机构

7.IDA 的贷款称为(　　)。

A.软贷款　　B.硬贷款　　C.开发信贷　　D.普通贷款

8.世界银行的资金约 70%来源于(　　)。

A.股本资金　　B.借款

C.债权转让　　D.留存业务净收益

9.IMF 成员国申请储备部分的贷款是(　　)。

A.无条件的,需特别批准,不支付利息

B.无条件的,可自动提用,不支付利息

C.无条件的,需特别批准,支付利息

D.无条件的,可自动提用,支付利息

10.世界银行贷款的主要组成部分是(　　)。

A.普通贷款　　B.项目贷款

C.扩展贷款　　D.第三窗口贷款

二、多选题

1.在下列国际金融机构中,属于全球性的有(　　)。

A.IFC　　B.IBRD

C.IDA　　D.IMF

E.ADB　　F.EIB

2.下列的(　　)说法是不正确的。

A.世界银行的贷款期限一般不超过 3 年

B.世界银行的贷款对象为发展中国家成员

C.世界银行贷款必须专款专用,并接受世界银行的监督

D.世界银行从营业收入中拨出的款项也是国家开发协会的资金来源之一

3.IMF 会员国缴纳份额的作用(　　)。

A.决定会员国表决权的大小　　B.决定会员国得到 SDRs 的多少

C.消除会员国外汇管制　　D.决定会员国进出口多少

E.决定会员国享受普通提款权多少

4.世界银行的主要业务有(　　)。

A.贷款　　B.投资担保

C.汇率监督　　D.政策担保

E.发行债券投资

5.世界银行的资金来源主要有(　　)。

A.会员国缴纳的股金　　B.向国际金融市场借款

C.转让银行债权　　D.业务净收益

6.国际开发协会的资金来源主要有(　　)。

A.会员国缴纳的股金　　B.会员国提供的补充资金

C.世界银行的拨款　　D.协会本身的营业收入

7.下面提法中正确的是(　　)。

A.国际金融公司是世界银行的附属机构

B.国际开发协会主要向发达国家提供贷款

C.世界银行的贷款对象只限于会员国

D.国际货币基金组织的贷款对象不仅仅是各会员国政府,还包括各会员国的工商企业

8.国际货币基金组织的业务活动包括(　　)。

A.汇率监督　　B.政策协调

C.储备资产创造　　D.融通资金

9.世界银行的贷款政策有(　　)。

A.只贷给中等收入的会员国　　B.只贷给发展中国家

C.只贷给有偿还能力的会员国　　D.一般只用于银行批准的特定项目

E.贷款国确实不能以合理条件从其他途径获得资金

10.世界银行集团是由(　　)组成,统称为世界银行集团。

A.IBRD　　B.IDA

C.IFC　　D.BIS

三、填空题

1.国际金融组织根据参与国多寡和业务活动区域大小可以分为三种类型__________、__________和__________。

2.IMF 总部设在__________。

3.IMF 会员国的投票权是由__________决定的。

4.世界银行最主要的贷款是__________。

5.我国负责主管世界银行中国方面事务的机构是__________。

6.国际复兴与开发银行的资金来源主要有会员国缴纳的股金、__________、__________和利润收入。

7.世界银行最高权力机构是__________。

8.在全球性金融机构的贷款中,硬贷款是指__________。

9.会员国向国际基金组织还款,业务术语称为__________。

10.__________、__________和__________与金融全球化密切相关,从不同角度反映出金融全球化的程度。

四、判断题

(　　)1.要成为世界银行集团的会员国必须首先成为 IMF 的成员。

(　　)2.国际货币基金组织成员国一直以特别提款权或主要货币支付份额认缴额的25%缴纳,其余的75%以本国货币或无息的国家短期有价证券缴纳,存放于本国中央银行,在基金组织需要时,可以随时动用。

(　　)3.普通贷款，又称基本信用贷款。它是 IMF 最基本的贷款形式，主要用于弥补成员国国际收支逆差的短期资金需要，期限为 3～5 年，贷款最高额度为成员国所缴纳份额的 125%。

(　　)4.国际开发协会向欠发达地区的国家发放比一般贷款条件更优惠的贷款，以此作为世界银行贷款的补充，从而促进世界银行目标的实现。

(　　)5.国际金融公司是针对成员国私人企业的新建、改建和扩建提供贷款资金和技术援助，以促进成员国私营经济的增长和国内资本市场的发展。

(　　)6.金融全球化是指金融业务跨境发展并趋于全球一体化的趋势。

(　　)7.顾名思义，亚洲开发银行、非洲开发银行和泛美开发银行就是由该地区的国家或地区参加的银行。

(　　)8.IMF 的主要任务是向会员国政府提供长期贷款，以帮助这些国家发展生产和开发资源。

(　　)9.世界银行除提供贷款外，还为企业的海外直接投资提供非商业性的风险担保。

(　　)10.特别提款权是 IMF 向其成员国发行的货币。

五、思考题

1.简述国际货币基金组织的业务活动。

2.简述国际清算银行的业务活动。

3.简述 IMF、IBRD、IDA、IFC 的贷款对象、贷款条件各有什么特点？

4.金融全球化有哪些积极作用？

5.简要说明金融全球化的表现形式？

案例分析

IMF 应对亚洲金融危机救援方案

从 1997 年 5 月开始，国际金融投机家先后从现货和期货两个市场开始攻击亚洲国家的货币。同年 7 月，从泰国放弃与美元挂钩的固定汇率从而引发亚洲金融危机开始，全球汇市和股市出现了剧烈动荡。在这次危机的初期，亚洲一些国家提议建立亚洲货币基金，基金额为1 000亿美元，帮助部分国家克服危机。这个建议得到了日本的响应，并立即表示愿出资 500 亿美元，但由于美国坚决反对，这一方案在同年 9 月在中国香港召开的世界银行和国际货币基金年会上未获通过。美国坚持一切危机的援助必须由 IMF 出面进行。亚洲自助有限，亚洲基金流产，危机中的泰国、印度尼西亚和韩国先后向日本和美国请求援助，均被日本和美国拒绝。美日表示，一切帮助必须在 IMF 主导下进行。于是，危机各国与 IMF 进行了艰难的谈判。面对来势汹汹的金融风暴，IMF 实施了最大的一次援助行动，先后向泰国、印度尼西亚和韩国投入了1 000亿美元贷款，并提出了条件十分苛刻、使受援国感到屈辱的援助方案。以韩国为例，IMF 与其达成的援助条件如下：第一，调整宏观经济政策及财政政策目标；第二，调整货币和外汇政策;第三,开放金融市场,重建金融体系;第四,改变政府与企业的关系,政府必须逐步削减政策性贷款,终止以补贴方式拯救私人企业;第五,加快贸易自由化,履行向世界贸易组织所做的承诺,取消进口限制,取消出口补贴;第六,增加劳工市场的弹性,向失业人士发放失业救济金。

IMF 所开的"药方"起到了一定的积极作用,但是,IMF 的"药方"远非一顿"免费的午餐",而是一剂不得不服下的苦药,且未完全对症下药,作用有限,甚至产生了一些副作用。从实际情况看,金融危机并没有得到有效遏止,反而有进一步恶化的趋势。

要求:结合案例论述 IMF 协调活动的内容及特点。

实训演练

一、实训目的

1. 了解国际金融组织的宗旨、组织形式、业务活动和作用。

2. 了解国际货币基金组织的作用,分析其存在的缺陷和不足,认识国际货币基金组织进行治理改革的重要性与迫切性。

二、实训资料

世界上有超过 100 家批评 IMF 治理的民间组织,它们 20 年来一直致力于争取 IMF 治理的合法化,特别是为发展中国家争取合理的贷款条件和平等的发言权。全球金融新规则集团、牛津饥荒救济委员会是其中最有代表性的组织。2009 年 10 月 6 日至 7 日,国际货币基金组织(IMF)与世界银行年会在土耳其伊斯坦布尔举行。本届年会还预设了一个非常特别的辅会——IMF 第一次对话全球"批评者",为 IMF 治理改革者建言。

三、实训要求

结合国际货币基金组织成立宗旨、组织结构、决策权分配及国际货币基金组织历来的表现,分析国际货币基金组织为何要进行治理改革,并就国际货币基金组织应该向哪个方向改革,阐述自己观点。

本章推荐阅读

[1]莫林·伯顿,雷·隆贝拉.货币银行学——金融体系与经济[M].北京:经济科学出版社,2004

[2]http://www.fenews.com

[3]http://www.cftc.com

[4]http://www.forbes.com

[5]http://www.bis.org

第十一章

国际资本流动与金融危机

知识结构图

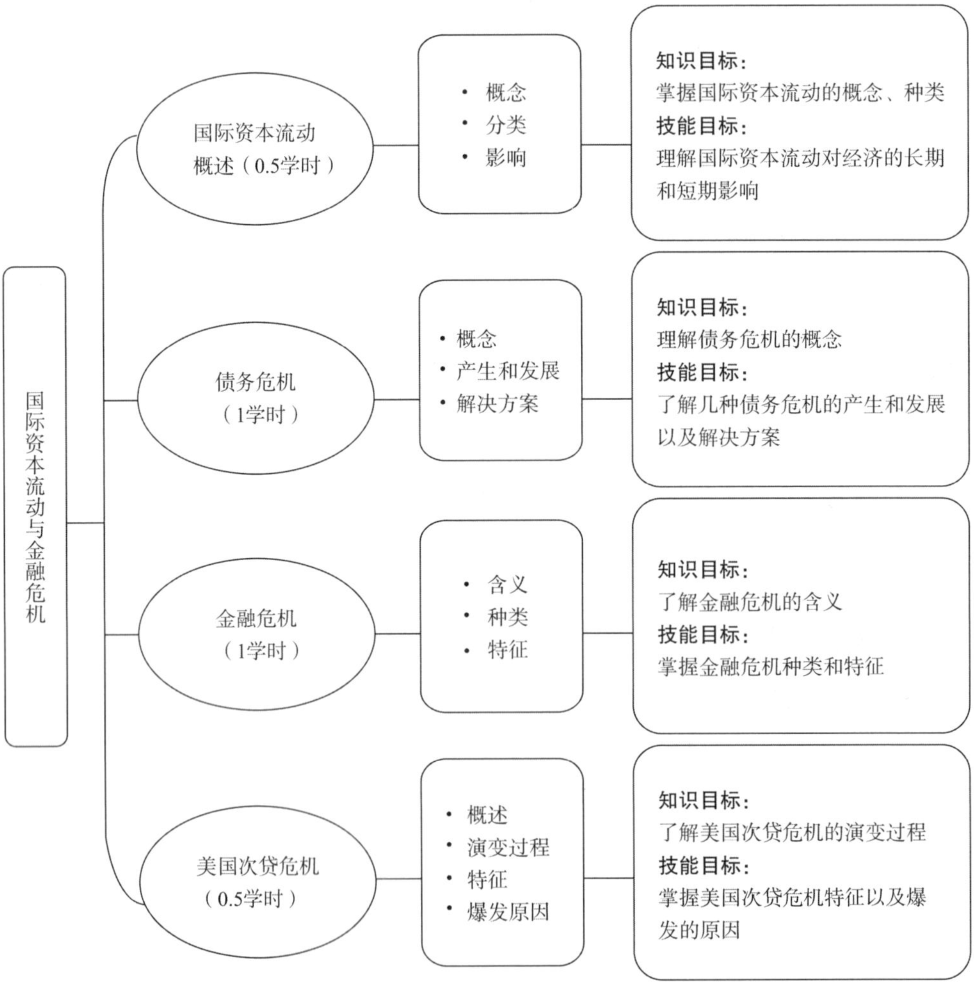

国际资本流动与金融危机

章节	内容	目标
国际资本流动概述（0.5学时）	· 概念 · 分类 · 影响	**知识目标：** 掌握国际资本流动的概念、种类 **技能目标：** 理解国际资本流动对经济的长期和短期影响
债务危机（1学时）	· 概念 · 产生和发展 · 解决方案	**知识目标：** 理解债务危机的概念 **技能目标：** 了解几种债务危机的产生和发展以及解决方案
金融危机（1学时）	· 含义 · 种类 · 特征	**知识目标：** 了解金融危机的含义 **技能目标：** 掌握金融危机种类和特征
美国次贷危机（0.5学时）	· 概述 · 演变过程 · 特征 · 爆发原因	**知识目标：** 了解美国次贷危机的演变过程 **技能目标：** 掌握美国次贷危机特征以及爆发的原因

案例导读

1994年年初，就在《北美自由贸易区协定》(NAFTA)通过不久，墨西哥受到国际社会广泛的赞誉，被看作是发展中国家的光辉典范，拥有光明的经济前景。自80年代末起，墨西哥政府实施了健全的货币、预算、税收和贸易政策。按历史的标准来看，通货膨胀较低，经济稳健增长，出口不断增加，这种繁荣的景象吸引了外国投资者的资本。1991—1993年间，墨西哥的外来投资达到750多亿美元，超过了任何其他发展中国家。

如果墨西哥的经济报告中有污点的话，就是这个国家日益增大的经常项目逆差。墨西哥的出口正在上升，但进口也是如此。1989—1990年间，经常项目逆差约等于墨西哥国内生产总值的3%。1991年又提高到了5%，而到1994年又上升到了6%以上。尽管看起来似乎较严重，但并不是不可忍受的，也不会导致经济的崩溃。美国的经常项目逆差持续了数十年，并没有带来明显的不利影响。对于一个国家来讲，只要外国投资者将从这个国家贸易中赚取的钱重新在这个国家投资，经常项目逆差就不成问题。多年来，美国的情况就是这样，而在90年代初期，这种情况在墨西哥再次出现。因此，“福特汽车”等公司将它们向墨西哥出口赚来的比索重新投资于墨西哥的生产设施，建造汽车生产厂以满足墨西哥市场的未来需要以及向其他地方出口。

墨西哥的不幸在于，90年代初期接受的每年多达250亿美元的资本流入中，有许多并不是福特公司所投入墨西哥的那种耐心的长期资金。相反，如果经济状况恶化，就会迅速外流。事实发生的情况正是如此。1994年2月，美联储开始提高利率，这就引起美国债券价格的迅速下跌。几乎同时，日元兑美元的汇率开始急剧上升。这些事件导致许多短期资本的管理者，例如对冲基金和银行的巨大损失，他们都把赌注押在了恰恰相反的另一面。许多对冲基金都认为利率会下降，债券价格将上升，而美元将对日元升值。

面对巨大损失，货币经理们尽力逃离险境，以减少投资组合的风险度。差不多同时，墨西哥事态转而向更加恶化的方向发展。墨西哥南部的一个州——Chiapas出现了武装暴动，竞选总统的一个主要的候选人被暗杀，这进一步放大了在墨西哥的投资风险。货币经理们纷纷将手上的短期投资撤出这个国家。

随着游资的流出，墨西哥政府认识到它不能继续依靠资本流入为经常项目逆差融资。政府原来以为流入的资金主要由长期的资本组成，而实际上，其中有许多是短期货币。随着货币流出墨西哥，墨西哥政府不得不动用更多的外汇储备以保护比索兑美元的汇率，当时是3.5比索兑1美元。外汇投机商介入了这一局势，开始与墨西哥政府赌博，卖空比索。1994年12月事态发展到了顶点，当时墨西哥政府主要是迫于资本外流的压力，放弃了对比索汇率的支持。在之后的一个月里，比索兑美元的汇率下跌了40%，政府被迫采取经济紧缩计划，墨西哥经济的繁荣期突然走到了尽头。

第一节　国际资本流动概述

一、国际资本流动的概念

国际资本流动(international capital flow),也称为国际资本移动,是指资本从一个国家或地区转移到另一个国家或地区。它与商品贸易或劳动力输出入所引起的货币流通有着本质的区别。后者在商品或劳动力的交换中发生货币所有权的转移,而国际资本在其流动中不产生所有权的转移,发生转移的仅仅是它的使用权。

受经济全球化的影响,国际资本流动对世界经济增长的贡献越来越大。长期来看,随着经济全球化的深入,国际资本流动对世界经济增长的贡献率将进一步提高。

二、国际资本流动的分类

(一)根据流动方向,分为国际资本流入和国际资本流出

国际资本流入(international capital inflows),表现为本国对外负债的增加和本国在外国的资产的减少,或者外国在本国资产的增加和外国对本国负债的减少。

国际资本流出(international capital outflows),表现为本国对外国负债的减少和本国在外国资产的增加,或者外国在本国资产的减少和外国对本国负债的增加。

对一个国家或地区来讲,总存在资本流入或资本流出,只不过是流出或流入的比例不同而已。一般来说发达国家是主要资本流出国,发展中国家是主要资本流入国。

国际资本的流出和流入,或者国际资本的输出和输入,是国际资本流动的一个最主要的形式。因此,有时两者被看成是通用的,但严格来讲,它们仍然有所区别。

首先,国际资本输出入所涵盖的内容比国际资本流动狭小,它仅仅是国际资本流动的一个组成部分,国际资本流动还包括诸如动用黄金、外汇等资产来弥补国际收支逆差等行为。

其次,国际资本输出入的途径和目的比较单一,它一般是指与投资和借贷等活动密切相关的、以谋取利润为目的的一种资本转移,而国际资本流动则还包括一些非营利性的资本转移。

(二)根据资本使用期限,分为短期国际资本流动和长期国际资本流动

1. 短期国际资本流动

短期资本流动是指期限在一年或一年以内的国际资本流动。它主要包括以下四类:

(1)贸易资本流动,是指由国际贸易引起的货币资金在国际上的通融和结算,是最为传统的国际资本流动形式。国际贸易活动的进行必然伴随着国际结算,引起资本从一国或地区流向另一国或地区。各国出口贸易资金的结算,导致出口国或代收国的资本流入;各国进口贸易资金的结算,则导致进口国或代付国的资本流出。

(2)银行资本流动,是指各国外汇专业银行之间由于调拨资金而引起的资本国际转

移。各国外汇专业银行在经营外汇业务过程中，由于外汇业务或谋取利润的需要，经常不断地进行套汇、套利、掉期、外汇头寸的抛补和调拨、短期外汇资金的拆进拆出、国际范围内银行同业往来的收付和结算等，都要产生频繁的国际短期资本流动。

(3)保值性资本流动，又称为“资本外逃”(capital flight)，是指短期资本的持有者为了使资本不遭受损失而在国与国之间调动资本所引起的资本国际转移。保值性资本流动产生的原因主要有国内政治动荡、经济状况恶化、加强外汇管制和颁布新的税法、国际收支发生持续性的逆差，从而导致资本外逃到币值相对稳定的国家，以期保值，免遭损失。

(4)投机性资本流动，是指投机者利用国际金融市场上利率差别或汇率差别来谋取利润所引起的资本国际流动。具体形式主要有：对暂时性汇率变动的投机；对永久性汇率变动的投机；与贸易有关的投机性资本流动；对各国利率差别作出反应的资本流动。由于金融开放与金融创新，国际投机资本的规模越来越庞大，投机活动也越来越盛行。

2. 长期国际资本流动

长期资本流动是指使用期限在一年以上，或者未规定使用期限的国际资本流动。它主要包括以下三类。

(1)国际直接投资(international direct investment)，是指一个国家的企业或个人对另一国企业部门进行投资可以取得某一企业的全部或部分管理和控制权。国际直接投资一般有以下方式：①在国外创办新企业，包括创办独资企业、设立跨国公司分支机构及子公司；②与东道国或其他国家共同投资，合作建立合营企业；③投资者直接收购现有的外国企业；④购买外国企业股票，达到一定比例以上的股权；⑤以投资者在国外企业投资所获利润作为资本，对该企业进行再投资。

(2)国际证券投资(international portfolio investment)，也称为间接投资，是指通过在国际债券市场上购买外国政府、银行或工商企业发行的中长期债券，或在国际股票市场上购买外国公司股票而进行的对外投资。证券投资与直接投资存在区别，主要表现在：证券投资者只能获取债券、股票回报的利息、股息和红利，对所投资企业无实际控制和管理权；而直接投资者则持有足够的股权来承担被投资企业的盈亏，并享有部分或全部管理控制权。

(3)国际贷款(international loans)，是指一国政府、国际金融组织或国际银行对非居民(包括外国政府、银行、企业等)所进行的期限为一年以上的放款活动，主要包括政府贷款、国际金融机构贷款、国际银行贷款。

(三)根据资本性质，分为产业性资本流动和金融性资本流动

1. 产业性资本流动

产业性资本流动是指与实际生产、交换发生直接联系的资本流动。例如发生在国际范围内的兴办特定企业、控制或介入企业的实际经营管理的产业性资本流动——国际直接投资；作为商品在国际上流动的对应物，从而在国际贸易支付中发生的国际性资本流动。

2. 金融性资本流动

金融性资本流动是指与实际生产、交换没有直接联系的国际资本流动。例如，国际银行存贷市场上与国际贸易支付不发生直接联系的银行存贷活动；国际证券市场上不以获

取企业控制权为目的的证券买卖;外汇市场上与商品进出口没有直接联系的外汇买卖;国际衍生工具市场上与商品贸易套期保值无关的交易等。金融性资本流动具有更为明显的货币金融性质,近年来它的规模越来越大,而且发展非常迅速,形式日益复杂,特别是越来越脱离实物经济,表现出自身相对独立的运动形式。

三、国际资本流动的影响

(一)长期国际资本流动的影响

1. 对世界经济的一般影响

(1)促使全球利润最大化。长期资本流动可以增加世界经济的总产值与总利润,并趋于最大化。因为资本在国际进行转移的一个原因,就是资本输出的盈利大于资本留守在国内投资的盈利,这意味着输出国因资本输出,在资本输入国创造的产值,会大于资本输出国因资本流出而减少的总产值。这样,资本流动必然增加世界的总产值和总利润,而且资本流动一般是遵循哪里利润率高就往哪里流动的原则,最终会促使全球利润最大化。

(2)加速世界经济的国际化。生产国际化、市场国际化和资本国际化,是世界经济国际化的主要标志。这三个国际化之间互相依存、互相促进,推动了整体经济的发展。

第二次世界大战以后,资本流动国际化已经形成一个趋势,20 世纪 80 年代以来更有增无减。尤其是资本流动国际化的外部环境与内部条件不断充实,金融市场的建立与完善,高科技的发明与运用,新金融主体的诞生与金融业务的创新以及知识的累积、思维的变化等,这些都使资本流动规模大增,流速加快,影响更广,而其所创造的雄厚的物质基础,又反过来推动了生产国际化与市场国际化,使世界经济在更广的空间、更高的水平上获得发展。

(3)加深了货币信用国际化。首先,加深了金融业的国际化。资本在国际转移,促使金融业尤其是银行业在世界范围内的广泛建立,银行网络遍布全球,同时也促使跨国银行的发展与国际金融中心的建立,这些都为国际金融市场增添了丰富的内容。目前,不少国家的金融业已成为离岸金融业或境外金融业并完全国际化。其次,促使以货币形式出现的资本遍布全球,如国际资本流动使以借贷形式和证券形式体现的国际资本大为发展,渗入世界经济发展的各个角落。最后,国际资本流动主体的多元化,使多种货币共同构成国际支付手段。目前,几个长期资本比较充裕的国家,其货币都比较坚挺,持有这些货币,意味着更广泛地在世界范围内实现购买力在国际转移或可更有选择余地地拥有清偿国际债权债务的手段。可见,这些都在不同程度上加深了货币信用的国际化。

2. 对资本输出国的影响

在一般情形下,长期资本流动对资本输出国的影响有积极与消极两个方面。

(1)积极影响

一是,可以提高资本的边际效益。长期资本输出国一般是资本较充裕或某些生产技术具有优势的国家。这些国家由于总投资额或在某项生产技术领域的投资额增多,其资本的边际效益就会递减,由此使新增加的投资的预期利润率降低。如果将这些预期利润率较低的投资额,转投入资本较少或某项技术较落后的国家,便可提高资本使用的边际效益,增加投资的总收益,进而为资本输出国带来更可观的利润。

二是,可以带动商品出口。长期资本输出会对输出国的商品出口起推动作用,从而增加出口贸易的利润收入,刺激国内的经济增长。如某些国家采用出口信贷方式,使对外贷款(即资本输出)与购买本国的成套设备或某些产品相联系,从而达到带动出口的目的。

三是,可以迅速地进入或扩大海外商品销售市场。

四是,可以为剩余资本寻求出路,生息获利。

五是,有利于提高国际地位。资本输出,一般来说意味着该国的物质基础较为雄厚,意味着该国更有能力加强同其他国家的政治与经济联系,从而有利于提高自己的国际声誉或地位。

(2)消极影响

一是,必须承担资本输出的经济和政治风险。当今世界经济和世界市场错综复杂,资本输出一不小心,如投资方向错误,就会产生经济风险。此外,还得承担投资的政治风险。这体现在如果资本输入国发生政变或政治变革,就可能会实施不利于外国资本输出的法令,如没收投资资本,甚至拒绝偿还外债等。在国际债务历史上,曾经发生过有的国家因陷入债务危机而停止还债的现象,这便是一个明证。

二是,会对输出国经济发展造成压力。在货币资本总额一定的条件下,资本输出会使本国的投资下降,从而减少国内的就业机会,降低国内的财政收入,加剧国内市场竞争,进而影响国内的政治稳定与经济发展。

3. 对资本输入国的影响

(1)积极影响

一是,可以弥补输入国资本的不足。一个国家获得的间接投资,通过市场机制或其他手段会流向资金缺乏的部门和地区;一个国家获得的直接投资,则在一定程度上会弥补国内某些产业的空心化现象。其结果是,既解决了资金不足问题,也促进了经济的发展。

二是,可以引进先进技术与设备,获得先进的管理经验。长期资本流动的很大一部分是直接投资。直接投资的特点就是能给输入国直接带来技术、设备,甚至是销售市场。因此,只要输入得当,政策科学,资本输入无疑会提高本国的劳动生产率,增加经济效益,加速经济发展进程。

三是,可以增加就业机会,增加国家财政收入。资本输入的目的很大程度上是用来创建新企业或改造老企业,这对发达国家或发展中国家都是如此。这样,就有利于增加就业机会,有利于增加国民生产总值,进而有利于增加国家财政收入,提高国民的生活水平。

四是,可以改善国际收支。一方面,输入资本,建立外向型企业,实施进口替代与出口导向,就有利于扩大出口,增加外汇收入,进而起到改善国际收支的作用;另一方面,资本以存款形式进入,也可能形成一国国际收支的来源。

(2)消极影响

一是,可能引发债务危机。输入国若输入资本过多,超过本国承受能力,则可能会出现无法偿还债务的情况,导致债务危机的爆发。

二是,可能使本国经济陷入被动境地。如果输入资本过多又管理不善并使本国经济不能获得长足发展,输入国就会对外产生很强的依赖性。这样,一旦外国资本停止输出或抽走资本,本国经济发展就会陷入被动的境地,甚至使本国的政治主权受到侵犯。

三是,加剧国内市场竞争。大量外国企业如果把产品就地销售,必然会使国内市场竞争加剧,从而使国内企业的发展受到影响。

(二)短期国际资本流动的影响

1. 对国际贸易的影响

在国际贸易中,买卖双方(或银行)提供的短期资金融通,如预付货款、延期付款及票据贴现等,都有利于国际贸易双方获得资金便利,从而有利于国际贸易的顺利进行。

2. 对各国国际收支的影响

(1)当一国出现暂时性的国际收支失衡时,短期资本流动有利于调节失衡。当一国的国际收支出现暂时性逆差时,该国的货币汇率就会下跌,如果投机者意识到这种汇率下跌仅是暂时的,预期不久就会上升,于是就按较低汇率买进该国货币,等待汇率上升后再以较高的汇率卖出,这样就形成了该国的短期资本流入的趋势,这种趋势显然有利于调节该国的国际收支逆差。反之,一国的国际收支出现暂时性顺差时,该国汇率会上升,如果投机者意识到该汇率上升只是暂时的,预期不久会回落,于是就按较高的汇率卖出该国货币,等待汇率回落后再以较低的汇率买进该国货币。这种投机行为形成该国的短期资本流出,这也显然有利于减少该国出现的暂时性顺差。

(2)当一国出现持续性国际收支不平衡时,则投机性和保值性短期资本流动会加剧该国的国际收支失衡状态。当一个国家出现持续性逆差时,该国的货币汇率就会持续下跌,如果投机者预期到该国货币汇率还会进一步下跌时,他就会卖出该国货币,买进其他货币,以期该国货币贬值,其他货币升值后获利。这种投机行为,会使该国的资本流出,从而会扩大逆差,加剧国际收支失衡。反之,当一个国家出现持续性顺差时,这个国家的货币汇率就会持续上升,如果投机者预期到这种汇率还会上升,他就会卖出其他货币,买进该国货币,以期该国货币升值后获利。这种投机行为,会使该国顺差扩大,从而也加剧了国际收支失衡。

3. 对国际金融市场的影响

短期资本流动会加剧国际金融市场的动荡,这表现在它会造成汇率大起大落,投机更加盛行。如上所述,一国发生短期性国际收支不平衡时,汇率将发生波动。因为投机者这时是在外汇供不应求、本币汇率偏低时,卖出外汇,买入本币,或者在外汇供大于求、本币汇率偏高时,买入外汇,卖出本币。这种投机性资本流动,既有利于调节国际收支失衡又有利于保持市场汇率的稳定。但相反,一旦一国发生持续性国际收支失衡,这时,投机者是在外汇供不应求时买进外汇,而在外汇供大于求时卖出外汇,这种行为显然不利于国际收支平衡,也不利于汇率的稳定。因此,这种投机行为会促使国际金融市场动荡不安。不过有一种情况例外,即如果一国发生持续性国际收支失衡,是由于汇率偏高或偏低没有得到及时调整所致,则这种投机就会强迫该国适时进行调整,从而使汇率趋于合理水平,因此,也具有积极意义。

第二节 债务危机

国际资本流动对正常的国际收支调节秩序是非常关键的。在当前的国际货币制度中，利用外资融通是一国国际收支的重要手段之一。20世纪70年代以来，越来越多的发展中国家走上了利用外部资金发展国民经济的道路，外部资金的注入促成了许多发展中国家的经济腾飞，但是国际资本流动也加剧了国际金融市场的动荡，并造成了20世纪80年代的债务危机和21世纪初的欧洲众国主权债务危机。

一、国际债务危机的概念

一国的国际债务也称为该国的外债。国际货币基金组织、世界银行、国际清算银行、经济合作与发展组织等国际组织将外债定义为：一国居民欠非居民的、以外币或本币计值的、已使用但尚未清偿的、具有契约性偿还义务的全部债务。

判断一国债务是否属于国际债务或外债有四个因素：一是必须是居民与非居民之间的债务；二是以偿还义务为条件，且必须具有契约性，通过具有法律效力的文书明确偿还责任等；三是其为一个时点的外债余额；四是外债的计值既可用外币，也可用本币，还可以是用实物形态构成的债务。

根据《新帕尔格雷夫货币金融大辞典》的定义，债务危机(debt crisis)是指任何不能按计划还本付息并由此损害其他债权人财务健康的状况。通常，此时债权人会切断进一步的贷款，从而使最初的情况恶化。如果无力偿还是一个长期现实，它就会被归结为无力偿付问题；如果无力偿还是由暂时的现金短缺造成的(如由罢工、自然现象或价格的暂时下降等引起)，那么可以将它看成是流动性不足问题。在高利率条件下，流动性不足问题可以迅速变为无力偿还问题。所以，国家债务危机是指由于国际债务负担日趋加重，债务人无力偿付到期国际债务本息的状况。

二、国际债务危机的产生和发展

国际债务问题产生于20世纪70年代末期。自20世纪70年代开始，拉美和非洲的发展中国家，为了实现工业化而大量举借外债。20世纪80年代的债务危机就是一些国家盲目引进外资而出现的金融危机。在2007年全球金融危机席卷全球后，众多国家和地区又大量再现国际债务危机。2009年11月，中东阿联酋迪拜出现主权债务危机，迪拜政府宣布重组旗下的主权投资公司“迪拜世界”，并寻求延迟6个月偿还债款。迪拜债务危机出现后，迅速在全球范围内引发了一系列连锁反应。2009年12月全球三大评级公司下调希腊主权评级，包括惠誉将希腊信贷评级由A^-下调至BBB^+，前景展望为负面。但金融界认为希腊经济体系小，发生债务危机的影响不会扩大，随之欧洲其他国家也开始陷入危机，包括比利时这些外界认为较稳健的国家及欧元区内经济实力较强的西班牙，都预报未来三年预算赤字居高不下，整个欧盟都受到债务危机的困扰。

(一)20世纪80年代发展中国家债务危机

1982年8月,墨西哥政府首先宣布无力偿还到期债务,随后,巴西、阿根廷、委内瑞拉、智利等拉美国家纷纷跟进,一场席卷全球的债务危机爆发。1983年,约有40多个债务国因无法支付到期的借贷本息而被迫请求债权国予以延期偿付,个别国家甚至出现赖账不还的现象,造成债权国银行出现大量呆账。这场债务危机对债权人和债务人都造成了沉重打击,严重拖累了债务国的经济发展,其影响持续了近10年,以至于20世纪80年代被称为拉丁美洲"失去的10年"。同时,这次债务危机迅速蔓延到全球50多个国家,在发展中国家持续了近20年,对国际金融形势产生了深远的影响。

IMF在1984年的《世界经济展望》中总结了造成1982年发展中国家对外支付危机的主要原因,可以从内部和外部两方面原因进行归纳。

1. 内部原因

(1)盲目大量举债。外资的流入有助于发展中国家扩大投资与消费,提升经济增长速度。发展中国家为外资的此种作用所鼓舞,将对外举债作为谋求经济发展的重要手段。20世纪70年代,国际信贷的膨胀更加刺激了发展中国家大规模举债。一些产油的发展中国家从两次石油提价中获利不菲,对出口市场的判断过于乐观,过高地估计了自身维持出口收入的能力,外债的安全问题没有引起足够重视。当外部条件变化时,外债的安全隐患必然显露出来。

(2)不适当的经济发展战略。拉丁美洲国家一直采取进口替代的工业化政策,着力发展那些可以生产替代进口产品的产业。进口替代的工业化政策较快地建立起了这些国家的民族工业体系,增加了各国的生产能力。但是,长期推行进口替代的政策,不可避免地出现了一些政策层面的偏差,如长期施行扩张性的财政与货币政策,国内通货膨胀畸高,财政赤字不断扩大;实行了贸易保护和汇率高估的政策;外债的利用效率不高等。

2. 外部原因

(1)国际资本市场借贷形式的变化加大了发展中国家寻求继续融资的困难。20世纪70年代,发达国家的通货膨胀政策向国际"溢出",美国等国家的国际收支逆差形成美元外流,加上大量的"石油美元"回流到发达国家的货币市场,国际资本市场上的资本很充裕,欧洲货币市场也在这一时期获得了快速的发展。而同时,发达国家正陷入"滞胀"时期,经济发展迟缓,资金需求量比较低。因此,国际商业银行采取了宽松的信贷政策,正是在这样的条件下,发展中国家积累了大量的外债。20世纪80年代之后,国际信贷市场的形势发生了很大的变化。一方面,发达国家在1981年经济危机之后先后采取了控制通货膨胀的政策,同时,石油输出国的经常账户在1981年之后由盈余转为赤字,"石油美元"的供给消失,这两个因素导致了国际信贷供给的收缩;另一方面,发达国家通过控制通货膨胀的努力,改善了自身经济发展的前景,降低了国际信贷的风险。于是,发展中国家获取贷款较20世纪70年代要困难得多,流入发展中国家的国际信贷迅速下降。一些原先可以依靠借新债来偿还旧债的债务,这时就难以获得新的融资了。

(2)国际金融市场汇率和利率的变化加重了发展中债务国的债务负担。为了摆脱"滞胀",美国在20世纪80年代初期采取了严格的反通货膨胀政策,导致美元短期利率和美元汇率上升,全球货币市场利率也在20世纪80年代攀升到了较高的水平。美元汇率和世界利率水平的变化加重了发展中债务国的债务负担，因为发展中国家外债的币种集中于美元，而且它们许多外债采取的都是浮动利率。

(3)国际商品市场的变化影响了发展中国家的出口收入。经过20世纪70年代的“滞胀”之后，1981年主要发达国家发生了较严重的经济衰退，为应对危机，发达国家积极开发初级商品的替代品，导致国际市场初级产品需求减少，价格下降。这对于以出口初级品为主的发展中国家来说，无疑是雪上加霜，出口收入的减少加大了这些国家的偿债困难。

(二)欧洲主权债务危机

主权债务是指一国以自己的主权为担保向其他国家或国际组织借来的债务。受全球金融危机影响，冰岛、迪拜、欧元区国家于2008—2012年相继爆发了主权债务危机，甚至导致“国家破产”。

美国次贷危机爆发后，欧洲主权债务危机就开始显现。最早出现主权债务危机的国家是冰岛，其原因是金融危机对其金融业造成重创，资不抵债的三大国有银行被迫由政府接管，由此引发市场对主权债务问题的担忧。2009年2月24日和25日，国际评级机构分别下调拉脱维亚和乌克兰的评级，再次引发人们对主权债务的担忧。随着经济形势的好转以及西欧和IMF的救助，东欧国家主权债务问题逐渐平息。2009年11月25日，迪拜政府宣布，对其拥有的国有集团公司迪拜世界及旗下地产子公司Nakheel的35.2亿美元公司债务延长至2010年5月31日偿还，由此，又一次引发人们对主权信用危机的担忧。后由阿布扎比向迪拜提供资金援助，迪拜危机才被平息。

但是，更为严重的债务危机并不在此，欧盟PIGS(葡萄牙、意大利、爱尔兰、希腊、西班牙、塞浦路斯)六国政府为了刺激经济而实行了大规模的财政刺激计划而导致国内高额财政赤字和公共债务攀升。2009年10月，希腊政府宣布，预计2009年政府财政赤字占GDP的比例将达到12.7%，而公共债务占GDP的比例将达到113%，这两项指标均远远超过欧盟订制的《稳定与增长公约》所规定的3%和60%的警戒上限。国际评级机构纷纷调低希腊主权信用等级，引发市场对欧洲主权债务的进一步担忧。爱尔兰政府在2009年4月也曝出巨额财政赤字，赤字占GDP的比例高达12%，公共债务占GDP的比例则为65%。意大利国家统计局也公布，2009年意大利GDP缩水5%，政府债务规模占GDP的115.8%，财政赤字则翻两番，占GDP的5.3%。西班牙财政赤字占GDP的比例超过10%，葡萄牙财政赤字占GDP的比例则超过9.3%。其中，希腊、爱尔兰、葡萄牙、西班牙先后向国际社会发出求助请求。一波未平，一波又起，2012年6月，塞浦路斯因其银行业危机正式向欧盟和IMF提出资金救助申请，从而成为欧元区第五个申请救助的国家。至此，6个欧元区国家相继“沦陷”，欧盟6国的债务危机犹如一颗重磅炸弹在金融海啸尚未结束的全球经济中引起了一系列连锁反应。

欧洲主权债务危机的原因主要有以下几个方面：

1. 过多地依赖劳动密集型产品出口和旅游业。最先出现债务危机的五国都属于欧元区里相对落后的国家，它们的经济更多地依赖劳动密集型产品出口和旅游业，随着它们加入欧元区，生产要素成本大幅上升，劳动力优势不复存在，而这些国家又不能及时调整产业结构，使得经济国际竞争力不断下降。

2. 过度举债。政府部门与私人部门的长期过度负债行为是造成这场危机的直接原因。上述五国在1980—2009年均处于负债投资状态。长期的负债投资导致了巨额政府财政赤字，财政赤字和债务占GDP比例超出欧盟《稳定与增长公约》规定的现象在五国中普遍存在。当巨额政府预算赤字不能用新发债务的方式进行弥补时，债务危机就会不可避免地爆发。

3. 政府失职。面对不乐观的经济状况，在危机国中普遍存在动作迟缓、不作为或乱开“药方”的现象。具体表现在以下几个方面：首先，为了追求短期利益或赢得大选，政府采用“愚民政策”，例如，希腊政府在2009年之前隐瞒了大量的财政亏空；其次，放任国内经济泡沫膨胀，且面对泡沫破灭，又动用财政资源救助虚拟经济，导致经济结构人为扭曲；最后，政策的出台滞后，不能及时遏制危机的发展，例如，意大利政府在2009年赤字达到5.3%时没有采取果断行动，而是一味地拖延，导致了后来危机升级的局面。

4. 欧盟制度缺陷。首先是货币制度与财政制度问题。货币统一之后，欧元区的财政政策并没有实现统一，这使得欧盟各成员国失去了利用货币政策来平抑经济波动的工具，因此只能靠各自的财政政策来应付经济问题，这就加大了处理危机的难度。其次是欧盟管理体制问题。欧洲当时有欧洲理事会、欧洲中央银行、欧盟委员会等统一机构，但三个机构均没有得到充分的授权，所以在决策过程中需要平衡各成员国的利益及欧盟的整体利益，其工作效率必然不会太高。

三、国际债务危机的解决方案

（一）20世纪80年代发展中国家债务危机的解决方案

1. 最初解决方案（1982—1984年）

1982年，债务危机爆发后，美国等债权国与国际货币基金组织普遍认为此次债务危机是发展中国家暂时出现的流动性困难，据此共同制订了重新安排债务的计划，核心是采取措施使债务国克服资金紧缺。

债务重新安排包括两方面的内容：第一，通过债权方和债务方的合作，改变偿债条件，例如延长债务期限和偿债宽限期等；第二，对债务国实行融资，缓解其短期内的偿债压力。

按来源分，各国债务可以分为官方债务和私人债务，因此债务重新安排也通过官方债务重新安排和私人债务重新安排两种形式进行。

官方债务重新安排，一般以多边形式在“官方债权者俱乐部”或主要援助国的国际财团范围内实施。所谓“官方债权者俱乐部”，是指在20世纪50年代末至60年代初形成的债权者集团，主要包括巴黎俱乐部、伦敦俱乐部和海牙俱乐部。其中巴黎俱乐部是官方债务重新安排的主要债权方。

私人债务重新安排，在特殊的银行咨询委员会与债务国之间进行。这些银行咨询委员会通常都由来自金融中心的大银行的谈判代表组成，受许多债权银行的委托与债务国谈判。私人债务重新安排的过程和官方债务重新安排相似。但是，债务国获得私人债务重新安排需要满足以下两个先决条件：(1)债务国必须先签署和实施国际货币基金组织要求的“稳定经济计划”；(2)债务国必须如期支付所有的到期利息。

债务重新安排和IMF的“稳定计划”实施后，经过近三年的调整，并没有起到预期的效果，反而加剧了债务国的负担。例如，在IMF稳定计划和债务偿还的双重新压力下，大多数债务国陷入了持续几年之久的经济衰退，普遍出现了投资萎缩、通货膨胀加剧、贫富差距扩大、社会动乱和政府动荡等严重的经济和社会问题。

2. 债权国的新战略(1985—1992 年)

债务危机后的第一个阶段实施的债务重新安排失败后，国际社会各方终于认识到，债务危机并不是由债务国暂时的流动性困难引起的，其真正的原因在于债务国现有的经济状况根本不具有清偿能力，为此，主要债权国提出了债务危机解决的新方案。其中，最主要的方案包括贝克计划、债券换债务计划和布雷迪计划。

(1)贝克计划(1985—1988 年)。1985 年 9 月美国财政部部长詹姆斯·贝克在韩国召开的 IMF 和世界银行第 40 届年会上提出了“美国关于发展中国家持续增长的计划”。主要是通过对债务国新增贷款，将原有债务的期限延长等措施来促进债务国的经济增长，同时要求债务国调整国内政策，这些措施被称为“贝克计划”。该计划可以分为以下三个方面的内容：第一，主要的债务国必须实行“全面综合的宏观经济和结构政策”，降低通货膨胀率并实现国际收支的平衡，通过恢复经济增长提高偿债能力；第二，在 IMF 的主持下，由世界银行等多边国际性和地区性银行在 3 年内向 15 个主要债务国增加总额为 90 亿美元的贷款，并从 IMF 的信托基金中拨出 27 亿美元，专门提供给经济形势特别恶劣的 15 个债务国(包括墨西哥、阿根廷和秘鲁)；第三，私人商业银行在 3 年内向上述 15 个债务国增加 200 亿美元的贷款。

在美国的极力主持和劝说下，贝克计划得到了各主要债权国的支持，同时也受到了债务国的欢迎。但是，该计划同样收效甚微。其原因在于，尽管国际商业银行、世界银行和有关债权国在口头上支持该计划，但是由于作为此次融资行动中挑大梁的各类银行心存疑虑，因此，新贷款远远没有达到预期的数额，主要债务国的债务负担仍然日益沉重。

(2)债券换债务计划(1988 年后)。1987 年，美国摩根保证信托银行提出了“债券换债务”计划，得到了美国和墨西哥政府的认可。所谓“债券换债务”，是指墨西哥政府将用 20 亿美元储备购买美国财政部发行的 100 亿美元、期限为 20 年的特别无息债券(到期后一次还本付息)。墨西哥政府将以此债券为担保，发行本金 100 亿美元、为期 20 年的债券，并将其在卢森堡证券交易所向国际债权银行出售，债权银行将墨西哥欠它们的债务以 50%的折扣换取墨西哥的新债券。也就是说，100 亿美元的新债券可以换回 200 亿美元的旧债务。这一计划能从本质上减轻债务负担，是债务危机解决方案中一种重要的金融创新手段，为今后债务危机的解决提供了重要的思路。但由于美国政府仅仅担保墨西哥新债券的本金，而不包括利息，使该债券的信用有所下降。同时，各国银行也不愿意接受 50%之高的折扣比例。这使墨西哥的债务只被抵消了 11 亿美元(其总额为 780 亿美元)。所以，这个计划在实际操作中仍然缺乏力度。

(3)布雷迪计划(1989 年以后)。1989 年 3 月 10 日，美国财长布雷迪提出一项旨在减轻发展中国家债务负担的新计划。布雷迪计划的基本构想是：利用世界银行和国际货币基金组织的现有财源，设立一个基金公库(约 200 亿～250 亿美元)为债务国减债后的其余外债还本付息提供担保，同时以日本提供的资金作为补充基金；在“自愿”的基础上，债务国以上述基金作为担保，与债权银行进行债务转换交易，将债务换成低面值债券，或将债务换回同等面值的低利率债券，或将债务换成债务国企业的部分股权。布雷迪计划主张减轻债务国偿债负担，比贝克计划有所进步，但仍未摆脱过去的缺陷：第一，债务问题逐个解决，不考虑全面解决；第二，解决债务问题主要依赖市场的力量，由私人银行和债务国在金融市场进行减债交易；第三，被减债或得到新贷款的债务国必须实施 IMF 认可的紧缩性调整方案。

3. 债务国的偿债战略

在债务危机的解决过程中，债务国不仅要完成偿债任务，还要实现国内的经济复苏，在此过程中，除了努力配合债权国和 IMF 进行各项计划以及对国民经济进行调整外，它们也在不断努力，"债务资本化"就是其中的代表。

债务资本化是指债权银行按官方汇率将全部债务折合成债务国货币，并在债务国购买等值的股票或直接投资取得当地企业的股权，这一过程也称为"债务—股本互换"。例如，智利政府实行的就是允许国内外投资者在二级市场上公开购买智利的外债，并将债务兑换成本国货币进行生产投资。该计划首先在巴西、阿根廷进行，最初规模很小，从 1985 年开始，该计划在债务国逐渐铺开。到 1988 年，通过债务资本化减少的债务额已经从 1984 年的 10 亿美元增加到 270 亿美元，其中巴西、墨西哥和智利最为积极。

（二）欧洲主权债务危机的解决方案

欧洲主权债务危机导致欧元区经济发展缓慢，拖累世界经济复苏，威胁国际金融稳定，增加了欧元区解体的担忧，打击了市场信心。另外，债务危机的演变甚至变成了影响欧洲各国政治演变的主导因素。因此，无论是债务危机国家还是欧盟机构均积极参加了危机的解救行动，乃至相关国家和国际组织也加入到解救的行列中。各方采取的措施主要有以下几个方面：

1. 欧洲各国通过紧缩财政政策，降低了融资市场上债券投资者对其未来偿债能力的担忧，重建了市场信心，进而提高了市场融资能力。

2. 建立了欧洲金融稳定基金和欧洲稳定机制。欧洲金融稳定基金是欧盟领导人为了救助债务危机国家于 2010 年 5 月组织欧元区 17 个成员国共同出资在欧盟经济与财政部长理事会的框架下创立的临时机构。欧洲稳定机制于 2011 年 3 月获得欧洲峰会批准成立，2012 年 10 月 8 日正式生效，按计划欧洲稳定机制将在 2013 年取代欧洲金融稳定基金。欧洲金融稳定基金和欧洲稳定机制两个机构的职能基本相同，即通过向申请援助的欧元区成员国提供紧急贷款，以弥补危机国家市场融资能力的不足。

3. 签署了"财政契约"。欧盟 25 国领导人于 2013 年 3 月 2 日在比利时首都布鲁塞尔正式签署了"财政契约"。该契约意味着欧元区国家以及其他愿意加入的欧盟成员国将接受更严格的财政纪律监管，违反财政纪律的国家将自动受罚。根据"契约"中的自动惩罚规定，欧盟最高司法机构欧洲法院将有权对结构性赤字超过国内生产总值 0.5% 的国家进行处罚，最高金额不超过该国国内生产总值的 0.1%。"财政契约"意味着欧元区朝着更紧密的财经一体化与更有力的经济治理迈出了重要一步，同时也为解决欧债危机、改善经济增长和实现财政可持续性带来了更好的前景。

4. 海外战略投资者的援助性投资。如中国、日本和俄罗斯等国家相继宣布购入债务国的国债或欧洲金融稳定基金发行的债券，这在一定程度上增强了原投资者的信心，带动了欧元区债券市场的投资活动。

5. 欧洲中央银行多次实施宽松货币政策和扩大流动性来试图促进欧元区经济复苏。

6. 欧盟提出了一项综合计划。2012 年 8 月，欧盟提出建立欧洲银行业联盟的建议草案，具体内容包括组建欧元区统一的银行业监管机构、建立欧盟共同的存款保证计划和设立旨在帮助解决银行呆坏账的救助基金等。

第三节 金融危机

纵观世界经济发展历史，不难发现，世界经济总是在不稳定中曲折发展的，金融危机则是影响世界经济稳定的重要因素。尤其是金本位制度在第一次世界大战期间崩溃以来，世界经济始终受到金融危机的困扰，而且汇率制度的崩溃往往与反复无常的投机性攻击联系在一起。20 世纪 70 年代，布雷顿森林体系的崩溃以及金融全球化发展，使金融危机频繁爆发，如 1982 年的拉丁美洲国家债务危机，1992 年的欧洲货币体系危机，1994 年的墨西哥金融危机，1997 年的亚洲金融危机，2001 年的拉丁美洲债务危机，2007 年发端于美国次贷危机的全球金融危机以及 2010 年发生的欧元区债务危机。接连不断的金融危机给世界经济造成了巨大伤害，也引起国际社会的广泛关注和忧虑。

一、金融危机的含义

金融危机是一种十分复杂的经济现象，其表现形式多样，内涵丰富，而且随着时代的变化也变得越来越复杂。因此目前国际金融界对金融危机含义的解释尚未形成共识，不同经济学家和机构从不同的角度对金融危机做出了不同的解释，其中有代表性的定义主要有以下几种。

1. 雷蒙德·戈德史密斯(Raymond Goldsmith)认为，金融危机是所有或绝大部分金融指标——利率、资产(股票、房地产)价格、企业破产数和金融机构倒闭数等急剧、短期内、超周期的恶化。金融危机是一个与金融景气相对的概念。金融危机的特征是基于预期资产价格下降而大量抛出不动产或长期金融资产，金融景气的特征是基于资产价格上涨而大量购买不动产或长期金融资产。在金融景气与金融危机之间有一个“困难时期”，这一期间对资产价格上涨的预期逐渐消退，但尚未逆转。这个困难期可能很短也可能很长，可能酿成危机也可能不会。

2. 迈克尔·楚苏道夫斯基(Michael Chossudovsky)认为，现代金融危机以一个国家的货币贬值为特征，而货币贬值是大规模的投机活动冲击造成的，并且在资本市场和外汇市场同时展开。机构投资者不仅能控制股票价格，而且还能占有中央银行的大量外汇储备，威胁政府的霸权地位，给整个经济造成极大的不稳定。

3. 杰弗里·萨克斯(Jeffery D. Sachs)认为，金融危机不外乎三种形式。(1)财政危机，即政府突然丧失延续外债和吸引外国贷款的能力，这可能会迫使该国政府重新安排或者干脆不再履行相关义务。(2)汇兑危机，即市场参与者突然将需求从本币资产向外币资产转换，这在一国采用钉住汇率制度条件下可能耗尽其外汇储备。(3)银行业危机，即商业银行突然丧失延续其市场工具的能力或者遭遇突然发生的存款挤兑，从而导致流动性下降并最终破产。金融危机的上述三种形式在某些情况下可以被清楚地区分开来，但是在现实中它们往往以一种混合的形式出现，这是因为公债市场、外汇市场和银行资产市场的冲击或者预期往往都是同时发生的。

4. 国际货币基金组织认为，金融危机是对金融市场潜在的严重破坏，它可以损害市场有效运行的能力，从而对实体经济产生较大的负面影响。

将以上几种定义概括起来，可以认为，金融危机是由于金融制度不完善、市场机制不健全、货币政策失误、投机性交易过度以及国际游资冲击等原因所导致的整个金融体系或某个金融体系组成部分的混乱和动荡现象。表现为货币市场银根紧缩、资本市场价格暴跌、货币严重贬值、企业资金链断裂而被迫破产、银行发生挤兑而倒闭、失业率上升等，此时人们对经济前景的悲观预期增加，信心普遍下降，整个社会陷入经济萧条，甚至伴随着社会政治动荡。

二、金融危机的分类

历史上发生过的金融危机不计其数，但每次金融危机爆发的原因各不相同，影响程度各有差异，危机持续时间也各有长短。根据不同的标准，对历史上发生过的金融危机可做以下分类。

（一）依据影响范围，分为国内金融危机、区域金融危机和全球金融危机

1. 国内金融危机。国内金融危机是指由于一国国内经济、金融因素而引起的金融动荡，其影响局限于一国国内，一般通过整顿所在国的经济金融秩序，由政府金融管理当局出面采取某种形式进行援助，危机就可以得到化解。

2. 区域金融危机。区域金融危机是指最先爆发于某个一体化组织内部的某个成员国，由于高度的经济贸易一体化水平而传染到其他成员国，但一般对一体化组织外的国家没有影响或者影响较小的金融动荡。这类危机的化解主要依靠一体化组织内部成员国金融管理当局在政策协调方面的共同努力。

3. 全球金融危机。全球金融危机是指一国金融危机或地区性金融危机爆发后，通过某种传导途径迅速蔓延至许多国家，引发全球金融市场和各国经济系统的大震荡，进而诱发世界性经济危机。化解这类危机需要世界各国特别是主要国家的政策协调，以及有关国际金融机构的救助。

（二）依据性质和内容，分为债务危机、货币危机、银行危机和系统性金融危机

1. 债务危机。债务危机是指一国由于外债规模过度膨胀，超出自身偿债能力，到期无力偿还外债本息，导致债权债务国的大规模金融动荡。债务危机主要源于过度地利用外资导致一国支付能力不足和国际收支严重失衡，由此削弱了投资者的信心，引起资本外逃，从而引发债务危机。

2. 货币危机。货币危机是金融危机的一种，是指对某种货币的投机性冲击导致该货币大幅度贬值或国际储备急剧下降的情形。发生货币危机的国家通常都实行某种形式的固定汇率制或者带有固定汇率制色彩的钉住汇率制，货币危机首先起源于固定汇率制度下的汇率高估。货币高估可能是国内经济出现了严重的货币供求失衡、资金借贷失衡或

国际收支失衡。投机性攻击造成的资本外逃和投资者信心崩溃，会迅速导致国际收支严重失衡和本币汇率大跌，进而引发货币危机。

3. 银行危机。银行危机是指实际的或潜在的银行破产致使银行纷纷终止国内债务的清偿，或者迫使政府提供大规模援助以阻止事态扩大。银行危机源于金融机构的内在脆弱性以及由此产生的各种风险，特别是由于过度信贷导致的大量不良资产，当经济基本面出现明显缺陷或资金借贷严重失衡时，人们信心下降乃至挤兑存款，引发银行危机和全面的金融恐慌。

4. 系统性金融危机。系统性金融危机是指整个金融体系出现严重混乱局面，表现为货币危机、外债危机和银行危机同时或接连发生，从而波及所有金融领域或经济系统，最终升级为全面的金融危机、经济危机甚至政治危机。

（三）依据危机爆发的周期性，分为周期性危机和非周期性危机

1. 周期性金融危机。周期性金融危机是指经济经过一段时间的发展后，由于各种因素的作用所造成的恐慌性金融动荡。周期性金融危机具有以下特点：(1)带有一定的规律性，并且通常伴随着周期性经济危机的发生而发生；(2)爆发的前期经济有一段快速增长期，在经济快速增长中，经济体系存在的各种问题日益突出，最终通过金融危机来强制调整；(3)一般会影响到一个国家、一个地区乃至世界的整个金融体系，而不只是金融体系的个别环节，因此，其影响程度和广度都超过非周期性金融危机。

2. 非周期性金融危机。非周期性金融危机是指由于经济发展过程中某些特殊因素的作用而引发的金融动荡。非周期性金融危机具有以下特点：(1)一般在时间上没有规律性，只要条件具备就有随时爆发的可能；(2)不带定期性质，它不是有规则地经过一定时间重复发生的；(3)一般不表现在金融体系的所有环节上，而只是表现在个别环节上，其影响程度和蔓延的趋势一般要小于周期性金融危机。如 1839 年的英国货币信用危机，是因为粮食歉收而爆发的金融危机，1995 年 8 月俄罗斯金融市场爆发的“金融市场八月危机”，1997 年阿尔巴尼亚因为非法集资事件而酿成的金融危机等，都是因突发事件诱发的金融危机，都属于非周期性的金融危机。

三、金融危机的特征

通过历次重大金融危机产生、发展的规律可以发现，金融危机具有以下几个特征：

1. 金融危机往往始于对宏观经济体系的外部冲击。这些外部冲击可能是突发的政治事件、总需求或总供给的巨幅波动、大规模的技术变迁或未被预期到的货币政策的变动。

2. 金融危机是经济运行周期中出现的一种金融动荡。这种动荡往往会引起人们不同程度的蔓延性金融恐慌，如发生抽逃资本和抛售本币的狂潮、本币大幅贬值、国际储备枯竭等，造成国际清偿力严重不足；国内金融市场银根紧缩、金融机构流动性严重缺乏、人们对金融机构丧失信心、大量金融机构因挤兑而接连倒闭，股市和房地产价格猛跌等。

3. 金融危机产生的原因比较复杂。金融危机的产生既可能源于经济的周期性波动，也有可能源于国际收支逆差和财政赤字、外债规模超过一国承受能力、金融体系和金融监管制度不完善以及宏观经济政策失当，还可能源于国际投机资本的恶意冲击等等。

4. 金融危机会对社会经济造成巨大危害。金融危机带来的后果往往是灾难性的，它会损坏一国银行信用体系、金融市场、对外贸易、国际收支，使整个国民经济陷于瘫痪，甚至导致国际货币体系的崩溃和国际金融市场的动荡，使全球经济遭受重创。

第四节　美国次贷危机

肆虐全球的美国次贷危机是继1929—1933年金融危机之后的一次百年一遇的金融大震荡。这场危机从2006年年底初现端倪，经过2007年4月美国新世纪金融公司破产，6月的次级债与衍生品市场的恐慌性抛售，2007年年底一些国际金融大鳄爆出巨亏，2008年3月美国第五大投资银行贝尔斯登破产，2008年7月“两房”（房地美和房利美）被接管及9月雷曼兄弟、梅林、AIG（美国国际保险集团）、华盛顿互惠银行等大金融机构破产倒闭和10月的全球股市共振等数次冲击波的冲击，各国的政府联合救市，最终演变成一场名副其实的全球性金融风暴。据报道，因金融危机影响，2008年美国股市蒸发7.3万亿美元，全球股市蒸发17万亿美元，2009年1月全球股市蒸发5.1万亿美元。

一、美国次贷危机概述

次贷危机又称次级抵押贷款危机或次级债券危机。它是因美国次级抵押贷款机构破产、投资银行和商业银行被迫关闭、股市剧烈震荡引起的金融风暴。

美国拥有一个庞大而发达的住房金融体系，住宅抵押贷款主要由专门的抵押贷款机构经营。住宅抵押贷款机构在发放房屋抵押贷款时，采用FICO信用分析系统对借款人信用进行评分，根据借款人的信用评级结果，将住房抵押贷款分为三类：(1)优质抵押贷款，一般是面向信用等级高、信用评级分数在680分以上、收入稳定、还款有保障的优质贷款购房人，这些人主要是选用最为传统的30年或15年固定利率进行按揭贷款；(2)接近优级，全称为Alternative A贷款（简称Alt-A贷款），这类贷款借款人的信用评级分数一般在620～680分，包括信用记录不错或很好，但缺少或完全没有固定收入、存款、资产等合法证明文件的借款人，Alt-A贷款利率比优质贷款高1%～2%；(3)次级抵押贷款，一般是向信用分数低于620分、收入证明缺失、还款能力差、负债较重的贷款购房人发放的住房抵押贷款。

部分银行之所以向信用等级较低的贷款购房人发放次级抵押贷款，原因在于当房地产市场比较景气的时候，银行发放次级贷款可以获得高额的利息收入，而且不用担心风险，因为房价上涨可以保证房屋的价值，而房子抵押在银行手里，即使贷款人无法还款，银行也可以通过处理抵押在手中的房产来保证自己的利益。在次级贷款繁荣时，以次级抵押贷款为基础还产生了一系列的金融创新工具，进而卷入了大量的金融机构和投资者。因此，次级贷款的发展是建立在房价不断上涨的假设之上的，而这正是2001—2005年美国的现实状况。

2004年6月，美联储开始提高利率，自2005年第四季度开始，美国的住房市场开始出现低迷，新开量、新建房和存量房的销售量开始下降，房价开始走低；房价的下降减少了次级借款人所购房屋的市场价值，增加了他们的违约动机，而这不仅导致贷款行利益的损失，还牵连了一大批与次级抵押贷款及其相关的金融创新产品相关联的金融机构和投资者，造成了大范围的机构破产和倒闭，最终引发了次贷危机。

二、美国次贷危机的演变过程

从危机发生、发展的全过程看，美国次贷危机大体经历了以下几个阶段：

(一)信贷危机(2006 年年底—2007 年 6 月)

自 2006 年年底开始，美国国债市场和股市出现大幅波动，同时先后有 20 多家中小抵押贷款机构申请破产。2007 年 4 月 2 日，美国第二大抵押贷款公司——新世纪金融公司申请破产保护，标志着次贷危机的爆发。在此阶段，次级贷款违约率不断上升。2006 年年底，次贷违约率高达 10.5%，2008 年 2 月，骤升至 32.93%。受次级贷款牵连，优质贷款和信用卡违约率也大幅上升，Alt-A 贷款违约率翻了数倍，优质贷款的违约率翻了 1 倍。随着次级贷款和优质贷款违约率大幅上升，信贷市场严重恶化，许多金融机构提高了信贷审查标准，不仅把一些风险较高的次级贷款申请拒之门外，而且为防止资金链断裂，把一些信用标准很好的高质量贷款也拒之门外，导致贷款紧缩，信贷危机愈演愈烈。

(二)次贷债券危机(2007 年 6 月—2008 年 3 月)

该阶段以次贷债券危机为主要表现形式，并辅之以银行业危机。2007 年 6 月，美国第五大投行贝尔斯登旗下两只对冲基金因投资债务抵押担保证券(CDO)损失惨重。7 月起，全球三大信用评级机构穆迪、标准普尔和惠誉调低部分次级债券的信用评级，引发恐慌性抛售，市场加速下跌，使危机传递至对冲基金、投资基金和商业票据市场。在这一阶段，建立在次级贷款基础上，通过复杂的资产证券化手段打包而成的各种次级债券大幅缩水，甚至一文不值，给大型金融机构带来灾难性打击。美林、花旗、瑞银、汇丰以及日本的金融集团相继爆出数百亿美元巨亏，一些大型金融公司甚至陷入破产倒闭。

(三)金融机构危机(2008 年 3 月—2008 年 9 月)

2008 年 3 月，贝尔斯登宣布破产并被摩根大通收购，标志着新一轮银行危机的开始。9 月，美国第四大投行雷曼兄弟申请破产保护，第三大投行美林公司被美国银行收购。短短半年时间，美国五大投行中的三大投行轰然倒塌。居全球第一、第二的高盛和摩根士丹利同时改型为银行控股公司，标志着美国传统投行模式的终结。美国商业银行业也再掀破产浪潮，截至 2008 年 10 月，美国已有 12 家银行破产。其中，具有近 120 年历史、总资产额达3 070亿美元的全美最大储蓄机构——华盛顿互惠银行破产，称为美国有史以来规模最大的一桩银行倒闭案，同时还有 100 多家银行出现在问题银行名单上。一些大型非银行金融机构也卷入危机之中，美国"两房"被美国政府接管，全球最大保险机构——美国国际保险集团(AIG)因流动性危机也被美国政府接管。

(四)全球性金融危机(2008 年 9 月开始)

随着美国各大金融机构的破产、被收购或被接管，美国金融危机犹如脱缰的野马，迅速演变成全球性金融危机。具体表现为：(1)全球股市遭遇重挫。至 2008 年 9 月中旬，美国三大股指跌幅达 20%左右，欧洲三大股指跌幅达 25%左右，以日经、香港为代表的亚洲主要股指下跌1/3以上。仅10月6日至10日的“黑色一周”中，道-琼斯工业指数和标准普尔指数重挫逾18%，纳斯达克指数大跌15.3%，欧洲三大股指跌幅均超过20%，恒生与日经指数分别下跌16%和24%。俄罗斯、墨西哥以及亚洲部分新兴市场国家和地区均因股市跌幅过大而一度停止交易。据估计，全球股票市值在短短一周内蒸发6万亿美元。(2)不少国家面临严重金融危机，如北欧小国冰岛陷入金融动荡，其本币汇率一度贬值超过50%，股票市场连续3个交易日停牌，银行债务达到其经济总量的12倍，面临国家破产的风险；俄罗斯在8—9月共有330亿美元资金撤离，其股市因波动过大多次暂停交易；在东欧，匈牙利和乌克兰先后向IMF发出援助请求，立陶宛、拉脱维亚和爱沙尼亚3国则面临国家银行体系崩溃的威胁。

三、美国次贷危机的特点

自20世纪20年代“大萧条”以来，全球共发生了7次大规模的经济金融危机，但本次金融危机的深度和广度显著超越以往，具有以下几个特点：

(一)突发性

危机发生前没有足够的征兆，美国金融市场和监管当局也未能及时发出预警，金融市场的流动性和信用度在瞬间发生逆转。2007年5月，美联储主席伯南克在国会作证时还认为“次贷危机已经得到了控制”，“不会对其他经济领域或整个金融体系造成严重影响”。金融危机的突发性及应对失当导致了危机的不断恶化。

(二)复杂性

此次危机不仅呈现出信贷、债券、金融机构等诸多危机形态，而且危机所涉及的资产证券化及某些杠杆工具的创新属于新兴金融产品，并不为广大投资者所理解，甚至连一些专业金融人士和监管者也难以窥其奥妙。此外，银行表外业务和金融衍生交易的发展及金融市场一体化，进一步增加了对此次危机的识别难度。

(三)系统性

本次金融危机从一开始就是金融市场的系统性风险。从次级贷款机构到信用卡公司，从投资银行到商业银行，从银行金融机构到非银行金融机构，都被卷进危机漩涡之中。

(四)持续性

这次金融危机从2007年4月爆发以来，影响日益加深且持续时间很长，至今全球经济尚未完全摆脱危机的影响。因为这次危机源于房地产市场价格的波动，而房价调整是一个漫长的过程，公众消费信心的提振也会比较缓慢，消费疲软使本次危机持续时间很长，经济运行将呈现出与以往V型曲线不同的U型曲线，表现在处于低谷的时间很长。

(五)灾难性

本次危机蔓延速度之快、波及范围之广、危害程度之大，前所未有。此次金融危机不仅波及全球金融业，也直接影响到各国的实体经济，西方主要发达国家的多次联手干预都未能奏效，主要经济体经济迅速下滑，陷入衰退的境地。

四、美国次贷危机爆发的原因

(一)金融机构方面的原因

1. 忽视贷款风险,次贷过滥。面对火爆的房地产市场,抵押贷款机构一再降低贷款门槛,置风险于不顾,将抵押贷款推向那些不具备基本贷款条件的客户。有些贷款机构甚至推出了“零首付”“零文件”贷款。次级贷款的迅猛发展在加剧房地产市场泡沫的同时,也为日后金融危机的爆发埋下了巨大隐患。

2. 衍生金融产品开发过滥、交易过乱加剧了金融泡沫膨胀和风险积聚。以资产证券化为代表的金融创新工具被过度滥用,导致市场的约束机制失灵,这是此次危机的真正元凶。首先,投资银行等机构在次贷基础上设计出第二级金融产品抵押贷款支持债券MBS,根据MBS出现违约的概率,再设计出两种第二级金融衍生品CDO,然后在大量CDO产品的基础上,投资银行又进行了两个方面的产品设计:一个方面是以CDO为基础资产设计出“CDO平方”“CDO立方”等,其共同特点在于实现杠杆效应;另一个方面是设计出信用违约掉期CDS,其作用在于寻找对手公司对次贷衍生品投保,从而将次贷衍生品的违约风险进一步分散,并在此基础上提高次贷衍生品的信用评级。2006年,美国债券市场的MBS达到6.1万亿美元,CDO发行总规模将近2万亿美元,CDS的名义市值在2007年达到62万亿美元,相当于全球GDP水平。

3. 杠杆率过高。华尔街投资银行之所以纷纷倒闭,一个重要原因就是它们高杠杆盈利模式的内在缺陷以及脱离风险控制的狂热与贪婪。华尔街投资银行的杠杆率均在30左右,如果算上结构性工具,杠杆倍数高达50～60倍,而其资本充足率仅为1%～2%,在如此高的杠杆率下,一旦房市泡沫破灭,出现严重违约,巨额亏损就不可避免。

4. 投机气氛过浓。火爆的房地产需求大大激发了市场参与者的投机心理,投资银行将次级贷款层层打包形成的各种次级债及其衍生品,受到其他金融机构的追捧。由于金融机构的行为建立在预期房地产价格上涨的基础上,一旦市场发生逆转,链条出现断裂,危机爆发就不可避免。

(二)市场层面的原因

1. 房地产市场过热。从某种程度上讲,美国次贷危机源于房地产市场空前繁荣,进而导致次级抵押贷款规模疯狂扩张。2000—2006年,全美房价急剧上涨,借款人感到次级贷款有利可图,从而贷款人、借款人和投资者开始丧失理智,这些都为危机的发生播下了种子。

2. 市场利率过低。2001年至2004年6月,美联储连续降息13次,将联邦基金利率从6.5%一直降到1%的超低水平。长期的低利率造成了市场流动性过剩,推动了房贷需求及房价上涨,次级贷款泛滥,房地产泡沫日趋严重。而2004—2006年,美国连续17次加息,联邦基金利率从1%提升到5.25%,其影响是多重的:一是利率上升导致企业融资成本增加,经济增长放缓,进而房地产价格下降;二是次级借款人还款负担增加,甚至失去还款能力,进而违约率上升;三是抵押贷款机构因借款人违约出现大量亏损,引发次贷危机;四是房价缩水、次贷质量下降导致以次贷支持的证券及其衍生品市场波动,价格下跌,引起投资者恐慌。

（三）经济层面的原因

1. 经济增长依赖过度消费。长期以来，美国通过过度消费支撑和刺激经济，在创造繁荣的同时，积聚了财政赤字、贸易逆差、资产价格飙升、过度借贷、投机资金泛滥等大量的金融风险和经济泡沫，最终促使风险爆发、泡沫破灭。例如，从1913—2001年的87年中，美国累积了6万亿美元国债，2001—2006年的短短5年间又增加了3万亿美元，达到8.6万亿美元，仅每年的付息就高达4 000亿美元。如果再将各州的债务加起来，美国总债务高达44万亿美元，人均负债15万美元，每年支付利息2.2万亿美元，几乎等于联邦政府一年的财政收入。

2. 虚拟经济严重脱离实体经济。美国经济最大的特点是虚拟经济，经济体高度依赖虚拟资本的循环来创造利润。虚拟经济本身并不创造价值，但可以无限放大金融资产，被放大的资产反过来又可以扩张信用。一旦预期出现问题，势必引起虚拟经济崩溃，极大摧毁信用市场和金融体系，进而对实体经济造成毁灭性的打击。例如，现在全球衍生金融工具总市值估算超过680万亿美元，而全球的GDP还不到60万亿美元。美国的各种实物类贷款不到20万亿的规模，但衍生金融产品的规模却达到了400万亿美元。

（四）国际原因

1. 美元“一币独大”导致全球金融失衡。第二次世界大战以后，以美国为主导的国际货币体系，奠定了美元作为核心货币和世界储备货币的霸主地位，形成了许多国家对美元的依赖，使得各国许多金融机构甚至政府都将资金投向高度泡沫化的美国金融市场。

2. 投资者对美国市场环境过分乐观。美国金融市场的影响力和投资市场的开放性，不仅吸引了来自美国本土的投资者，也吸引了世界各国的投资者，从而使得需求更加兴旺。全球各国主要商业银行和投资银行均参与了美国次级房贷衍生产品的投资，且金额巨大，使得危机发生后，影响波及全球金融体系。

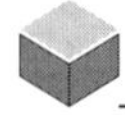

关键词

国际资本流动　短期资本流动　长期资本流动　债务危机　金融危机　次贷危机

本章小结

1. 国际资本流动，也称为国际资本移动，是指资本从一个国家或地区转移到另一个国家或地区。它与商品贸易或劳动力输出入所引起的货币流通有着本质的区别。后者在商品或劳动力的交换中发生货币所有权的转移，而国际资本在其流动中不产生所有权的转移，发生转移的仅仅是它的使用权。

2. 国际资本流入，表现为本国对外负债的增加和本国在外国的资产的减少，或者外国在本国资产的增加和外国对本国负债的减少。国际资本流出，表现为本国对外国负债的减少和本国在外国资产的增加，或者外国在本国资产的减少和外国对本国负债的增加。对一个国家或地区来讲，总存在资本流入或资本流出，只不过是流出或流入的比例不同而已。一般来说发达国家是主要资本流出国,发展中国家是主要资本流入国。

3. 贸易资本流动。是指由国际贸易引起的货币资金在国际范围内的通融和结算,是最为传统的国际资本流动形式。国际贸易活动的进行必然伴随着国际结算,引起资本从一国或地区流向另一国或地区。各国出口贸易资金的结算,导致出口国或代收国的资本流入;各国进口贸易资金的结算,则导致进口国或代付国的资本流出。银行资本流动,是指各国外汇专业银行之间由于调拨资金而引起的资本国际转移。各国外汇专业银行在经营外汇业务过程中,由于外汇业务或谋取利润的需要,经常不断地进行套汇、套利、掉期、外汇头寸的抛补和调拨、短期外汇资金的拆进拆出、国际范围内银行同业往来的收付和结算等,都要产生频繁的国际短期资本流动。保值性资本流动,又称为"资本外逃",是指短期资本的持有者为了使资本不遭受损失而在国与国之间调动资本所引起的资本国际转移。保值性资本流动产生的原因主要有国内政治动荡、经济状况恶化、加强外汇管制和颁布新的税法、国际收支发生持续性的逆差,从而导致资本外逃到币值相对稳定的国家,以期保值,免遭损失。投机性资本流动,是指投机者利用国际金融市场上利率差别或汇率差别来谋取利润所引起的资本国际流动。具体形式主要有:对暂时性汇率变动的投机;对永久性汇率变动的投机;与贸易有关的投机性资本流动;对各国利率差别作出反应的资本流动。由于金融开放与金融创新,国际投机资本的规模越来越庞大,投机活动也越来越盛行。

4. 国际直接投资是指一个国家的企业或个人对另一国企业部门进行投资可以取得某一企业的全部或部分管理和控制权。国际证券投资,也称为间接投资,是指通过在国际债券市场上购买外国政府、银行或工商企业发行的中长期债券,或在国际股票市场上购买外国公司股票而进行的对外投资。证券投资与直接投资存在区别,主要表现在:证券投资者只能获取债券、股票回报的利息、股息和红利,对所投资企业无实际控制和管理权;而直接投资者则持有足够的股权来承担被投资企业的盈亏,并享有部分或全部管理控制权。国际贷款是指一国政府、国际金融组织或国际银行对非居民(包括外国政府、银行、企业等)所进行的期限为一年以上的放款活动,主要包括政府贷款、国际金融机构贷款、国际银行贷款。

5. 产业性资本流动是指与实际生产、交换发生直接联系的资本流动。金融性资本流动是指与实际生产、交换没有直接联系的国际资本流动。例如,国际银行存贷市场上与国际贸易支付不发生直接联系的银行存贷活动;国际证券市场上不以获取企业控制权为目的的证券买卖;外汇市场上与商品进出口没有直接联系的外汇买卖;国际衍生工具市场上与商品贸易套期保值无关的交易等。金融性资本流动具有更为明显的货币金融性质,近年来它的规模越来越大,而且发展非常迅速,形式日益复杂,特别是越来越脱离实物经济,表现出自身相对独立的运动形式。

6. 债务危机是指任何不能按计划还本付息并由此损害其他债权人财务健康的状况。通常,此时债权人会切断进一步的贷款,从而使最初的情况恶化。如果无力偿还是一个长期现实,它就会被归结为无力偿付问题;如果无力偿还是由暂时的现金短缺造成的(如由罢工、自然现象或价格的暂时下降等引起),那么可以将它看成是流动性不足问题。在高利率条件下,流动性不足问题可以迅速变为无力偿还问题。

7. 主权债务是指一国以自己的主权为担保向其他国家或国际组织借来的债务。

8. 金融危机是由于金融制度不完善、市场机制不健全、货币政策失误、投机性交易过度以及国际游资冲击等原因所导致的整个金融体系或某个金融体系组成部分的混乱和动荡现象。表现为货币市场银根紧缩、资本市场价格暴跌、货币严重贬值、企业资金链断裂而被迫破产、银行发生挤兑而倒闭、失业率上升等,此时人们对经济前景的悲观预期增加,信心普遍下降,整个社会陷入经济萧条,甚至伴随着社会政治动荡。

9. 美国次贷危机又称次级抵押贷款危机或次级债券危机。它是因美国次级抵押贷款机构破产、投资银行和商业银行被迫关闭、股市剧烈震荡引起的金融风暴。

练习与思考

一、单选题

1. 对一个国家或地区来讲,总存在资本流入或资本流出,只不过是流出或流入的比例不同而已。一般来说发达国家是主要资本(　　)国,发展中国家是主要资本(　　)国。

A. 流出;流入　　B. 流入;流出　　C. 流出;流出　　D. 流入;流入

2. 下列不属于短期资本流动的是(　　)。

A. 短期证券投资　　B. 保值性资本流动

C. 投机性资本流动　　D. 国际证券投资

3. 以下哪项属于长期资本流动的影响?(　　)

A. 当一国出现暂时性的国际收支失衡时,有利于调节失衡

B. 当一国出现持续性国际收支不平衡时,会加剧该国的国际收支失衡状态

C. 会加剧国际金融市场的动荡,这表现在它会造成汇率大起大落,投机更加盛行

D. 可以引进先进技术与设备,获得先进的管理经验

4. 自(　　)开始,拉美和非洲的发展中国家,为了实现工业化而大量举借外债。

A. 20 世纪 50 年代　　B. 20 世纪 60 年代

C. 20 世纪 70 年代　　D. 20 世纪 80 年代

5. 20 世纪 80 年代发展中国家债务危机卷入的国家不包括(　　)。

A. 巴西　　B. 委内瑞拉　　C. 中国　　D. 阿根廷

6. 美国次贷危机爆发后,欧洲主权债务危机就开始显现。最早出现主权债务危机的国家是(　　),其原因是金融危机对其金融业造成重创,资不抵债的三大国有银行被迫由政府接管,由此引发市场对主权债务问题的担忧。

A. 英国　　B. 冰岛　　C. 迪拜　　D. 法国

7. 以下哪项不属于金融危机?(　　)

A. 债务危机　　B. 信用危机　　C. 货币危机　　D. 银行危机

8. 席卷全球的美国次贷危机发生于(　　)。

A. 2008 年　　B. 2007 年　　C. 1998 年　　D. 1997 年

9. CDO 指的是(　　)。

A. 信贷资产证券化　　B. 抵押担保证券

C. 债务抵押担保证券　　D. 信用抵押担保证券

10. 关于次贷危机爆发的原因,以下不正确的是(　　)。

A. 政府失职

B. 忽视贷款风险、次贷过滥

C. 衍生金融产品开发过滥、交易过乱加剧了金融泡沫膨胀和风险积聚

D. 杠杆率过高

二、多选题

1. 长期资本流动的种类包括(　　)。

A. 保值性资本流动　　B. 国际直接投资

C. 国际证券投资　　D. 国际贷款

2. 国际贷款(international loans)是指一国政府、国际金融组织或国际银行对非居民(包括外国政府、银行、企业等)所进行的期限为一年以上的放款活动,主要包括(　　)。

A. 政府贷款

B. 国际金融机构贷款

C. 国际银行贷款

D. 跨国机构贷款

3. 判断一国债务是否属于国际债务或外债的因素有:(　　)

A. 必须是居民与非居民之间的债务

B. 以偿还义务为条件,且必须具有契约性,通过具有法律效力的文书明确偿还责任等

C. 其为一个时点的外债余额

D. 外债的计值既可用外币,也可用本币,还可以是用实物形态构成的债务

4. 以下哪项属于20世纪80年代发展中国家债务危机产生的原因?(　　)

A. 盲目大量举债

B. 不适当的经济发展战略

C. 国际资本市场借贷形式的变化加大了发展中国家寻求继续融资的困难

D. 政府失职

5. IMF在1984年的《世界经济展望》中总结了造成1982年发展中国家对外支付危机的主要原因,可以从内部和外部两方面原因进行归纳。其中属于内部原因的是(　　)。

A. 盲目大量举债

B. 国际金融市场汇率和利率的变化

C. 国际资本市场借贷形式的变化

D. 不适当的经济发展战略

6. 受全球金融危机影响,(　　)于2008—2012年相继爆发了主权债务危机,甚至导致“国家破产”。

A. 日本　　B. 冰岛

C. 迪拜　　D. 欧元区国家

7. 欧洲主权债务危机的原因主要有以下几个方面:(　　)。

A. 过多地依赖于劳动密集型产品出口和旅游业

B. 过度举债

C. 政府失职

D. 欧盟制度缺陷

8. 依据性质和内容,金融危机可分为(　　)。

A. 债务危机　　B. 全球金融危机　　C. 货币危机　　D. 银行危机

9. 通过历次重大金融危机产生、发展的规律可以发现,金融危机具有以下几个特征:(　　)。

A. 往往始于对宏观经济体系的外部冲击

B. 是经济运行周期中出现的一种金融动荡

C. 产生的原因比较复杂

D. 会对社会经济造成巨大危害

10. 以下属于次贷危机特征的有(　　)。

A. 突发性　　B. 复杂性　　C. 系统性　　D. 持续性

三、填空题

1. 国际资本流入,表现为本国对外负债的________和本国在外国资产的________,或者外国在本国资产的________和外国对本国负债的________。

2. 短期资本流动是指期限在一年或一年以内的国际资本流动。短期资本流动主要包括以下四类:________、________、________、________。

3. 长期资本流动是指使用期限在一年以上,或者未规定使用期限的国际资本流动。它主要包括以下三类:________、________和________。

4. 判断一国债务是否属于国际债务或外债的四个因素:一是________;二是________;三是________;四是________。

5. 债务危机后的第一个阶段实施的债务重新安排失败后,国际社会的各方终于认识到,债务危机并不是由债务国暂时的流动性困难引起的,其真正的原因在于债务国现有的经济状况根本不具有清偿能力,主要债权国提出了债务危机解决的新方案。其中,最主要的方案包括________、________和________。

6. 20 世纪 70 年代,布雷顿森林体系的崩溃以及金融全球化发展,使金融危机频繁爆发,如 1982 年的________危机,1992 年的________危机,1994 年的________危机,1997 年的________危机,2001 年的________危机,2007 年发端于________的全球金融危机以及 2010 年发生的________。

7. 金融危机是由于________、________、________、________以及________等原因所导致的整个金融体系或某个金融体系组成部分的混乱和动荡现象。

8. 非周期性金融危机具有以下特点:(1)________,只要条件具备就有随时爆发的可能;(2)________,它不是有规则地经过一定时间重复发生的;(3)一般不表现在金融体系的所有环节上,而________,其影响程度和蔓延的趋势一般要小于周期性金融危机。

9. 从危机发生、发展的全过程看,美国次贷危机大体经历了以下阶段:________(2006 年年底—2007 年 6 月)、________(2007 年 6 月—2008 年 3 月)、________(2008 年

3月—2008年9月)、________(2008年9月开始)。

10. 住宅抵押贷款机构在发放房屋抵押贷款时,采用FICO信用分析系统对借款人信用进行评分,根据借款人的信用评级结果,将住房抵押贷款分为3类,其中优质抵押贷款,一般是面向信用等级高,信用评级分数在________分以上,收入________,还款有保障的________贷款购房人发放的,这些人主要是选用最为传统的________年或________年固定利率进行按揭贷款。

四、判断题(正确请写"T",错误请写"F")

( )1. 证券投资可以获取债券、股票等证券投资的债息、股息和红利,并对投资企业享有管理控制权。

( )2. 一般来说发展中国家是主要资本流出国,发达国家是主要资本流入国。

( )3. 保值性资本流动产生的原因主要有国内政治动荡、经济状况恶化、加强外汇管制和颁布新的税法、国际收支发生持续性的逆差,从而导致资本外逃到币值相对稳定的国家,以期保值,免遭损失。

( )4. 短期资本流动会加剧国际金融市场的动荡,这表现在它会造成汇率大起大落,投机更加盛行。

( )5. 当一个国家出现持续性顺差时,该国的货币汇率就会持续下跌,如果投机者预期到该国货币汇率还会进一步下跌时,他就会卖出该国货币,买进其他货币,以期该国货币贬值,其他货币升值后获利。

( )6. 布雷迪计划的基本构想是:利用世界银行和国际货币基金组织的现有财源,设立一个基金公库(约200亿~250亿美元)为债务国减债后的其余外债还本付息提供担保,同时以日本提供的资金作为补充基金;在"自愿"的基础上,债务国以上述基金作为担保,与债权银行进行债务转换交易,将债务换成低面值债券,或将债务换回同等面值的低利率债券,或将债务换成债务国企业的部分股权。

( )7. 1839年的英国货币信用危机,是因为粮食歉收而爆发的金融危机,1995年8月俄罗斯金融市场爆发的"金融市场八月危机",1997年阿尔巴尼亚因为非法集资事件而酿成的金融危机等,都是因突发事件诱发的金融危机。

( )8. 1987年,美国摩根保证信托银行提出了"债券换债务"计划,目的是缓解欧洲主权债务危机。

( )9. 肆虐全球的美国次贷危机是有史以来范围最广、危害最大的金融危机。

( )10. 华尔街投资银行之所以纷纷倒闭,一个重要原因就是其高杠杆盈利模式的内在缺陷以及脱离风险控制的狂热与贪婪。

五、思考题

1. 简述短期资本流动的种类。

2. 简述长期资本流动的种类。

3. 简述债务危机的解决方案。

4. 金融危机的特征是什么?

5. 简述美国次贷危机爆发的原因、对中国的影响以及启示。

案例分析

国际资本流动与金融危机的关系

金融危机在过去的20年中可谓连续不断，其给发生国经济造成的影响相当严重。首先，回顾一下在过去20年中世界上发生的几次金融危机：20世纪80年代初拉美国家的债务危机；80年代到90年代初的美国储蓄银行业的危机；90年代的日本金融危机；1994年的墨西哥金融危机和1997年的东南亚金融危机；2007年的次贷危机；2010年以来的主权债务危机。

其中三次发生在发展中国家的金融危机有着惊人的相似之处：首先，在危机发生之前，这些国家都是经济发展的希望之星，都吸引了大量外资。其次，在危机发生过程中，这些国家的政府一直是一个关键的参与者。最后，金融危机使这些国家蒙受了巨大的损失，同时也迫使这些国家的经济作出痛苦的调整。下面简单对几次发展中国家发生的金融危机进行描述。

1. 拉美国家的债务危机。20世纪70年代两次石油涨价使得石油输出国积累了大量美元。这些美元主要存在美国和欧洲的商业银行里。当时在发达国家的资本市场上，美元的供给较充足，而美元的需求稳定，因而利率较低。为了寻找高回报的投资机会，商业银行把目光投向拉美国家和东亚。商业银行愿意向拉美和东亚的发展中国家放贷，一是因为这些国家经济发展的势头看好，二是这些放贷大多有发展中国家的政府担保，其信用可谓主权级。截至1983年，西方主要商业银行对发展中国家的贷款总量超过了发展中国家总负债的一半，达3 350亿美元。但随着20世纪70年代末和80年代初美国利率大幅度提高，投向拉美国家的资本有减少的趋势。这时，拉美国家的负债已经很重了，拉美国家的主要借款国(墨西哥、巴西、阿根廷、智利等国)平均每年要用其出口创汇的50%以上来还本付息。于是，以1982年墨西哥政府宣布不能按时还债为先导，开始了拉美发展中国家的债务危机。

2. 墨西哥金融危机。20世纪80年代墨西哥经济发展起伏很大，1982年的债务危机和1986年的石油价格暴跌使墨西哥经济走向衰退。20世纪90年代初期，墨西哥经济似乎非常健康：通货膨胀得到了控制，外国直接投资增长迅猛，墨西哥中央银行积累了几十亿美元的储备，美、加、墨达成的北美自由贸易同盟于1994年年初生效。墨西哥20世纪80年代的艰难时势似乎已成过眼云烟。然而，北美自由贸易同盟生效后不到一年，墨西哥就遭遇经济灾难。1994年12月20日，墨西哥政府宣布比索贬值，随后的金融危机又使比索贬值了一半。通货膨胀飙升，墨西哥经济进入了严重的衰退时期。1995年墨西哥国内生产总值比上年下降6.2%。

3. 东南亚金融风暴。东南亚1997年的金融风暴是从泰国开始的。1997年7月2日，泰国政府和金融当局宣布放弃长达13年之久的泰铢与美元挂钩的汇率制度，随后泰铢贬值高达48%左右。泰国的危机波及菲律宾、马来西亚、印尼、新加坡等国的金融市场，造成一场席卷整个东南亚的金融风暴。

纵观以上三个案例，我们发现一个共同的特点：这些国家的金融危机都与国际资本流动有关。在危机发生之前，这些国家的形势是“一片大好”。可能是由于国际形势的变化，或者是这些国家改革开放的努力，外资对这些国家的预期较好。为了吸引更多的外资，这些国家都采取了许多措施，如开放资本市场等。因此，这段时期外资大量流入这些国家。外资的流入可以弥补国内储蓄的不足，可以补偿经常账户的赤字，可以带来新的投资项目和管理技术，可以使国内的房地产兴旺，可以使国内的有价证券升值。总之，外资的大量流入带来了到处莺歌燕舞的局面。应该说这对发展中国家来说是一次机会。如果抓紧时间搞好国内金融体制的基本建设，规范金融业，加强监管，是可能使本国的金融业走上现代化的轨道并保持经济的持续增长的。但是这一切来得太快。这些国家还来不及将全国金融法规和监管体系建立起来，危机就来临了。

要求：根据以上案例，从资本流动的角度分析其危机发生的特点以及给我们的启示。

实训演练

一、实训目的

1. 了解资本流动的原因、影响及风险控制。

2. 根据统计数据分析国际资本流动对中国经济的影响。

二、实训资料

通过在《中国经济年鉴》《中国统计年鉴》《中国金融年鉴》《国际统计年鉴》、商务部网站、国家外汇管理局网站以及其他相关的网站、专业书籍和专业期刊查找中国资本流动的相关数据，分析中国资本流动的现状以及资本流动对中国经济的影响。

三、实训要求

以 6～8 人为一组，将班级分成若干小组，在获取翔实资料的基础上，经过本组分析、讨论，得出本组的结论与观点，并形成书面报告。

本章推荐阅读

[1]我国利用外资政策及我国当前吸收外资情况，可以查询中华人民共和国商务部官方网站，http://www.mofcom.gov.cn。

[2]我国外债情况，可以查询国家外汇管理局官方网站，http://www.safe.gov.cn。

第十二章

国际结算

知识结构图

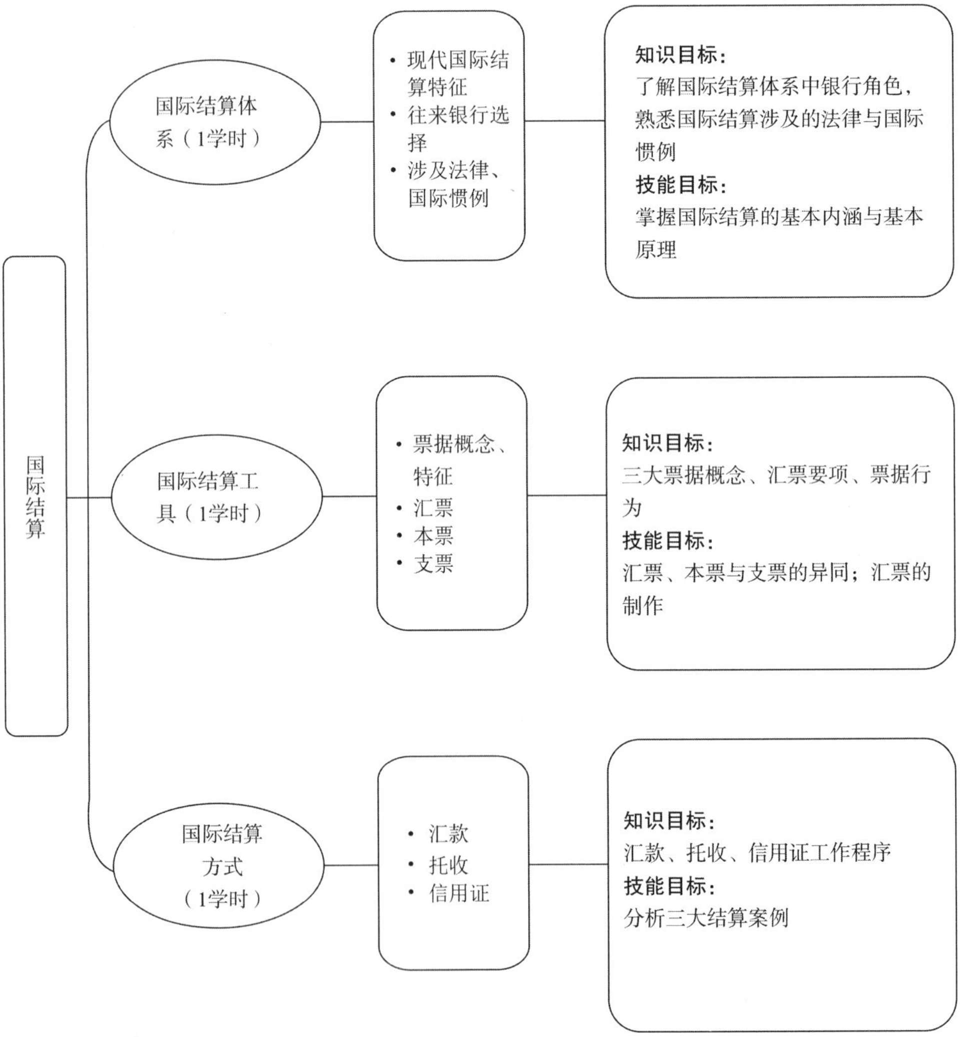

国际结算

- 国际结算体系（1学时）
  - 现代国际结算特征
  - 往来银行选择
  - 涉及法律、国际惯例

  知识目标： 了解国际结算体系中银行角色，熟悉国际结算涉及的法律与国际惯例
  技能目标： 掌握国际结算的基本内涵与基本原理

- 国际结算工具（1学时）
  - 票据概念、特征
  - 汇票
  - 本票
  - 支票

  知识目标： 三大票据概念、汇票要项、票据行为
  技能目标： 汇票、本票与支票的异同；汇票的制作

- 国际结算方式（1学时）
  - 汇款
  - 托收
  - 信用证

  知识目标： 汇款、托收、信用证工作程序
  技能目标： 分析三大结算案例

案例导读

英国A商向澳大利亚B商购买价值100 000英镑的羊毛，澳大利亚C商向英国D商购买了价值100 000英镑的棉纺织品。英国的D商在发出货物或对方收到货物后，开立了一张命令C商支付100 000英镑的汇票，D商可将这张汇票售予英国的A商，收回他应得的100 000英镑。英国的A商就把汇票寄给澳大利亚的B商，由他持票向澳大利亚的C商要求付款。这样，英国和澳大利亚两国之间的两笔债权债务通过一张汇票的传递和流通，得到了清算。从而避免了在现金结算方式下黄金和白银往返输送，节约了时间和费用，有利于国际商品交易的发展，对促进国际间的经济交往起到了一定的推动作用。

第一节　国际结算体系

一、现代国际结算特征

（一）从现金结算发展到非现金结算

早期的国际结算是现金交易。如我国古代曾以本国的工艺品和丝绸制品、瓷器换取外国的药材、香料和宝石。除了直接物物交换外，都长期使用金银铸币作为结算手段，买方将金、银或可兑换的铸币运送给卖方，交付货款，清偿债务。这种现金结算具有成本高、风险大、占压资金等局限性。到15世纪末16世纪初，随着资本主义发展、地理上的大发现以及海外殖民地的开拓，国际贸易不断扩大，逐渐形成区域性的国际商品市场。通过运送金银偿债方式已不能适应当时贸易发展的需要。取而代之以商业票据结算债权债务的方式。这样两国之间的债权债务通过一张票据的传递和流通，得到了清算。从而避免了在现金结算方式下黄金和白银往返输送，节约了时间和费用，有利于国际商品交易的发展，对促进国际间的经济交往起到了一定的推动作用。

（二）从买卖双方直接结算发展到通过银行结算

到了18世纪60年代，一些主要资本主义国家相继完成了工业革命。它直接推动着国际关系的深刻变革，社会分工迅速向国际领域扩展。海运事业、海洋运输保险业应运而生。与此同时，主要资本主义国家银行业亦发生了深刻变化。原来高利贷金融业逐渐转变为担任信用中介和支付中介的资本主义银行。到19世纪末20世纪初，银行不仅从事存放兑业务，而且通过国外分支机构和国际代理银行网络，从事国际借贷和国际结算业务。

（三）从凭货付款到凭单付款

早期的结算，卖方一手交货，买方一手交钱，钱货两清。即现金交易方式。到18世纪的资本主义时期，同国际贸易有关的金融业、航运业以及保险业也获得了巨大的发展，提单、保险单等相继问世，海运提单从一般性的货物收据发展为可以背书转让的物权凭证，保险单发展成可以转让的单据。

到了19世纪末20世纪初以后，交易单据化的蓬勃兴起，确立了卖方凭单交货，买方凭单付款的单据交易原则。国际结算逐步从凭货付款到凭单付款。这也为以后银行信用加入国际贸易结算业务中来创造了条件。

（四）从人工结算发展到电子结算

随着科学技术的发展、电子技术的日新月异，高科技电脑已进入了银行业务，加速了资金与单证的流转过程，使得一些国际业务在瞬间即可完成。快速、安全、高效地实现国际清算已成为当代国际结算的主要课题。目前世界上已有四大电子清算系统，即CHIPS、CHAPS、TARGET和SWIFT可办理国际结算中的资金调拨。

EDI(Electrical Date Interchange)是指在两个或两个以上用户之间，按照协议将一定结构特征的标准经济信息经数据通信网络在电子计算机系统之间进行交换和自动处理。它是以计算机数据通信网络技术为基础发展起来的现代信息处理和信息通信技术，是"无纸化技术"。它把商务活动中单证和单据流转的相关环节，通过标准化商业文件的联网传输和自动化处理整合在一起，为客户提供快速、准确的国际结算业务，被称为是对传统贸易结算方式进行的一次划时代的结构性变革。

EDI为国际贸易和国际结算带来了巨大的经济效益和社会效益，主要表现在以下几个方面：实现无纸贸易；变革贸易和结算方式；降低成本和费用；节省时间，提高工作效率，从而增强竞争能力；用更先进的方式进行资金管理；为企业提供更好的决策支持信息；企业可与贸易伙伴建立更快捷和更密切的关系，增加贸易机会。美国在20世纪60年代末期开始应用EDI。时至今天，世界上大部分国家都认定EDI是经商的唯一途径。

从国际结算的演变发展过程可以看出，现代国际结算是以票据为基础、单据为条件、银行为中介、结算和融资相结合的、电子化的非现金结算体系。

二、国际结算中的银行

（一）银行的作用

银行在国际贸易结算中居于中心枢纽的地位，离开银行，国际结算就无法进行，具体而言，银行在国际贸易结算中的作用，可以概括为以下几个方面。

1.国际汇兑

国际汇兑是指银行应汇款人或债务人的要求把一种货币兑换为另一种货币，并委托收款人所在地银行向收款人或债权人支付一定金额，以结清国际间债权债务关系的一种方式。在国际贸易中，银行接受进出口商的委托，为其提供服务，办理国际间汇款，代收代付货款和费用等，是银行的一种中间业务。

2.提供信用保障

国际贸易的开展建立在双方信用的基础上，商业信用起决定性作用。在贸易双方互不了解的情况下，进口商或出口商都不愿先将货款、货物或代表货物所有权的单据交给对方，纯粹以商业信用来开展业务，很难保证国际贸易的顺利开展。银行资金雄厚、资信优良。若银行介入贸易结算，为其提供信用保障，有利于贸易在新领域的拓展，从而进一步推动国际结算的发展。

3.融通资金

进出口商取得银行的资金融通是从事国际贸易的重要条件。一个企业的自有资金总是有限的,要经营对外贸易,通常都需要借助银行的资金融通。银行对进出口商的融资除一般贷款外,还可以在具体办理贸易结算过程中,以进出口押汇方式向客户提供融资、向进口商提供信用证开证额度、向出口商提供票据贴现等,从而促进国际贸易的发展。

4.减少外汇风险

任何一笔国际贸易,从签订买卖合同,到发货、最后收付货款,一般需要两三个月甚至更长时间,这就给货款收付双方带来外汇风险。银行可以通过远期外汇交易、货币期货交易和货币期权交易等手段为进出口商降低甚至消除外汇风险。

(二)银行的分支机构

开展国际结算业务的银行必须有庞大的银行系统网络关系及账户关系,必须有海外分支机构和代理行的合作。根据与本行的账户及业务关系,国际结算体系中的往来银行一般分为两种:联行和代理行。

1.联行

联行(Sister Bank)即银行在国内外设置的分支机构。一般来说,经营外汇和国际结算业务的商业银行都在海外设有分支机构。商业银行的海外分支机构一般有以下几种形式。

(1)海外分行、支行(境外联行)(Overseas Sister Bank/Branch,Sub-branch)。海外分、支行是商业银行在海外设立的营业性机构。它本身不具备独立的法人地位,不但受其总行所在地的金融管理法令和条例的约束,而且受其营业地的管理法令和条例的约束。海外分、支行的业务范围及经营政策必须与总行保持一致,总行对分行、支行的活动负有完全的责任。

在海外设立分行、支行的主要优点是能直接面向当地客户,可以经营当地政府允许的各种银行业务,还能根据总行资本决定信贷限额。海外分行吸收的存款属于其总行的法定负债业务。可以有效地开拓海外市场,方便贸易双方的国际结算,从而能够快捷的扩大银行业务范围,增加银行的经营利润,增强银行的国际市场竞争能力。

海外分行下属的营业机构就是支行,支行的管辖权直接属于分行,但是其业务、人员的规模比分行要小些,层次比分行要低些。

(2)代理处(Agency Office)。代理处(办事处、经理处)是商业银行设立的能够转移资金和发放贷款,但不能从东道国吸收当地存款的金融机构。代理处是母行的一个组成部分,不具备法人资格,是介于代表处和分行之间的机构。代理处可以从事一系列非存款银行业务。如发放工商贷款、提供贸易融资、签发信用证、办理承兑、票据买卖和票据交换等业务。代理处由于不能吸收当地居民存款,所以其资金主要来源于总行和其他有关机构,或从东道国银行同业(Inter Bank)市场拆入。

(3)代表处(Representative Office)。代表处是商业银行在海外设立的不能办理具体银行业务的非营业性机构。其主要职能是开展公共关系活动,向派驻国所在地的政府机构、贸易商和官方人员提供本国企业和本国的信用状况分析和经济、政治等方面信息;为派驻地国家的客户提供关于总行的海外业务战略和经营活动方针;同时也为本国客户探询在派驻地开展新业务的发展前景,寻找新的贸易机会,开辟更多的当地信息来源或渠道等。代表处是海外分支行机构的最低层级和最简单形式,一般是设立更高级形式银行机构的一种过渡形式。

(4)附属银行(子银行)(Subsidiary Banks)。商业银行在不能直接在某些国家设置分支行机构的情况下,为了扩大其在海外的业务网络,常常会运用收购外国银行的全部股份或大部分股份的方法,设置各种在国外的附属银行机构。这些附属银行机构的特征是:在东道国登记注册,在法律上是一个完全独立的经营实体;其股权全部或大部分为总行所控制。子银行的经营范围比较广泛,可从事东道国国内银行所能经营的全部金融业务活动。在某些情况下,还能经营东道国银行不能经营的某些特定业务。

此外,这些附属机构的大部分股权虽被收购,但仍可以采用自己原有的名称、营业许可证和工作人员。此外,附属银行还可以经营部分非银行业务,如证券、投资、信托、保险业务等。

(5)联营银行(Affiliated Banks)。联营银行指与附属银行或子银行在法律地位、性质和经营特点上类似的银行机构。与附属银行或子银行相比较而言,其独立性表现在:在联营银行中,任何一家外国投资者拥有的股权都只能保持在50%以下,即只拥有少数股权,其余股权可以为东道国投资者所有,或由几家外国投资者所共有,且投资额均不超过50%。联营银行可以是两国或多国投资者合资兴建的,也可以是外国投资者通过购买当地银行部分股权而成立的。它的主要业务依注册要求而定或由参股银行的性质而定。联营银行的最大优势是可以集中两家参股者或多家参股者的优势,克服筹资困难。此外,联营银行在联营后,仍可采用原有的名称、营业许可证和工作人员。

(6)银团银行(Consortium Bank)。银团银行一般是由两个以上不同国籍的跨国银行共同投资注册而组成的具有公司性质的合作经营银行机构。任何一个投资者所持有的股份都不超过50%,作为一个法律实体,银团银行有自己的名称和特殊功能,既接受母银行委托的业务,也同时开展实体本身发展需要的业务活动。其主要业务范围通常包括:对超过母银行能力的或母银行不愿意发放的大额、长期贷款做出全球性辛迪加安排;经营欧洲货币市场业务;承销公司证券;筹划国际的企业合并和兼并业务;提供项目融资和公司财务咨询等。

2.代理行(Correspondent Banks)

代理银行是指本国银行机构在开展国际业务的过程中主动寻找外国银行,并与之建立起一种在业务上彼此合作与支持的相互委托关系,即代理行关系,以方便和扩展其国际业务,弥补海外分行、支行的业务经营缺陷与不足。在海外建立代理行的最大好处是成本低,同时便于开展较广泛范围的金融业务。

代理行一般可以划分为账户行和非账户行两类。

(1)账户行。(Depository Bank)是指代理行之间单方或双方相互在对方银行开立了账户的银行。账户行是在建立代理行关系的基础上,为了解决双方在结算过程中的收付建立的特殊关系。账户行间的支付,大都通过开立的账户进行结算。选择建立账户行,一般应是业务往来较多、资金实力雄厚、支付能力强、经营规范、信誉良好、地理位置优越以及世界主要货币国家的银行。账户行必然是代理行,而代理行不一定是账户行。

根据开立的性质不同，账户可分为往户账、来户账和清算账户。其中往户账（Nostro Account）指存放国外同业，即国内银行在国外同业开立的账户。如我国国际结算货币主要是美元，而美元清算中心在美国纽约，为便利结算，我国银行在纽约许多大银行都开立了美元账户。出口货款的收回采取请账户行贷记我行账，进口货款的支付请账户行借记我行账的方式。来户账（Vostro Account）指国外同业存款，即外国银行将账户开在我国国内。如其他国家银行在我国开立人民币账户。由于人民币尚不可自由兑换，我国的来户账还不普遍。清算账户（Clearing Account）是两国政府间为办理进出口贸易和其他经济往来所发生的债权债务清算而开设的不必使用现汇的记账账户。

（2）非账户行。（Non-depository Correspondent）是指除账户行以外的其他代理银行，或者说是没有建立账户行关系的代理行，非账户行之间的货币收付需要通过第三方银行办理。

三、往来银行的选择

首先选择联行。联行是最优选择是因为本行与联行是一个不可分割的整体，同在一个总行的领导下，不仅相互之间非常熟悉和了解，而且从根本上说是利益共享，风险共担的。因此委托海外联行开展有关业务，可靠性最高，服务质量好，风险低。

其次选择账户行。如果某银行需要在没有联行的地区或国家开展业务时，选择代理行中的账户行就是一个合适的选择。因为与其他银行机构相比账户行之间进行业务委托十分方便，通过彼此账务往来可以用最快的速度完成委托业务，且能安全、稳妥地进行收汇和付汇流程。

最后的选择是非账户行。在没有设立联行和账户行的少数地区开展业务时，只能委托有代理行关系而无账户关系的银行——非账户行。不过该种方式资金收付并不太方便，要通过中间机构即第三家银行代为办理才能完成结算业务。

四、国际结算涉及的法律与国际惯例

在当前的国际贸易和国际金融业务中，主要存在着贸易和非贸易两种形式的款项结算方式，要顺利实现这两种形式款项的结算业务，二者都必须经由国际银行间的支付与清算系统才可能进行下去。不过仅仅依靠国际银行支付与清算系统是无法最终完成结算业务的。原因是在国际贸易和政府及民间往来中进行结算和清算业务的双方（即债权方和债务方）分别处在不同国家和地区，这些国家和地区都有自己的关于结算业务的方法、金融制度规定、商业习惯、法律规范与措施，为了避免在国际贸易往来结算中双方之间出现结算程序、手段和方法等方面的歧义、争议甚至纠纷，联合国贸易法律委员会和国际商会等国际组织认为有必要由国际性组织对涉及国际结算的工具、方式、体系作某种形式和程度的制度规范和安排，以便为国际交往和贸易结算的健康而迅速地发展提供良好的国际结算法律系统和有利的国际结算业务执行环境或支撑条件。当前国际结算法律体系主要由国际成文法律规则和国际惯例等两部分构成，涉及金融、贸易、往来和货运等各个方面、环节与领域。

（一）与票据相关的法律

1.《英国票据法》(Bill of Exchange Act,1882)，它是英美法系票据法的典型代表。

2.《日内瓦统一票据法》，它是大陆法系票据法的典型代表。包含两个文件：《汇票与本票统一法公约》(Convention Providing a Uniform Law for Bills of Exchange and Promissory Notes)和《支票统一法公约》(Convention Providing a Uniform Law for Cheques)。

（二）与结算方式相关的国际惯例

1.《托收统一规则》(Uniform Rules for Collection,ICC Publication NO.522)于1996年1月1日正式实施，是关于约束托收各当事人权利与义务的国际惯例。简称《URC522》。《URC522》明确规定：除非另有规定，或与一个国家、一个地区或当地的法律、法规相抵触，否则本规则对托收的所有当事人均具有约束力。

2.《跟单信用证统一惯例》。国际商会为明确信用证有关当事人的权利、责任、付款的定义和术语，减少因解释不同而引起各有关当事人之间的争议和纠纷，调和各有关当事人之间的矛盾，于1930年拟订一套《商业跟单信用证统一惯例》(Uniform Customs and Practice for Commercial Documentary Credits)，并于1933年正式公布。以后随着国际贸易变化国际商会分别在1951年，1962年，1974年，1978年，1983年、1993年进行了多次修订，称为《跟单信用证统一惯例》(Uniform Customs and Practice for Documentary Credits)，被各国银行和贸易界所广泛采用，已成为信用证业务的国际惯例。现行的是2007年7月起实行，《跟单信用证统一惯例(2007年修订本)》第600号出版物，简称为《UCP600》。

（三）与单据相关的国际公约与国际惯例

涉及单据的国际惯例有《海牙规则》(Hague Rules)、《汉堡规则》(Hamburg Rules)、《国际铁路货物运送公约》(International Convention Concerning the Transport of Goods by Rail)、《国际铁路货物联运协定》(Agreement on International Rail-Road through Transport of Goods)、《联合运输单证统一规则》(Uniform Rules for a Combined Transport Documents)、《伦敦保险协会货物保险条款》(Institute Cargo Clauses,ICC)、《国际贸易术语解释通则》(International Rules for Interpretation of Trade Terms,Incoterms 2000)、《联合国国际贸易法委员会仲裁规则》(UNCITRAL Arbitration Rules)等。

第二节　国际结算工具

一、票据定义

票据是现代国际结算业务中使用的基本工具，人们通常在广义和狭义两个层面上理解和使用这个概念。广义的票据是指一切有价证券和商业凭证，包括汇票、本票、支票、股票、债券、提单、发票等。广义票据的界定过于宽泛，难以突出体现票据的独特作用，因而对认识和应用票据的帮助不大。狭义的票据是出票人委托他人或自己承诺在特定时期向指定人或持票人无条件支付一定款项的书面凭证。狭义的票据仅指汇票、本票和支票三种有价证券。国际结算中票据通常是指狭义的票据。

二、票据的特性

作为国际结算工具的票据,它能够代替货币(现金)用于结清债权债务,是由于票据具有如下特性。

(一)流通转让性(Negotiability)

1.票据权利通过交付或背书交付进行转让,这是指票据权利的两种转让方式,根据票据"抬头"的不同,可采用相应的转让方式。

2.票据转让不必通知债务人。一般的债权转让时,必须经过债务人的同意,但票据的转让仅凭交付或背书后交付即可完成。其权利的转让无须通知债务人,债务人不能以没接到通知为由拒绝承担义务。如:甲承担对乙的债务 1 万元,同时,丙承担对甲的债务 1 万元,丙作为债务人签发了一张以甲为债权人的票据,甲通过背书将对丙的债务转让给乙,乙持票提示丙付款,丙不能以未通知为由拒付。

3.票据的受让人获得票据后,即享有票据规定的全部法律权利。如未能实现票据的权利,其有权以自己的名义对票据上的所有当事人起诉。

4.善意并付对价取得票据的受让人,其权利可不受前手权利缺陷的影响。票据转让的原则就是使票据受让人(transferee)能得到十足的或完全的票据文义载明的权利,甚至是得到让与人没有的权利。只有这样保证了受让人的票据权利,票据才会得以流通。

(二)无因性(Non-causative Nature)

票据是一种无须过问原因的债权凭证,这里所说的原因是指产生票据上的权利义务关系的原因。票据的原因是票据的基本关系,包括两个方面的内容:

1.出票人与受票人之间的资金关系。如:甲为出票人发出以乙为受票人的票据。乙之所以同意接受付款的委托,其中必有原因,其原因可能是甲在乙处有存款,或者乙同意给甲信贷等。这种关系即所谓的资金关系。

2.出票人与收款人、票据的背书人与被背书人之间的对价关系。票据的开立或转让产生收款人或受让人的权利,也不会没有原因。如:甲购买了乙的货物,需要开立以乙为收款人的票据来支付货款,而乙之所以要把该票据转让给丙,可能是因为他欠了丙的债。这种关系就是所谓的对价关系。

票据的无因性并非否认这些关系,而是指票据一旦做成,票据上权利即与其原因关系相分离,成为独立的票据债权债务关系,不再受先前的原因关系存在与否的影响,如果收款人将票据转让给他人,对于票据受让人来说,他无须调查票据原因,只要是合格的票据,他就能享受票据权利。票据上权利的内容,完全据票据上所记载的内容确定,不能进行任意解释或根据票据以外的其他文件来确定。因此,善意持票人可以要求债务人承担完全的票据责任。这种无因性进一步保证了票据得以广泛流通。

(三)要式性(Requisite in Form)

票据的作成,从形式上看必要项目记载必须齐全,各个必要项目又必须符合规定,方可使票据产生法律效力。各国的票据法对这些必要项目都作了详细规定,使票据文义简单明了,根据文义来解释票据,明确当事人的权、责。

票据的要式性,有时也可说成票据是书面形式要件,指票据从书面形式上包含的必要条件符合票据法规定的,就是有效的票据。它的权利、义务全凭票据上的文义来确定,不需要过问票据基本关系的原因,而且票据本身是独立于基础合约的,这样有利于票据的流通转让,因此我们常说票据是要式不要因。

(四)提示性(Presentment)

票据的持票人请求受票人履行票据义务时,必须在法定期限内向受票人出示票据,始得请求付给票款。如果持票人不提示票据,付款人就没有履行付款的义务。

(五)返还性(Return Ability)

持票人收到款项后,应将票据交还付款人。如不交还票据,债务人可不付款。票据经正当付款即被解除责任并归还至付款人档案。由于票据的返还性,它不能无限期地流通,在到期日被付款后其流通结束。这也说明票据与货币现金不同,其流通是有期限的且不可往复使用。这体现了票据的局限性。

三、汇票

(一)汇票的概念

英国《票据法》第三条关于汇票的定义是:汇票是由一人向另一人签发的,要求他在即期或定期或可以确定的将来时间,向某人或某指定人或执票来人,无条件支付一定金额货币的书面命令。

我国《票据法》第十九条关于汇票的定义是:汇票是出票人签发的,委托付款人在见票时或者在指定日期无条件支付确定的金额给收款人或者持票人的票据。

汇票中有三个基本当事人:出票人(drawer)、付款人(payee)和收款人(payee)。在票据法律关系中,出票人出具票据,命令或委托付款人在一定时间支付确定金额给收款人或其指定人。

在汇票的使用过程中还会出现承兑人、参加承兑人、背书人、保证人、持票人等重要的当事人。其中善意持票人(Bona fide holder)又称正当持票人(holder in the due course),扮演着特殊的角色。善意持票人能够获得票据上的完整权利,其权利不受前手权利缺陷的影响。成为善意持票人应满足5项条件:前手背书时真实的;汇票票面完整正常;取得汇票时没有过期;不知道汇票曾被退票,也不知道转让人的权利有何缺陷;自己支付对价,善意地取得汇票。

(二)汇票的必要项目

汇票要式中所包含的必要项目是指汇票的形式要项,亦即从形式上应具备必要项目。只要这些项目齐全,符合票据法规定,汇票就成立有效。汇票必要项目包括:①写明“汇票”字样。②无条件的支付命令。③一定金额的货币。④受票人名称(Drawee)和付款地点。⑤出票人名称和签字。⑥出票地点和日期。⑦付款时间(Time of payment 或 Tenor)。⑧收款人名称(Payee)。

兹将上列项目标明在下面汇票附式 12-1 中。

附示 12-1 汇票的式样及要项

Accepted	Due 11 July,2018
12 April,2018	① ③ ⑥
Payable at	Exchange for GBP100,000.00 Shanghai,5 April,2008
Midland Bank Ltd.	⑦ ② ⑧
London	At 90 days after sight pay to the order of C Co.
For	
Bank of Europe,	the sum of one hundred thousand pounds
London	④
signed	To Bank of Europe,
	London.
	⑤
	For A Co. Shanghai
	Signature

现就必要项目分别说明如下。

1.“汇票”字样

我国《票据法》和《日内瓦统一票据法》均明确规定,汇票上必须写明“汇票”字样(Bill of exchange、Exchange for 或 Draft),否则汇票无效。这是为了便于将汇票和本票、支票区别开来。但是《英国票据法》却无此项要求,在实务中,其确定一张票据的本质主要看其具体内容。

2.无条件支付命令

(1)命令。汇票是一种支付命令,而不是付款请求。因此,必须用祈使句,不能用表示请求的虚拟语句。

(2)无条件。汇票的支付命令是无条件的,即出票人要求受票人的付款必须是无条件的,付款人的支付不能以收款人履行某项行为或事件为前提条件。否则,导致汇票无效。

3.确定的金额

(1)以金钱表示。票据上的权利必须以金钱表示,除了金钱以外的任何其他标的,都不能成为票据支付标的。

(2)大、小写。在实际中,为防止涂改,汇票金额必须同时用文字大写(Amount in Words)和数字小写(Amount in Figures)分别记载。一般在“Exchange for”后面填小写金额,在“the sum of”后面填大写金额。我国《票据法》规定,票据金额大小写必须同时体现,并且大小写必须一致,大小写金额不符,票据无效。而《日内瓦统一法》和英国《票据法》都规定票据大小写不一致时,以大写金额为准。

(3)确定的金额。金额必须确定,所谓确定是指无论是出票人、付款人还是持票人,任何人根据票据文义计算出票据的金额必须是相等。

4.出票地点和日期

汇票的出票地点即汇票签发地点。由于汇票是否成立是以出票地法律来衡量的,所以出票地点对汇票具有重要意义。汇票的出票日期即汇票签发日期。出票日期有重要作用:确定汇票提示期限;确定汇票的到期日;判定出票人的行为能力。

5.付款期限

付款期限(Tenor)又称付款时间(Time of Payment)指付款到期日,是付款人履行义务的日期。即期付款汇票和定期付款汇票。定期付款汇票又分为:见票后若干天/月付款汇票;出票后若干天/月付款汇票;提单日期/装运日期后若干天/月付款的汇票、说明日期后若干天/月付款的汇票;固定将来日期付款汇票。

6.收款人名称

汇票的收款人(Payee)是汇票上记名的债权人。汇票上记载的债权人通常称为抬头。汇票的抬头通常有三种表达方式,抬头的表达方式决定了汇票的流通性及流通方式。

(1)来人抬头。也称为空白抬头,这种汇票不记载收款人名称,而只写"付给持票人或来人"。这种汇票可以流通转让,而且是无须背书,仅凭交付就可转让。

(2)指示性抬头。指可以由收款人或其委托人、指定人提示取款的汇票。这种汇票可以通过背书或交付的方式转让。在日常业务中所签发的汇票大多为指示性抬头的汇票。

(3)限制性抬头。此种抬头的汇票只限于付给指定的收款人。限制性抬头的汇票,作为汇票的收款人不能继续转让该汇票,只能由收款人向付款人提示要求付款。由于这种抬头的汇票失去了流通性特点,使用起来很不方便,所以在实务操作中很少使用。

7.付款人名称

汇票的付款人(Drawee)也叫受票人,是接受命令的人,他可以拒付,也可以指定担当付款人付款,他不是确定付款之人,当其对汇票做出承兑后,才变成汇票的债务人,具有到期付款的责任。

8.汇票的出票人及签名

汇票上要有出票人签名,以确定出票人对汇票的债务责任。我国《票据法》规定票据上的签字为签名或盖章或签名加盖章。英国《票据法》规定必须手签。目前在实务操作中,涉外票据应采用手签方式。如果汇票上没有出票人的签字、伪造签字或代签名的人并未得到授权,则不能认为是出票人的签名,这样的汇票不具备法律上的效力。

(三)汇票的其他记载项目

1.成套汇票条款

商业汇票通常是一式两份的成套汇票(A Set of Bill)。两张汇票的内容完全相同,且具有同等的法律效力。但由于债务只有一笔,因此通常在第一张汇票上记载"Pay this first bill of exchange (second of the same tenor and dated being unpaid)",在第二张上写明"Pay this second bill of exchange (first of the same tenor and dated being unpaid)"字样。俗称"付一不付二""付二不付一"。两份中任何一份如果因付款人已履行职责,则另一份自动失效。如果汇票在背书转让或承兑时,背书人或承兑人误在同样两张汇票上签字,而这两张汇票分别被转让给不同的正当持票人,则背书人或承兑人应同时对两张汇票负责。

2.预备付款人

预备付款人(Referee in Case of Need)相当于汇票的第二付款人。在付款人拒绝承兑或拒绝付款时,持票人就可向预备付款人请求承兑或付款。预备付款人作参加承兑后成为票据债务人,到期要履行付款责任。预备付款人的表示方法是在汇票的付款人名称旁边记载其名称和详细地址。

3.付款地点

持票人必须在付款地点提示票据。可以单独开辟记载付款详细地址的空格。如果没有单独载明付款地点,则以付款人名称旁边的地点为付款地点。

4.担当付款行

担当付款行(A Banker Designated as Payer)是指出票人根据与付款人的约定在出票时记载或者付款人在承兑时指定执行付款的银行,其目的是付款方便。担当付款行并不是票据的债务人,只是推定的受委托付款人。持票人应该先向付款人要求承兑,于到期日向担当付款行提示要求付款。

5.利息与利率

汇票上可以记载利息与适用的利率(Interest and its Rate),以便计算。

6.用其他货币付款

汇票可以记载使用其他货币付款(Payable in other currency),并注明汇率,但这种记载应不与付款地法律相抵触。

7.提示期限

出票人可以在汇票上规定提示期限(Limit of time for presentment),也可以不规定提示期限,还可规定在指定的日期以前不得提示要求承兑。

8.免做退票通知或者放弃拒绝证书

出票人或者背书人在出票时在他签名旁记载放弃对持票人的某种要求,如免做退票通知(Notice of Dishonor Excused)或放弃拒绝证书(Protest Waived)。表示持票人未获得承兑或者未获得付款时,不必做成退票通知,可以直接追索。不做退票通知,不影响持票人对该票据的追索权。

9.无追索权

英国《票据法》认为,出票人或者背书人可以通过免于追索的条款免除汇票被退票后受追索的责任。因此,出票人或者背书人可以在签章前加列无追索权(Without Recourse)条款。这实际上免除了出票人或者背书人对汇票应承担的责任。《日内瓦统一法》规定:出票人可以解除其保证承兑的责任,但是任何解除出票人的保证付款责任的规定,均视为无记载。

10.出票条款(Draw clause)

汇票上的出票条款是表明起源交易的文句。通常行文是注明买卖双方的合约号或银行开出的信用证号。上文曾提到:汇票的性质是无条件的付款命令,汇票上是不允许附加任何先决条件的,而表明起源交易的出票条款应认定不属于附加条件之列。

(四)汇票的票据行为

所谓票据行为是指一张票据从开立到正当付款而注销,需要经历一定的环节和步骤。票据行为有狭义和广义之分。狭义的票据行为是以负担票据上的债务为目的所做的必要形式的法律行为,包括:出票、背书、承兑、保证。其中出票是主票据行为,其他行为都是以出票为基础而衍生的附属票据行为。广义的票据行为除上述行为外,还包括票据处理中有专门规定的行为,如提示、付款、参加付款、退票、行使追索权等行为。票据行为与票据形式和内容一样具有要式性,必须符合票据法的规定。

1.出票

出票(Issue)即签发汇票,包括填写汇票并签字和交付收款人两个动作。这样就创设了汇票权利,使收款人持有汇票、拥有债权。即付款请求权和追索权。交付(Delivery)是指实际的或推定的所有权从一个人转移至另一个人的行为。汇票的出票、背书、承兑等票据行为在交付前都是不生效的和可以撤销的。只有将汇票交付给他人后,票据行为才开始生效,并且是不可撤销的。

开立汇票时,出票人签名于上,并对汇票付款承担责任,在汇票被付款或承兑前是汇票的主债务人。而付款人对于汇票付款并不承担必然责任,他可以根据提示时与出票人的资金关系来决定是否付款或承兑。因为汇票不是领款单。而是出票人担保的信用货币,收款人的债权完全依赖于出票人的信用。

2.背书

背书(Endorsement)是指在汇票背面的签字,实现汇票转让的行为。背书作为票据行为它包括两个动作:在汇票背面签名和交付给受让人。持票人是收款人或背书人要把票据权利转让给别人时,必须在票据背面签字并经交付则汇票权利即由背书人转移至被背书人。由于汇票的收款人即抬头的方式不同,决定了汇票的流通性不同,对于限制性抬头的汇票不能流通转让,对于来人抬头的汇票只要交付就实现了转让,只有指示性抬头的汇票,在流通过程中才需要背书,因此,背书行为实际上是针对指示性抬头的汇票而言的。背书有五种:特别背书、空白背书、限制性背书、有条件背书、托收背书。

3.提示

提示(Presentation)是指持票人将汇票提交付款人要求承兑或付款的行为。提示的目的有两种,一是提示承兑;二是提示付款。提示承兑是持票人在票据到期前向付款人出示票据,要求其承兑或承诺到期付款的行为。提示承兑只是针对远期汇票而言,即期汇票、本票和支票则没有提示承兑行为。提示付款是指持票人在即期或远期汇票到期日向付款人出示票据要求其付款的行为。汇票、本票和支票都需要有提示付款行为。根据票据法规定,提示必须在规定的时间及地点作出才有效。否则持票人将丧失对前手的追索权或丧失票据的权利。

4.承兑

承兑(Acceptance)是指远期汇票付款人在汇票上签名,同意按出票人指示到期支付款项的行为。付款人承兑后成为承兑人,他是汇票的主债务人,出票人则退居从债务人,假如到期承兑人拒付,持票人可以直接对承兑人起诉。承兑也包含两个动作:写明"已承兑"字样并签字和交付。承兑的种类可分为两种:普通承兑和限制承兑。

5.付款

付款(Payment)指持票人在规定的时间和地点向付款人做付款提示,付款人按票据的命令支付票款的行为。付款是票据流通的最终目的和流通过程的终点。

6.退票

退票(Dishonour)也称拒付,指持票人提示汇票要求承兑或要求付款时,遭到拒绝的行为。除了拒绝承兑和拒绝付款外,付款人逃避不见、死亡或宣告破产,使付款事实上已不可能执行时,也称为退票。一旦发生退票,持票人有权行使追索权,向背书人和出票人追索票款。

7.追索

追索(Recourse)是指汇票遭拒付时,持票人要求其前手背书人或出票人请求偿还汇票金额及费用的行为。持票人或背书人必须在法定期限内行使其追索权,否则即行丧失。持票人行使追索权必须具备三个条件:(1)持有合格票据。即票据的记载和背书的连续两方面合格。(2)持票人尽责。即持票人已在规定的时间和地点内作了提示而遭拒付,并在规定时限内做成退票通知和拒绝证书并通知前手。(3)发生拒付。

8.保证

保证(Guarantee/Aval)是非票据的债务人为票据债务人承担保证的行为。其目的是增强票据的可接受性,便于流通与融资。保证人一般是第三者,被保证人可以是汇票的出票人、背书人、承兑人、参加承兑人等。保证人与被保证人负相同责任。

(五)汇票的种类

1.按照流通领域的不同,汇票可分为国内汇票和国际汇票。国内汇票(Domestic Bill of Exchange)指汇票出票人、付款人和收款人的居住地同在一个国家或地区,汇票流通局限在同一国家境内;国际汇票(International Bill of Exchange)指汇票出票人、付款人和收款人的居住地至少涉及两个不同的国家或地区,尤其是前两者不在同一国或地区,汇票流通涉及两个国家或地区。国际结算使用的汇票多为国际汇票。

2.按照付款时间的不同,汇票可分为即期汇票和远期汇票。即期汇票(Sight Bill)即出票人要求付款人在持票人向其提示汇票时见票即付的汇票;远期汇票(Time Bill)即出票人要求付款人经过一段时间后再向持票人付款的汇票。

远期汇票在付款前需要提示承兑。根据承兑人身份的不同,汇票可分为商业承兑汇票和银行承兑汇票。商业承兑汇票(Commercial Acceptance Bill)指由进口商或其指定的个人承兑的远期汇票;银行承兑汇票(Banker's Acceptance Bill)指由银行承兑的远期汇票。

3.按照是否附有货运单据,汇票可分为光票和跟单汇票。光票(Clean Bill)即不附带货运单据的汇票;跟单汇票(Documentary Bill)即附带货运单据的汇票。

4.按照出票人的不同,汇票可分为银行汇票和商业汇票。银行汇票(Banker's Bill)指以银行为出票人委托国外分行或联行付款,出票人和付款人都是银行的汇票,它一般为光票;商业汇票(Commercial Bill)指出票人是公司或个人的汇票,它可能是光票,也可能是跟单汇票。

5.按照使用货币的不同,汇票可分为本币汇票和外币汇票。本币汇票(Home Money

Bill)指汇票金额为本国货币的汇票；外币汇票(Foreign Money Bill)指汇票金额为外国货币的汇票。外币汇票一般使用于国际结算。

6.按照收款人的不同，汇票可分为来人汇票和记名汇票。来人汇票(Bearer Bill)指收款人是来人抬头的汇票；记名汇票(Order Bill)指收款人是指示性抬头或限制性抬头的汇票。

四、本票

(一)本票的概念

本票是一人(债务人)向另一人(债权人)签发的，保证即期或定期或在可以确定的将来时间向某人或其指示人或执票人无条件支付一定金额的书面承诺。

(二)本票的必要项目

根据《日内瓦统一票据法》的规定，本票必须具备以下八项内容。兹将下列项目标明在下面本票附式 12-2 中。

1.写明“本票(promissory note)”字样；

2.无条件的付款承诺；

3.收款人或其指定人；

4.确定的货币与金额；

5.出票日期和地点(未载明出票地点者，以出票人名称旁的地点为出票地点)；

6.付款期限(未载明期限者为见票即付的即期本票。我国的《票据法》只承认即期本票)；

7.付款地点(未载明地点者，出票地视为付款地)；

8.制票人签字。

附式 12-2　本票式样及要项

Promissory Note for USD1 000 000.00　　　　New York, 6 Jun., 2008
(一)　　　　(四)　　　　(七)　(五)

On the 6th September 2008 we promise to pay A CO. or order the sum of one
(六)　　　　(二)　　　　(三)
million US dollars only

For Bank of America, New York
Signature　(八)

(三)本票的种类

1.根据出票人的不同，本票可分为商业本票(Trader's Notes)和银行本票(Banker's Notes)。

商业本票是指公司、企业或者个人签发的本票，分交易性的商业本票和融资性的商业本票，商业本票是商业信用。国际结算中使用的本票一般属于交易性的商业本票，目的是清偿债权债务。在出口贸易中，只有在出口方提供出口信贷的情况下，才接受进口商签发的分期付款的本票，并必须由进口国银行的背书保证。融资性的商业本票目的在于短期的资金融通，类似公司债券。商业本票与商业信用密切相关，企业信用等级状况良好及资本运作管理制度完善是一国发展商业本票的基础。

银行本票是由银行签发的本票，通常被用于代替现金支付。即期银行本票是支付凭证，而不是信用工具。银行本票多为即期的，而各国为了加强对现金和货币市场的管理，一般对银行发行本票加以限制。

我国《票据法》所称"本票"仅限于银行本票，且为了正常的经济秩序，有利于国家实行有效的金融管理和宏观调控，还特别规定，银行本票的"出票人资格必须由中国人民银行审定"。

2.根据付款期限的不同，可分为即期本票和远期本票。

3.根据抬头的不同，可分为记名式本票、指示性本票和无记名式本票。

此外，公债、国库券、信用卡、旅行支票、银行券等也都属于本票。

五、支票

（一）支票的概念

支票是银行存款户对银行签发的授权银行对某人或其指示人或执票来人即期无条件支付一定金额的书面命令。简单地说，支票是以银行为付款人的即期汇票。

（二）支票的必要项目

根据《日内瓦统一票据法》的规定，支票必须具备以下几项内容：①写明"支票"字样；②无条件支付命令；③确定的货币与金额；④付款银行的名称和地址；⑤出票人的名称和签字；⑥出票日期和地点（未载明出票地点者，出票人名称旁的地点视为出票地）；⑦写明"即期"字样，未写明即期，仍视为见票即付；⑧收款人或其指定人。

兹将上列项目标明在下面支票附式 12-3 中。

附式 12-3 支票式样及要项

Cheque London, 31th Jan., 2007 NO.526845

① ⑥

BANK OF EUROPE

LONDON ④

Pay to Tianjin Economic & Development Corp. or order the sum of five thousand pounds

② ⑧

For Sinn——British Trading Co. London

Signature ⑤

GBP5000 ③

（三）支票的种类

1.按照收款人的不同，支票可分为来人支票和记名支票.来人支票(Cheque Payable to Bearer)又称不记名支票或空白抬头支票。指不记载收款人具体名称，只写明“交付来人”(Pay to Bearer)。取款时无须收款人在支票背面签名，可仅凭交付而转让。记名支票(Cheque Payable to Order)指在收款人一栏中记载收款人名称或其指定人，持记名支票取款时，须由载明的收款人在背面签章方可取。这种支票可以背书转让。

2.按照出票人的不同，支票可分为银行支票和私人支票。银行支票(Banker's Cheque)指出票人是银行的支票，表明出票银行作为客户在另一家银行开立账户而开出的支票。私人支票(Personal Cheque)即出票人是个人的支票。

3.按照是否保付，支票分为不保付支票和保付支票。不保付支票即普通的未经银行保付的支票。保付支票(Certified Check)即由付款银行在支票正面加盖“保付(CERTIFIED)”戳记并签字的支票。保付支票表明付款行将负责保证这一支票兑付，说明支票的出票人在其存款账户上确有足够余额，本行加以确认，凡是收款人或持票人以该支票向本行提示付款，银行一定照付。

4.按照使用方式的不同，支票可分为开放式支票和划线支票。开放式支票(Open Check)即未划线支票(Uncrossed Check)，既可用于转账结算，也可用于支取现金。划线支票(Crossed Check)指在支票正面(一般在左上角)划两道平行横线的支票。划线支票只能用于转账结算，不得用于支取现金。划线支票可分为普通划线支票和特殊划线支票。

六、汇票、本票与支票的异同

汇票、本票与支票的异同可用表 12-1 表示。

表 12-1　汇票、本票与支票的综合比较

项目	汇票	本票	支票
性质	书面债券。载有一定的金额，在一定日期，持票人可以向出票人或指定付款人支取一定款项的凭证。		
作用	支付手段，流通手段，融资工具(即发挥结算、信用、流通、抵债的作用)		
无条件性	一人向另一人签发要求后者付款给第三者的无条件支付命令	一人向另一人签发的，约定自己付款给后者的无条件付款承诺	银行存款户对银行签发的，付给第三人或本人的无条件支付命令
当事人	出票人、付款人、收款人	出票人、收款人	银行客户、付款行、收款人
主债务人	即期汇票：出票人 远期汇票 承兑前：出票人 承兑后：承兑人	出票人	出票人：银行客户
债权人	持票人(收款人、被背书人即接受转让的受让人)		
出票人责任	要保证受票人承兑和付款	自负付款责任	担保付款行一定付款
持票人责任	要求有关方付款、转让及行使追索的权利		

续表

项目	汇票	本票	支票
期限	即期与远期	即期和远期	即期
张数	SOLA 或 A FULL SET	SOLA	SOLA

第三节 国际结算方式

国际结算方式又称为国际支付方式。是指分处于两个不同国家的经济交易的当事人在一定的条件下，运用某一种的途径和特定货币，结清相互间债权债务关系的一种行为或方式，实际上这也是一种债务人对债权人偿还债务的方式。采用不同结算方式，会影响国际结算的速度、成本和风险等。

一、汇款

（一）汇付及其当事人

汇款方式是汇出行应汇款人的要求，以一定的方式将一定的金额，通过其国外的联行或代理行作为汇入行，付给收款人的一种结算方式。一般来说，是进口商将货款交给进口地银行，委托银行通过一定的方式，使用一定的支付凭证，通过在出口地的代理行将款项交付出口商。

汇款业务中银行对进出口商的货物及代表货物的运输单据不承担任何责任，而是由出口商在装运货物后，自行将有关货物单据寄给进口商。所解付款项与货物及运输单据无关，因此汇款方式又被称作“单纯支付”。

在汇款业务中，结算资金和支付凭证的流动方向一致（均从进口商流向出口商），因此汇款属于顺汇业务。

汇款方式涉及四个基本当事人：汇款人、汇出行、汇入行和收款人。汇款人（Remitter）是委托汇出行向国外收款人支付款项的当事人。在国际贸易中通常为进口商或债务人或委托人。二是汇出行（Remitting Bank），是接受汇款人委托而汇出款项的银行。汇出行通常是汇款人所在地或进口地银行。三是汇入行（Paying Bank）是接受汇出行委托，解付汇款的银行，汇入行通常是收款人所在地或出口地银行。四是收款人（Payee or Beneficiary）即汇款金额的最终接受者。收款人通常是出口商或债权人。

（二）汇款结算方式

电汇汇款（Telegraphic Transfer，简称 T/T）是汇出行应汇款人申请用加押电报、电传或 SWIFT 方式指示汇入行解付一定金额给收款人的汇款方式。

信汇汇款（Mail Transfer，简称 M/T）是汇出行应汇款人的申请，将信汇委托书（M/T Advice）或支付委托书（Payment Order）邮寄给汇入行，授权其解付一定金额给收款人的一种汇款方式。

票汇汇款(Bank's Demand Draft,简称 D/D)是汇出行应汇款人申请,代汇款人开立以汇入行为付款人的银行即期汇票(Bank's Demand Draft),并交还汇款人,由汇款人自寄或自带给国外收款人,由收款人持票向汇入行取款的一种汇款方式。

在国际贸易中,使用汇款方式结清买卖双方债权债务,主要有预付货款、货到付款。由于汇款方式属于单纯支付,货款流动与货物的转移相分离,因此给卖方收款和买方收货带来了较大风险。

表 12-2 电汇、信汇、票汇三种方式比较

区别	电汇	信汇	票汇
成本速度	高	低	低
安全性	安全	次于电汇	丢失或毁损
汇款速度	最快捷	慢	次于电汇

二、托收

(一)托收的概念

1.托收的定义

托收(Collection)是委托收款的简称。正式定义来自《托收统一规则》(URC522)第2条:托收意指银行根据所收到的指示,处理金融单据和/或商业单据,目的在于取得付款和/或承兑,凭付款和/或承兑交单,或按其他条款及条件交单。

上述定义中所涉及的金融单据(Financial Documents)指汇票、本票、支票或其他类似的可用于取得款项支付的凭证;商业单据是指发票、运输单据、所有权文件或其他类似的文件,或者不属于金融单据的任何其他单据。

托收业务中出口商除了使用票据外,通常还会附带代表物权的货运单据,一并交付银行委托其向进口商收款,此时,托收业务中涉及的货款支付和货权转让形成相互制约,有效降低了交易中的履约和信用风险。

《托收统一规则》是目前国际上规范托收结算方式的国际惯例。

2.托收方式的当事人

托收业务有四个基本当事人:委托人、托收行、代收行、付款人。根据业务需要,还可能出现另两个当事人:提示行和需要时的代理。

(1)委托人(Principal)是委托银行办理托收业务的当事人。通常是出口商。

(2)托收行(Remitting Bank)指接受委托人的委托,并通过国外联行或代理行完成收款业务的银行。在托收业务中,托收行一般是出口方银行。

(3)代收行(Collecting Bank)指接受托收行的委托代向付款人收款的国外联行或代理行。在托收业务中,代收行一般是付款人所在地的银行。

(4)付款人(Drawee)指汇票中指定的付款人,也就是代收行向之提示汇票和单据的债务人。它还是进口方。

除上述当事人外,国际商会《托收统一规则》(Uniform Rules for Collections)增加了提示行和需要时的代理作为托收结算方式的当事人之一。

(5)提示行

提示行(Presenting Bank)指跟单托收项下向付款人提示汇票和单据的银行。在一般情况下,向付款人提示汇票和单据的银行就是代收行本身。如果代收行与付款人无往来关系,为了便利如期收款,代收行也可主动或应付款人要求,委托付款人的往来银行充当提示行。

(6)需要时的代理

需要时的代理(Customer's Representative in Case of Need)。在托收业务中,如发生付款人拒付,委托人可指定在付款地的代理人代为料理货物存仓、转售、运回或改变交单条件等事宜。这个代理人叫作"需要时的代理"。委托人在托收指示中应明确完整地规定其权限,否则银行将不接受该代理的任何指示。

(二)托收的类型

在实际业务中,根据托收目的、随附单据和交单条件的不同,托收可以分为以下几种:

光票托收(Clean Collection)是指仅凭金融票据而不附带有商业单据的托收。即凡仅有金融单据而无货运单据或所附单据为非货运单据(如发票、垫款清单、保费收据等)的托收,都属于光票托收。它由于没有货运单据,不直接涉及货物的转移或处理,银行只需根据票据收款即可,因此,业务处理比较简单。

跟单托收(Documentary Collection)是指附带有商业单据的金融单据的托收。根据跟单托收的交单条件的不同,跟单托收又分为:付款交单、承兑交单两种。

1.付款交单(Documents against Payment,D/P)指委托人在委托银行收款时,指示银行只有在付款人付清货款时,才能向其交出商业单据,即交单以付款为条件。不付款不交单。由于商业单据中包含代表物权凭证的运输单据,故持有方可凭此实际控制货物。要求付款后才交单,体现了"一手交钱、一手交货"的"货""款"对流原则,有效保护了贸易双方的利益。根据汇票的付款期限不同又分为即期付款交单和远期付款交单。

即期付款交单(D/P at Sight)简称 D/P 即期。指当代收行向付款人提示汇票、单据要求付款时,付款人审核单据无误后即向代收行支付货款,取回单据。这种货款和单据两讫的手续,就进口商而言,通称付款赎单。

远期付款交单(D/P at XX Days after Sight)简称 D/P 远期。指委托人开具远期汇票,连同有关单据交给托收行,由托收行通过代收行向付款人提示,付款人审单后,即在汇票上签字承兑。已承兑汇票及单据仍退回代收行保存。代收行于汇票到期日提示付款,付款人付款赎单的一种交单方式。由于远期付款交单方式下经常出现货物已到达目的港而汇票尚未到期的现象,进口商因无法及时提货而容易造成损失,故《托收统一规则》中不提倡使用远期付款交单。

2.承兑交单(Documents against Acceptance,D/A)指代收行以进口商的承兑为条件向进口商交单。即代收行向进口商提示远期汇票和单据时,进口商审单无误后签字承兑,代收行留下付款人已承兑的汇票,将全部单据交给付款人,待汇票到期时付款人再履行付款义务的一种交单方式。在承兑交单中,出口商在未获支付时就提前交单,放弃了货权,因而承担了极大的风险。

(三)托收业务的流程

托收业务(以 D/P at sight 为例)的流程如图 12-1 所示。

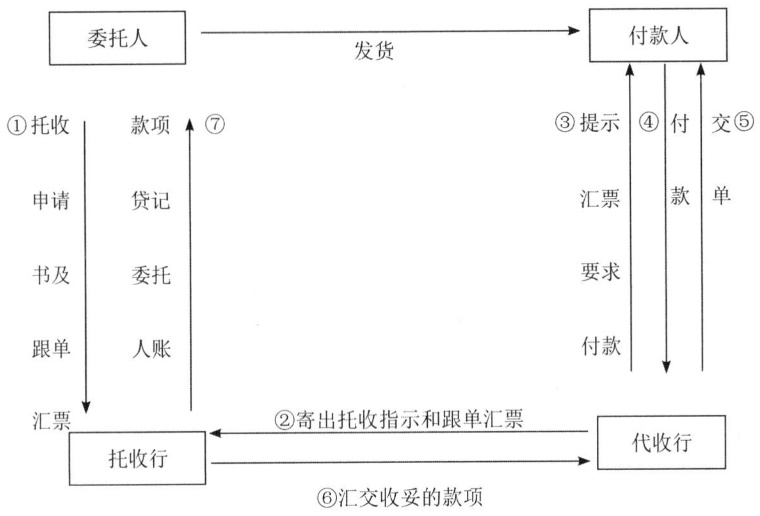

图 12-1 即期付款交单程序

(四)托收方式的特点

1.基于商业信用。银行接受出口商的收款委托,是托收业务的实际完成人,但是无论是托收行还是代收行,都未对托收提供担保,即托收成功与否完全依靠买卖双方的商业信用。银行仅依据托收委托书和托收指示书的指令行事,并不保证一定会收到款项。

2.具有比较强的安全性。在付款交单方式下,银行交单以进口商付款为条件。相对汇款这种单纯付款方式来讲,托收结算方式有助于降低交易中的信用风险,能较好地保障双方利益。

3.资金负担不平衡。在托收业务中,出口商需要先行安排货运,然后才能缮制汇票和单据,并委托银行向进口商收取货款。出口商要负担从货物装运到收回货款期间的全部资金压力,而进口商相当于在此期间占用了出口商的资金。因此,出口商在托收业务中实质上对进口商给予了资金融通。

4.风险承担不平衡。出口商在托收业务中承担较大的风险。除了货物运输风险外,出口商还要面临市场价格变化或其他原因导致的进口商拒付或借机要求降价的风险。

三、信用证

(一)定义

信用证(letter of credit L/C)是开证行根据申请人(一般是进口商)的要求,向受益人(一般是出口商)开立的一种有条件的书面付款保证。也就是说,开证行在收到受益人交付全部符合信用证规定的单据的条件下,向受益人或其指定人履行付款的责任。2007 年 7 月 1 日生效的《跟单信用证统一惯例》(Uniform Customs and Practice for Documentary Credit),即国际商会第 600 号出版物,简称 UCP600,对信用证的定义是:信用证是指一项不可撤销的安排，无论其名称或描述如何，该项安排构成开证行对相符交单予以承付的确定承诺。

信用证有信开和电开两种形式。信开信用证是指以信函格式开立的信用证。开证行将信用证正本用邮寄的方式寄给通知行，由其转递给受益人。电开信用证是指以电报、电传等电讯形式开立的信用证。通过专用计算机系统和网络传递的 SWIFT 信用证，具有标准化、格式统一、效率高、出错率少、费用合理等优点，受到各国银行的青睐。

（二）信用证的性质

信用证反映了当事人之间即进出口商与开证行之间的三种契约关系。第一个契约关系是进出口商之间的买卖契约关系，由他们之间的销售合同约束。按合同的约定，出口商应向进口商按时、按质、按量履行交货义务，而进口商则应支付货款。第二个契约关系是由进口商向银行申请开立信用证时填写的开证申请书约束，是进口商与开证行之间就付款赎单的约定。开证行保证向进口商提交符合信用证要求的全套单据，进口商则应立即付款赎单。若单据与约定不符，进口商可拒绝付款。第三个契约关系是开证行与出口商之间的契约关系，其内容体现为信用证内的各项条款。若出口商提交的单据构成相符交单（Complying Presentation），则开证行必须兑现其在信用证中的付款承诺。信用证中的契约关系决定了信用证具有独特的性质。

1.信用证是一种银行信用证，开证行负第一性付款责任。出口商发出货物后，是向开证行而不是进口商收取货款。如果进口商拒绝或无力支付货款，出口商依然能够从开证行得到支付，只要能做到相符交单即可，相关风险和损失由开证行负担。因此，信用证业务中出口商设立汇票时，应以开证行或其指定的付款银行作为票据中的付款人。

2.信用证是独立文件，它不依附于贸易合同而独立存在。虽然信用证的开立基于销售合同，但其一经开出，便不再依附于销售合同，成为独立的、自足的文件。开证行只对信用证负责，对进出口商是否真实履行合同义务不承担任何责任。

3.信用证业务是一种纯粹的单据业务，它处理的对象是单据。而非销售合同中的货物、服务或履约行为。因此，银行只关注出口商提交单据的表面真实性和完整性，要求做到“单单相符”和“单证相符”。至于实际货物是否符合合同中的描述，银行既不关心，也不承担任何责任。进口商在信用证中列出的针对出口商履约的各种条件，也必须要具体化到能以单据来证明，即信用证条款的“单据化”。银行对不能“单据化”的信用证条款将不予理会。

（三）信用证当事人

1.开证申请人（Applicant）

开证申请人是向银行申请开立信用证的人，即进口商。

2.开证银行（Issuing bank）

开证银行是指接受开证申请人要求和指示或根据其自身需要开立信用证，并对受益人承担第一性付款责任的银行。一般是进口商所在地银行。

3.受益人（Beneficiary）

受益人是指信用证上所指定的有权使用信用证，从开证行或其指定银行获取款项的当事人。即出口商或实际供货人。

4.通知行(Advising Bank)

通知行是指受开证行的委托将信用证转交受益人的银行。通知行通常是由开证行选定的、受益人所在地的代理行。通知行负责将信用证和可能的修改通知转递给受益人,并须审核信用证的表面真实性,以保护受益人的利益。

5.议付行(Negotiating Bank)

议付行是接受开证行的邀请,并根据受益人的要求,按照信用证的规定对单据进行审核,确定单证相符后向受益人垫付货款,并向信用证指定银行索回垫付款项的银行。这种垫付货款称为“议付”,实务中称为“押汇”,也可以说议付是银行向出口商提供的融资活动,其实质就是议付行通过买入跟单汇票,成为合法持票人。

在信用证业务中,经常会出现其他一些比较重要的当事人,如保兑行、付款行和偿付行等。保兑行(Confirming Bank)是指出口国或第三地的某一银行应开证行的请求,在信用证加具保兑,即在开证行的承诺之外对信用证以自己的名义保证付款的银行。付款行(Paying Bank)是指开证行授权进行信用证项下付款或承兑并支付受益人出具的汇票的银行。通常,付款银行就是开证行,也可以是开证行指定的另一家银行。如果开证行资信不佳,付款行有权拒绝代为付款。但是,付款行一旦付款,即不得向受益人追索,而只能向开证行索偿。偿付行(Reimbursing Bank)是开证行指定的对议付行、付款行或承兑行清偿垫款的银行,它是开证行的偿付代理人,相当于开证行的出纳机构。偿付行有仅偿付款项,不承担付款责任,也不接受和审查单据。

(四)信用证种类

信用证的使用方式灵活多用。根据对随附单据的要求、付款期限和贸易方式等方面的不同,信用证在实践中存在以下几种分类。

1.光票信用证和跟单信用证

光票信用证(Clean L/C)是指凭不附带货运单据的汇票(即光票)付款的信用证。有些信用证要求出具汇票并附带一些非货运单据,如发票、垫款清单等,通常也被视为光票信用证。跟单信用证(Documentary L/C)是凭附带货运单据的汇票(即跟单汇票)或仅凭货运单据付款的信用证。这里的单据包括代表货物所有权的单据(如海运提单等),或者是证明货物已经装运的单据(如铁路运单、航空运单等)。在国际贸易结算领域中的使用最为广泛。

2.保兑信用证和不保兑信用证

保兑信用证(Confirmed Credit)保兑信用证是一家银行(保兑行)接受开证行的邀请,对开证行开出的信用证承担保证兑付的责任,即对受益人提交的符合信用证条款规定的单据必须付款。信用证经保兑后,受益人获得了开证行与保兑行的双重付款保证。保兑行多为通知行、出口地的其他银行或第三国银行。不保兑信用证是没有保兑行对信用证承担保证兑付责任的信用证。开证行独自承担信用证项下有条件的第一性付款责任。在实务中,不保兑信用证使用居多。

3.即期付款信用证、延期付款信用证、承兑信用证、议付信用证

(1)即期付款信用证(Sight Payment L/C)是指定一家银行凭受益人提交的单证相符

的单据立即付款的信用证。一般不要求受益人开立汇票。

(2)延期付款信用证(Deferred Payment L/C)是指开证行在信用证上规定货物装运后若干天付款或交单后若干天付款的信用证。

即期付款信用证和延期付款信用证均不要求受益人开立汇票,其缘由是可以避免因使用汇票而产生的“印花税”费用。但受益人和相关当事人也因此失去了利用票据进行融资的便利。

(3)承兑信用证(Acceptance L/C)是指规定出具远期汇票,受益人将远期跟单汇票提交给汇票付款行,经审单相符,该行在汇票上履行承兑行为,并在确定的到期日付款的信用证。显然这种信用证必须要求有一张远期汇票。

(4)议付信用证(Negotiation L/C)是银行向受益人买入汇票和单据,向受益人提供资金融通的行为,即议付行在单证相符的条件下,扣除利息后将票款余额付给受益人,且议付行对受益人具有追索权。按是否限定由某一家被指定的银行议付可分为自由议付信用证(Freely Negotiation L/C)和限制议付信用证(Restricted Negotiation L/C)。

4.假远期信用证

假远期信用证(Usance Credit Payment at Sight)是指在买卖双方商定以即期信用证付款的交易中,开证申请人出于某种需要,要求受益人开具远期汇票,但受益人可以即期收到足额款项,由开证申请人承担贴现利息和有关费用的信用证。因此,假远期信用证也被称为买方远期信用证。

5.可转让信用证和不可转让信用证

可转让信用证(Transferable L/C)是指信用证的受益人(第一受益人)可以请求授权付款、承担延期付款责任、承兑或议付的银行(转让行),或如果是自由议付信用证时可以要求信用证特别授权的转让行,将信用证全部或部分转让给一个或数个受益人(第二受益人)使用的信用证。不可转让信用证(non-transferable L/C)是指信用证项下的权利只能是受益人本人享有,不能以转让形式给他人使用。

6.循环信用证、对开信用证和对背信用证

(1)循环信用证(revolving credit)是在信用证的部分金额或全部金额被使用之后能恢复被利用的信用证。循环信用证适用于大额的、长期合同下的分批交货。这样的进口商可以节省手续费和保证金;出口方也可省去等待开证和催证的麻烦。但由于通讯的发达和开证费用的降低,循环信用证已不多见。

(2)对开信用证(Reciprocal L/C)是指销售合同双方分别作为申请人,各开出一份以对方为受益人的信用证。两张信用证互为条件,同时生效。常用于“三来一补”的加工贸易。

(3)背对背信用证(Back to Back L/C)是指中间商收到进口方开来的以其为受益人的原始信用证(Original L/C,又称为主要信用证 Master L/C)后,要求原通知行或其他银行以原始信用证为基础,另外开立的一张内容相似的、以其为开证申请人、开给另一受益人的新的信用证。在国际贸易中,主要是在信用证不允许转让的情况下,或者实际供货商不接受买方国家银行信用证作为收款保障时,出口中间商凭以他为受益人的,国外开立的信用证作为抵押品,要求他的往来银行开立以实际供货人为受益人的信用证。背对背信用证常见于中间商贸易。

(五)信用证的内容

附式 12-4　Noted Irrevocable Documentary Credit form

<table>
<tr><td>Name of issuing bank:</td><td>Irrevocable　　Number(2)
Document Credit(1)</td></tr>
<tr><td>(3)Place and date issue:</td><td rowspan="2">Expiry date and place for presentation of documents
Expiry date:
Place for presentation(4)</td></tr>
<tr><td>(5)Applicant:</td></tr>
<tr><td>(7)Advising Bank:　　Reference No.</td><td>Beneficiary:(6)</td></tr>
<tr><td>(10)Partial shipment　☐allowed　☐not allowed</td><td>Amount: (8)</td></tr>
<tr><td>(11)Transshipment　☐allowed ☐not allowed</td><td rowspan="3">Credit available with Nominated Bank:
☐by payment at sight
☐by deferred payment at:
☐by acceptance of drafts at:
☐by negotiation: (9)
Against the documents detailed herein:
☐and Beneficiary's drafts drawn on:</td></tr>
<tr><td>(12)☐Insurance covered by buyers</td></tr>
<tr><td>(13)Shipment as defined in UCP600
From
For transportation to
Not later than</td></tr>
<tr><td colspan="2">(14)～(20)</td></tr>
<tr><td colspan="2">(21)Documents to be presented within ☐ days after the date of shipment but within the validity of the Credit</td></tr>
<tr><td colspan="2">We hereby issue the Irrevocable Documentary Credit in your favour. It is subject to the Uniform Customs and Practice for Documentary Credits (2007 Revision, International Chamber of Commerce, Paris, France, Publication No.600) and engages us in accordance with the terms thereof. The number and the date of the date of the Credit and the name of our bank must be quoted on all drafts required. If the Credit is available by negotiation, each presentation must be noted on the reverse side of this advice by th bank where the Credit is available.</td></tr>
<tr><td>(24) This document consists of ☐ signed page(s)</td><td>(25)Name and signature of the Issuing Bank</td></tr>
</table>

1.信用证的种类(Form of Credit):表明信用证的种类,这里指的是不可撤销跟单信用证。

2.信用证号码(L/C Number):开证行的信用证编号。

3.开证地点和日期:开证地点是指开证行所在地;开证日期是指信用证开立的日期。信开信用证一般是邮寄信用证的日期,电开信用证中若无日期,则以发电日为开证日期。

4.信用证有效日期和地点(Expiry Date and Place for Presentment of Documents):(1)有效日期。即受益人提交单据的最后期限,超过这一期限开证行就不再承担付款责任,也称为到期日,所有信用证都应规定信用证有效期,否则信用证无效。此外,信用证还应规定最迟装运日和最迟交单日。若信用证中未规定最迟交单日,可默认为装运(以运输单据签发日为凭)后21天内交单,但必须是在信用证有效期内。国际商会认为,一份信用证规定的最迟装运日期到信用证有效到期日之间的天数,正好是该信用证规定的最迟交单期,则该信用证是好的信用证。(2)有效地点。即交单地点,也称到期地,它是单据必须在到期日或之前进行提示的地点,一般为开证行指定的银行所在地。最好是出口地银行,以便受益人掌握交单取款的时间。如果有效地点是开证行,受益人应考虑能否接受该规定,因为受益人必须在到期日前使单据到达开证行,但受益人很难控制单据的邮寄时间,也就有可能造成信用证过期失效。

5.申请人(Applicant):申请人的名称和地址。

6.受益人(Beneficiary):受益人的名称和地点。

7.通知行(Advising Bank):其中的"Reference No."是供通知行使用的,不必填注。

8.信用证的金额(Amount):金额要用大小两种写法,以防涂改,要有货币名称。如用缩写,则必须使用国际通用标准编写符号。视情况可在金额前用"about""approximately"字样,依惯例该金额可允许有10%的伸缩。

9.指定银行和信用证可用性(Nominated Bank and Credit Available):(1)指定银行。填写指定银行名称和地点。每个信用证必须规定指定的银行,以便于受益人对货物、单据作出处理,应明确受益人与银行的关系。指定银行可以是保兑行、付款行、承兑行或议付行。(2)信用证类型。信用证类型是按信用证的使用方式即受益人兑现信用证的方式划分的。所有的信用证必须清清楚楚地表明,该证适用于即期付款、延期付款、承兑或议付的其中一种。方法是在所选中项目的小方格加注"×"来表示。(3)受益人的汇票。如果信用证的条款明确要求出具汇票,在此小方格标上"×",同时表明汇票的受票人和汇票的到期日。有一点非常重要,即汇票的受票人不应是开证申请人。

10.分批装运(Partial shipments):在"允许"或"不允许"的方框中标上"×"。

11.允许转运(Transshipment):在"允许"或"不允许"的方框中标上"×"。

12.买方投保:如果是要买方来投保,在小方格标上"×"。

13.装运港、目的港和装效期。

Form:	从________
For transportation to:	运至________
Not later than	不得迟于______

14 至 20 是格式中的空白处，包括以下内容：14.货物的描述；15.单据的规定；16.商业发票；17.运输单据（普遍的）；18.运输单据（特定的）；19.保险单据；20.其他单据。每一种单据都要准确表明单据的名称、正本或副本以及份数等。

21.交单期限（Documents to be presented within）。如前所述，信用证除规定有效日期外，每个要求提交运输单据的信用证还要规定一个运输单据出单日后必须交单付款、承兑或议付的特定期限。如果未规定，则这个期限为运输单据出单日期后 21 天，但不得晚于信用证的有效期。

22.开证行对通知行的指示：主要是开证行对通知行是否对信用证加具保兑的指示。一般有 3 种情况：(1)不加保兑；(2)加保兑；(3)如果受益人要求时加保兑。

23.银行间的指示（Bank to Bank Instructions）：开证行在此处规定付款、承兑或议付的银行向何地、如何、何时获得偿付。

24.页数：此信用证的页数。开证行必须注明所开信用证的页数。

25.开证行名称及签字（Issuing Bank Name and Signature）：开证行签字表明其按照信用证惯例要求承担相应的责任。

格式中有一些印就的文句，其意思共有三层：开证行开立的信用证按现行的统一规则办理；如信用证要求汇票，则开证行名称、信用证号码、开证日期必须写在汇票中；如是议付信用证，则在议付时要背批。

（六）信用证使用流程

国际贸易结算中使用的跟单信用证有不同类型，其业务程序也各有特点，但都要经过申请、开证、通知、交单、付款、赎单等环节。信用证的一般业务程序如图 12-2 所示。

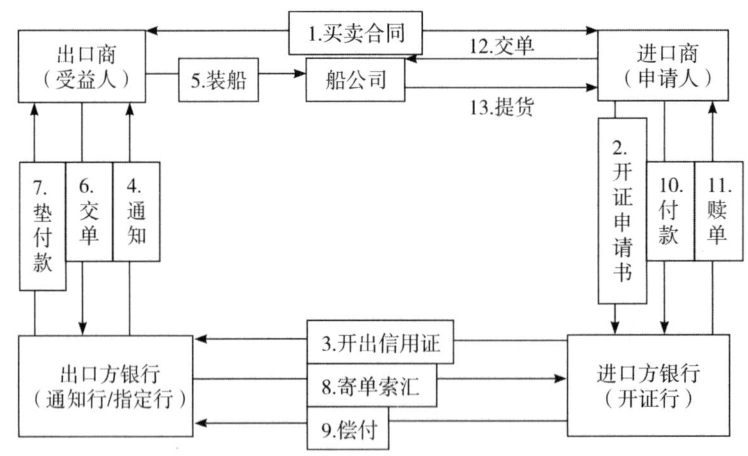

图 12-2　信用证业务流程

关键词

国际结算　代理行　汇票　本票　支票　善意持票人　汇款　托收　信用证

本章小结

1.国际结算是指通过银行体系进行的国际货款支付和融资等业务。票据代替现金成为国际结算的基本工具。国际票据的使用离不开国际法律和惯例的支持。目前,世界上影响力最大的有关票据的国际惯例有《日内瓦统一票据法》和《英国票据法》。我国现行的《票据法》于1996年颁布实施,并于2004年修订。

2.票据权利是指持票人享有的索取一定金钱的权利。票据权利具有流通转让性、无因性、要式性、提示性、返还性等基本特征。善意持票人又称正当持票人,是指善意受让票据并支付了对价的人。能够获得票据上的完整权利,其权利不受前手权利缺陷的影响。

3.票据一般包括汇票、本票和支票三种。汇票是由一人向另一人签发的,要求他在即期或定期或可以确定的将来时间,向某人或某指定人或执票来人,无条件支付一定金额货币的书面命令。本票是一种无条件的支付承诺,支票则是以银行为付款人的即期汇票。

4.汇款、托收和信用证是三种常见的结算方式。在信用证业务中,开证银行承担第一性付款责任,对买卖双方的保障比较合理,是当今国际贸易结算中应用较为广泛的结算方式。但信用证业务专业性较强,涉及当事人多,使用流程相对复杂。

练习与思考

一、单选题

1.下列结算方式中,对出口商最有利的是(　　)。

A.货到付款的汇款　　B.付款交单的托收
C.承兑交单的托收　　D.不可撤销即期付款信用证

2.(　　)方式下,汇入行不负通知收款人到银行取款之责。

A.电汇　　B.信汇　　C.票汇

3.(　　)适用于在常年定期、定量供货的情况下使用。

A.可转让信用证　　B.保兑信用证
C.循环信用证　　D.议付信用证

4.加工贸易合同,在采用信用证支付时,最好采用下列哪种信用证(　　)。

A.背对背信用证　　B.对开信用证
C.循环信用证　　D.预支信用证

5.属于银行信用的支付方式是(　　)。

A.汇付　　B.承兑交单
C.即期付款交单　　D.信用证

6.信用证支付中的第一付款人是(　　)。

A.通知行　　B.开证行　　C.议付行　　D.付款行

7.具有双重保证的信用证指的是(　　)。

A.可转让信用证　　B.可撤销信用证
C.保兑信用证　　D.对开信用证

8.托收方式的当事人有(　　)。

A.出票人、托收行、代收行、付款人

B.出票人、付款人、持票人、背书人

C.出票人、背书人、被背书人、付款人

D.正当持票人、出票人、保证人、付款人

9.根据银行在办理国际结算时选择往来银行的先后顺序,最先选择的应是(　　)。

A.账户行　　B.联行　　C.非账户行　　D.代理行

10.托收方式中使用的汇票是(　　)。

A.银行汇票,属于银行信用　　B.商业汇票,属于商业信用

C.商业汇票,属于银行信用　　D.银行汇票,属于商业信用

二、多选题

1.本票与支票的最主要区别是(　　)

A.本票是无条件支付的书面承诺,而汇票是无条件支付的书面命令

B.本票只能是即期付款,而汇票则有即期付款与远期付款

C.本票的付款人只能是银行,而汇票的付款人既可以是银行,也可能是工商企业

D.本票有两个基本当事人,而汇票则有三个基本当事人

2.银行在国际贸易结算中居于中心地位,具体而言,起作用是(　　)

A.办理国际汇兑　　B.提供信用保证

C.融通资金　　D.减少汇率风险

3.关于信用证的说法,正确的有(　　)

A.它是一种独立的文件　　B.它是一种银行信用.

C.它是一种商业信用　　D.它是一种实物的买卖

E.它是一种单据的买卖

4.信用证结算方式涉及的主要当事人有(　　)

A.委托人　　B.开证行　　C.通知行　　D.议付行

E.受益人

5.(　　)均为狭义的票据范畴。

A.股票　　B.汇票　　C.本票　　D.发票

E.债券　　F.支票

6.(　　)是汇票在出票时就有的基本当事人。

A.背书人　　B.出票人　　C.收款人　　D.受票人

E.被背书人

7.票据作为非现金结算工具,之所以能够代替货币现金起流通和支付作用,是因为具有如下特征(　　)

A.流通转让性　　B.无因性

C.要式性　　D.返还性

E.提示性

8.(　　)都属于以银行为出票人的银行票据。

A.银行汇票　　B.银行本票

C.支票　　D.银行承兑汇票

E.商业汇票

9.采用信用证结算方式,银行拒付的理由只能是(　　)

A.单单不符　　B.信用证与合同不符

C.货物与合同不符　　D.单证不符

10.根据付款时间的不同,信用证可以分为(　　)

A.保兑信用证　　B.议付信用证

C.即期付款信用证　　D.延期付款信用证

E.承兑信用证　　F.预支信用证

三、填空题

1.信用证反映了当事人之间即进出口商与开证行之间的三种契约关系。第一个契约关系是__________,第二个契约关系是__________,第三个契约关系是__________。

2.信用证的有效日期即受益人提交单据的最后期限,超过这一期限开证行就不再承担付款责任,也称为到期日,所有信用证都应规定信用证有效期,否则信用证无效。此外,信用证还应规定__________和__________。

3.汇票的抬头通常有三种表达方式,分别是______,__________,__________。

4.按照是否附有货运单据,汇票可分为__________和__________。

5.由中间商作为中介达成的交易,在结算时一般使用__________和__________信用证。

6.汇票中有三个基本当事人:分别是__________,__________,__________。

7.狭义的票据行为是以负担票据上的债务为目的所做的必要形式的法律行为,包括:______,______,______,________。其中______是主票据行为,其他行为都是以出票为基础而衍生的附属票据行为。

8.划线支票可分为__________和__________。

9.根据汇出行通知汇入行付款方式的不同,汇款可以分为______,______,______。

10.汇款方式涉及四个基本当事人:______,______,______,______。

四、判断题(正确请写"T",错误请写"F")

(　　)1.保兑行仅在开证行未能如约履行付款责任时,才承担付款责任,

(　　)2.信用证是开证行保证对交来的符合信用证规定的全套单据必定承兑和付款的书面文件。因此,信用证项下汇票的付款人必然只能是开证行。

(　　)3.按我国票据法,票据上的大、小写金额不一致时,以大写金额为准。

(　　)4.对于未说明开立依据的票据,受票人可以表示拒付。

(　　)5.汇付是对双方都有一定风险的结算方式。

(　　)6.票汇业务的结算基础是汇出行的银行信用。

(　　)7.信用证的开立说明了开证行接受了开证申请人的要求,因此,可以说,信用证体现了开证行与开证申请人之间的合同关系。

(　　)8.跟单信用证结算业务以开证行的信用为基础,因此只要信用证在手,出口收汇就不成问题。

(　　)9.托收和信用证都使用出口商开立的汇票,通过银行向进口商要求付款,因此,这两种方式的结算基础是相同的。

(　　)10.代理行未必就是账户行。

五、简答题

1.应如何认识票据的无因性和要式性?

2.汇票、本票、支票各有哪些异同?

3.简述托收业务的流程。

4.信用证的性质有哪些?

5.简述信用证业务的流程。

案例分析

我国某公司向美国出口一批货物,合同规定 8 月份装船,后国外开来信用证将装船期定位 8 月 15 日前。但 8 月 15 日前无船去美国,我方立即要求美商将装船期延至 9 月 15 日前装运。美商来电称:同意修改合同,将装船期、有效期顺延 1 个月。该公司于 9 月 10 日装船,15 日持全套单据向指定银行办理议付,但被银行以单证不符拒绝议付。试问议付行的做法合理吗?

实训演练

请依据所给条件,完成下列汇票的出票行为。

The requisite items of a bill are as follows:

Drawer: Beijing Art & Craft Trading Co.

Drawee : Bank of China ,Beijing Branch

Payee: the order of Continental Co., London.

Sum: USD 1,250.00

Date of issue: 01 March, 2004.

Tenor: at 90 days after sight

Fill in the following blank form to issue a bill.

Exchange for ________________ Beijing China ________________________

At ______________ pay to ____

the sum of ____

To ________

For ______________________

(signature)

本章推荐阅读

[1]中国进出口银行网站(http://www.eximbank.gov.cn./tm/Fm2/index_37.html),查阅关于国际结算的相关知识。

[2]国际清算银行网站(https://www.bis.org/),查阅相关知识。

参考答案

第一章

练习与思考

一、单选题

1～5 ABBCD

6～10 ABCAC

二、多选题

1. AB	2. BEG/ACDF	3. ABD	4. AC	5. ABD
6. BD	7. ABCD	8. ABCD	9. ABD	10. ABD

三、填空题

1. 经常账户 资本账户 金融账户

2. 经常项目 货物和服务贸易 主要收入 次要收入

3. 金融账户 直接投资 证券投资 金融衍生产品(非储备) 员工股票期权 其他投资 储备资产

4. 自主交易 经常项目 长期资本流动项目 调节性交易

5. 自动调节 外汇缓冲政策 支出变更政策(财政、货币政策) 汇率政策 直接管制政策 国际协调机制

6. 流量 居民与非居民

7. 市场价格 权责发生制 单一记账货币

8. 国内产业结构 经济增长 持久性失衡

9. 上升 下跌 下跌 上升

10. 贸易顺差论 物价—铸币流动机制 李嘉图国际收支理论 国际收支弹性分析理论 国际收支吸收分析理论

四、判断题

1. T 2. F 3. F 4. F 5. T 6. F 7. T 8. F 9. T 10. T

五、思考题

1.〔参考答案〕

(1)国际支付能力提高。一国持续性巨额顺差会使该国国际支付能力提高,其具体情况是这样的:顺差国的经济实力增强→国际债信提高→筹资、投资能力提高→国际支付能

力提高。

(2)导致外汇汇率下跌,本币汇率上升,抑制出口,促进进口。其具体情况是这样的:一国持续性巨额顺差→外汇供应增加,本币需求增加→外币贬值,本币升值→以外币表示的出口产品的价格提高,以本币表示的进口产品的价格降低→抑制出口,促进进口。

(3)加剧通货膨胀,抑制本国经济发展。其具体情况是这样的:一国持续性巨额顺差→本币坚挺→国际游资大量流入→国内货币供应增加→物价上涨→加剧通货膨胀→抑制本国经济发展。

(4)导致国际贸易摩擦,不利于国际经济关系的发展。其具体情况是这样的:一国持续性巨额顺差→意味着其他国家持续性逆差→影响到其他国家的经济发展→导致国际贸易摩擦,甚至报复(征收报复性关税或贸易壁垒增加等)→不利于国际经济关系的发展。

(5)可能会导致国内流动性过剩,影响货币政策实施的有效性和独立性。如对于实施固定汇率制度的国家,顺差会导致一国外汇储备增长,在没有有效对冲手段时,会导致国内流动性过剩,影响货币政策实施的有效性和独立性。此外,国内流动性加剧,如果没有寻找到有效的投资渠道,还容易出现经济泡沫,引发通货膨胀。

(6)可能会引起资本输出增加。一般来说,一国的国际收支出现持续性顺差,会形成资本过剩的局面,为了寻找有利的投资场所,就会引起资本外流,到投资环境良好的国家或地区去投资。另外,顺差国的政府也会鼓励国内资本到国外去投资,甚至采取一系列鼓励资本外流的优惠措施。这样,就会在一定的范围内形成国际投资的热潮。这样,国际收支顺差国的对外投资将增加或扩张,反映在国际收支平衡表上就是资本输出增加。

(7)会使该国丧失获取国际金融组织优惠贷款的权力。例如,IMF 的一个宗旨就是协调各成员国的货币政策,通过提供优惠贷款帮助成员国平衡国际收支逆差。但如果该国国际收支出现不断的顺差,就无法得到这种益处。

2.〔参考答案〕

(1)持续性逆差首先会导致外汇储备大量流失。这是因为一国发生持续性逆差时,一般都会采取三种方式来弥补:一是动用外汇储备,二是对外举债,三是调整经济结构。如果主要以动用外汇储备去弥补,必然严重消耗该国的储备资产,而储备资产又是一国国际清偿力的重要构成,因此,储备资产的流失也就意味着该国金融实力甚至整个国力的下降,进而也会损害该国在国际上的声誉。

(2)持续性逆差会造成外汇汇率上升,本币汇率下跌,促使国内物价水平上升。一国发生持续性巨额逆差→外汇供小于求→外汇升值,本币贬值→可能促进出口,国内商品供应产生缺口→同时进口产品价格提高→带动国内物价提高→引发通货膨胀→生活水平下降。

(3)持续性逆差影响国民经济增长和国内充分就业。一国发生持续性巨额逆差→该国获取外汇的能力减弱→同时也使一部分国际储备资产因用以弥补逆差而丧失→必然影响该国发展生产所需的生产资料的进口→国民经济增长受到抑制→影响一国的国内财政,人民的充分就业。

(4)可能会引起资本输入增加。一国发生持续性巨额逆差,国内资本就会出现短缺现象。为了改善这种环境,逆差国政府往往会采取一系列吸引外资的措施,同时限制自己的资本外流，这样，就可能通过吸引外资来发展自己的经济，逐渐扭转自己的逆差局面。因此，国际收支逆差国的对外投资将减少或收缩，利用外资将增加，这反映在国际收支平衡表上就是资本输出减少，资本输入增加。

(5)持续性逆差还可能使该国陷入债务危机。一国发生持续性巨额逆差→如果该国主要以举借外债的方式来弥补，而且借入外债的使用效益低下→可能会导致该国到期无法还本付息，爆发债务危机。80 年代初的南美债务危机和 1997 年的韩国债务危机证明了这一点。

(6)持续性逆差可能造成国内经济、金融的动荡，往往是诱发资本外逃的重要因素，从而加剧国内资金短缺局面，形成恶性循环。

3.〔参考答案〕

当一国出现国际收支较大逆差而需要进行调整时，当局可以实行紧缩性的财政和货币政策。在财政政策方面，可供采用的措施主要是减少财政支出和提高税率。在货币政策方面，当局可以调高再贴现率，提高法定存款准备金比率，或在公开市场上卖出政府债券等。

4.〔参考答案〕

当一国出现国际收支顺差而需要进行调整时，当局可以实行扩张性的财政和货币政策。在财政政策方面，可供采用的措施主要是增加财政支出和降低税率。在货币政策方面，当局可以降低再贴现率，降低法定存款准备金比率，或在公开市场买入政府债券等。

5.〔参考答案〕

调节国际收支失衡的政策是多样化的，一国可根据本国具体情况来选择。其基本原则是：第一，对症下药，即根据国际收支失衡的主要原因选择调节政策；第二，多种政策搭配使用，避免单一的调节政策使用；第三，避免与国内经济目标发生冲突，减少与他国的摩擦。

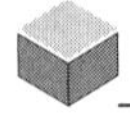

案例分析

分析：

1. 我国国际收支特点

①国际收支呈现经常账户和资本与金融账户“双顺差”，且经常账户顺差对国际收支顺差的贡献更大。1994—2009 年的 16 年间，国际收支呈现经常账户和资本与金融账户持续“双顺差”。从表可以看到，自 2001 年以来，经常账户顺差呈现持续扩大趋势，特别是 2005 年，经常账户顺差比上一年增长了 921.59 亿美元，增幅达到 134.22%；表还显示，经常账户对外汇储备增量的贡献为 77.3%，资本与金融账户对外汇储备增量的贡献约为 29%。如果将错误与遗漏项目分摊给经常账户和资本与金融账户，则经常账户贡献占比达到 76%，资本与金融账户贡献占比为 25%，整体而言，我国国际收支顺差主要来源于经常账户顺差。

②贸易顺差特别是加工贸易是导致经常账户顺差的主要原因。对我国经常项目具体结构进行分析，可以发现贸易顺差是导致经常账户项目顺差的主要原因，而贸易顺差又主

要来源于加工贸易。

③资本与金融账户对国际收支也有一定的影响，外商直接投资成为资本与金融项目顺差的主要原因。虽然资本与金融账户对外汇储备增量的总体影响较小，但其对整体国际收支差额的影响不容小觑。比如1994—1996年，资本与金融账户顺差是国际收支顺差的最主要的原因；再如2004年，资本与金融账户顺差达到1 106.6亿美元，远高于当年度经常账户顺差，占当年度国际收支顺差的比重达到54%；再如2002—2004年，随着经常账户顺差不断扩大，资本与金融账户的顺差额以更快的速度在扩大。

④错误与遗漏项目具有不稳定性。我国国际收支平衡表中的错误与遗漏项目大多数年份都出现在借方。尽管我们不能简单地把错误与遗漏出现在借方等同于资本外逃，把出现在贷方等同于"热钱"流入，但错误与遗漏项目一定程度上可以反映部分主管部门无法监测到的非法资本的流动。不可否认，在我国经济快速发展的时期，确实存在一些外资在投资获利后通过种种渠道流出境内的现象。而2002—2004年间有短暂的由负变正的过程，出现在贷方，在统计方法没有调整的情况下，原因可能是存在一些未被明确记录的资本流入，如出于套利和投机目的的热钱流入；也可能是资本流出的统计量高于实际流出量，这可能是由于一些出口机构虚报出口金额以骗取退税。

2. 我国国际收支连年双顺差的主要原因有：

①经常账户的连年顺差是导致我国国际收支双顺差日益加大的主要原因。经常账户作为国际收支账户的第一大账户，主要反映一国与他国之间实际资源的转移，是国际收支平衡表最基本、最重要的项目。2007年我国的商品出口贸易总额赶超美国位居全球第二，2008年我国的出口额又超越德国，居世界首位，受金融危机影响，全球贸易不断萎缩，而中国的贸易地位相对增强。

与此同时，在经常账户下，货物贸易差额一直是我国经常项目顺差的主导因素：一方面，反映出我国的出口商品结构已有明显的改善，出口竞争力已有大幅度的提高；另一方面，表明我国内部经济结构失衡的问题——内需不足，迫使出口贸易迅速增长，使得经济的增长倾向于外向型贸易，外贸依存度较高，这与我国改革开放以长期实施的鼓励出口的优惠政策是分不开的。

②资本和金融项目连续顺差是加大我国国际收支双顺差的另一重要原因。近十几年来，我国的金融账户也连年保持盈余，与经常账户顺差合并称为"双顺差"。在对资本账户实行较为严格管制的条件下，我国金融账户依然能积累大量的盈余，这主要源于外商直接投资的居高不下。

③过高的储蓄率是我国经济增长失衡的主要原因之一。改革开放以来，我国的储蓄率总体上呈现波动上升态势。与世界其他国家相比，我国的国民储蓄率明显过高。我国储蓄率过高的主要在于居民对预期支出和收入的不确定性及社会保障体系的不健全，但更主要的是企业和政府的储蓄率高。高储蓄率虽为我国经济的发展提供了重要的资金来源，但过高的储蓄率必然抑制消费，造成消费需求不足，导致产能过剩、资金配置效率低下，一部分过剩的供给只能通过出口来消化，同时进口需求下降，进一步扩大了经常项目的顺差。

实训演练

1. A国企业出口价值200万美元商品，出口外汇收入存在该企业在国外银行的账户。

借：其他投资——本国在外国银行的存款　　200万美元

贷：商品——出口　　200万美元

2. A国居民到海外旅游花费10万美元，这笔费用从该居民在海外存款账户中扣除。

借：服务——旅游　　10万美元

贷：其他投资——本国在外国银行的存款　　10万美元

3. A国某企业在海外直接投资所得利润150万美元，其中75万美元用于当地的再投资，50万美元购买当地商品运回国内，25万美元调回国内结售给政府以换取本国货币。

借：商品——进口　　50万美元

官方储备　　25万美元

金融——对外长期直接投资　　75万美元

贷：主要收入——海外投资利润收入　　150万美元

4. A国政府动用外汇储备30万美元向外国提供无偿援助，另提供相当于50万美元的粮食药品援助。

借：次要收入——经常转移　　80万美元

贷：官方储备　　30万美元

商品——出口　　50万美元

5. 外商以价值2 000万美元的设备投入A国，兴办合资企业。

借：商品——进口　　2 000万美元

贷：金融——直接投资　　2 000万美元

6. A国居民动用其在海外存款60万美元，用于购买海外某公司的股票。

借：金融——股本证券　　60万美元

贷：其他投资——本国在外国银行的存款　　60万美元

A国国际收支平衡简表

单位：万美元

项　目	贷　方	借　方	差　额
商品	200(1)+50(4)	50(3)+2 000(5)	−1 800
服务	——	10(2)	−10
主要收入	150(3)	——	+150
次要收入	——	80(4)	−80
经常账户合计	400	2 140	−1 740
直接投资	2 000(5)	75(3)	+1 925
证券投资	——	60(6)	−60
其他投资	10(2)+60(6)	200(1)	−130
储备资产	30(4)	25(3)	+5
资本与金融账户合计	2 100	360	+1 740
总计	2 500	2 500	0

第二章

练习与思考

一、单选题

1～5 BBABD

6～10 CBBDA

二、多选题

1. CD 2. ABCE 3. ABCE 4. ACDE 5. AD

6. BC 7. AC 8. BCD 9. AD 10. CD

三、填空题

1. 外汇 美元

2. 成交 交割

3. 现汇现钞卖出 现汇买入 现钞买入

4. 加上 减去

5. 增加 提高 下降

6. 两国间的利率差异

7. 升水 贴水 平价

8. 进口商品需求弹性和出口商品需求弹性的绝对值之和大于1

9. 国际收支

10. 不完全替代性

四、判断题

1. F 2. F 3. T 4. T 5. T 6. F 7. F 8. T 9. F 10. F

五、简答题

1.〔参考答案〕

从动态角度来看，外汇指国际汇兑的行为，即将一个国家的货币兑换成另一个国家的货币，借以清偿国家间债权债务关系的行为。静态外汇又有广义和狭义之分。广义的静态外汇概念是指一切以外国货币表示的国外资产，主要包括：①外币现钞，包括纸币、铸币；②外币支付凭证或者支付工具，包括票据、银行存款凭证、银行卡等；③外币有价证券，包括债券、股票等；④特别提款权；⑤其他外汇资产。

如上所述，并不是所有的外汇都是外币；同时，也并不是所有的外币都是外汇。只有在国际领域中具有可偿还性、普遍接受性、自由兑换性的货币才能成为外汇。

2.〔参考答案〕

影响汇率变动的主要因素有：

(1)国际收支。当一国的国际收支出现顺差，即收入大于支出时，外汇市场上外汇的供给就大于需求，因此本国货币汇率上升，外汇汇率下降；反之，当一国的国际收支出现逆差，即收入小于支出时，外汇市场上外汇的供给就小于需求，因此本国货币汇率下降，外汇汇率上升。

(2)相对通货膨胀率。一般而言,相对通货膨胀率持续较高的国家,其货币在外汇市场上将会趋于贬值;反之,相对通货膨胀率较低的国家,其货币汇率则会趋于升值。

(3)相对利率水平。如果一国的利率水平相对于其他国家较高,就意味着本国金融资产的收益率较高,对投资者更具吸引力,这会增加外国资金流入,减少本国资金流出,本币有升值压力;相反,如果一国的利率水平相对于其他国家较低,就意味着外国金融资产的收益率较高,对投资者更具吸引力,这会促使本国资金外流,减少外国资金流入,本币有贬值的压力。

(4)经济增长。第一,一国经济增长率较高意味着该国收入较高,高收入引致进口较多,会引起本币贬值;第二,一国经济增长率较高也可能意味着该国劳动生产率较高,产品成本较低,这能够改善该国出口商品在国际竞争中的地位,有利于增加出口,抑制进口,会引起本币升值;第三,一国经济增长率较高又意味着一国的投资利润率较高,能够吸引外国资金流入,从而引起本币升值;第四,若较高的经济增长率伴随着较高的通货膨胀率,则资金外流又会导致本币贬值。

(5)政府的市场干预。政府的市场干预仍是影响市场供求关系和汇率水平的重要因素。各国央行为维护经济稳定,避免汇率变动对国内经济造成不利影响,往往对外汇市场进行干预。

(6)宏观经济政策。

(7)投机活动和心理预期。

(8)重大政治、突发因素。

3.〔参考答案〕

金币本位制度下,汇率的决定基础是铸币平价,即两国单位铸币的含金量之比。在金块本位制和金汇兑本位制下,货币的汇率由纸币所代表的金量之比决定,即由法定金平价决定。布雷顿森林体系下,黄金平价或者法定平价是决定汇率的基础。现行国际货币制度下,汇率决定的基础是购买力平价。

4.〔参考答案〕

该理论的主要出发点是:投资者投资于国内所得到的短期投资收益,应该与按即期汇率折成外汇在国外投资,再按远期汇率买回本国货币所得到的短期投资收益相同,一旦两者出现差异,投资者的套利行为仍将使汇率回复至均衡水平。利率平价说根据投资者行为的假设不同,可以分为抛补套利平价和无抛补套利平价两大类。抛补套利平价认为远期汇率的升水或贴水率约等于两国间的利率差异。如果本国利率高于外国利率,则本币在远期将贬值;反之,则本币在远期将升值。也就是说,汇率的变动会抵消两国间利率的差异,从而使得金融市场处于平衡状态。无抛补套利平价认为预期的汇率变动率等于两国货币利率之差。在无抛补套利平价成立时,如果本国利率高于外国利率,则意味着市场预期本币将贬值。利率平价理论在推理上是严密的,也较好地解决了远期外汇市场上汇率与利率的相互作用机制及即期汇率变化与利率变动的关系,具有较高的应用价值。

5.〔参考答案〕

本币对外贬值后,对出口产生两种结果:一是出口商品国内售价不变,本币贬值,出口商品在国际市场上的外币价格会下降,市场竞争力增强,外国对本国出口商品的需求增加，刺激本国出口；二是出口商品在国际市场上的外币价格保持不变，则国内出口商的出口利润（以本币计）增加，从而国内出口商的出口积极性提高，本国出口数量增加。

本币对外贬值对进口产生的作用与出口正相反，贬值后，以外币计价的进口商品在国内销售时折合的本币价格比贬值前提高，本国对外国进口商品需求下降，进口减少。如果维持原有的国内销售价格，则进口商成本增加，利润减少甚至亏损，从而使进口商减少进口。如果要压低进口品的外币价格，这又会招致外国商人的反对，往往又不能实现。因此，本币贬值会自动地抑制商品的进口。

案例分析

分析：

人民币升值是必然的。第一，人民币核算下的国际交易，最初主要是可贸易品，后来必然传递到非贸易品的其他资产与财富的国际比价。在中美、中欧甚至中国，几乎一切对外经贸的产品输出中，中国的国际竞价均是3倍乃至十倍的低价差位，这代表着人民币及其资产具有巨大的国际上调空间。第二，美元近年来动态地大幅度贬值。第三，欧元的显著升值和以美元清算的大部分国际大宗商品、资源产品等的大幅涨价。第四，人民币由历史的贬值而走向历史的升值这样的财富战略转变，显示了人民币在全球资产中巨大的核心竞争力。因此，人民币升值应成为国家金融发展战略，而非应对贸易顺差和解决外部经济不均衡的简单手段。

第三章

练习与思考

一、单选题

1～5　CDCCA

6～10　DBADB

二、多选题

1. ABCD	2. ABC	3. ABD	4. ABD	5. BCD
6. ABC	7. BD	8. ABCD	9. AC	10. ABCD

三、填空题

1. 原则　办法　方式　机构

2. 固定汇率制　浮动汇率制　中间汇率制度

3. 自由浮动　管理浮动　单独浮动　钉住浮动　联合浮动

4. 美元与黄金挂钩　其他货币与美元挂钩　1盎司黄金＝35美元　根据自身情况

5. 2005年7月21日　以市场供求为基础、参考一篮子货币进行调节、有管理的浮动

6. 稳定化安排　准爬行汇率制度

7. 经常账户下的自由兑换　资本与金融账户下的自由兑换　全面的可兑换

8. 1996　7　40　14　24

9. 主权货币　价值储藏　交易媒介　记账单位

10. 上海　广州　深圳　珠海　东莞

四、判断题

1. T　2. T　3. F　4. F　5. T　6. T　7. F　8. F　9. T　10. F

五、思考题

1.〔参考答案〕

(1)支持固定汇率制度的观点

①固定汇率制度有利于国际贸易和投资的发展。浮动汇率制度下的汇率经常波动，波动幅度难以预测，使国际贸易和投资的成本、收益不易准确核算，原先有利可图的交易会因为汇率的变动反而蒙受亏损，因而人们不愿缔结长期贸易和投资契约。进出口商不仅要考虑进出口货价，而且要注意避免汇率风险。由于要考虑到汇率的变动趋势，往往报价也不稳定，还容易引起借故延期付款或要求减价、取消合同订货等现象。这种状况显然阻碍了国际贸易和投资的发展。

②固定汇率制度有助于抑制国际金融市场上的投资活动。在浮动汇率制度下，汇率的波动频率和幅度都有明显加大，并存在表现为“汇率超调”的过度波动现象。因此，在浮动汇率制度下虽然“单向投机”不复存在，但汇率波动的频率和幅度的加大却为日常的投机活动提供了机会。随着世界经济的发展和财富的迅速增长，国际投机资金的数额也日趋庞大，这种巨额资金在国际外汇市场上的游走无疑加剧了国际金融局势的动荡。

③固定汇率制度可避免引发竞相贬值。在浮动汇率条件下，一国往往可通过调低本币汇率的方法来改善国际收支，但这会使其他国家的国际收支处于不利地位。因此，其他国家也会竞相调低本币汇率，引发周而复始的竞相贬值现象。结果，各国的国际收支状况依然得不到改善，国际经济关系却会趋于紧张，国际金融局势也会因这种竞相贬值而剧烈动荡。

④固定汇率制度有益于抑制通货膨胀。在固定汇率制度下，政府为了维持汇率水平，就不能以可能引发通货膨胀的速度增加货币供应量，以免本币受到贬值压力，这就是所谓的货币纪律。但在浮动汇率制度下，由于国际收支可完全依赖汇率的自由浮动而得到调节，在缺乏货币纪律约束的情况下，货币当局就会偏好采取扩张性政策来刺激国内经济增长，而不必顾忌其对国际收支的不利影响。本币汇率的下浮固然有助于改善国际收支，但经汇率折算的进口商品的价格却会上扬，由此又带动国内价格水平的涨升，而在价格刚性的作用下，货币汇率上浮的国家的价格水平并不下跌。这些因素都会推动整个世界的通货膨胀。

(2)支持浮动汇率制度的观点

①有助于发挥汇率对国际收支的自动调节作用。当一国发生国际收支逆差时，外汇市场上就会出现外汇供不应求，在浮动汇率制度下，汇率就会迅速作出反应，通过外汇汇率的上浮，可刺激外汇供应，抑制外汇需求，国际收支区域平衡。此外，对外经济管理也变得简便易行，灵活主动。可见，浮动管理制度可避免货币当局不恰当的行政干预或拖延实行调节措施，以及由此形成的汇率高估或低估，以致国际收支迟迟得不到改善。

②防止国际游资的冲击，减少国际储备需求。在固定汇率制度下，国际游资，尤其是

投机资金往往通过抛售软货币(即可能发生贬值的货币),抢购硬货币(即可能出现升值的货币),以便从中谋利。而且,投机者表现出一致的行为,即共同抛售某一种货币,抢购另一种货币,形成所谓"单向投机",杀伤力极大。由此会导致软币国家出现货币危机,国际储备大量流失,而硬币国家的货币当局则被迫进行外汇干预,收进外币,投放本币,最终酿成输入型通货膨胀。国际金融市场也会因此动荡不宁。而在浮动汇率条件下,由于软货币的汇率会及时下跌,硬货币的汇率及时上升,因而不必保留过多的外汇储备。

③内外均衡易于协调。在一国经济出现衰退,国际收支存在逆差时,在固定汇率条件下只能通过紧缩性的财政货币政策来改善国际收支,但这会加剧经济衰退。而在浮动汇率制度下,国际收支可由汇率来调节,从而实现对外均衡,国内均衡则可以依赖财政货币政策,内外均衡就不致发生冲突。此外,在固定汇率制度下,紧缩政策或扩张政策的效能会因外资的流入或流出而受到削弱。而在汇率浮动时,外汇汇率的急剧下跌使外汇持有人处于不利的会对地位,因而可抑制外汇的流入。而在外汇大量流出之际,外汇汇率会相应上升,抑制资金流出,显然,浮动汇率可避免资本流动对政策效能的不利影响。

2.〔参考答案〕

(1)1994 年以前的人民币汇率形成机制

中华人民共和国成立以来至改革开放前,在传统的计划经济体制下,人民币汇率由国家实行严格的管理和控制。根据不同时期的经济发展需要,改革开放前我国的汇率制度经历了中华人民共和国成立初期的单一浮动汇率制(1949—1952 年)、五六十年代的单一固定汇率制(1953—1972 年)和布雷顿森林体系后以"一篮子货币"计算的单一浮动汇率制(1973—1980 年)。

党的十一届三中全会以后,我国进入了向社会主义市场经济过渡的改革开放新时期。为鼓励外贸企业出口的积极性,我国的汇率体制从单一汇率转为双重汇率制,经历了官方汇率与贸易外汇内部结算价并存(1981—1984 年)和官方汇率与外汇调剂价格并存(1985—1993 年)两个汇率双轨制时期。其中,以外汇留成制为基础的外汇调剂市场的发展,对促进企业出口创汇、外商投资企业的外汇收支平衡和中央银行调节货币流通均起到了积极的作用。但随着我国改革开放的不断深入,官方汇率与外汇调剂价格并存的人民币汇率双轨制的弊端逐渐显现出来:一方面,多种汇率并存,造成了外汇市场秩序混乱,助长了投机;另一方面,长期外汇黑市的存在不利于人民币汇率的稳定和人民币的信誉。外汇体制改革的迫切性日益突出。

(2)1994—2005 年的人民币汇率形成机制

1993 年 11 月,党的十四届三中全会通过的《中共中央关于建立社会主义市场经济体制若干问题的决定》要求:"改革外汇体制,建立以市场供求为基础的、有管理的浮动汇率制和统一规范的外汇市场,逐步使人民币称为可兑换货币。"1993 年 12 月,《国务院关于进一步改革外汇管理体制的通知》正式颁布,该通知指出了现阶段外汇管理体制改革的总体要求,具体包括实现汇率并轨,实行以市场供求为基础的、单一的、有管理的浮动汇率制;实行银行结汇和售汇制,取消外汇留成和上缴;建立银行间外汇交易市场等。

1994 年 1 月 1 日,人民币官方汇率与外汇调剂价格正式并轨,我国开始实行以市场供求为基础的、单一的、有管理的浮动汇率制。企业和个人按规定向银行买卖外汇,银行进入银行间外汇市场进行交易，形成市场汇率。中央银行设定一定的汇率浮动范围，并通过调控市场保持人民币汇率稳定。1996 年 7 月，我国又将外商投资企业的外汇买卖纳入银行结售汇体系。

这一时期，我国在外汇交易方面的市场化取得了较大的进展，但人民币钉住美元的汇率制度特征却极为突出：1995 年 7 月 1 日至 2005 年 7 月 1 日人民币兑美元的日汇率走势几乎呈现一条水平线。

(3)2005—2010 年的人民币汇率形成机制

2005 年人民币汇率制度发生了根本性的变革，中国人民银行作出如下决定：一是，自 2005 年 7 月 21 日起，我国开始实行以市场供求为基础、参考一篮子货币进行调节、有管理的浮动汇率制度，人民币汇率不再钉住单一美元。二是，中国人民银行于每个工作日闭市后公布当日银行间外汇市场美元等交易货币对人民币汇率的收盘价，作为下一个工作日该货币对人民币交易的中间价格。其三，2005 年 7 月 21 日 19 时，美元兑人民币交易价格调整为 1 美元兑 8.11 元人民币，作为次日银行间外汇市场上外汇指定银行之间交易的中间价，外汇指定银行可以此调整对客户的挂牌汇价。(4)银行间外汇市场美元兑人民币的每日交易价仍在中国人民银行公布的美元交易中间价±3‰的幅度内浮动，非美元货币对人民币的交易价在中国人民银行公布的该货币交易中间价上下一定幅度内浮动。

具体而言，目前人民币汇率形成机制的内容是：人民币汇率不再钉住单一美元，而是按照我国对外经济发展的实际情况，选择若干种主要货币，赋予相应的权重，组成一个货币篮子；同时，根据国内外经济金融形势，以市场供求为基础，参考一篮子货币计算人民币多变汇率指数的变化，对人民币汇率进行管理和调节，维护人民币汇率在合理均衡水平上的基本稳定。参考一篮子货币表明外币之间的汇率变化会影响人民币汇率，但参考一篮子货币不等于钉住一篮子货币，它还需要将市场供求关系作为另一个重要依据，据此形成有管理的浮动汇率制度。

2007 年美国次贷危机初期，为稳定通货膨胀预期，人民币升值速度加快，人民币对美元调整呈现单边升值态势，人民币一篮子货币走势稳中有升。2008 年 7 月到 2010 年 6 月，美国次贷危机日益恶化，为应对全球金融危机、稳定中国经济，人民币兑美元双边汇率基本稳定，波动区间收窄。

(4)2010 年之后的人民币汇率形成机制

2010 年 6 月 19 日，中国人民银行宣布进一步推进人民币汇率形成机制改革，事实上结束了两年来人民币钉住美元的制度，重新采取参考一篮子货币进行调节、有管理的浮动汇率制度，继续按照已公布的外汇市场汇率浮动区间，对人民币汇率浮动进行动态管理和调节，保持人民币汇率在合理、均衡水平上的基本稳定。人民币对美元汇率的波动幅度开始扩大。2011 年，IMF 将人民币汇率制度从稳定化安排归为准爬行汇率制度，标志着人民币汇率波动性增强。

2012 年 4 月 16 日起，人民币兑美元交易价浮动幅度扩大为 1%，外汇指定银行为客户提供当日美元最高现汇卖出价与最低现汇买入价之差不得超过当日汇率中间价的幅度由 1%扩大至 2%。从银行间外汇市场的实际交易情况看，在 2012 年人民币兑美元即期汇率的下跌和上升幅度曾多次达到偏离中间价 1%的限制。

3.〔参考答案〕

(1)有助于稳定人民币实际有效汇率

对国际贸易和国际投资产生影响的是实际有效汇率。人民币钉住单一美元汇率制度,尽管可以稳定人民币对美元的双边名义汇率,但在美元对世界主要货币之间的汇率发生较大波动时,由于人民币对美元汇率保持不变,因此,美元对非美元货币汇率的波动完全由人民币兑非美元货币汇率波动吸收,从而可能会导致人民币兑非美元货币汇率的大幅波动,进而引起人民币名义有效汇率的较大不稳定。因此,在人民币钉住美元汇率制度下,人民币兑美元双边名义汇率的稳定,不仅不能稳定人民币名义有效汇率,反而可能会造成人民币名义有效汇率的更大不稳定。

人民币钉住一篮子货币汇率制度是使人民币相对于几种货币的加权平均汇率保持不变的一种汇率制度。人民币钉住一篮子货币汇率制度是一种比较稳定的汇率制度,因为人民币兑货币篮子中任何一种货币双边汇率的变动,经过权重(小于 1)稀释后传导给以人民币表示的一篮子货币价格的影响大大缩小了。

(2)可以有效配置资源

一般认为,人民币汇率低估(相对于均衡汇率)会促进出口,但人民币汇率低估会提高进口成本,从而不利于进口。我国经济的发展需要进口大量外国现金技术和设备,人民币汇率长期低估,也会对经济增长产生消极影响。人民币汇率低估尽管有助于出口,但人民币汇率长期低估,可能会扭曲价格机制,使人民币汇率丧失在资源配置中的积极作用,造成资源浪费。另外,人民币汇率长期低估,会减少贸易伙伴国的市场占有份额,引起贸易伙伴国的报复,这不仅会抵消人民币汇率低估的积极效应,而且还会损害国际协调机制的简建立,从而可能会对我国经济及世界经济带来新的问题。

同样,人民币汇率高估对贸易双方国家也都是不利的。首先,人民币汇率高估会抑制出口。其次,人民币汇率高估尽管有助于降低进口成本,促进进口,但人民币汇率长期高估也会扭曲价格机制,从而降低外汇资源的使用效率,造成外汇资源的浪费。另外,如果我国出口的产品是贸易伙伴国消费者欢迎的商品,那么人民币汇率高估也会损害贸易伙伴国消费者的利益。如果人民币汇率长期过度高估严重影响了我国经济的发展,需求大幅下降,那么贸易伙伴国对我国的出口不仅不会增加,反而会下降。

(3)有助于增强货币政策独立性

在开放经济条件下,如果实行钉住单一货币汇率制度,则本国货币政策将依附于钉住货币国的货币政策。当钉住货币国提高利率时,本国中央银行就必须提高利率,否则就会产生套利,资金就会外流,本币就会贬值,为维持钉住汇率制度,央行就需要对外汇市场进行干预,即抛出外币,回购本币,这会减少货币供应量,最终会导致本国利率上升;反之,当钉住货币国降低利率时,本国中央银行也必须降低利率,否则投机资金就会大量流入境内,冲击国内金融市场,本币升值的压力就会增大,为维持钉住汇率制度央行就需要对外汇市场进行干预,即抛出本币,购买外币,这会增加货币供应量,最终会导致本国利率下降。同样,在开放经济条件下,如果我国继续实行钉住美元的汇率制度,那么当美国调整货币政策时,我国货币政策也必须作出一致的调整,否则人民币钉住美元汇率制度将难以为继。

人民币钉住一篮子货币汇率制度是使人民币相对于几种货币的加权平均汇率保持不变的一种汇率制度，它具有较好的稳定性。与人民币钉住美元汇率制度相比，在人民币钉住一篮子货币汇率制度下，即使我国货币政策与美国货币政策出现了偏离，以人民币表示的一篮子货币价格仍会保持相对稳定，从而减轻了人民银行干预外汇市场的负担，增强了我国货币政策的独立性。与人民币钉住一篮子货币汇率制度相比，在人民币参考一篮子货币汇率制度下，由于允许以人民币表示的一篮子货币价格可以在一定范围内浮动，从而使我国货币政策获得了较大的独立性。

(4)会增加市场预期的不确定性

在人民币参考一篮子货币汇率制度下，货币篮子中各种货币汇率的变动会影响人民币汇率，但参考一篮子货币不等于钉住一篮子货币，它还要将市场供求作为另一重要依据，并据此形成有管理的浮动汇率。这种缺乏明确汇率形成规则的汇率制度会增加市场预期的不确定性，从而产生一些消极作用：首先，不确定的汇率形成规则会损害企业的投资行为。汇率形成规则的不明确会导致汇率变动的不确定性，进出口价格随之不确定，这直接影响到利润的不确定，增加企业选择投资的难度。其次，不确定的汇率形成规则会增强人们对人民币汇率随意猜测的想象空间，刺激投机资金频繁流入流出，对国民经济产生消极影响。

4.〔参考答案〕

(1)资本项下货币自由兑换的成本

开放资本账户在带来收益的同时，也会带来成本和风险的增加，具体表现在以下几个方面：

第一，盲目的资本账户开放容易导致国际投机资本流动剧烈变动引起的国际收支危机或汇率波动。国际投机资本往往以投资基金为工具进攻一国的证券市场和外汇市场，其实现冲击的一个基本前提就是东道国的资本账户是开放的，如果没有资本账户开放，就切断了国际短期投机资本进入本国的渠道。

第二，可能导致国内储蓄外流，不利于欠发达国家发展经济。不同国家经济发展水平不一样，国际竞争力有区别，资本账户的开放将不可避免地导致那些竞争力较差的国家的国内储蓄外流，它们要想获得经济发展所需的资金，必然要比发达国家付出更大的代价。如果这种情况持续存在，最终的结果将是不同国家之间的经济发展出现两极分化，发达国家有可能控制不发达国家的经济命脉。

第三，增加了当局对本国金融活动进行监管的难度。

第四，国际短期资本流动的冲击可能对一国的经济稳定和结构改革方案产生冲击。

(2)资本项目下货币自由兑换的收益

较为开放的资本账户可能会在以下几个方面获得社会福利的增加：

第一，资本自由流动可以使一国获得更多的由金融服务专业化带来的好处。同贸易商品一样，进口某种金融服务比生产这种金融服务效率更高。

第二，资本账户的可兑换会增强金融部门的活力，国外的竞争将迫使国内生产者提高效率，并将促进创新，提高生产力。如果国际金融市场能够对金融债权的风险和收益恰当地定价，那么，取消资本管制还将改进资源从储蓄者手中转移到投资者手中的全球性中介活动，这能将全球储蓄配置到生产性最强的投资中去。此外，企业也将更容易在国外扩展业务，采取新的技术和管理经验，尤其是利用新的金融产品来管理风险和为投融资服务。

第三，资本账户可兑换使居民能在全球范围内实现资产组合多样化，降低居民收入和财富遭受国内金融和实际部门冲击的不利影响。

第四，资本项目自由化还有助于一国进入国际金融市场，降低借款成本。

5.〔参考答案〕

客观而言，货币国际化不仅能带来收益，同时也会带来风险。对人民币而言，国际化过程并非坦途，机遇与挑战并存。而且，人民币国际化不可能一蹴而就，将会经历一个相对漫长渐进的历史进程，这期间存在很多困难，特别是存在一些事先无法预测但至关重要的风险点。这需要密切关注。

(1)人民币国际化的风险

第一，人民币汇率波动加剧及其影响。根据历史经验和现实情况，某种货币随着其国际化程度不断提高，较之于成为国际货币之前，其汇率波动将加剧，波动幅度将扩大。以此观之，如果人民币国际化进程不断推进，则人民币汇率的波动也将呈现上述趋势。随着离岸人民币市场的快速发展，人民币资金在境内外流动的规模和频率不断提高，这首先会加剧离岸人民币汇率的波动，如香港离岸市场人民币汇率可能将率先加剧波动；同时，由于人民币离岸存贷款利率与在岸存贷款利率差异较大，存在相当的套利空间，根据利率平价的关系，这很可能对人民币在岸汇率产生冲击，如果短期波动出现异常，则可能带来严重问题。此外，基于中国经济保持长期稳定增长且中国一直保持巨额的外汇储备，人民币的升值预期显著。在人民币国际化的进程中，该预期可能进一步强化人民币单边升值的压力，导致巨额离岸人民币通过各种渠道进入境内，对中国跨境资本监管造成巨大压力。

第二，宏观调控和保持国内经济金融稳定的难度加大。一方面，根据“三元悖论”的原理，人民币国际化将加大中国宏观调控的难度，从而也将增加保持国内金融稳定的难度。根据“三元悖论”，保持本国货币政策独立、本币汇率的稳定和资本的完全流动三个方面，不可能同时满足，最多只能满足两个方面。因此，从理论上看，一旦人民币实现国际化，则资本的自由流动将不再受限制，那么保持中国货币政策独立和维护人民币汇率稳定将在宏观经济政策中处于权衡状态。虽然在现实中，上述二者不是互相排斥的关系，但对于中国而言，一旦人民币成为国际货币，那么在很多情况下保持人民币汇率稳定应该是首选。另一方面，随着人民币国际化程度的深入，中国经济与全球经济的关系将不可避免地日益紧密。并且，大量离岸人民币在国际金融市场上流通交易，并可能随时流入中国境内，这将对国内的金融稳定造成极大挑战，需要当局采取更灵活、更有力的政策组合来应对。这种情况下，国际金融市场的周期波动将很快传递至国内市场，甚至金融危机的影响也会迅速扩散至国内，这极大地提高了保持国内经济金融稳定的难度。

第三，面临强大国际阻力的可能性极大。人民币国际化面临的国际阻力在很大程度上来自当今国际货币体系的成员，特别是其货币已经实现国际化的发达国家。从中国自身的角度看，人民币国际化有诸多益处，但换个角度看，人民币国际化势必直接冲击现有的国际货币，进而影响现有国际货币发行国的既得利益，将招致其抵制。在美元、日元和欧元的国际化进程中，这样的事例屡见不鲜。当前受人民币国际化影响较大的就是美欧日等发达国家，因此，这些国家特别是美国一定会对人民币国际化提出挑战。这些来自国际的挑战在一定条件下会叠加，对人民币国际化形成实质性风险。

(2)人民币国际化的收益

第一，进一步促进中国边境贸易的发展。边境贸易和旅游等实体经济发生的人民币现金的跨境流动，在一定程度上缓解了双边交往中结算手段的不足，推动和扩大了双边经贸往来，加快了边境少数民族地区经济发展。另外，不少周边国家是自然资源丰富、市场供应短缺的国家，与中国情况形成鲜明对照。人民币流出境外，这对于缓解中国自然资源短缺、市场供应过剩有利。

第二，减少汇价风险，促进中国国际贸易和投资的发展。对外贸易的快速发展使外贸企业持有大量外币债权和债务，由于货币敞口风险较大，汇价波动会对企业经营产生一定影响。人民币国际化后，对外贸易和投资可以使用本国货币计价和结算，汇率风险将大大降低，这可以进一步促进中国对外贸易和投资的发展。同时，也会促进人民币计价的债券等金融市场的发展。人民币的国际化有利于解决汇率两难的困境。中国经济的持续增长及贸易顺差持续增加导致了外汇储备的持续增大，为了应对汇率波动的宏观金融风险，政府也必须持有大量的外汇储备。外汇储备的剧增导致了人民币升值压力剧增，从而影响以制造业为主的中国经济。对于经济大国而言，如果本币不能顺应本国贸易增长的趋势，成为开放的国际金融市场与贸易的计价货币，那么该国货币也就不可能成为主要国际储备货币。

第三，获得国际铸币税收入。实现人民币国际化后最直接、最大的收益就是获得国际铸币税收入。铸币税可以理解为储备货币的发行利润，是指发行者凭借发行货币的特权所获得的纸币发行面额与纸币发行成本之间的差额。发行世界货币相当于从别国征收铸币税，用之于本国。只需印发钞票就可购买别国的资源。目前中国拥有数额较大的外汇储备，实际上相当于对外国政府的巨额无偿贷款，同时还要承担通货膨胀税。人民币国际化后，中国不仅可以减少因使用外汇引起的财富流失，还可以获得国际铸币税收入，为中国利用资金开辟一条新的渠道。

第四，提升中国国际地位，增强中国对世界经济的影响力。美元、欧元、日元等货币之所以能够充当国际货币，是美国、欧盟、日本经济实力强大和国际信用地位较高的充分体现。人民币实现国际化后，中国就拥有了一种世界货币的发行和调节权，对全球经济活动的影响和发言权也将随之增加。同时，人民币在国际货币体系中占有一席之地，可以改变目前处于被支配的地位，减少国际货币体制对中国的不利影响。

综上所述，虽然人民币国际化存在种种潜在风险，但其收益更值得期待。有鉴于此，努力推动人民币区域化，助力人民币国际化，是一个有效的战略选择。

案例分析

分析：

钉住汇率制度。

泰国实行浮动汇率制度是为了克服钉住汇率制度本身所固有的脆弱性，稳定泰铢汇率的需要，同时也适应了国际市场的变化和经济进一步发展的要求。虽然在短期内泰铢浮动引起的贬值会使泰国的通货膨胀率上升，出口成本增加，但是从长期来看，泰铢汇率按照市场供求浮动使得汇率能较准确地反映泰铢的实际价值，调节贸易商品价格和贸易量，缓解国际收支不平衡，促进生产率的提高，增加泰铢的稳定性和泰国金融市场的吸引力，为泰国经济的发展奠定基础。

第四章

练习与思考

一、单选题

1～5　DABBA

6～10　CCABA

二、多选题

1.ABCD　2.ABD　3.ABCD　4.ABC　5.ACD

6.ACD　7.CD　8.ABCD　9.ABCD　10.ABCD

三、填空题

1.国际资金市场　短期资金市场　中长期资金市场

2.国际货币市场　国际资本市场

3.在岸金融市场　离岸金融市场

4.1 年以上

5.外国债券市场　欧洲债券市场

6.保值交易　投机交易

7.内外混合型　内外分离型　避税港型

8.银行间　批发

9.欧洲货币信贷市场　欧洲债券市场

10.辛迪加贷款

四、判断题

1.F　2.T　3.T　4.F　5.T　6.F　7.F　8.T　9.F　10.T

五、思考题

1.国际金融市场是指由居民和非居民之间，或者是非居民和非居民之间进行国际性的资金借贷、结算、汇兑以及有价证券、黄金和外汇的买卖活动的场所。国际金融市场的特征是：

(1)借助现代网络技术开展业务，以无形市场为主。

(2)全球金融市场信息彼此相互传导。

(3)金融创新活动不断增加。

(4)国际金融市场业务的竞争性、投机性和冒险性进一步加大。

2.国际货币市场与国际资本市场的区别主要有：

(1)融资期限上的不同

国际货币市场是1年或一年以下的资金融通场所，主要是为政府和企业提供短期资金融通；国际资本市场是1年以上的资金融通场所，主要为需要中长期资金的政府和企业提供资金便利。

(2)使用的金融工具不同

国际货币市场使用的金融工具主要有银行短期信贷、国库券、商业票据、银行票据等；国际资本市场使用的金融工具主要有银行中长期信贷、股票、债券等。

(3)筹集资金的用途不同

国际货币市场筹集到的短期资金主要是经营流动资金，不用于资本性投资；国际资本市场筹集到的长期资金可以用于固定资产的投资。

3.国际外汇市场除了交易规模巨大以外，还呈现出以下显著的特征：

(1)市场形态以无形市场为主。

(2)业务以外汇批发业务为主。

(3)交易的空间是统一的，时间是连续的。

(4)不同外汇市场的汇率差异日益缩小。

(5)交易方式灵活，交易成本较低。

(6)外汇交易是一种零和游戏。

4.离岸金融市场(Offshore Financial Markets)，也称为欧洲货币市场，是指非本地居民之间，以欧洲银行为中介，在某种货币发行国国境外，从事该种货币借贷或交易的市场。它有如下的特点：

(1)高度国际化。

(2)高度自由化。

(3)交易规模很大。

(4)业务是非居民之间的交易。

(5)有其独特的利率体系。

5.欧洲货币短期信贷市场的业务有五个特点：

(1)期限短，如欧洲美元短期存款的通知存款期限为1天和7天，放款期限通常是3个月和9个月。

(2)批发性质，一般借贷额都比较大，欧洲货币短期信贷市场基本上是一个银行间的批发市场。

(3)灵活方便，即在借款期限、借款货币种类和借款地点等方面都有较大的选择余地，这也是欧洲货币市场对借款人的最大吸引力之一。

(4)利率由双方具体商定，一般来说欧洲货币市场对公司借款者的利率取决于借款者的资信等级。

(5)不需要签订协议。该市场借贷业务主要靠信用，无须缴纳担保品，一般通过电话或电传即可成交。

案例分析

避税港型离岸金融市场是指没有实际的离岸资金交易，只是办理其他市场交易的资金交易进行注册、记账和转账而形成的一种离岸金融市场。这种类型的离岸市场的特点是：一是不开展实际业务，仅仅是簿记中心；二是税收十分优惠；三是金融高度自由，货币资金可以自由流动，允许黄金和外汇自由买卖，对银行存款也无任何限制，无准备金要求；四是既有严格的保密制度，又打击贩毒洗钱等国际犯罪活动。

启示一，避税港型离岸金融中心的发展有其自身的独特优势，不像其他类型离岸金融中心那样大多是经济发达的国家或大都市，而它们大都是发展中的中小岛国或城市，虽然经济不很发达，但却政局稳定，没有战乱，自然地理条件优越，风景优美，气候宜人，尤其是不征或征极少税费，几乎没有金融管制，而且替客户保密等。这些就是避税港型离岸金融中心发展的独特优势；启示二，政府的声誉在离岸金融中心发展中发挥重要作用。国际资本不仅追求资本的收益性，还追求资本的安全性。所以，跨国金融机构和国际投资者十分重视投资国政府的信誉。良好的政府信誉和对私有财产的有效保护，是吸引跨国金融机构和国际投资者的重要因素。启示三，要保持避税港型离岸金融中心的稳定发展，必须加强监管，打击犯罪。既保护投资者的合法权益，又打击贩毒洗钱等国际犯罪活动是开曼群岛离岸金融中心稳定发展重要保证。总之，避税港型离岸金融中心的发展不仅有其自身的独特优势，也有其自身的弱点和缺陷。因此，要保持避税港型离岸金融中心的稳定发展，必须充分发挥政府的作用，加强监管与国际协调，共同打击国际犯罪。

第五章

练习与思考

一、单选题

1～5　BBACD

6～10　ECBBC

二、多选题

1. ABCD	2. AC	3. ABC	4. ABC	5. ABDG
6. BC	7. ABC	8. AB	9. CD	10. BC

三、填空题

1. 利率
2. 即期外汇交易
3. 欧式期权　美式期权
4. 买空　卖空
5. 伦敦
6. 套汇交易
7. 看涨期权
8. 保险费

9. 汇水

10. 外汇期货交易所　公开竞价　标准化合同

四、判断题

1. F　2. F　3. T　4. F　5. T　6. F　7. T　8. F　9. F　10. F

五、计算题

1.〔参考答案〕

A 公司买 100 万日元，适用汇率是 118.00；B 公司卖 100 万日元，适用汇率是 118.15.

2.〔参考答案〕

即期套算汇率分别如下：

GBP/CAD＝1.9075/1.9123(同边相乘)

CAD/JPY＝93.85/94.00(交叉相除)

GBP/AUD＝1.9051/1.9100(交叉相除)

3.〔参考答案〕

GBP/USD 1 月期、3 月期远期汇率分别是：1.4960/1.4980，1.4940/1.4960。

4.〔参考答案〕

(1)若美出口商不采用远期交易套期保值，到期将收回 100 万×1.4350＝143.5 万美元

(2)若美出口商在成交日采用三个月远期交易对出口货款进行保值，将收回 100 万×1.4720＝147.2 万美元

(3)该出口商还可以采取掉期交易进行保值，在该案例中其掉期成本正好为 0。

5.〔参考答案〕

纽约外汇市场　1 澳元＝0.7785/90 美元　卖澳元

悉尼外汇市场　1 澳元＝0.7770/80 美元　买澳元

套汇收益＝100 万×(0.7785－0.7780)＝500 美元

6.〔参考答案〕

(1)因为 1/7.7814×1/1.4215×11.0723＝1.0010＞1

所以，　利用这三地行市可以进行三地套汇

(2)确定套汇路线

香港外汇市场：1 港元＝1/7.7814～1/7.7805 美元　卖 HKD

纽约外汇市场：1 美元＝1/1.4215～1/1.4209 英镑　卖 USD

伦敦外汇市场：1 英镑＝11.0723～11.0735 港元　卖 GBP

因为：　左边的乘积　　　右边的乘积

1×1×1＜1/7.7814×1/1.4215×11.0723

所以：从左上角出发起套

计算套汇收益：

100 万港币进行套汇，可获得：

100 万×1/7.7814×1/1.4215×11.0723＝100.1 万港币

套汇利润＝100.1 万－100 万＝0.1 万港币

7.〔参考答案〕

远期汇率高于 1.4744 时，该投资者进行套利才有利可图。

8.〔参考答案〕

$$套利交易的损益=\frac{100}{1.0015}\times(1+5\%)\times0.9850=103.27\ 万瑞郎$$

9.〔参考答案〕

现货市场	期货市场
5 月 10 日 即期汇率 USD 1＝CAD 1.1641 CAD 200 000 折合 USD 171 806.5	5 月 10 日 卖出两张 9 月期加元期货合约（开仓） 价格：CAD 1＝USD 0.8595 总价值：USD 171 900
8 月 10 日 即期汇率 USD 1＝CAD 1.1709 卖出 CAD 200 000 现汇，收入 USD 170 808.8	8 月 10 日 买入两张 9 月期加元期货合约（平仓） 价格：CAD 1＝USD 0.8540 总价值：USD 170 800
结果： 损失 USD 997.7	结果： 盈利 USD 1 100

该套保方案不仅起到了保值作用，而且还有额外收益。

10.〔参考答案〕

CALL 的买方：

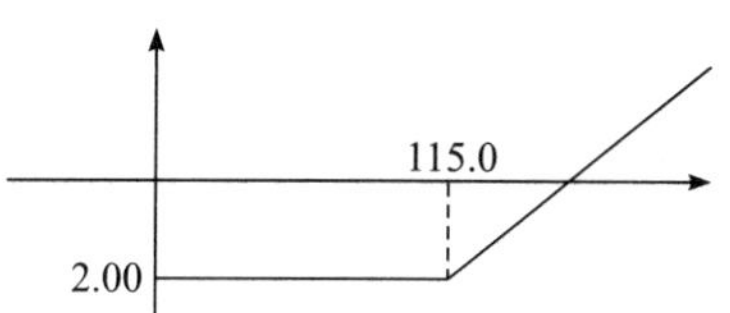

CALL 的卖方：

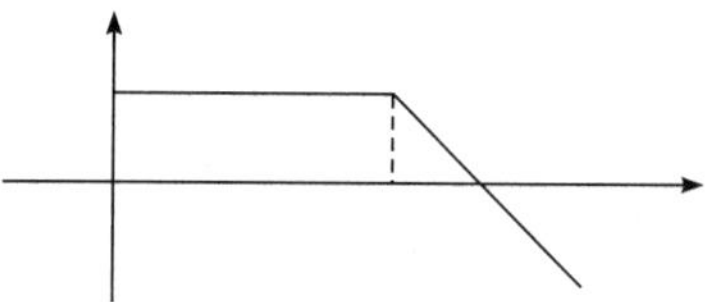

PUT 的买方：

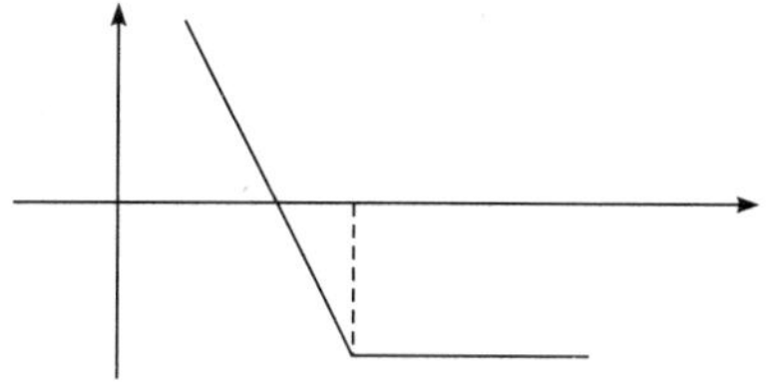

PUT 的卖方：

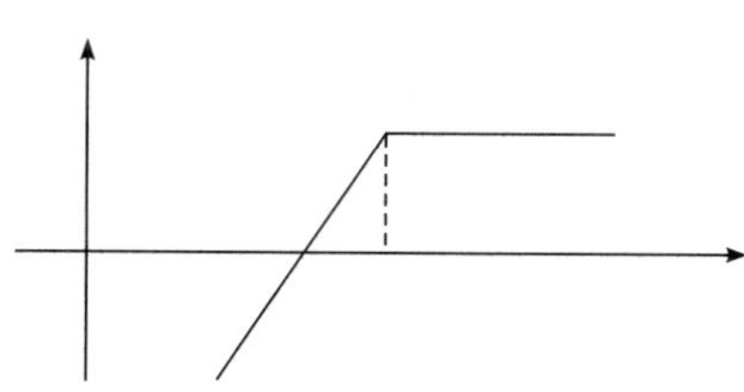

11.〔参考答案〕

由下图可知：

（1）如果美元市场汇率 X 高于1.1000时，瑞士进口商执行看涨期权，执行价格1.1000是其买入300 000美元的最高价格，其净支出成本为：

300 000×1.1000+6 000=336 000 瑞郎

此时,外汇现货空头的汇价损失为多头买权的收益所抵消,多头买权保护了现货空头,锁定进口成本,汇率上涨可能产生的风险被完全回避了。

(2)如果美元市场汇率低于1.1000时,瑞士进口商放弃执行看涨期权,直接从市场上即期买入300 000美元,其净支出成本为:

300 000X+6 000(瑞郎)

上式表明:X 越小,即到期日市场汇率跌得越多,瑞士进口商的进口成本越低。即当汇率下跌时,空头现货可获较低汇价的收益,而买入看涨期权的亏损却有限,因而,该公司不但没有损失,反而可以获得汇价向有利方向变动的好处。

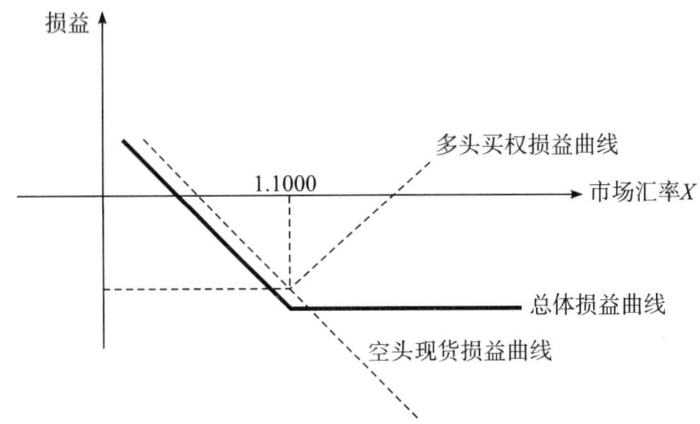

案例分析

分析:

索罗斯在东南亚金融危机的过程中几乎用所有的外汇市场中的金融工具作为武器,来完成他的预期目标,这充分说明了金融工具尤其是衍生金融工具,在一定条件下具有很大的投机性和破坏性。因此,从监管的角度,应该建立硬制度以保证金融工具尤其是衍生工具正面功能的发挥,规避负面效应。

第六章

练习与思考

一、单选题

1～5　BAABB

6～10　DAAAB

二、多选题

1. ABC　2. ABCD　3. ACD　4. BCD　5. AD

6. ABC　7. BCD　8. ABCD　9. ABD　10. AC

三、填空题

1. 货币、时间

2. 汇率变动
3. 交易风险、会计风险、经济风险
4. 全面重视原则、管理多样化原则、收益最大化原则
5. 计价结算货币
6. 软币、硬币
7. 无追索权
8. 外汇头寸
9. 头寸限定法、亏损控制法
10. 资产、负债

四、判断题

1. F　2. T　3. F　4. F　5. F　6. T　7. T　8. F　9. T　10. F

五、简答题

1.〔参考答案〕

(1)本章所指的外汇风险是狭义的外汇风险,只包括汇率风险。它是指国际经济交易主体在从事外汇相关业务时,由于外汇汇率的变动而蒙受损失或将丧失预期收益的可能性。

(2)根据外汇风险的作用对象和表现形式,一般把外汇风险分为三类:交易风险、会计风险和经济风险。

2.〔参考答案〕

(1)企业的经营环境、原料来源以及汇率的波动等是识别企业经济风险的主要因素。经济风险的大小主要取决于汇率变动对企业的产量、成本、价格可能产生影响的程度。

(2)对经济风险的计量与管理需要采用整体和系统的方法。企业需要正确预测汇率变动的时间、方向和幅度,以正确估计这种变动对生产成本、产品价格以及销售数量的影响,进而评估企业可能遭受的损失。对汇率变动引起的收益和成本的敏感性分析和回归分析是评价经济风险的常用方法。

3.〔参考答案〕

外汇风险管理是企业经营管理的重要组成部分。在外汇风险管理中应该遵循的原则包括:全面重视原则、管理多样化原则和利益最大化原则。

4.〔参考答案〕

企业进行外汇风险管理的方法,主要包括贸易策略法、金融市场交易法、国际信贷法、投保汇率变动险法、企业内部管理法五种类型。

5.〔参考答案〕

一般而言,银行主要从两个方面来进行外汇风险管理:一是加强头寸管理;二是加强资产负债的配对管理。此外,银行还可以通过远期外汇交易、期货交易、期权交易等其他金融工具来进行外汇风险防范。

案例分析

分析：

——总经理陈某：

有关外汇风险管理重点的观点不恰当。

理由：对于一个企业来说，经济风险比会计风险和交易风险更为重要，因为其影响是长期性的，而会计风险和交易风险的影响是一次性的。

——常务副总经理吴某：

(1)对所有的外汇资产和外汇负债采取保值措施的观点不恰当。

理由：外汇资产和负债由于汇率变动可能出现增值或减值，这种增值或减值可能自然抵消，因此不需要对所有外汇资产和外汇负债采取保值措施。

(2)对于会计风险进行套期保值的观点不恰当。

理由：减少会计风险的同时可能会增加交易风险，因此，如果会计风险不对现金流量产生影响，就不必对会计风险进行套期保值。

——总会计师李某：

(1)“采取任何一种金融工具进行避险的同时，也就失去了汇率向有利方面变动带来的收益”的观点不恰当。

理由：采取远期外汇交易、外汇期货等金融工具避险，通过锁定汇率，可以回避汇率不利变化带来的损失，但同时也失去了汇率有利变化带来的收益；而采取外汇期权金融工具避险，既可以回避汇率不利变化带来的损失，又可以享受汇率有利变化带来的收益。

(2)“外汇的损失和收益主要取决于汇率变动的时间和幅度”的观点不恰当。

理由：外汇的损失和收益取决于三个因素：(1)受汇率变动影响的外汇敞口；(2)汇率变动对外汇资产和负债的影响程度；(3)汇率变动时间和幅度。

——董事长张某：

“建议财务部成立外汇风险管理的小组，由财务部经理担任组长，具体负责外汇风险管理的日常工作”的观点不恰当。

理由：外汇风险包括经济风险、交易风险和会计风险，其中经济风险涉及生产、销售、原材料供应以及区位等经营管理的各方面，因此，经济风险的管理超出了财务部门的职责，而是需要各部门共同努力，通过调整企业经营策略和采取内部管理办法来达到管理经济风险的目的。

第七章

练习与思考

一、单选题

1～5　AABAB

6～10　ACBDA

二、多选题

1. ABCD　　2. ACEF　　3. BC　　4. ABD　　5. BCED

6. ADE　　7. ABCD　　8. CE　　9. CDE　　10. ABCDE

三、填空题

1. 现金　活期存款　短期存款　短期债券

2. 广

3. IMF

4. 自由的兑换性,即能自由兑换成其他货币　价值稳定,即其汇率和购买力应相对稳定　在国际货币体系中占有重要的地位。

5. 黄金储备　外汇储备　在 IMF 的储备头寸　特别提款权。

6. 安全性　流动性　盈利性

7. 官方持有性　自由兑换性　充分流动性　普遍接受性

8. 人为创设,无偿分配　属账面资产,无内在价值　使用受到限制

9. 特里芬难题

10. 美元　欧元　英镑　日元　人民币

四、判断题

1. T　2. F　3. F　4. F　5. F　6. F　7. F　8. T　9. T　10. F

五、简答题

1.〔参考答案〕

所谓国际储备,一般是指各国货币当局为弥补国际收支赤字和维持汇率稳定及应对各种紧急支付而持有的在国际上可以被普遍接受的一切资产。

一国国际储备主要包括以下四种形态的资产:黄金储备、外汇储备、在 IMF 的储备头寸、特别提款权。

2.〔参考答案〕

国际清偿力又称国际流动性,简言之,是指一国的对外支付能力,具体说,是指一国直接掌握或在必要时可以动用作为调节国际收支、清偿国际债务及支持本币汇率稳定的一切国际流动资金和资产。它实际上是一国的自有储备(亦称第一储备)、借入储备(亦称第二储备)与诱导储备的总和。

国际储备与国际清偿力的关系表述如下:

第一,国际清偿力是自有储备、借入储备及诱导储备资产的总和。其中,自有储备是国际清偿力的主体,因此,国内学术界亦把国际储备看作是狭义的国际清偿力。

第二,外汇储备是自有储备的主体,因而也是国际清偿力的主体。

第三,可自由兑换资产可作为国际清偿力的一部分,或者说包含在广义国际清偿力的范畴内,但不一定能成为国际储备货币。只有那些币值相对稳定,在经济贸易往来以及市场干预方面被广泛使用,并在世界经济与货币体系中地位特殊的可兑换货币,才能成为储备货币。

3.〔参考答案〕

从世界范围来看,国际储备对于促进商品和资本的国际流动,维持国际金融秩序的稳

定和保障世界经济的正常运行都发挥着重要作用。就一国而言，国际储备的作用主要表现在以下几个方面：

(1)弥补国际收支逆差，维持对外支付能力。国际储备的首要作用就是在一国国际收支发生困难时起到一定的缓冲作用，使其国内经济在某种程度上免受国际收支变化的冲击，这种缓冲作用可以从短期和长期两种情况分析。当一国的国际收支因偶然性和季节性的因素而导致出口减少，出现暂时的国际收支逆差时，可直接动用国际储备来平衡国际收支，而无须采取影响整个宏观经济的财政货币政策或压缩进口等限制性措施，以避免影响国内经济的正常发展，减少其对国内经济的负面影响。当国际收支失衡是长期的、巨额的或根本性的，而不可避免地采取调节措施时，动用国际储备，可起到一种缓冲作用，避免猛烈的调节措施可能带来的国内经济动荡。针对根本性的国际收支失衡，仅靠动用国际储备来调节不但不能解决问题，相反会导致国际储备的枯竭。因此，当一国经济因政策失误或经济结构不合理而造成国际收支持续性逆差时，对包括外汇储备在内的储备资产的动用，必须谨慎进行。

(2)干预外汇市场，维持本国货币汇率的稳定。各国用来干预外汇市场的储备基金称为外汇平准基金，它由黄金、外汇和本国货币构成。

在本币贬值太快的情况下，通过在市场上抛出外汇储备购入本币，增加外汇市场上外汇的供应，可以使本币汇率上升；而在本币升值过快的情况下，通过购入外汇抛出本币，增加外汇市场上本币的供应，以使本币汇率下降。当然，一国持有的国际储备是有限的，因而外汇干预只能对汇率产生短期影响，无法根本改变决定汇率的基本因素。而且，国际储备要真正发挥干预资产的作用，必须具备两个前提条件：发达的外汇市场和本国货币的完全自由兑换。

(3)增强本国货币的信誉，充当对外举债的保证。一国的国际储备状况，一直是评定其偿债能力和资信的重要指标，一国拥有充足的国际储备可以为本国货币在国际上的信誉和地位提供有力的支持。国际储备是债务国到期还本付息的基础和保证，因而它也是一国政府对外借款的信誉保证，如果一国国际储备雄厚，则该国国际信誉就高，在国际上借债就比较容易，成本也较低；反之，一国国际储备枯竭，则其国际信誉较低，难以在国际上筹措资金，即使能筹到资金，条件也比较苛刻。

(4)获得国际竞争优势。国际储备是国家财产，一国持有比较充裕的国际储备，就意味着有力量左右其货币的对外价值，即有力量使其货币汇率上升或下降，以获取国际竞争优势。如果是储备货币发行国，拥有充分的国际储备，对支持其货币的国际地位至关重要。

4.〔参考答案〕

国际储备规模是指一国一定时期持有国际储备资产的总量或水平。国际储备规模管理是对国际储备规模进行确定和调整，使国际储备数量保持适度水平。适度的国际储备规模，既能满足国家经济增长和对外支付需要，又不因储备过多造成负面影响。

影响一国国际储备适度规模的因素有：

(1)国际收支状况。首先，一国的储备需求和国际收支赤字出现的规模和频率呈正相关关系，国际收支状况越不稳定，对国际储备的需求越高。其次，一国储备需求和国际收支失衡的性质有关，面临的国际收支逆差越偏向于短期性，在其他条件不变的情况下，需要的储备越多。国际收支的调节机制和政策也会影响储备需求，国际储备的需求与国际收支调节机制的效率成反比，即自动调节机制和调节政策的效率越高，储备需求就越小。

(2)汇率制度。储备需求与汇率制度密切相关。固定汇率制度下，政府需要较多的储备来应对国际收支危机和汇率波动。浮动汇率制度下，汇率变动越灵活，越富有弹性，该国对储备的需求越小；反之，汇率变动越缺乏弹性，对储备的需求量越大。

(3)融资能力。一国对储备的需求与其融资能力呈负相关关系。发达国家融资能力较强，具有较高的资信等级，可以方便迅速地筹措、利用国际金融市场的信贷资金，或者获得国际金融机构或外国政府的贷款，所以对储备的需求较小。而发展中国家外部融资能力相当薄弱，这就决定了发展中国家一般要求较高的国际储备量。

(4)国际资本流动状况。国际储备传统上用于国际收支差额的支付，但在当今资本流动规模日益扩大，同时各国又实行金融自由化的情况下，国际储备的作用更多地体现在应对国际资本流动对一国国际收支的冲击。1997年东南亚金融危机中，大多数危机发生国由于储备有限，被迫放弃维系固定汇率制度的努力。而遭受同样境遇的香港，依靠充足的国际储备和完善的金融体系，最终成功捍卫了港元的联系汇率制。因此发展中国家特别是新兴市场经济体为了增强自身经济抵御外部冲击的能力，需要持有较多的储备。

(5)政府政策选择偏好。如果一国以经济增长和提高国民收入为首要目标，偏好膨胀性的经济政策，则持有较多的国际储备有利于经济和收入的稳定。如果本国的对外开放度较高，对外贸易规模很大，该国对储备的需求也就相应增加。其他因素如外汇管制的宽严、就业率、汇率弹性、对投资风险管理的态度等都会对储备需求量有一定的影响。

(6)本币的国际地位。如果一国货币为主要国际储备货币，则该国在调节国际收支不平衡时就具有一个有利条件，即可以用本币对外支付和清偿债务。因此，对储备货币发行国来说，它无须保持规模过大的国际储备。不过，储备货币发行国必须具有强大的经济实力以维持其货币的国际地位。

(7)金融市场的发育程度。金融市场越落后，调节国际收支需要的自有储备越大。

(8)持有国际储备的机会成本。持有国际储备是要付出代价的，因为储备代表了对外国经济资源的购买力，如用于进口急需的外国商品、技术或劳务，可增加本国的投资，促进国民收入的提高和国内就业。所以，持有国际储备的机会成本越高，对国际储备的需求越低。

(9)国际政策协调和国际货币合作状况。一国与其他国家之间开展的经济合作和国际政策协调，可以有效地减少对国际储备的需求。有良好国际货币合作关系的国家，一般对自有储备的需求较小。

5.〔参考答案〕

有利影响

第一，有利于缓解储备货币稀缺困难。在多元化国际储备体系下，同时以几个经济发达国家的硬货币为中心储备货币，使各国可使用的储备资产增加，为各国提供了满足多样化需求和灵活调节储备货币的余地，弥补国际清偿力不足，维持国际储备体系的正常运转。

第二，降低了对美元的过度依赖，促进了各国货币政策的协调。多元化体系的建立，减少了个别大国对国际金融事务的操纵，可以很大程度上削弱一国利用储备货币发行国的地位而强行转嫁通货膨胀和经济危机的可能性。为了维持多元化储备体系的健康发展和国际金融形势的稳定,各国必须互相协作,共同干预与管理,从而促进国际经济和金融领域的合作与协调。

第三,有利于各国调节国际收支。在国际储备多元化的情况下,可以采取各种渠道,利用多种硬货币对本国的国际收支进行调节。而在单一储备体制下,只能依靠单一美元储备弥补国际收支逆差,且为了调节国际收支而采取变更汇率措施时,必须事先征得基金组织同意才能实施。

第四,有利于防范汇率风险。多元化国际储备体系下各国可根据金融市场具体的变化情况,适时、适当地调整储备资产结构,对其进行有效的搭配组合,增加了调整储备资产的空间和灵活性,提高国际支付的便利性,更有效地分散和防范汇率风险,并增加获利机会。

(2)不利影响

第一,增加储备管理难度,削弱各国金融政策效力。在国际储备多元化的情况下,各储备货币发行国经济发展的不平衡、各储备货币持有国需求的不一致以及各国国际经贸发展情况的差异,都会影响储备货币地位的变化和汇率的涨跌,从而加大储备货币管理的难度,削弱储备货币国金融政策效力。

第二,加剧国际外汇市场的动荡。储备货币多元化后,受储备需求、市场需求和各国货币当局外汇储备币种结构调整的影响,外汇市场各储备货币的汇率往往出现较大幅度波动。这种状况给外汇投机活动以可乘之机,从而进一步加剧外汇市场的动荡。

第三,加剧国际货币制度的不稳定性。目前国际储备制度的稳定是建立在多种货币稳定的基础上的,由于当今世界还没有为储备多元化建立起权威的协调和约束机制,因此,当储备货币发行国中的任何一国的经济发生波动时,都会影响其货币的变动,从而加剧国际货币制度的不稳定性。

案例分析

分析:

根据教材的内容,从世界范围来看,国际储备对于促进商品和资本的国际流动,维持国际金融秩序的稳定和保障世界经济的正常运行都发挥着重要作用。就一国而言,国际储备的作用主要表现在:弥补国际收支逆差,维持对外支付能力;干预外汇市场,维持本国货币汇率的稳定;增强本国货币的信誉,充当对外举债的保证;获得国际竞争优势。因此,如何发挥国际储备的作用是本案例要探讨的内容。

第八章

练习与思考

一、单选题

1～5　ABCCC

6～10　CDCBD

二、多选题

1. ACD　　2. BCD　　3. ABCD　　4. AC　　5. ABD

6. ABCD　　7. AC　　8. ABC　　9. ABCD　　10. ABCD

三、填空题

1. 国际融资

2. 进口押汇　信托收据

3. 出口商

4. 资产负债表外

5. 信用风险

6. 公共基础设施建设

7. 双边援助

8. 所有权　使用权

9. 国际融资证券化

10. 资本化

四、判断题

1. T　2. T　3. T　4. F　5. F　6. F　7. T　8. T　9. F　10. F

五、简答题

1.〔参考答案〕

国际贸易融资包括短期融资和中长期融资,前者主要形式有开证额度、进口押汇、信托收据、打包贷款、出口押汇、出口商业发票贴现、国际保理等。后者主要形式有出口信贷和福费廷业务。

2.〔参考答案〕

国际项目融资具有以下特点:以项目为主体安排融资;融资周期长;非公司负债型融资;融资成本高;项目融资多数能够得到政府的支持。

3.〔参考答案〕

国际商业银行贷款具有以下特点:(1)贷款利率按国际金融市场利率计算,利率水平较高;(2)贷款可以自由使用,一般不受贷款银行的限制;(3)贷款方式灵活,手续简便;(4)资金供应充沛,允许借款人选用各种货币。

4.〔参考答案〕

导致国际融资证券化的原因主要是:(1)国际债务危机频繁爆发,银行越来越认识到以债券方式持有债权比以贷款方式持有债权的风险小,易于转让;(2)债券是各国引进外资和进行资本输出的有效方式,发行和购买者踊跃;(3)国际债券信誉较高,投资者乐于购买。

5.〔参考答案〕

尽管我国《担保法》和《物权法》都已确定了无形资产作为一种担保形式的合法性,完全可以为银行发放的贷款提供质押担保。但是由于无形资产具有无形性、地域性以及时间性等特点,在价值评估、保值、处置、变现、信用程度等方面存在诸多难点,其潜在的法律风险值得我们关注。综合上述因素，银行在实现质权时能否以理想的价格进行处置存在较大的不确定性。所以说，无形资产融资应注意防范有形风险。

案例分析

分析：

(1)开户银行不能对 A 客户行使追索权，因为福费廷业务是一种无追索权的融资。

(2)福费廷业务属于中长期融资。

(3)福费廷业务对出口商的积极作用主要体现在：一是改善出口商流动资金状况。将远期应收货款变成现金销售收入，减少资产负债表里的负债金额，提高出口商财务资信水平。二是转移出口商债务风险。由于包买商无追索权地买断出口商远期票据，就等于把应收账款转移到自己身上，承担一切收取债务的责任和风险，前提是票据的有效性、真实性。三是消除利率风险。包买商提供的是固定融资利率，出口商可以在谈判前向包买商询价，能够正确估价并转嫁融资成本。

第九章

练习与思考

一、单选题

1～5　DACBC

6～10　CBCDA

二、多选题

1. ACD　2. ACE　3. ACD　4. ABCD　5. ABD

6. ABC　7. ABCDE　8. ABD　9. ABC　10. ABCDEF

三、填空题

1. 国际金本位制　布雷顿森林体系　牙买加体系

2. 国际货币本位或国际储备资产的确定　国际汇率制度的安排　国际收支的调节方式　国际金融市场与国际资本流动管理　国际货币合作形式与国际金融机构

3. 货币本位制的问题　汇率制度的选择问题

4. 2002 年 1 月 1 日

5. 2002 年 7 月 1 日

6. 以美元为中心的多元化国际储备体系　多种形式的汇率制度安排　多样化的国际收支调节方式

7. ±1%

8. 黄金　国际金本位货币体系

9. 欧洲货币体系

10. 美元　布雷顿森林体系

四、判断题

1.F　2.F　3.T　4.F　5.T　6.F　7.T　8.F　9.T　10.F

五、简答题

1.〔参考答案〕

简述国际金本位制度的基本特征是：

(1)黄金作为国际支付手段，充当了世界货币；

(2)实行典型的固定汇率制；

(3)具有自动调节国际收支的机制。

2.〔参考答案〕

(1)布雷顿森林体系的主要内容：

①建立一个永久性的国际金融机构，促进国际货币合作；

②规定以美元作为最主要的国际储备货币，实行美元—黄金本位制下可调整的固定汇率制；

③协助国际收支逆差的成员国解决国际收支困难；

④取消对经常账户外汇管制，但是对国际资金流动进行限制；

⑤设立“稀缺货币条款”。

(2)布雷顿森林体系维持与崩溃的过程

布雷顿森林体系从建立到最后崩溃，大致经历了美元荒——美元灾——美元危机三个阶段。在这个过程中，西方国家为维持该体系运转，采取了一系列拯救措施，但最终因自身无法克服的内在缺陷而失败。

①美元荒。这是指第二次世界大战结束至20世纪50年代初期，各国普遍感到美元匮乏、支付困难的现象。“二战”使欧洲各国普遍遭到严重破坏，生产一时难以恢复，资金短缺，物质匮乏，所需商品都必须以黄金或美元向美国购买，而各国黄金储备十分有限，不足以应付巨额贸易逆差。同时，欧洲及其他地区国家因经济尚未恢复，可输往美国换取美元的商品有限。因此各国普遍感到缺乏美元，形成美元荒。

②“美元灾”。这是指美元在国际上供过于求的现象。它出现在20世纪50年代中后期。其主要成因是：1948年，美国开始实行“马歇尔计划”，对外提供经济援助并在西欧大量驻军，美元就此开始流入西欧各国。随着西欧国家经济逐步恢复和发展，商品开始进入美国，其国际收支逆差开始减少，转而出现顺差，持有的美元逐渐充裕。50年代、60年代初，美国还先后在亚洲发动侵略朝鲜、越南等战争，耗资巨大，大量美元流出美国，美国在数十个国家的驻军费用支出庞大，加上美国低利率政策又促使国内资金外流，大量美元流出美国，致使美元泛滥。

(3)美元危机及体系崩溃

美元危机是指国际金融市场上人们大量抛售美元抢购黄金和其他硬通货，引起黄金价格上涨，美元汇率急剧下跌的现象。在历次较大规模的美元危机爆发时，美国及各主要工业国家都采取了一系列拯救措施，但最终仍无法阻挡布雷顿森林体系的崩溃。

①美元危机与十国集团和黄金总库。1960年10月，第一次美元危机爆发。1960年美国的短期债务达到210亿美元，黄金储备只有178亿美元，美国国内全部黄金储备已不

足以抵偿国外短期债务。人们对美元的币值是否能维持黄金官价普遍产生怀疑，结果出现了抛售美元的危机。为了预防和平息美元危机，1961 年 11 月，美、英、法、意、荷、比、日、联邦德国、瑞士和加拿大等国在巴黎举行会议，成立十国集团，达成了《借款总安排协定》，此协定于 1962 年 10 月生效。1961 年 12 月，为维持黄金和美元的地位，在美国的提议下建立黄金总库。由美、英、法、意、荷、比、日、联邦德国和瑞士参加，总库所需黄金由各国分担，并指定英格兰银行为总库代理机构。通过买卖黄金，以维持伦敦市场的金价稳定在每盎司 35.2 美元（黄金官价加上运费和保险费）。

②美元第二次危机与黄金双价制和特别提款权。1968 年 3 月爆发第二次美元危机，因为美国陷入越南战争后，其财政金融和国际收支状况更加恶化，黄金储备大大低于对外短期债务，美元不断贬值。危机中抢购黄金风潮猛烈，已使黄金总库无力维持每盎司 35.2 美元的金价，而改行黄金双价制，即仍维持每盎司 35.2 美元的官价，用于官方结算，而黄金的自由市场价由供求关系自发决定，不再进行干预。1969 年 10 月，国际货币基金组织第 24 届年会通过了设立特别提款权的决议，目的是进一步扩大基金组织的贷款能力，使其能够利用特别提款权这种"纸黄金"来弥补国际收支逆差，减少美元外流，并逐步用特别提款权来代替黄金作为国际储备。特别提款权是一个由 IMF 组织发行的没有商品支持的不兑现货币（pure fiat money）。特别提款权的设立和黄金双价制的实行，实际上反映了布雷顿森林体系的基础已经动摇。

③美元第三次危机与《史密森协定》。1971 年夏，美国出现对外贸易严重逆差，随之爆发了第三次美元危机。法国政府带头以美元向美国兑换黄金，美国黄金储备降到 102 亿美元。而同期美国对外短期债务高达 510 亿美元。为防止黄金继续外流，1971 年 8 月 15 日美国总统尼克松发表声明称美元不再与黄金挂钩，美国实行"新经济政策"。主要内容是：其一，停止美元兑换黄金，以保持有限的黄金储备；其二，征收 10%的进口附加税。美元停止兑换黄金表明，布雷顿森林体系的一大支柱已倒塌。1971 年 12 月，十国集团在华盛顿一个以"史密森"命名的机构开会，达成《史密森协定》（*Smithsonian Agreement*），具体内容为：其一，黄金官价从每盎司 35 美元提高到 38 美元，贬值 7.89%，但美元仍不可兑换黄金；其二，美元同时对一些国家的货币贬值 2.76%～7.66%不等；其三，将市场外汇汇率的波动幅度从黄金本价的 1%扩大到 2.25%。《史密森协定》只是对付美元危机的暂时性措施，并没有解决各国货币关系中的根本性问题。

④美元第四次危机与布雷顿森林体系的最终崩溃。1972 年下半年起，美国国际收支状况继续恶化，人们对美元信用彻底失去信心，国际金融市场上再次爆发美元危机。美国政府于 1973 年 2 月被迫宣布战后美元第二次官方贬值，美元对黄金贬值 10%，即黄金官价再提高到每盎司 42.22 美元。此举仍未能遏制美元危机，伦敦黄金价格一度涨到每盎司 96 美元，联邦德国和日本的外汇市场被迫关闭 17 天。为此，西方国家经磋商达成协议：取消各国货币对美元的固定比价，宣布实行浮动汇率制。至此，以黄金为基础、美元为中心的可调整的固定汇率制彻底解体。1976 年 1 月，国际货币基金组织在牙买加召开会议，达成"牙买加协定"，标志着布雷顿森林体系最后崩溃。

3.〔参考答案〕

牙买加货币体系的主要内容是：

(1)浮动汇率合法化;(2)黄金非货币化;(3)扩大特别提款权的作用;(4)扩大基金组织的份额;(5)扩大对发展中国家的资金融通。

牙买加货币体系的主要特征是:(1)以美元为中心的多元化国际储备体系;(2)多种形式的汇率制度安排;(3)多样化的国际收支调节方式。

4.〔参考答案〕

欧洲经济货币联盟的作用是:(1)增加欧盟国家的经济实力;(2)减少内部矛盾;(3)简化流通手续;(4)增加消费和投资。

欧洲经济货币联盟的影响有:(1)巩固与发展了多元化的国际货币体系,有利于世界范围内汇率的稳定;(2)促进国际储备多元化,欧元已与美元、日元并驾齐驱成为一种主要储备货币;(3)增强欧洲金融市场地位,有利于欧洲资本市场的发展。

5.〔参考答案〕

国际货币体系改革涉及两个问题:一是货币本位制的问题,即以什么货币作为国际货币体系中的基础货币;二是汇率制度的选择问题。

关于货币本位制的改革,可以参照课本恢复金本位制方案、组建世界中央银行方案、特别提款权本位制方案、多种货币为基础的本位制方案的内容。(略)

关于汇率制度的改革,可以参照课本关于对现行汇率制度持否定态度的改革、对现行汇率制度持肯定态度的改革、建立汇率目标区的内容。(略)

案例分析

分析:

欧元的启动标志着适度货币区理论实践的成功,一定程度上对美元本位制形成了挑战。但我们也应该看到欧元自诞生以来,经历了国际经济、金融、政治、军事等各种局势变动的考验,欧元要想真正成为与美元分庭抗礼的国际货币还任重道远。

第十章

练习与思考

一、单选题

1～5　CBDDC

6～10　AABBB

二、多选题

1. ABCD	2. AB	3. ABE	4. AB	5. ABCD
6. ABCD	7. AC	8. AB	9. CDE	10. ABC

三、填空题

1. 全球性　半区域性　区域性

2. 华盛顿

3. 所缴纳份额

4. 项目贷款

5. 财政部

6. 国际金融市场筹资　债权转让

7. 理事会

8. 世界银行贷款

9. 回购

10. 国际金融协调　国际磋商　国际协议

四、判断题

1. T　2. F　3. T　4. F　5. F　6. T　7. F　8. F　9. T　10. F

五、思考题

1.〔参考答案〕

IMF 的主要业务活动包括三个方面：

(1)汇率监督和政策协调。为使国际货币制度能够顺利运行，保证金融秩序的稳定和世界经济的增长，成员国需保证同基金组织和其他成员国进行合作，来保证有秩序的汇率安排和促进汇率的稳定。

(2)储备资产创造与管理。IMF 理事会在 1969 年年会上正式决定设立 SDRs，以补充国际储备的不足，并于 1970 年开始分配。

资金融通业务。其贷款业务主要包括普通贷款、补偿与应急贷款、缓冲库存贷款、临时信用设施、中期贷款、信托基金贷款、补充贷款、结构调整贷款等。

2.〔参考答案〕

BIS 的主要业务活动有：

(1)处理国际清算业务。第二次世界大战后，为政府间的国际金融业务提供便利，BIS 先后成为欧洲经济合作组织、欧洲支付同盟、欧洲货币合作基金等国际金融业务的代理人，承担着大量的国际结算业务。

(2)为各国中央银行提供服务，包括办理成员国中央银行的存款和贷款，代理各国中央银行和一些国际机构办理买卖或为其保存黄金、外汇及国债券等金融资产，协助各国中央银行管理外汇储备与金融投资。

(3)定期举办中央银行行长会议。BIS 至少每两个月在巴塞尔举行西方主要中央银行行长会议并每年召开股东大会，商讨有关国际金融问题，协调有关国家的金融政策，推动国际金融合作。

(4)进行国际货币与金融问题的研究。

3.〔参考答案〕

名称	贷款对象	贷款期限	年利率	贷款目的	主要贷款部门	备注
IMF	会员国	3～5年	视期限而定，期限越长，利率越高	解决国际收支不平衡的短期资金需要	帮助成员国解决经济困难，避免金融危机，稳定全球经济	贷款期限短，条件严格
IBRD	成员国（主要是亚洲、非洲和拉美发展中国家）	20年左右，5年宽限期	随市场利率变化定期调整，一般低于市场利率	促进成员国的经济发展	公路、铁路、港口、电信、动力设备、能源开发、农业、公用事业等福利事业	提供长期资金，条件严格
IDA	贫穷的发展中国家（相对贫困，信誉较差，20世纪70年代后转向撒哈拉以南非洲国家）	50年	无息	帮助贫穷的发展中国家发展经济	农业项目中重点投入良种、化肥、技术，工程项目等	条件优惠，项目审查严格
IFC	成员国的私人企业（主要是亚洲、非洲和拉美的发展中国家）	9～15年	略高于IBRD利率	扶持私人企业	制造业、加工业、采掘业、旅游、金融业	以原借入货币偿还，多采用联合贷款

4.〔参考答案〕

(1)促进国际贸易和国际投资的发展以推动世界经济增长。(2)促进全球金融业自身效率的提高。促进金融机构的适度竞争，降低流通费用；实现全球范围内的最佳投资组合，合理配置资本，提高效率；增强金融机构的竞争能力。大力发展金融。(3)加强了国际监管领域的国家协调与合作。

5.〔参考答案〕

金融活动是投资者和融资者通过一定的金融机构、利用金融工具在金融市场进行的资金交易活动，因此金融全球化就是金融活动的全球化。具体表现为以下几方面。

资本流动全球化、金融机构全球化、金融市场全球化、金融监管和协调全球化。

案例分析

分析：

1. IMF协调机制的内容

IMF协调机制包括汇率监督与政策协调。

为保证国际货币体系的正常运作，保证有秩序的汇兑安排和汇率体系的稳定等，该组织定期对成员国进行检查，并实行多边监督，强调对国际货币制度有重要影响的国家的政策协调和发展。同时要求成员国在改变汇率政策时要做到及时通知，使其能够及时进行监督和协调。此外，国际货币基金组织对成员国的财政政策和税收政策也进行监督，因为财政补贴和税收减免都可能导致汇率的改变。

该组织实施监督和政策协调的办法：一是要求成员国提供经济运行和经济政策的有关资料，包括政府和其他机构持有的黄金和外汇资产、黄金产量、黄金的输出入、进出口值及国别分布，经常账户和资本账户收支的详细分类情况，国民收入、物价指数、汇率、外汇管制等；二是组织成员国举行定期和不定期磋商；三是对各国的汇率和外汇管制进行评价。

2. IMF 协调的背景

亚洲金融危机初期，有关各国并未首先选择向 IMF 寻求援助，而是希望自力更生，通过建立总额为1 000亿美元的“亚洲货币基金”来克服危机。但是，由于美国的反对，该方案在当年 9 月在中国香港召开的世界银行和国际货币基金年会上未获通过，后来随着亚洲金融危机的深入发展，泰国、印度尼西亚和韩国先后向日本和美国请求援助，均遭拒绝。至此，各国才考虑向国际货币基金组织提出援助申请。

3. IMF 援助的条件

IMF 对有关国家提供的援助是有条件的。为获得其贷款援助，有关国家必须：(1)调整宏观经济政策及财政政策目标；(2)调整货币和外汇政策；(3)开放金融市场，重建金融体系；(4)改变政府与企业的关系，政府必须逐步削减政策性贷款，终止以补贴方式拯救私人企业；(5)加快贸易自由化，履行向世界贸易组织所做的承诺，取消进口限制，取消出口补贴；(6)增加劳动力市场的弹性，向失业人士发放失业救济金；增加劳动力市场的弹性等等。从理论上看，这些措施无可厚非。然而，IMF 的援助政策反而进一步恶化了危机。

IMF 的援助协议表现出：(1)IMF 的“药方”千篇一律，无视各国经济和政治的特殊性；(2)忽视了过度紧缩对经济的危害性；(3)IMF 的“药方”代表了发达国家的利益，是对发展中国家的变相掠夺。

综上所述，IMF 的援助条件对各国的影响远远超过贷款本身。虽然这些贷款条件并非一无是处，但由于种种缺陷，并未起到预期的效果，改革 IMF 的援助方案已经成为各国共同的呼声。

第十一章

练习与思考

一、单选题

1～5　ADDCC

6～10　BBACA

二、多选题

1. BCD　2. ABC　3. ABCD　4. ABC　5. AD

6. BCD　7. ABCD　8. ACD　9. ABCD　10. ABCD

三、填空题

1. 增加　减少　增加　减少

2. 贸易资本流动　银行资本流动　保值性资本流动　投机性资本流动

3. 国际直接投资　国际证券投资　国际贷款

4. 必须是居民与非居民之间的债务　以偿还义务为条件，且必须具有契约性，通过具有法律效力的文书明确偿还责任等　其为一个时点的外债余额　外债的计值既可用外币，也可用本币，还可以是用实物形态构成的债务

5. 贝克计划　债券换债务　布雷迪计划

6. 拉丁美洲国家债务　欧洲货币体系　墨西哥金融　亚洲金融　拉丁美洲债务　美国次贷危机　欧元区债务危机

7. 金融制度不完善　市场机制不健全　货币政策失误　投机性交易过度　国际游资冲击

8. 一般在时间上没有规律性　不带定期性质　只是表现在金融体系的个别环节上

9. 信贷危机　次贷债券危机　金融机构危机　全球性金融危机

10. 680　稳定　优质　30　15

四、判断题

1. F　2. F　3. T　4. T　5. F　6. T　7. T　8. F　9. F　10. T

五、思考题

1.〔参考答案〕

短期资本流动是指期限在一年或一年以内的国际资本流动。它主要包括以下四类：

(1)贸易资本流动。是指由国际贸易引起的货币资金在国际上的通融和结算，是最为传统的国际资本流动形式。国际贸易活动的进行必然伴随着国际结算，引起资本从一国或地区流向另一国或地区。各国出口贸易资金的结算，导致出口国或代收国的资本流入；各国进口贸易资金的计算，则导致进口国或代付国的资本流出。

(2)银行资本流动。是指各国外汇专业银行之间由于调拨资金而引起的资本国际转移。各国外汇专业银行在经营外汇业务过程中，由于外汇业务或谋取利润的需要，经常不断地进行套汇、套利、掉期、外汇头寸的抛补和调拨、短期外汇资金的拆进拆出、国际范围内银行同业往来的收付和结算等，都要产生频繁的国际短期资本流动。

(3)保值性资本流动。又称为“资本外逃”(capital flight)，是指短期资本的持有者为了使资本不遭受损失而在国与国之间调动资本所引起的资本国际转移。保值性资本流动产生的原因主要有国内政治动荡、经济状况恶化、加强外汇管制和颁布新的税法、国际收支发生持续性的逆差，从而导致资本外逃到币值相对稳定的国家，以期保值，免遭损失。

(4)投机性资本流动。是指投机者利用国际金融市场上利率差别或汇率差别来谋取利润所引起的资本国际流动。具体形式主要有：对暂时性汇率变动的投机、对永久性汇率变动的投机、与贸易有关的投机性资本流动、对各国利率差别作出反应的资本流动。由于金融开放与金融创新，国际投机资本的规模越来越庞大，投机活动也越来越盛行。

2.〔参考答案〕

长期资本流动是指使用期限在一年以上，或者未规定使用期限的国际资本流动。它

主要包括以下三类：

(1)国际直接投资，是指一个国家的企业或个人对另一国企业部门进行投资可以取得某一企业的全部或部分管理和控制权。国际直接投资一般有以下方式：①在国外创办新企业，包括创办独资企业、设立跨国公司分值机构及子公司；②与东道国或其他国家共同投资，合作建立合营企业；③投资者直接收购现有的外国企业；④购买外国企业股票，达到一定比例以上的股权；⑤以投资者在国外企业投资所获利润作为资本，对该企业进行再投资。

(2)国际证券投资，也称间接投资，是指通过在国际债券市场上购买外国政府、银行或工商企业发行的中长期债券，或在国际股票市场上购买外国公司股票而进行的对外投资。证券投资与直接投资存在区别，主要表现在：证券投资者只能获取债券、股票回报的利息、股息和红利，对所投资企业无实际控制和管理权；而直接投资者则持有足够的股权来承担被投资企业的盈亏，并享有部分或全部管理控制权。

(3)国际贷款，是指一国政府、国际金融组织或国际银行对非居民(包括外国政府、银行、企业等)所进行的期限为一年以上的放款活动，主要包括政府贷款、国际金融机构贷款、国际银行贷款。

3.〔参考答案〕

(1)最初解决方案(1982—1984 年)

1982 年，债务危机爆发后，美国等债权国与国际货币基金组织普遍认为此次债务危机是发展中国家暂时出现的流动性困难，据此共同制订了重新安排债务的计划，核心是采取措施使债务国克服资金紧缺。

债务重新安排包括两方面的内容：第一，通过债权方和债务方的合作，改变偿债条件，例如延长债务期限和偿债宽限期等；第二，对债务国实行融资，缓解其短期内的偿债压力。

按来源分，各国债务可以分为官方债务和私人债务，因此债务重新安排也通过官方债务重新安排和私人债务重新安排两种形式进行。

官方债务重新安排，一般以多边形式在“官方债权者俱乐部”或主要援助国的国际财团范围内实施。所谓“官方债权者俱乐部”，是指在 20 世纪 50 年代末至 60 年代初形成的债权者集团，主要包括巴黎俱乐部、伦敦俱乐部和海牙俱乐部。其中巴黎俱乐部是官方债务重新安排的主要债权方。

私人债务重新安排，在特殊的银行咨询委员会与债务国之间进行。这些银行咨询委员会通常都由来自金融中心的大银行的谈判代表组成，受许多债权银行的委托与债务国谈判。私人债务重新安排的过程和官方债务重新安排相似。但是，债务国获得私人债务重新安排需要满足两个先决条件：①债务国必须先签署和实施国际货币基金组织要求的“稳定经济计划”；②债务国必须如期支付所有的到期利息。

债务重新安排和 IMF 的“稳定计划”实施后，经过近三年的调整，并没有起到预期的效果，反而加剧了债务国的负担。例如，在 IMF 稳定计划和债务偿还的双重新压力下，大多数债务国陷入了持续几年之久的经济衰退，普遍出现了投资萎缩、通货膨胀加剧、贫富差距扩大、社会动乱和政府动荡等严重的经济和社会问题。

(2)债权国的新战略(1985—1992 年)

债务危机后的第一个阶段实施的债务重新安排失败后，国际社会的各方终于认识到，债务危机并不是由债务国暂时的流动性困难引起的，其真正的原因在于债务国现有的经济状况根本不具有清偿能力，为此，主要债权国提出了债务危机解决的新方案。其中，最主要的方案包括贝克计划、债券换债务计划和布雷迪计划。

①贝克计划(1985—1988年)。1985年9月美国财政部部长詹姆斯·贝克在韩国召开的IMF和世界银行第40届年会上提出了“美国关于发展中国家持续增长的计划”。主要是通过对债务国新增贷款，将原有债务的期限延长等措施来促进债务国的经济增长，同时要求债务国调整国内政策，这些措施被称为“贝克计划”。该计划可以分为以下三个方面的内容：第一，主要的债务国家必须实行“全面综合的宏观经济和结构政策”，降低通货膨胀率并实现国际收支的平衡，通过恢复经济增长提高偿债能力；第二，在IMF的主持下，由世界银行等多边国际性和地区性银行在3年内向15个主要债务国增加总额为90亿美元的贷款，并从IMF的信托基金中拨出27亿美元，专门提供给经济形势特别恶劣的15个债务国(包括墨西哥、阿根廷和秘鲁)；第三，私人商业银行在3年内向上述15个债务国增加200亿美元的贷款。

②债券换债务计划(1988年后)。1987年，美国摩根保证信托银行提出了“债券换债务”计划，得到了美国和墨西哥政府的认可。所谓“债券换债务”，是指墨西哥政府将用20亿美元储备购买美国财政部发行的100亿美元、期限为20年的特别无息债券(到期后一次还本付息)。墨西哥政府将以此债券为担保，发行本金100亿美元、为期20年的债券，并将其在卢森堡证券交易所向国际债权银行出售，债权银行将墨西哥欠它们的债务以50%的折扣换取墨西哥的新债券。也就是说，100亿美元的新债券可以换回200亿美元的旧债务。这一计划能从本质上减轻债务负担，是债务危机解决方案中一种重要的金融创新手段，为今后债务危机的解决提供了重要的思路。但由于美国政府仅仅担保墨西哥新债券的本金，而不包括利息，使该债券的信用有所下降。同时，各国银行也不愿意接受50%之高的折扣比例。这使墨西哥的债务只被抵消了11亿美元(其总额为780亿美元)。所以，这个计划在实际操作中仍然缺乏力度。

③布雷迪计划(1989年以后)。1989年3月10日，美国财长布雷迪提出一项旨在减轻发展中国家债务负担的新计划。布雷迪计划的基本构想是：利用世界银行和国际货币基金组织的现有财源，设立一个基金公库(约200亿～250亿美元)为债务国减债后的其余外债还本付息提供担保，同时以日本提供的资金作为补充基金；在“自愿”的基础上，债务国以上述基金作为担保，与债权银行进行债务转换交易，将债务换成低面值债券，或将债务换回同等面值的低利率债券，或将债务换成债务国企业的部分股权。布雷迪计划主张减轻债务国偿债负担，比贝克计划有所进步，但仍未摆脱过去的缺陷：第一，债务问题逐个解决，不考虑全面解决；第二，解决债务问题主要依赖市场的力量，由私人银行和债务国在金融市场进行减债交易；第三，被减债或得到新贷款的债务国必须实施IMF认可的紧缩性调整方案。

(3)债务国的偿债战略

在债务危机的解决过程中，债务国不仅要完成偿债任务，还要实现国内的经济复苏，在此过程中，除了努力配合债权国和IMF进行各项计划以及对国民经济进行调整外，它们也在不断努力。“债务资本化”就是其中的代表。

债务资本化是指债权银行按官方汇率将全部债务折合成债务国货币，并在债务国购买等值的股票或直接投资取得当地企业的股权，这一过程也称为“债务—股本互换”。例如，智利政府实行的就是允许国内外投资者在二级市场上公开购买智利的外债，并将债务兑换成本国货币进行生产投资。该计划首先在巴西、阿根廷进行，最初规模很小，从1985年开始，该计划在债务国逐渐铺开。到1988年，通过债务资本化减少的债务额已经从1984年的10亿美元增加到270亿美元，其中巴西、墨西哥和智利最为积极。

4.〔参考答案〕

(1)金融危机往往始于对宏观经济体系的外部冲击。这些外部冲击可能是突发的政治事件、总需求或总供给的巨幅波动、大规模的技术变迁或未被预期到的货币政策的变动。

(2)金融危机是经济运行周期中出现的一种金融动荡。这种动荡往往会引起人们不同程度的蔓延性金融恐慌，如发生抽逃资本和抛售本币的狂潮、本币大幅贬值、国际储备枯竭等，造成国际清偿力严重不足；国内金融市场银根紧缩、金融机构流动性严重缺乏、人们对金融机构丧失信心、大量金融机构因挤兑而接连倒闭、股市和房地产价格猛跌等。

(3)金融危机产生的原因比较复杂。金融危机的产生既可能源于经济的周期性波动，也有可能源于国际收支逆差和财政赤字、外债规模超过一国承受能力、金融体系和金融监管制度不完善以及宏观经济政策失当，还可能源于国际投机资本的恶意冲击等等。

(4)金融危机会对社会经济造成巨大危害。金融危机带来的后果往往是灾难性的，它会损坏一国银行信用体系、金融市场、对外贸易、国际收支，使整个国民经济陷于瘫痪，甚至导致国际货币体系的崩溃和国际金融市场的动荡，使全球经济遭受重创。

5.〔参考答案〕

(1)美国次贷危机爆发的原因：

①金融机构方面的原因：忽视贷款风险，次贷过滥；衍生金融产品开发过滥、交易过乱加剧了金融泡沫膨胀和风险积聚；杠杆率过高；投机气氛过浓。②市场层面的原因：房地产市场过热；市场利率过低。③经济层面的原因：经济增长依赖过度消费；虚拟经济严重脱离实体经济。④国际原因：美元“一币独大”导致全球金融失衡；投资者对美国市场环境过分乐观。

(2)次贷危机对我国经济的影响：①对我国金融业的影响：给投资于次级贷款的银行带来损失；使我国金融市场的风险加大。②对我国汇率制度和货币政策的影响：使中国的汇率制度受到挑战，同时，在内外部压力下，对中国的货币政策也提出了严峻的挑战。③对我国进出口企业的影响：有可能通过外贸渠道对中国的实体经济产生影响，可能导致我国产能过剩和过度攻击问题的发生。

(3)次贷危机对我国的启示：①避免金融业的过度开放。在金融全球化浪潮中要保持行业的适度开放，随着我国国内市场的健全和资金的充裕，我国对外资进入中国的限制也逐渐增加，这是保护我国金融安全的重要措施。另外政府对汇率和利率的控制也不能放松，严防国外热钱进入国内炒作。冰岛国家破产就是金融全球化的牺牲品。②强化风险管理。全面加强风险管理，切实有效防范各类风险，促进业务稳健持续发展是当前金融业发展的关键。商业银行在确定自身的风险管理战略和目标时，更应具备逆经济周期的风险意识和风险判断能力，并通过建立和完善覆盖全过程、全业务和全员的风险管理体系，切实有效地防范各类风险，促进业务稳健持续发展。③采取适当的综合监管措施，加强跨国监管。首先，需要适当的综合监管。目前发达国家的金融监管体制日益综合化，即对一些监管机构进行整合，以不断消除监管漏洞，提高监管效率；其次，不断加强中央银行的金融稳定职能；最后，不断加强跨国监管。④建立混业监管体系，完善金融混业集团发展的法律法规。从长远来看，我国应当建立统一的机构从事综合金融管理，负责统一制定金融业的发展规划，通盘考虑和制定金融法律法规，协调监管政策和监管标准，监测和评估金融部门的整体风险，集中收集监管信息，统一调动监管资源。从金融发展的总体出发，统一研究银行、证券、保险的联合协作问题。与此同时，法律环境的建设是保证金融混业发展的重要基石。要借鉴国外的先进经验并从中国金融混业发展的实际出发，建立包括金融监管、金融风险、金融创新等各方面内容的金融法律体系，以适应我国金融混业发展的长远趋势。

案例分析

分析：

首先要分析三次危机中都存在着大量的资本流动；其次是分析这些资本流入的主要取向；最后从资本市场开放、贸易项目赤字、金融监管，以及汇率政策等方面来谈谈我国如何预防金融危机的发生。

第十二章

练习与思考

一、单选题

1～5　DCCBD

6～10　BCABB

二、多选题

1.AD　2.ABCD　3.ABE　4.BE　5.BCF

6.BCD　7.ABCDE　8.AB　9.AD　10.BCDE

三、填空题

1.进出口商之间　进口商与开证行之间　开证行与出口商之间

2.最迟装运日　最迟交单日

3.空白抬头　限制性抬头　指示性抬头

4.光票　跟单汇票

5.可转让信用证　对背信用证

6.出票人　受票人　收款人

7.出票　背书　承兑　保证　出票

8.普通划线支票　特别划线支票

9.电汇　信汇　票汇

10.汇款人　汇出行　汇入行　收款人

四、判断题(正确打T,错误打F)

1.F　2.F　3.F　4.F　5.T　6.F　7.F　8.F　9.F　10.T

五、简答题

1.答:票据的无因性是指尽管票据的签发必然有其产生的原因(基本原因),但是在票据业务的办理过程中,不以在票据的票面上体现该基本原因为票据的必要项目,也不要求过问票据的基本原因。之所以这么规定,是让票据在其流通和运用中能较好地发挥其功能。

票据的要式性是指法律规定的票据上必须记载的项目种类和内容都能在票据上得到体现,该票据才有效。之所以这么规定,是为了能有效地根据票据要式的记载,确定各当事人的权利和义务,因此,也可以将这一情况归结为票据的文义性。

2.答:汇票、本票与支票的综合比较如下表:

项目	汇票	本票	支票
性质	书面债券。载有一定的金额,在一定日期,持票人可以向出票人或指定付款人支取一定款项的凭证。		
作用	支付手段,流通手段,融资工具(即发挥结算、信用、流通、抵债的作用)		
无条件性	一人向另一人签发要求后者付款给第三者的无条件支付命令	一人向另一人签发的,约定自己付款给后者的无条件付款承诺	银行存款户对银行签发的,付给第三人或本人的无条件支付命令
当事人	出票人、付款人、收款人	出票人、收款人	银行客户、付款行、收款人
主债务人	即期汇票:出票人 远期汇票 承兑前:出票人 承兑后:承兑人	出票人	出票人:银行客户
债权人	持票人(收款人、被背书人即接受转让的受让人)		
出票人责任	要保证受票人承兑和付款	自负付款责任	担保付款行一定付款
持票人责任	要求有关方付款、转让及行使追索的权利		
期限	即期与远期	即期和远期	即期
张数	SOLA 或 A FULL SET	SOLA	SOLA

3.答:(1)进出口商在合同里约定采用托收方式支付货款。出口商备货、装运,并取得货运单据,制作汇票并缮制其他单据。

(2)出口商填写托收申请书,开立以进口商为付款人的汇票,连同全套单据一并交给托收行。

(3)托收行根据托收申请书制作托收指示书,连同其他单据寄交代收行。

(4)代收行按照托收指示书要求向进口商进行提示。

(5)进口商检验无误后付款赎单。

(6)代收行收款后向进口商交单。

(7)代收行收妥货款后将款项划拨托收行。

(8)托收行将相应款项交付出口商,完成托收。

4.答:1)信用证是一种银行信用证,开证行负第一性付款责任。2)信用证是独立文件,它不依附于贸易合同而独立存在。3)信用证业务是一种纯粹的单据业务,它处理的对象是单据。

5.答:(1)申请人申请开证。贸易双方在销售合同中约定使用信用证结算。

(2)进口商填写开证申请书,交纳押金和开证手续费,向开证行申请开证。

(3)开证行开立信用证。开证行按照开证申请书的要求和内容开出信用证,寄交受益人(出口商)所在地通知行转递。

(4)通知行转递信用证。通知行确认信用证真实性后,向受益人转递信用证。

(5)受益人审证、发货。受益人收到通知书转来的信用证后,审核信用证中条款是否与合同相符。如发现问题,可通知开证申请人修改信用证。如审核无误,受益人按信用证要求备货、发货。

(6)受益人交单。受益人取得和缮制符合信用证要求的全套单据,开立汇票,在规定时间内连同信用证一并提交指定银行。

(7)议付。议付行(通常为通知行)审核单据无误后,为受益人垫付货款。

(8)寄单索偿。议付行办理议付后,将单据寄给开证行索偿,或按信用证的规定,将单据寄开证行的同时向偿付行索偿。

(9)偿付。开证行或付款行收到单据后根据信用证审核单据。如未发现不符点,开证行或付款行应在规定时间内(5个银行工作日)向议付行付款。偿付行应在授权范围内立即偿付议付行。

(10)提示付款赎单。开证行履行偿付责任后,立即通知开证申请人(进口商),向其提示单据,并要求付款赎单。

(11)付款赎单。进口商核验单据无误后,向开证行付款,取得单据,到码头提取货物。

六、案例分析题

分析:

信用证作为一种结算方式,其依据是买卖双方签订的贸易合同,信用证上的主要内容也是贸易合同上的内容。即信用证的开立以贸易合同为基础。但信用证一经开出,变成为独立于贸易合同之外的契约,不受贸易合同的约束。《UCP600》第四条阐明了信用证与合同的关系,“信用证按其性质与凭以开立的信用证的销售合同或其他合同,均属不同的业务”。可见,信用证是独立于贸易合同以外的另一契约,是一种自足文件。银行只对信用证负责,对贸易合同没有审查和监督执行的义务。贸易合同的修改、变更甚至失效都丝毫不影响信用证的效力。

案例中议付行的做法是合理的。因为美商来电同意装船期展延,相当于合同的修改而信用证并没有修改,该公司9月10日的装船提单与信用证规定的8月15日前的装船日期明显不符,理当拒绝议付。

参考文献

[1]姜波克.国际金融新编(第六版)[M].上海:复旦大学出版社,2018

[2]刘园,赵丹婷.国际金融学[M].北京:机械工业出版社,2012

[3]叶蜀君.国际金融(第三版)[M].北京:清华大学出版社,2014

[4]闫屹,赵雪燕.国际金融[M].北京:高等教育出版社,2013

[5]陈雨露,王芳.国际金融(学习指导书)(第六版)[M].北京:中国人民大学出版社,2020

[6]吕随启,王曙光,宋芳秀.国际金融教程(第三版)[M].北京:北京大学出版社,2013

[7]张礼卿.国际金融(第二版)[M].北京:高等教育出版社,2018

[8]王晋.国际金融理论与实务[M].北京:中国财富出版社,2013

[9]杨胜刚,姚小义.国际金融(第四版)[M].北京:高等教育出版社,2016

[10]孟昊,郭红.国际金融学[M].上海:上海财经大学出版社,2014

[11]安辉,谷宇.国际金融学[M].北京:清华大学出版社,2014

[12]任康钰.国际金融热点问题探析[M].北京:经济日报出版社,2013

[13]孙刚,王月溪.国际金融学(第二版)[M].大连:东北财经大学出版社,2014

[14]孙连铮.国际金融(第四版)[M].北京:高等教育出版社,2019

[15]陈雨露.国际金融(第六版)[M].北京:中国人民大学出版社,2019

[16]游丽.国际金融实务[M].北京:北京理工大学出版社,2014

[17]黄志强.国际金融[M].北京:清华大学出版社,2013

[18]李丹捷,白玮炜.国际金融[M].北京:对外经济贸易大学出版社,2014

[19]阙澄宇.国际金融(第六版)[M].大连:东北财经大学出版社,2017

[20]沈国兵.国际金融(第三版)[M].北京:北京大学出版社,2018

[21]马君潞,陈平,范小云.国际金融[M].北京:高等教育出版社,2010

[22]王梓仲.外汇交易实务[M].北京:北京理工大学出版社,2013

[23]刘园、王戈宏.外汇交易与管理(第二版)[M].北京:首都经济贸易大学出版社,2018

[24]刘金波.外汇交易原理与实务(第二版)[M].北京:人民邮电出版社,2016

[25]凯西·莲恩.外汇日内交易与波段交易[M].山西:山西人民出版社,2020

[26]钱婵娟.国际信贷[M].上海:上海财经大学出版社,2014

[27]宋浩平.国际信贷(第四版)[M].北京:首都经济贸易大学出版社,2016

[28]安砚贞.国际融资[M].北京:中国人民大学出版社,2011

[29]刘元春，胡曙光，范志勇.国际金融市场与投融资[M].北京：中国人民大学出版社，2020

[30]朱孟楠.国际金融学[M].厦门：厦门大学出版社，2013

[31]白康钰.国际金融[M].北京：高等教育出版社，2013

[32]成思危.人民币国际化之路(第二版)[M].北京：中信出版社，2017

[33]田宝良.国际资本流动——分析、比较与借鉴[M].北京：中国金融出版社，2000

[34]李广学，严存宝.国际金融学[M].北京：中国金融出版社，2013

[35]孙睦优.国际金融学[M].武汉：武汉大学出版社，2011

[36]杜玉兰.国际金融[M].北京：科学出版社，2020

[37]吴丽华.外汇业务操作与风险管理[M].厦门：厦门大学出版社，2020

[38]李念祖.外汇交易原理与实务[M].上海：立信会计出版社，2002

[39]王稳.外汇交易与管理[M].北京：对外经济贸易大学出版社，2010

[40]李钊.国际金融[M].天津：天津大学出版社，2013

[41]于研.国际金融(第六版)[M].上海：上海财经大学出版社，2018

[42]都红雯.国际金融[M].北京：高等教育出版社，2013

[43]爱默德·A.穆萨.国际金融[M].北京：中国人民大学出版社，2008

[44]奚君羊.国际金融学(第三版)[M].上海：上海财经大学出版社，2019

[45]朱箴元，林琳.国际金融[M].北京：中国金融出版社，2012

[46]刘舒年，温晓芳.国际金融(第五版)[M].北京：对外经济贸易大学出版社，2017

[47]刘玉操，曹华.国际金融实务(第五版)[M].大连：东北财经大学出版社，2017